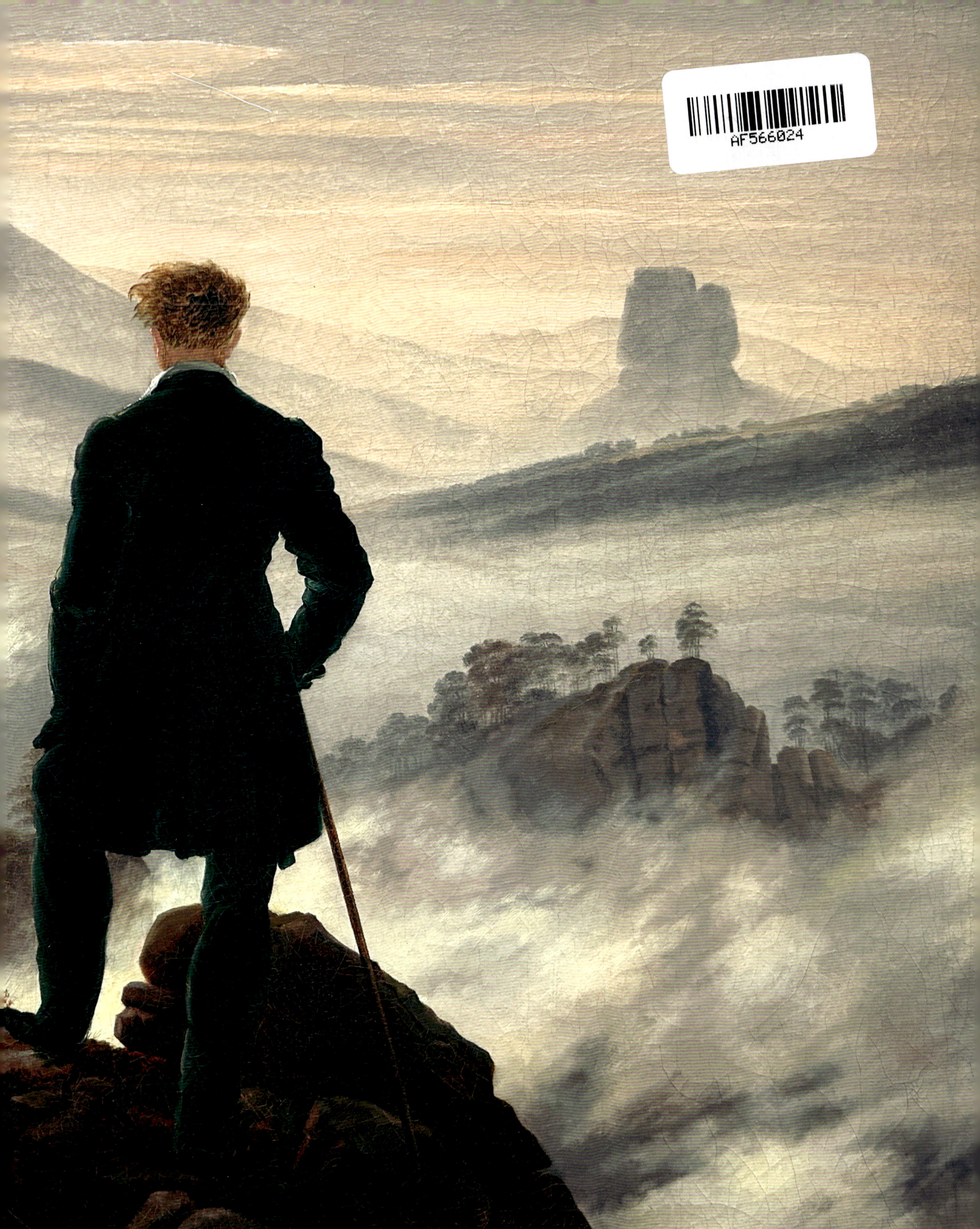

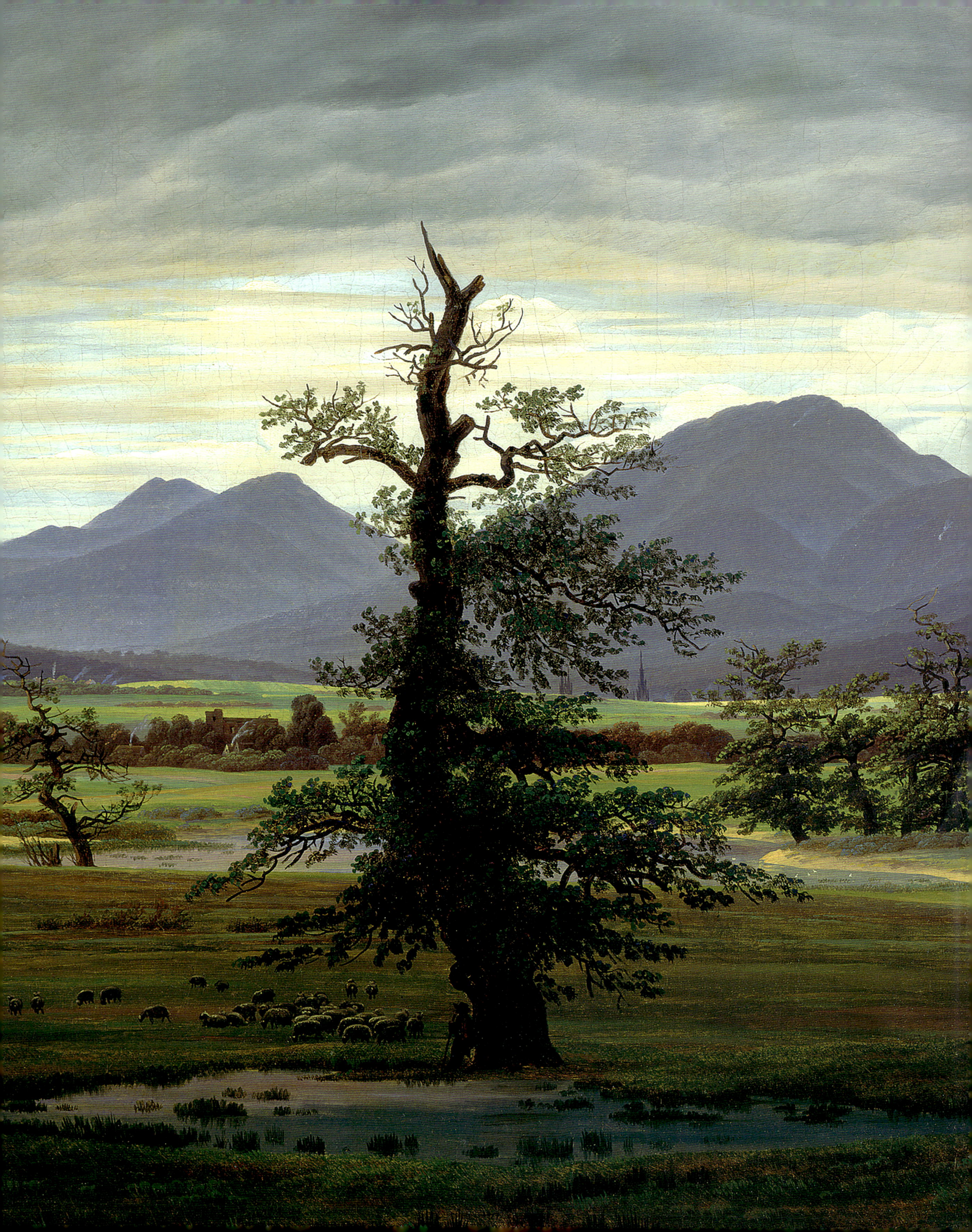

Michael Imhof

Caspar David FRIEDRICH

Leben und Werk

MICHAEL IMHOF VERLAG

INHALT UND IMPRESSUM

CHRONOLOGIE

Titelbild: Detail aus Abb. S. 164/165
Abb. S. 4: Detail aus Abb. S. 126/127
Abb. rechts: Detail aus Abb. S. 73
Abb. S. 10/11: Detail aus Abb. S. 111
Abb. S. 30/31: Detail aus Abb. S. 136/137

Stettiner Straße 25, 36100 Petersberg, Deutschland
Tel. 0049(0)66129191660; Fax 0049(0)66129191669
www.imhofverlag.de

Gestaltung und Reproduktion: Michael Imhof Verlag
Druck: Gutenberg Beuys Feindruckerei GmbH, Langenhagen

ISBN 978-3-7319-1384-9

Bildnachweis

Berlin, Auktionshaus Grisebach: 20, 28u, 54u, 55; Dresden, Kupferstich-Kabinett, Staatliche Kunstsammlungen Dresden: 82; Greifswald, Pommersches Landesmuseum: 32, 33, 91ul, 96ul, 106u, 178; Hamburger Kunsthalle / bpkFoto: Christoph Irrgang: 32,34, 49, 57r, 83u, 90l, 154; Hamburger Kunsthalle / bpkFoto: Elke Walford: 30/31, 91o, 121, 134,136/137, 156o, 169, 186, 188o; Privatsammlung in der Hamburger Kunsthalle, Foto: Christoph Irrgang: 90ol; Hannover, Landesmuseum: 118, 119; Kopenhagen, Königliche Bibliothek: 90ur, 189u; Kopenhagen, Statens Museum for Kunst: 22; Los Angeles, Getty Museum: 182; Lübeck, Museum Behnhaus Drägerhaus: 96r, 101, 159; Mannheim, Kunsthalle: 43o, 130, 183u; München, Neue Pinakothek: 107, 117, 156u, 170, 173; New York, Metropolitan Museum of Art: Titelbild, 164; Oslo, Nationalmuseum: 12, 19r (Andreas Harvik), 41 (Anne Hansteen), 42 (Knut Øystein Nerdrum), 44r, 57l, 72, 74r, 76o, 93u, 97o (Børre Høstland), 160o (Andreas Harvik), 180u (Frode Larsen), 142l, 152ol, 152M; Prag, Nationalgalerie: 133; Petersberg, Michael Imhof Verlag: 2/3, 7, 8, 10/11, 14, 15, 46u, 70, 71, 75u, 77, 90M, 90u, 92ur, 93o, 94l, 103, 106o, 110, 111, 112, 116l, 120, 122/123, 125, 128/129, 132o, 140, 143, 147, 148l, 149, 162r, 163, 168u, 172r, 183o; Schwerin, Staatliches Museum: 88u; Washington, National Gallery of Art: 82, 139; Weimar, Klassik Stiftung Weimar, Museen: 17, 48o, 56, 64/65, 74ul, 187; CC BY-NC-SA / Stiftung Preußische Schlösser und Gärten Berlin-Brandenburg/Pfauder, Wolfgang (2011): 84/85, 95; CC BY-NC-SA @ Stiftung Preußische Schlösser und Gärten Berlin-Brandenburg: 98u

Jörg P. Anders: 4, 24o, 36–39, 53, 62, 92o, 100, 109, 124, 126/127, 144, 145, 146, 161, 172u; Herbert Boswank: 43u, 44o, 45o, 46, 51, 96o; Elke Estel, SKD: 113; Elke Estel/Hans-Peter Klut, SKD: 66/67, 73, 75o, 112u, 162ul, 171; Fotowerkstatt Estel/Klut: 92ur; Jürgen Karpinski: 155u, 176/177; Andres Kilger: 78/79, 80/81, 150/151, 179, 190/191; Caterina Micksch: 44lu; Reinhard Saczewski: 35r, 63; Volker-H. Schneider: 52, 53, 54o

wikipedia: 13, 16, 18o, 25–27, 58, 59, 68, 69, 76u, 86–88o, 89, 92l, 99, 102, 104, 105, 108, 116r, 131, 132M, 132u, 135, 141, 148r, 152or, 153, 155o, 157, 158, 166, 167, 168, 172o, 174, 180o, 181, 184, 185, 187o, 188; google-art-project: 60/61

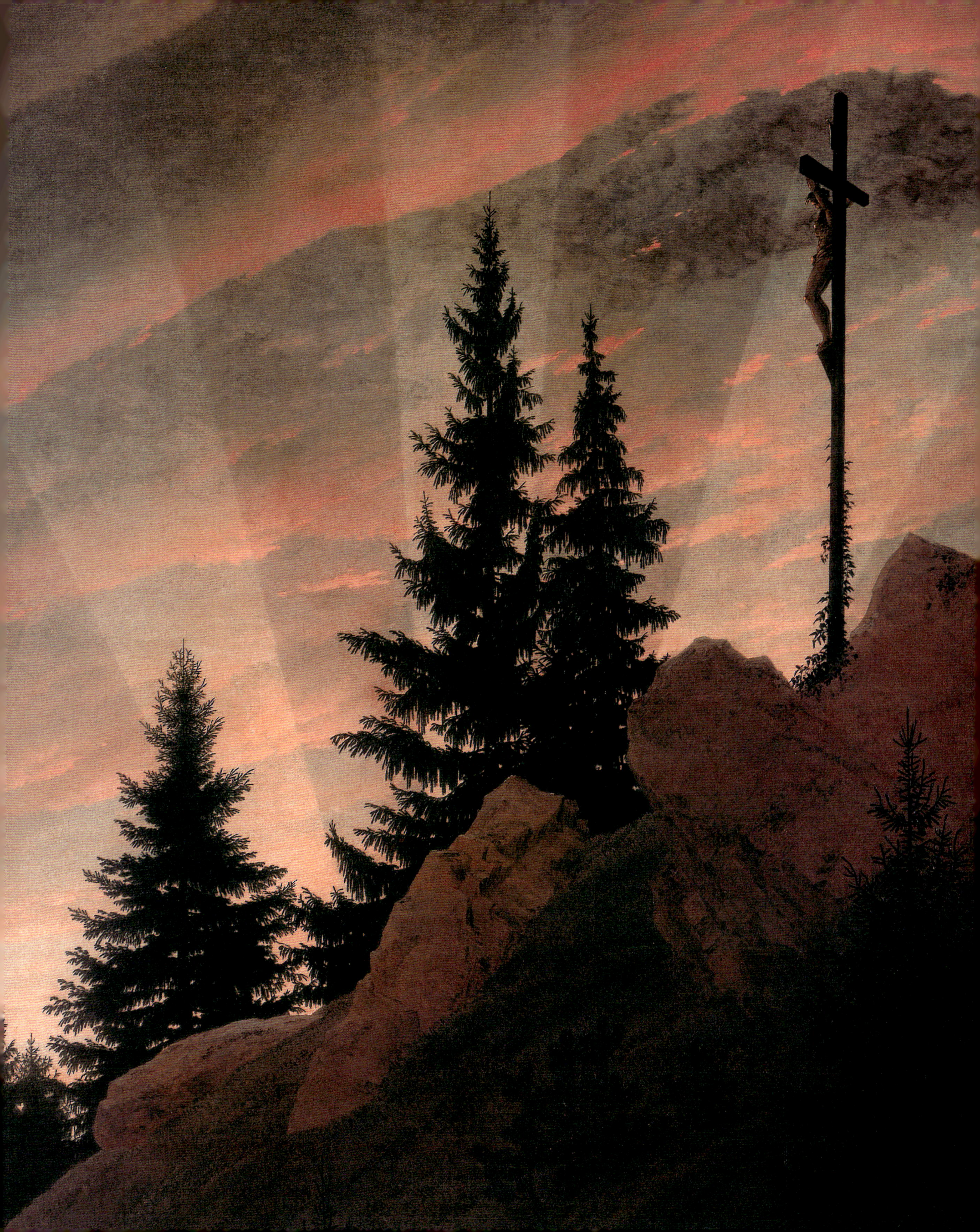

ZU FRIEDRICH

Am 7. November 1834 besuchte der französische Bildhauer Pierre Jean David d'Angers (1788–1856) den besten deutschen Landschaftsmaler Caspar David Friedrich (1774–1840) in Dresden, um ihn für ein kleines **Bronzemedaillon** (Abb. unten) zu porträtieren. Als Gegengabe schenkte Friedrich eine Version seiner Sepia „Eule am Grab" (Abb. S. 187). David d'Angers war von Friedrichs Werk begeistert. Er soll den viel zitierten und legendären Satz ausgesprochen haben: „Voilà un homme qui a découvert la tragédie du paysage!" Er schrieb in einem Brief an seinen Freund Victor Paire am 6. Dezember: „Friedrich! Der einzige Landschaftsmaler, der es bislang vermochte, alle Kräfte meiner Seele aufzurühren, der Maler, der eine neue Gattung geschaffen hat: die Tragödie der Landschaft."* In seinem Tagebuch und in seinen Briefen variierte er diese Aussage: Die Bilder veranlassten zum Träumen; sie glichen einer Dichtung. Sie seien bewundernswert!

Doch der Prophet gilt nichts im eigenen Land: Während das preußische Königshaus und der russische Zarenpalast Werke Friedrichs kauften, besaß die Königliche Gemäldegalerie in Dresden bis zum Tod Friedrichs kein einziges Gemälde des großen Meisters. Der Grund war seine Unangepasstheit, denn nach seinen „Zehn Geboten der Kunst" gehorchte er Gott mehr als den Menschen. Friedrichs Liebe zur Freiheit war religiös motiviert. Seine Kunst kreiste oft um die Gedanken von Tod und Jenseits. Viele Bilder besitzen den Hang zur Einsamkeit. Friedrich trat für die Erneuerung der Kirche und der Gesellschaft – für Demokratie – ein. Schon seine Auseinandersetzung mit Schillers Drama „Die Räuber" (Abb. S. 35) 1798 und 1799 war ein Hinweis auf seine antifeudale Einstellung.

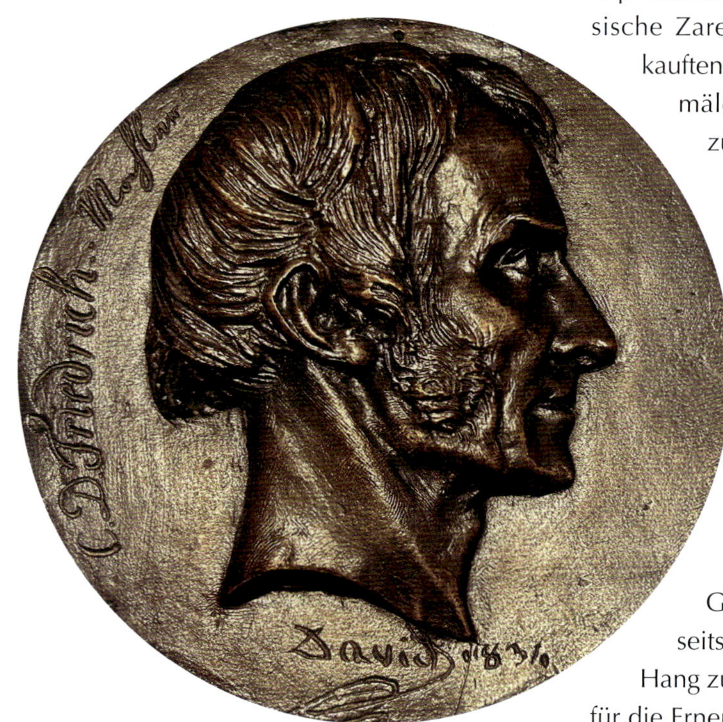

Bronzemedaillon mit dem Porträt Caspar David Friedrichs von Pierre Jean David d'Angers, 1834

Napoleons Eroberungskriege waren ihm zuwider. Deshalb malte er auch politische Bilder, in denen die Betrachter ahnten, dass der Maler nicht auf der Seite Napoleons stand. Er beschäftigte sich mit den Überresten der Megalithkultur und schuf 1806/07 zur Heraufbeschwörung der heroischen Vergangenheit die Sepiazeichnung „Hünengrab am Meer" (Abb. S. 64/65) und unmittelbar danach das Ölbild „Hünengrab im Schnee". Auch der Tetschener Altar (Abb. S. 73) von 1807/08 kann als patriotisch ausgedeutet werden, zumal Friedrich das Werk ursprünglich für Gustav IV. Adolf von Schweden geschaffen hatte, ein entschiedener Gegner Napoleons.**

Friedrich boykottierte u. a. 1808 die Jahresausstellung der Akademie in Dresden aus Protest gegen die napoleonfreundliche Haltung des sächsischen Königs.*** Das hatte sich dieser jedoch gemerkt, fürchteten die Monarchen doch das Volk, das nach Umsturz und Demokratie sinnte. Als Friedrich am 19. Juni 1816 den König um die Mitgliedschaft in der Akademie bat, befürwortete der Generaldirektor der Kunstakademie Heinrich Graf Vitzthum von Eckstädt den Antrag und schlug auch eine außerordentliche Professur vor. Doch letztere lehnte der König ab.

Sichtbares Zeichen seiner politischen Einstellung war seit Mitte der 1810er Jahre die Darstellung von Männern in altdeutscher Tracht, die im Zuge der Karlsbader Beschlüsse, die auf die Wiederherstellung feudaler Strukturen zielten, 1819 verboten wurde. Wer die freiheitlichen Ideen weiterhin forderte, wurde als Demagoge diffamiert und war der politischen Verfolgung ausgesetzt. Am 11. Juli 1819 traf es den Berliner Verleger, Friedrich-Freund und -sammler Georg Andreas Reimer, dessen Haus im Rahmen der Demagogenverfolgung „wegen revolutionärer Umtriebe" durchsucht wurde. Unter dem beschlagnahmten Material befanden sich auch Briefe Friedrichs. Im Jahr zuvor hatte Reimer in Dresden Friedrichs Atelier aufgesucht. Ihn begleitete u. a. Friedrich Schleiermacher, der 1817 am Wartburgtreffen gesprochen hatte und deshalb am 11. Juli 1819 verhaftet wurde. Nur drei Tage später erfolgte die Durchsuchung der Wohnung von Ernst Moritz Arndt in Bonn, bei dem man regierungskritische Briefe von Friedrich fand. Da aus dem Umfeld Friedrichs mehrere Personen durchsucht und verhört wurden, fürchtete auch er in brisanten Zeiten Hausdurchsuchungen und eine Verhaftung aufgrund seiner Einstellung, zuletzt seit September 1830, als es zu gewalttätigen revolutionären Unruhen in Dresden kam, die erst durch den Übergang von der absoluten zur konstitutionellen Monarchie durch die Urkunde vom 4. September 1831 beigelegt wurden.

Friedrich sehnte sich nicht wie andere Maler seiner Generation nach Italien – wahrscheinlich aus Liebe zu seiner Heimat. In seinen Werken wurde deshalb die einheimische Umgebung bildwürdig und nicht wie bei seinen zeitgenössischen Landsleuten, z. B. Jakob Philipp Hackert (1737–1807) oder Joseph Anton Koch (1768– 1839), die arkadische, heroische bzw. antikisierende, südländische und idealisierte Landschaft in der Tradition von Nicolas Poussin oder Claude Lorrain.
Friedrich wurde so zum Entdecker der malerischen Schönheit der Insel Rügen und gleichzeitig der Landschaft Nordböhmens und des Riesengebirges.
Friedrichs künstlerische Fähigkeiten wurden nie infrage gestellt. Das Niveau, auf dem er ein Meisterwerk der Romantik nach dem nächsten produzierte, ist im Rückblick atemberaubend.
Dabei muss davon ausgegangen werden, dass wir von über einem Drittel seines malerischen Werks keine Kenntnis haben. Erhalten sind von ihm 161 Ölbilder, 132 gelten als verschollen. Von diesen sind mindestens 16 Gemälde durch Brand in der ersten Hälfte des 20. Jahrhunderts zerstört worden.**** Immerhin existieren von diesen Ölbildern zumindest mehr oder weniger gute Fotografien. Die Anzahl der Gemälde ist vergleichsweise gering, berücksichtigt man jedoch, dass Friedrich seine Arbeiten in Öl mit wenigen Ausnahmen nur im Zeitraum von 1807 bis 1836 und somit innerhalb von 30 Jahren ausführte und keine Werkstattgehilfen besaß, dann ist die Anzahl aufgrund der hohen Qualität der Werke beachtlich, zumal er parallel Sepien und Aquarelle in außergewöhnlicher Detailliertheit schuf.
Die Anzahl seiner Zeichnungen, die er vor allem auf seinen Reisen anfertigte, beträgt über 1000. 404 der 1014 im Werkverzeichnis aufgeführten Blätter stammen aus 17 bis 20 Skizzenbüchern, von denen sechs in gebundenem Zustand überliefert sind.*****
Da Caspar David Friedrich nicht signierte, die Zahl seiner Schüler gering war und aufgrund des Geschmackswandels in der Malerei, der im Laufe der 1830er Jahre zum Naturalismus etwa der Düsseldorfer Schule und in den 1870er Jahren zum französischen Impressionismus führten, geriet der Dresdner Maler in Vergessenheit. Die Wiederentdeckung erfolgte 1906 mit der „Deutschen Jahrhundertausstellung“ in der Berliner Nationalgalerie.******

* Zitiert nach Werner Hofmann: Caspar David Friedrich. Naturwirklichkeit und Kunstwahrheit, München 2000, S. 12.
** Holger Birkholz: „Solange wir Fürstenknechte bleiben“. C. D. Friedrichs politische Haltung. In: Holger Birkholz u. a. (Hg.): Caspar David Friedrich. Wo alles begann, Katalog Dresden 2024, S. 248–257.
*** Vgl. Kataloge der Jahresausstellungen der Kurfürstl./Königl. Sächsischen Akademie der Künste (https://de.wikisource.org).
**** Helmut Börsch-Supan: Caspar David Friedrich. Seine Gedankengänge, Berlin 2023, S. 17, 18. Seit Helmut Börsch-Supans Werkverzeichnis von 1973 sind nur sieben Ölbilder zusätzlich aufgetaucht.
***** Christina Grummt: Caspar David Friedrich. Die Zeichnungen, München 2011; Petra Kuhlmann-Hodick, Johanna Ziegler: Beobachtungen zu Friedrichs Naturstudien und Entwurfszeichnungen. In: Holger Birkholz u. a. (Hg.): Caspar David Friedrich. Wo alles begann, Katalog Dresden 2024, S. 46–69, 47.
****** Birgit Verwiebe: Die Wiederentdeckung C. D. Friedrichs mit der Deutschen Jahrhundertausstellung 1906. In: Birgit Verwiebe, Ralph Gleis (Hg.): Caspar David Friedrich. Unendliche Landschaften, Katalog Berlin 2024, München u. a. 2024, S. 13–33.

LITERATURAUSWAHL

Bettina Baumgärtel, Jan Nicolaisen (Hg.): Caspar David Friedrich und die Düsseldorfer Romantiker, Ausstellung Düsseldorf/Leipzig 2020/21, Dresden 2020.

Holger Birkholz, Petra Kuhlmamnn-Hodick, Stephanie Buck, Hilke Wagner (Hg.): Caspar David Friedrich. Wo alles begann, Katalog Dresden 2024, Dresden 2024.

Helmut Börsch-Supan: Caspar David Friedrich. Seine Gedankengänge, Berlin 2023.

Ders., Karl Wilhelm Jähnig: Caspar David Friedrich. Gemälde, Druckgraphik und bildmäßige Zeichnungen, München 1973.

Werner Busch: Caspar David Friedrich. Ästhetik und Religion, München 2003.

Ders.: Caspar David Friedrich, München 2021.

Wolf Eiermann und Konrad Bitterli (Hg.): Caspar David Friedrich und die Vorboten der Romantik, Katalog Schweinfurt und Winterthur, München 2022.

László Földényi: Caspar David Friedrich. Die Nachtseite der Malerei, München 1993.

Hubertus Gaßner: Caspar David Friedrich. Die Erfindung der Romantik, Katalog Essen/Hamburg 2006/07, München 2006.

Willi Geismeier: Zur Bedeutung und entwicklungsgeschichtlichen Stellung von Naturgefühl und Landschaftsdarstellung bei Caspar David Friedrich, Dissertation, Berlin 1966.

Johannes Grave: Caspar David Friedrich, München, London, New York 2. Aufl. 2023.

Christina Grummt: Caspar David Friedrich. Die Zeichnungen. Das gesamte Werk, München 2011.

Werner Hofmann: Caspar David Friedrich. Naturwirklichkeit und Kunstwahrheit, München 2000.

Florian Illies: Zauber der Stille, Frankfurt am Main 2023.

Jens Christian Jensen: Caspar David Friedrich. Leben und Werk, Köln 1995

Joseph Leo Körner: Caspar David Friedrich. Landschaft und Subjekt, München 1998.

Petra Kuhlmann-Hodick, Gerd Spitzer (Hg.): Dahl und Friedrich, Dresden 2014.

Peter Märker: Caspar David Friedrich. Geschichte als Natur, Heidelberg 2007.

Frank Richter: Caspar David Friedrich. Spurensuche im Dresdener Umland und in der Sächsischen Schweiz, Dresden 2009.

Ders.: Caspar David Friedrich. Der Landschaftsmaler, Petersberg 2024.

Wieland Schmid: Caspar David Friedrich. Zyklus, Zeit, Ewigkeit, München 1999.

Christian Scholl: Caspar David Friedrich und seine Zeit, Leipzig 2015.

Detlef Stapf: Caspar David Friedrich. Die Biographie, Berlin 2019.

Werner Sumowski: Caspar-David-Friedrich-Studien, Wiesbaden 1970.

Willi Wolfradt: Caspar David Friedrich und die Landschaft der Romantik, Berlin 1924.

Herrmann Zschoche: Caspar David Friedrich. Die Briefe, Hamburg 2006.

Ders.: Friedrichs Frauenbilder, Frankfurt am Main 2015.

Ders.: Caspar David Friedrichs Rügen. Eine Spurensuche, Dresden 2021.

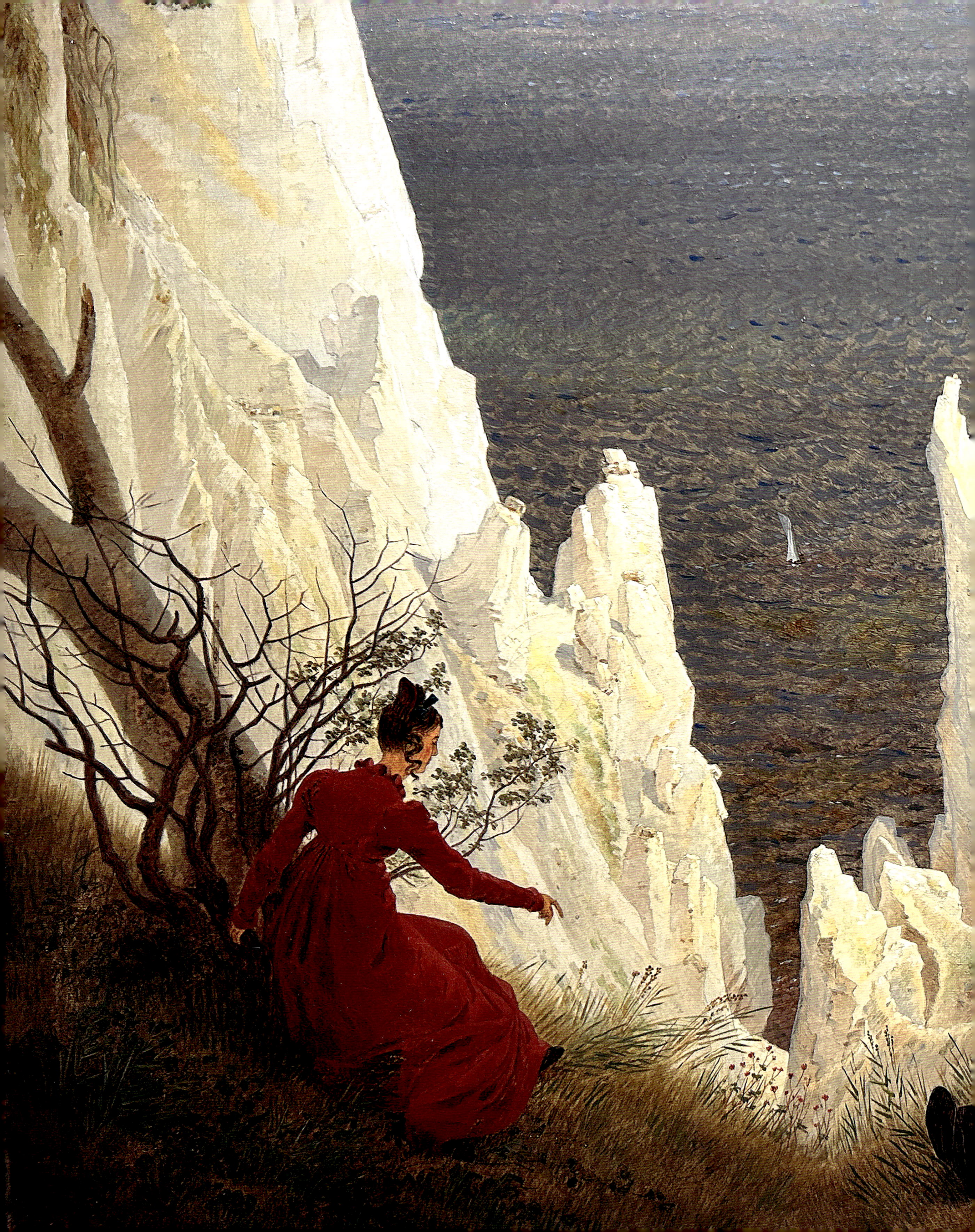

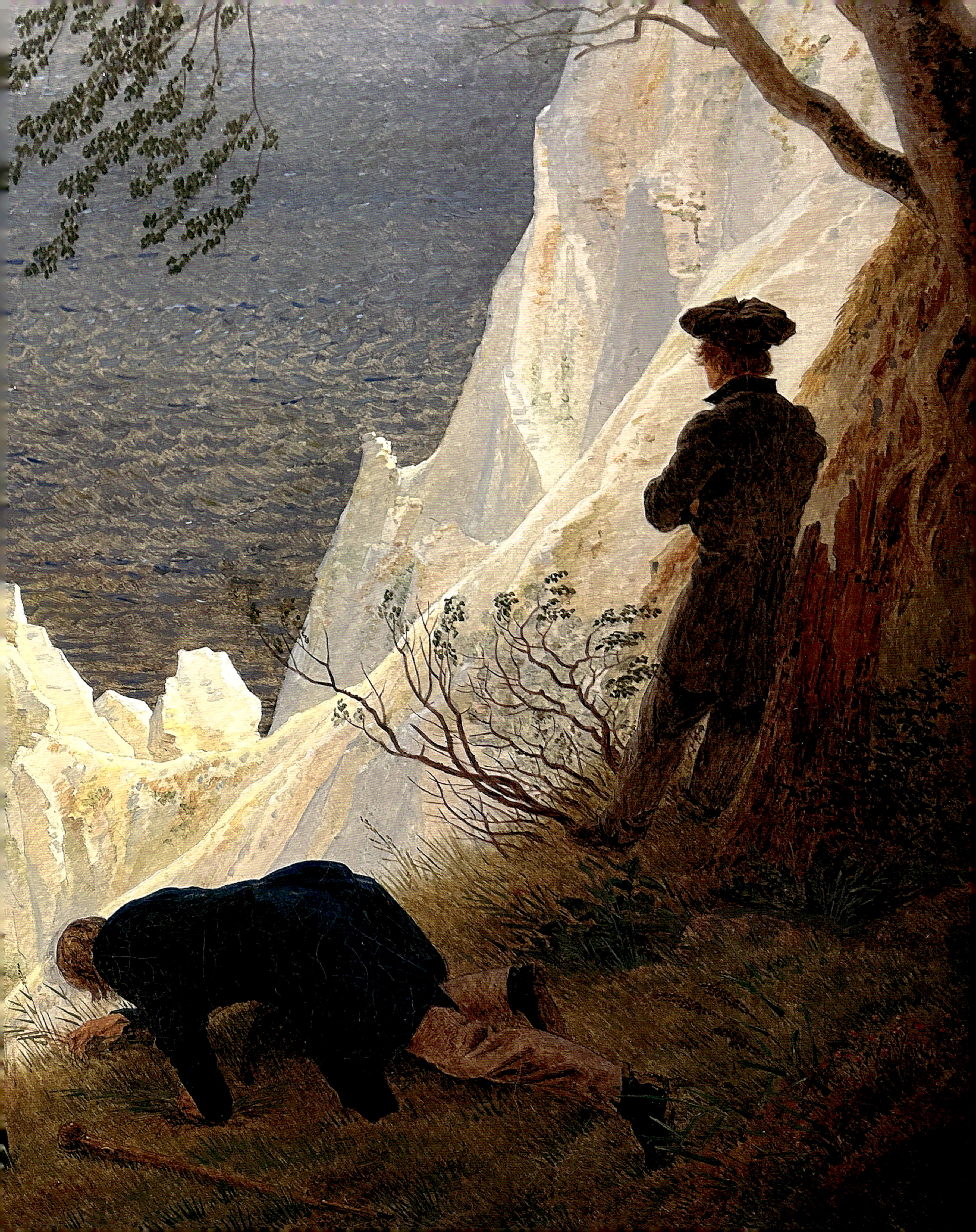

FRIEDRICHS KUNST

Vor vielen Jahren besuchte ich erstmals die Insel Rügen und bestieg auf den Spuren von Caspar David Friedrich den 118 Meter hohen Kreidefelsen der Stubbenkammer mit dem majestätischen Königsstuhl. Vor Ort war meine Enttäuschung groß, entsprach der Ausblick doch keineswegs dem wunderbaren Gemälde (Abb. S. 10/11, 111) oder dem Aquarell **Kreidefelsen auf Rügen** (Abb. rechts) von Friedrich. Zwar sind die Kreidefelsen einer ständigen Erosion ausgesetzt. Permanent brechen – vor allem mit jedem Sturm – Stücke aus den Felsen und reißen Bäume und Sträucher mit ins Meer. Dass sich der heutige Anblick vom Königsstuhl nicht mit den Darstellungen von Friedrichs Ansichten deckt, hat jedoch noch einen anderen Grund: Denn auch ein Vergleich des Aquarells mit dem Ölbild lässt Unterschiede im Bereich der Felsspitzen erkennen. Offenkundig nahm es Friedrich mit der realen Wiedergabe nicht so genau, da er die ästhetische Wirkung über die topografische Genauigkeit stellte. Tatsächlich kann festgestellt werden, dass der Maler getrennte Ansichten der nahe beieinanderliegenden Kleinen und der Großen Stubbenkammer miteinander kombinierte. Er streckte die Höhe der Klippe und der Felszacken, um den Felsen mächtiger, dramatischer und interessanter erscheinen zu lassen und den grandiosen Blick auf das weite Meer zu steigern. Bestätigt wird diese Beobachtung durch Friedrichs **Studien der Kleinen Stubbenkammer**, die dieser am 6./7. und 11. August 1815 ausführte (Abb. unten). Dass der Kreidefelsen keineswegs so malerisch war, wie ihn Caspar David Friedrich darstellte, mag erklären, weshalb sich die Zahl der Rügener Kreidefelsendarstellungen in der Ölmalerei in Grenzen hält. Dagegen finden sich Ansichten des Møns Klint, eine bis zu 128 Meter hohe Kreideklippe im Osten der dänischen Ostseeinsel Møn, häufig auf Gemälden. Der Kreidefelsen war das beliebteste Motiv dänischer Landschaftsmaler und wurde unter anderem von **Anton Eduard Kieldrup** (1826–69) vielfach gemalt. Kieldrups **Kreidefelsen von Møn** (Abb. S. 15) aus dem Jahr 1848 zeigt aus einer geschickt gewählten Perspektive den

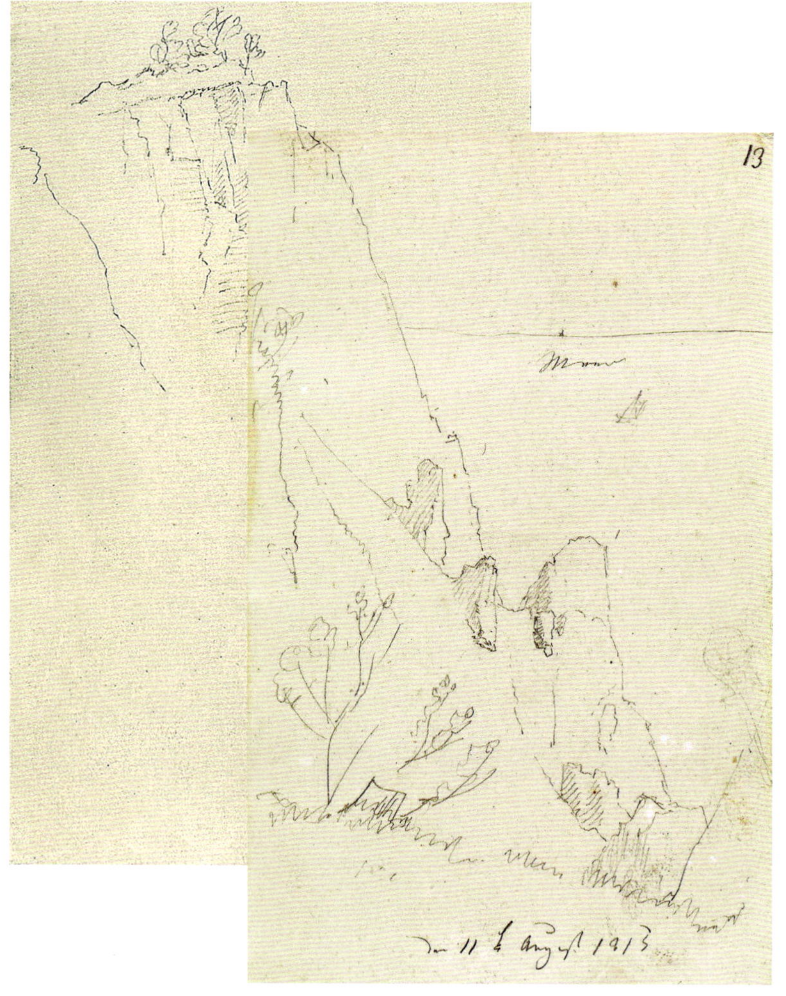

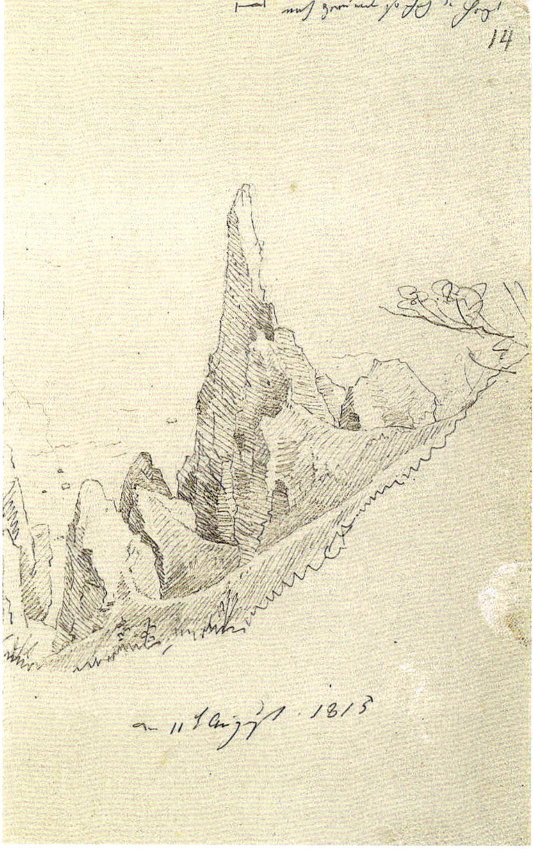

links: Kleine Stubbenkammer auf Rügen, 11. August 1815, Nationalmuseum, Oslo

spektakulären Felsen mit der später abgebrochenen „Nadel“, die der Formation und Farbe auf Caspar David Friedrichs Rügenfelsenansicht ähnlich ist. Im Vordergrund sitzt ein malender Künstler, der sowohl als ein Selbstbildnis als auch als ein weiterer Maler gedeutet werden kann, der – wie viele andere Künstler und Laien – den Kreidefelsen zur Vorlage nahm.

Gemeinsam haben die Bilder von Friedrich und von Kieldrup die Wahl eines spektakulären Bildausschnitts und die Dramatisierung des grandiosen Ausblicks, bei denen durchaus seitens der Maler die Größe des Kreidefelsens übertrieben wurde, um die Wirkung der Natursehenswürdigkeit zu steigern. Verdeutlicht werden kann dies an der Darstellung **Sommertag am Møns Klint** von **Carsten Henrichsen** (Abb. S. 14) aus dem Jahr 1855, der den Kreidefelsen wohl in seiner wirklichen Gestalt wiedergab. Die „Nadel“ entpuppt sich hier als eher kleine Felsformation.

Die hier vorgebrachte Beobachtung soll zeigen, dass Caspar David Friedrich wie beinahe alle Künstler das Gesehene interpretierte und deshalb die Landschaft subjektiv in seinen Gemälden wiedergab. Trotz aller Nähe zur Natur sind Friedrichs Landschaften nur selten partiell exakte Wiedergaben eines konkreten Orts und bei größeren Kompositionen in der Regel aus mehreren Einzelstudien zusammengesetzt. Dabei kombinierte auch schon einmal Motive aus Rügen mit denjenigen aus der Sächsischen Schweiz oder dem Riesengebirge. Von daher handelt es sich bei seinen Ansichten in der Regel um Fantasiegebilde und -landschaften, die er so gestaltete, dass sie den Betrachter in ihren Bann ziehen. Friedrich schuf an der Natur ausgerichtete zauberhafte mystische Bilder, die er akkurat und wohlproportioniert ausführte.

Vielzitiert ist daher Caspar David Friedrichs Manifest von 1830: *„Nicht die treue Darstellung von Luft, Wasser, Felsen und Bäumen ist die Aufgabe des Bildners, sondern seine Seele, seine Empfindung soll sich darin widerspiegeln. Den Geist der Natur erkennen und mit ganzem Herzen und Gemüt durchdringen und wiedergeben, ist Aufgabe eines Kunstwerkes. [...] Der Maler soll nicht bloß malen, was er vor sich sieht, sondern auch, was er in sich sieht. Sieht er aber nichts in sich, so unterlasse er auch zu malen, was er vor sich sieht.“**

William Turner beschrieb seine Kunst mit den Worten: „Ich male Atmosphäre!“ Friedrich könnte von seiner Malerei behaupten: „Ich male Gefühle!“

Und nochmals zurück: Der Vergleich mit den Gemälden von Henrichsen und Kieldrup zeigt auch, dass sich Friedrich bei dem Kreidefelsen von Rügen an eine Konzeption wagte, die so viel anders als die seiner Malerkollegen ist. Er wagt es, dass seine Protagonisten und zugleich der Betrachter unmittelbar am lebensgefährlichen Abgrund stehen und zugleich den fantastischen Blick in das Meer wahrnehmen können.

Von Carl Gustav Carus (1789–1869), dem langjährigen Freund Friedrichs, stammt die vielfach zitierte Äußerung zu Friedrichs Vorgehensweise beim Malen, veröffentlicht 1865 in seinen „Lebenserinnerungen und Denkwürdigkeiten“: „Es war mir von großer Wichtigkeit, Friedrichs' Verfahren bei Entwerfung seiner Bilder kennenzulernen. Er machte nie Skizzen, Cartons, Farbenentwürfe zu seinen Gemälden, denn er behauptete (und gewiß nicht ganz mit Unrecht), die Phantasie erkalte immer etwas durch die Hülfsmitte. Er fing das Bild nicht an, bis es lebendig vor seiner Seele stand, dann zeichnete er auf die reinlich aufgespannte Leinwand erst flüchtig mit Kreide und Bleistift, dann sauber und vollständig mit der Rohrfeder und Tusche das Gan-

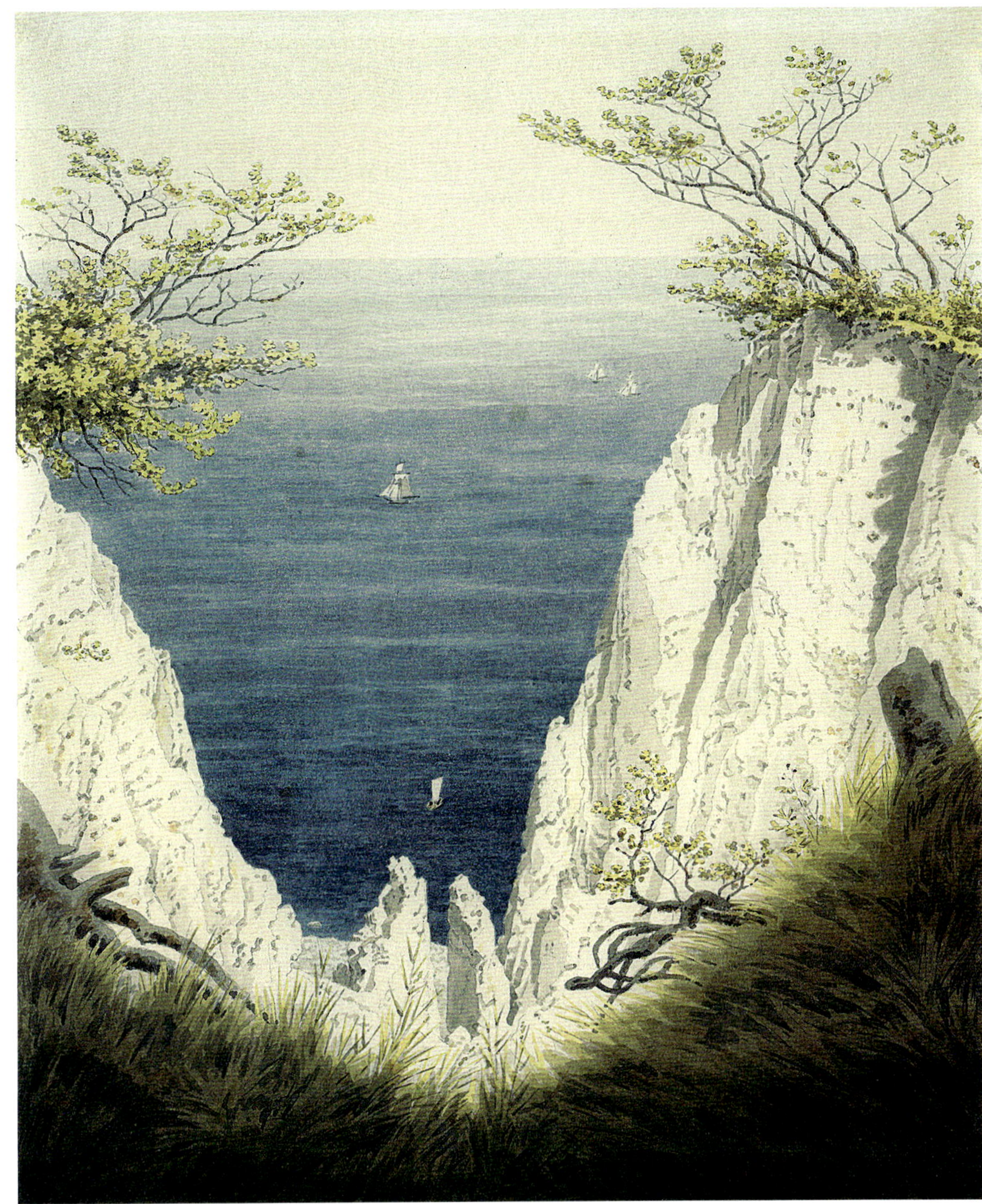

Kreidefelsen auf Rügen, 1825/26, Aquarell über Graphitstift auf Papier, 25,2 x 31,7 cm, Museum der bildenden Künste, Leipzig

* Aus Friedrichs Manuskript „Äußerungen bei einer Betrachtung von Gemälden von größtenteils noch lebenden und längst verstorbenen Künstlern“, um 1830.

ze auf, und schritt hierauf bald zur Untermalung. Seine Bilder sahen daher in jeder Stufe ihrer Entstehung stets bestimmt und geordnet aus, und gaben immer den Abdruck seiner Eigenthümlichkeit und der Stimmung, in welcher sie ihm zuerst innerlich erschienen waren."* Demnach verzichtete Friedrich weitestgehend auf Gesamtstudien als Vorlagen. Er entwickelte seine Bilder vielmehr mittels einer Auswahl an Studien, die er an unterschiedlichsten Orten und zu verschiedenen Zeiten erstellt hatte. Die Unterzeichnung spielte im Werkvorgang bei Friedrich eine wesentliche Rolle, da er sie vor allem in den frühen Arbeiten häufig sichtbar stehen ließ und nur mit einer dünnen Farbschicht übermalte. Von 1807 bis etwa 1810 unterzeichnete er mit Stiftmaterial, dann mit Stift und Feder und ab Mitte der 1820er Jahre zunächst mit einem Stift und darüber mit Feder und Pinsel. Der Unterzeichnungsstil wurde im Laufe der Jahre routinierter und flüssiger.** Friedrichs Unterzeichnungen unterscheiden sich von Zeitgenossen wie Carus oder Karl Friedrich Schinkel dadurch, dass sie akkurat und detailliert in sämtlichen Bildpartien erfolgten. Durch die Kenntnis der Vorzeichnung konnte belegt werden, das Friedrich z. B. das Gemälde „Mönch am Meer" ursprünglich mit drei großen Schiffen malen wollte, er am Ende jedoch auf ihre Darstellung zugunsten einer Entleerung der Komposition verzichtete.

Um seine großen Sepiablätter und ab 1807 auch Gemälde vorzubereiten, unternahm er Reisen in die Gegend um Dresden, ins Riesen- und Erzgebirge, nach Nordböhmen, in den Harz und auf die Insel Rügen sowie rund um Greifswald und Neubrandenburg, um zu zeichnen. In den Skizzenbüchern und auf Einzelblättern finden sich vor allem Bleistift-, teilweise Tuschezeichnungen und Aquarelle. Diese Vorgehensweise war zu allen Zeiten, aber besonders in der 1. Hälfte des 19. Jahrhunderts üblich. William Turner besaß etwa 300 Skizzenbücher und unternahm fast jährlich eine große Reise.*** Bei Friedrich waren es wohl nur 17 bis 20 Skizzenbücher. Wie bei Turner dienten die einmal von Friedrich gezeichneten Studien ein Leben lang als immer wiederverwendeter Fundus. Friedrich studierte akribisch die Natur als Schöpfung Gottes und nahm diese für neue kreative Kompositionen zum Vorbild, um damit Neues und in ihrer Gesamtwirkung Ideales und Wirkungsvolleres zu schaf-

* Carl Gustav Carus: Lebenserinnerungen und Denkwürdigkeiten, Weimar 1966.

** Kristina Mösl: Von der Idee zum Gemälde. Forschungen zur Maltechnik Caspar David Friedrichs. In: Caspar David Friedrich. Unendliche Landschaften (hg. v. Birgit Verwiebe, Ralph Gleis), München, London, New York 2024, S. 120–135, 126, 127.

*** Michael Imhof: William Turner. Leben und Werk, Petersberg 2023.

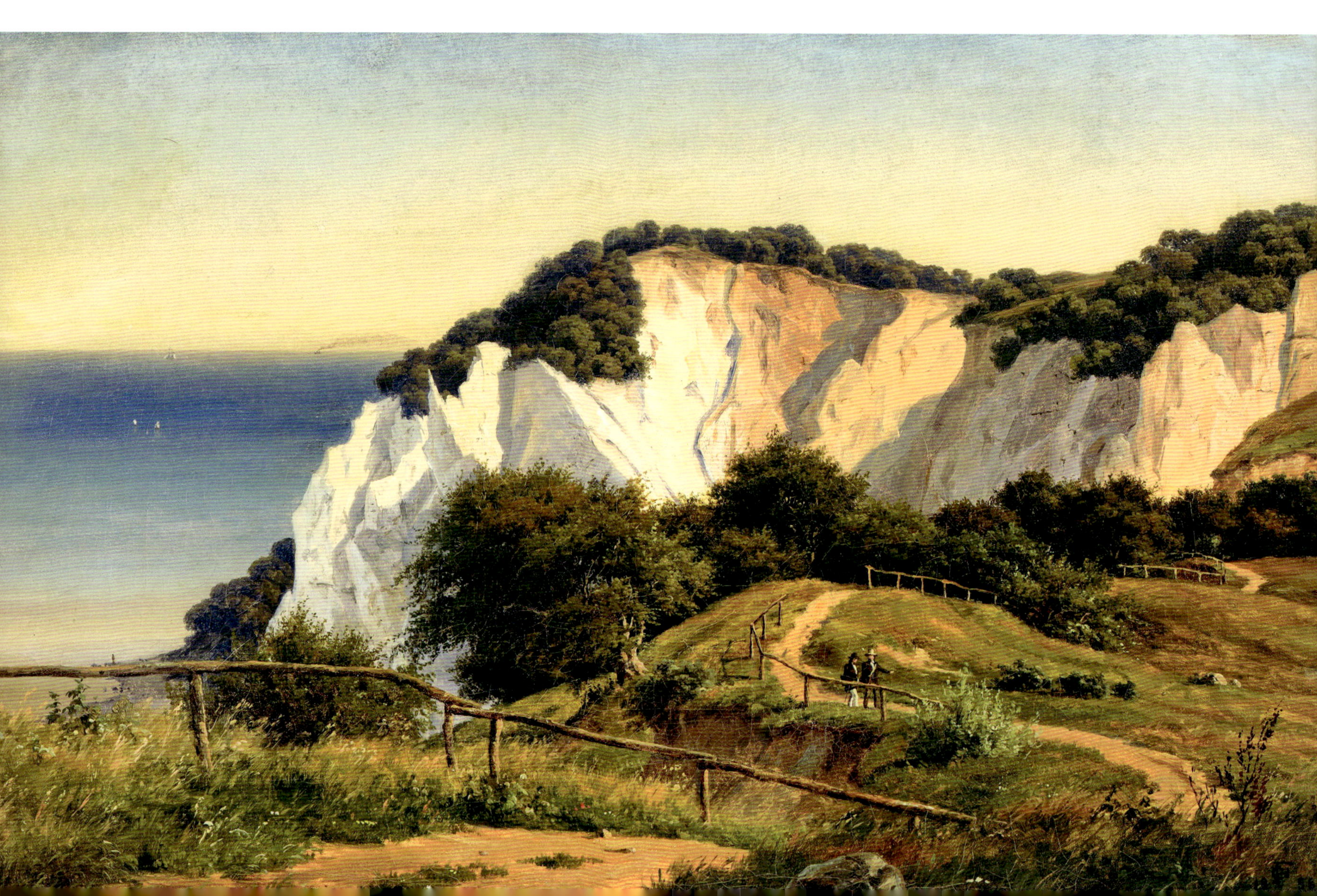

Carsten Henrichsen (1824–1897): Sommertag am Møns Klint, 1855, Öl auf Leinwand, 36 x 56 cm, Privatbesitz

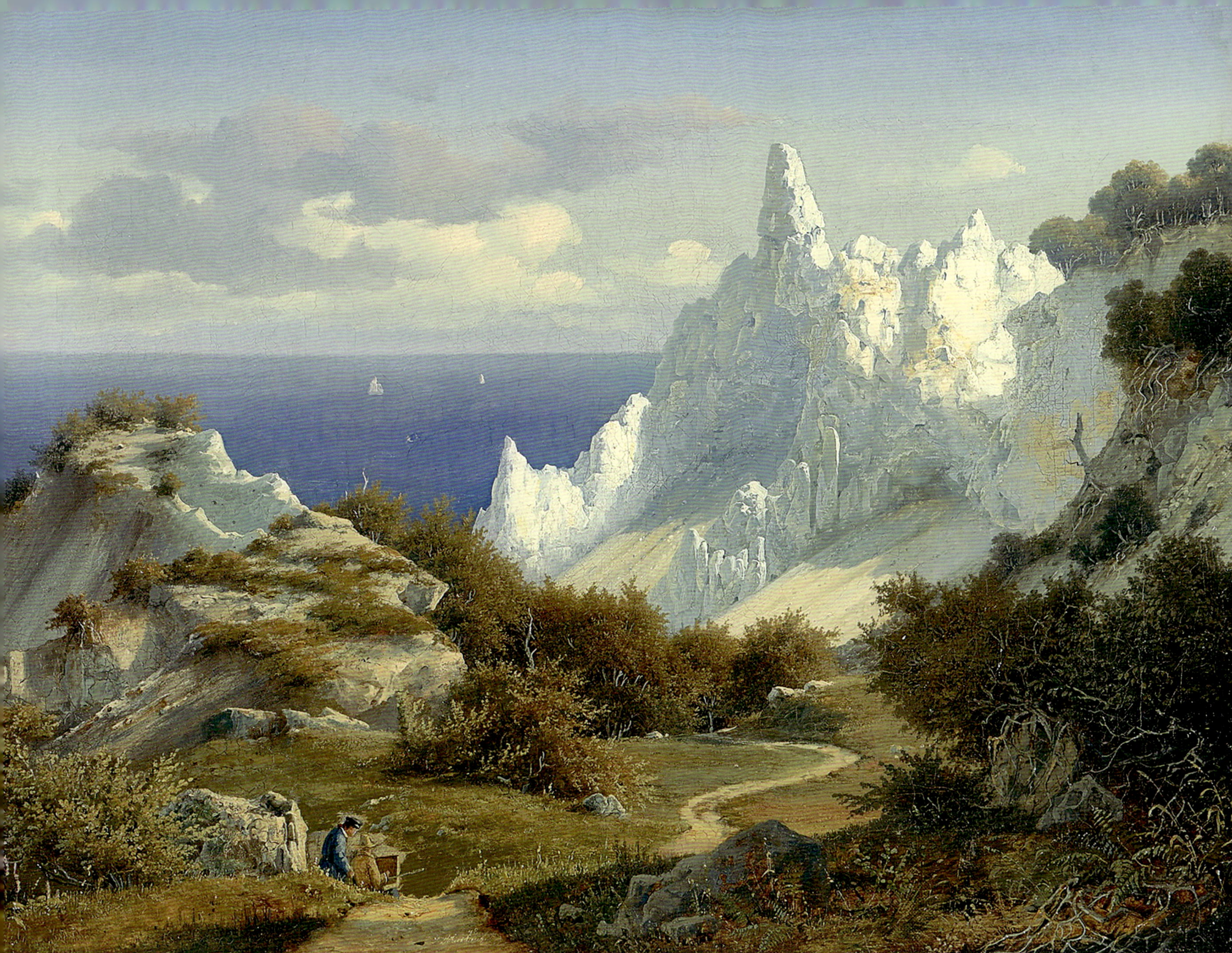

fen, als es die Natur hervorzubringen vermochte. Diesen idealisierten Anspruch, die Wirklichkeit der Landschaft beinahe göttlich zu überhöhen, ahnt der Betrachter beim Anblick der Bilder Friedrichs, ohne dass es ihm jedoch bewusst ist. Die Kompositionen sind so subtil erdacht, dass sie nicht künstlich wirken, obwohl sie eine Scheinwelt wiedergeben.

Im Zusammenhang mit Friedrichs Darstellungen ist ein wesentlicher Aspekt noch zu benennen: Bei Friedrich wird die einheimische Umgebung bildwürdig und nicht wie bei seinen zeitgenössischen Landsleuten, z. B. Jakob Philipp Hackert (1737–1807) oder Joseph Anton Koch (1768– 1839), die arkadische, heroische bzw. antikisierende, südländische und idealisierte Landschaft in der Tradition von Nicolas Poussin oder Claude Lorrain. Friedrich ist der Entdecker der malerischen Schönheit der Insel Rügen und gleichzeitig der Landschaft Nordböhmens und des Riesengebirges. Darüber hinaus malte er die Gegend um Dresden und das Elbsandsteingebirge, das bereits vor ihm durch seine Professoren entdeckt worden war.

Friedrich realisierte seine wunderbaren Gebirgsbilder und norddeutschen Landschaften in einer außergewöhnlichen Perfektion der handwerklichen Ausführung. Wie bei allen herausragenden Künstlern können seine Bilder in der Vergrößerung gezeigt werden, ohne dass sie von ihrer Wirkung und Präzision einbüßen. Dies setzt Talent, Ausdauer und Erfahrung voraus. Seine Schwäche in der Figurendarstellung im Frühwerk legte er rasch ab.

Selbstverständlich entstand Friedrichs Kunst nicht aus dem Nichts, sondern beruht auf den Grundlagen sei-

Anton Eduard Kieldrup (1826–69): Die Kreidefelsen von Møn, 1848, 40 x 53 cm, Privatbesitz

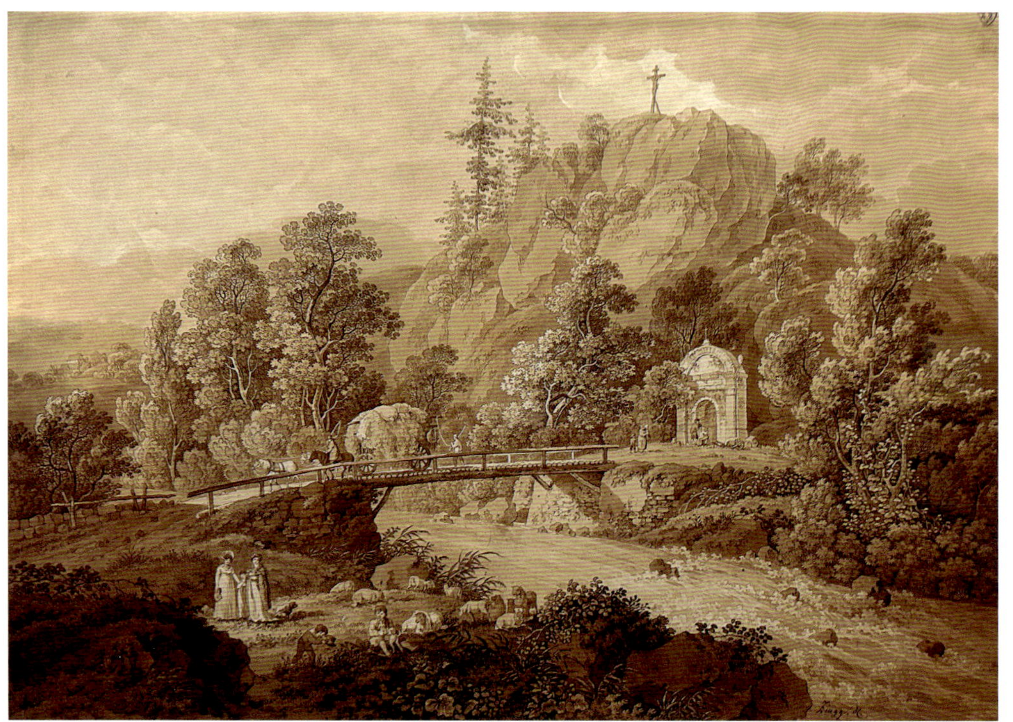

Adrian Zingg: Brücke über die Tepl beim Johannisfels, um 1800, lavierte Umrissradierung, 30,6 x 43,2 cm, Museum Georg Schäfer, Schweinfurt

Adrian Zingg: Die Hasenburg in Böhmen, Pinsel in Braun und Deckweiß, 51,7 x 70,3 cm, Kupferstich-Kabinett, Staatliche Kunstsammlungen Dresden

ner Lehrer auf der Akademie in Dresden und seinem Umfeld, das er in Greifswald und Dresden vorfand. Von einschneidendem Einfluss waren dabei die Landschaftsdarstellungen von Philipp Veith (1793– 1877), Christian Wilhelm Ernst Dietrich (1712–74) und Adrian Zingg (1734–1816), nach deren Vorlagen Friedrich Studien anfertigte. Als Vorbilder mussten vor allem Zinggs Sepiazeichnungen dienen, von denen Friedrich nicht nur die Technik rezipierte. Zingg war es, der dramatische Flussläufe, Felsformationen und Ruinenlandschaften mit bewegten Laubbäumen im Wind insbesondere in der Sächsischen und Böhmischen Schweiz

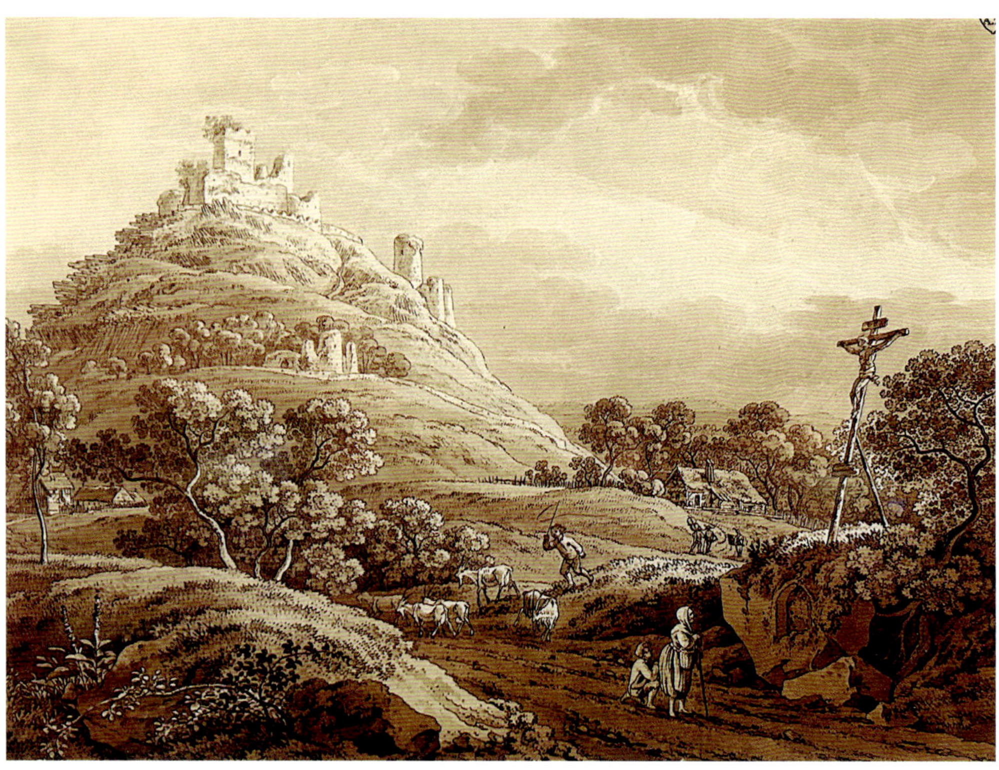

zum Thema machte. Er schuf bereits malerische Werke, die als autonome Landschaftsbilder gelten können. Allerdings ergänzte er die Szene zumeist mit Staffagefiguren und hielt sich relativ eng an die topografische Begebenheit. Von Interesse ist, dass **Adrian Zingg** – wie später Friedrich – das Thema „Wegekreuz" aufgriff. Dies geschah sowohl bei Kreuzen am Wegesrand als auch bei Gipfelkreuzen, wie z. B. auf den Blättern **Brücke über die Tepl beim Johannisfels** (alter Titel: Egerburg bei Karlsbad mit Kreuz, Abb. links) und **Hasenburg in Böhmen** (Abb. unten).* Zingg hielt sich relativ genau an die topografischen Gegebenheiten und variierte lediglich im Vordergrund das Gebüsch und Blattwerk, während Friedrich einen freien Umgang in der Wiedergabe der Topografie wählte und gewöhnlich mehrere Ansichten und Einzelstudien in ein Bild kombinierte. Zudem verzichtete er im Unterschied zu Zingg häufig auf Staffagefiguren und betonte die romantische Stimmung, indem er einen transparenteren Farbauftrag zur Wiedergabe der Luftperspektive wählte, wie an Friedrichs kleiner **Gebirgslandschaft mit Kreuz** (Abb. rechts) ersichtlich ist, von der es zwei nahezu identische Fassungen in Weimar und Stuttgart gibt.** Den Vordergrund nimmt der idealisierte Berg mit einem Gipfelkreuz ein, das von vereinzelt stehenden Fichten umgeben wird. Durch den vernebelten Hintergrund wird der „Kreuzberg" hervorgehoben. Mittig steigt dahinter ein Kegelberg, bei dem es sich um das Honigsteinmassiv in der Sächsischen Schweiz handelt, aus dem Dunst heraus, vergleichbar der Situation im Herbstblatt des Zeitenzyklus (Abb. S. 52).*** Der Berg wird hier zum Gottessymbol. Beeindruckend sind die Wiedergabe der Nebelschwaden und die detailreiche und präzise Ausführung im winzigen Format.
Die Hinwendung zur Sakrallandschaft zeigt den Einfluss des Pietismus, der die Auffassung vertrat, Gott manifestiere sich in der natürlichen Welt. Die Betrachtung der Natur – wie sie in der Landschaftsdarstellung zum Ausdruck kam – sah man als eine Art Hingabe. Deshalb zeigen Friedrichs Bilder im Zeitraum von 1804 bis 1812 oft religiöse Symbole: Kreuze und gotische Kirchen, die sich über einem Nebel erheben. Für Friedrich war die Natur eine Schöpfung Gottes. Um 1819 soll Friedrich zu seinem kleinen Bild „Schwäne im Schilf" (Abb. S. 132) geäußert haben: „Das Göttliche ist überall, auch im Sandkorn, da habe ich es einmal im Schilfe dargestellt."****
Das Thema „Kreuz in der Natur" nimmt besonders im Frühwerk Friedrichs eine wichtige Rolle ein. Alleine die Reihe von Darstellungen bildprägender Gipfel-

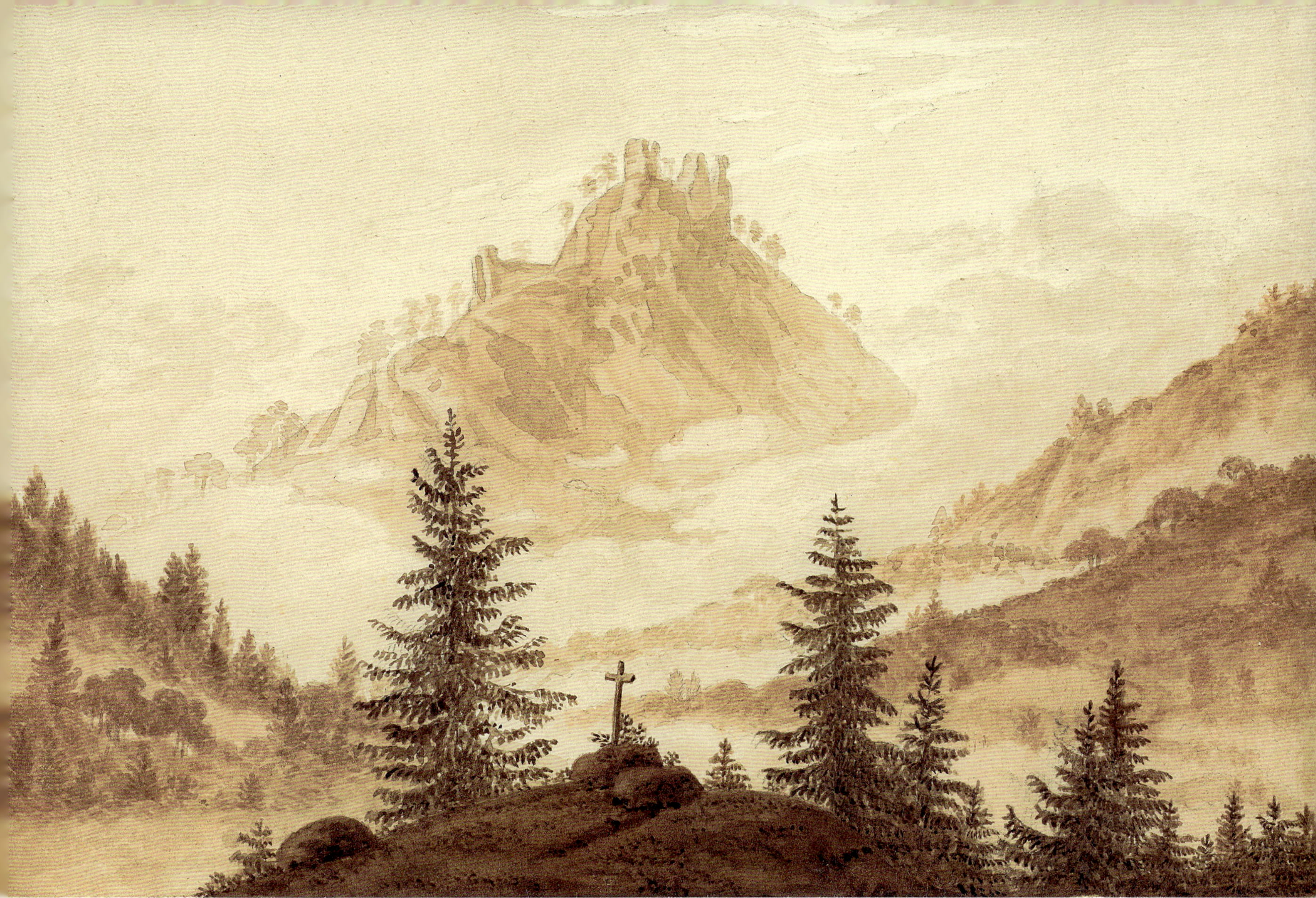

kreuze in Hauptwerken ist beachtlich: 1806/07 in den Sepien „Das Kreuz an der Ostsee“ (Abb. S. 62) und „Das Kreuz im Gebirge“ (Abb. S. 63), 1810/11 im riesigen Ölbild „Morgen im Riesengebirge (auch: Das Kreuz auf der Felsenspitze)“ (Abb. S. 84/85) und 1815 im Ölbild „Blick ins Elbtal“ (Abb. S. 92).***** Hinzu kommt das berühmteste Beispiel: das Altarbild „Das Kreuz im Gebirge“ des Tetschener Altars (Abb. S. 73). Die Auflistung zeigt, dass das berühmte Werk nicht alleine im Werk des Malers steht. Friedrich selbst erklärte die religiöse Bedeutung des Tetschener Altars in einem Brief an Johannes Karl Hartwig Schulze vom 8. Februar 1809: „Die Sonne sank, und die Erde vermochte nicht mehr zu fassen das scheidende Licht. Da leuchtet, vom reinsten edelsten Metall, der Heiland am Kreuz, im Gold des Abendroths, und wiederstrahlet so im gemilderten Glanz auf Erden. Auf einem Felsen steht aufgerichtet das Kreuz, unerschütterlich fest, wie unser Glaube an Jesum Christum. Immer grün durch alle Zeiten während stehen die Tannen ums Kreuz, gleich unserer Hoffnung auf ihn, den Gekreuzigten.“ Am Tetschener Altar entlud sich der sog. Ramdohr-Streit (dazu S. 72–74), d. h. eine Debatte, ob eine Landschaft religiöse Inhalte transportieren könne bzw. dürfe oder nicht. Friedrich setzte sich mit seinen Sakrallandschaften über alle Traditionen hinweg und ging seinen eigenen Weg, der die Landschaftsmalerei durch die einzigartige romantisch-melancholische Stimmung, die ihr Friedrich verlieh, auf eine geistig höhere Stufe hob.

Helmut Börsch-Supan vertritt die Auffassung, dass in Friedrichs Werken fast grundsätzlich ein tiefer Sinn verborgen sei und der Maler mit einer Symbolsprache arbeite, die der Betrachter deuten könne oder auch nicht. Börsch-Supan spricht deshalb von Sehenden und Nichtsehenden und zitiert als Beleg einen Brief, den Friedrich aus Dresden an die befreundete Malerin Louise Seidler in Weimar schrieb: „Am nackten steinigten Meeresstrande steht hoch aufgerichtet das Kreutz, denen so es sehn ein Trost, denen so es nicht sehn ein Kreutz.“ Schon Friedrich beobachtete also, dass seine spirituellen Bilder un-

Gebirgslandschaft mit Kreuz, 1804/05, Sepia, 12 x 18 cm, Klassik Stiftung Weimar

* Petra Kuhlmann-Hodick, Claudia Schitzer, Bernhard von Waldkirch (Hg.): Adrian Zingg. Wegbereiter der Romantik, Dresden 2012, S. 67–69, 150, 151, 214–216.

** Christina Grummt: Caspar David Friedrich. Die Zeichnungen, München 2011, S. 374–377.

*** Frank Richter: Caspar David Friedrich. Der Landschaftsmaler, Petersberg 2024, S. 144, 167.

**** Zitiert nach Helmut Börsch-Supan: Caspar David Friedrich. Seine Gedankengänge, Berlin 2023, S. 233.

***** Zuletzt kommt das Gipfelkreuz beiläufig in der Herbstdarstellung der Lebensalterserie von 1826 vor (Abb. S. 154).

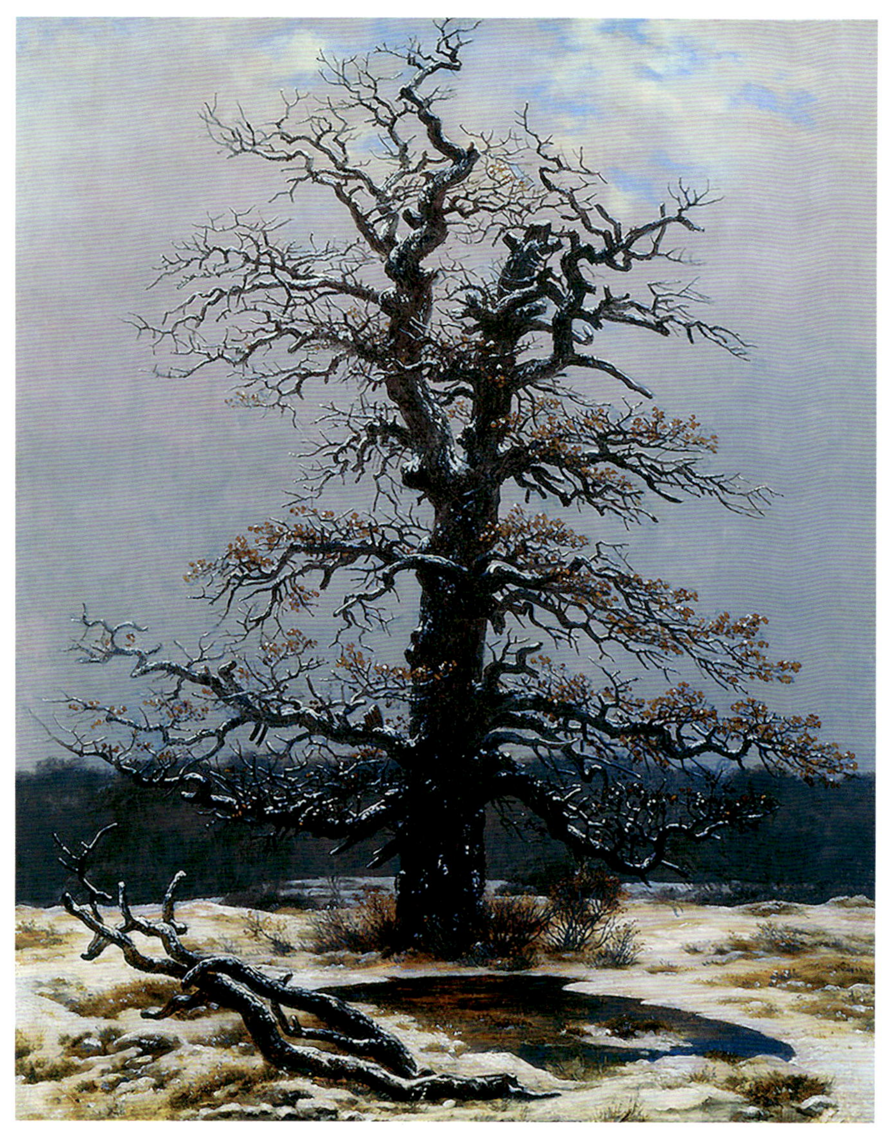

Eiche im Schnee, 1827/28, Öl auf Leinwand, 44 x 34,5 cm, Wallraf-Richartz-Museum & Fondation Corboud, Köln

terschiedlich wahrgenommen wurden und unterschied zwischen den Nichtsehenden, die im Wegekreuz lediglich das Flurdenkmal wahrnehmen, und Gläubigen, die aus emotional-religiöser Empfänglichkeit Trost durch das Symbol für Frieden und Erlösung erfuhren.* Dazu nutzte Friedrich zusätzlich das Begriffspaar des leiblichen und des geistigen Auges. Das leibliche Auge erkenne nur die Oberfläche der Dinge, wohingegen das geistige in tiefere Schichten vordringe. In den Worten Friedrichs heißt dies: „Schließe dein leibliches Auge, damit du mit dem geistigen Auge zuerst siehest dein Bild. Dann fördere zutage, was du im Dunkeln gesehen, dass es zurückwirke auf andre von außen nach innen."**

Werner Busch bezieht eine Gegenposition zu Börsch-Supan, indem er schreibt, dass Friedrichs „Werke selbst nicht auf die definitive Festschreibung eines bestimmten Sinns zielen, sondern auf die Eröffnung von Bedeutungsdimensionen, die den Anteil des Rezipienten brauchen, der [...] notwendig subjektiv bleibt. [...] Friedrich rekurriert in seinen Bildern nicht auf Allegorien oder Symbole, sondern verfährt eher metaphorisch [...]. Nicht dieses im Bild Gezeigte steht für das Bestimmte, sondern etwas im Bild ruft in uns Vorstellungen auf, bei denen uns bewusst bleiben muss, dass wir es sind, die sie prägen."*** Die Deutungsmodelle von Börsch-Supan und Busch, die sich gegenseitig nicht ausschließen, vermitteln, dass in Friedrichs Bildern eine Seele ruht, die den Menschen anrührt.

Die magische Wirkung, die von den Bildern Friedrichs ausgeht, zeigt sich selbst bei Darstellungen knorriger alter Eichen, die er bei Neubrandenburg zeichnete und für seine Sepien und Ölbilder kombinierte. Die Sepia **Hünengrab am Meer** (Abb. rechts und S. 64/65), die Friedrich im März 1807 in der Dresdner Akademieausstellung zeigte, fügte er geschickt aus mehreren Bleistiftstudien zusammen,**** zum einen aus der Studie **Waldlandschaft mit Steinsetzung** wohl bei Quoltitz auf Rügen (Abb. links unten)

Waldlandschaft mit Steinsetzung (wohl bei Quoltitz), 16. Juli 1806, Bleistift, 21,1 x 34,6 cm, Privatbesitz

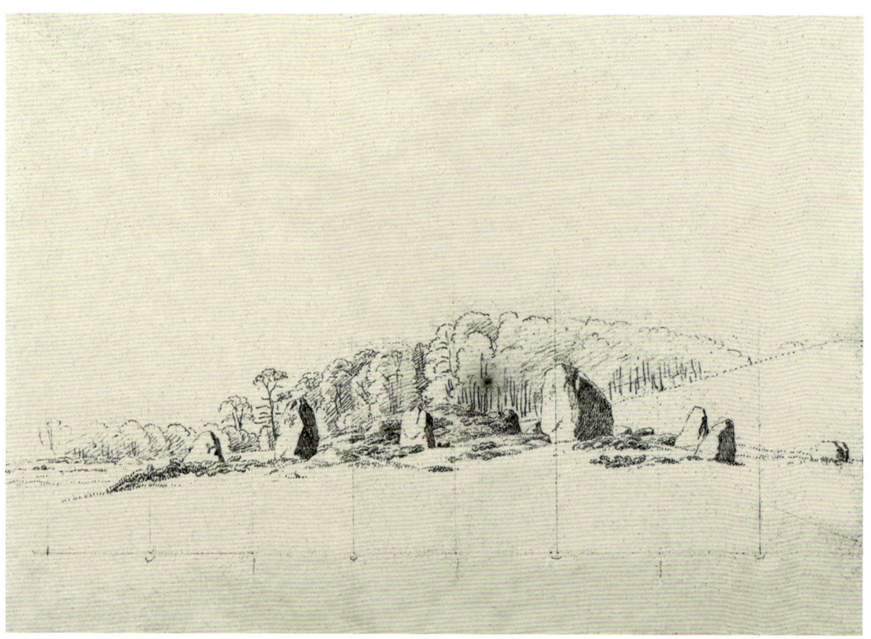

rechts: Distel und zwei Baumstudien, 17./24. Juli 1799, Feder in Schwarz über Bleistift, laviert, 23,8 x 18,9 cm, Staatliche Museen zu Berlin, Kupferstichkabinett

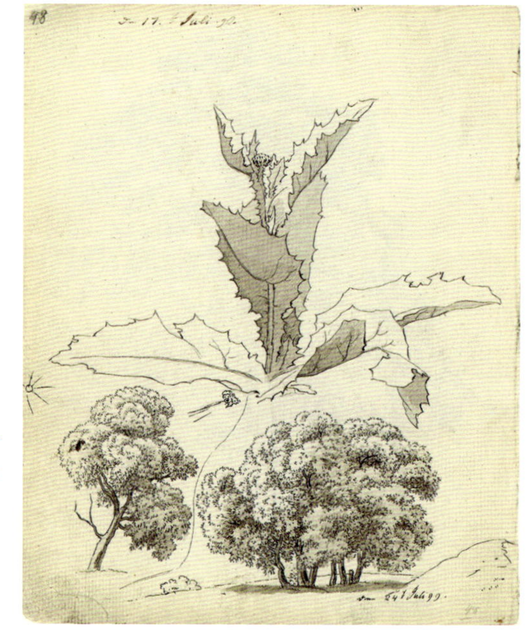

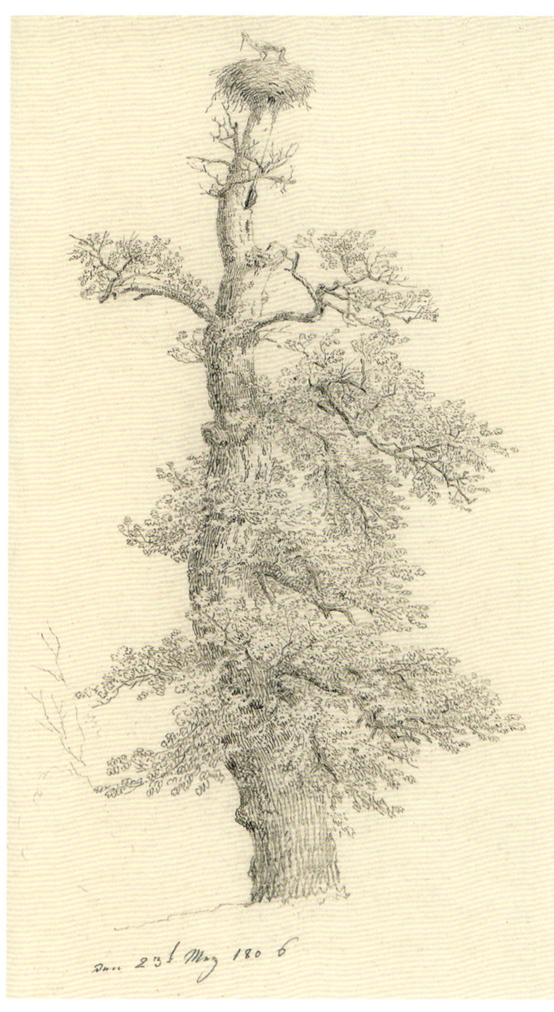

Alte Eiche mit Storchennest, 23. Mai 1806, Bleistift, 20,5 x 28,6 cm, Hamburger Kunsthalle, Kupferstichkabinett

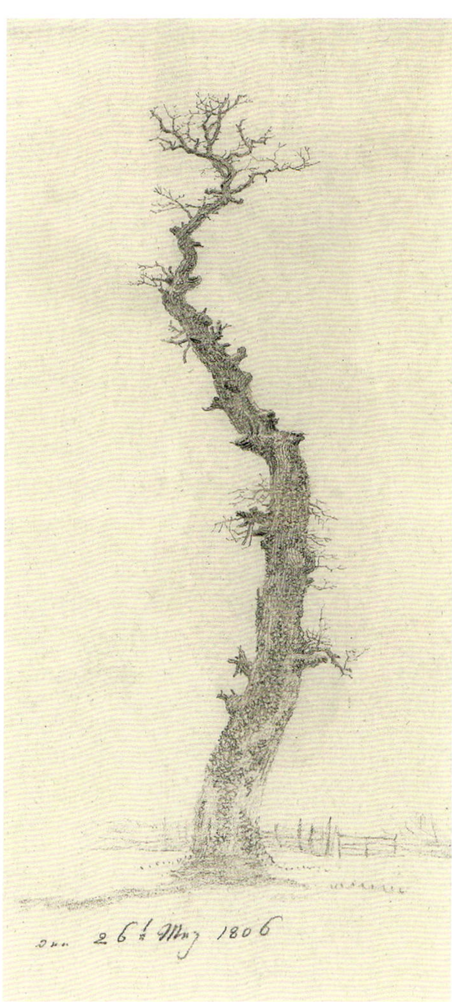

Dürrer Baum, 26. Mai 1806, Bleistift, 19,1 x 28,1 cm, Kupferstich-Kabinett, Staatliche Kunstsammlungen Dresden

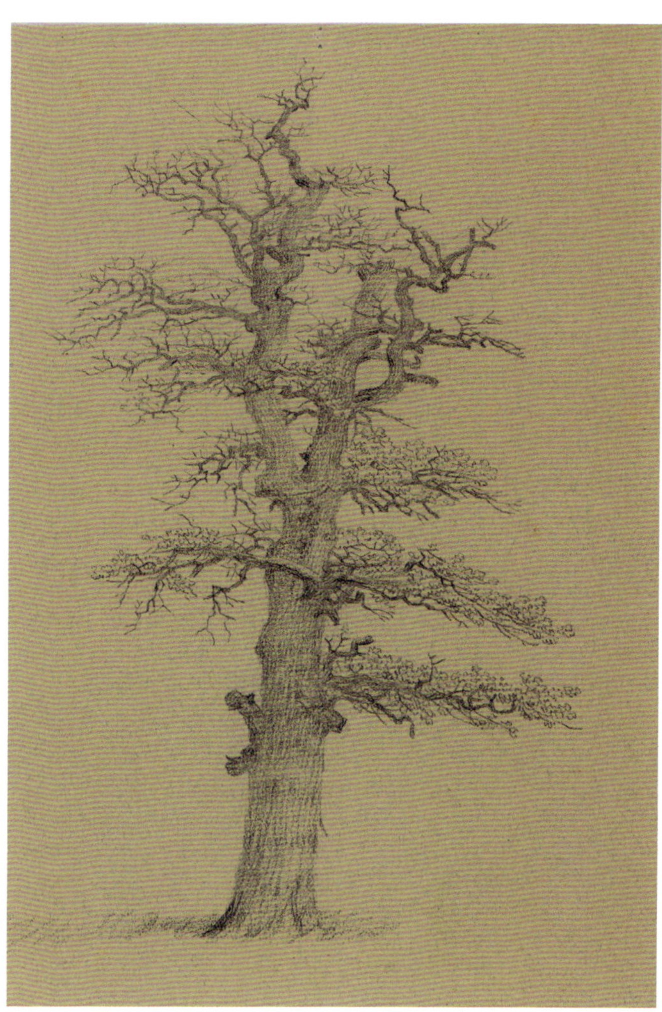

Studie einer Eiche, um 1806, Bleistift, 35,9 x 25,9 cm, Nationalmuseum, Oslo

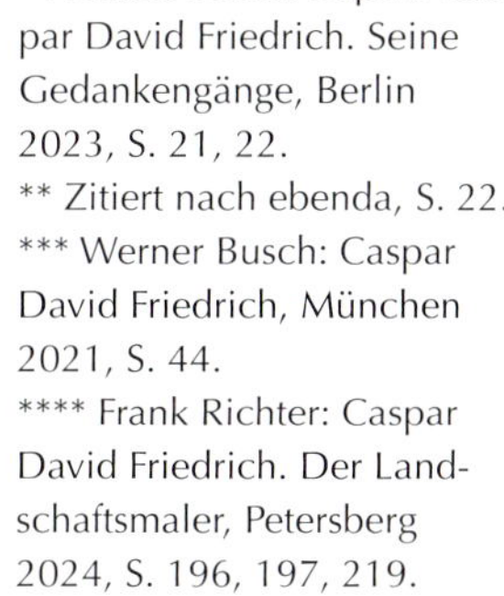

* Helmut Börsch-Supan: Caspar David Friedrich. Seine Gedankengänge, Berlin 2023, S. 21, 22.
** Zitiert nach ebenda, S. 22.
*** Werner Busch: Caspar David Friedrich, München 2021, S. 44.
**** Frank Richter: Caspar David Friedrich. Der Landschaftsmaler, Petersberg 2024, S. 196, 197, 219.

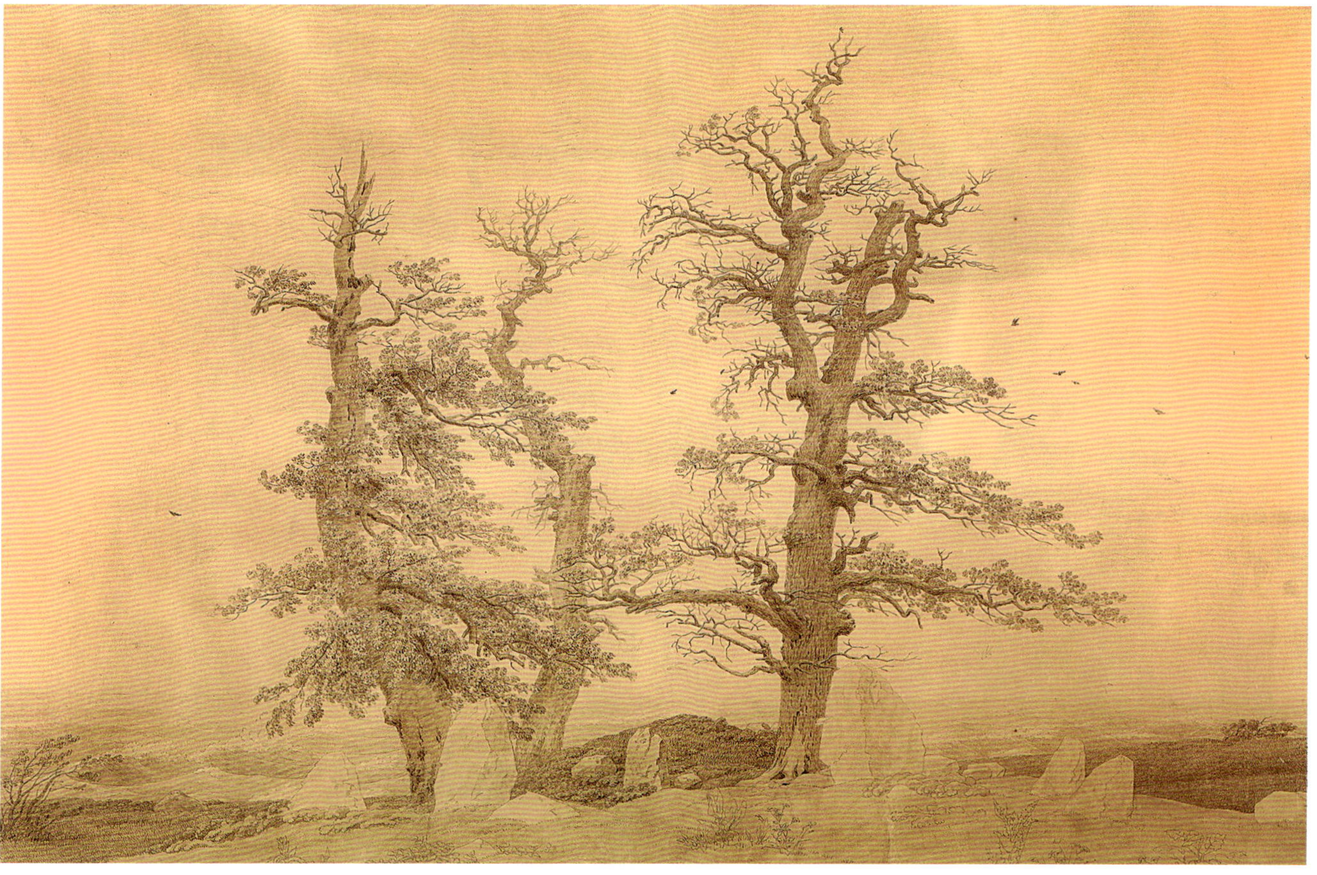

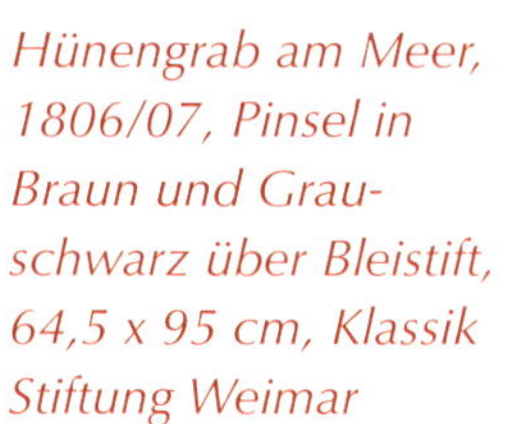

Hünengrab am Meer, 1806/07, Pinsel in Braun und Grauschwarz über Bleistift, 64,5 x 95 cm, Klassik Stiftung Weimar

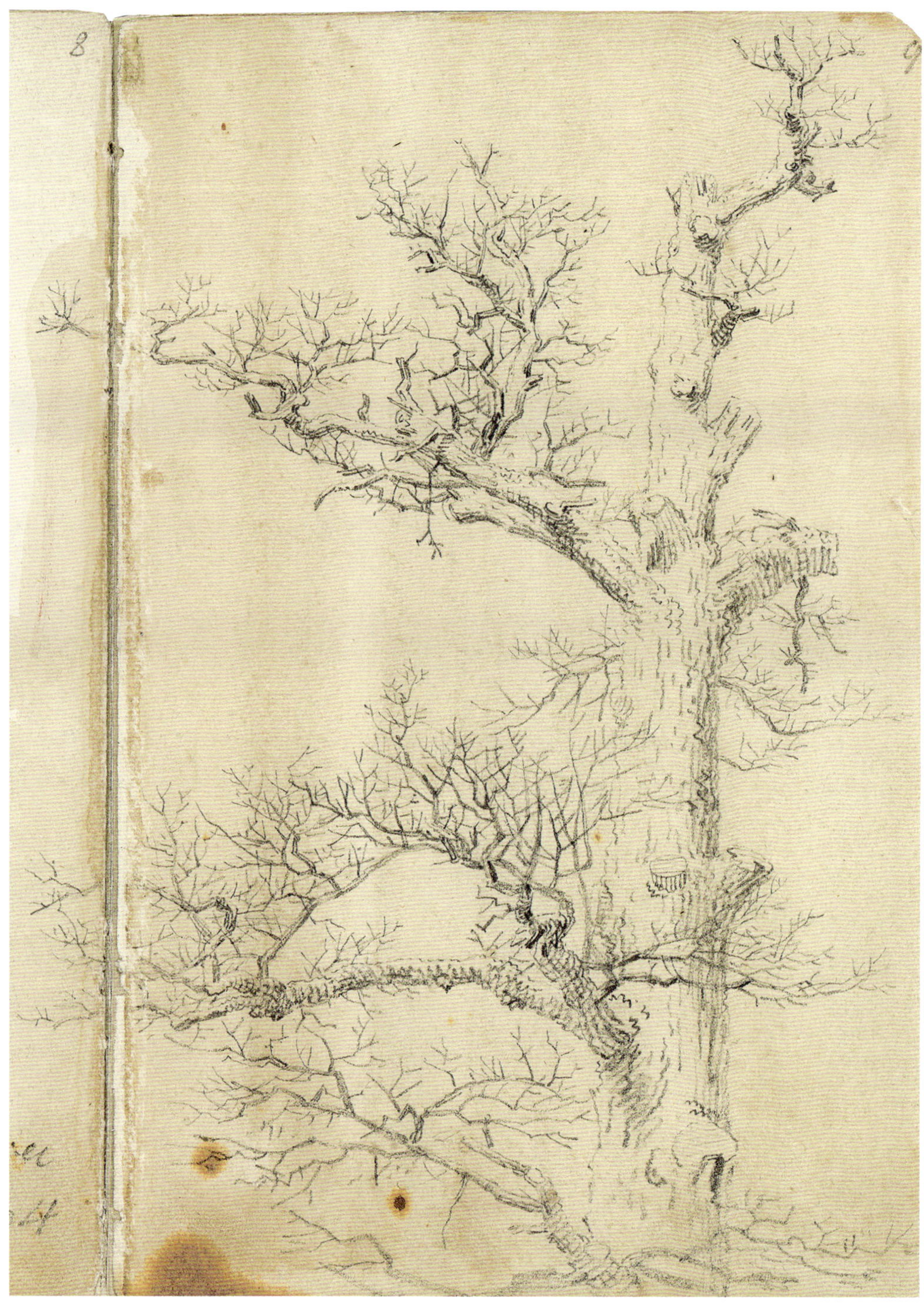

Eiche aus dem Karlsruher Skizzenbuch, 27. April 1804, GeBes Siemens Kunststiftung, Berlin Dresden, Weimar

vom 16. Juli 1806, vier Baumstudien aus den Jahren 1804 und 1806 sowie Detailzeichnungen von Pflanzen, darunter das Studienblatt einer **Distel** (Abb. S. 18 unten). Die auf Reisen entstandenen Zeichnungen übernahm Friedrich teilweise bis ins Detail. Im Fall des linken Baums verzichtete er im Vergleich zur Studie **Eichbaum mit Storchennest** vom 23. Mai 1806 (Abb. S. 19 links) auf die Wiedergabe des Storchennests. Leicht modifiziert ist der mittlere Baum gegenüber dem Blatt **Dürrer Baum** (Abb. S. 19 Mitte). Dabei fügte er in der oberen Hälfte der Eiche einen nach rechts wachsenden Ast hinzu.

Vielfach verwendete Friedrich die **Studie einer Eiche** (Abb. S. 19 rechts). Für das Blatt „Hünengrab am Meer" kombinierte er diese für den unteren linken Bereich mit einer Baumstudie aus dem Karlsruher Skizzenbuch vom 27. April 1804 (Abb. links). Die „Studie einer Eiche" diente darüber hinaus als Vorlage bzw. als Anregung für die **Eiche im Schnee** (Abb. S. 18) von 1827/28, den „Eichbaum im Schnee" von 1829 (Abb. S. 161), die linke Eiche in der „Landschaft mit Eichen und Jäger" (Kunst Museum Winterthur, Stiftung Oskar Reinhart) von 1811 und den unteren Teil der Eiche im Ölbild „Hünengrab im Schnee" (Abb. S. 66/67) von 1807. Den oberen Bereich dieser Eiche aus dem **Hünengrab im Schnee** (Abb. rechts) entnahm Friedrich erneut der **Eiche aus dem Karlsruher Skizzenbuch** (Abb. links) vom 27. April 1804. Wie der Vergleich zwischen Zeichnung und Gemälde veranschaulicht, übernahm Friedrich für das Ölbild die Astausbildung und die Setzung der Licht- und Schatten bis ins Detail. Die Baumstudien im Karlsruher Skizzenbuch zeichnen sich durch ihre Präzision und das feinfühlige Licht- und Schattenspiel des Astwerks sowie die feinen Zweige aus. Die Eiche ist ein Beispiel für Friedrichs Montageverfahren, indem er die Astbildungen aus Zeichnungen kombinierte und daraus neue Baummotive erfand.

Das Spiel der wiederverwendeten Vorlagen ließe sich für weitere Baumdarstellungen Friedrichs – insbesondere für die „Abtei im Eichwald" (Abb. S. 80/81) von 1809/10, den „Klosterfriedhof im Schnee" (Abb. S. 114/115) von 1819 und den „Einsamen Baum" (Abb. S. 126/127) von 1822 – mit den Bäumen vom Neubrandenburger Stadtwall oder aus Breesen fortführen. Mit den ausdrucksstarken knorrigen Eichen schuf Friedrich völlig eigenständig entwickelte Fantasiebilder, die wie real existierende Landschaftsausschnitte wirken.

Die Kombination verschiedenster Motive miteinander betrifft auch die Landschaften, in denen norddeutsche mit böhmischen oder schlesischen Bergen kombiniert sein können. Offenkundiger sind die Zusammensetzungen in Verbindung mit der Architektur, etwa die Darstellung der Ruine Eldena bei Greifswald mit dem Riesengebirge im Hintergrund (Abb. S. 178) oder das Gemälde „Die Schwestern auf dem Söller am Hafen" (Abb. S. 108), in dem Architekturmotive aus Halle, Stralsund, Neubrandenburg und Greifswald miteinander kombiniert sind. Zwar gibt es immer auch Ausnahmen, dass Friedrich aus Rücksicht auf den Adressaten oder den Auftraggeber eine authentische Vedute schuf und er deshalb die Stadtansicht von Greifswald bis ins Detail authentisch wiedergab. Oder er fand ein Bildmotiv, das kaum einer Verbesserung bedurfte, wie bei der spektakulären „Felsenlandschaft im

Elbsandsteingebirge" von 1822 (Abb. S. 130), wenngleich auch hier Friedrich im Vordergrund Baummotive einfügte, um die Felsengruppe des Neurathener Felsentors wilder, gefährlicher und romantischer erscheinen zu lassen. Jedenfalls war das Ziel Friedrichs, Motive so zu kombinieren und darzustellen, dass er eine Überhöhung der Realität erzielte.

Die Beobachtung gilt selbstverständlich auch für Friedrichs Nebel-, Gebirgs-, Sonnenuntergangs- und Mondscheinbilder, mit denen er stimmungsvolle Traumlandschaften schuf. Auch sie können aus mehreren Einzelstudien zusammengesetzt sein. Dabei gelangte er zu singulären Bilderfindungen, wie vor allem am Katastrophenbild „Das Eismeer" von 1823/24 (Abb. S. 136/137) anschaulich wird. Kaum ein anderer Maler war je in der Lage, die unterschiedlichen Wetterlagen und Himmelsphänomene so überzeugend wiederzugeben. Er nutzte die Natur von daher als einen Motivfundus, aus dem heraus er seine romantischen Landschaften komponierte.

Als ein herausragendes und die Moderne vorausgreifendes Werk gilt Friedrichs Gemälde „Mönch am Meer" (Abb. S. 78/79). Durch die Entleerung der Landschaft, das Weglassen der ursprünglich geplanten Darstellung von drei großen Schiffen, gelang Friedrich eine bis dahin einzigartige und vielfach bewunderte Bildlösung. Durch den Verzicht auf eine klassische Perspektive und eine seitliche Begrenzung, den Einsatz leerer Flächen und die Hinwendung zur Abstraktion schuf Friedrich eine Konzentration auf die Gefühlswelt. Das große Gemälde besteht nur noch aus Atmosphäre: dem unendlichen Blau und Schwarz des Himmels und des Meeres. Mit seinen unorthodoxen Stilmitteln erzielte Friedrich eine mystische Stimmung, die er selbst zutreffend mit Einsamkeit und Trauer beschrieb.

Vor allem mit Blick auf das Seestück „Mönch am Meer" und sein letztes Ölbild „Meeresufer bei Mondschein" (Abb. S. 185) von 1836 ist der Bruch mit den Traditionen der Landschaftsmalerei des Barock und Klassizismus evident. Friedrichs Bilder vereinigen vor allem zwischen 1803 und 1815 Landschaft und Spiritualität oft zu Allegorien von Einsamkeit, Tod, Jenseitsvorstellung und Erlösungshoffnung. Später dominiert die gefühlvoll-harmonische Landschaft mit Lichteffekten. Friedrich eröffnete mit seinen Bildern dem Betrachter eine visuelle virtuelle Realität in einem Gefühlsraum, den Pierre Jean David d'Angers als eine „Tragödie der Landschaft" bezeichnete (siehe S. 8).

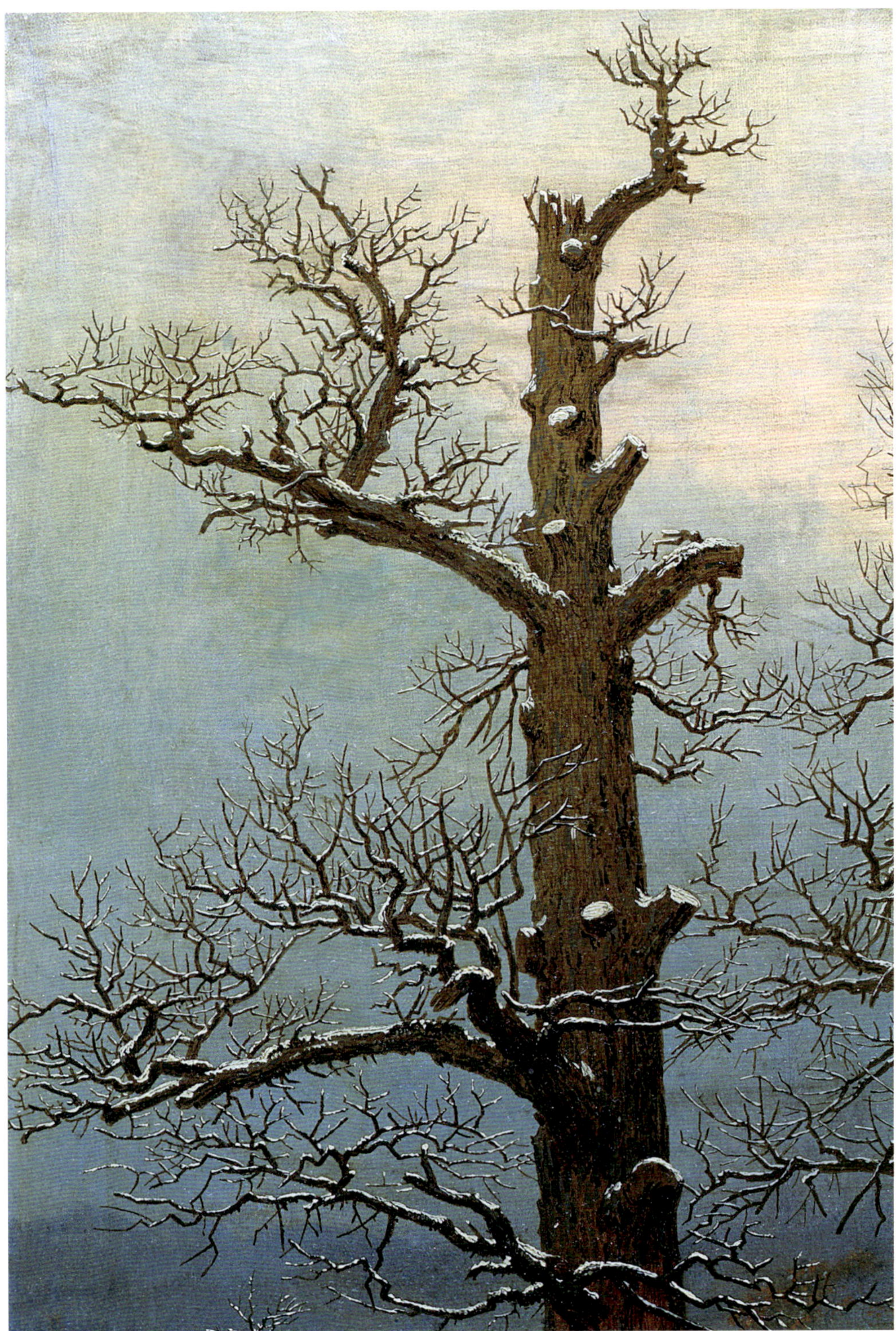

Detail aus dem Gemälde „Hünengrab im Schnee", siehe S. 66/67

Friedrich ist der Maler der Gefühle. Er brach mit der Tradition, da er der Landschaft, die er als Schöpfung Gottes sah, eine Bedeutung gab. Er besaß ein außergewöhnliches Harmonieempfinden. Er wusste, mit welchen Farben und Effekten eine entsprechende Gefühlsregung ausgelöst wird bzw. wie eine Komposition anzulegen war, damit sie ausgewogen wirkt. Auch hierin und in der handwerklichen Umsetzung findet man nur selten einen Vergleich in der Kunstgeschichte. Kaum ein Kunsthistoriker traut sich auszusprechen, was Friedrichs melancholische Kunst auszeichnet: Eine Harmonie aus Form und Farbe.

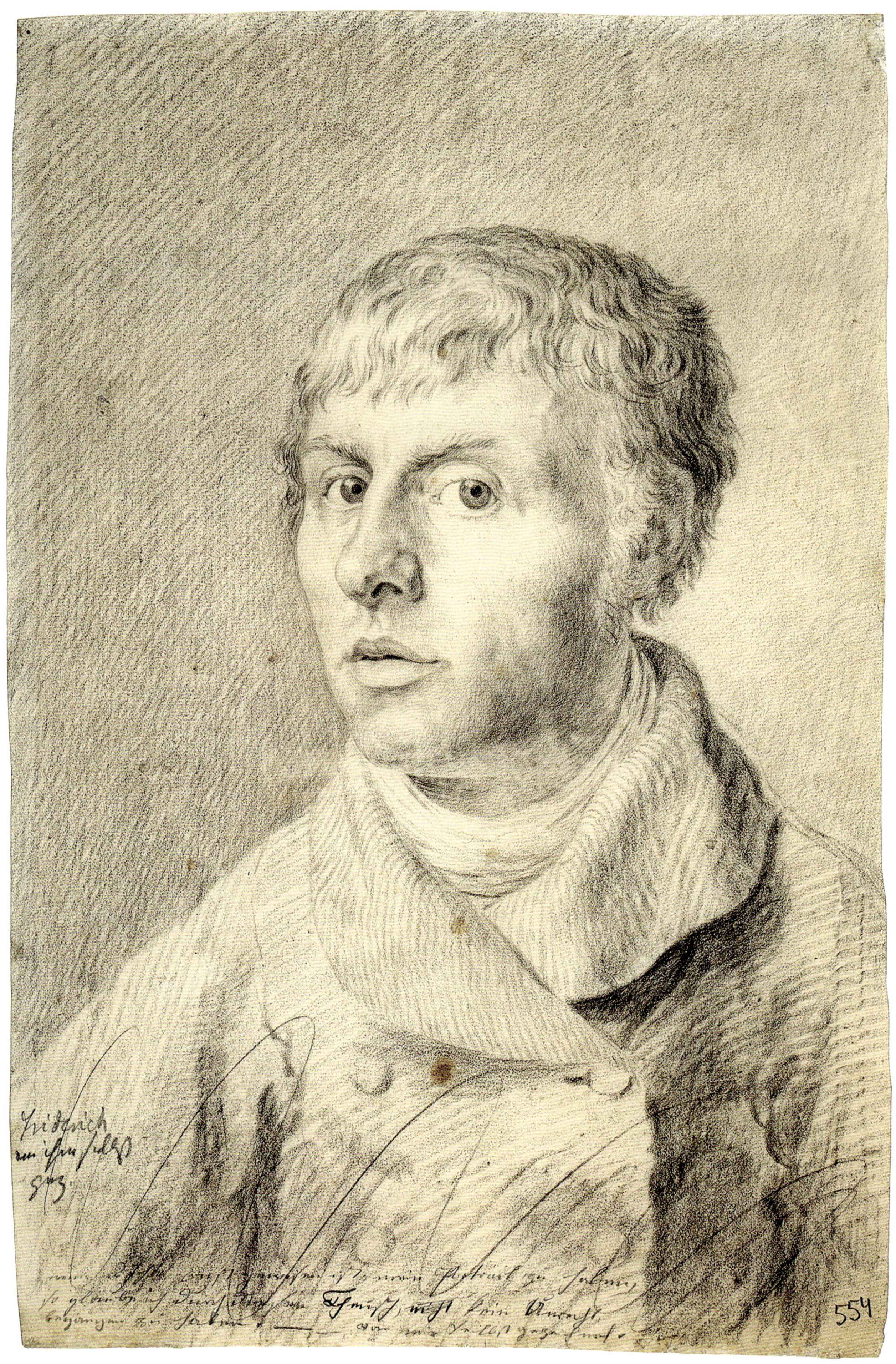

Selbstbildnis, 1800, schwarze Kreide, 42 x 27,6 cm, Statens Museum for Kunst, Kopenhagen

FRIEDRICH-BILDNISSE

* Literatur zu den Bildnisse: Helmut Börsch-Supan: Caspar David Friedrich. Seine Gedankengänge, Berlin 2023, S. 33–62; Johannes Grave: Caspar David Friedrich, München u. a. 2. Aufl. 2023, S. 18–31; Caspar David Friedrich. Kunst für eine neue Zeit, Katalog Hamburg 2023, S. 70–79.

Spätestens seit der Ausführung des Tetschener Altars im Jahr 1808 war Caspar David Friedrich eine Berühmtheit unter den Dresdner Malern. Deshalb existieren mehrere berühmte Porträt- und Atelierdarstellungen Friedrichs in Öl von seinen Malerkollegen. Selbstbildnisse haben sich von ihm dagegen nur in der grafischen Technik – als Bleistift- oder Federzeichnung, teilweise laviert und in einem Holzschnitt – vor allem aus dem Frühwerk der Zeit von 1800 bis 1810 erhalten. Ein Ölbild verbrannte.*

Die sieben erhaltenen, vor dem Spiegel gezeichneten Friedrich-Selbstporträts sind sorgsam ausgeführt, besitzen einen intimen Charakter und waren vermutlich private Geschenke und von daher für den privaten Gebrauch bestimmt. Das früheste erhaltene **Selbstbildnis** (Abb. links) von 1800 war eine Gegengabe für ein Bild von seinem Studienkollegen und Freund Johan Ludvig Lund (1777–1867). Der 26-jährige Friedrich stellte sich mit wachen Augen, in den Spiegel blickend, dar. Das Bildnis entspricht im Zeichenstil den Porträts von seinem Vater und Pastor Ernst Theodor Johann Brückner (Abb. S. 32, 35). Im unteren Teil des Blatts findet sich die Widmung: „Wenn es Ihr Ernst gewesen ist, mein Portrait zu haben, so glaube ich durch diesen Thausch, nicht ein Unrecht begangegen zu haben. von mir selbst gezeichnet.“

Friedrichs Talent zum Porträtmalen bezeugt auch sein um 1802/03 ausgeführtes **Selbstbildnis mit aufgestütztem Arm** (Abb. links). Es zeigt ihn in melancholischer Pose, dabei den Federstift in seiner rechten Hand haltend, beim Reflektieren über ein Bildmotiv. Seinen linken Arm hat er über das begonnene Zeichenblatt gelegt. In der Kunstwissenschaft werden der rasche und spontane Federstrich und das Motiv auf eine Auseinandersetzung mit älteren Vorbildern, insbesondere mit Rembrandt van Rijn (1606–69), zurückgeführt.

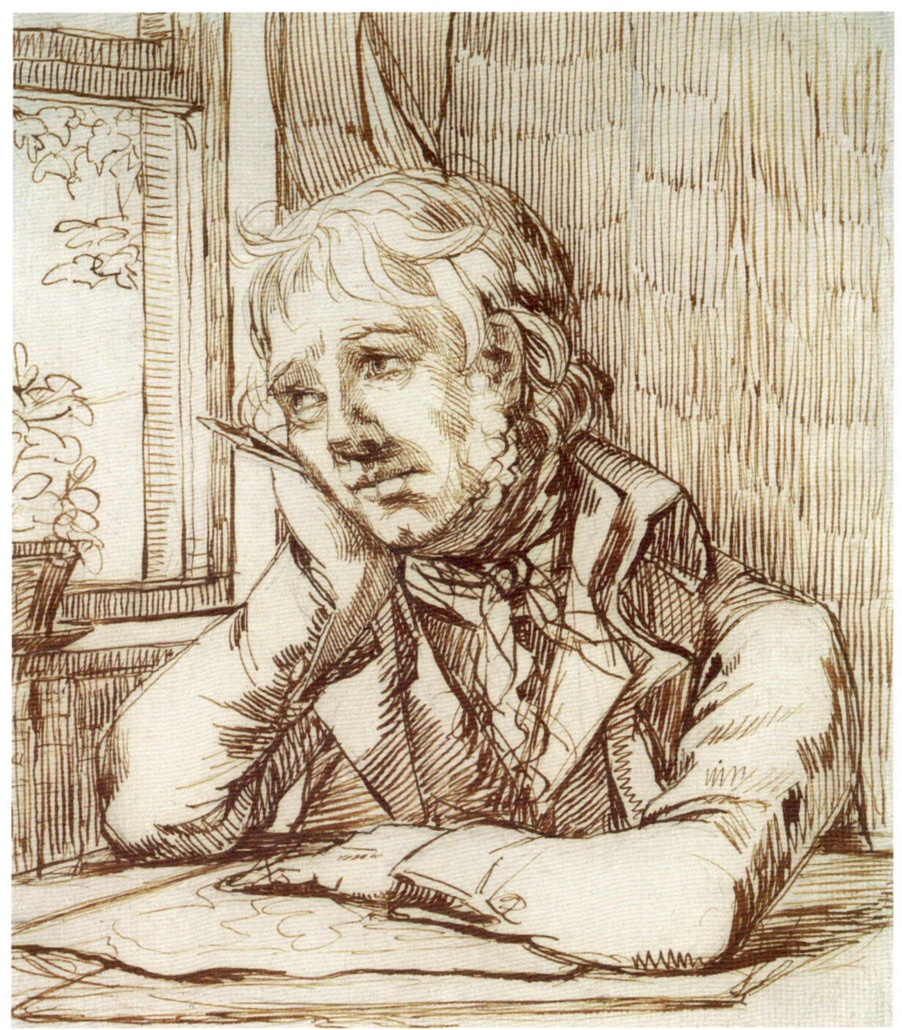

Selbstbildnis mit aufgestütztem Arm Objektart, um 1802, Feder und braune Tusche über Bleistift auf Papier, 26,7 x 21,5 cm, Hamburger Kunsthalle

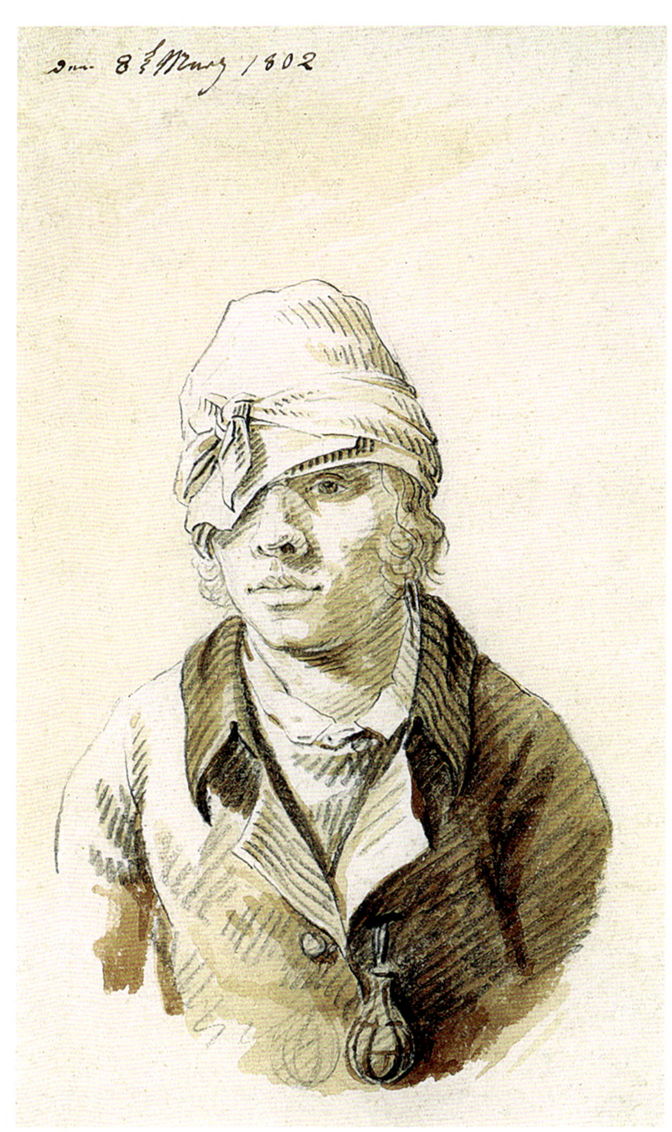

Selbstbildnis mit Mütze und Visierklappe, 8. März 1802, Bleistift und Pinsel in Braun, 17,5 x 10,5 cm, Hamburger Kunsthalle, Kupferstichkabinett

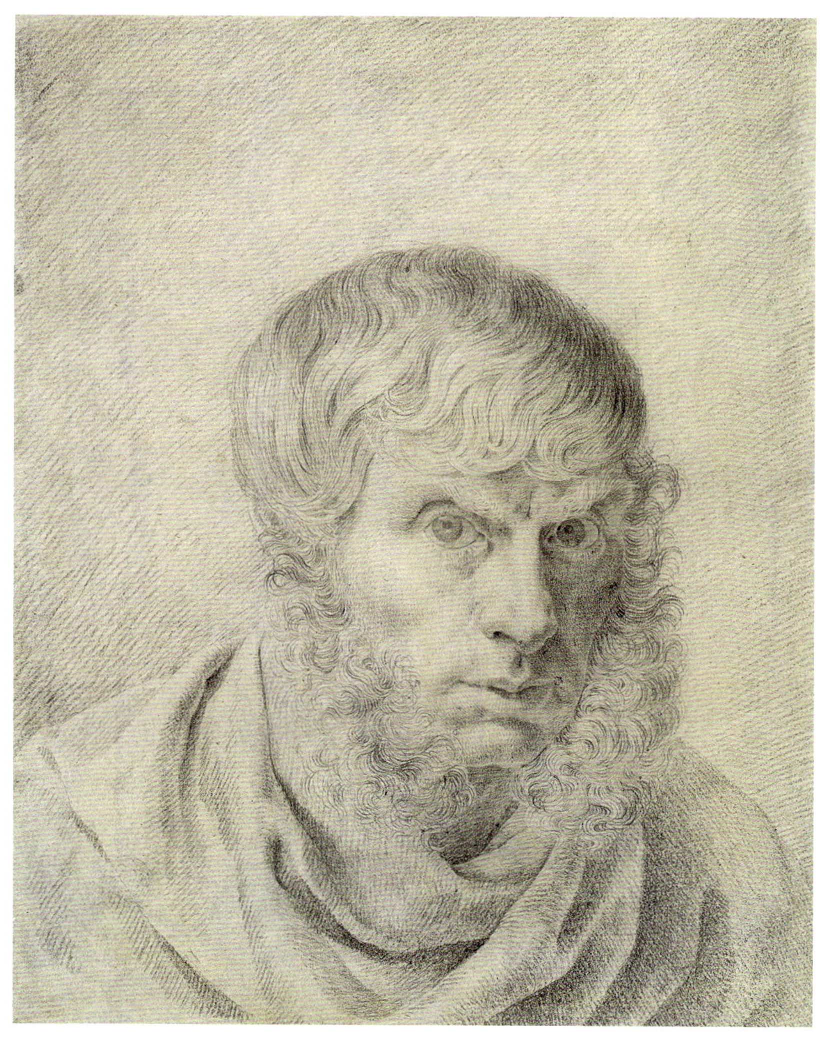

Gleichfalls als Zeichner – konkret als Landschaftszeichner in der Natur – stellte sich Friedrich auf dem kleinen **Selbstbildnis mit Mütze und Visierklappe** (Abb. S. 23) am 8. März 1802 dar. Seine ungewöhnliche Verdeckung des rechten Auges ist ein Stück Papier, das er an seine Mütze befestigte, um mit Hilfe des einäugigen Sehens einzelne Details in der Natur schärfer fokussieren zu können. Zu seiner Tätigkeit als Zeichner gehört auch das kleine Fläschchen, das an einem Knopfloch hängt und in dem die Tusche für die Federzeichnung aufbewahrt wird.

Das **Selbstbildnis** (Abb. links), das Friedrich dem Generalleutnant und Kunstsammler Otto August Rühle von Lilienstern (1780– 1847) schenkte, da er sich 1809 im Ramdohr-Streit für ihn eingesetzt hatte, spielt gleichfalls auf Friedrichs Beruf als Maler an, da er sein rechtes Auge in die Bildmitte rückte – das „geistige Auge als wichtigstes Werkzeug des Künstlers".* Sein eindringlicher bannender Blick mustert, erforscht und fixiert den Betrachter. Nach seinem künstlerischen Erfolg in der Berliner Ausstellung 1810 zeigt sich Friedrich auf der Kreidezeichnung voller Selbstbewusstsein und Reflexion. Das um den Oberkörper drappierte Gewand wirkt antikisierend wie bei römischen und klassizistischen Büsten, oder es soll an eine Mönchskutte erinnern.

Die langen Haare und der gelockte Backenbart prägen auch Friedrichs etwa zwei Jahre zuvor gezeichnetes **Selbstbildnis** (Abb. links unten). Es stammt aus dem Besitz von Carl Gustav Carus, wurde aber wohl für eine andere Person erstellt. Das im Profil erstellte Porträt betont die Augen, die Nase und den Mund. Während die Ansicht noch leicht nach rechts gedreht ist, zeichnete sich Friedrich einige Jahre zuvor, um 1802, in schwarzer Feder über Bleistift im klassischen Profil (Hamburger Kunsthalle). Die winzige Darstellung im Format von 13,7 x 9,7 cm war die Vorlage für den **Holzschnitt Bildnis Caspar David Friedrich** (Abb. unten)

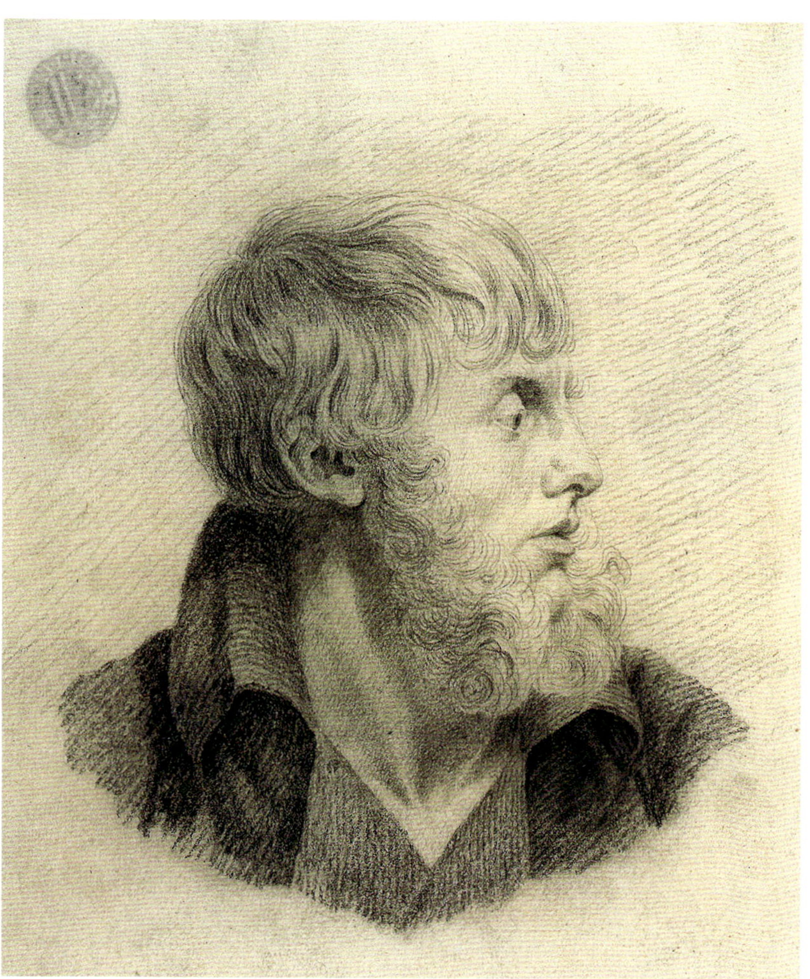

oben: Selbstbildnis, um 1810, schwarze Kreide, 22,9 x 18,2 cm, Kupferstichkabinett, Berlin

links: Selbstbildnis, um 1806/09, schwarze Kreide, 22,8 x 18 cm, Städtische Galerie, Dresden

rechts: Christian Friedrich (1770 –1843) nach Caspar David Friedrich (1774–1840): Bildnis Caspar David Friedrichs, 1803/04, Holzschnitt, 13,4 x 8,9 cm

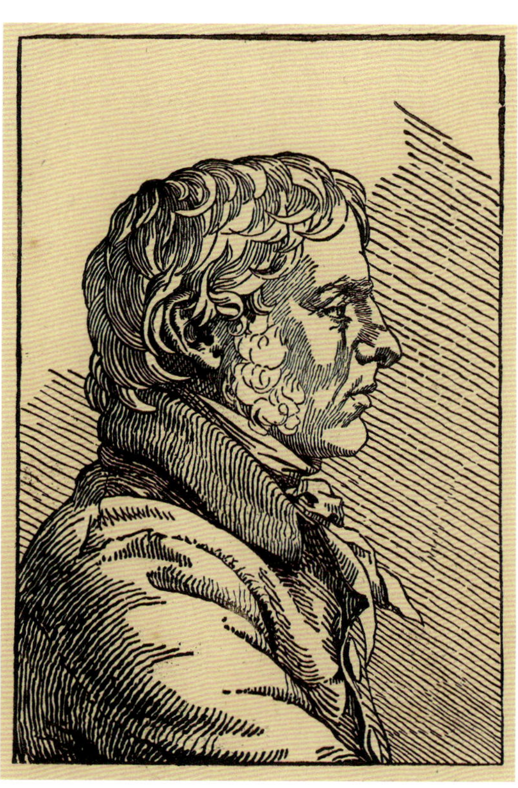

* Helmut Börsch-Supan: Caspar David Friedrich. Seine Gedankengänge, Berlin 2023, S. 60.

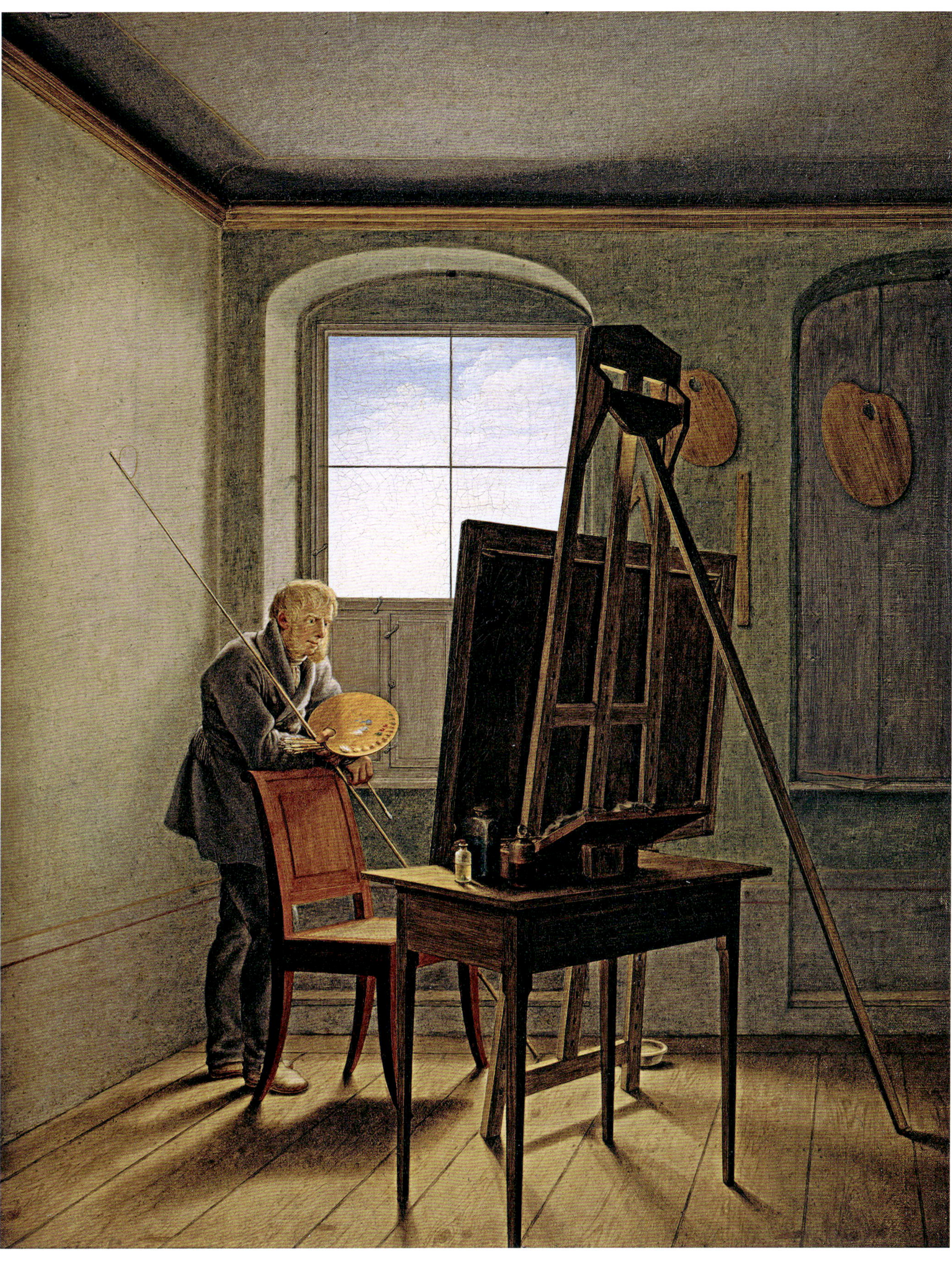

Georg Friedrich Kersting (1785–1847): Caspar David Friedrich in seinem Atelier, 1812, Öl auf Leinwand, 53,5 x 41 cm, Alte Nationalgalerie, Berlin

in ähnlichem Format, den Friedrichs Bruder Christian vielleicht noch im selben Jahr als Holzschnitt umsetzte.

In Friedrichs malerischem Werk stößt man nur indirekt auf Selbstbildnisse. Es handelt sich zumeist um Rückenfiguren, die sein Gesicht nicht zu erkennen geben, wie in den Freundschaftsbildern „Zwei Männer in Betrachtung des Mondes“ (Abb. S. 113, 165) und „Mann und Frau in Betrachtung des Mondes“ (Abb. S. 145). Als Rückenfigur stellte er sich zudem auf dem Gemälde „Die Lebensstufen“ (Abb. S. 175) und von der Seite beim „Spaziergang in der Abenddämmerung“ (S. 182) dar.

rechts: Georg Friedrich Kersting: Caspar David Friedrich in seinem Atelier, 1811, Öl auf Leinwand, 54 x 42 cm, Hamburger Kunsthalle

* Werner Busch: Georg Friedrich Kersing. In: C. D. Friedrich. Wo alles begann, Katalog Dresden 2024, S. 326–329.
** Christian Scholl: Caspar David Friedrich und seine Zeit, Leipzig 2015, S. 8.
*** Wie *.

Georg Friedrich Kersting: Der Maler Gerhard von Kügelgen in seinem Atelier, 1811, Öl auf Leinwand, 53,5 x 42 cm, Staatliche Kunsthalle, Karlsruhe

Mit steigendem Ruhm wurde Friedrichs Konterfei für andere Maler interessant. In Öl porträtierten ihn Johan Ludvig Lund, Georg Friedrich Kersting, Gerhard von Kügelgen, Carl Christian Vogel von Vogelstein, Caroline Bardua, Alphonse de Labroue und Carl Johann Baehr.

Die bekanntesten Bilder, auf denen Friedrich dargestellt ist, sind zwei Atelierbilder, die sein 11 Jahre jüngerer Freund und Malerkollege Georg Friedrich Kersting (1785– 1847) 1811 und 1812 anfertigte. Ein weiteres drittes Atelierbild, das Kersting malte, entspricht der Version von 1811.* Die Szenen sind die wichtigsten Dokumente von Friedrichs sparsamer Atelierausstattung. Kersting schildert einen fast leeren Raum. Der Kontrast zur Atelierszene **Der Maler Gerhard von Kügelgen in seinem Atelier** (Abb. unten), die Kersting gleichzeitig 1811 als Pendant malte, ist evident, sehen wir in der Werkstatt doch – wie allgemein üblich – Gemälde, Skulpturen, Möbel und Utensilien.

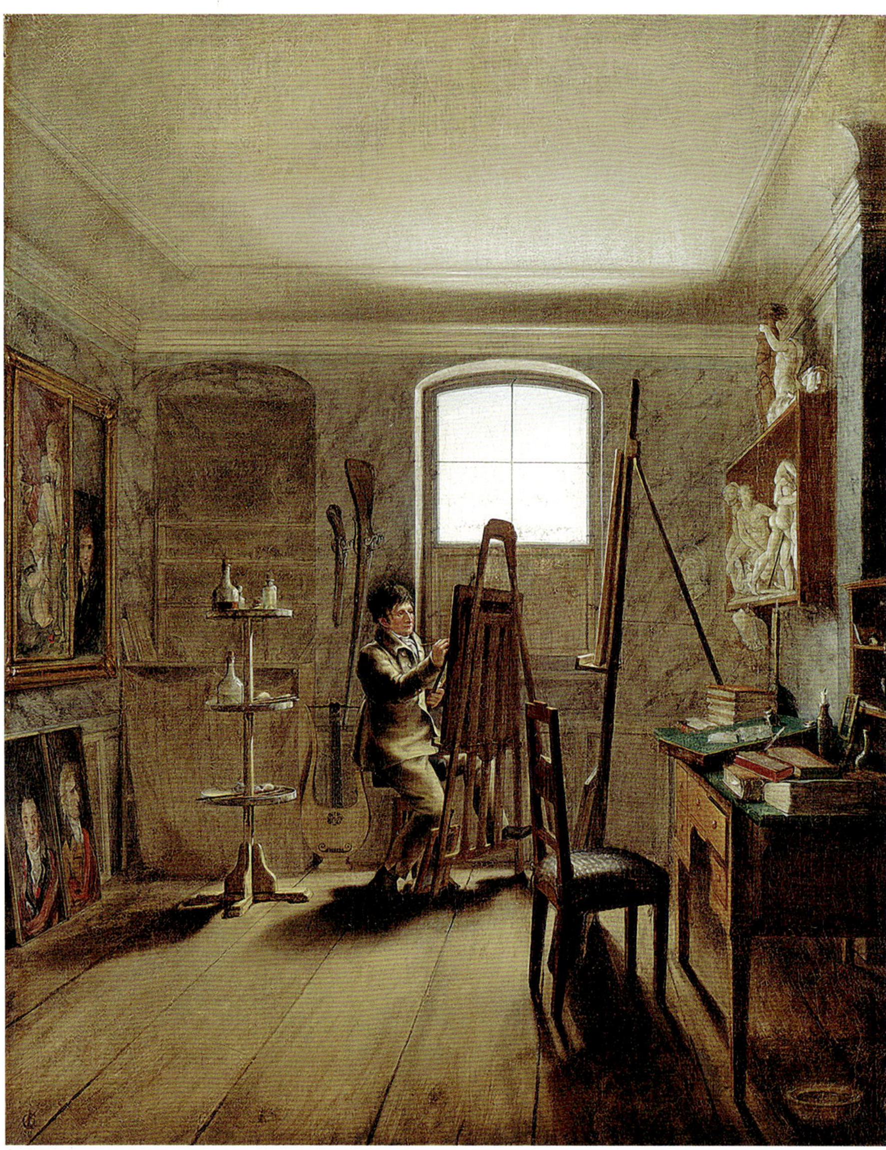

Die Werkstattszene **Caspar David Friedrich in seinem Atelier** (Abb. rechts), die sich heute in der Hamburger Kunsthalle befindet, malte Kersting im Jahr 1811 und zeigt Friedrich, wie er den Malstock als Handauflage nutzte, um damit den Pinsel exakt führen zu können. Das Motiv, das Friedrich malt, ist eine Landschaft mit einem Wasserfall wie im Gemälde „Kreuz im Wald" von 1813 (Abb. S. 88). Die Atelierausstattung ist auf die Staffelei, einen Stuhl und einen Tisch, auf dem der Malkoffer mit den Farben und Flaschen mit den Farbmitteln stehen, beschränkt. Im Hintergrund sieht man das Atelierfenster, das Friedrich auch auf seinem Bild „Frau am Fenster" darstellte (Abb. S. 124). An der Wand hängen Paletten, ein dreieckiges Winkelmaß, eine Reißschiene und ein Maßstab. Wie Friedrich selber sagte, schloss er seine Augen, damit er sich sein Bild durch Meditation geistig vorstellen konnte, bevor er seine Vorzeichnung auf die Leinwand brachte bzw. Änderungen an seinem Bild vornahm. Die innere Schau war ihm wichtig. In seinem Atelier sei es leise wie in einer Andachtsstätte gewesen, beschrieb Friedrichs Frau die Situation. An dem Tag, an dem er Luft malte, durfte man nicht mit ihm reden.**

In Kerstings zweiter Fassung von 1812 **Caspar David Friedrich in seinem Atelier** (Abb. S. 25) lehnt sich Friedrich auf die Lehne seines Arbeitsstuhls. Er hält die Malerwerkzeuge Pinsel, Palette und Malstock in der Hand und betrachtet sein Werk, das dem Betrachter vorenthalten wird. Werner Busch nimmt an, es handle sich um das große Meisterwerk „Morgen im Riesengebirge" (Abb. S. 86/87), das ein Resultat der von Kersting und Friedrich gemeinsam ausgeführten Riesengebirgswanderung war und bei dem Gerüchte existieren, Kersting habe die Figuren gemalt.***

Friedrichs Atelier, dessen Standort er mehrfach in der Straße An der Elbe in Dresden wechselte, war ein halböffentlicher Ort, da er von gebildeten und vornehmen Dresdnern sowie einflussreichen Kunden besucht wurde. Das Atelier galt als eine Attraktion! Johann Wolfgang von Goethe war hier am 18. September 1810 zu Besuch. Ebenso konsultierten Friedrich Personen vom hohen Stand in seinem Atelier, wie etwa Herzog Carl August von Sachsen-Weimar-Eisenach 1810, Prinz Christian Frederik von Dänemark 1819, Großfürst Nikolai Pawlowitsch (der spätere russische Zar Nikolaus I.) 1820 und Kronprinz Friedrich Wilhelm IV. von Preußen in Begleitung von zwei sächsischen Prinzen am 2. April 1830. Sie mussten aufgrund des Elbhochwassers mit dem Boot das Haus anfahren.

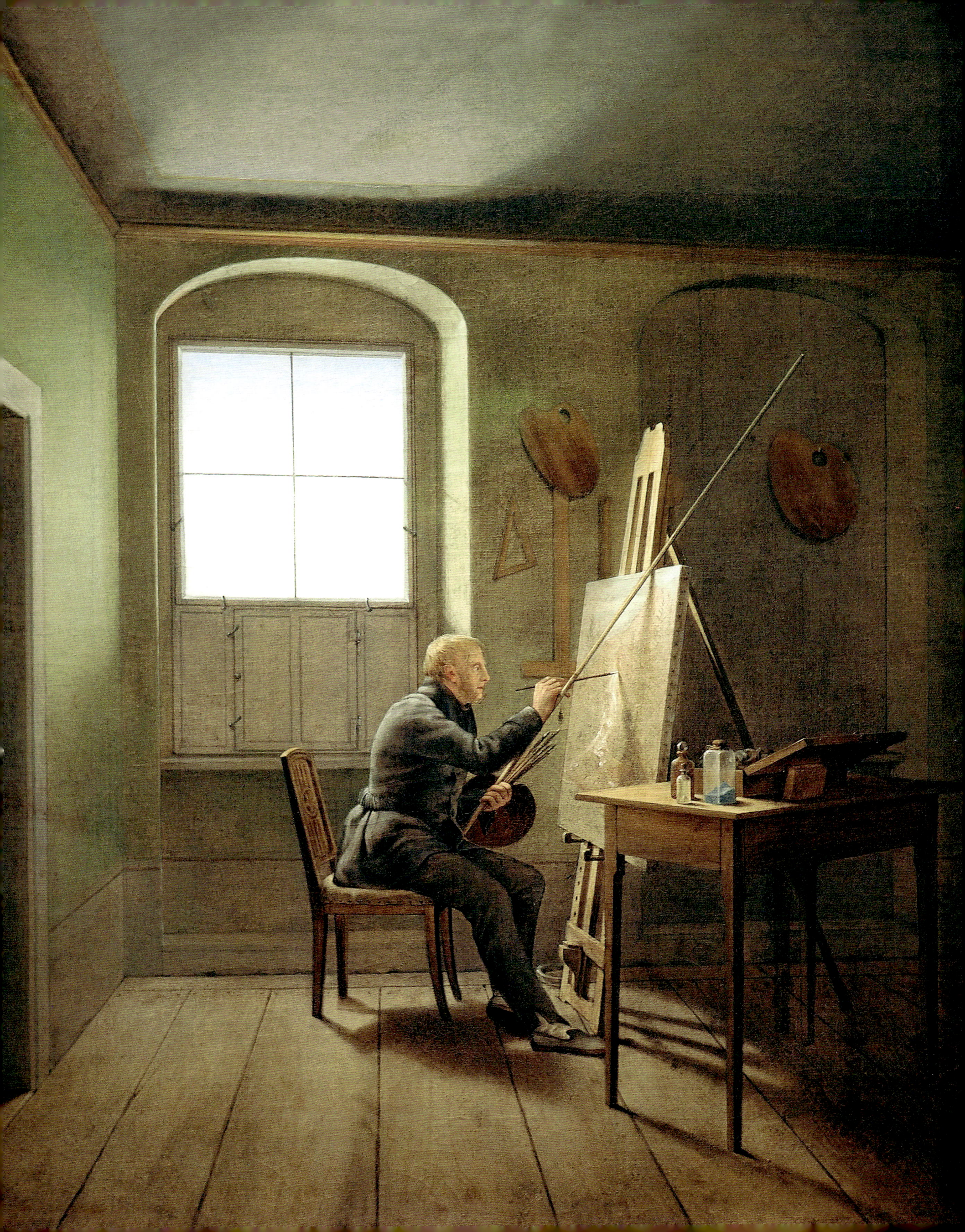

Die Atelierbesuche waren für Friedrich essenziell, da er vom Verkauf der Bilder auf dem freien Markt lebte. Nur selten arbeitete er im Auftrag. Ab 1803 stellte er zudem jährlich auf den Dresdner Akademieausstellungen aus, boykottierte allerdings aus politischen Gründen die Ausstellungen von 1808 bis 1811. Dafür zeigte er seine Werke 1810 in der Berliner Akademieausstellung, ebenso 1812, 1824, 1826 und 1830. Zudem nahm er an Ausstellungen in Weimar (1811/12), Leipzig (1814, 1828), Kopenhagen (1821), Prag (1824, 1832), Hamburg (1826), Halberstadt (1828, 1832, 1836), Bremen (1829), Königsberg (1832–37), Braunschweig (1832) und Hannover (1834, 1835) teil.

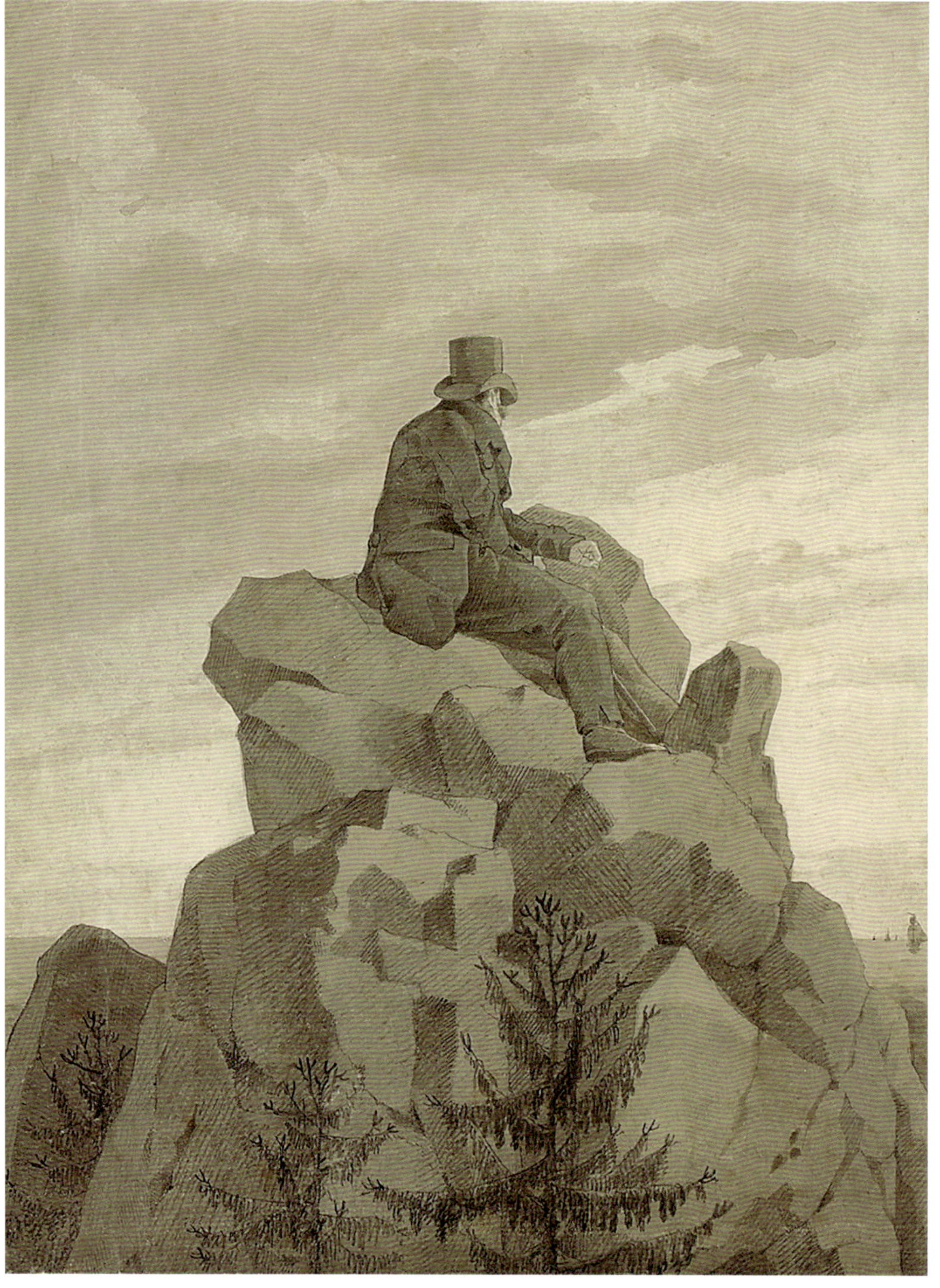

Georg Friedrich Kersting: Caspar David Friedrich auf dem Felsen („Ausblick aufs Meer"), um 1809/10, Bleistift, mit Grautönen aquarelliert, 30,2 x 22,2 cm, Auktion Grisebach, Berlin, 30. Mai 2024, Lot 104

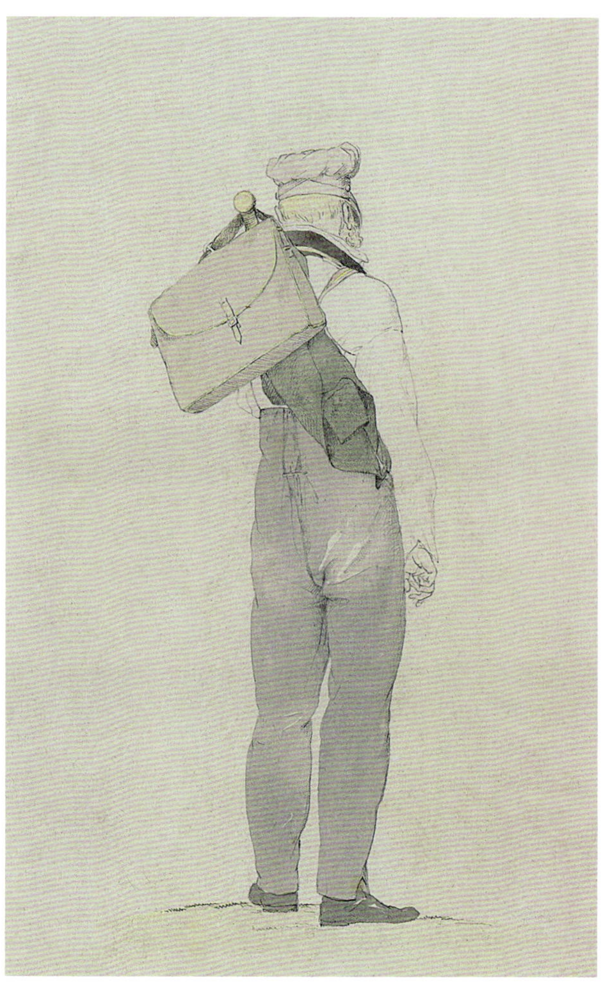

Georg Friedrich Kersting: Caspar David Friedrich auf der Reise im Riesengebirge, 18. Juli 1810, Aquarell und Graphitstift, 31 x 24,2 cm, Staatliche Museen zu Berlin, Kupferstichkabinett

Als Georg Friedrich Kersting nach einem dreijährigen Studium an der Kunstakademie in Kopenhagen Ende 1809 oder Anfang 1810 nach Dresden kam, überzeugte ihn Friedrich, die Akademie in Dresden zu besuchen und auf seine geplante Italienreise zu verzichten. Anfang bis Mitte Juli 1810 unternahmen Kersting und Friedrich eine gemeinsame Riesengebirgswanderung. Dabei hielt Friedrich beiläufig den kletternden Kersting auf einer aquarellierten Felsenstudie am 12. Juli 1810 nahe der Schneekoppe fest (Abb. S. 83). Kersting revanchierte sich am 18. Juli, indem er seinen Wander- und Malerkollegen in einer qualitätvollen aquarellierten Studie als stehende Rückenfigur zeichnete. Die unter dem Titel **Caspar David Friedrich auf der Reise im Riesengebirge** (Abb. oben) bekannte Studie zeigt Friedrich als Ganzfigur mit einer Schirmmütze und bepackt mit einem schmalen Lederrucksack in der Form eines Tornisters. Durch die leichte Kopfwendung nach rechts ist der für Friedrich charakteristische gelockte Backenbart zu erkennen.

Dieselbe Ausstattung mit Kopfbedeckung und Tornister trugen **Caspar David Friedrich und Christian Gottlieb**

Kühn am Beginn ihrer Harzwanderung (Abb. rechts oben). Kersting zeichnete die Szene am 16. Juni 1811.

Kersting war ein sehr guter Figurenmaler. Deshalb kann auch die aus Kerstings Nachlass stammende Zeichnung **Caspar David Friedrich auf dem Felsen** (Abb. links) ihm zugeschrieben werden. Der Mann sitzt auf dem Felsen mit Rock und Zylinder sowie einem Stock in der Hand. Er ist perfekt in einer Untersicht wiedergegeben. Dass es sich um Friedrich handelt, ist erneut am Backenbart festzumachen, da nur er in Kerstings Umkreis derartige Backenlocken trug. Werner Busch nimmt an, die Zeichnung sei im Umfeld der Riesengebirgswanderung entstanden. Unter der Anleitung Friedrichs könnte Kersting die aufgetürmten Felsen anhand mehrerer Studien zusammengefügt haben, wie es für Friedrich typisch ist.* Mit der Zeichnung wäre Kersting dann bereits ein Vorgriff auf die Gestalt des vorderen Felsens, auf dem der „Wanderer über dem Nebelmeer" von 1818 (Abb. S. 103) steht, gelungen. Auch sind die Fichten vor dem Felsen ein typisches Friedrichmotiv, ebenso der Ausblick aufs Meer seitlich des Felsens.

Die zuletzt vorgestellten Zeichnungen Kerstings sind als Freundschaftsbilder ein Phänomen der Romantik und ein Dokument der gemeinschaftlich unternommenen Wanderreise, der gegenseitigen Sympathie und einer gleichen Geisteshaltung. In diese Reihe gehört auch die Zeichnung **Blick in ein Tal** (Abb. unten) von Johan Christian Dahl (1788–1857), dem Künstlerfreund Friedrichs, der zwei Wanderer auf einem Berg zeigt, die gemeinsam über eine Landschaft blicken.

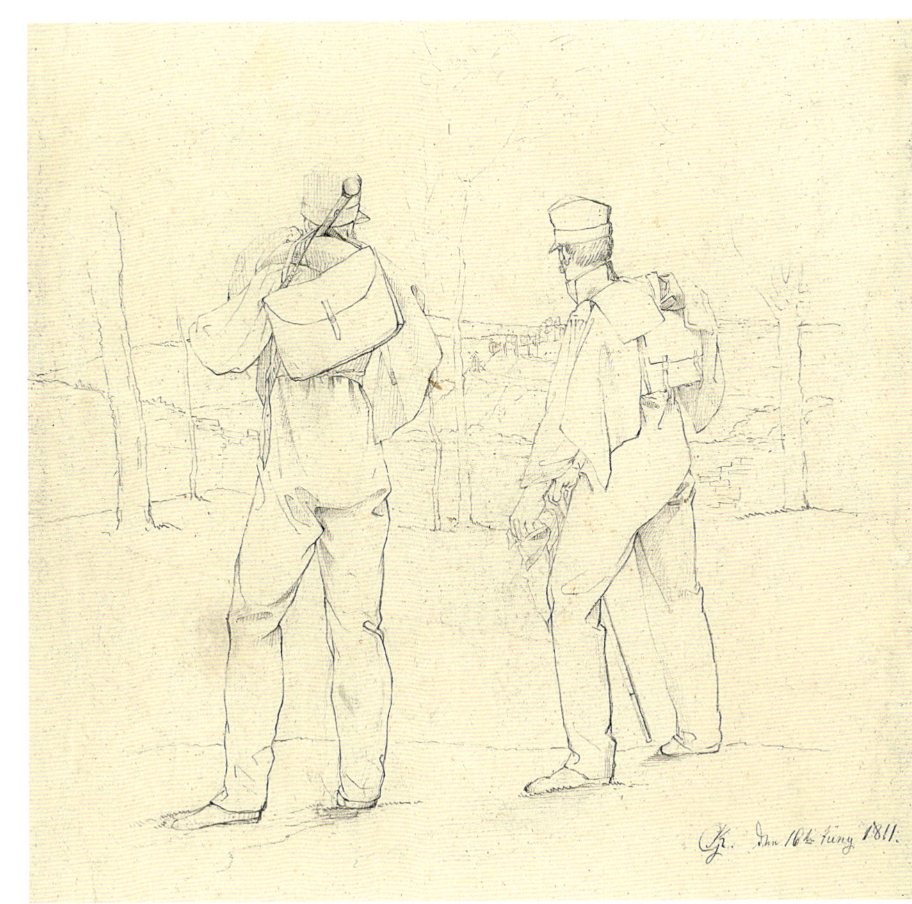

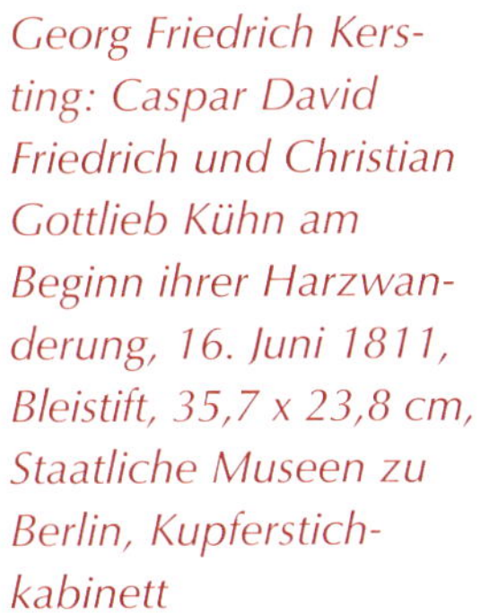

Georg Friedrich Kersting: Caspar David Friedrich und Christian Gottlieb Kühn am Beginn ihrer Harzwanderung, 16. Juni 1811, Bleistift, 35,7 x 23,8 cm, Staatliche Museen zu Berlin, Kupferstichkabinett

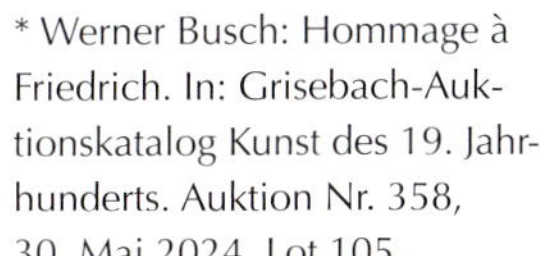

* Werner Busch: Hommage à Friedrich. In: Grisebach-Auktionskatalog Kunst des 19. Jahrhunderts. Auktion Nr. 358, 30. Mai 2024, Lot 105.

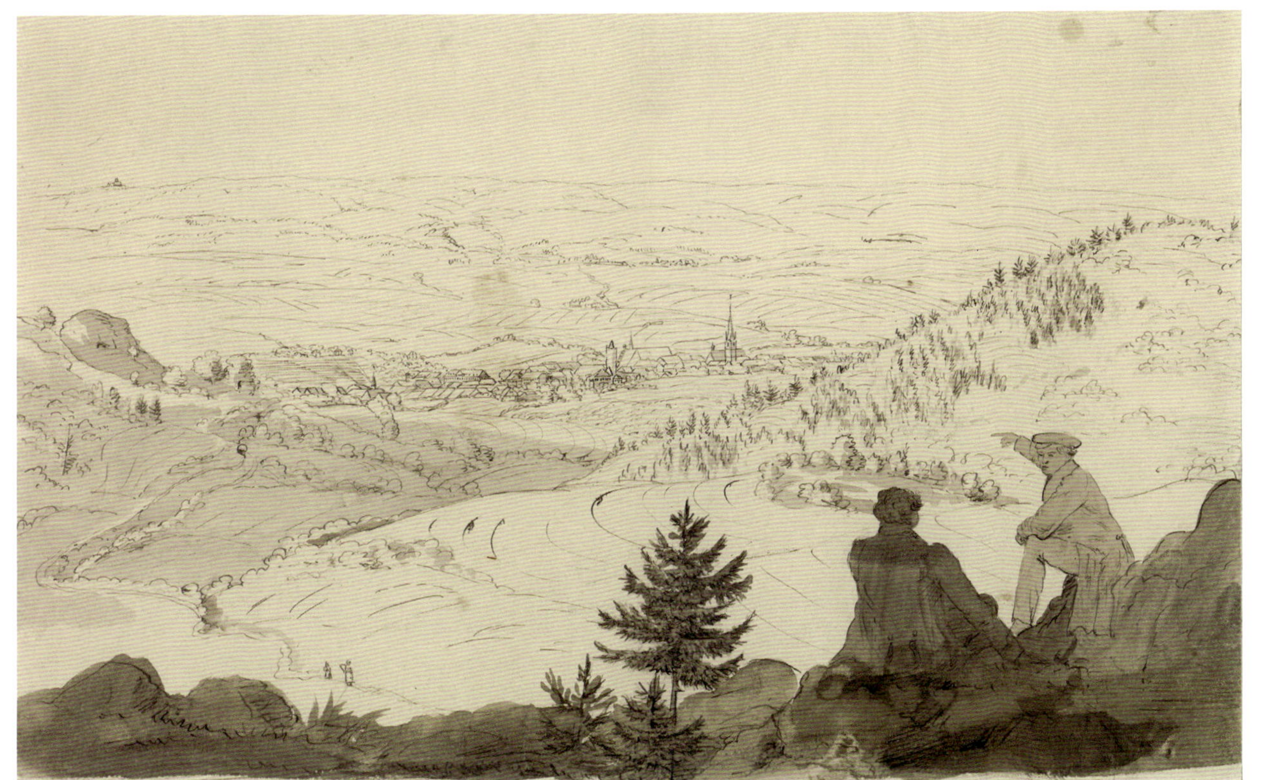

Johan Christian Clausen Dahl (1788–1857): Blick in ein Tal (Blick von einer Anhöhe in die Landschaft mit Stadt im Mittelgrund, vorn zwei Wanderer, Feder und Tusche, 21 x 33 cm, Staatliche Museen zu Berlin, Kupferstichkabinett

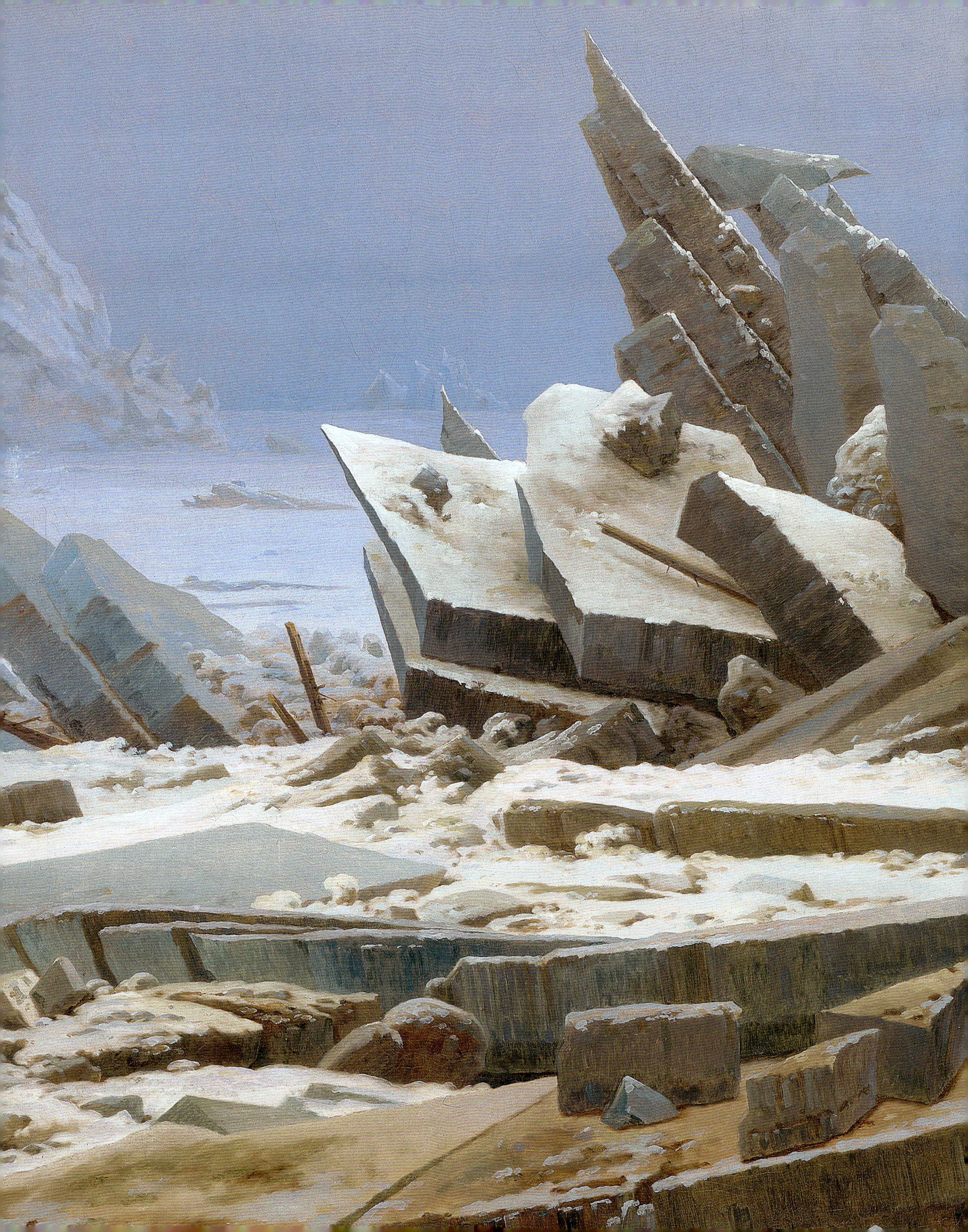

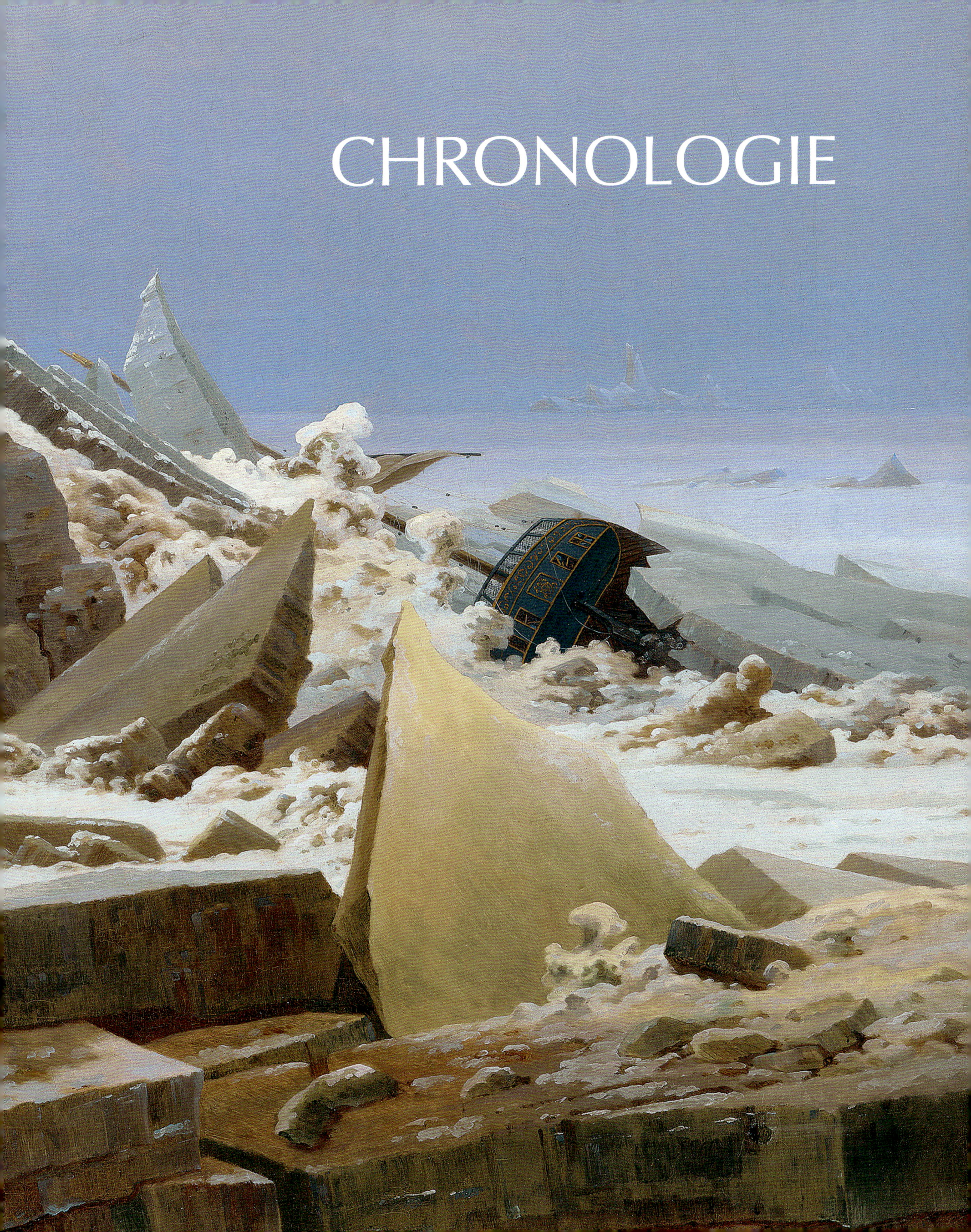

CHRONOLOGIE

1774–1804

Caspar David Friedrich wurde am 5. September 1774 als Sohn des Seifensieders und Kerzenziehers Adolph Gottlieb Friedrich und dessen Ehefrau Sophie Dorothea in Greifswald geboren. Er war das sechste Kind von zehn Geschwistern. Die Hafenstadt hatte zu diesem Zeitpunkt etwa 5000 Einwohner und gehörte seit dem Dreißigjährigen Krieg mit Vorpommern zur schwedischen Provinz Schwedisch-Pommern. 1815 fiel Greifswald an Preußen.
Die Eltern Friedrichs stammten aus der mecklenburgischen Stadt Neubrandenburg. Adolph Gottlieb Friedrich (1730–1809) war das dritte Kind des Schneiders Gottfried Friedrich († 1748) in Neubrandenburg und dessen Frau Christina, geb. Worms. In seiner Heimatstadt erlernte Adolph Gottlieb Friedrich den Beruf des Lichtgießers und Seifensieders. Aufgrund der schwierigen wirtschaftlichen Bedingungen zog er nach Greifswald, da dort die Manufaktur von Ludwig von Hess seit Jahren nicht mehr in Betrieb war. Friedrich erwarb am 14. Oktober 1763 das Bürgerrecht als „Fabrikant und Großhändler in Seife und Licht“. 1765 ersteigerte er das Haus Lange Gasse 28 (heute Nr. 57), um darin seine Lichtgießerwerkstatt einzurichten. Zeitgleich zog die 18 Jahre jüngere Sophie Dorothea Bechly (1747–81), Tochter des Neubrandenburger Schmieds Konrad Friedrich Bechly, nach Greifswald. Sie heirateten am 14. Januar 1765 im Dom St. Nikolai.

Porträt des Adolf Gottlieb Friedrich, Friedrichs Vater, 1798, schwarze Kreide auf Papier, 25 x 20,5 cm, Pommersches Landesmuseum, Greiswald

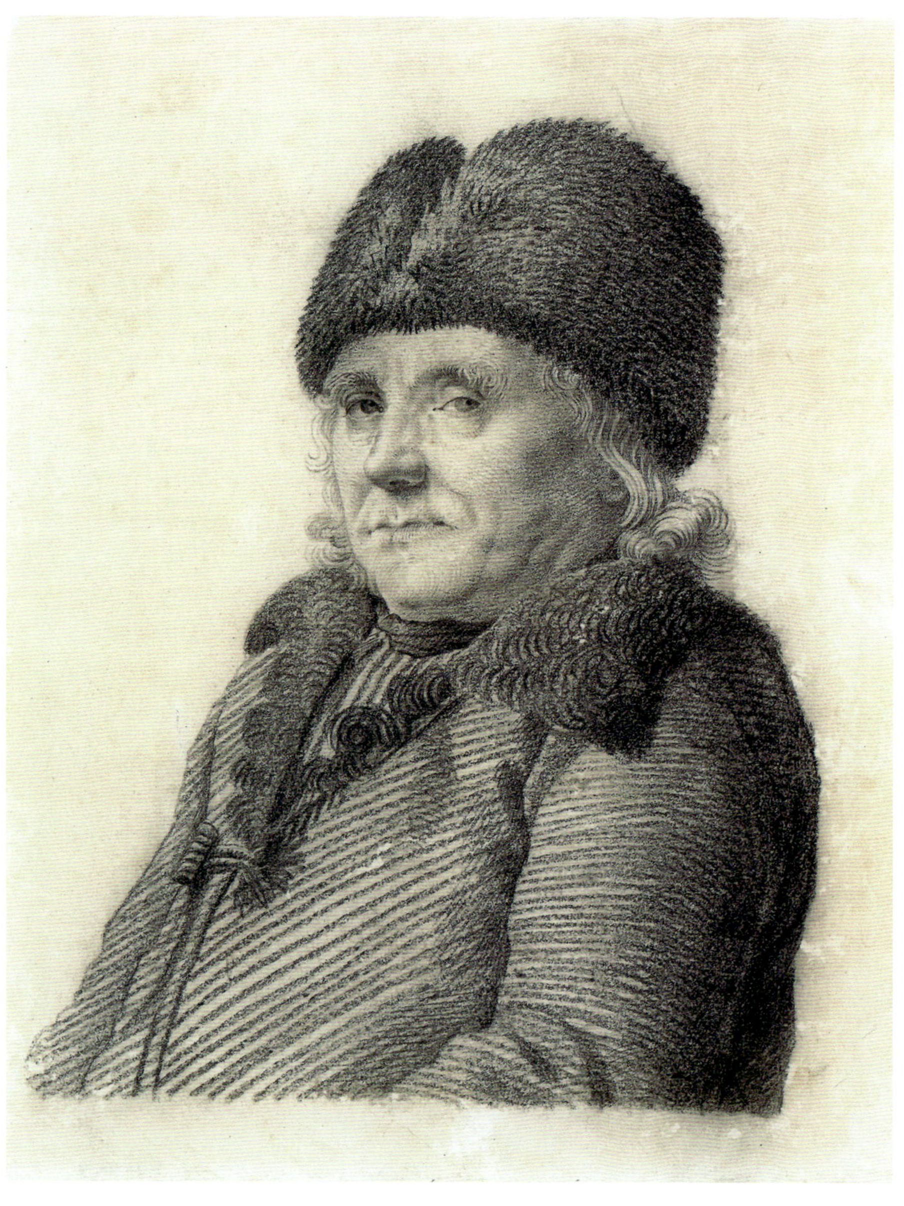

Trotz der Geruchsbelästigung, die mit der Ausübung seines Gewerbes verbunden war, erhielt Friedrich 1766 die Genehmigung, neben der Lichtzieherei auch eine Seifensiederei zu betreiben und Kerzen in allen Größen zu verkaufen. Die Caspar-David-Friedrich-Gesellschaft richtete 2011 im Gebäude (heute Caspar-David-Friedrich-Zentrum) eine Seifensiederei als Schauwerkstatt ein. 1808 übergab der kränkelnde Vater seinen Betrieb an den Sohn Johann Christian.
Nach dem frühen Tod der Mutter wurde für Caspar David dessen Schwester Dorothea ein Muttersatz.
Als prägendes Kindheitserlebnis gilt der tödliche Unfall, der sich am 8. Dezember 1787 ereignete, als Caspar David legendär beim Schlittschuhfahren ins Eis einbrach und sein um ein Jahr jüngerer Bruder Christoffer beim Rettungsversuch ertrank. Nach Detlef Stapf handelte es sich um ein Bootsunglück.*
Der Vater legte auf eine gute Schulbildung seiner Kinder Wert. Deshalb wurde ein fortgeschrittener Student der Theologie als Hauslehrer beschäftigt, der unter anderem Lateinunterricht erteilte.
Erhalten haben sich fünf kalligrafische Blätter, die der 14- oder 15-Jährige Friedrich wohl im Elternhaus als Übungen in verschiedenen Schriften und Dekorationen mit religiös-moralischen Texten zu Papier brachte. Das **Schriftblatt vom 1. März 1789** (Abb. rechts) zeichnet sich wie dasjenige vom 1. April 1789 in der Hamburger Kunsthalle durch ein eingefügtes Blumenaquarell und eine farbig dekorierte Initiale aus. Die Blätter sind individuell unterschiedlich und wohl auch mit Hilfe von Vorlagen originell gestaltet. Stilistisch schließen sie in ihrer Kalligrafie an traditionelle dekorative Urkunden an. Der Inhalt des Spruchs und die Form der Kalligrafie stellen keinen Bezug zueinander her.
Friedrichs Vater muss die künstlerische Begabung seines Sohnes aufgefallen sein, da er ihn ab 1790 zum öffentlichen Zeichenunterricht beim akademischen Zeichenlehrer und Universitätsbaumeister Johann

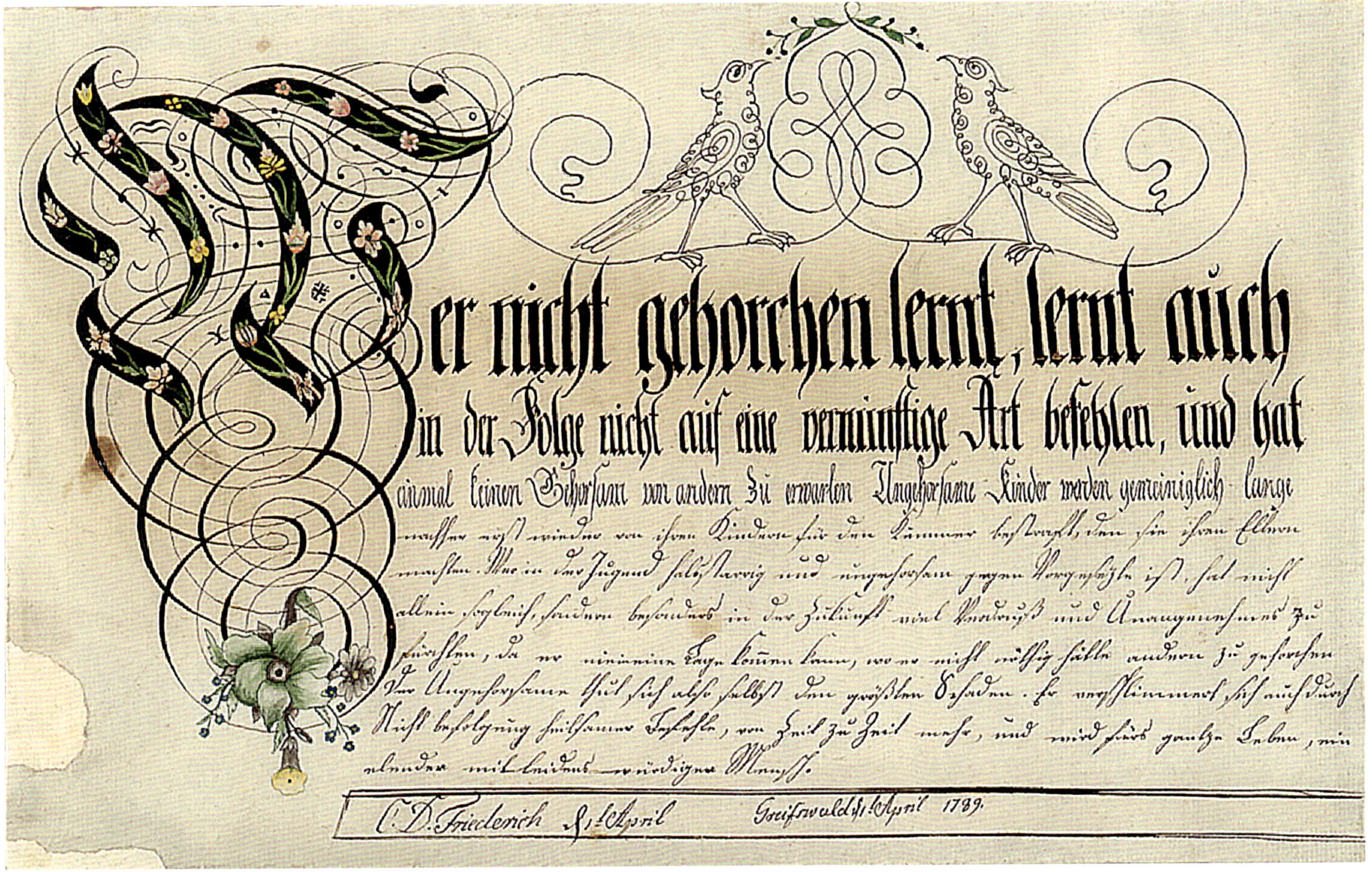
Wer nicht gehorchen lernt, lernt auch in der Folge nicht auf eine vernünftige Art befehlen, und hat einmal keinen Gehorsam von andern zu erwarten Ungehorsame Kinder werden gemeiniglich lange

C. D. Friederich d. 1. April Greifswald d. 1. April 1789.

Schriftblatt vom 1. März 1789, Feder in Braun und Aquarell, 20,8 x 29,9 cm, Pommersches Landesmuseum, Greiswald

* Detlef Stapf (Caspar David Friedrich. Die Biographie, Berlin 2019, S. 13) diagnostiziert zudem eine Erkrankung Friedrichs im Symptombereich von Autismus und Asperger. Siehe dazu kritisch: Birte Frenssen, Johannes Grave, Kilian Heck, Florian Illies, Johannes Rößler, Christian Scholl: Problematische Thesen von Detlef Stapf zu C. D. Friedrich. In: https://www.uni-heidelberg.de/de/impressum.

** Hubertus Gaßner: Caspar David Friedrich. Die Erfindung der Romantik, Katalog Essen/Hamburg 2007, S. 86–92.

Gottfried Quistorp (1755–1835) schickte, der in Berlin, Leipzig und vor allem in Dresden unter Anton Graff (1736–1813) zum Maler und Baumeister ausgebildet wurde. Wöchentlich erhielt Friedrich für einige Stunden Anweisungen im Zeichnen nach Modellen und Druckvorlagen. Quistorp konfrontierte seine Schüler unter anderem mit dem weit verbreiteten Lehrbuch Johann Daniel Preißlers „Die durch Theorie erfundene Practic" (Nürnberg 1721–25). Daraus kopierte Friedrich unter Quistorps Anleitung Figuren und anatomische Details in Umrisszeichnungen, die im Pommerschen Landesmuseum in Greifswald erhalten sind.** Die Betonung der Umrisse und die Reduktion des Motivs auf wenige Striche entsprach dem klassizistischen Gestaltungsideal. Zudem fertigte Friedrich Kopien nach Architekturzeichnungen an. Dass Quistorp seine Schüler mit auf Zeichenexkursionen ins Freie nahm, ist anzunehmen, aber nicht belegt. Spekulativ ist, ob Friedrich schon vor 1801 mit Quistorp Wanderungen auf der Insel Rügen unternahm.

Wohl auf Empfehlung von Quistorp studierte Friedrich von 1794 bis 1798 an der Königlich Dänischen Akademie der Schönen Künste. Fünf Jahre später sollte ihm der aus dem vorpommerschen Wolgast stammende Philipp Otto Runge (1777–1810) folgen. Die Ausbildung war für ausländische Studenten kostenfrei. Die Kunstakademie galt als eine der liberalsten in Europa. Friedrich hatte in den ersten Studiensemestern zunächst Zeichnungen und Druckgrafiken unter der Anleitung von Jørgen Dinesen (1741/42–97), Ernst Heinrich Löffler (1723–96) und Carl David Probsthayn (1770–1818) zu kopieren. Nach der Versetzung in die Gipsklasse 1796 fertigte Friedrich Zeichnungen nach Abgüssen antiker Skulpturen an. Für das Studium nach lebenden Modellen war er ab Januar 1798 unter der Leitung von Andreas Weidenhaupt (1738–1805), dem Bildhauer Johannes Wiedewelt (1731–1802) und dem Historienmaler, Bildhauer und Architekten Nicolai Abildgaard (1743–1809) zugelassen. Während der Ausbildung setzte er sich vor allem mit der Technik der Zeichnung und des Aquarells und weniger mit der Ölmalerei auseinander.

Aus der Kopenhagener Zeit sind sorgsam ausgeführte kleine aquarellierte Landschaftszeichnungen erhalten,

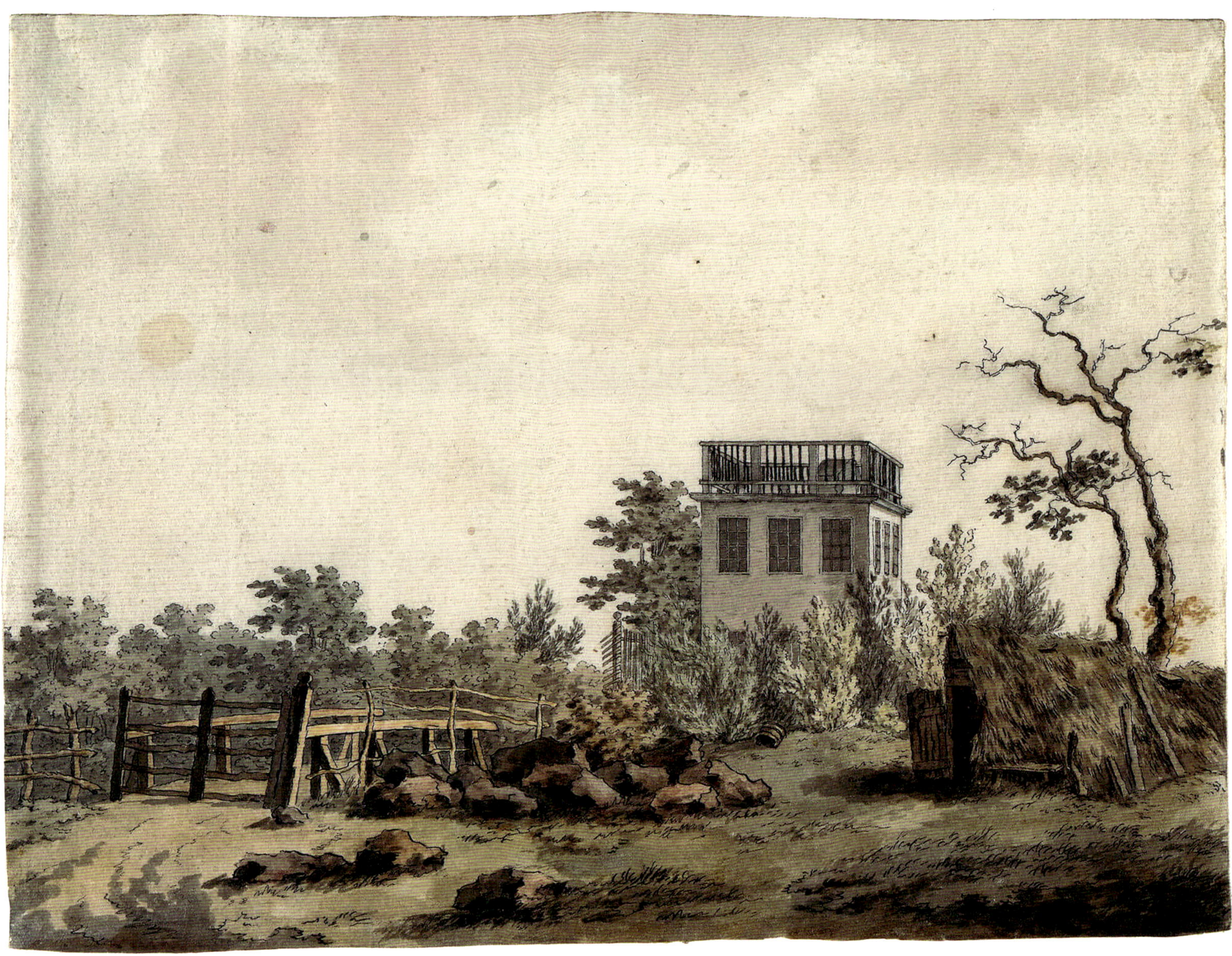

Landschaft mit Pavillon, wohl 1797, Aquarell, Feder in Schwarz, 16,8 x 22 cm, Hamburger Kunsthalle

für die Friedrich Ausflüge in die nähere Umgebung unternahm. Das Aquarell **Landschaft mit Pavillon** (Abb. oben) dokumentiert Friedrichs Interesse an malerisch platzierten Feldsteinen im Vordergrund, kahlen Bäumen und der strohgedeckten Hütte sowie seine Liebe zum Detail. Spürbar ist zudem seine Begabung für harmonische Kompositionen. Börsch-Supan konnte den Pavillon als ein barockes Aussichtsgebäude bei Klampenborg nördlich von Kopenhagen mit Blick auf den Øresund identifizieren.* Interpretationen, das 1797 ausgeführte Blatt würde versteckte religiöse Inhalte oder Botschaften vermitteln, sind abwegig.

Schon in den zufällig erhaltenen Frühwerken klingt Friedrichs Affinität zu Denkmälern in der Landschaft an. Das Interesse daran könnten die Kopenhagener Maler Jens Juel (1745–1802) und Erik Pauelsen (1749–90) gefördert haben.** Zudem huldigte Friedrich dem Ideal des Landschaftsgartens und reflektierte damit den 1779 von Christian Hirschfeld in seiner „Theorie der Gartenkunst" propagierten Gartentypus.

Aus Friedrichs Akademiezeit sind darüber hinaus figurenreiche umrissbetonte aquarellierte Federzeichnungen bekannt, in denen er Schillers Drama „Die Räuber" illustrierte. Ein Jahr später – im Juni 1799 – beschäftigte er sich erneut mit dem Thema. Ein Blatt zeigt die zweite Szene des ersten Akts: **Amilia und Franz Moor** (Abb. oben Mitte), der mit Hinterlist die Liebe Amalias zu seinem Bruder Karl zu erschüttern versucht. Möglicherweise plante Friedrich, Schillers Drama als Illustrationszyklus zu publizieren.*** Die Figuren, die Friedrich wohl ohne Modelle aus der Fantasie malte, sind disproportioniert, da sie überlängte Gliedmaßen und zu kleine Köpfe aufweisen.

Unter seinen Mitstudenten bestand eine Freundschaft zum Maler Johan Ludwig Gebhard Lund (1777–1867), der Ende 1799 Friedrich mit einem staatlichen Stipendium in Dresden besuchte und dem Friedrich sein Selbstbildnis aus dem Jahr 1800 (Abb. S. 22) als für die Zeit typische Künstlergeste schenkte. Als Lund 1818 Professor an der Akademie der bildenden Küns-

* Helmut Börsch-Supan, Karl Wilhelm Jähnig: Caspar David Friedrich. Gemälde, Druckgraphik und bildmäßige Zeichnungen, München 1973, S. 238; Christina Grummt: Caspar David Friedrich. Die Zeichnungen. München 2011, S. 86, 87.

** Johannes Grave: Caspar David Friedrich, München, London, New York 2. Aufl. 2023, S. 50–59.

*** Ebenda, S. 41–48.

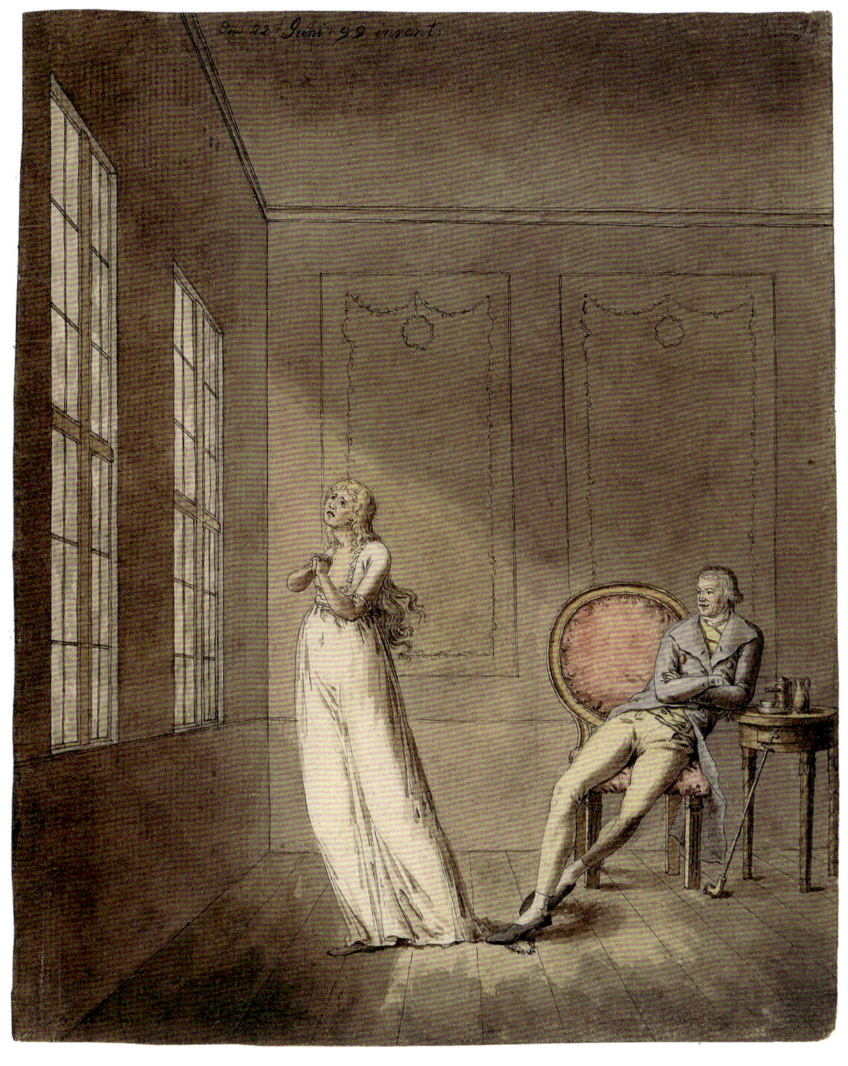

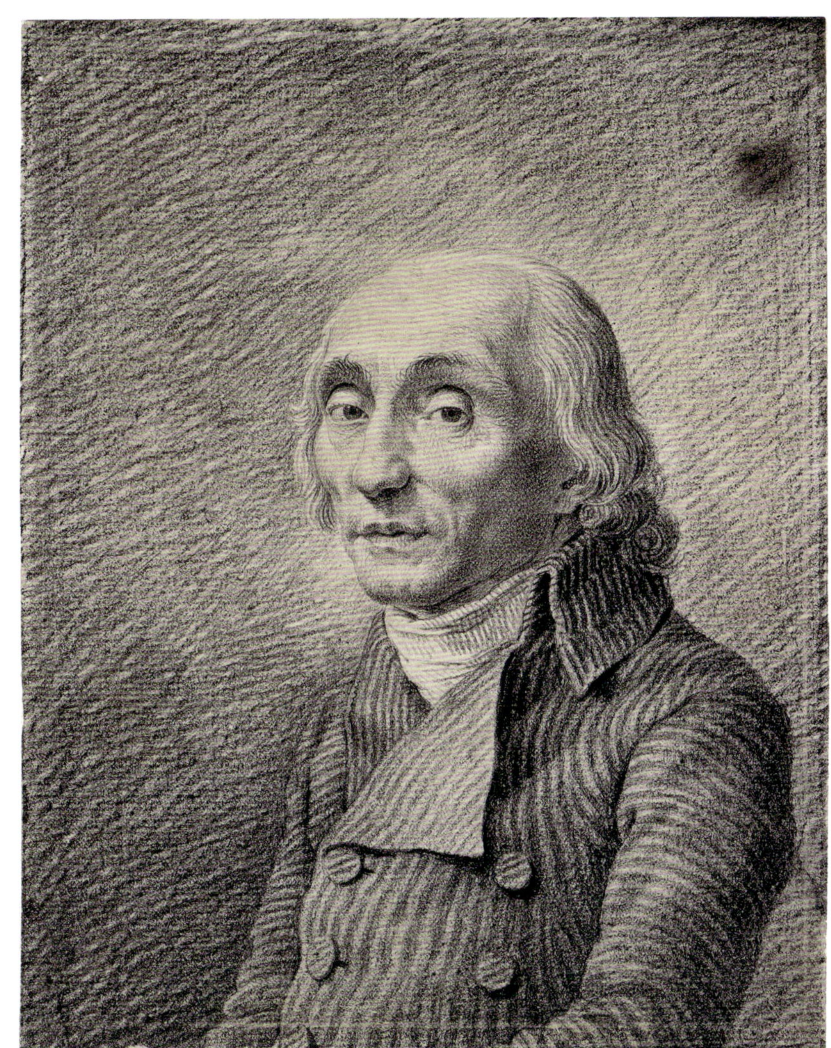

links: Amalie und Franz Moor aus Schillers „Die Räuber", 22.06.1799, Aquarell, 23,7 x 18,7 cm, Staatliche Museen zu Berlin, Kupferstichkabinett

rechts: Pastor Ernst Theodor Johann Brückner, um 1798, schwarze Kreide, 25,1 x 19,9 cm, Staatliche Museen zu Berlin, Kupferstichkabinett

te in Kopenhagen wurde, trug die Freundschaft dazu bei, dass Friedrich von dänischen Kollegen besucht wurde.

Am 7. Mai 1798 verließ Friedrich Kopenhagen und kehrte zunächst nach Greifswald zurück. In seiner Heimatstadt, in Neubrandenburg und Beesen, dem Wohnort seiner Schwester Dorothea, zeichnete er mehrere Bleistiftbildnisse von Verwandten und Freunden. Dazu gehören das **Porträt von Friedrichs Vater Adolf Gottlieb Friedrich** (Abb. S. 32), von dem er zwei Versionen schuf, und das ebenso kleinformatige Bildnis des **Pastors Ernst Theodor Johann Brückner** (Abb. oben rechts). Die individuellen Gesichtszüge sind in den Porträts seiner Bekannten und Verwandten hervorragend erfasst. Im Fall der hier abgebildeten Beispiele sind sie bis ins Detail durchgezeichnet und von daher keine Skizzen bzw. Studienblätter. Es handelt sich um abgeschlossene Kunstwerke, die dazu bestimmt waren, gerahmt und aufgehängt zu werden.

Friedrich verfolgte trotz seines Talents keineswegs das Ziel, Porträtmaler zu werden. Die Zahl seiner Bildnisse blieb gering und auf private Adressaten und Selbstporträts beschränkt. Bezüglich der Wiedergabe bestand sein Bemühen darin, die größtmögliche Individualität des Dargestellten festzuhalten.

Im Juli 1798 begab sich der 24-jährige Friedrich auf den Weg nach Dresden, um sich in der dortigen Akademie einzuschreiben. Während seiner Reise machte er einen Zwischenstopp in Berlin. Hier dürfte er seinen Greifswalder Jugendfreund, den Buchhändler und Verleger Georg Andreas Reimer, aufgesucht haben. Vielleicht vermittelte dieser den Kontakt zu Friedrich Schleiermacher, dessen Schriften Reimer verlegte, darunter Schleiermachers Rede „Über die Religion". 1818 besuchten dieser und Reimer den Maler Friedrich in Dresden. Reimer sollte ein eifriger Sammler der Werke Friedrichs werden.

Im Herbst erreichte Friedrich Dresden, das für sein restliches Leben seine Wahlheimat wurde. Hier schrieb er sich am 12. November 1798 an der Kunstakademie als Student in der Landschaftsklasse ein. Seine Lehrer waren die Landschaftsmaler Johann Christian Klengel (1751–1824) und Adrian Zingg (1734–1816). Vor allem vom Schweizer Professor Zingg, der seit

Tanne, September 1798, Bleistift, Pinsel in Braun, Farbproben, 21,8 x 27,5 cm, Staatliche Museen zu Berlin, Kupferstichkabinett

1766 Lehrer für Kupferstich war, versprach sich Friedrich Anregungen. Tatsächlich nahm dieser bezüglich der Übernahme der Sepiatechnik, dem Zeichnen in der Natur und der Vorliebe für die Darstellung der heimischen Landschaft entscheidenden Einfluss auf Friedrichs Werk.

Die Empfehlung, sich nach Dresden an die Akademie zu wenden, dürfte von Friedrichs ehemaligem Zeichenlehrer Johann Gottfried Quistorp in Greiswald stammen, der 1781/82 gleichfalls in Dresden studiert hatte. Aus Dankbarkeit widmete Friedrich diesem 1799 eine seiner ersten Radierungen.

Wie der fast gleichaltrige Landschaftsmaler William Turner (1775–1851) arbeitete Friedrich mit Skizzenbüchern, die er während seiner Reisen mit Studien versah, um sich einen Bildervorrat zu verschaffen, auf den er sein ganzes Leben lang zurückgriff. Einige Skizzenbücher Friedrichs sind erhalten. Darin arbeitete er mit feinstem Bleistift. Gelegentlich vor Ort oder meistens im Nachgang überarbeitete er die Zeichnungen mit Feder und Aquarellfarben. Oft zog er minimalistisch nur die Kontur des Motivs mit Tusche nach oder schuf feine Schraffuren. Mit dem Pinsel brachte er zudem lavierend Schatten auf, sodass effektvolle Ansichten entstanden. Seine Studien beschriftete er gewöhnlich mit dem Entstehungsdatum und nur selten mit weiteren Angaben und abstrakten Zeichen.* Als optische Hilfsmittel nutzte er intensiv das Fernrohr oder eine Augenklappe (siehe sein Selbstbildnis auf S. 23).

Rasch nach seiner Niederlassung in Dresden begann Friedrich mit den Wanderungen durch die Umgebung, wie das heute aufgelöste Große Mannheimer Skizzenbuch und die beiden Berliner Skizzenbücher bezeugen, die er ab April 1799 ein Jahr lang nutzte.**

Anregungen für seinen Zeichenstil übernahm er von Adrian Zingg. Dieser unterschied z. B. zwischen „gezackter Eichenmanier" und „runder Lindenmanier" als Kürzel für bestimmte Laubbäume und empfahl das Studium einzelner Pflanzen in der freien Natur. Die Hinweise machte sich Friedrich zu eigen und studierte nicht nur Landschaften, sondern auch prächtige Bäume und Pflanzendetails. Schon die frühe Studie einer **Tanne** (Abb. links) vom September 1798, die lavierten Federzeichnungen der **Baumgruppen** (Abb. rechts oben und S. 38) aus dem Juli 1799 oder die am 20. Mai 1799 ausgeführten **Felsenstudien mit Bäumen, darunter zwei liegende Gestalten** (Abb. S. 39) bzw. mit **nebeneinanderliegenden Blöcken** (Abb. rechts unten) sowie weitere **Felsenstudien** (Abb. S. 39) aus demselben Jahr sind ausdrucksstarke, qualitätvolle Werke von hoher Präzision in der Wiedergabe der Licht-Schattenwirkung und der Details der Äste und Blätter sowie von erstaunlicher Harmonie und Schönheit. Darüber hinaus zeichnete er Burgen und Ortsansichten, etwa am 17. Mai 1799 den **Dorfanger mit Fachwerkhäusern und Kirche von Greifendorf** (Abb. S. 40),*** bei dem er eine Perspektive wählte, die die malerische Staffelung der Giebel und Dächer mit unterschiedlichem Baumaterial besonders gut zur Geltung bringt. Die Studien belegen Friedrichs Talent und seinen Tatendrang bereits zu Beginn seines Studiums in Dresden.

Aus diesem Grund dürfte es sich um eine Legende handeln, Friedrich habe zu Beginn seines Studiums in Dresden eine gesundheitliche Krise durchlitten, da ihn seine Ergebnisse im Aktzeichnen an der Akademie beschämten und er dem Spott der Studenten ausgesetzt gewesen sei.**** Die Geschichte diente wahrscheinlich als mögliche Erklärung dafür, weshalb er sich in

* Die abstrakten Zeichen und Symbole können mit den Empfehlungen des 1803 erschienenen Buches „Der Rathgeber für Zeichner und Mahler, besonders in dem Fache der Landschaftmahlery ..." von Pierre-Henri de Valenciennes zusammenhängen (dazu Werner Busch: Caspar David Friedrich und Pierre-Henri de Valenciennes. In: Holger Birkholz u. a. (Hg.): Caspar David Friedrich. Wo alles begann, Katalog Dresden 2024, S. 74–87).

Baumgruppe, 24. Juli 1799, Feder in Schwarzgrau, laviert, 18,8 x 23,7 cm, Staatliche Museen zu Berlin, Kupferstichkabinett

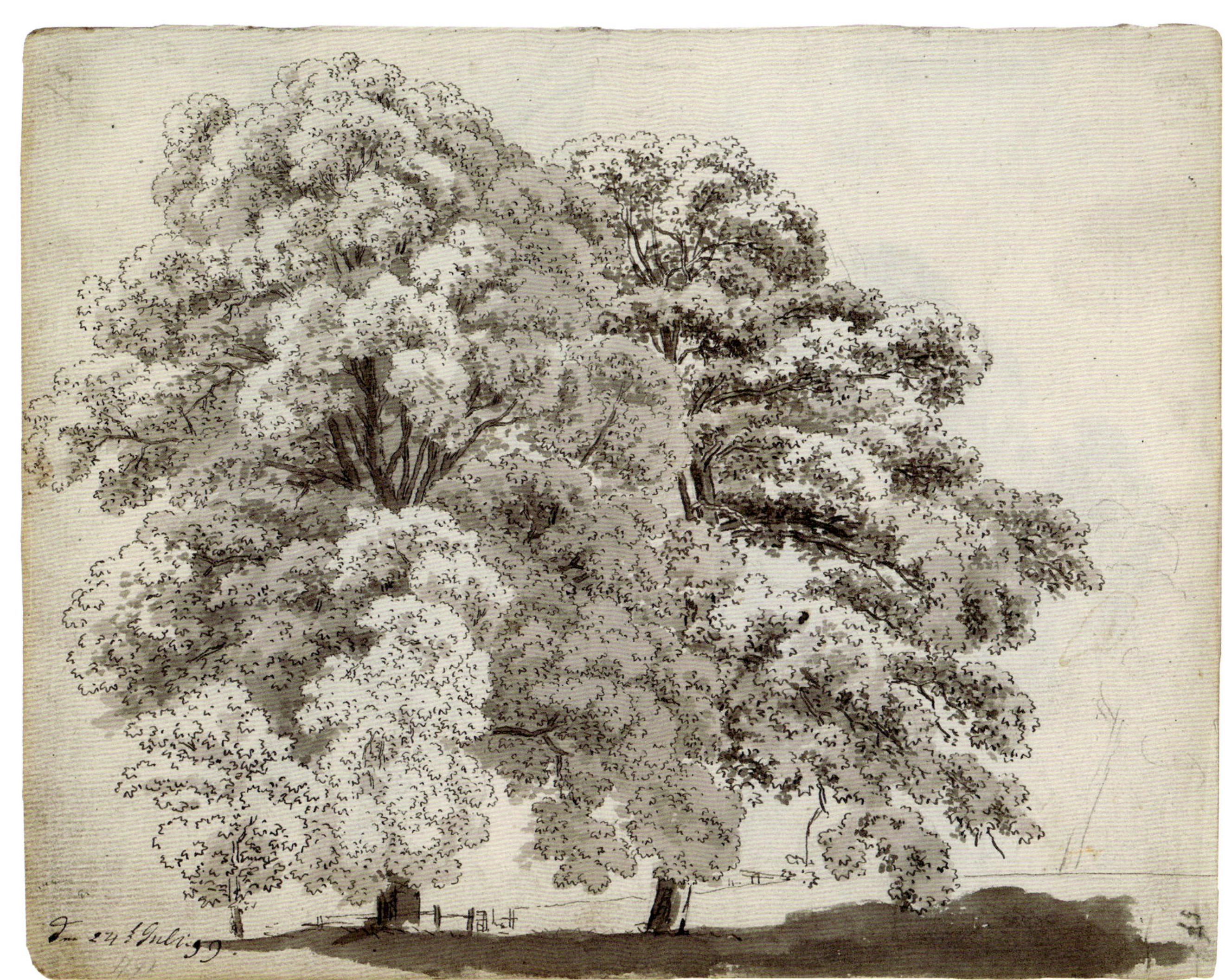

** Dazu Frank Richter: Caspar David Friedrich. Der Landschaftsmaler, Petersberg 2024, S. 23–40.
*** Ebenda, S. 23, 24.
**** Detlef Stapf: C. D. Friedrich – Eine Biographie. In: Wolf Eiermann, Konrad Bitterli (Hg.): C. D. Friedrich und die Vorboten der Romantik, Katalog Schweinfurt/Winterthur, München 2023, S. 26–35, 28.

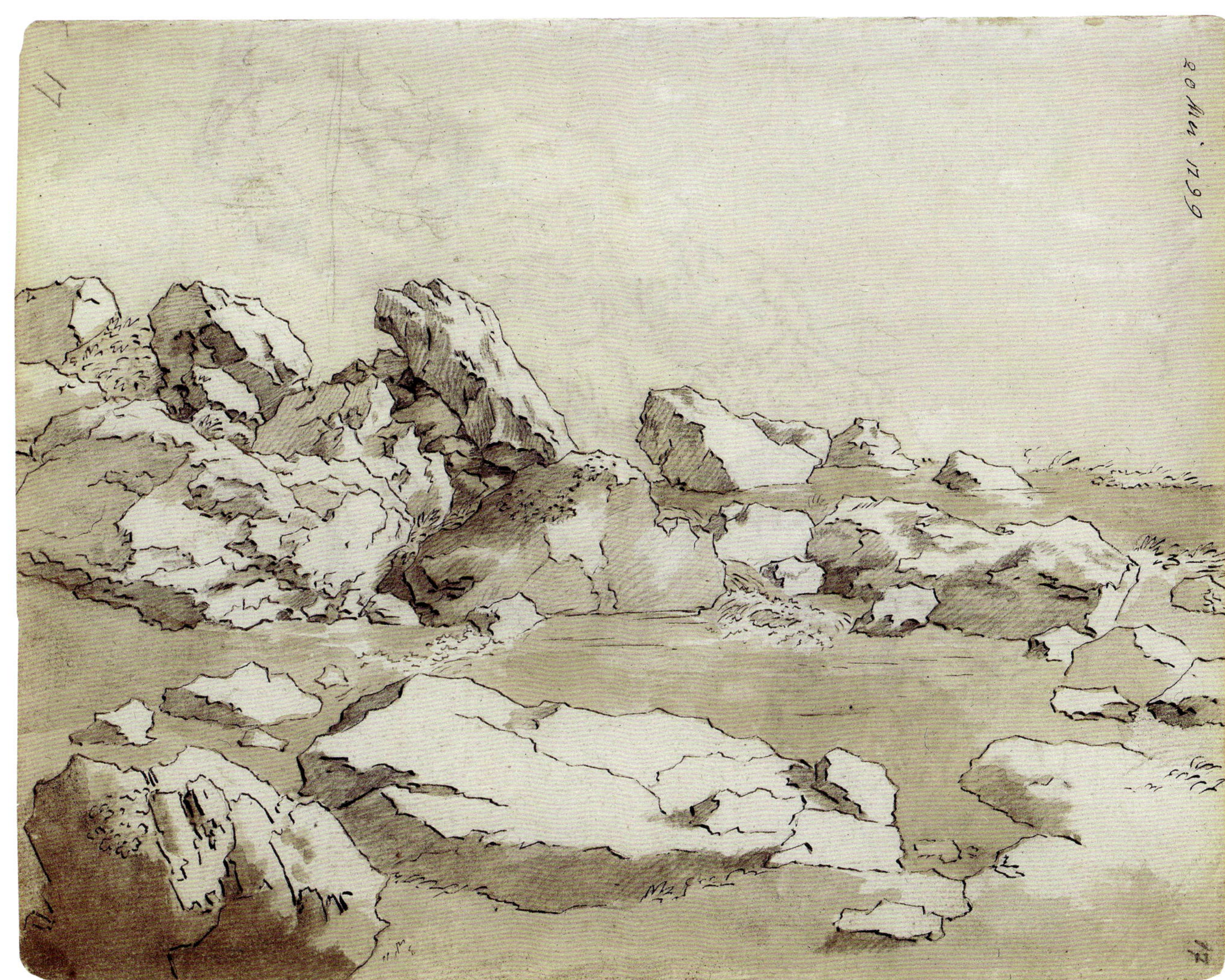

Felsenstudien nebeneinander liegende Blöcke, 20. Mai 1799, Feder in Braun, laviert, 18,8 x 23,6 cm, Staatliche Museen zu Berlin, Kupferstichkabinett

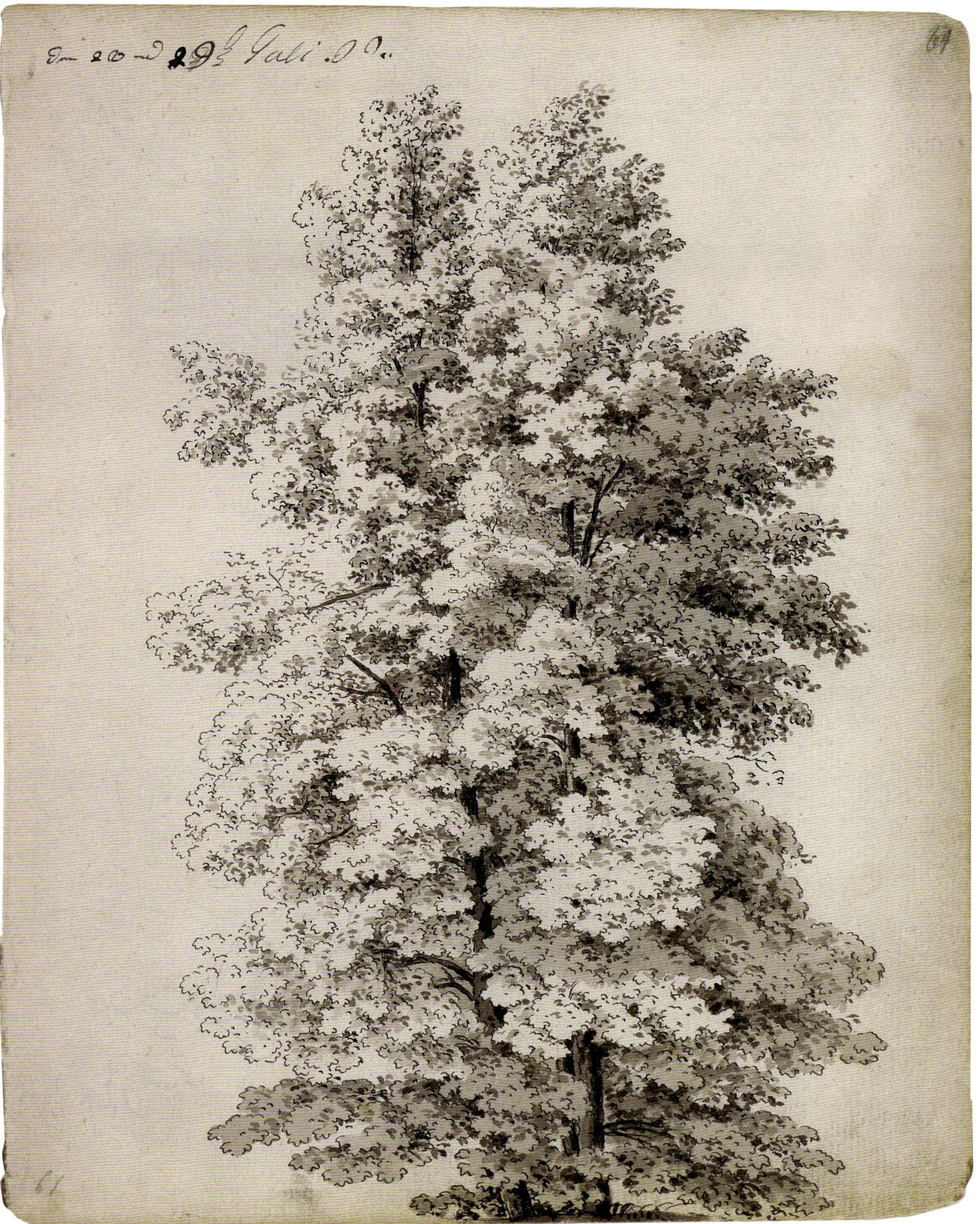

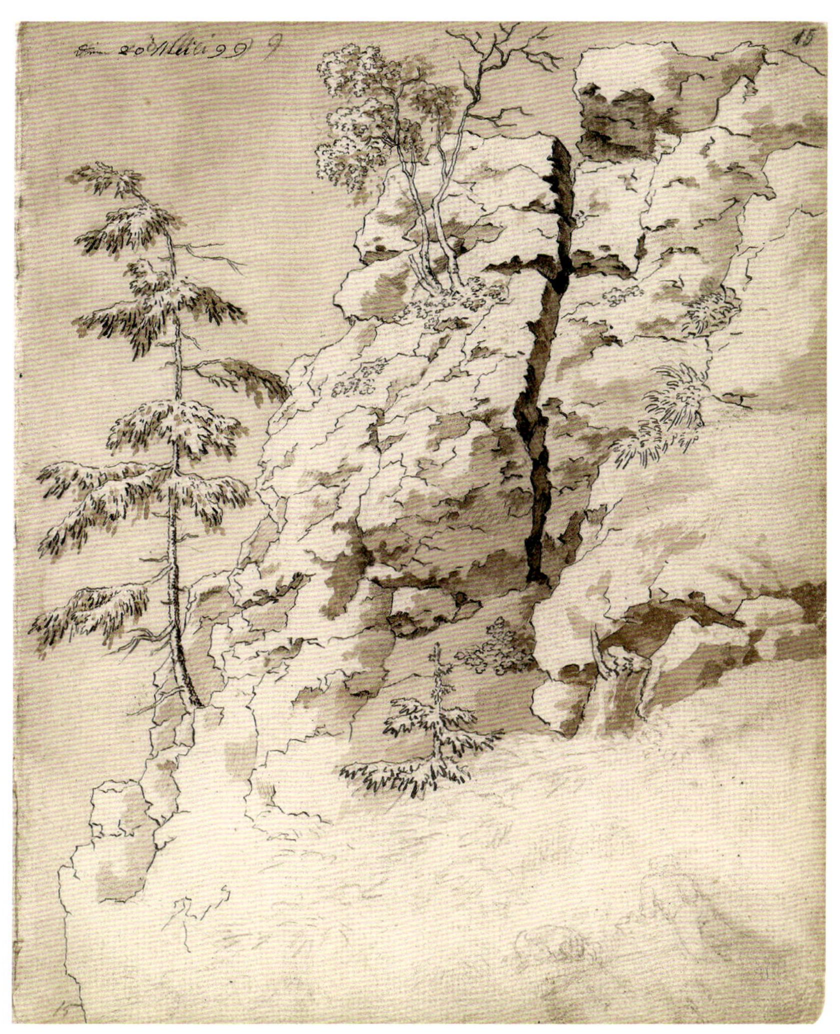

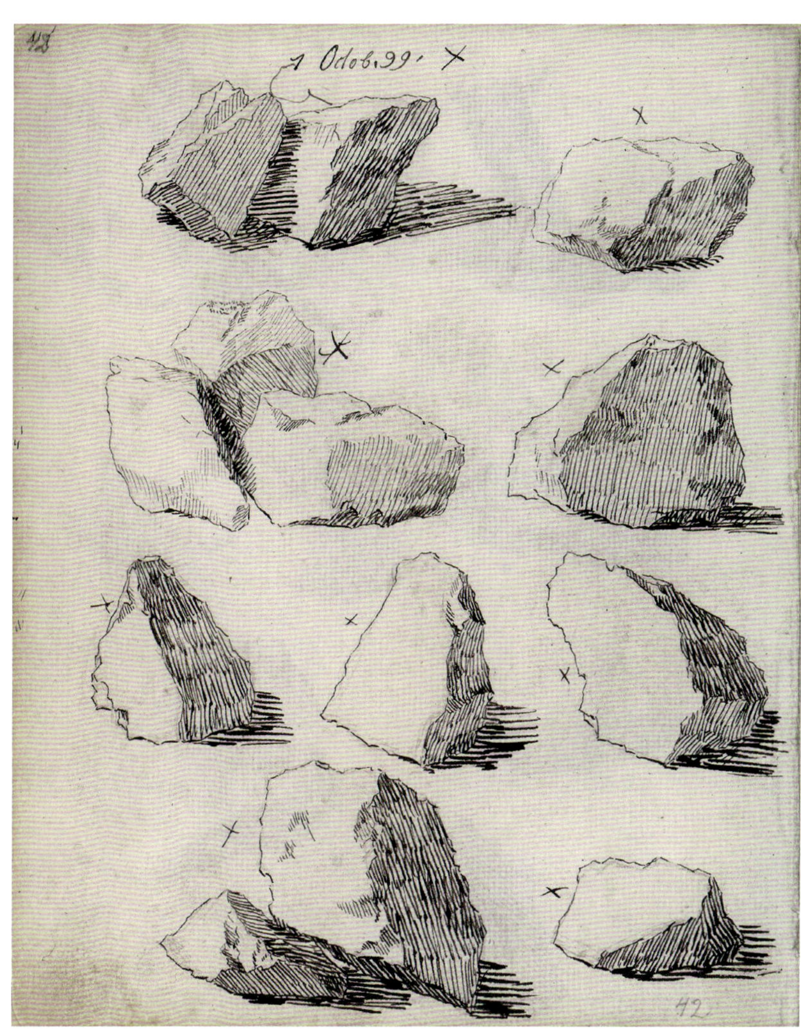

oben links: Felsenstudie mit Bäumen, darunter zwei liegende Gestalten, 20. Mai 1799, Feder in Grauschwarz, braun laviert, Bleistift, auf Papier, 23,7 x 18,8 cm, Staatliche Museen zu Berlin, Kupferstichkabinett

oben rechts: Felsenstudie, 7. Oktober 1799, Feder in Schwarz, 24,2 x 18,8 cm, Staatliche Museen zu Berlin, Kupferstichkabinett

links: Baumgruppe, 28./29. Juli 1799, Feder in Schwarzgrau und Grau, laviert, 23,5 x18,8 cm, Staatliche Museen zu Berlin, Kupferstichkabinett

rechts: Felsenstudie, rechts Stufen, 10./12. August 1799, Feder in Grauschwarz, laviert, 18,8 x 24,1 cm, Staatliche Museen zu Berlin, Kupferstichkabinett

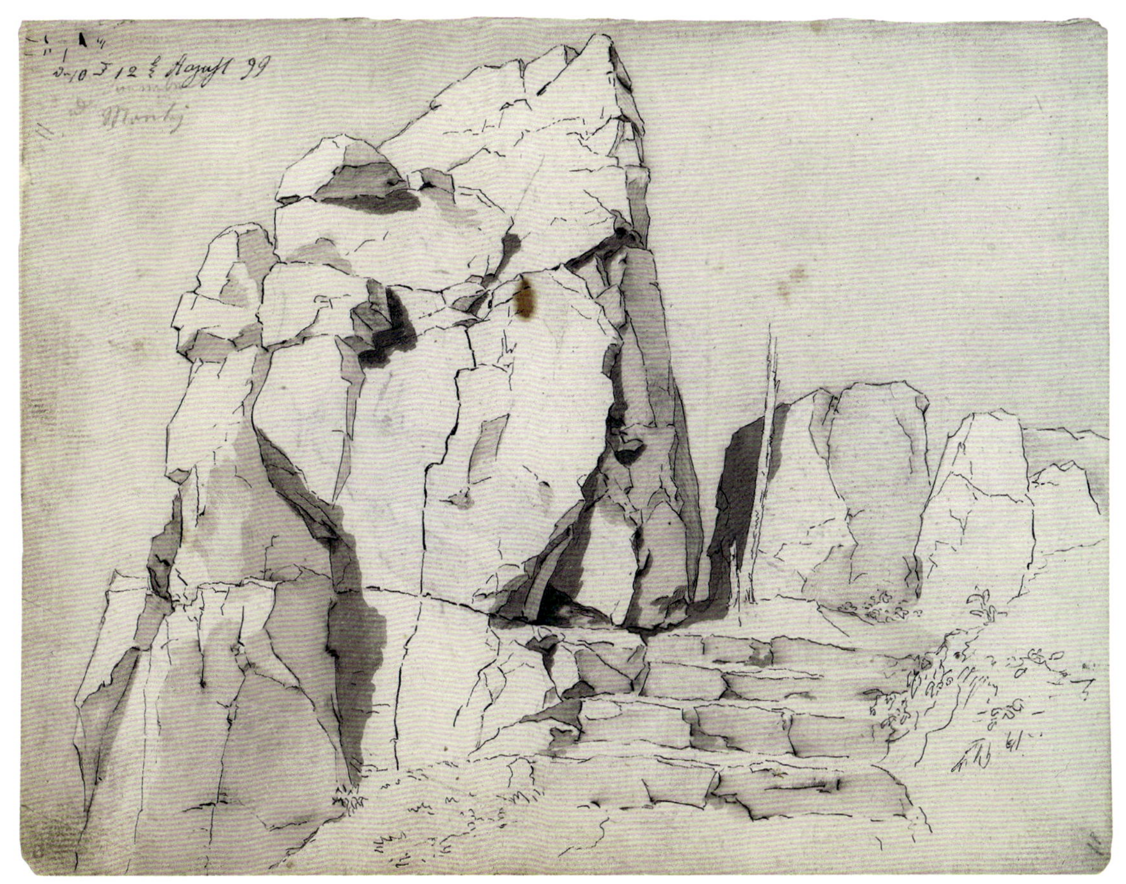

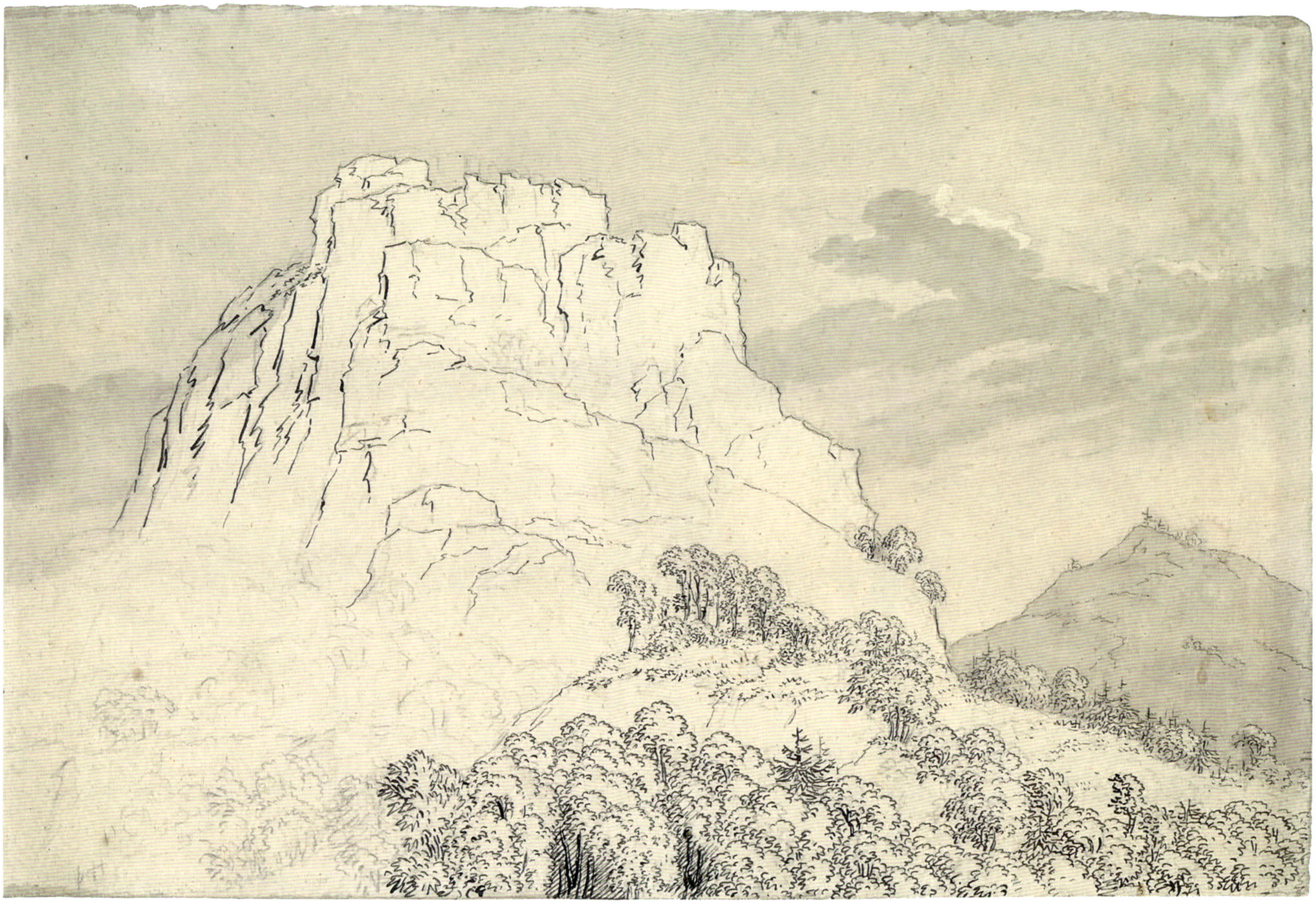

Regenstein im Harz, 1799, Bleistift, Feder in Schwarzgrau, Pinsel in Grau, 26,1 x 17,8 cm, Hamburger Kunsthalle, Kupferstichkabinett

Dorfanger mit Fachwerkhäusern und Kirche von Greifenberg, 17. Mai 1799, Bleistift, Staatliche Museen zu Berlin, Kupferstichkabinett

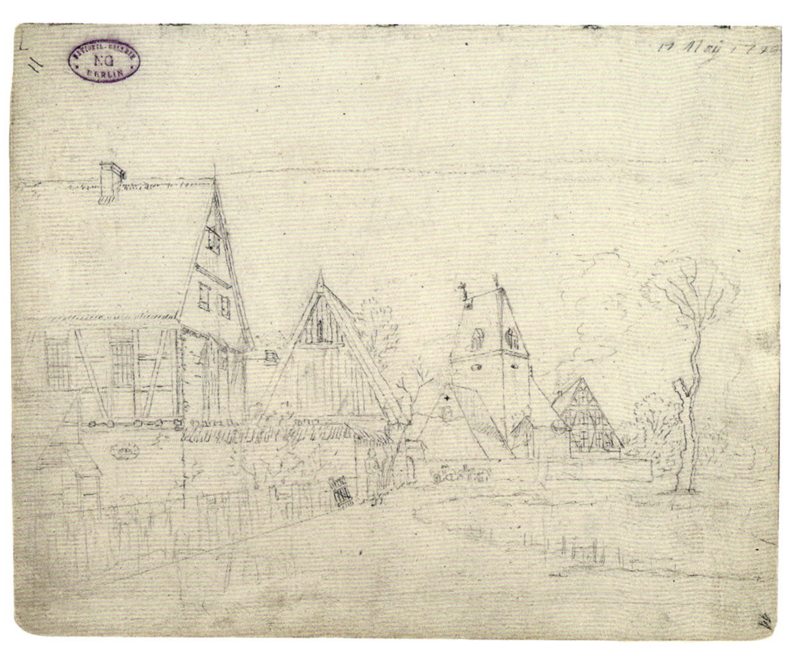

die Einsamkeit der Natur der Sächsischen Schweiz zurückzog und sich ganz der Landschaftsmalerei zuwandte. Allerdings ist zutreffend, dass Friedrichs Talent in erster Linie in der Wiedergabe der Natur lag, während er in der Darstellung der menschlichen Proportion in den frühen Zeichnungen und Aquarellen weniger begnadet war – eine Schwäche, die er mit anderen Landschaftsmalern wie Claude Lorrain, Jacob Philipp Hackert und William Turner teilte, deren Figurendarstellungen oft wenig überzeugen. Für die Landschaftsmaler gilt ganz allgemein, dass sie wenig Wert auf die perfekte Darstellung von Staffagefiguren legten. Es fällt auf, dass weder Turner noch Friedrich intensive Studien von Personen vornahmen. Offenkundig hielten sie die perfekte Wiedergabe von Menschen als Beiwerk zu ihren Landschaften für nachrangig wichtig. Das heißt aber nicht, dass es keine Figurenzeichnungen von Friedrich oder Turner gäbe. Die Berliner Friedrich-Ausstellung im Jahr 2024 widmete ein Kapitel Friedrichs Personendarstellungen als Vorstudien für seine Gemälde. Und hier zeigt sich dann doch Friedrichs Perfektionismus: Seine Protagonisten, zumeist Rückenfiguren, sind vortrefflich in ihren Proportionen und wohlüberlegt in ihrer Gestik ausgeführt.
Dass Friedrich mit seinen Aktdarstellungen auch während seines Studiums zufrieden war, belegt ein Brief von Friedrich an Johan

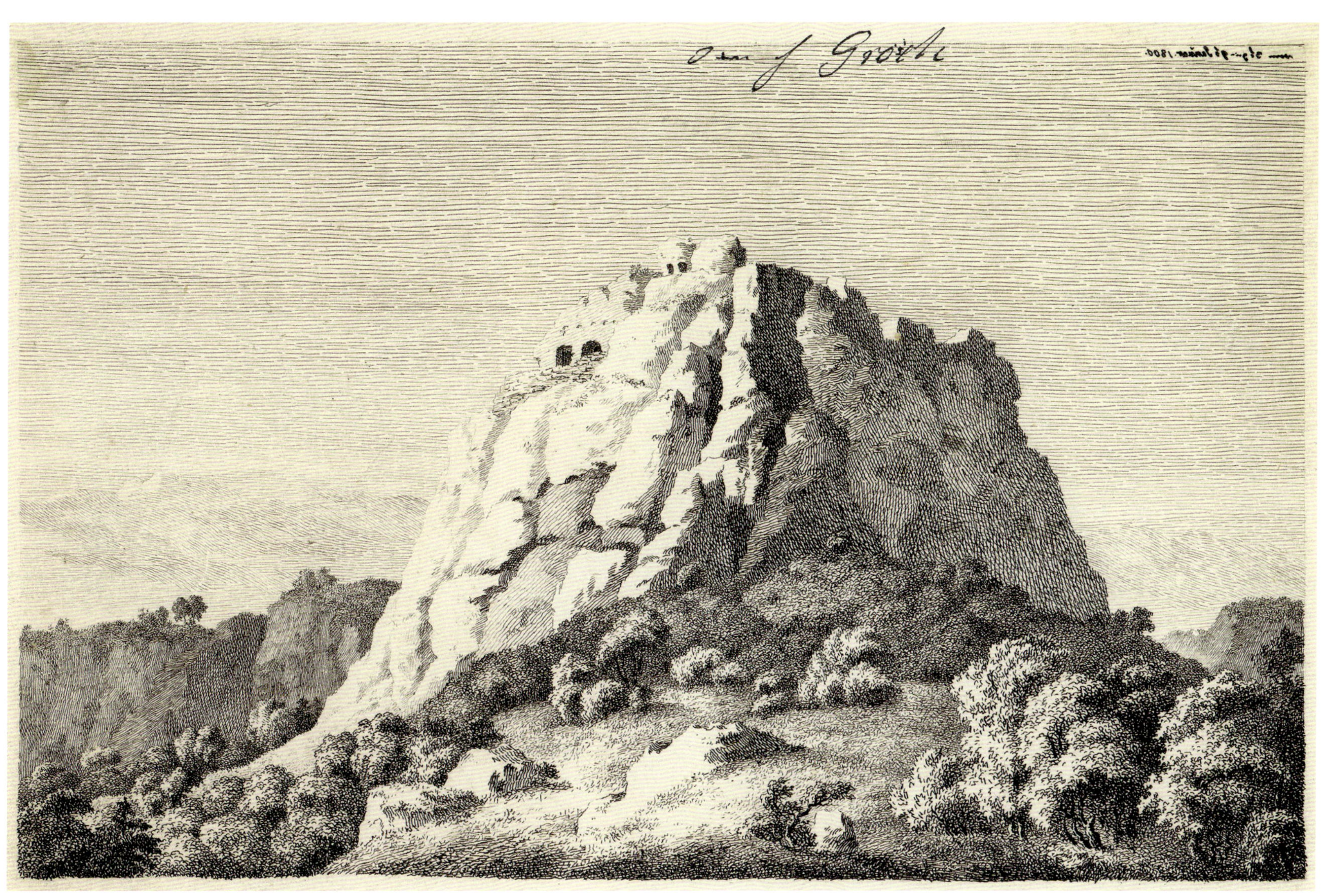

Regenstein im Harz, 21. Januar 1800, Radierung, 18,5 x 24,4 cm, Nationalmuseum, Oslo

Ludvig Lund aus dem Jahr 1800, als er schrieb: „Die beiden ersten Ackte die ich zeichnete oder anfing zu zeichnen waren unter aller Kritick, so daß ich ihnen schon schreiben wollte ich were der aller schlegste unter allen Zeichner; aber das Blat hatt sich gewändet und mein dritter Akt ist nich so übel ausgefallen und den ich itzt angefangen scheint nicht so übel zu werden, so das ich gewiß noch viele unter mir habe."*

Friedrich schuf Landschaftsbilder nicht nur nach der Natur, sondern auch nach fremden Vorlagen, so 1799 die Ansicht vom **Regenstein im Harz** (Abb. oben links). Geschickt gibt Friedrich die steile Felskuppe nördlich von Blankenburg mit dem Regenstein, auf dem die 1758 geschleifte Burg- und Festungsruine thront, in starker Untersicht wieder. Durch die Staffelung der Baumgruppen gelingt Friedrich eine Dynamisierung und Monumentalisierung der Felsenlandschaft.

Nach einer eng verwandten, allerdings verschollenen Zeichnung, die das Datum 25. Dezember 1799 trug, schuf Friedrich die Radierung **Regenstein im Harz** (Abb. oben), die ihre Spannung aus der Beleuchtungssituation bezieht. Die Druckplatte enthält den Verweis, dass sie „vom 3t zum 9t Januar 1800" entstanden ist.

Ende des 18. Jahrhunderts hatte sich in Dresden die Landschaftsradierung zu einem beliebten Arbeitsgebiet einiger Künstler entwickelt, zu denen sich ab Herbst 1799 auch Friedrich zählen konnte. Seine erste Radierung hatte er am 30. Oktober 1799 angefertigt. Es folgten bis zum Februar 1800 weitere kleinformatige Arbeiten, die harmonische Baumgruppen in rauer und malerisch schöner Landschaft, die an Englische Landschaftsgärten erinnern, zum Thema haben und auf Studien zurückgehen, die er zumeist vom Sommer bis Spätherbst 1799 angefertigt hatte. Als charakteristische Beispiele sind die Radierungen **Gruppe von sechs Bäumen mit Steg**, **Flanierendes Paar unter Bäumen am Felshang** und **Felsige Parklandschaft mit Gedenkstein** (alle Abb. S. 42) zu nennen. Sie sind von hoher technischer und gestalterischer Qualität, wobei die Baumumrisse und das Hell-Dunkel mittels eines ausgeprägten Licht-Schattenspiels in ihrem Charakter an Radierungen Rembrandts und der niederländischen Kunst des 17. Jahrhunderts erinnern. Ob sich

* Zitiert nach Christian Scholl: Caspar David Friedrich und seine Zeit, Leipzig 2015, S. 12.

** Siehe den Beitrag von Peter Prange in der Online-Sammlung Hamburger Kunsthalle.

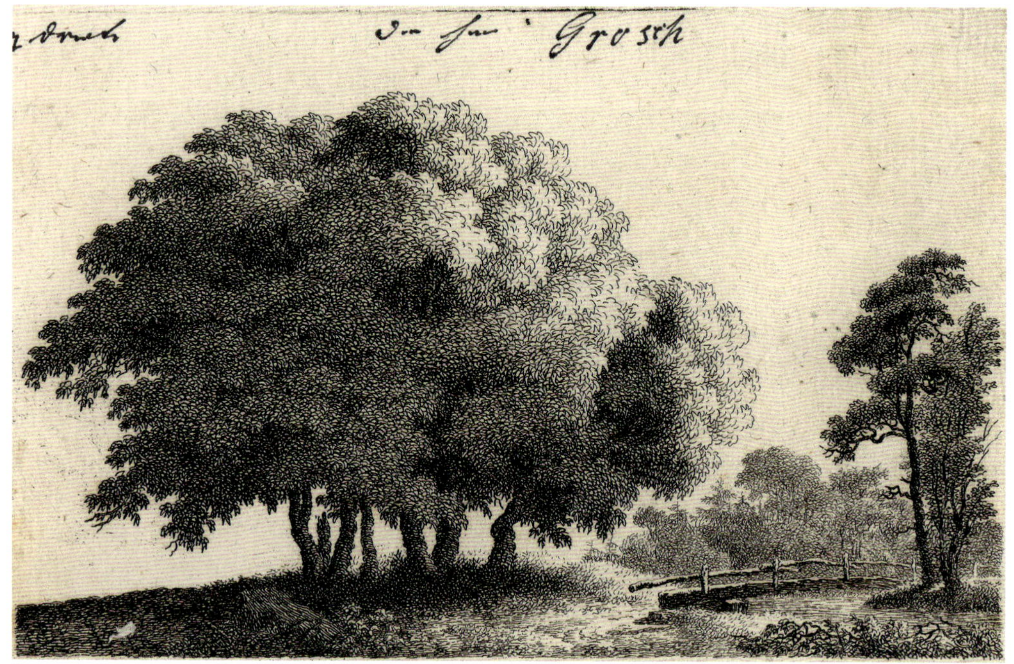

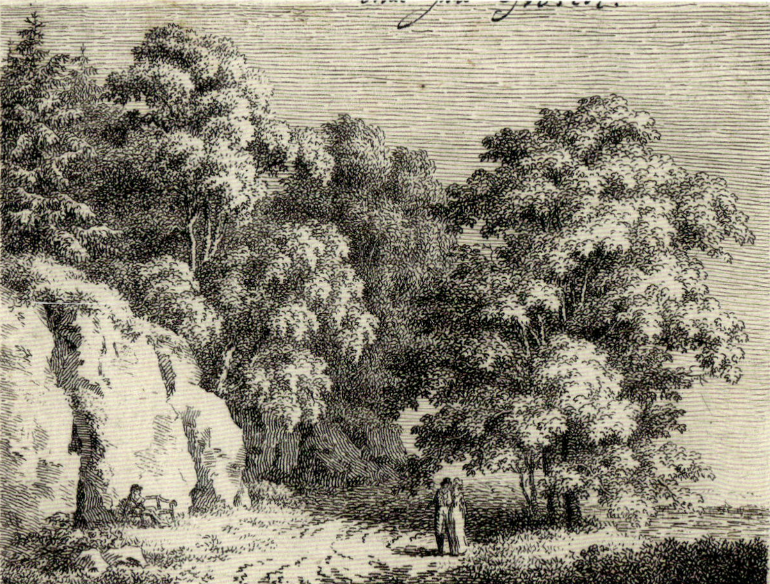

Gruppen von sechs Bäumen mit Steg, 12.–16. Februar 1800, Radierung, 9,1 x 15,5 cm, Nationalmuseum, Oslo

Flanierendes Paar unter Bäumen am Felshang, 16. Dezember 1799, Radierung, 9,8 x 12,5 cm, Nationalmuseum, Oslo

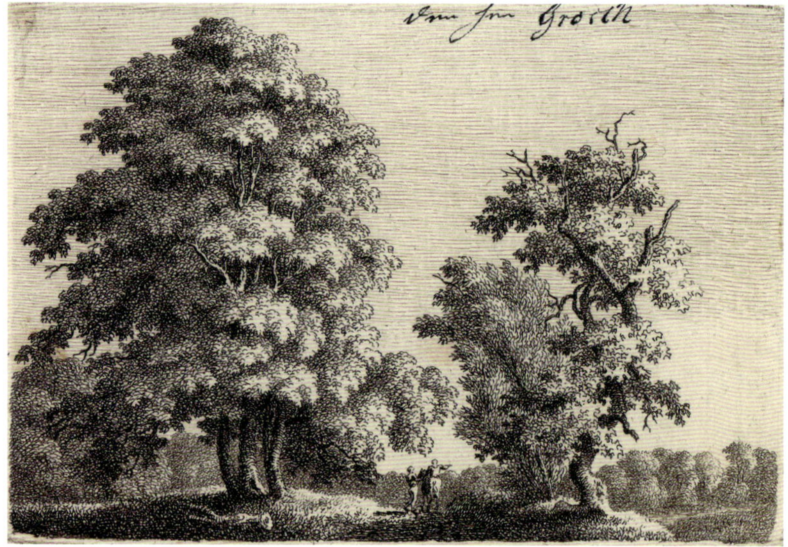

Felsige Parklandschaft mit Gedenkstein, 13. Februar 1800, Radierung, 11,4 x 12,5 cm, Nationalmuseum, Oslo

hinter den harmonischen Landschaftsansichten Friedrichs auch eine Bedeutungsebene verbirgt, ist für die frühen Werke eher nicht anzunehmen. Lediglich in der Zeichnung **Felsenstudie mit Bäumen, darunter zwei liegende Gestalten** (Abb. S. 39) vom 20. Mai 1799 mag man ein rätselhaftes Schattenkreuz erkennen, das sich aus der Felsformation ergibt.

Nach seiner ersten Wanderung 1799 durch das Elbsandsteingebirge folgte von Juli bis September 1800 eine weitere Tour durch die Sächsische Schweiz, die er alleine durchführte. Anfang Juli hielt er sich zum Beispiel am Hohnstein auf. Die Skizzenblätter weisen ein einheitliches Format von ca. 38 x 23,7 cm auf und gehörten zum sogenannten Großen Mannheimer Skizzenbuch, das 1916 nach dem Ankauf eines Friedrich-Konvoluts durch die Mannheimer Kunsthalle aufgelöst wurde. Die einzelnen Blätter wurden weiterverkauft und befinden sich deshalb heute in verschiedenen Sammlungen. Das Skizzenbuch nutzte Friedrich zwischen dem 19. Juni 1799 und dem 20. September 1800. Am 28. August 1800 zeichnete Friedrich das **Felsentor im Uttewalder Grund** (Abb. rechts). Das eindrucksvolle Naturdenkmal gehört zu den malerischsten und eindrucksvollsten Schluchten im Elbsandsteingebirge und wurde von Naturschwärmern und Romantikern schon im frühen 19. Jahrhundert vielfach aufgesucht. Nach dieser quadrierten Zeichnung schuf Friedrich eine große Sepiaarbeit (Abb. rechts). Um die Monumentalität der Felsen zu veranschaulichen, platzierte er als Maßstabsvergleich im gelben Gegenlicht die Umrisse eines Erwachsenen und eines Kindes in bewegter Haltung in die Öffnung des Felsentors.

In den folgenden Jahren perfektionierte Friedrich die Technik der Sepiamalerei. Darüber hinaus arbeitete er mit dem Medium der Gouache, das vor allem vom Landschaftsmaler Georg Wagner (1744–67) und dessen Vater Johann Jakob Wagner (um 1710–97), Miniatur- und Porzellanmaler an der Porzellanmanufaktur Meissen, bevorzugt worden war. Ein frühes Beispiel Friedrichs in der Technik der Gouache ist die **Landschaft mit Brücke** (Abb. rechts). Das Motiv zeichnete Friedrich mindestens zweimal vor Ort, unter anderem am 26. Juni 1799, und fertigte davon auch eine Radierung an. Es handelt sich um die 1720 erbaute Steinerne Brücke über die Große Striegis an der alten Poststraße von Chemnitz nach Dresden bei Pappendorf. Die Brückenansicht der kleinen Gouache gibt nicht die topografische Situation wieder, sondern ist aus mehreren Einzelstudien zusammengesetzt. Der absterbende Baum jenseits der Brücke geht auf eine

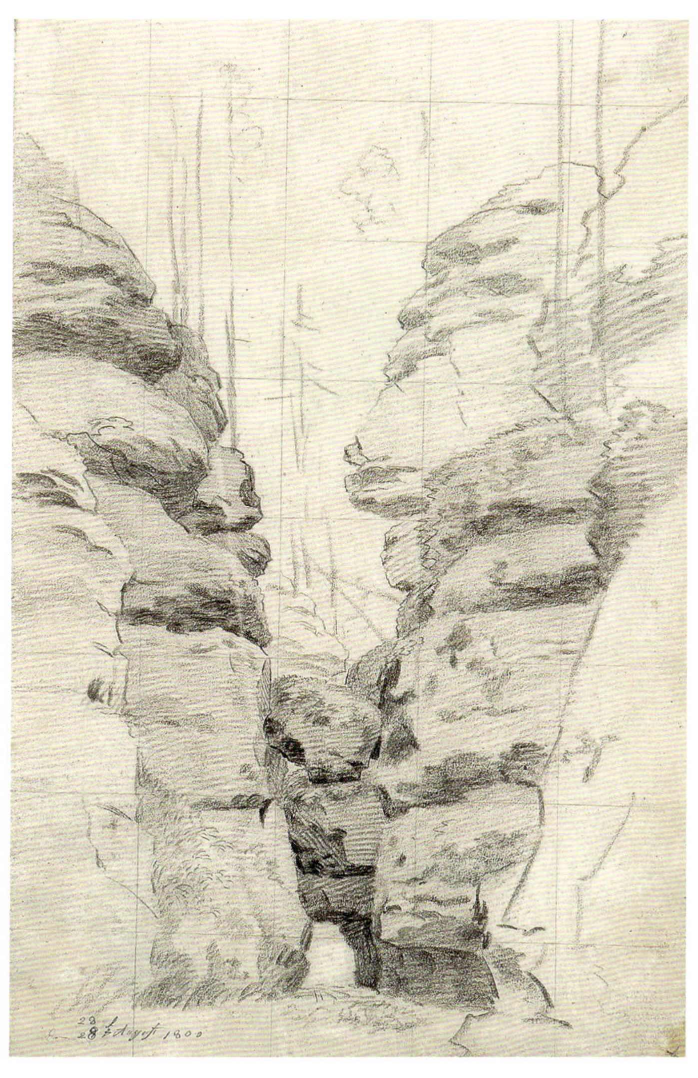

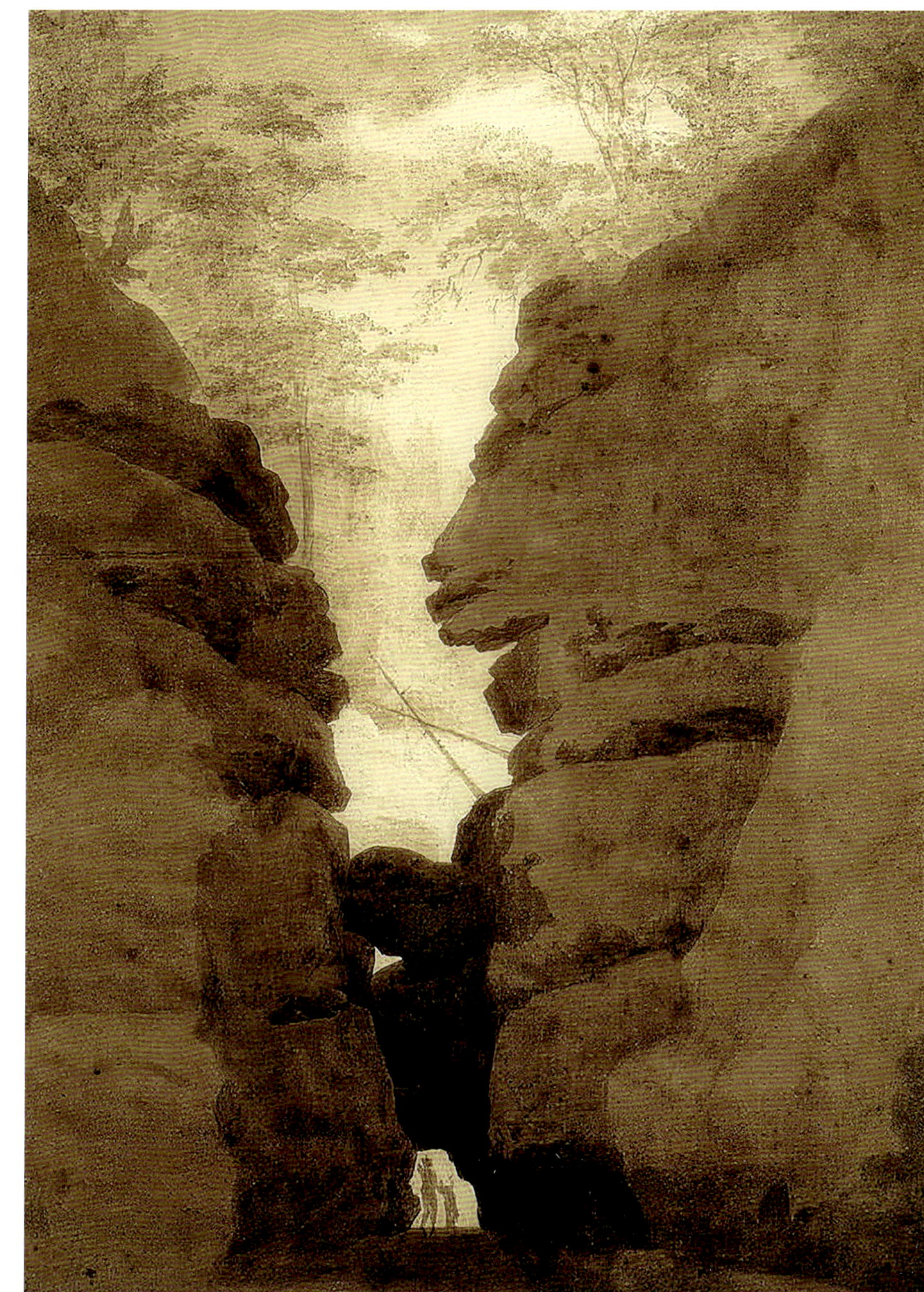

oben: Felsentor im Uttewalder Grund, 28. August 1800, Bleistift, Kreide, aus dem Großen Mannheimer Skizzenbuch stammend, quadriert, Kunsthalle Mannheim

oben rechts: Felsentor im Uttewalder Grund, um 1801 (der Vordergrund unvollendet), Sepia über Bleistift, 70,6 x 50 cm, Museum Folkwang, Essen

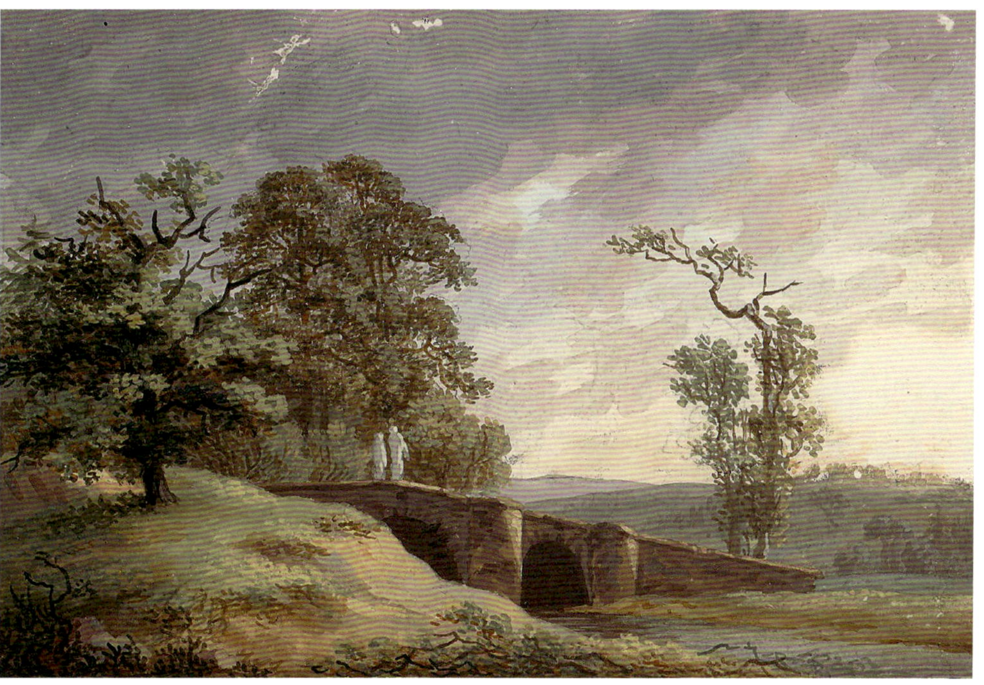

rechts: Landschaft mit Brücke, um 1800, Gouache (Aquarell und Deckfarben über Bleistift), 14,9 x 10,6 cm, Kupferstich-Kabinett, Staatliche Kunstsammlungen Dresden

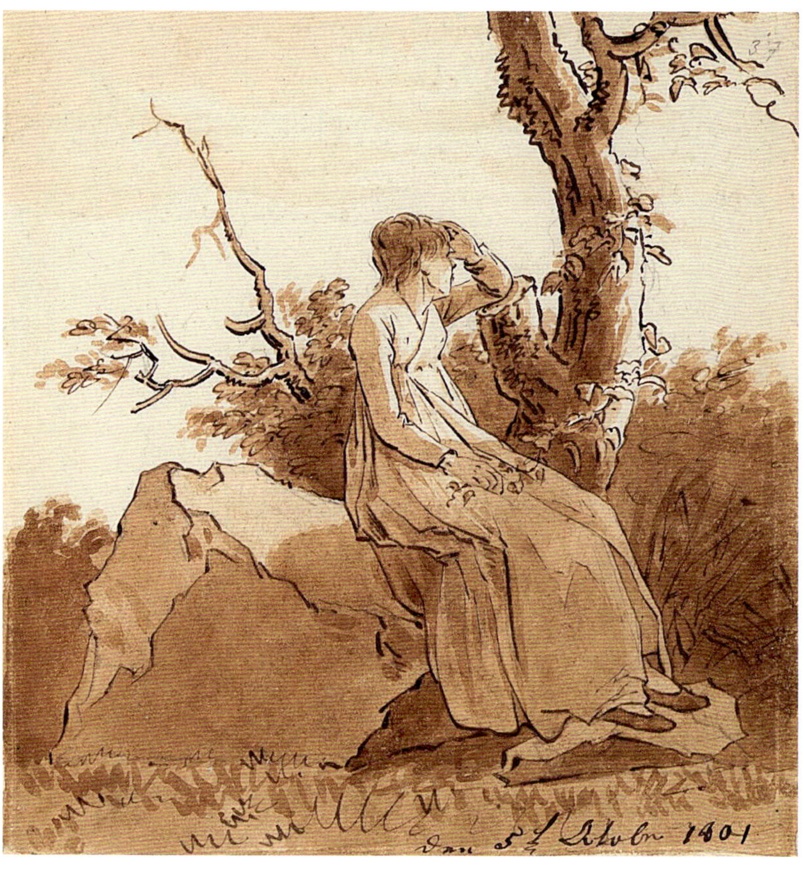

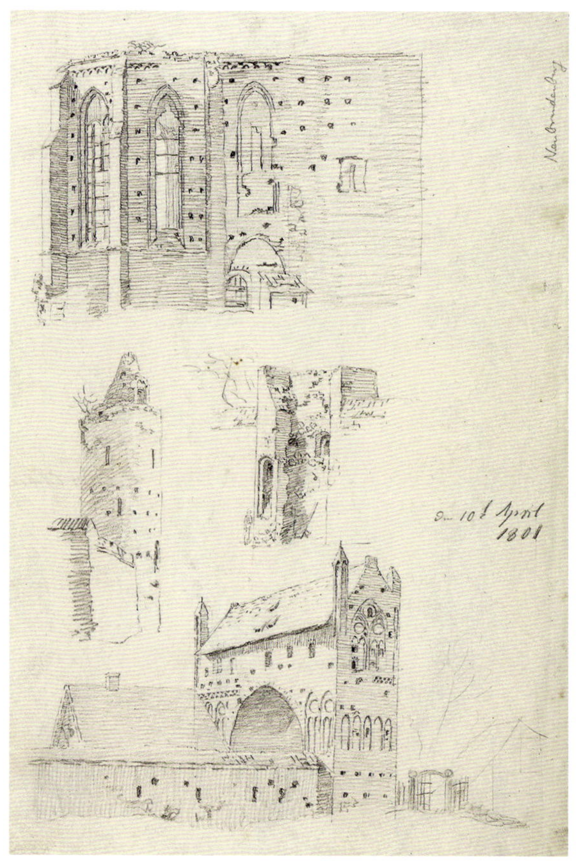

oben: Blick vom Göhrener Südstrand zum Nordperd, 17. August 1801, Feder in Braun über Bleistift, in Bleistift quadriert, 36,7 x 23,7 cm, Kupferstich-Kabinett, Dresden

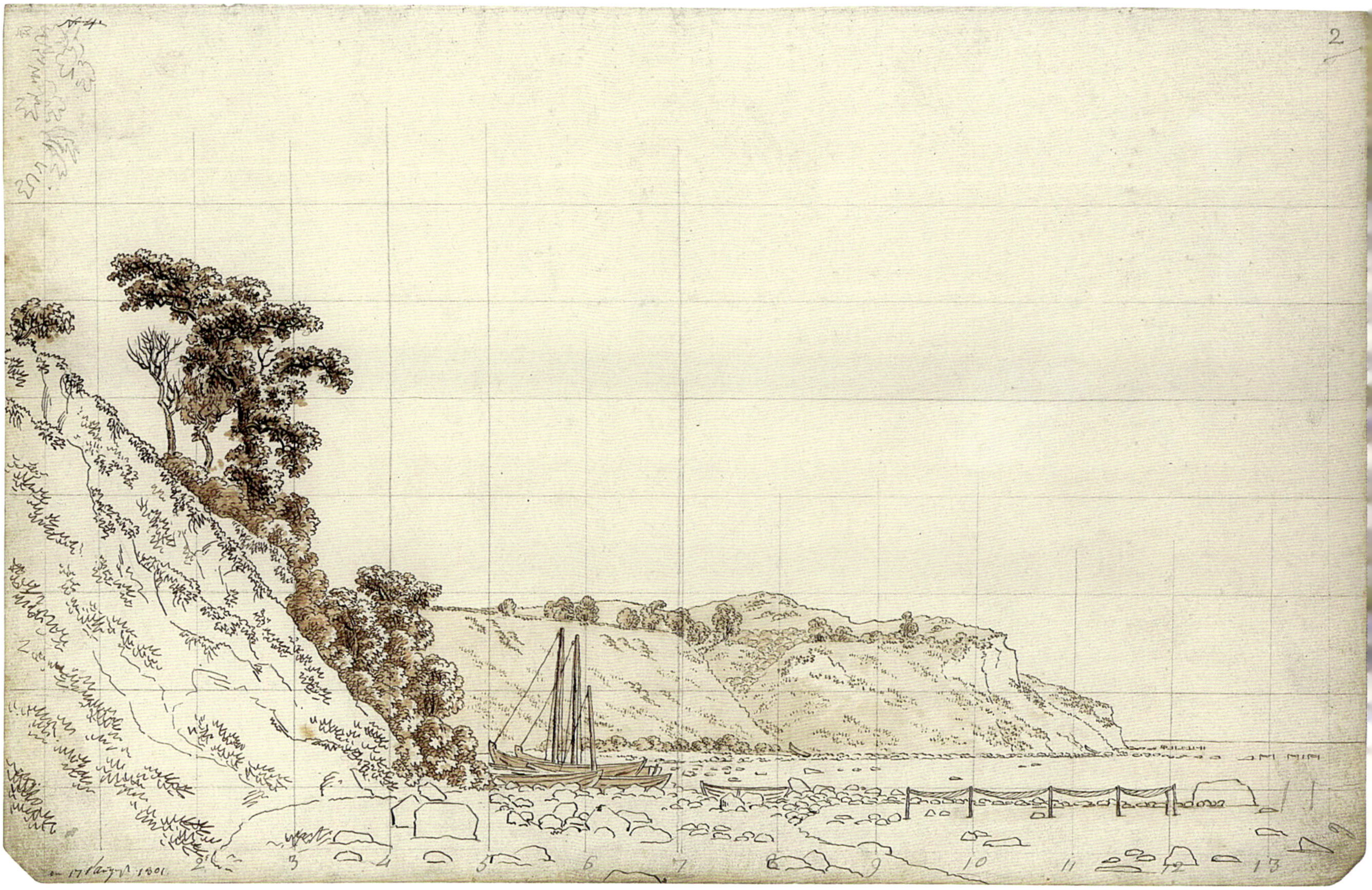

unten links: Auf einem Felsen sitzende Frau, 5. Oktober 1801, Feder in Braun, Pinsel in Braun über Bleistift, 11,9 x 18,6 cm, Kupferstich-Kabinett, Dresden

unten rechts: Architekturstudien in Neubrandenburg, 10. April 1801, Bleistift, 37,6 x 23,7 cm, Nationalmuseum, Oslo

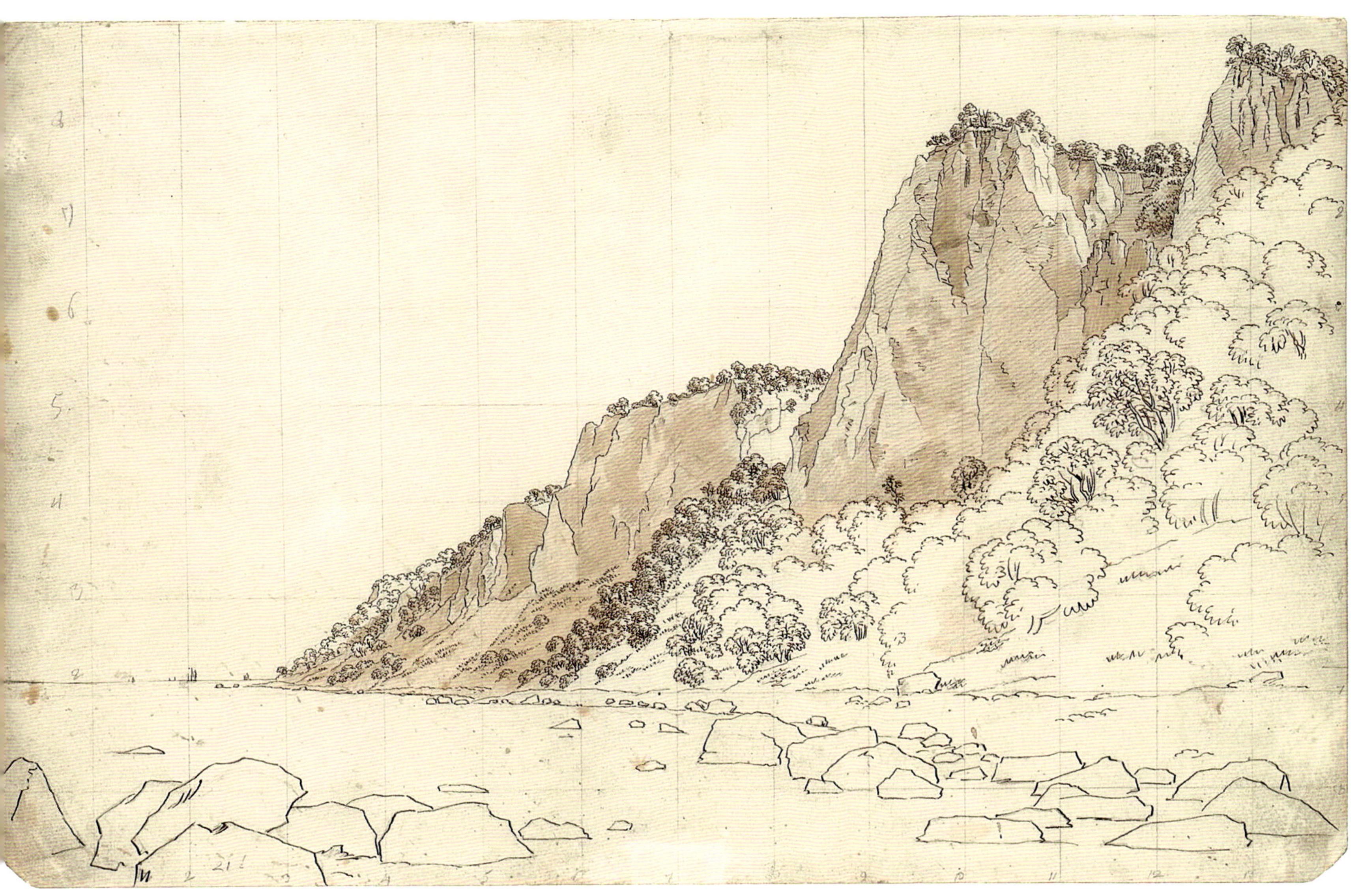

Aststudie zurück, die Friedrich am 25. Juni 1799 ausgeführt hatte. Die große Eiche mit absterbenden Ästen übernahm Friedrich von einer Skizze vom 25. September 1799. Anstelle des Hauses fügte er eine Baumgruppe ein.*

Im Februar oder März 1801 verließ Friedrich überraschend Dresden in Richtung seiner Heimat Pommern. Er hielt sich ab spätestens 1. April in Neubrandenburg bei seinen Brüdern Adolf und Johannes sowie in Breesen bei der Schwester Catharina Dorothea und ab 5. Mai in Greifswald im Elternhaus auf. Die Gründe, weshalb Friedrich seiner Wahlheimat Dresden für etwa 16 Monate bis Juli 1802 den Rücken kehrte, sind unbekannt. Da er im Herbst eine Serie mit melancholischen Motiven von Frauen und Männern malte, darunter das in Brauntönen ausgeführte Aquarell **Auf einem Felsen sitzende Frau** (Abb. links), werden in der Kunstwissenschaft eine psychische existenzielle Krise bis hin zum Selbstmordversuch oder eine unglückliche Liebesbeziehung als Ursache diskutiert. Hans Dickel verweist auf die Verwandschaft der figürlichen Themen zum Motivkreis einer Liebesgeschichte, die der Pfarrer von Altenkirchen auf Rügen, Ludwig Gotthard Kosegarten (1758–1818), verfasste,** der den Mythos der Insel begründete und ein Freund von Friedrichs Lehrer Quistorp war. Friedrich suchte ihn in seiner Pfarrgemeinde auf Rügen 1801 auf. 1808 wurde Kosegarten Professor an der Universität Greifswald.

Es bleibt offen, ob der poetische Text Kosegartens, der melancholische Zustand Friedrichs oder beides die Themen anregten. Drei der schwermütigen Motive ließ Friedrich Ende 1801 oder Anfang 1802 durch seinen Bruder Christian in Holzschnitten vervielfältigen. Die Grafiken kombinieren Gedanken an den Tod, die Vergänglichkeit, Trauer und Verzweiflung. Im Fall der links abgebildeten, auf einem Felsblock sitzenden Frau stellt Friedrich die Dame im Melancholiegestus – den Kopf auf die Hand gestützt – als Verkörperungen von Weltschmerz und Sehnsucht dar, in ihrer Rechten eine Efeuranke haltend, als immergrünes, Hoffnung verheißendes Zeichen. Es stellt sich die Frage: Plante Friedrich, die Motive zur Illustration von Gedichten oder des Textes von Kosegarten zu verwenden? 1804 zeigte er die Druckgrafiken in der

Stubbenkammer auf Rügen, 21. Juni 1801, Feder in Schwarz, braun laviert über Bleistift und in Bleistift quadriert, 36,6 x 23,6 cm, Kupferstich-Kabinett, Dresden

* Frank Richter: Caspar David Friedrich. Der Landschaftsmaler, Petersberg 2024, S. 32, 43.

** Dickel, Hans: Caspar David Friedrich in seiner Zeit. Zeichnungen der Romantik und des Biedermeier, Weinheim 1991, S. 31.

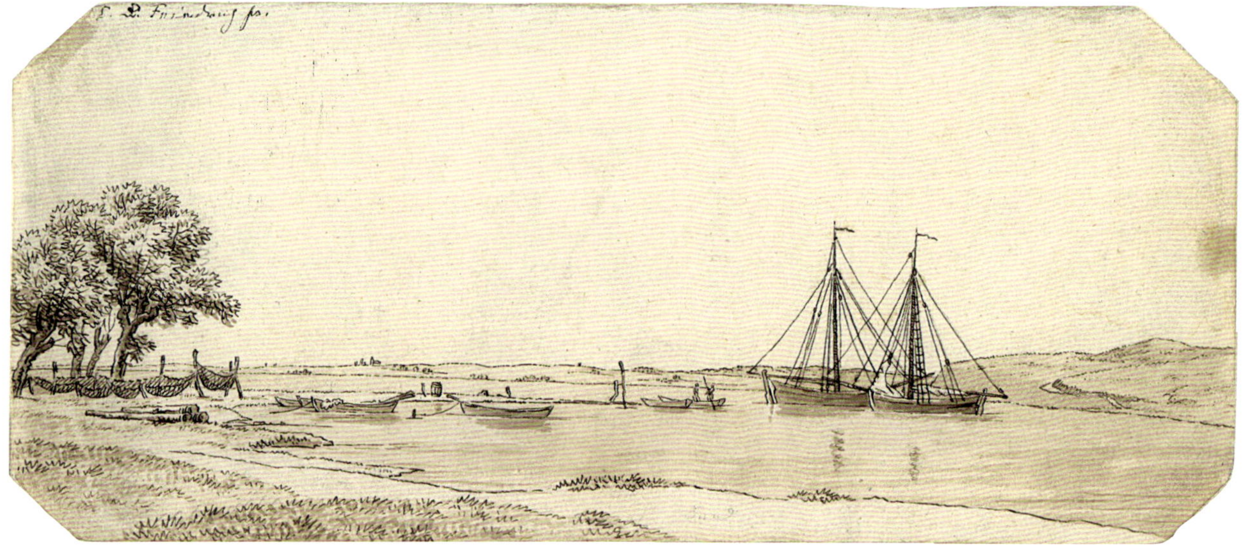

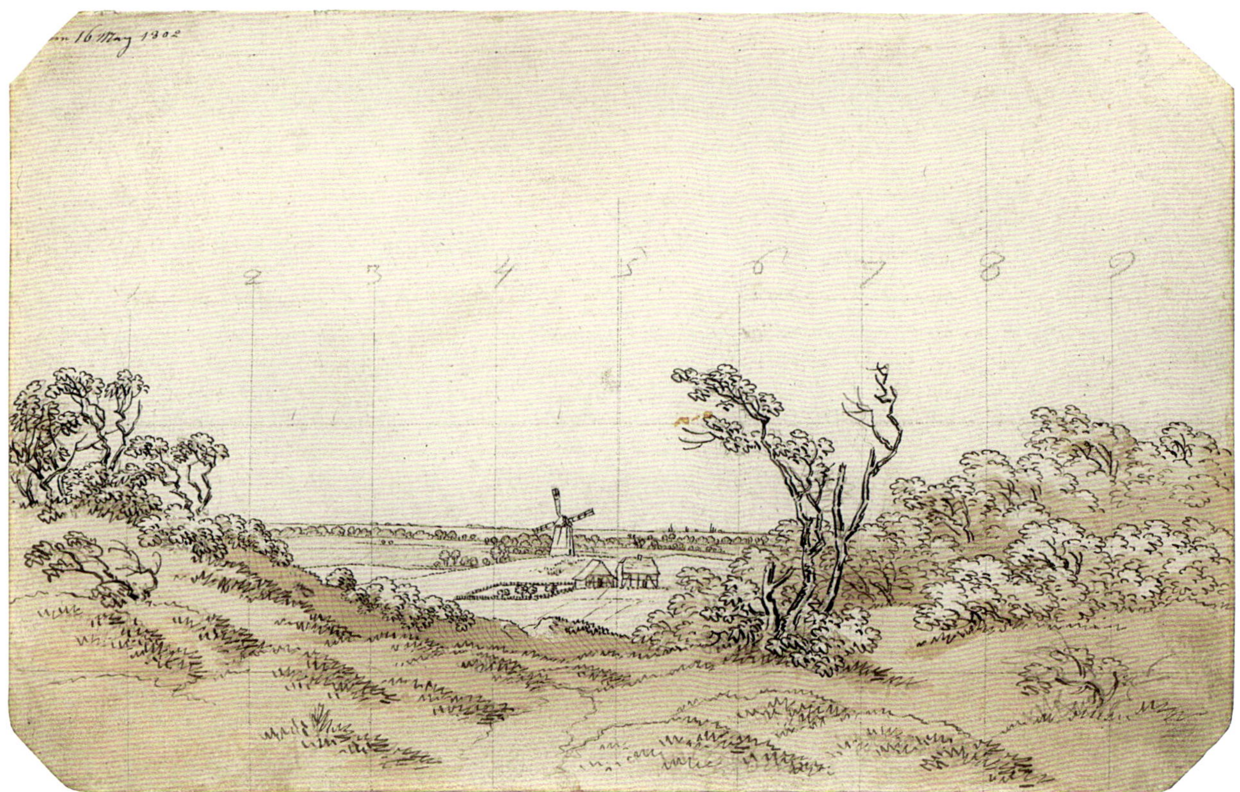

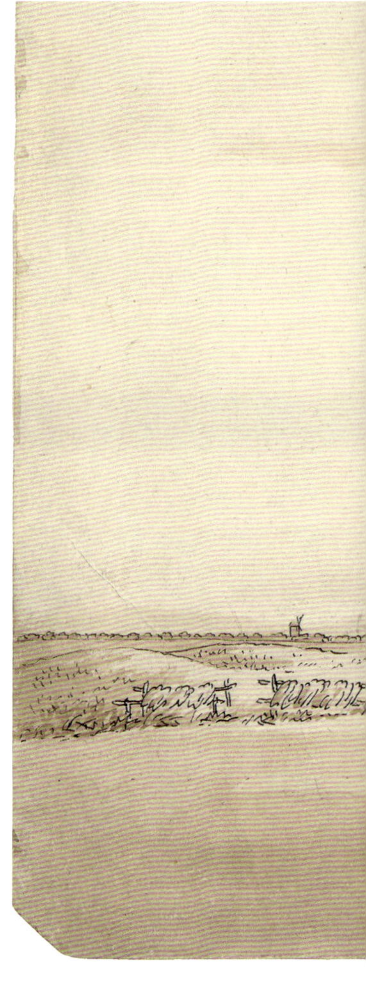

Landschaft mit Windmühlen und einem Bauernhof am Wasser bei Greifswald oder Eldena, Ausschnitt, 1801, Feder in Braun, laviert, 23,6 x 37,1 cm, Nationalmuseum, Oslo

rechts: Landschaft mit Windmühlen, 1822/23, Öl auf Leinwand, 27,7 x 41,1 cm, Stiftung Preußische Schlösser und Gärten Berlin-Brandenburg

oben: Blick von Ralswieck nach Jasmund auf Rügen mit Fischerbooten, um 1802, Feder und Pinsel in Braun, Bleistift, 20,5 x 9 cm, Hamburger Kunsthalle, Kupferstichkabinett

unten: Rügenlandschaft mit Windmühle und Stadtsilhouette am Horizont, 16. Mai 1802, Feder in Braun über Bleistift, braun laviert, quadriert, 20,4 x 13 cm, Kupferstichkabinett, Staatliche Kunstsammlungen Dresden

Dresdner Akademieausstellung. Zu der Serie der kleinformatigen Holzschnitte von Christian Friedrich, der in Greifswald als Tischler und Gebrauchsgrafiker arbeitete, gehört auch das **Bildnis Caspar David Friedrich** (Abb. S. 24), das den Maler im Profil zeigt.

Die Figurenstudien, die oft überlängte, unproportionierte Körper aufweisen, da sie aus der Fantasie gemalt sind, blieben im Œuvre Friedrichs singulär. Dagegen war das Studium mittelalterlicher Bauwerke und dabei vor allem von Ruinen über alle Lebensabschnitte hinweg ein wichtiger Bestandteil seiner Zeichentätigkeit. Wohl im Rahmen von Verwandtenbesuchen unternahm Friedrich am 10. April 1801 **Architekturstudien in Neubrandenburg** (Abb. S. 44). Er interessierte sich für die Backsteinarchitektur der Stadtmauer und des gotischen Chors der Franziskanerklosterkirche St. Anna. Zudem zeichnete er unter anderem am 30. April 1801 Fachwerkhäuser und am 5. Mai desselben Jahres die Klosterruine Eldena bei Greifswald.

Drei Studienreisen unternahm Friedrich nach Rügen: vom 16. bis 22. Juni und vom 15. bis 17. August 1801 sowie vom 14. bis 19. Mai 1802. Er suchte insbesondere die wichtigsten Natursehenswürdigkeiten auf, darunter am 21. Juni 1801 die **Stubbenkammer auf Rügen** (Abb. S. 45) mit Blick auf die berühmten Kreidefelsen vom Ufer aus, die er durch die Aquarellierung hervorhob. Darüber hinaus faszinierten ihn Küstenansichten und Blicke aufs Meer sowie die Weite der Landschaft. Für seine Binnenansichten wählte er zumeist einen hochliegenden Standort. Auffällig sind die

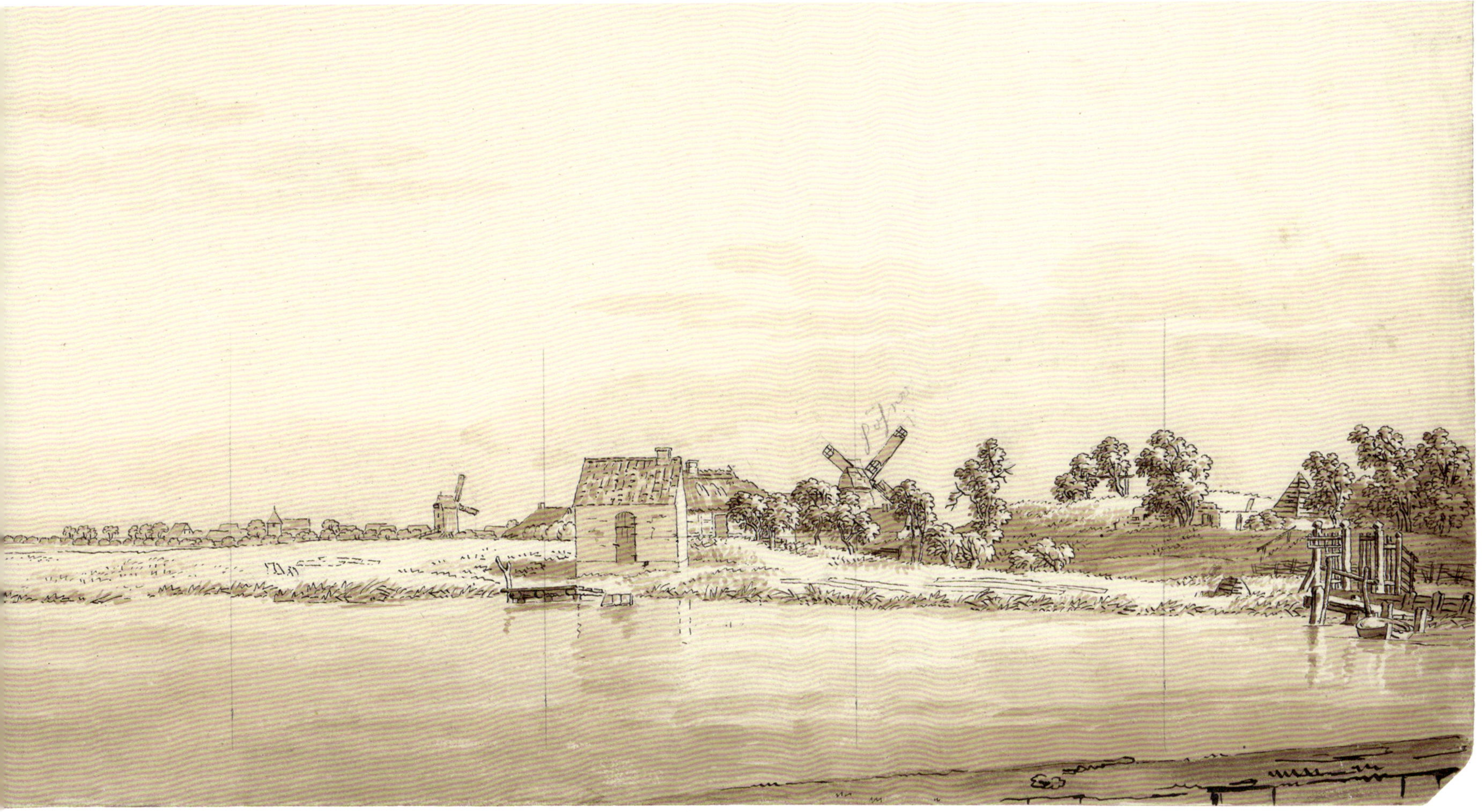

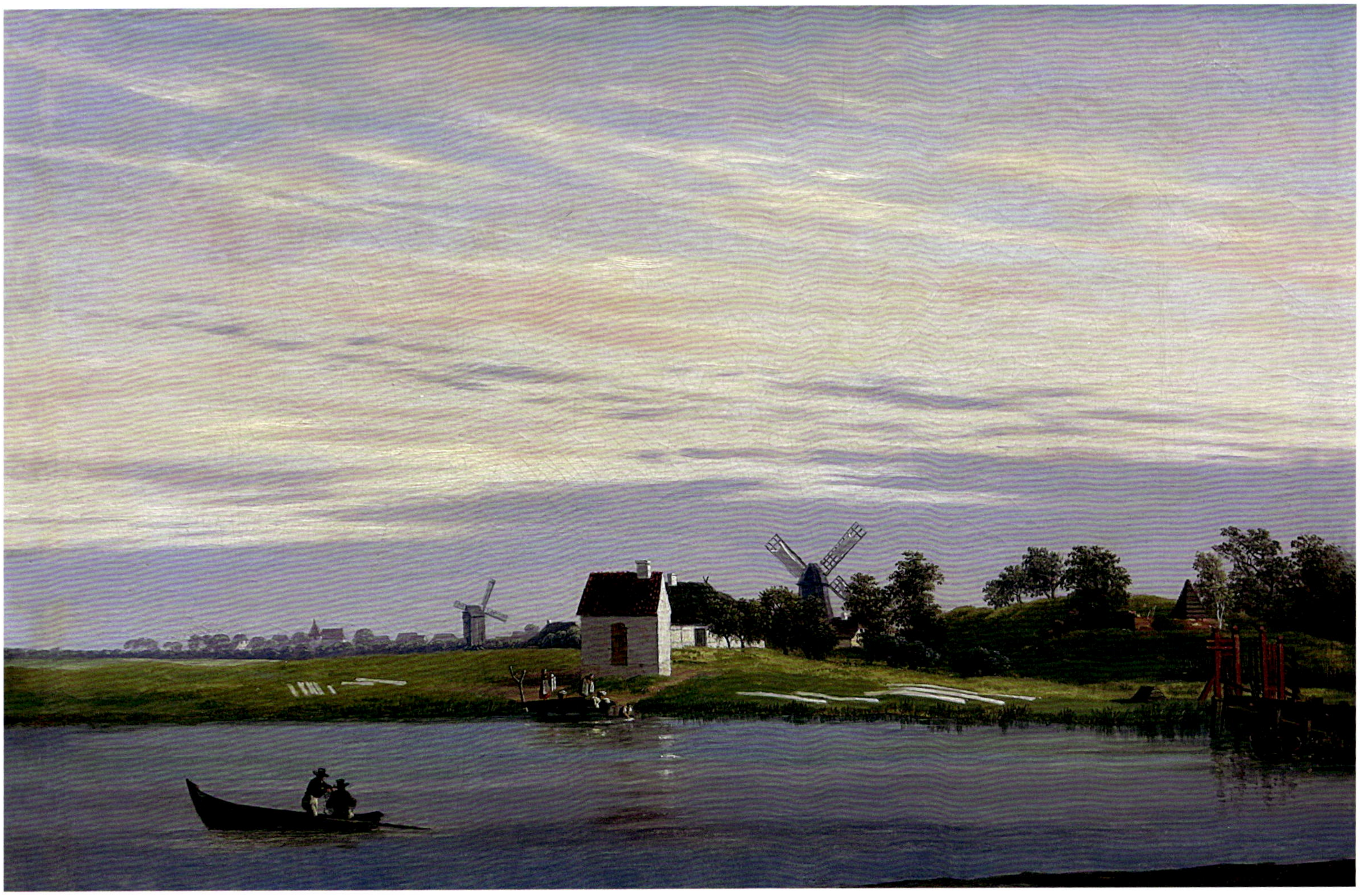

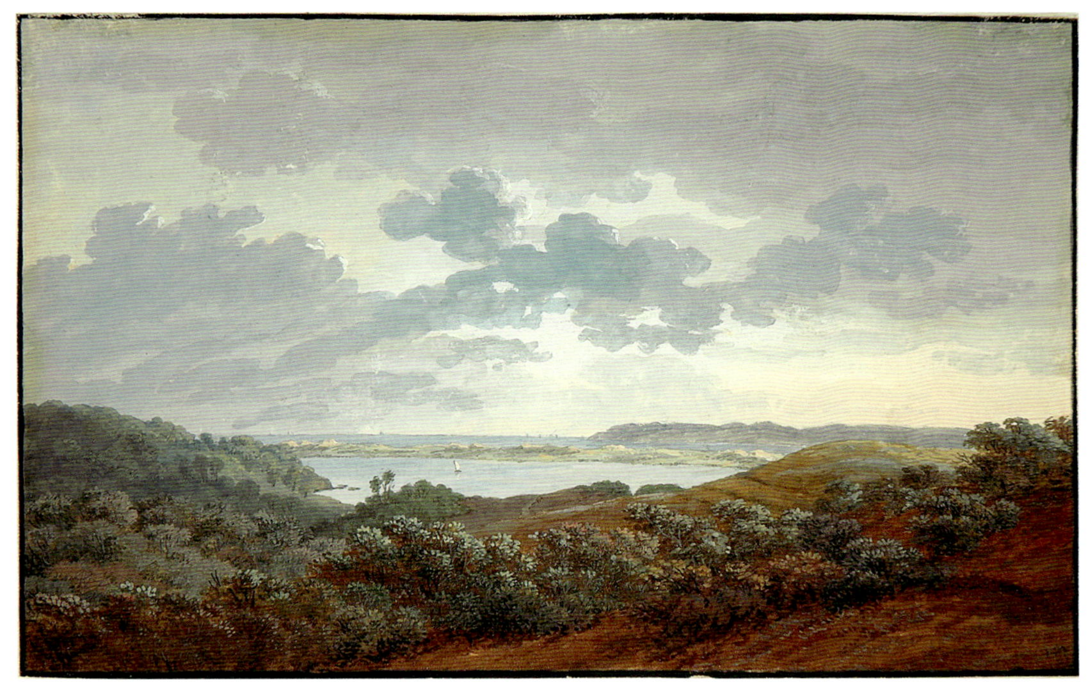

Rügenlandschaft mit Meeresbucht, um 1802, Deckfarbe auf Velinpapier, 13 x 20,7 cm, Klassik Stiftung Weimar

unten rechts: Hünengrab bei Gützkow (mit Quistorp als Größenvergleich auf dem Stein liegend), Ausschnitt, Bleistift, 19. März 1802, Wallraff-Richartz-Museum, Köln

Hütte mit Ziehbrunnen auf Rügen, um 1802, Gouache auf Papier, 13,8 x 21,5 cm, Hamburger Kunsthalle

klare Gliederung, die harmonische klassisch ruhige Komposition – ein von der Horizontalen geprägtes Gesamtbild, untermauert durch die Umrisslinien der Hügel und des Meeres. Von daher zeigt Friedrich gewöhnlich Flachlandschaften mit hohen großen Freiflächen für den Himmel, die die dort erlebbare räumliche Weite veranschaulichen. Die Blätter sind von sachlicher und nüchtern-stiller Atmosphäre. Mit Hilfe der Stärkegrade der Feder und des Tons der Tusche steuerte er die Raumhaltigkeit der Ansicht: Für die näheren Bereiche wählte er einen breiteren Federstrich, während er für die Entfernung mit dünner Feder arbeitete. Dazu korrespondiert der Wechsel von einem dunkleren zu einem helleren Tuscheton für Vorder- und Hintergrund. Bis ins Detail erfasste er mit der Feder die Umrisse der Bäume und Büsche, die oft wie in einer Kette aufgereiht sind, große und kleine Gebäude, Windmühlen, Fischernetze, Zeune und Absperrungen. Zudem interessierte er sich für die Darstellung der Boote am Strand und Schiffe auf dem Meer.

Die kleinen, delikat und kompositionell harmonisch ausgeführten Studien in Tusche und lavierendem Pinsel im Format 13 x 20,5 cm sind seitlich abgeschrägt, teilweise oben nachträglich beschnitten und gehören zum „Kleinen Skizzenbuch", das er vom 16. Mai 1802 bis zum 6. Mai 1803 unter anderem während seiner dritten Rügenwanderung bei sich führte (Abb. S. 46). Die bekannteren Rügenansichten sind jedoch mehr als doppelt so groß und stammen aus dem 23 x 36 cm messenden „Rügener Skizzenbuch" (Abb. S. 44, 45, 47), das Friedrich vorher im Sommer 1801 vor allem auf seinen zwei Reisen nach Rügen bei sich trug. Die Blätter sind meistens datiert; Ortsbezeichnungen fehlen jedoch. Auch hier handelt es sich um Federzeichnungen über Bleistift. Wenige Partien sind aquarelliert. Oft hielt er einen Fernblick über Hügel und Wasserflächen fest, wie bei der **Landschaft mit Windmühlen und einem Bauernhof am Wasser** (Abb. S. 47). Wie Frank Richter feststellte, handelt es sich bei dieser Ansicht allerdings nicht um ein Motiv aus Rügen, sondern aus der Nähe von Greifswald oder Eldena.* Er wählte eine auf wenige Einzelmotive reduzierte, ruhige, aber im Grunde unspektakuläre Landschaft aus, in die verstreut malerische Bauwerke – insbesondere Mühlen – und idyllische Baumgruppen eingebunden sind, und schildert die Ansicht an einem beschaulichen Sommertag. Das Entferntliegende holte er mit Hilfe eines Fernrohrs heran** und gab es mit derselben Präzision wie den Vordergrund wieder, wodurch ein Hyperrealismus entsteht. Friedrich nutzte 22 Jahre

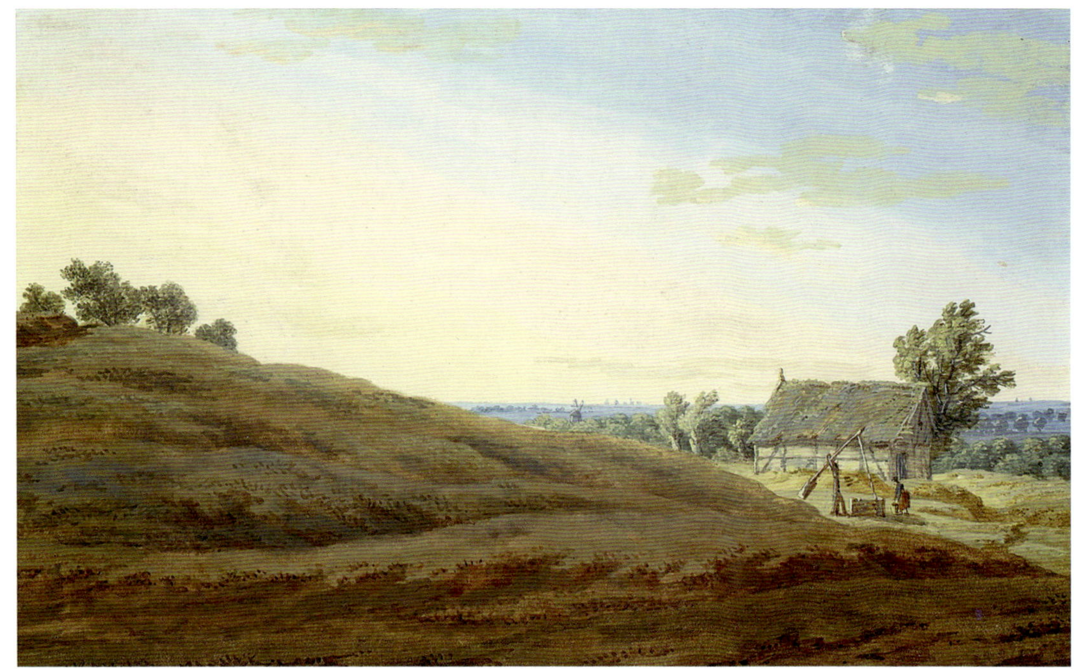

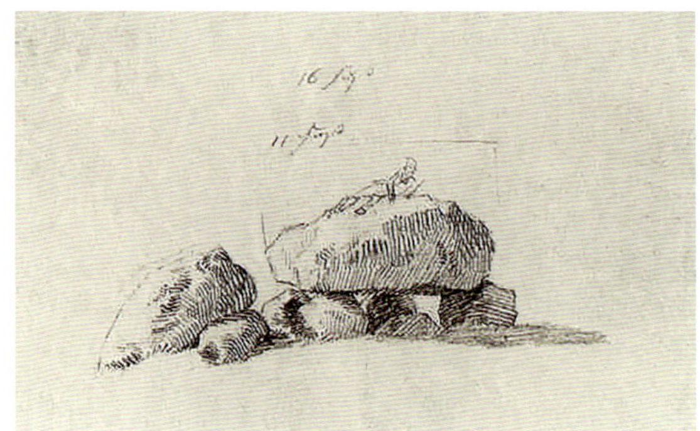

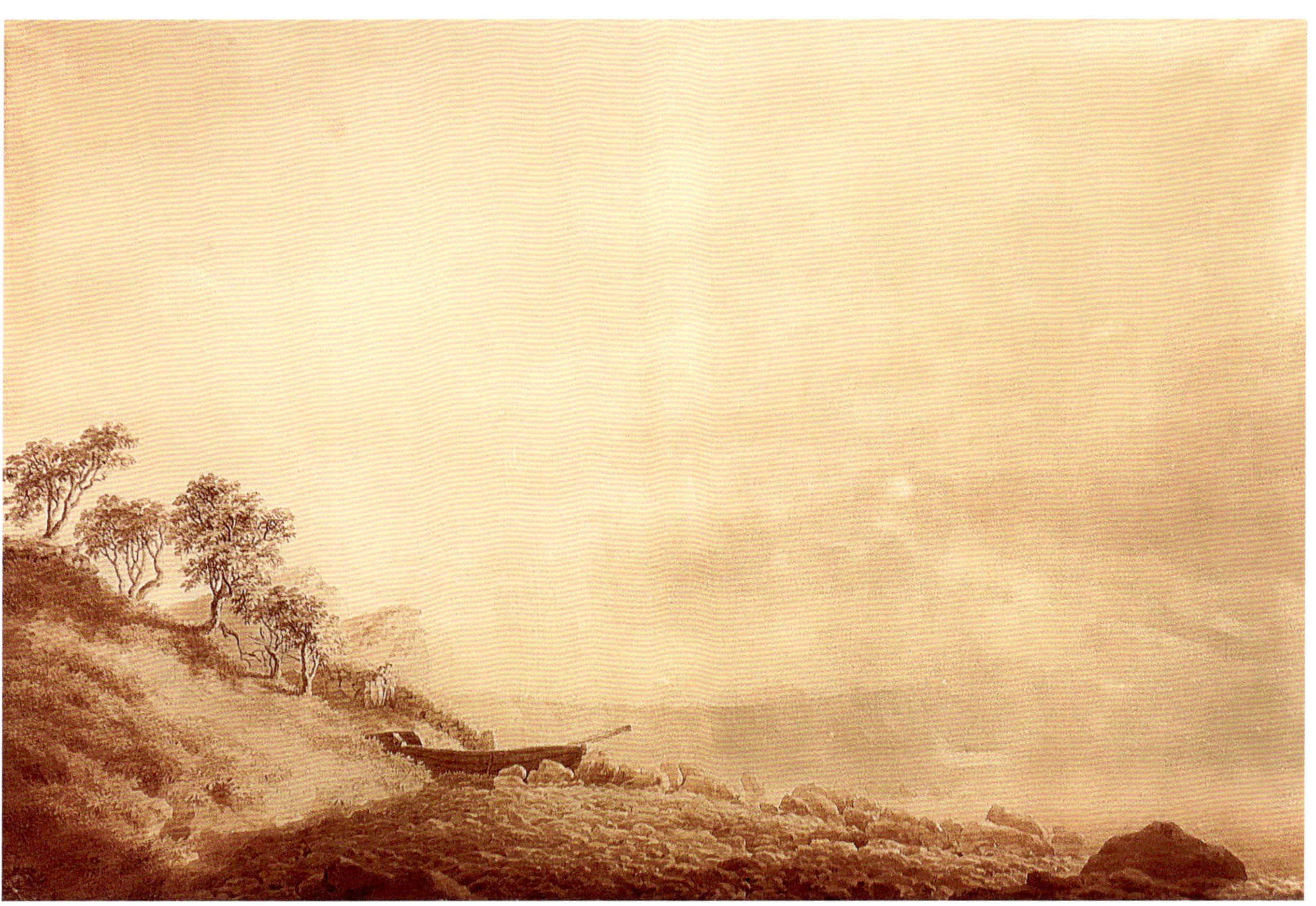

Blick auf Arkona bei aufgehender Sonne, Pinsel in Rotbraun, um 1803, 66,4 x 99 cm, Hamburger Kunsthalle

später (um 1823) die Studie als Vorlage für ein Ölbild, das unter dem Titel **Landschaft mit Windmühlen** (Abb. S. 47) bekannt ist.

Viele seiner Rügenzeichnungen hat Friedrich quadriert, was auf eine weiterführende Beschäftigung mit ihnen hinweist. Von Bedeutung ist die Studie „Arkona auf Rügen", die er mehrfach in größerem Format wiederholte und als Vorlage für sein erstes Meisterwerk – die großformatige Sepiazeichnung „Blick auf Arkona bei aufgehender Sonne" (Abb. S. 60/61) von 1805/06 – diente. Schon kurz nach seiner Rückkehr nach Dresden schuf Friedrich 1802 die Ansichten **Rügenlandschaft mit Meeresbucht** (Abb. links oben) und **Hütte mit Ziehbrunnen auf Rügen** (Abb. links unten) nach seinen Studienblättern. Erstere Arbeit ist ein frühes Beispiel für ein dramatisches Landschaftsbild, bei dem Friedrich wirklichkeitsgetreu einen wolkenverhangenen bewegten Himmel über einer verschatteten Hügellandschaft malte, während der Hintergrund als hell erleuchteter Küstenstreifen in Erscheinung tritt. Unspektakulär erscheint dagegen die bei sonnigem Wetter gezeigte Darstellung einer reetgedeckten Fachwerkscheune, vor der eine Frau Wasser am Ziehbrunnen holt. Als Vorlage diente eine Zeichnung vom 16. Mai 1802 (Pommersches Landesmuseum, Greifswald).

Während seiner ersten Rügenwanderungen 1801 hatte Friedrich die Hünengräber auf der Insel noch nicht wahrgenommen. Es war Pfarrer Ludwig Gotthard Kosegarten, der 1778 das Gedicht „Das Hünengrab" verfasste und Friedrich auf die alten Steingräber aufmerksam machte. Eine Zeichnung vom 19. März 1802 dokumentiert den Besuch Friedrichs am **Hünengrab von Gützkow** (Abb. links unten), das er 20 Kilometer südlich von Greifswald mit seinem Zeichenlehrer Quistorp aufsuchte, der sich als Größenvergleich auf das Megalithbauwerk legte und eine Pfeife rauchte. Die Anlage wurde 1818 zerstört.*** Ab seiner vierten Rügenwanderung im Jahr 1806 sollte das Thema der Steingräber eine wesentliche Rolle spielen.

Friedrichs Studien veranschaulichen, dass der Maler zwar markante Landschaftsmotive auswählte, diese aber stets in eine ruhige und klare Form brachte, weshalb die Ansichten nicht zwingend die wahre Situation wiedergeben. Von daher schuf er einen neuen Typus von Landschaftsbild, bei dem der Verlauf der Landschaft, die Bäume und Gebäude in waagerechte Streifen eingebunden sind, während kaum ein vertikales Objekt die Horizontlinien überschreitet. Häufig verwendete er einen ungewöhnlich weiten Sehwinkel in Kombination mit einem Himmel, der oft zwei Drittel der Bildfäche einnimmt, wodurch er die Weite der Landschaft zum Ausdruck brachte.

Zusammenfassend kann festgestellt werden: Wie der Dresdner Maler Zingg als „Entdecker" der Sächsischen

* Frank Richter: Caspar David Friedrich. Der Landschaftsmaler, Petersberg 2024, S. 84.
** Werner Busch: Caspar David Friedrich, München 2021, S. 26–29.
*** Christina Grummt: Caspar David Friedrich. Die Zeichnungen, München 2011, S. 295; Florian Illies: Zauber der Stille, Frankfurt am Main 2023, S. 62, 63.

Schweiz gilt, die man auch touristisch erschloss, so kann Friedrich als derjenige gelten, der die Insel Rügen für die Kunst „entdeckte", da er – nach Dresden zurückgekehrt – seine Studien in großen eindruckvollen Sepiazeichnungen umsetzte. Diese brachte er zur unangefochtenen Meisterschaft und machte damit die Naturschönheiten der Insel einem breiten Publikum bekannt.

Der Aufenthalt in Greifswald und seiner Umgebung prägte Friedrich nachhaltig. Einflussreich war insbesondere das Wiedersehen mit Quistorp und der Kontakt zu Kosegarten, dessen Naturpoesie als Ausdruck religiöser und patriotischer Gefühle Friedrich beeindruckte. Kosegarten erkannte in der Natur Gott, und das Malen galt ihm als Gottesdienst. Seine Naturmystik, die Zuwendung zur nordischen Landschaft und sein Interesse an Denkmälern der Vorzeit finden sich seitdem im Werk Friedrichs wieder. Vor allem das Motiv des Hünengrabs ist das Ergebnis der Auseinandersetzung mit Kosegarten. In seiner 1778 verfassten Hymne „Das Hünegrab" beschwor dieser ein von drei Eichen umstandenes, am Meer gelegenes vorzeitliches Denkmal als Erinnerung an eine ehemals heroische Vergangenheit. Kosegarten schätzte Friedrich und besaß Sepiazeichnungen des Malers. Wegen Kosegartens Lobrede auf Napoleon 1809 zerbrach die Freundschaft.

Zudem traf Friedrich den geringfügig jüngeren Karl Schildener (1777–1843), der auch Schüler Quistorps war und sich in Greifswald und Jena zum Juristen hatte ausbilden lassen. Er wurde ein wichtiger Förderer Friedrichs und erwarb einige frühe Werke des Malers für seine Sammlung. Darüber hinaus stieß Friedrich auf den jungen Künstler Philipp Otto Runge (1777–1810) aus dem pommerschen Wolgast, der gleichfalls in Kopenhagen an der Akademie ausgebildet worden war. Auch Friedrichs Verwandter Franz Christian Boll (1776– 1818) aus Neubrandenburg nahm Einfluss. Dessen Erweckungstheologie prägte Friedrichs religiöse Vorstellungen und nahm so auf dessen Bildprogramm Einfluss.

Dass Friedrich Ende Juli 1802 nach Dresden zurückkehrte, ist möglicherweise einem Zufall geschuldet. Der bei Greifswald auf Schloss Ludwigsburg residierende adelige Friedrich Ernst Sebastian von Klinkowström (1735–1821) beauftragte Friedrich, seinen Sohn Friedrich August (1778–1821) zu betreuen, um ihm den Beginn in eine Künstlerkarriere in Dresden zu erleichtern. Dafür erhielt Friedrich ein Jahr lang ein Gehalt, freie Kost und Logis. Diese Situation ermöglichte es Friedrich, seine Kunst ohne finanzielle Sorgen zu bestreiten.

Seine Rügen-Studien setzte Friedrich in Dresden teilweise in großen Sepienblättern um. Diese Ansichten, vor allem von Stubbenkammer und Arkona, den berühmten Steilküsten, wie die frühe Version des Seestücks **Blick auf Arkona bei aufgehender Sonne** (Abb. S. 49), brachten ihm Anerkennung und Verkaufserfolge ein. Die Arkonaansicht geht auf eine Federzeichnung zurück (Kupferstich-Kabinett, Dresden), die Friedrich vor Ort am 22. Juni 1801 im Format von 23,6 x 36,6 Zentimetern angefertigt hatte. Im April 1803 schrieb der 26-jährige Runge über die künstlerischen Erfolge des 29-jährigen Caspar David Friedrich an seinen Bruder Daniel: „Hier ist der junge Fridrich aus Greifswald, ein Landschafter, der hat ein paar Ansichten von Stubbenkammer ausgestellt, in Sepia gezeichnet und in einer ansehnlichen Größe sehr schön beleuchtet, behandelt und ausgeführt; sie finden allgemeinen Beyfall und verdienen es. Ich dachte zu einem Versuch damit sie ihm abzukaufen und euch zu schicken, nun hat er aber das eine Stück an Hrn. Racknitz verkauft und das andere auch schon halb und halb; hat aber jetzt wieder eine Aussicht vom Rugard nach Jasmund, der Prora, und weit in die See, fertig, die weit reicher und schöner ist. Diese und eine andre von da nach Putbus, ganz Mönchgut, im Hintergrunde die Pommersche Küste (auch die Thürme von Greifswald und Wolgast), die er noch machen wird, das erste Stück als Morgen, das zweyte als Abend behandelt, hab' ich ihm für 30 Thlr. jedes abgekauft. Ich werde sie mit nach Leipzig bringen,

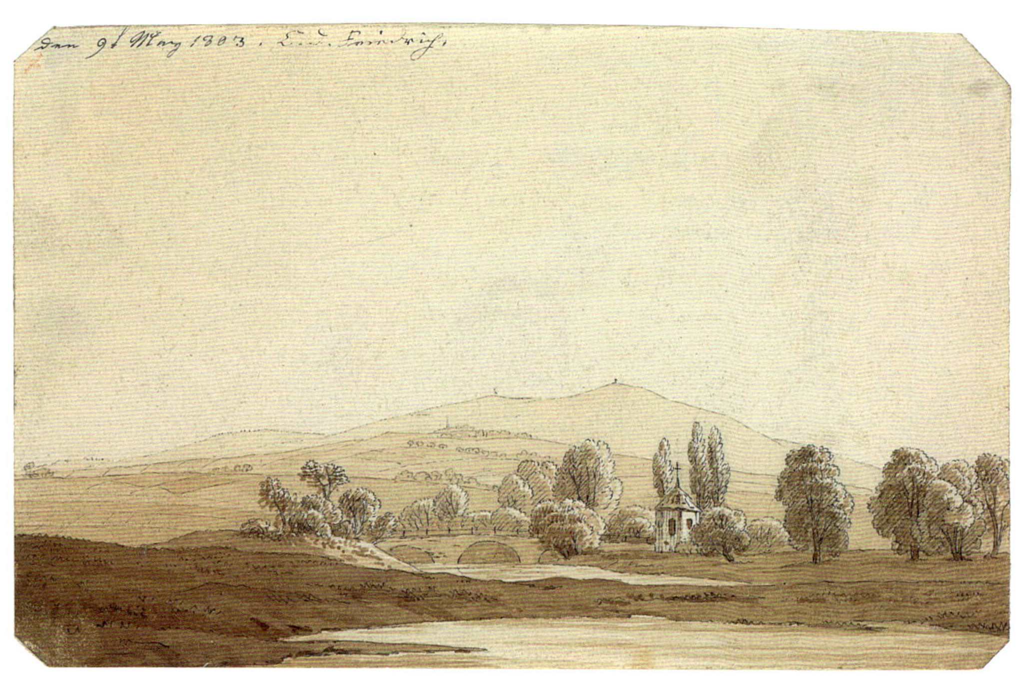

Böhmische Landschaft mit Brücke, Feder, Pinsel in Braun, 9. Mai 1803, Feder in Schwarz, braun laviert, 17,8 x 11,5 cm, Kupferstich-Kabinett, Staatliche Kunstsammlungen Dresden

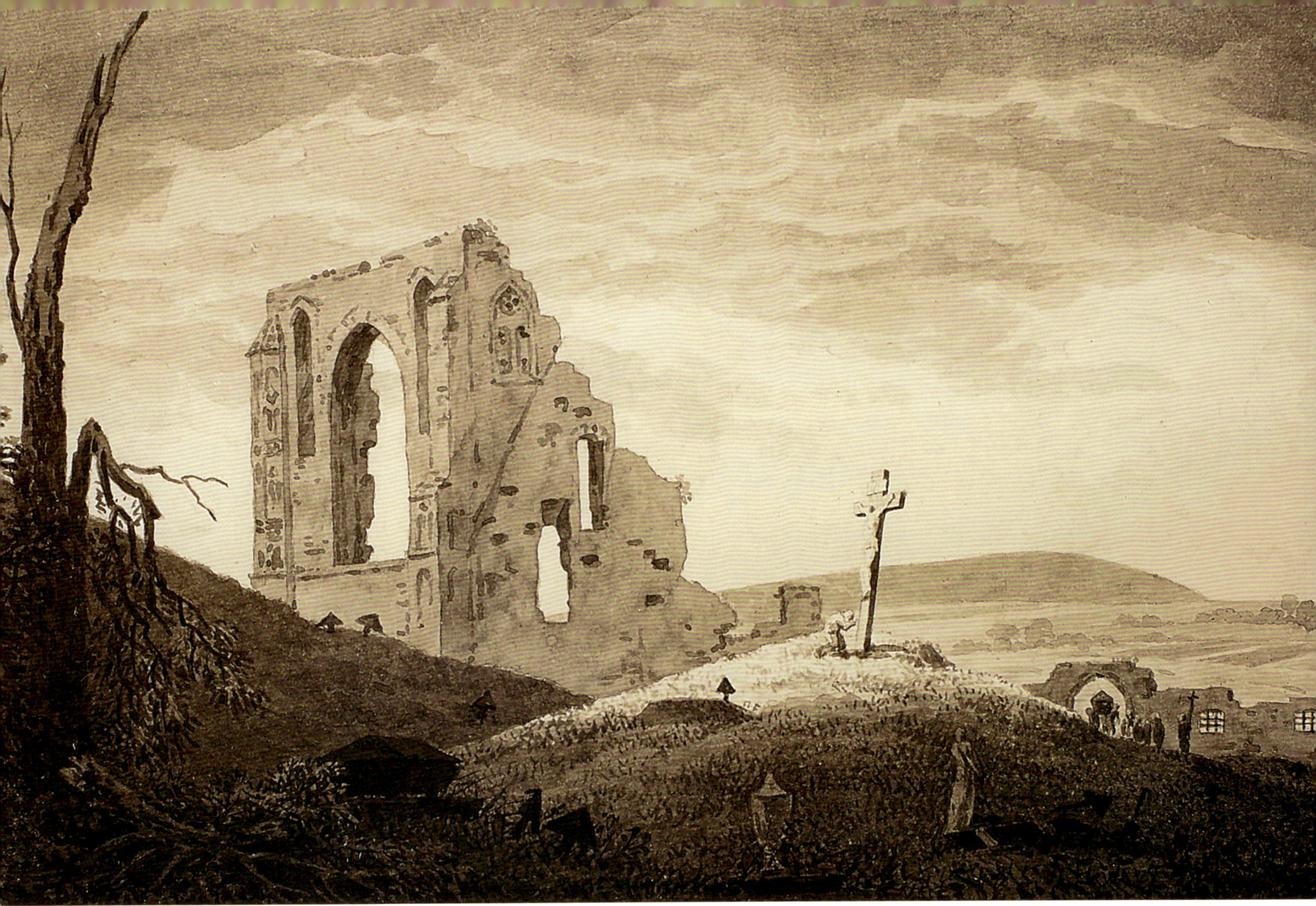

sie werden euch viel Vergnügen machen, und ihr werdet sie sehr gut verkaufen können."*

Friedrich war sehr produktiv und malte neben den Rügen-Blättern vermutlich als Auftragsarbeit vier Wassermühlen aus dem Plauenschen Grund einschließlich ihrer Umgebung: die Pulver-, Neu- und Königsmühle sowie die Glashütte in Potschappel.

Die Ruinen der ehemaligen Zisterzienserabtei Eldena bei Greifswald bilden bis zum Ende von Friedrichs Leben ein beliebtes Motiv. Seine Sepiazeichnung mit der **Ruine Eldena mit Begräbnis** (Abb. oben) enthält eine Vielzahl von bedeutungstragenden Details, vergleichbar einer Predigt auf die irdische Vergänglichkeit. Zu sehen sind die Kirchenruine, ein geneigtes Steinkreuz mit dem Corpus Christi und eine betende Person, ein Leichenzug, der durch das Friedhofstor zur Kirche zieht, ein Sarkophag im Vordergrund, links ein im Absterben begriffener Baum und weitere verstreutliegende Reste von Gräbern des Friedhofs. Zwar fügte Friedrich vielfach Kreuze in seine Ansichten ein, bei denen oft nicht eindeutig ist, ob es sich um Wegkreuze oder allegorische Zeichen mit tieferer Bedeutung handelt. Hier ist die religiöse Aussage jedoch eindeutig. Von daher kann festgestellt werden, dass in Friedrichs Landschafts- und Ruinenmalerei seit seinem Aufenthalt in Greifswald 1801/02 eine neue Wertschätzung des Spirituellen und eine Neubewertung der Natur zu beobachten ist. Wie viele Künstler der Romantik sah Friedrich seitdem die Landschaft vornehmlich als göttliches Geschöpf im Gegensatz zum Künstlichen in der menschlichen Zivilisation.

Wohl Mitte April bis Mitte Mai 1803 unternahm Friedrich eine Wanderung durch Nordböhmen, wie sich anhand von Zeichnungen belegen lässt. Ein dazugehöriges Skizzenbuch ist verschollen. Die Zeichnung **Böhmische Landschaft mit Brücke** (Abb. links) vom 9. Mai 1802 ist ein Dokument der Wanderung und zeigt im Hintergrund den markanten 1012 m hohen Jeschken, einen Kegelberg unweit von Haida/Nový Bor, auf dem zu Zeiten Friedrichs ein großes Holzkreuz stand. Der Jeschken gehört neben dem Tannenberg und dem Kleis zu den drei Hauptgipfeln der Region.

Ruine Eldena mit Begräbnis (Der Friedhof bei der Kirchenruine), 1802/03, Pinsel in Braun über Bleistift, 15,5 x 21,9 cm, Kupferstich-Kabinett, Dresden

* Philipp Otto Runge: Hinterlassene Schriften, Erster Theil (herausgegeben von dessen ältesten Bruder) Hamburg 1840, S. 208 (zitiert nach Frank Richter: Caspar David Friedrich. Der Landschaftsmaler, Petersberg 2024, S. 136)

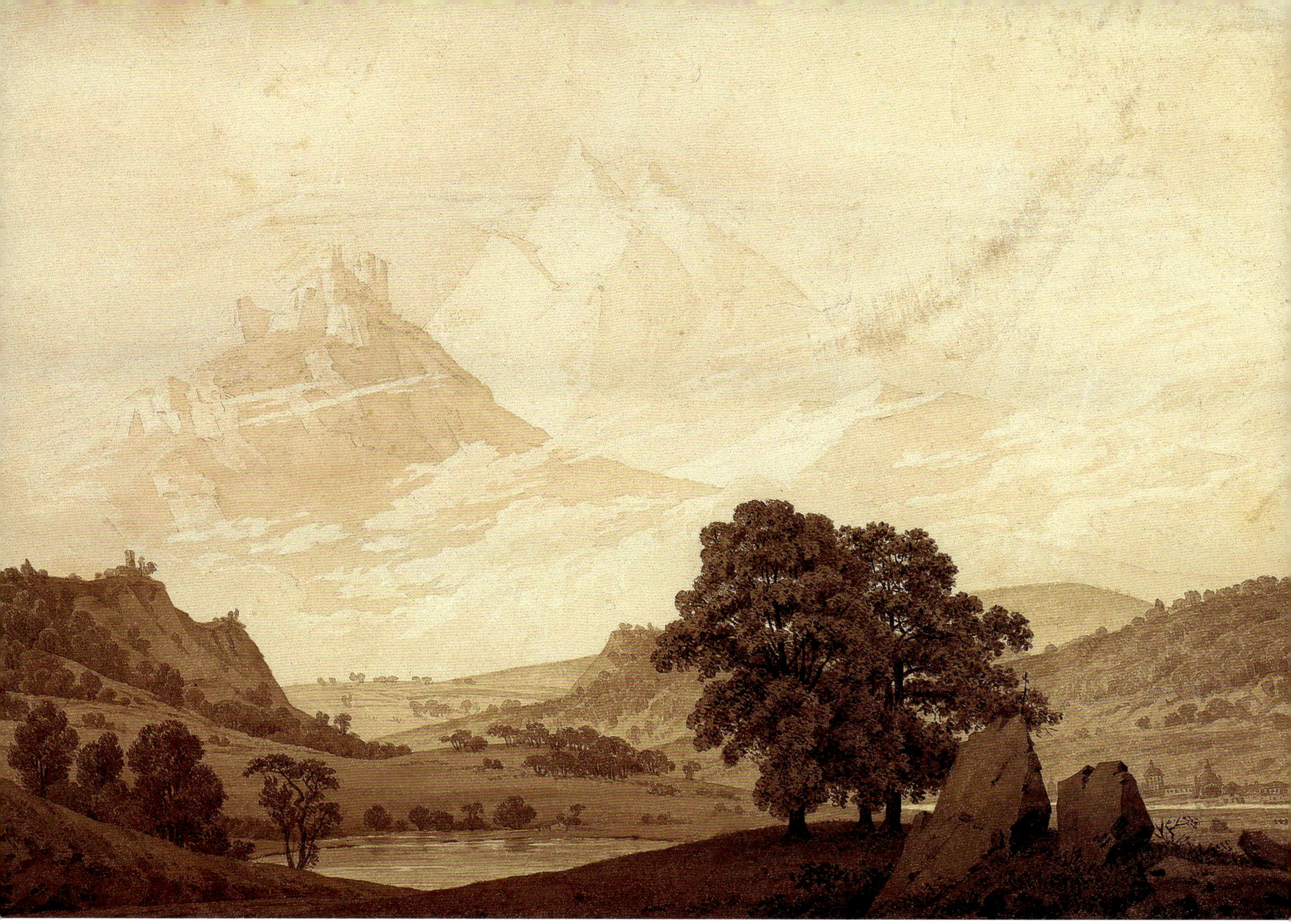

Der Herbst – der Abend – Reife (Bestandteil des Jahreszeiten-, Tageszeiten- und Lebensalterzyklus), 1803, Sepia, 19,1 x 27,5 cm, Staatliche Museen zu Berlin, Kupferstichkabinett, Berlin

Von ihnen fertigte Friedrich während seiner Wanderung Zeichnungen an.*

Im Sommer 1803 lief das Unterstützerjahr für Friedrichs Schutzbefohlenen von Klinkowström aus. Als Folge musste Friedrich seine kostenfreie Unterkunft aufgeben. Am 19. Juli 1803 bezog er deshalb für über ein Jahr eine Sommerwohnung in Loschwitz. Dort besuchte ihn sein Bruder Christian, der als Tischler und Holzschneider Friedrichs Vorlagen in Holzschnitte umsetzte. Es ist ungeklärt, ob Christian die Druckstöcke bereits bei sich führte oder sie erst in Dresden schuf. Für die erste Version spricht die Thematik der Holzschnitte, die ein Spiegelbild von Friedrichs depressiver Stimmung im Jahr 1801 sind.

In ihrer Skurrilität knüpft ein verschollenes großformatiges Sepiablatt mit dem makabren Titel „Mein Begräbnis“ an die Holzschnitte an. Das Blatt präsentierte Friedrich 1804 auf der Dresdner Akademieausstellung. Es zeigte einen Friedhof, eine gotische Kirchenruine, Grabkreuze mit Namen aus Friedrichs Familie und ein offenes Grab, das von einem Leichenzug umstanden war und dessen danebenliegendes Kreuz die Inschrift „Hier ruht in Gott C. D. Friedrich“ trug. Ein Priester deutete auf einen vorbeifliegenden Schmetterling, der die Seele des Verstorbenen verkörpert. Im „Journal des Luxus und der Moden“ hieß es ergänzend: „Ein Lichtstreif aus dem mit Wolken verhüllten Himmel fiel herab, in dessen Strale fünf andre Schmetterlinge (die früher Verstorbenen) schwebten. Ueber den Trümmern wölbte sich der Bogen des Friedens.“** Der Rezensent zeigte sich von Friedrichs Arbeiten begeistert. Er könne „unmöglich schweigen, wegen des gelungenen Bestrebens dieses Künstlers, tiefern Sinn in seine Darstellungen zu legen, und die landschaftliche Natur seiner poetischen Idee zu unterwerfen.“***

Wie kaum ein anderes Frühwerk belegt das Blatt Friedrichs tiefe Religiösität und – wie der Kommentar belegt – die Tiefsinnigkeit seiner Werke, die nicht zuletzt auch

* Frank Richter: Caspar David Friedrich. Der Landschaftsmaler, Petersberg 2024, S. 138–140.

** Zitiert nach https://de.wikisource.org/wiki/Erinnerungen_aus_der_Dresdner_Kunstausstellung_v._J._1804.

*** Ebenda.

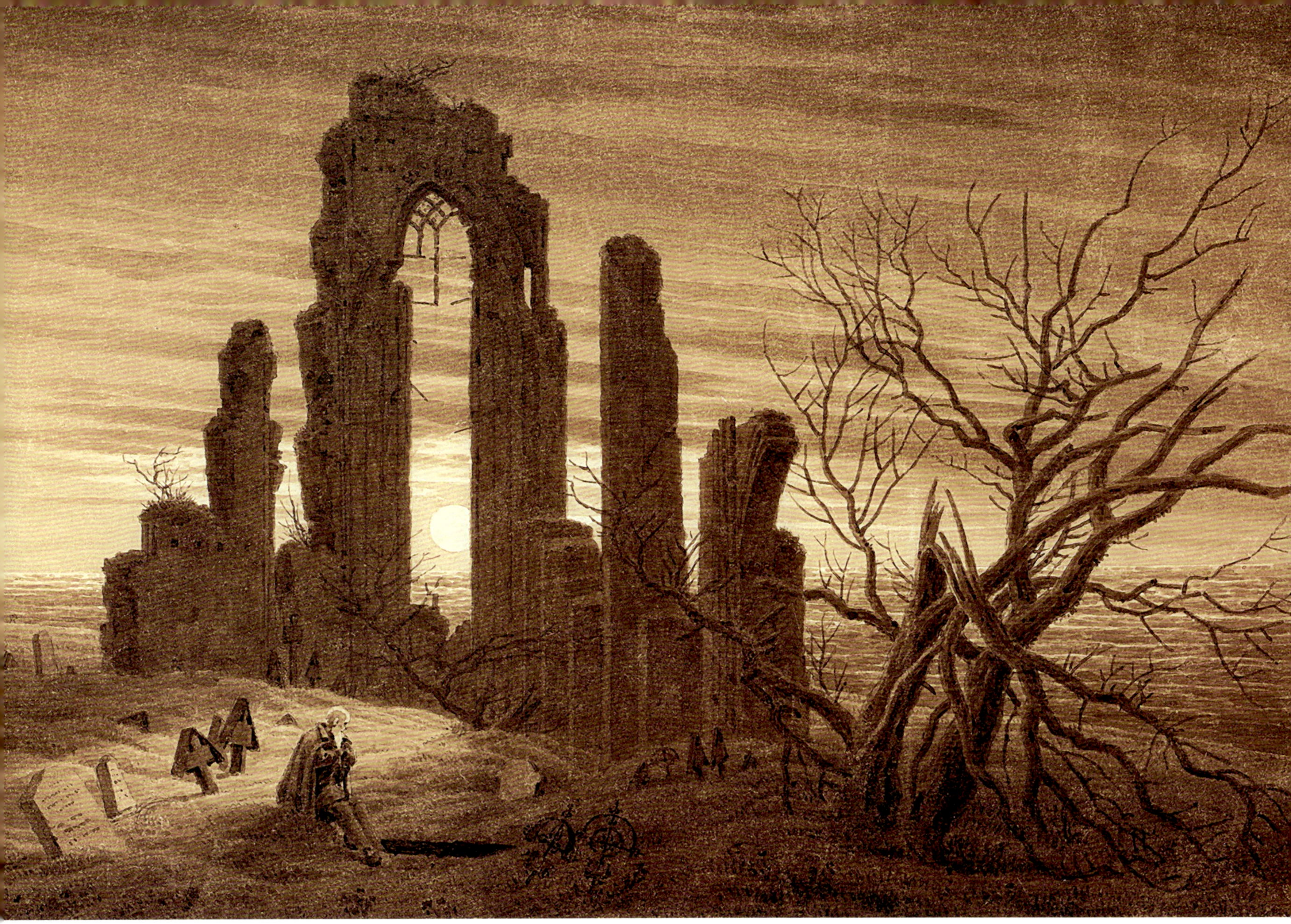

für die Zeitgenossen offenkundig war. Dementsprechend ist auch der Jahreszeitenzyklus von 1803 ein ikonografisches Schlüsselwerk Friedrichs.**** Das Konzept regte Philipp Otto Runge an, der seit 1801 in Dresden lebte. Um ihn bildete sich ein Künstlerkreis, zu dem Friedrich, Klinkowström und der Historienmaler Ferdinand Hartmann (1774–1842) gehörten, der den ersten Preis der Weimarer Preisaufgabe 1801 gewonnen hatte. Über Runge wird Friedrich den Dichter und Schriftsteller Ludwig Tieck (1733– 1853) kennengelernt haben. Dessen Schriften und diejenigen von Wilhelm Heinrich Wackenroder (1773– 98) und Novalis (1772–1801, alias Georg Philipp Friedrich von Hardenberg) prägten die deutsche Romantik. Sie deuteten die Welt als ein göttliches Sprach- und Zeichensystem, für das jedoch der Sinn und das Verständnis verloren gegangen seien, weshalb die Welt – wie Novalis forderte – romantisiert, das heißt das „Gemüt" kultiviert werden müsse.

Runge hatte sich in der bildenden Kunst als erster der Theorien der Vertreter der deutschen Romantik angenommen. Dass er die Idee einer beseelten Natur schon früh verinnerlicht hatte, geht aus einem Brief vom 1. August 1798 hervor. Darin vertrat er die Auffassung, dass aus allem der lebendige Geist Gottes hervorleuchte. Runge sah die Landschaftsmalerei nicht mehr nur als topografische Darstellung wie etwa Adrian Zingg, sondern als Möglichkeit künstlerischer Gestaltung von Seelenvorgängen und weltanschaulicher Sinnfragen. Mit seinem 1802/03 ausgeführten Arabeskenzyklus der Vier Jahreszeiten konzepierte er das komplexeste malerische Werk der Romantik. Als Reaktion auf Runge malte Friedrich seinen Zyklus schon im Sommer und Herbst 1803. Die Bilderfolge lässt sich sowohl als Jahreszeitendarstellung von Frühling, Sommer, Herbst und Winter als auch als eine Serie der Tageszeiten – Morgen, Mittag, Abend und Nacht – sowie der Lebensalter – Kindheit, Jugend, Erwachsenen- und Greisen-

Der Winter – Die Nacht – Alter und Tod (aus dem Tageszeiten- und Lebensalterzyklus), 1803, Sepia, 19,3 x 27,6 cm, Staatliche Museen zu Berlin, Kupferstichkabinett, Berlin

**** Hein-Th Schulze Altcappenberg: An der Wiege der Romantik. Caspar David Friedrichs Jahreszeiten von 1803, Berlin 2006; Momoko Ochiai: Die Tages- und Jahreszeitenzyklen von Caspar David Friedrich, Frankfurt am Main u. a. 2015.

alter – lesen. Das Sepiablatt **Der Herbst – Der Abend – Die Reife** (Abb. S. 52) realisierte der Maler wahrscheinlich noch bevor er an einen Bilderzyklus dachte, da er auf typische jahreszeitliche Motive verzichtete. So wären für das Herbstthema Erntemotive und Früchte typisch. Stattdessen malte er eine visionäre göttlichschöne und harmonische sowie malerische Hochgebirgslandschaft, die er aus sieben Einzelstudien zusammenfügte.* Er gibt sie in einer ausgeprägten Luftperspektive wieder: im Vordergrund rechts einen markanten Felsen, dessen höchste Stelle von einem kleinen Kreuz bekrönt wird, im Mittelgrund eine Landschaft aus dem Plauenschen Grund und im Hintergrund im Dunst das Honigsteinmassiv aus der Sächsischen Schweiz sowie dahinter eine Hochgebirgslandschaft, die Friedrich nach einer fremden Vorlage gemalt haben muss. Am Fluss liegt eine Stadt, die mit der Frauenkirchenkuppel an Dresden erinnert.

Das Blatt **Der Winter – Die Nacht – Alter und Tod** (Abb. S. 53) knüpft motivisch an Friedrichs Bild „Ruine Eldena mit Begräbnis" (Abb. S. 51) an. Erneut bilden fragmentarische Reste der Klosterkirche Eldena die Kulisse für eine mystische und melancholische Szene. Nun aber platzierte Friedrich die Reste des mittelalterlichen Kirchenbaus auf einem Hügel über der Ostsee. Der Vollmond erleuchtet den wolkigen Abendhimmel und die Wasseroberfläche, während der lichtbringende magische Himmelskörper – spannungsreich leicht angeschnitten – im hohen beschädigten gotischen Maßwerkfenster auftaucht. Er beleuchtet durch das hohe Fenster mit einem Lichtstreifen einige Grabkreuze und -steine im Vordergrund. Vor einem offenen Grab sitzt ein Mann. Das Ruinenmotiv und die blattlosen Bäume vermitteln die gewünschte romantische Winterstimmung, in der das Licht des Mondes Hoffnung verleiht.

Das Blatt **Die Kindheit – der Frühling – Morgen** (Abb. oben) greift mit der Bildidee der nackten Kinder, die im Frühling auf einer Wiese spielen und sich zur Sonne wenden, Runges Geniendarstellung auf. Das Blatt zum „Sommer" ist zwar verschollen, wurde aber von Friedrich 1807 auch als Ölbild (Abb. S. 69) gemalt und ist so zumindest in einer anderen Technik überliefert.

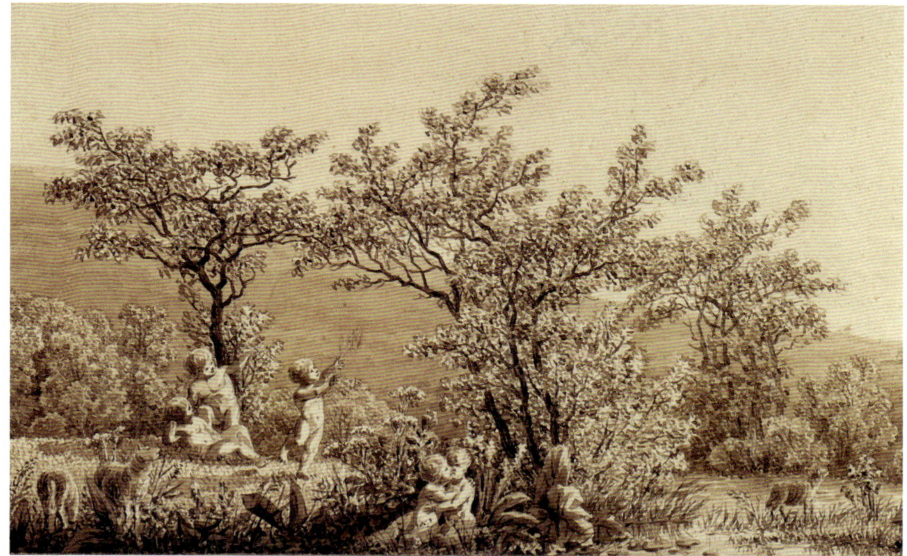

Die Kindheit – der Frühling – Morgen (Bestandteil des Jahreszeiten-, Tageszeiten- und Lebensalterzyklus), 1803, 19,2 x 27,5 cm, Sepia, Staatliche Museen zu Berlin, Kupferstichkabinett, Berlin

* Frank Richter: Caspar David Friedrich. Der Landschaftsmaler, Petersberg 2024, S. 144, 145.

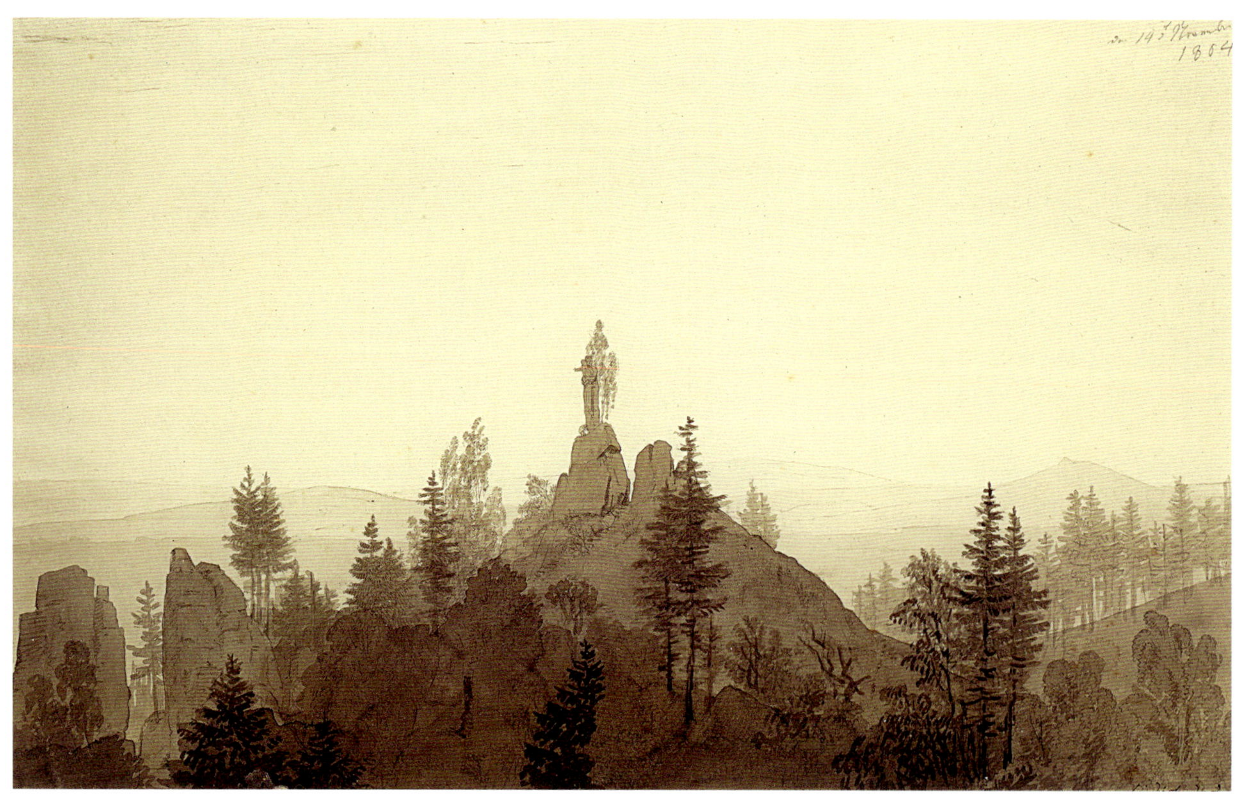

Felsenlandschaft mit Madonna, 14. Nov. 1804, Pinsel in Braun, 24,4 x 38,2 cm, Art Institute, Chicago

Der Jahreszeitenzyklus von 1803 veranschaulicht die Entwicklung im Werk Friedrichs von der topografisch genauen zur ästhetisch konzepierten und allegorisch aufgeladenen Landschaft. Der Mensch ist in die Natur und den Kosmos eingebunden. Sein Lebensweg ist von der Kindheit über sein reifes Leben bis zum Alter in den Tod vorgezeichnet. Die Zyklusform ermöglichte die bildliche Umsetzung, die Welt in ihrer Gesamtheit (Mensch, Natur, Geschichte) darzustellen und über die Vergänglichkeit – Leben und Tod – zu reflektieren.
Nachfolgend malte Friedrich zahlreiche ideologisch überhöhte Landschaften. Zu den frühen religiösen Fantasielandschaften gehört das auf den 14. November 1804 datierte große Blatt **Felsenlandschaft mit Madonna** (Abb. links unten) bei dem er eine Studie vom 10./12. August aufgriff und weitere Felsen und Höhenzüge für den Hintergrund hinzufügte.
Vom 13. April bis 1. Juni 1804 nutzte Friedrich das sogenannte **Karlsruher Skizzenbuch** (Abb. rechts), das am 30. November 2023 im Auktionshaus Grisebach in Berlin versteigert wurde. Es gehört zu nur sechs erhaltenen gebundenen Skizzenbüchern des Malers (von geschätzt ursprünglich 20). Es zeigt bevorzugt Baumstudien und Landschaften, die sich im Elbtal zwischen Dresden und Meißen verorten lassen. Das 18,4 x 11,8 cm kleine und 29 Blatt umfassende Skizzenbuch enthält 33 Zeichnungen mit Naturstudien in Bleistift und Sepia. Das Heft stammt aus dem Nachlass des Dresdner Künstlerfreunds Georg Friedrich Kersting, der es von Friedrich noch zu dessen Lebzeiten geschenkt bekam.
Im Karlsruher Skizzenbuch existieren acht Baumstudien, die Friedrich u. a. für seine Sepiazeichnung „Hünengrab am Meer“ von 1806/07 (siehe Abb. S. 19, 64/65) und das Ölbild „Hünengrab im Schnee“ (Abb. S. 20, 21, 66/67) nutzte. Für letzteres Bild übernahm er zudem vier Vögel des Blattes mit **Vogelstudien** (Abb. rechts). Weitere Baummotive finden sich u. a. auf den Bildern „Der Winter (Mönch im Schnee)“ (Abb. S. 69), „Abtei im Eichenwald“ (Abb. S. 80/81) und „Klosterfriedhof im Schnee“ (Abb. S. 114/115). Für den Tetschener Altar (Abb. S. 73) nutzte Friedrich zwei Fichten aus dem Skizzenbuch. Die kleine Fichtendarstellung vom 14. April, die Friedrich im dunklen Vordergrund wiederholte, wurde zu einem unbekannten Zeitpunkt aus dem gebundenen Heft herausgelöst und befindet sich heute in Oslo. Für die Sepia „Herbstabend am See“ (Abb. S. 56) nutzte Friedrich zwei Landschaftsskizzen. Zwei Landschaftsstudien bildeten die Vorlage zum Gemälde „Das Große Gehege“ (Abb. S. 176/177).

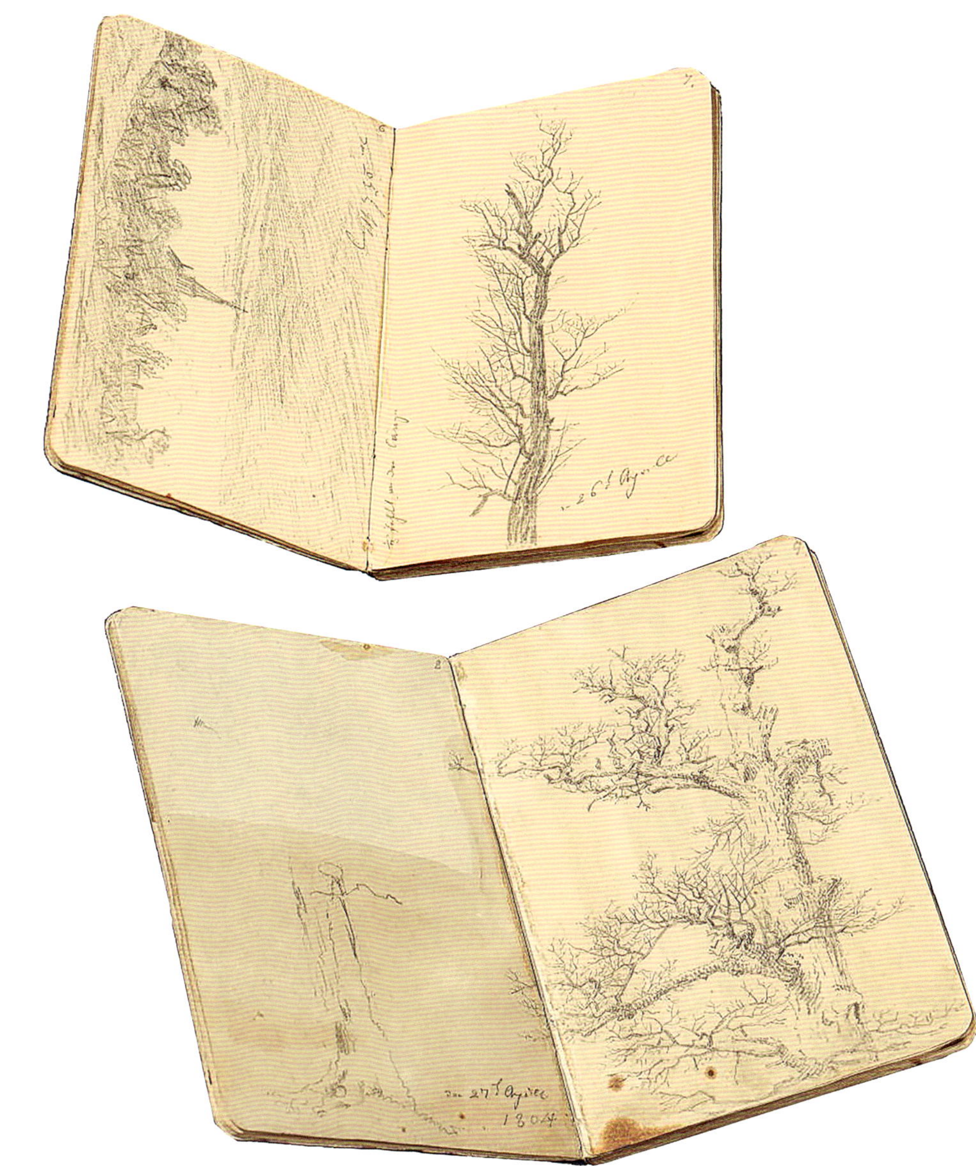

oben: Blick in das Karlsruher Skizzenbuch, 13.4.–1.6.1804, Bleistift, 18,4 x 11,8 cm, GeBes Siemens Kunststiftung, Berlin Dresden, Weimar

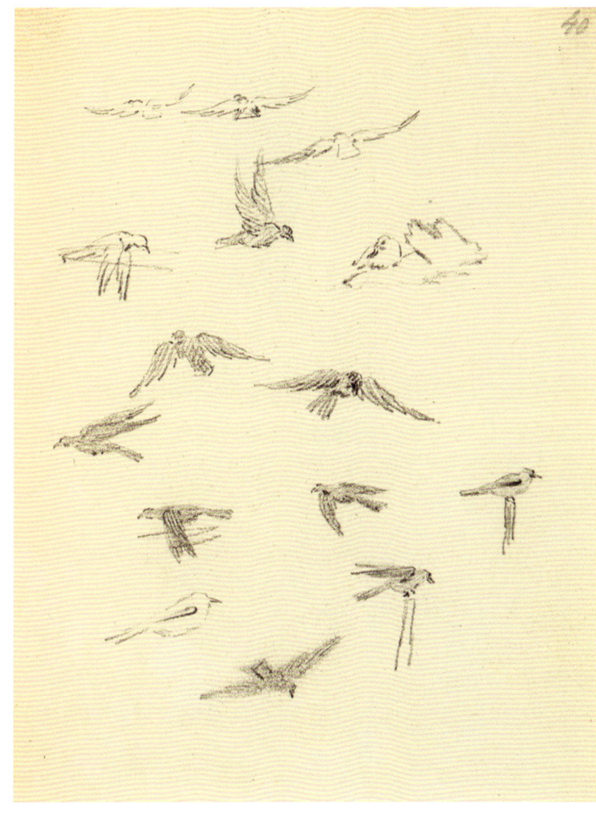

Vogelstudien, Karlsruher Skizzenbuch, Bleistift, 18,4 x 11,8 cm, GeBes Siemens Kunststiftung, Berlin Dresden, Weimar

1805–13

Herbstabend am See (Sommerlandschaft mit abgestorbener Eiche), um 1805, Sepia, 40,5 x 62 cm, Klassik Stiftung Weimar

Wallfahrt bei Sonnenaufgang (Wallfahrt bei Sonnenuntergang), um 1805, Sepia über Feder, 40,7 x 62 cm, Klassik Stiftung Weimar

Caspar David Friedrich begründete seinen Ruf als herausragender Künstler, als er 1805 zusammen mit dem Historienmaler Joseph Hoffmann (1764–1812) den ersten Preis des Wettbewerbs der Weimarer Kunstfreunde gewann, den Johann Wolfgang von Goethe (1749–1832) veranstaltete. Da der Weimarer Wettbewerb zuletzt nur noch mittelmäßige Künstler anzog und deshalb unter nur durchschnittlicher Qualität litt, die auch Goethes Ruf zu schädigen begann, entschied der Dichter als Veranstalter, Friedrich die Hälfte des Preisgeldes zuzusprechen, obwohl dieser das Wettbewerbsthema nicht erfüllte. Friedrichs zwei eingereichte, identisch große Sepiazeichnungen – **Wallfahrt bei Sonnenuntergang** und **Herbstabend am See** (beide Abb. unten) – werden aufgrund ihrer religiösen Aussage gewöhnlich als zwei inhaltlich aufeinander bezogene Bilder interpretiert. Frank Richter erkennt in den Wallfahrern eine Fronleichnamsprozession und in der Landschaft auf dem Herbstbild die Ansicht des Tollensesees südlich von Neubrandenburg, den Friedrich mit Varnitasmotiven umgab: der blattlosen Eiche und dem älteren Ehepaar, das auf der Erde sitzt.* Zudem wird die Kirche am gegenüberliegenden Ufer des Sees als die Hoffnung auf ein jenseitiges Heil interpretiert. Die Bäume auf dem Prozessionsbild stehen als Symbole der Auferstehung. Sie wirken wie ein Kirchenportal, durch das die Prozession hindurchzieht.

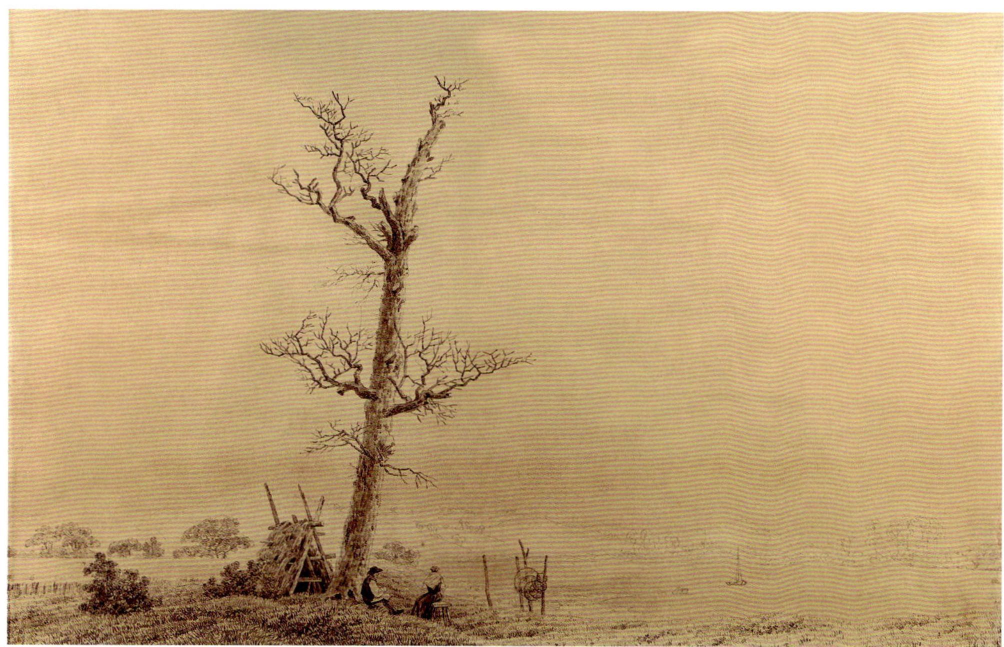

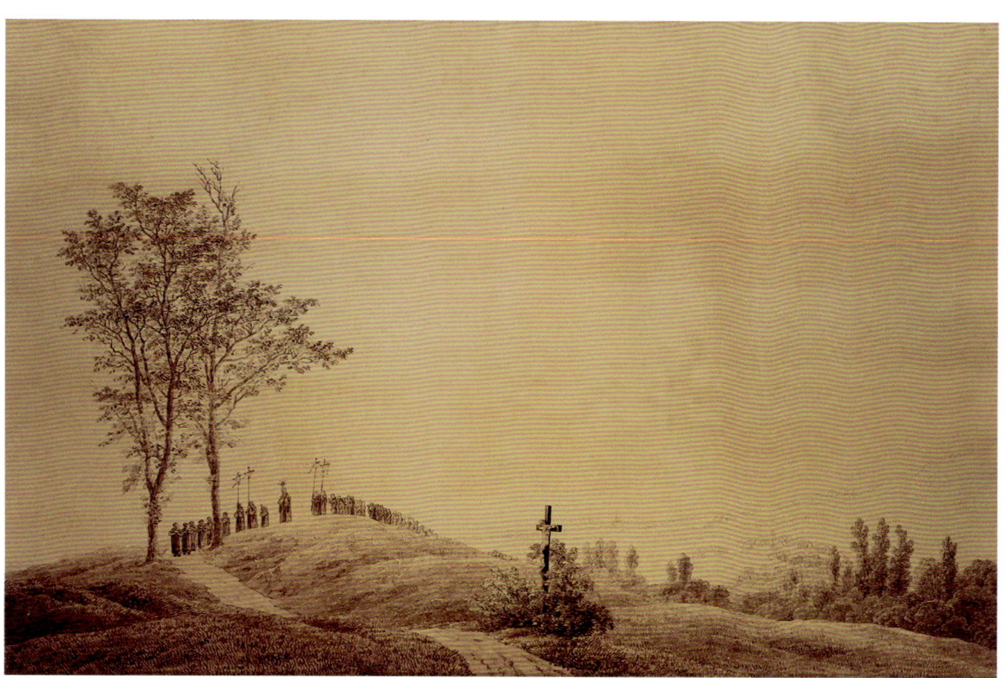

Zu Friedrichs originellsten Frühwerken gehören die „Fenstersepien“: **Blick aus dem Fenster des Künstlers, rechtes Fenster** (Abb. S. 59) und **Blick aus dem Atelier des Künstlers in Dresden auf die Elbe (linkes Fenster)** (Abb. S. 58), die als Bildpaar gedacht sind, auch wenn Friedrich das rechte Fenster alleine 1806 in Dresden und 1808 in Weimar ausstellte. Als Motiv wählte der Maler die Fenster in seinem Atelier, das er seit 1804 oder 1805 bewohnte und in einer oberen Etage des Hauses vor dem Pirnaschen Tor An der Elbe 27 lag. Das rechte Fenster stellte er in der klassischen Frontalansicht dar, weshalb durch das Fenster die Elbe und das gegenüberliegende Ufer zu sehen sind, während er beim linken die Schrägansicht nutzte, um die Augustusbrücke über der Elbe zeigen zu können. Seine Signatur hinterließ der Maler als Beschriftung des kleinen Briefs auf dem Fensterbrett: „Dem Herrn C. D. Friedrich in Dresden vor dem Pirnaschen Thor“ und als Selbstbildnis im Spiegel (siehe S. 59). Die Genialität der Bilder besteht in ihrer Klarheit und Detailgenauigkeit sowie der scheinbaren Banalität des Motivs. Wie zufällig wirkt die Auswahl der Ausblicke und der Bildausschnitte, die Teile der Atelierwände zeigen. Der Blick durch das Fenster auf das Elbufer macht neugierig. Es herrscht alltägliches Treiben. Die Dreidimensionalität verstärkt Friedrich durch das auf der Elbe liegende Schiff, dessen oberer Teil mit Mast und Tauwerk bis zur Höhe der Atelierfenster reicht und das dahinterliegende Elbufer partiell verdeckt. Die Takelage ist durch den Fensterrahmen so beschnitten, dass der Betrachter gedanklich das Segelschiff ergänzt.

Im Sommer 1806 stellte Friedrich fünf Sepiazeichnungen in der Akademieausstellung aus: eine „Fenster-

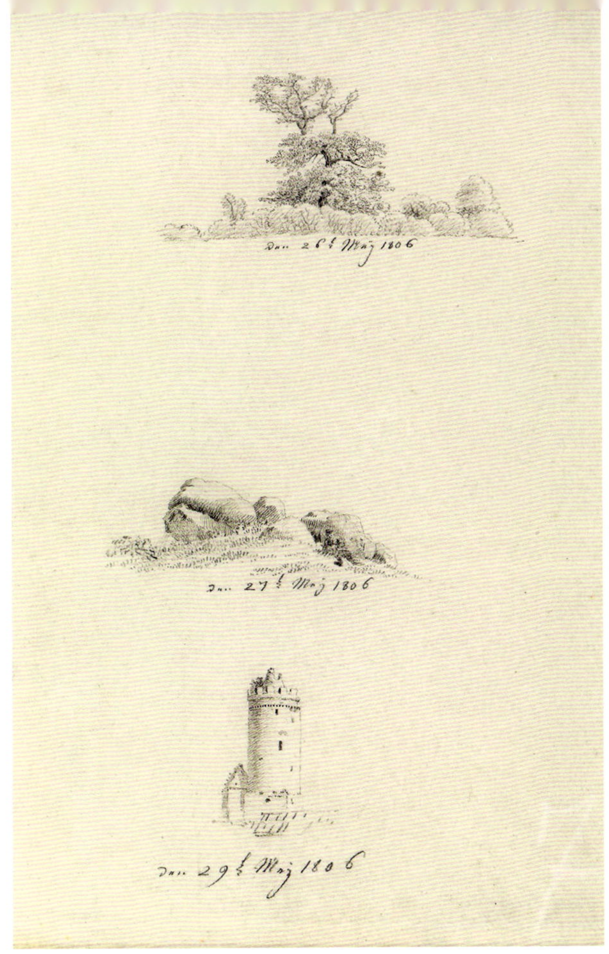

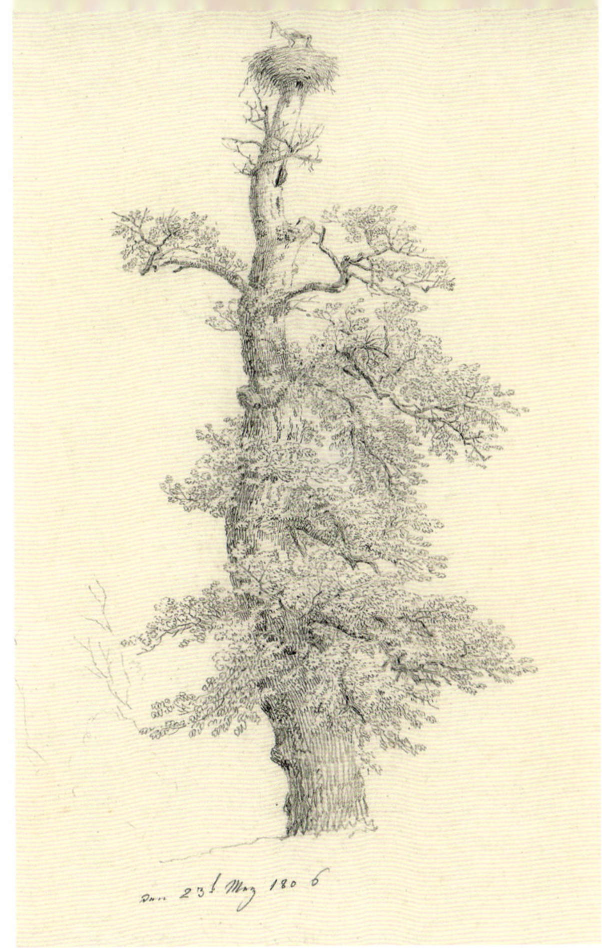

links: Baumgruppe und Hünengrab bei Neubrandenburg und Fangelturm, Bleistift, 26., 27. und 29. Mai 1806, National Museum, Oslo

rechts: Alte Eiche mit Storchennest, 1806, Bleistift, 20,5 x 28,6 cm, Hamburger Kunsthalle, Kupferstichkabinett

sepia", eine verschollene „Mondscheinlandschaft" mit einer Ansicht der Ruine Eldena und drei großformatige Landschaften. Während die bis zu einen Meter breiten Blätter „Kreidefelsen auf der Insel Möen mit sitzendem Mann" (Standort unbekannt) und „Ostküste von Mönchgut mit Hirte" (Metropolitan Museum of Art, New York) wenig spektakulär in gleichmäßiger Ausleuchtung (vergleichbar mit den Weimarer Wettbewerbsbildern) ausgeführt sind, gelang Friedrich mit seiner neuen, ein Meter breiten Version **Blick auf Arkona mit aufgehendem Mond** (Abb. S. 60/61) ein erstes Meisterwerk. Gegenüber der ersten Fassung (Abb. S. 49) stehen die schroffen Steinfelsen des Kaps kontrastreich im Gegenlicht. Ausdrucksstark erhebt sich der Vollmond über dem Meer und spiegelt sich auf der Wasseroberfläche. Die Wellen scheinen sich durch die Reflexe des Lichts zu bewegen. Die gelblich bis roten Sepiafarben und der aufsteigende Dunst verleihen der Szene eine friedliche und positive Stimmung sowie Lebendigkeit. Die Kleinteiligkeit, wie sie bis dahin für andere Blätter Friedrichs charakteristisch war, reduzierte der Maler zugunsten großer Flächen, die die Ruhe, den harmonischen Blick und die Schönheit der Natur verstärken. Das große Bildformat und die Komposition mit den Ufersteinen im Vordergrund erwecken den Eindruck, der Betrachter stehe am steinigen Strand. Wie zufällig und natürlich platzierte Friedrich die knorrigen Bäume am linken Bildrand und die Boote am Ufer. Der Himmel ist undifferenziert wiedergegeben, um den Blick auf den hellen Vollmond auf der Höhe der Horizontlinie zu lenken. Die melancholische Stimmung des Bildes berührt den Betrachter heute wie zur Entstehungszeit, weshalb die Dresdner Abendzeitung 1806 davon sprach, es herrsche eine „grenzenlose Einsamkeit".** Tatsächlich besitzt das Bild keine Staffagefiguren. Die Boote am Strand sind verlassen. Gleichwohl gehen vom Licht und der Schönheit der Landschaft, die Friedrich bis ins Detail wiedergab, positive Signale und Empfindungen aus. Die Besprechungen von Friedrichs Werken in den Zeitungen 1806*** belegen, dass dem Maler seit der Weimarer Auszeichnung öffentliche Beachtung geschenkt wurde. Seine Verehrer sahen in seinem verschlossenen und wortkargen Charakter die Züge eines genialen Künstlers. Sein Mitstreiter Philipp Otto Runge hatte im April 1803 geheiratet und zog mit seiner Frau nach Hamburg, da sein Bruder Daniel dort Mitinhaber einer Kommissions- und Speditionshandlung war. Napoleon besetzte jedoch 1806 Hamburg, um die Kontinentalsperre gegen England durchzusetzen. Die angespannte wirtschaftliche und politische Lage veranlasste Runge, mit seiner Familie 1806 ins elterliche Haus seiner Heimatstadt Wolgast zu ziehen. Zwei Mal besuchte er Rügen und verpasste Friedrich nur um wenige Tage, da er seine verregnete Wanderung am 30. Juni abbrach.

* Frank Richter: Caspar David Friedrich. Der Landschaftsmaler, Petersberg 2024, S. 171–173.

** Zitiert nach ebenda, S. 206.

*** „Journal des Luxus und der Moden" vom 1. April 1806: „Dieser Künstler weiß seinen Zeichnungen einen gewissen, fast möchte ich sagen, melancholischen Ton mitzutheilen, der seine Wirkung auf den Beschauer niemals verfehlen wird. Ueberhaupt hält er sich in seinen Compositionen mehr an das Ungewöhnliche, wovon er uns auch in dieser Landschaft einen Beweis gegeben hat." (zitiert nach https://de.wikisource.org/wiki/Dresdner_Kunstausstellung_1806).

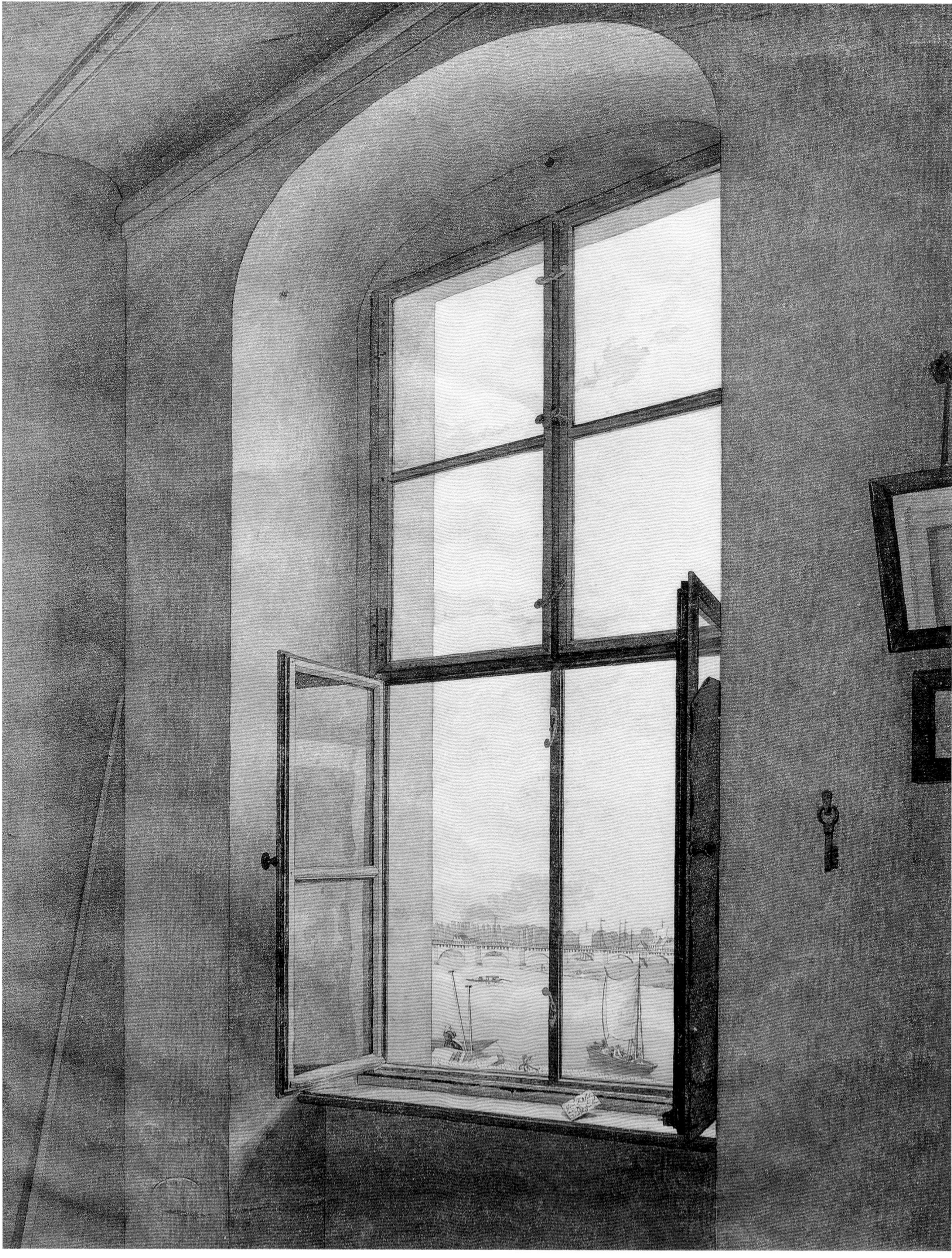

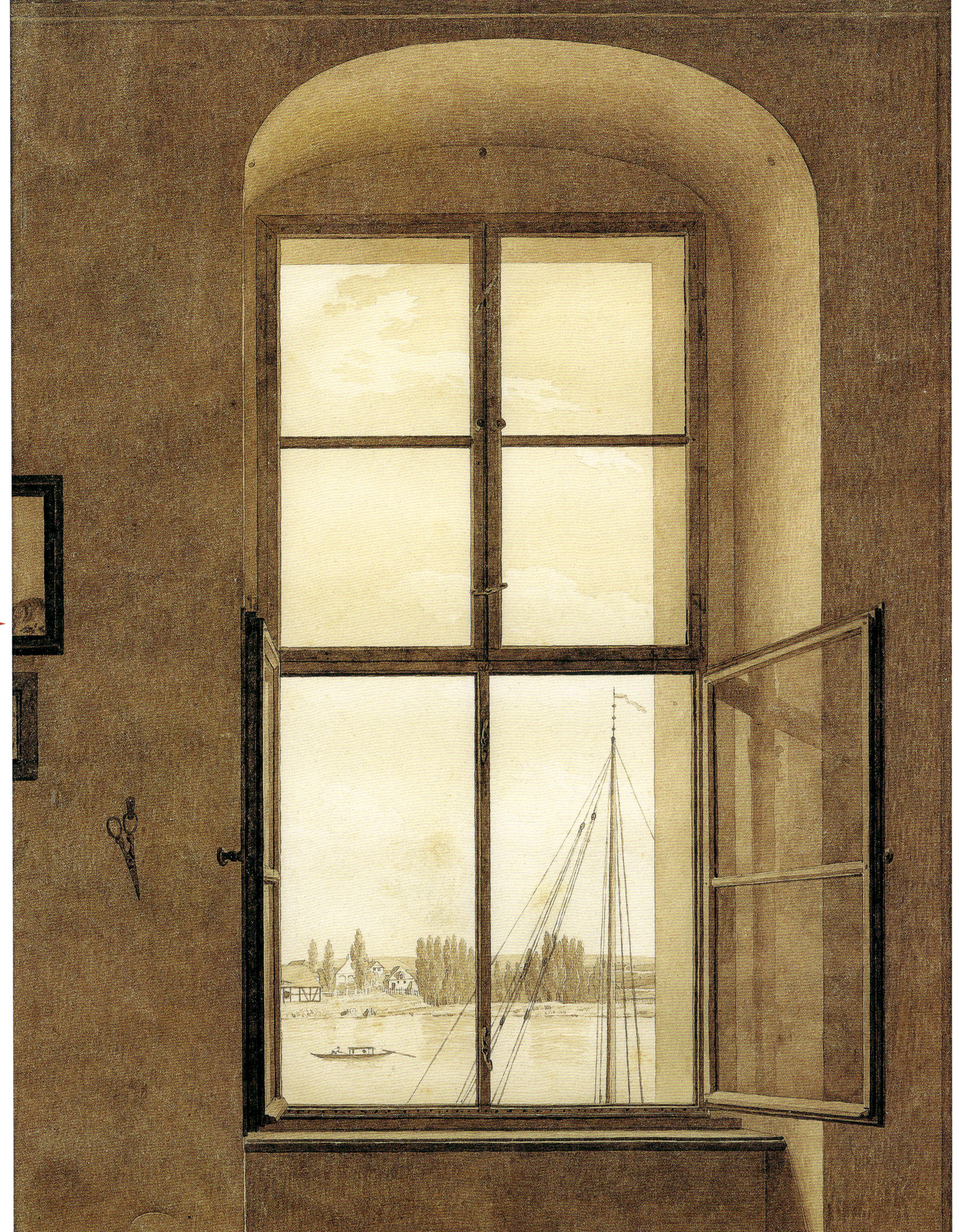

Selbstbildnis

> Blick aus dem Fenster des Künstlers, rechtes Fenster, 1805/06, Sepiatusche auf Papier, 31,2 x 23,7 cm, Belvedere, Wien

< Blick aus dem Atelier des Künstlers in Dresden auf die Elbe, linkes Fenster, 1805/06, Sepiatusche auf Papier, 31,4 x 23,5 cm, Belvedere, Wien

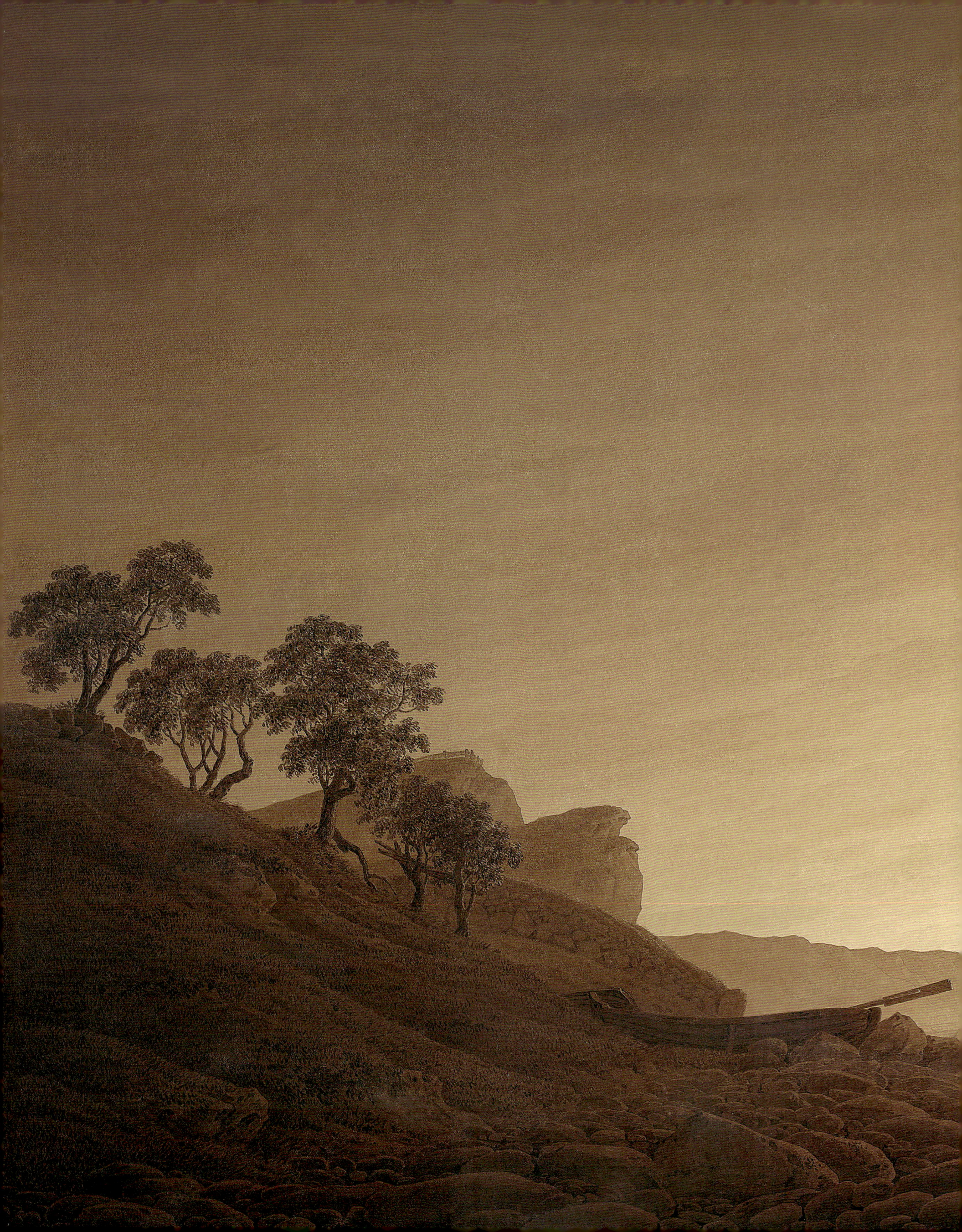

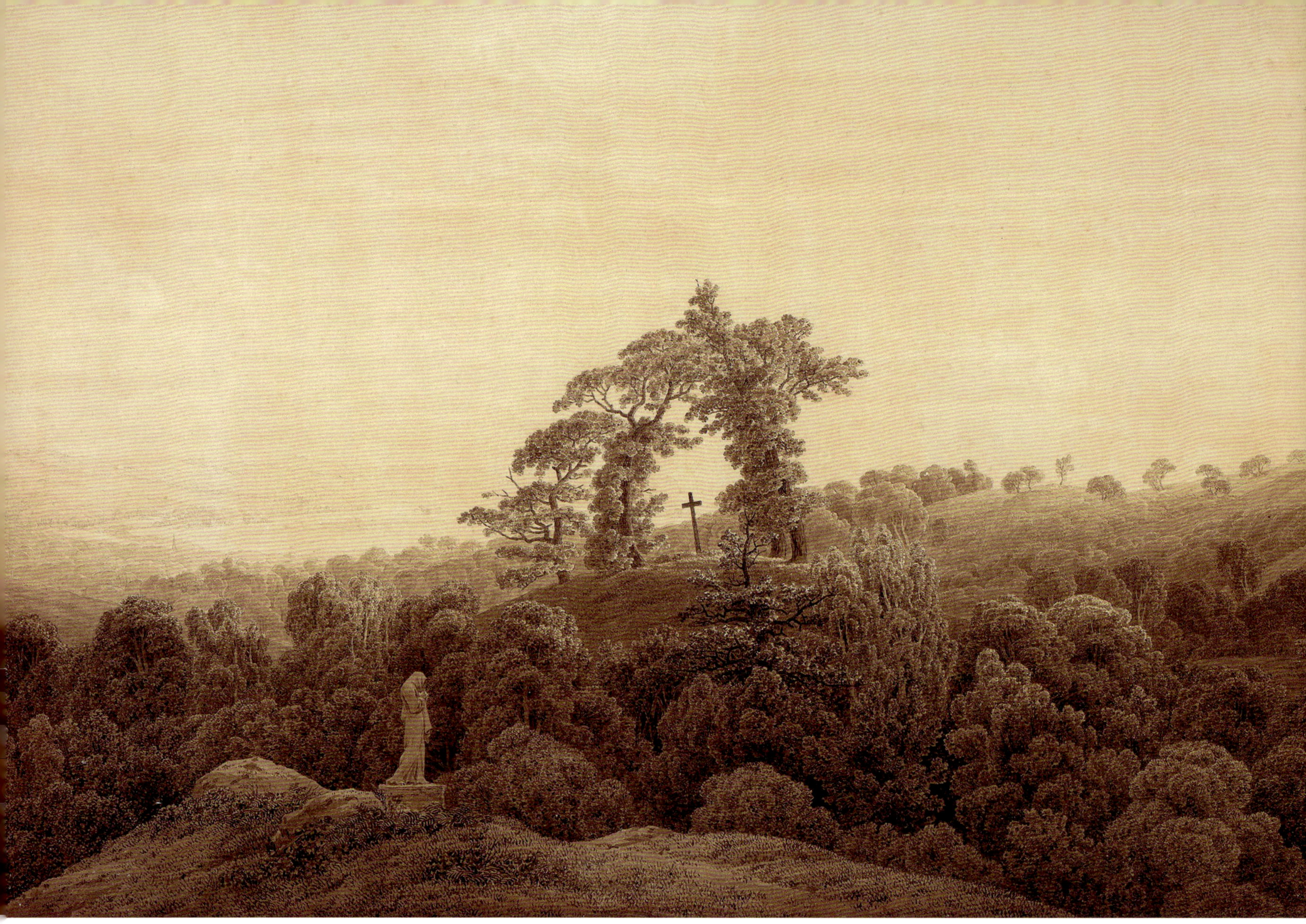

Das Kreuz an der Ostsee, 1806/07, Sepia, 40,7 x 58 cm, Kupferstichkabinett, Berlin

S. 60/61: Ansicht von Arkona mit aufgehendem Mond, 1805/06, Sepia, 60,9 x 199 cm, Albertina, Wien

Friedrich brach am 24. April 1806 zu seiner Reise nach Greifswald auf und hielt sich vom 13. bis 29. Mai in Neubrandenburg bzw. Breesen bei seiner Schwester auf. Hier zeichnete er eine **Baumgruppe,** ein **Hünengrab bei Neubrandenburg und** den **Fangelturm in Neubrandenburg** (Abb. S. 59), der am Ende der Turmstraße stand und 1899 einstürzte. Am 13. Juni erreichte er Greifswald und blieb bis zum 28. Juni in seinem Elternhaus. Vom 29. Juni bis 21. Juli unternahm er eine längere Rügenwanderung. In Wiek bestieg er ein Boot, das ihn über den Greifswalder Bodden zur Insel brachte, auf der er sich insbesondere für die Megalithgräber aus der Jungsteinzeit interessierte, die im zukünftigen Werk eine wichtige Rolle spielen sollten. Darüber hinaus zeichnete er mehrere markante Eichen, darunter die **Eiche mit Storchennest** (Abb. S. 59). Sie verwendete er mehrfach für spätere Gemälde und bildet ein Hauptmotiv für die außergewöhnliche Sepiazeichnung **Hünengrab am Meer** (Abb. S. 19, 64/65), die er bis Anfang Februar des folgenden Jahres aus mehreren Studien zu einem harmonischen Gesamtbild zusammensetzte. Dabei verband er die knorrigen Eichen mit der frühgeschichtlichen Steinsetzung bei Quoltitz auf Rügen (nach einer Zeichnung vom 16. Juli 1806) und einer Ostseeansicht. Die Farbigkeit der Sepiazeichnung verleiht dem Bild eine romantische Stimmung und Sinnlichkeit. Die Präzision in der Wiedergabe der Bäume mit ihren Ästen und Blättern, die harmonische Komposition, die Nahsichtigkeit der Megalithe und Pflanzen sowie der Überraschungseffekt, die Steinsetzung unmittelbar an die rauschenden Wellen der Ostsee heranreichen zu lassen, machen das große Blatt zu einem Hauptwerk Friedrichs. Das Bild vereint die Spuren einer mystischen Vergangenheit mit der rauen, aber schönen und göttlichen Natur. Friedrich versinnbildlichte die Idee einer „dichterischen Vorzeit" in Analogie zu den Naturpredigten, die Ludwig Gotthard Kosegarten als evangelischer Pastor in Altenkirchen am Ufer bei Arkona zu halten pflegte. Friedrich wird Kosegarten bei seiner Rügenreise auf dem Weg nach Ar-

* Zu den Hünengräbern auf Rügen, die Friedrich zeichnete, siehe Frank Richter: Caspar David Friedrich. Der Landschaftsmaler, Petersberg 2024, S. 191–198.

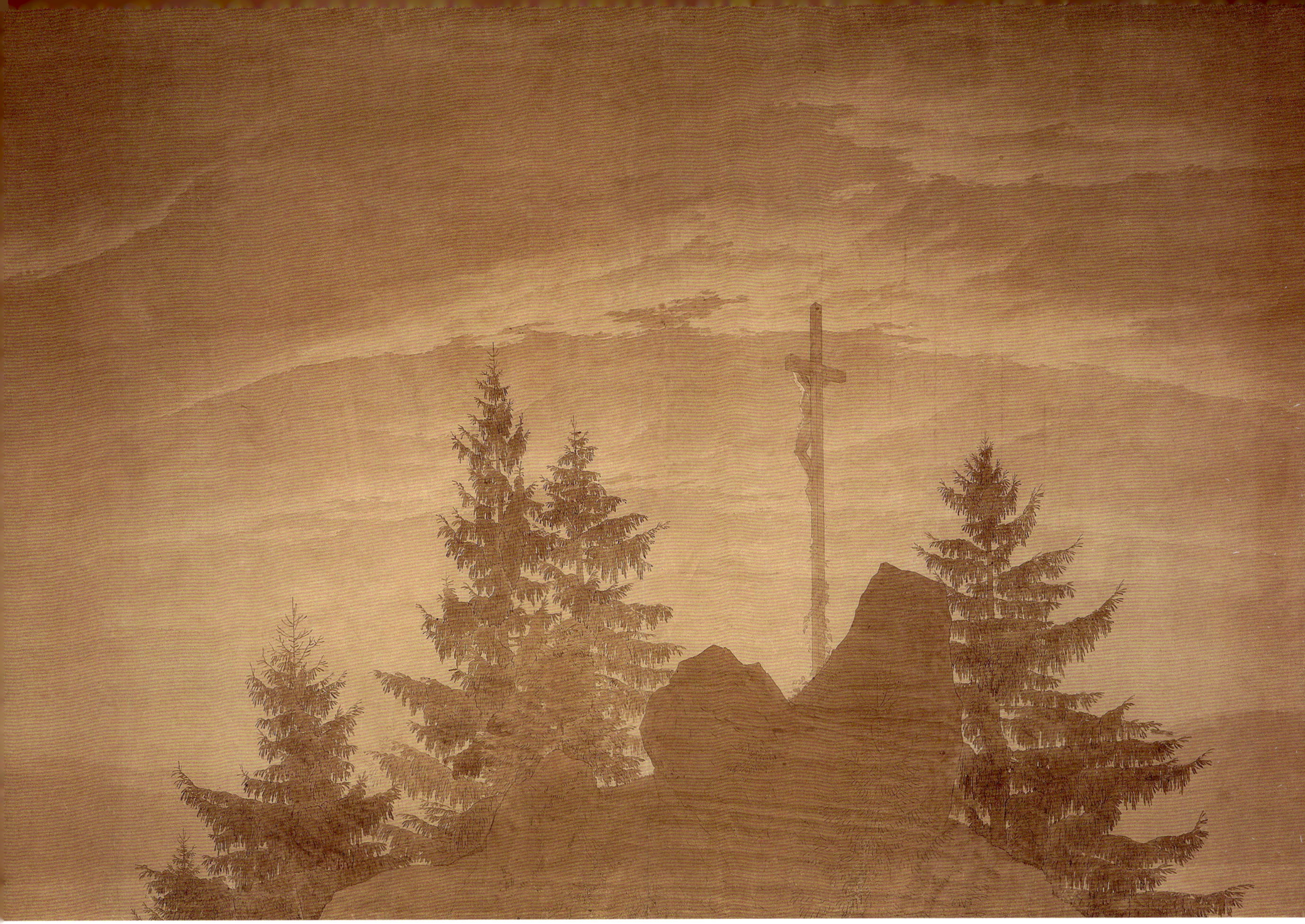

kona im Norden der Insel aufgesucht haben. Kosegarten dachte zu diesem Zeitpunkt über den Bau einer Uferkapelle in Vitt nach, die er ab 1807 zu realisieren begann. Infolge der Kriegswirren wurde sie erst 1816 fertiggestellt. Kosegarten wünschte sich ein Altarbild von Friedrich oder Runge. Letzterer erhielt den Zuschlag, führte ihn aber nicht aus. Doch stellt sich die Frage, ob die Idee eines Altarbildes, wie sie Friedrich im Tetschener Altar (Abb. S. 73) verwirklichte, hier ihren Ursprung hat. Immerhin entstand die **Sepiazeichnung Das Kreuz im Gebirge** (Abb. oben) als Vorzeichnung zum Tetschener Altar nur wenige Monate nach der Rügenwanderung. Für die Fichtendarstellungen griff Friedrich auf Studien aus dem Jahr 1799 zurück.

Mitte August war Friedrich nach Dresden zurückgekehrt. Am 19. August 1806 befand er sich bereits wieder auf einer Wanderung in der Sächsischen Schweiz. Nach der Auflösung des Heiligen Römischen Reichs führte Sachsen in der Schlacht von Jena und Auerstedt am 14. Oktober 1806 Krieg gegen Napoleon. Die Franzosen siegten. Sachsen wurde besetzt und musste daraufhin als Königreich dem Rheinbund beitreten. Seit Oktober 1806 dominierte das Militär das Leben in Dresden. Soldaten aus ganz Europa zogen durch die Stadt, wurden einquartiert und mussten verpflegt werden. Ende 1809 waren die Napoleonischen Kriege für Dresden vorerst beendet.

Mit der Vollendung der Sepien „Ansicht von Arkona mit aufgehendem Mond", „Das Kreuz im Gebirge" und dem „Hünengrab am Meer" zeichnete sich ab, dass Caspar David Friedrich der wichtigste Vertreter einer gefühlvollen und durchgeistigten romantischen Landschaftskunst in Dresden werden würde. Die Anerkennung, die man Friedrich entgegenbrachte, äußert sich im Ankauf der Sepia „Hünengrab am Meer" durch den herzoglichen Hof in Weimar und die Erstellung einer Porträtbüste durch Christian Gottlieb Kühn.

In die Reihe bedeutender Landschaftsbilder dieser Zeit gehört auch das Blatt **Das Kreuz an der Ostsee** (Abb. links), das wahrscheinlich nachträglich vor allem an

Das Kreuz im Gebirge, 1805/07, Sepia, 64 x 92 cm, Kupferstichkabinett, Berlin

S. 64/65: Hünengrab am Meer, 1806/07, Sepia, 64,5 x 95 cm, Klassik Stiftung Weimar

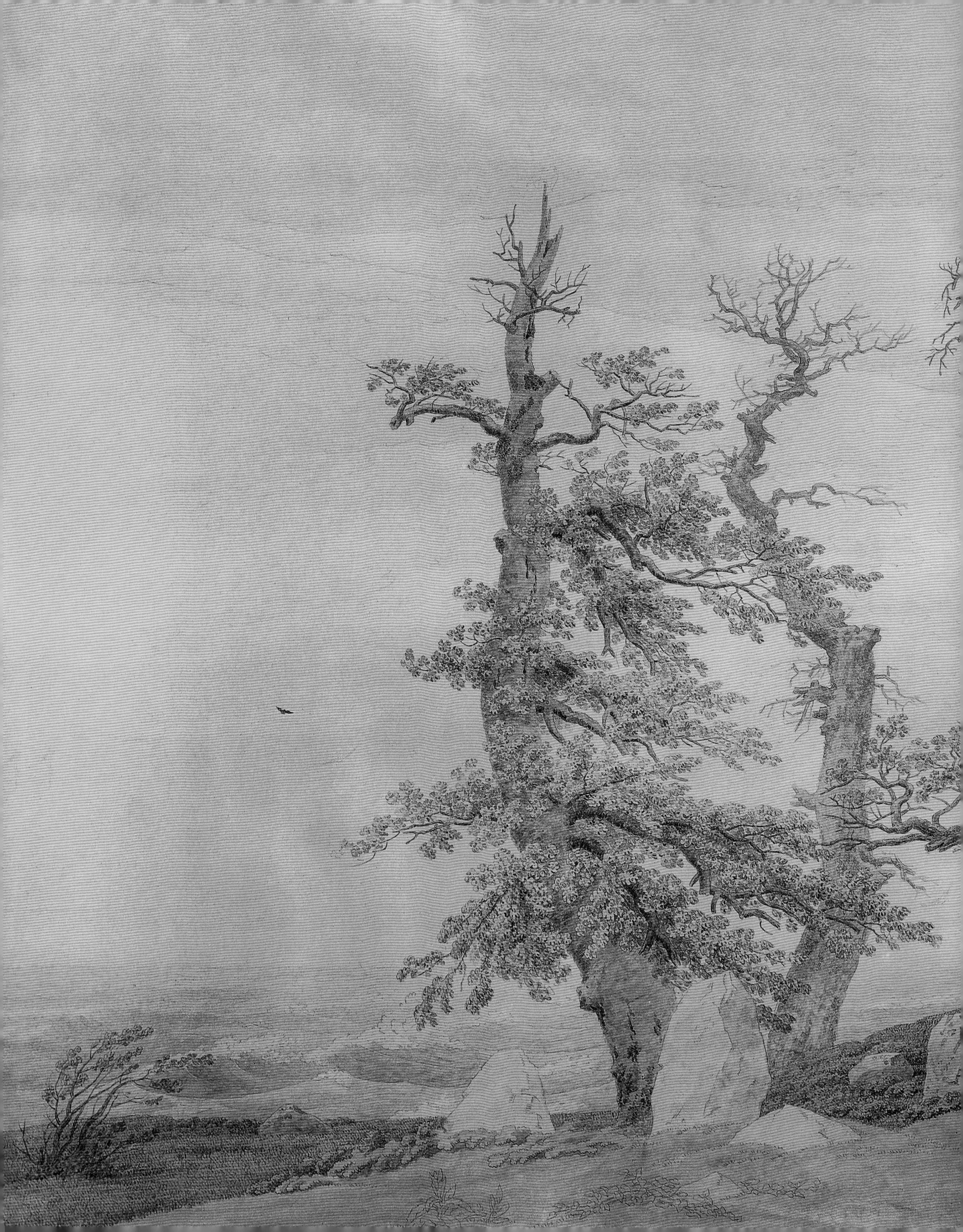

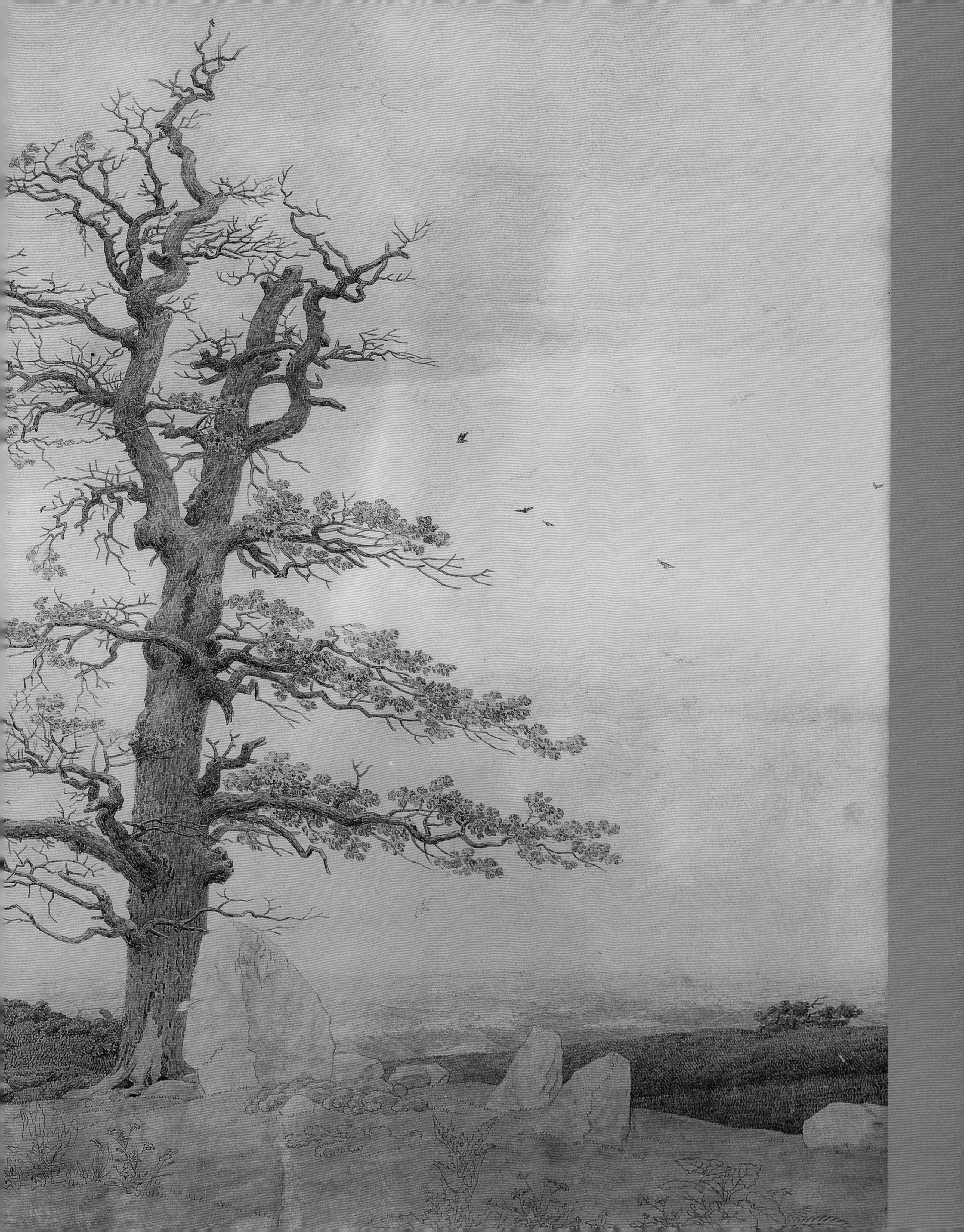

den Seiten beschnitten wurde. Friedrich zeigt eine Sakrallandschaft, dessen zentrales Bildmotiv ein schlichtes Gipfelkreuz ist, das durch das Gegenlicht und die Anordnung der Bäume betont wird. Die Landschaft wiederholt eine Studie, die Friedrich im Juli 1806 auf Mönchgut, der großen Halbinsel im Südosten der Insel Rügen, gezeichnet hatte. Das „Baumportal", das das Kreuz umgibt, entspricht einer Baumgruppe auf einer Zeichnung vom 24. Mai 1806, die Friedrich in Breesen bei Neubrandenburg zeichnete (Abb. S. 74). Die Statue einer Trauernden im Vordergrund der Sepia ist nicht näher bestimmbar.

Die zuletzt beschriebenen Werke deuten an, dass Friedrich seine Landschaften im Laufe des Jahres 1806 immer weniger als vedutenhaftes Abbild ausführte und stattdessen diese immer häufiger mit mystischen bzw. religiösen Themen überfrachtete, wie bereits die Bildtitel verraten: Kreuz an der Ostsee, Kreuz im Gebirge, Hünengrab am Meer.

Künstlerisch vollzog Caspar David Friedrich im Jahr 1807 einen Wechsel von der Sepiatechnik hin zur Ölmalerei und somit von der tonalen Abstufung hin zur farbigen Gestaltung. Vielleicht spielte dabei der Tetschener Altar eine Rolle und damit die gestalterische Weiterführung des Motivs, das er mit seiner Sepiazeichnung „Das Kreuz im Gebirge" (Abb. S. 63) entwickelt hatte. Ebenso entwickelte er die Zeichnung „Hünengrab am Meer" zum Ölbild **Hünengrab im Schnee** (Abb. rechts) weiter. Es handelt sich um eines der ersten Ölgemälde des Malers! Das Motiv der Megalitharchitektur manifestierte Friedrich deutlicher als in der Sepia „Hünengrab am Meer", da er ein Großsteingrab mit einem Deckstein nach dem Vorbild des Gützkower Hünengrabs (Abb. S. 48) darstellte und auf einen schneebedeckten Hügel platzierte, weshalb die Megalitharchitektur leicht von unten gesehen wird. Ihn umstellen drei blattlose, mit Schnee bedeckte Eichen, die auf Studien aus dem Karlsruher Skizzenbuch von 1804 zurückgehen (Abb. S. 20, 21, 55). Die aufrecht stehenden Eichen wurden an mehreren Stellen durch Menschenhand beschnitten. Ihre Kronen sind ausgebrochen. Der mittlere Baum wuchs in schräger Form. Rückwärtig fällt das Gelände ab,

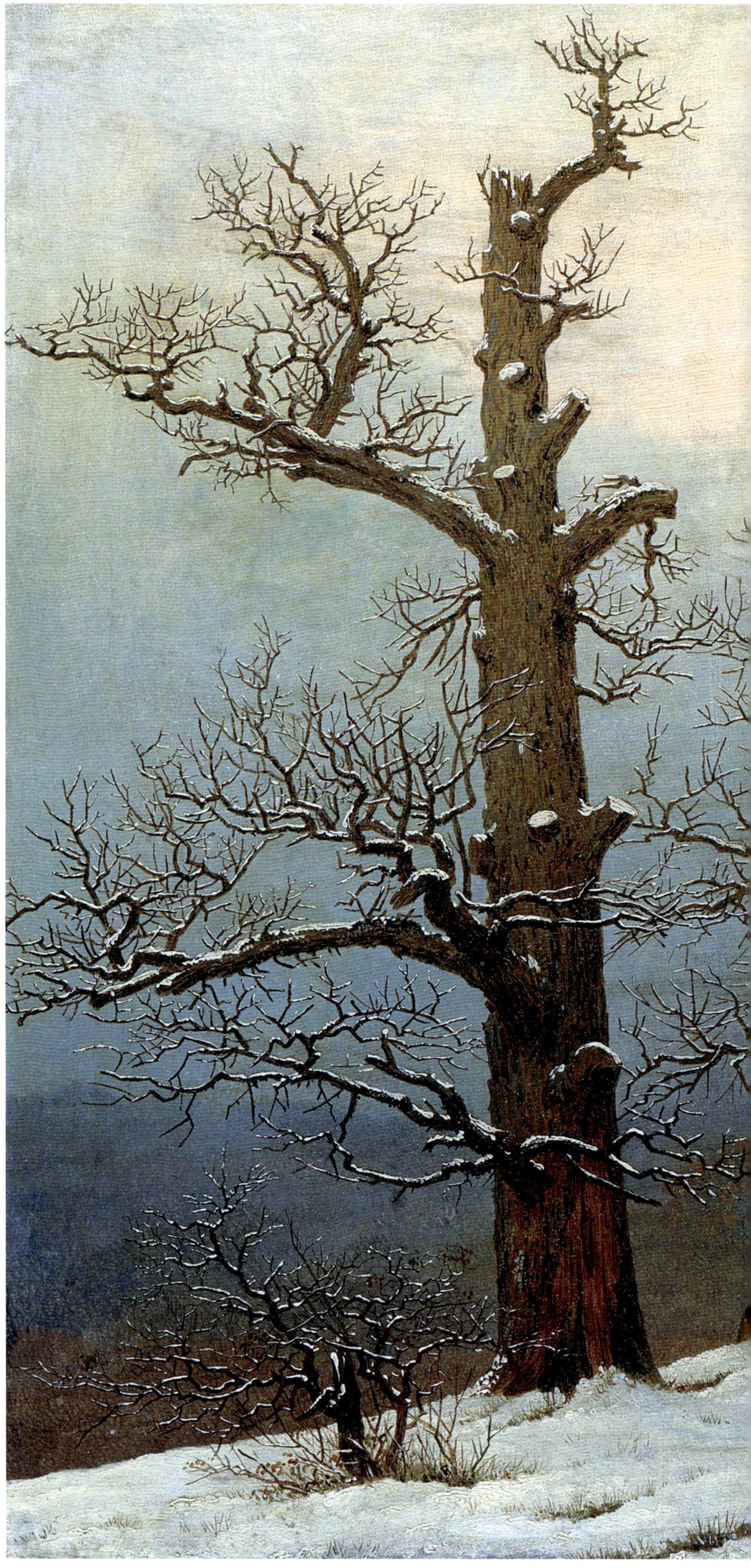

Hünengrab im Schnee, 1807, Öl auf Leinwand, 62 x 80 cm, Galerie Neue Meister, Dresden

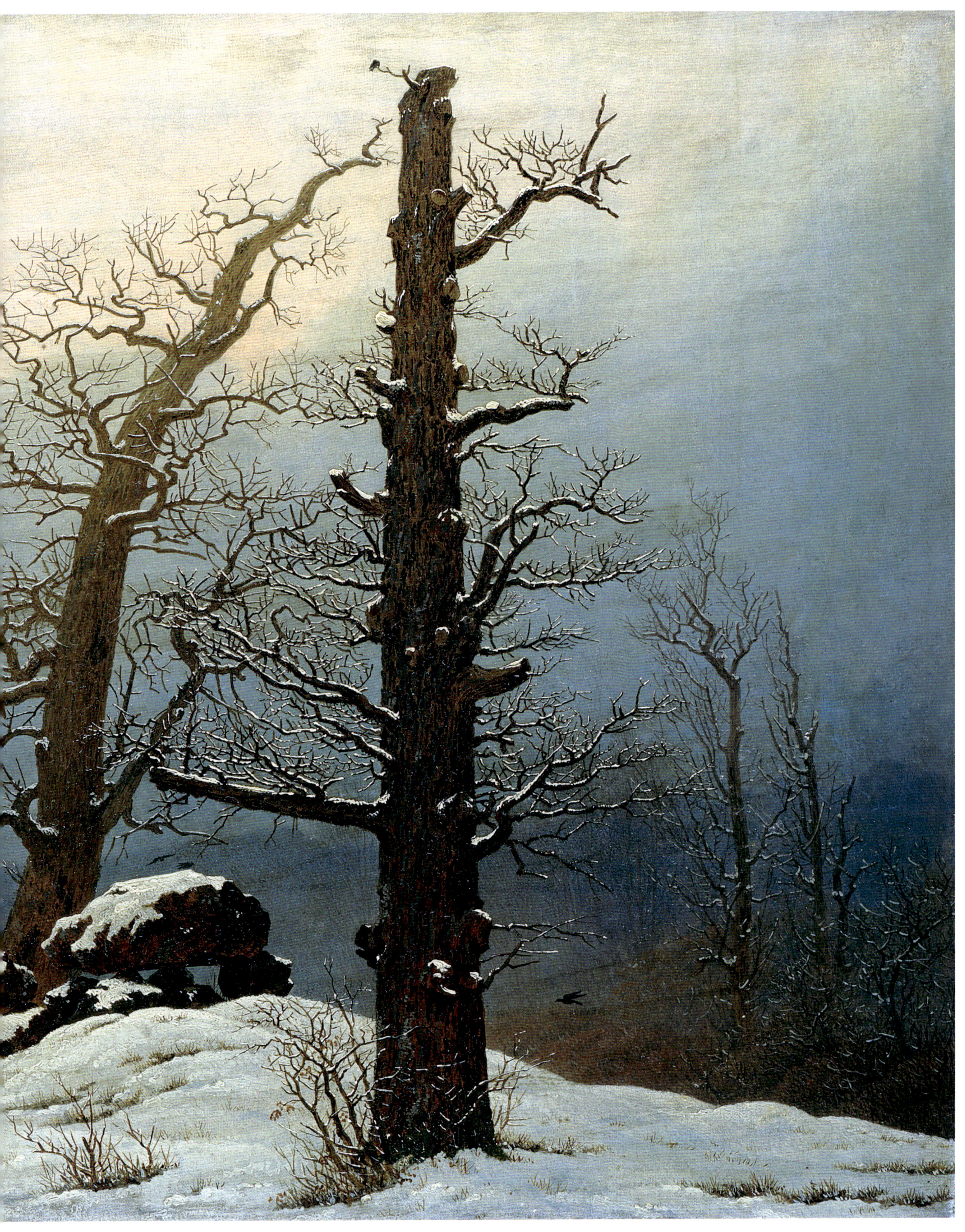

* Kosegartens Ode „Das Hünengrab“ war angesichts der napoleonischen Besatzung von großer Aktualität: „Die Heldenzeiten sind vorüber, / ... Knechtschaft umklirrt / Die Söhne der Freyen / Striemen der Despotengeißel / Brandmalen den Rücken der Heldensöhne.“

und es schließt sich ein tieferliegender Wald an. Der blau-graue Himmel hellt sich nach oben hin auf und bildet einen reizvollen Kontrast zu den schneebedeckten Ästen. Wie bei Friedrichs Werken üblich, beeindruckwn die Harmonie der Komposition und Farbigkeit sowie die Stofflichkeit und die Detailgenauigkeit der Wiedergabe der Natur in einer Schneelandschaft. Friedrichs Zeitgenossen erkannten in dem Bild eine altvaterländische Szene, veranschaulicht anhand des Grabmals aus der Heidenzeit. Es besteht kein Zweifel daran, dass sich hinter Friedrichs Landschaft eine Symbolsprache verbirgt, die sich aufgrund der Qualität der Ausführung emotional auch noch dem heutigen Betrachter erschließt. So wirkt der große Deckstein wie ein Altar; die Eichen erfüllen die Funktion monumentaler Säulen. Das heidnische frühgeschichtliche Steingrabmal und die uralten, den widrigen Stürmen trotzenden Eichenbäume stehen gleichermaßen symbolhaft für die heldenhafte nationale Vergangenheit und die patriotische Erneuerung unter bedrängten Verhältnissen. In Verbindung mit Kosegartens Gedicht „Das Hünengrab“* verknüpfen sich der Gedanke von Tod und Auferstehung im christlichen Sinn mit dem patriotischen Geist, denn Friedrich beklagte die Unterdrükkung des Vaterlands durch Napoleon und sehnte die Befreiung herbei. Von daher vereint Friedrich mit dem Bild sowohl eine religiös-christliche als auch vaterländisch-antinapoleonische Gesinnung.

Ursprünglich hatte Friedrich beabsichtigt, sich nicht politisch äußern zu wollen. Dann aber hielt der schweigsame Pommer wutentbrannt Reden gegen die Besatzer. In seinem Atelier trafen sich Intellektuelle, die die vaterländischen Bekenntnisse Friedrichs zwar für gefährlich hielten, sich aber hinter seine Aussagen stellten. Heinrich von Kleist (1777–1811) soll bei einer solchen Gelegenheit aus seinem Manuskript seines fanatischen Dramas „Die Hermannsschlacht“ um die historische Figur des Arminius gelesen haben.

Im Ölbild **Der Winter (Mönch im Schnee)** (Abb. rechts), das 1931 im Münchner Glaspalast verbrannte, kombinierte Friedrich die verschneiten knorrigen Eichen vom „Hünengrab im Schnee“ mit der Darstellung der Klosterruine Eldena, die schon im Winterbild des Zeitenzyklus von 1803 (Abb. S. 53) das Hauptmotiv bildete. Im Vordergrund bewegt sich ein Mönch durch den Schnee. Es herrscht eine melancholische bis trostlose Stimmung. Wie eingefroren wirken Natur und Ruinenarchitektur. Der markante Baumstumpf in der Bildmitte steht für den Tod. Ein Friedhof – der Ort der Toten – schließt sich im Hintergrund an.

Als Gegenstück hatte Friedrich zuvor das Bild **Der Sommer (Landschaft mit Liebespaar)** (Abb. rechts) gemalt, das motivisch das verschollene Jahreszeitenbild von 1803 wiederholt. Zu sehen ist eine Mittelgebirgslandschaft zur Mittagszeit bei gleichmäßiger Ausleuchtung ohne ausgeprägte Schattenbildungen mit Blick auf einen Flusslauf, vermutlich die Elbe. Die Tiefenwirkung wird durch die Luftperspektive verstärkt. In der rechten Bildhälfte setzen Bäume Akzente und leiten zum Liebespaar über, das sich in antikisierender Gewandung vergnügt. Das Glück des engumschlungenen Paares wird durch die blühende Natur und die turtelnden Tauben unterstrichen. Nach Helmut Börsch-Supan sind die hochaufragenden Bäume als Tod (Pappel) und Auferstehung (Birke) im christlichen Sinn zu deuten. Das Bildpaar „Sommer“ und „Winter“ illus-

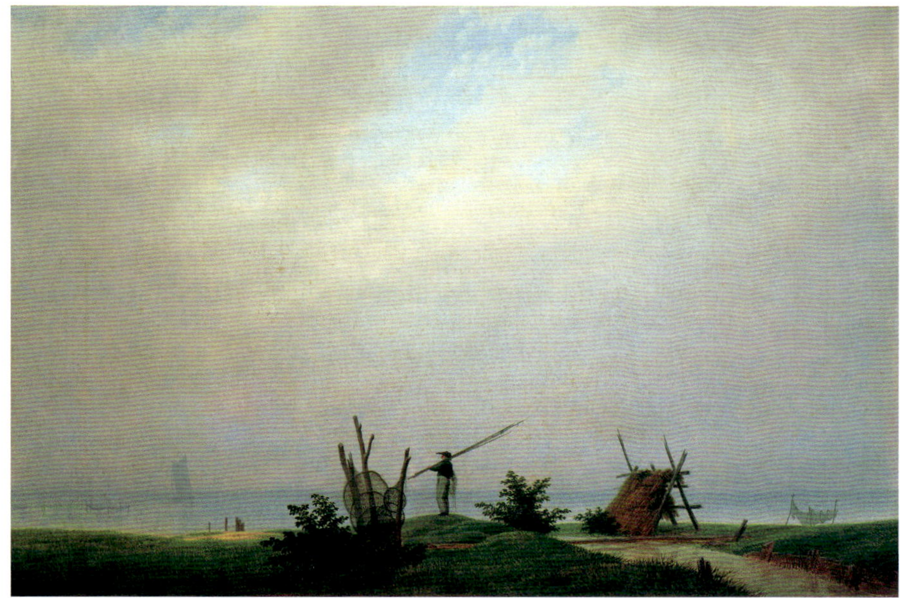

Meeresstrand mit Fischer, wohl Ende 1807, Öl auf Leinwand, 33,5 x 51 cm, Belvedere, Wien

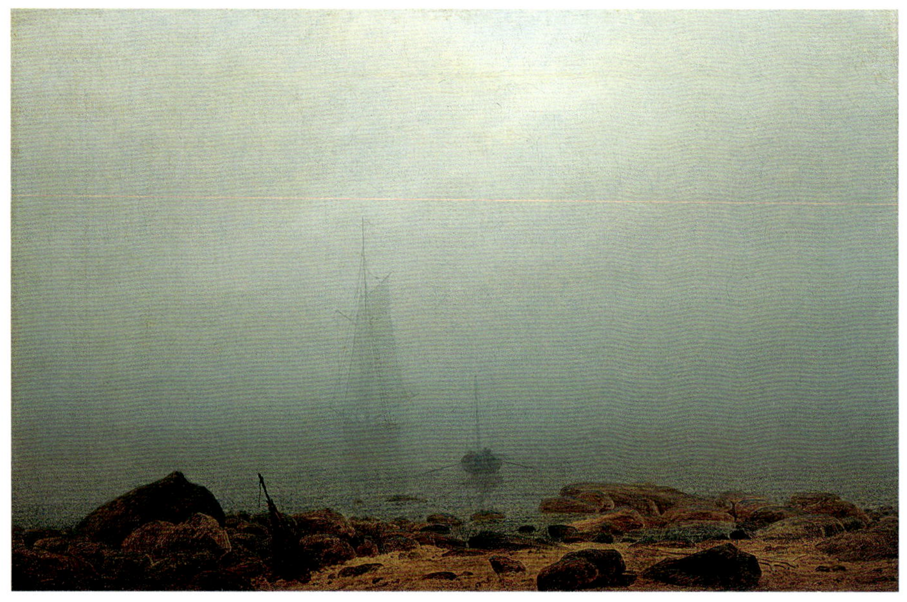

Nebel, wohl Ende 1807, Öl auf Leinwand, 34,2 x 50,2 cm, Belvedere, Wien

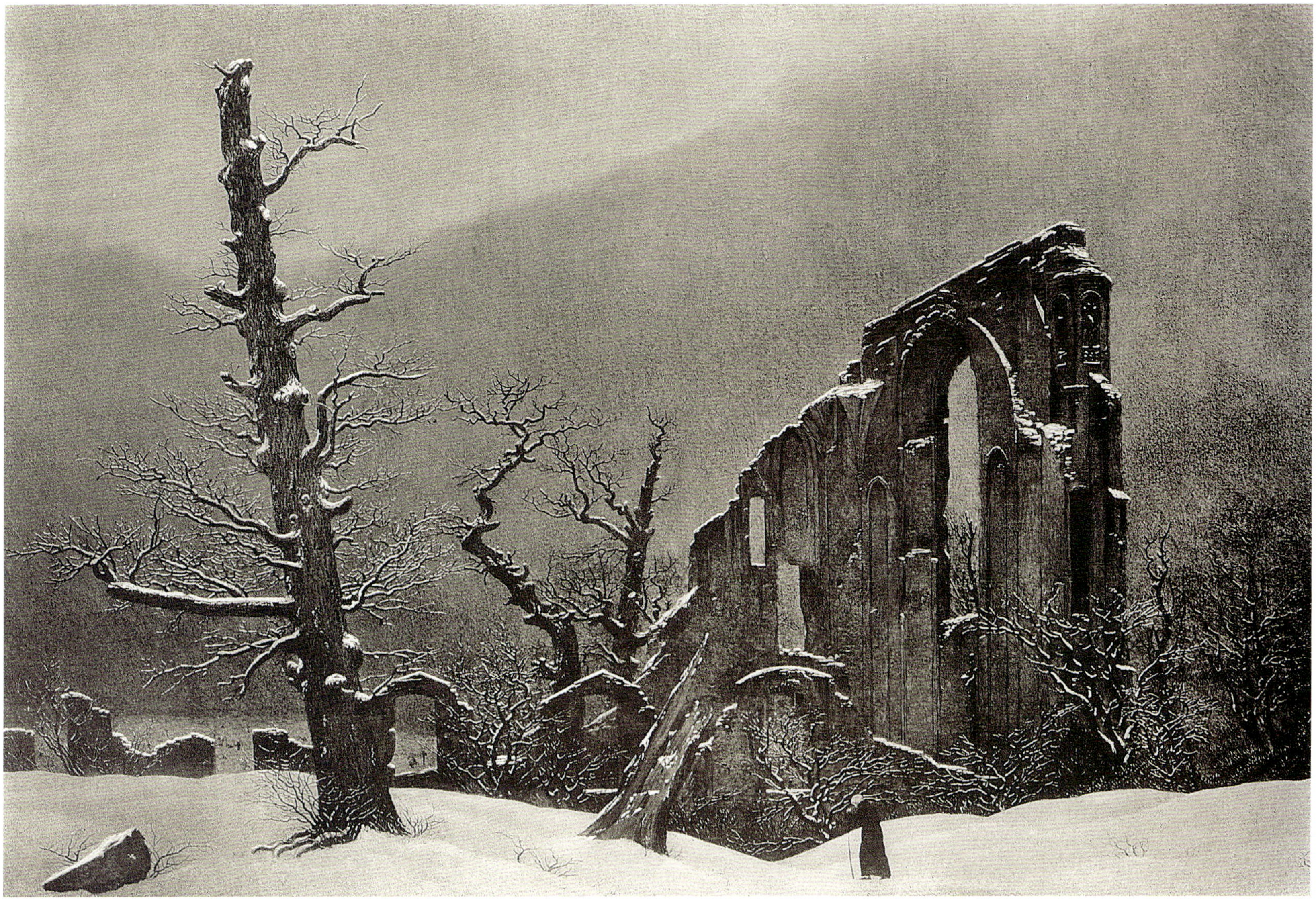

Der Winter (Mönch im Schnee), 1808, Öl auf Leinwand, 73 x 106 cm, am 6. Juni 1931 bei der Glaspalastkatastrophe verbrannt

Der Sommer (Landschaft mit Liebespaar), 1807, Öl auf Leinwand, 71,4 x 103,6 cm, Bayerische Staatsgemäldesammlungen, Neue Pinakothek, München

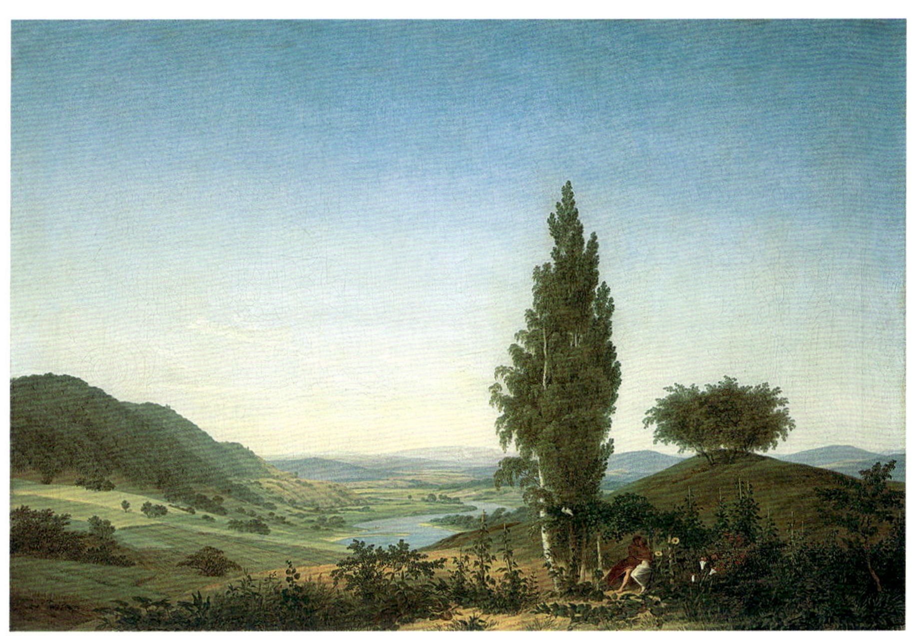

triert die Dualität des Lebens, das zwischen Liebe und Glück bzw. Einsamkeit und Scheitern hin und her pendelt.

Ein weiteres Bildpaar stammt aus dem Jahr 1807: **Meeresstrand mit Fischer** und **Nebel** (beide Abb. links). Während ersteres Gemälde mit dem Blick vom Ufer auf das Meer bei diesigem Wetter unspektakulär ist, macht sich in der im gleichen Format ausgeführten Nebelszene ein melancholisches Empfinden breit. Die Nahsichtigkeit des Steinufers bindet den Betrachter in das Bild ein und vermittelt den Eindruck, der Morgennebel der Ostsee würde vor seinen Augen herabsinken. Im Mittelgrund werden ein Boot und dahinter am Horizont ein Schiff sichtbar, das sich durch den Nebel bewegt. Das Schiff im Nebel kann mit dem Leben gleichgesetzt werden: Wie das Schiff steuert der Mensch in die dunkle Zukunft hinein, ohne zu wissen, wo, wann und wie er ankommt.

Friedrich arbeitete konzentriert und intensiv! Seine Atelierarbeit unterbrach er nur selten, etwa im Frühjahr 1807 für Baumstudien, wie die Darstellung einer **Fichte** am 2. Mai (Abb. S. 72) als Vorlage für den Tet-

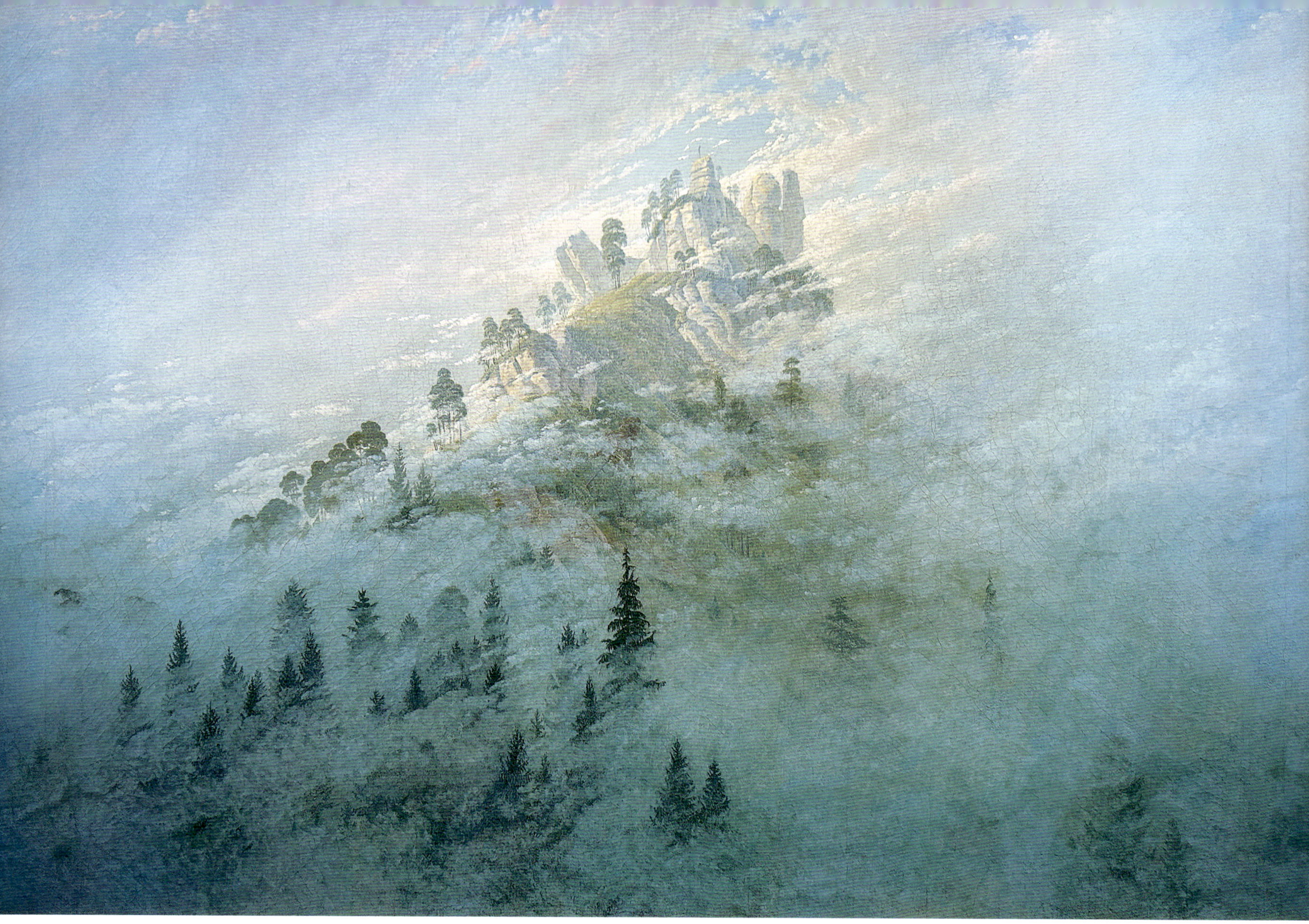

Morgennebel im Gebirge, um 1807, Öl auf Leinwand, 71 x 104 cm, Schloss Heidecksburg, Rudolstadt

schener Altar. Darüber hinaus reiste er wahrscheinlich im August 1807 nach Wien. Im Mai 1808 führte ihn eine Wanderung ins sächsisch-böhmische Grenzgebiet. Ende Mai präsentierte er seine neuen Werke in seinem Atelier, da er aus Protest gegen die napoleonfreundliche Politik des Königs die Akademieausstellung boykottierte. Von einem außergewöhnlich originellen Werk zeigten sich mehrere Atelierbesucher beeindruckt: dem Landschaftsbild **Morgennebel im Gebirge** (Abb. oben), das einen hoch in die Wolken ragenden Berg zeigt, auf dessen höchstem Felsgipfel ein Kreuz in blauer klarer Luft steht. Das großformatige Ölbild zeigt den Honigstein, den Friedrich mehrfach skizzierte. Wie keinem anderen Maler gelingt es Friedrich überzeugend, die bläulich schimmernden Nebelschwaden vor dem markanten Berg zu malen und dabei die ungewöhnliche Felsenform mit Hilfe einer partiellen Beleuchtung als Folge des zurückweichenden Nebels hervorzuheben, sodass das Gebirgskreuz in hellem Licht alles überstrahlt.

Ende 1808 vollendete Friedrich den **Tetschener Altar (Kreuz im Gebirge)** (Abb. rechts, S. 73), ein Schlüsselwerk der Romanik. Mit ihm gelang Friedrich der überregionale künstlerische Durchbruch. Das Werk brach mit der Tradition, da es als Altarbild den gekreuzigten Christus als Teil eines Landschaftsbildes zeigt. Werner Hofmann urteilte im Jahr 2000: Das „Kreuz im Gebirge" sei ein gemaltes Manifest, das die Ikonisierung bzw. Sakralisierung der Landschaft verkünde.* Das Kreuzmotiv in der Landschaft thematisierte Friedrich schon seit Jahren, wie die zuvor besprochenen Werke belegen. Das Motiv des mit Fichten bewachsenen Bergfelsens hat mit der **Gebirgslandschaft mit Kreuz** (Abb. S. 17) um 1804/05 einen unmittelbaren Vorläufer. Den oberen Teil des Felsens mit dem Kreuz hatte Friedrich in fast endgültiger Form schon in der **Sepiazeichnung Das Kreuz im Gebirge** (Abb. S. 63) 1806/07 entwickelt.** Sie war am 2. Februar 1807 vollendet, als Carl August Böttiger die Sepiazeichnung in Friedrichs Atelier sah und anschließend im „Journal

* Werner Hofmann: Caspar David Friedrich. Naturwirklichkeit und Kunstwahrheit, München 2000, S. 46.
** Friedrich tauschte insbesondere die Fichten aus. Er bevorzugte auf dem Tetschener Altar gerade und schlanker gewachsene Bäume.
*** Detlef Stapf: Caspar David Friedrich, Die Biografie, 2019, S. 177, 178.

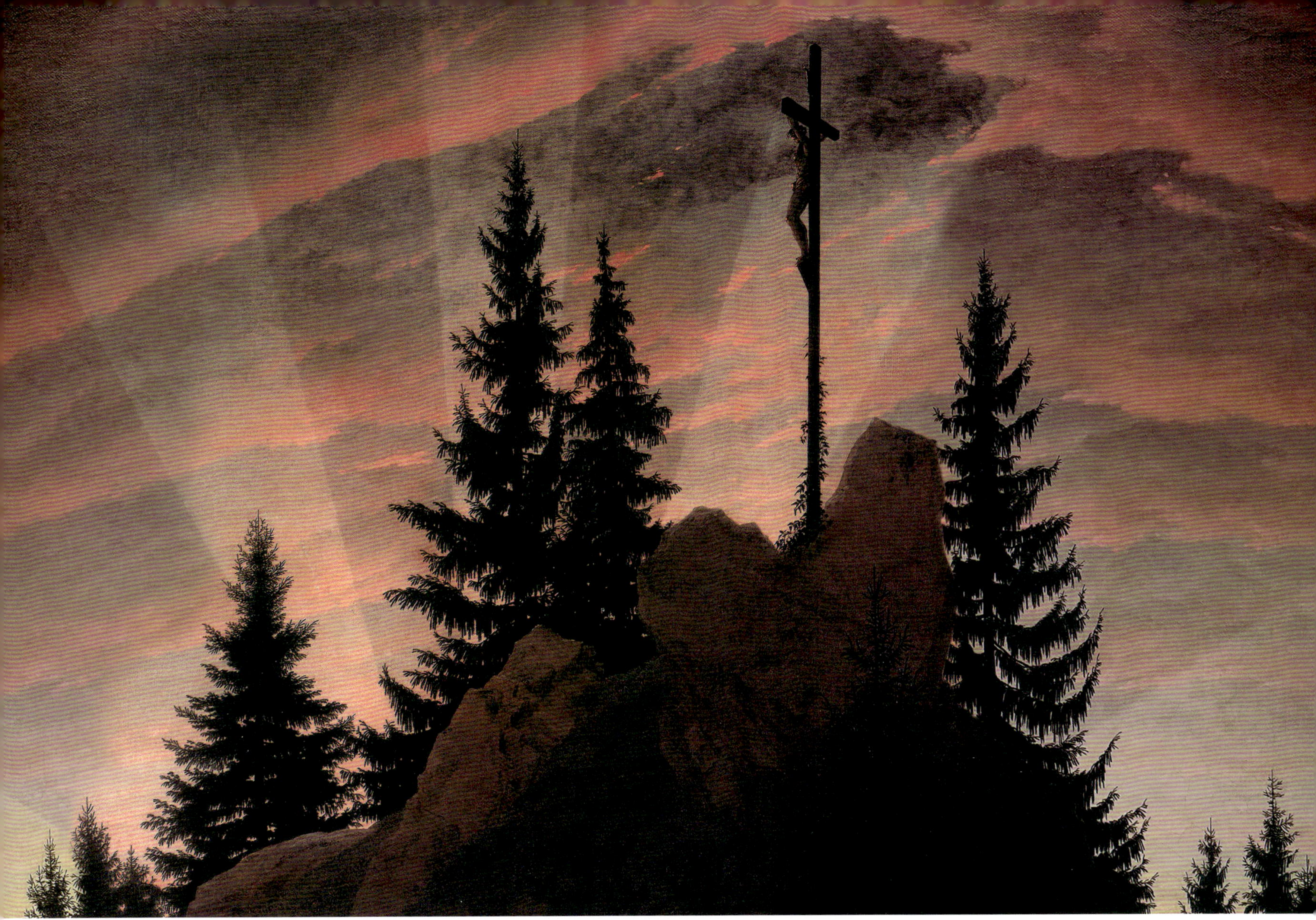

Tetschener Altar (Kreuz im Gebirge), Ausschnitt, siehe Abb. S. 73

des Luxus und der Moden" beschrieb. Das Blatt wurde im März 1807 auf der Dresdner Akademieausstellung präsentiert. Mit der Sepiaarbeit hatte Friedrich den idealen pyramidalen Aufbau für den mit Tannen harmonisch bewachsenen Felsen gefunden, der von einem gedrehten Gipfelkreuz bekrönt wird. Hinzu kommt die entmaterialisierende Lichtführung: Das Sonnenlicht steht für die Gotteserkenntnis über dem festen Glauben (Fels), während das Antlitz des Gekreuzigten nur zu erahnen ist. Der Betrachter nimmt mittelbar an der Gotteserfahrung teil. In der Altarfassung vergrößerte Friedrich die Fläche des Berges und schuf durch die gerundete Form des Bildabschlusses eine Konzentration auf das Kreuz. Durch die Bildform und die geschnitzte, von Friedrich als Gesamtkunstwerk entworfene Rahmung schuf Friedrich ein singuläres Werk. Die Idee, dass die Rahmung mit der Malerei eine kompositorische Einheit eingeht, findet sich immer wieder in der Kunstgeschichte, insbesondere in der spätgotischen Altarbaukunst, in barocken Werken (insbesondere bei den Gebrüdern Asam) und vielfach im Jugendstil um 1900.

Die vergoldete Rahmung, die der befreundete Bildhauer Christian Gottlieb Kühn nach einem Entwurf Friedrichs schuf, besteht aus seitlichen kannelierten Säulen, aus denen gegeneinander gebogene Palmenzweige herauswachsen. Das Motiv geht auf die Thematik der Urhütte zurück und findet sich etwa in der Architektur der Nikolaikirche in Leipzig. Auf den Palmzweigen sind Engelsköpfe bzw. im Scheitel ein Morgen- oder Abendstern angebracht. In der Brüstungszone sitzt als vergoldetes Relief zentral das Freimaurermotiv eines Dreiecks mit dem allsehenden Auge und stilisierten Sonnenstrahlen, während seitlich links eine Weizengarbe und rechts eine Weinranke angebracht sind. Man kann die Darstellung aber auch als Auge Gottes und die eucharistischen Symbole von Brot und Wein interpretieren.

Nach Detlef Stapf*** führte Friedrich den Tetschener Altar für die 1806 in Anlehnung an das Pantheon er-

baute Kapelle im Schlosspark von Hohenzieritz für den Herzog Carl II. von Mecklenburg-Strelitz aus. Die Maße entsprechen exakt der Altarnische der Kapelle. Der Herzog war Freimaurer, der Freimaurertum und Christentum miteinander verbinden wollte. Das Augenmotiv auf der Brüstung des Rahmens ist ein Freimaurerzeichen! Offiziell gab Friedrich dagegen an, der Altar sei für seinen Landesherren Gustav IV. Adolf von Schweden, zugleich Landesherr über Greifswald und Großmeister der Greifswalder Freimaurerloge, bestimmt. Aufgrund der Napoleonischen Kriege kam es jedoch nicht zum Ankauf. Letztlich ist die Frage, ob es einen Auftraggeber gab oder für wen und für welchen Ort der Altar geschaffen wurde, ungeklärt, und die Antwort darauf ist umstritten. Hätte Friedrich die Kosten für die Rahmung schultern können, wenn er den innovativen Altar aus eigenem Antrieb realisiert hätte?
Letztendlich erwarb Graf Franz Anton von Thun-Hohenstein den Altar. Dieser hatte Friedrich zusammen mit seiner zukünftigen Frau Ende Juli oder Anfang August 1808 in dessen Atelier in Dresden besucht. Sie waren vom im Entstehen begriffenen Werk begeistert und wollten es als Hochzeitsgeschenk für ihre Kapelle erwerben. Wie Friedrich jedoch erklärte, war das Bild zum damaligen Zeitpunkt vergeben (siehe oben). Als der Altar zum Schloss, das auf einem Felsriegel nahe der Elbe im Stadtgebiet von Děčín (Tetschen) in Böhmen liegt, geliefert wurde, stellte man ihn jedoch nicht in der Kapelle auf, sondern im Schlafzimmer der Gräfin. Friedrich erhielt für das eindrucksvolle Werk im Januar 1809 300 Taler und weitere 178 Taler und 4 Groschen für den Rahmen.

Das berühmte Gemälde zeigt einen steilen Berggipfel, der von einem mit Efeu umrankten Kruzifix bekrönt wird. Berg und Kreuz liegen im Gegenlicht der untergehenden Sonne, die den bewölkten Himmel rot färbt. Fünf fächerförmige Strahlenbündel gliedern wie Spotlights den Himmel. Daraus resultiert die magische Wirkung des Motivs, und das Kreuz wird hervorgehoben. Das Gegenlicht verleiht dem Berg samt Fichten und Kreuz einen schablonenhaften Charakter. Das Gipfelkreuz wird integraler Bestandteil der Landschaft. Mit dem Kruzifix als Darstellung des gekreuzigten Christus fand ein christliches Thema Eingang in die Landschaftsmalerei bzw. umgegekehrt: Es wurde das Landschaftsbild auf die Stufe der Historien- bzw. religiösen Malerei gehoben.

Nachdem Friedrich in Dresden den Verkauf des Bildes an den Grafen Thun-Hohenstein bekanntgab, wurde er zu einer Präsentation des Bildes gedrängt, weshalb er Mitte Dezember und über Weihnachten 1808 den Altar für die Öffentlichkeit in seiner Wohnung in verdunkelter Umgebung und bei Kerzenschein präsentierte. Die Werkschau fand großen Anklang.

Als Reaktion auf die Dresdner Präsentation des Altars veröffentlichte Friedrich Wilhelm Basilius von Ramdohr (1757–1822) – ein konservativer Jurist, Journalist, Schriftsteller und Diplomat – im Januar 1809 einen kritischen Aufsatz, der das Bild verunglimpfte, da sich Friedrich mit dem Motiv über die klassizistische Kunstauffassung und Ästhetik hinweggesetzt hatte. Es ist erstaunlich, dass Ramdohr in seinem Artikel die Neuerungen des Bildmotivs zutreffend benannte, die Friedrichs Werk auszeichneten. Er begriff jedoch nicht die Innovation und Wirkung, die von dem Altarbild ausging. Nach Ramdohr verletze das Landschaftsbild die Regeln der traditionellen Bildkomposition und überschreite die Grenzen des Genres Landschaftsmalerei, das Friedrich mit der sakralen Kunst verbunden habe. Ramdohr kritisierte die fehlende Raumtiefe und die flächenhafte Felsendarstellung sowie die Missachtung der Zentral- und der Luftperspektive. Er sprach der Landschaftsmalerei, die traditionell rangniedriger als die Historienmalerie stand, die Eignung zur Allegori-

rechts: Tetschener Altar (Kreuz im Gebirge), 1807/08, Öl auf Leinwand, 115 x 110,5 cm, mit Rahmung 173 x 176 cm, Galerie Neue Meister im Albertinum, Staatliche Kunstsammlungen, Dresden

links: Fichte (Vorlage für die rechte Fichte auf dem Tetschener Altar), 2. Mai 1807, Bleistift auf Papier, 36,7 x 24,1 cm, Nationalmuseum, Oslo

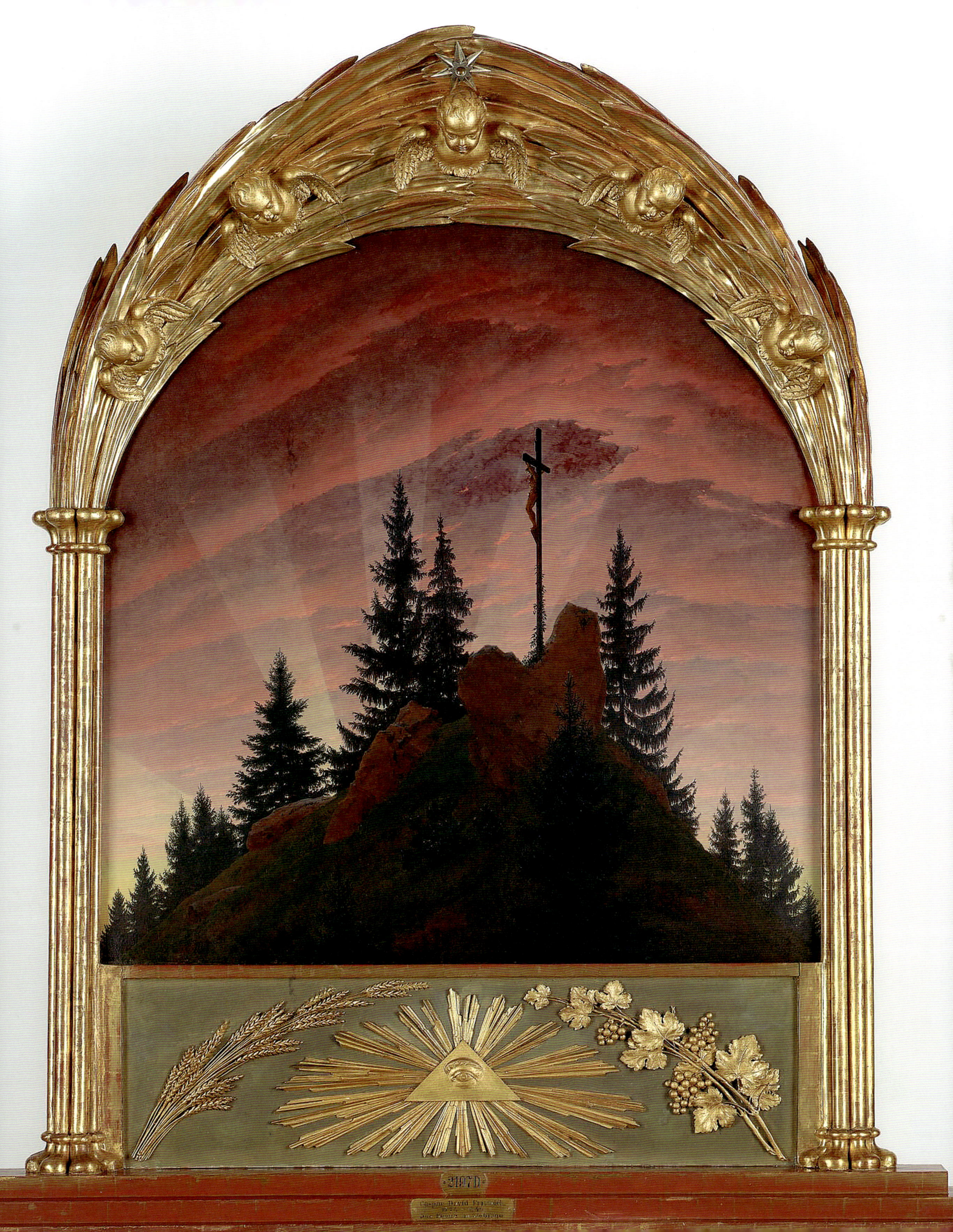

* Zitiert nach Sigrid Hinz (Hrsg.): Caspar David Friedrich in Briefen und Bekenntnissen, Berlin 1974, S. 149.

Böhmische Landschaft, Öl auf Leinwand, 70 x 105 cm, 1808, Württembergische Staatsgalerie, Stuttgart

Landschaft mit See, Öl auf Leinwand, 69,2 x 103 cm, um 1810, Staatliche Kunstsammlung, Weimar

sierung einer religiösen Idee oder zur Erweckung der Andacht ab: „In der Tat ist es eine wahre Anmaßung, wenn die Landschaftsmalerei sich in die Kirchen schleichen und auf Altäre kriechen will."*

Der Aufsatz Ramdohrs löste eine Debatte aus, wie es sie bei einem zeitgenössischen Kunstwerk in dieser Form zuvor noch nicht gegeben hatte. Sie dokumentiert den Wandel der Kunstauffassung im Zuge der Romantik. Die Frage, ob eine Landschaft religiöse Inhalte transportieren könne bzw. dürfe oder nicht, bildete den Kern der Diskussion, an der die Maler Ferdinand Hartmann und Gerhard von Kügelgen sowie die Schriftsteller Christian August Semler und Rühle von Lilienstern beteiligt waren. Sie reagierten teilweise polemisch auf Ramdohrs Kritik, ein Landschaftsbild könne nicht zum Altarbild erhoben werde, und plädierten für neue Wege in der Kunst. Ramdohr verteidigte seine Position in einer Erwiderung auf die Äußerungen von Hartmann und Kügelgen. Er unterstellte dem Gemälde einen naturmystischen Ausdruck, während Friedrich seine öffentliche Stellungnahme in Form eines Briefs vollzog, der sich an den Akademieprofessor Johannes Karl Ludwig Schulze richtete. Friedrich verglich die Strahlen der Abendsonne mit dem Licht Gottes. Die untergehende Sonne deute darauf hin, dass die Ära, in der Gott den Menschen erschien, vorbei sei. Friedrich verzichtete darauf, sein Bildkonzept offenzulegen, und räumte zur Beschwichtigung stattdessen technische Fehler ein.

Als im Juli oder August 1808 Graf Franz Anton von Thun-Hohenstein und seine Braut Theresia Gräfin von Brühl das Atelier Friedrichs in Dresden besuchten, waren sie nicht nur vom unvollendeten Tetschener Altar, sondern auch von einer abgeschlossenen und einer halbfertigen „Böhmischen Landschaft" begeistert, die sie sofort kauften. Es handelte sich um die mittelgroßen Ölbilder **Böhmische Landschaft mit dem Milleschauer** (Abb. rechts) und **Böhmische Landschaft** (Abb. links) als Bildpaar. Graf Thun zahlte für die zwei Gemälde eine Summe von 200 Talern. Darüber hinaus erwarb er für 40 Taler eine Sepiazeichnung „Kreidefelsen auf Rügen" und zahlte weitere 68 Taler für den dazugehörigen Rahmen.

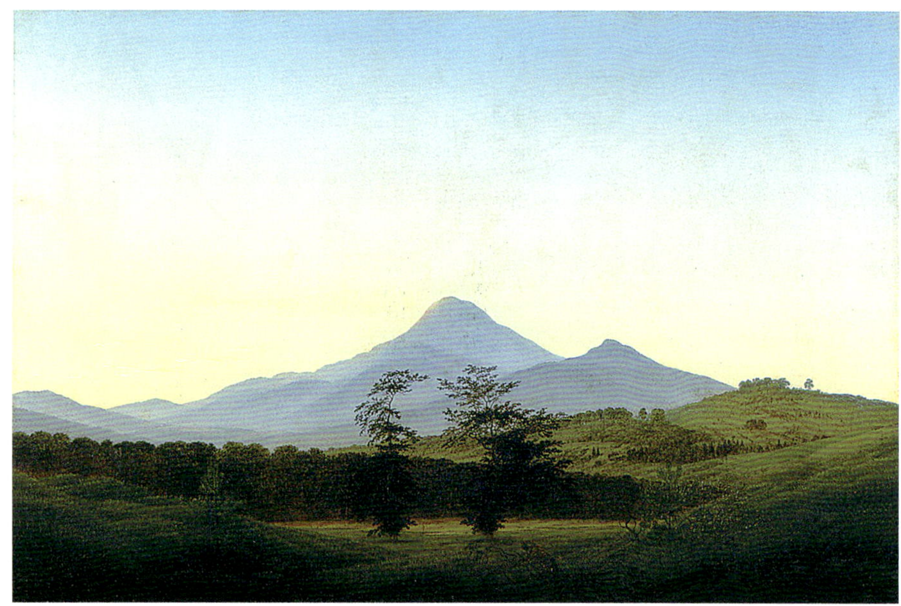

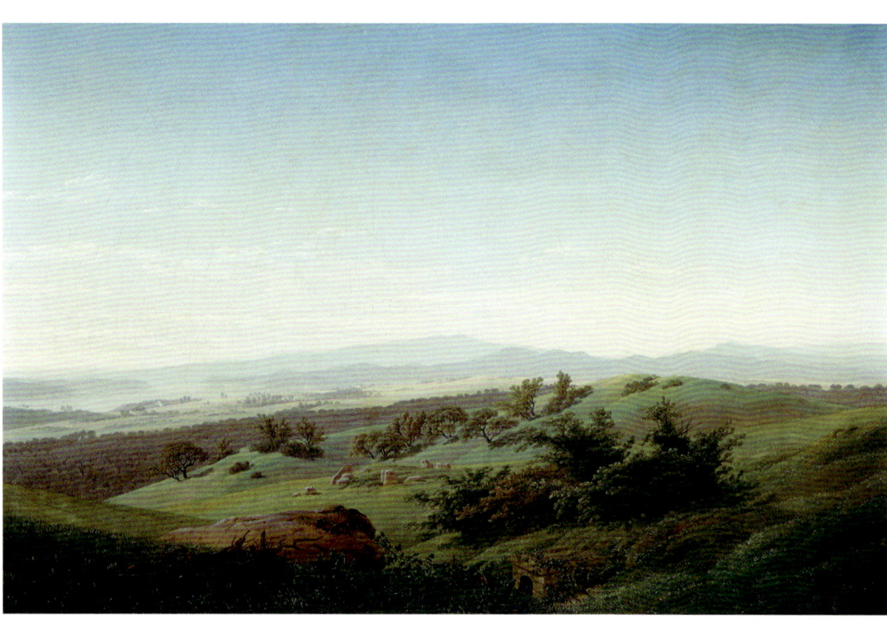

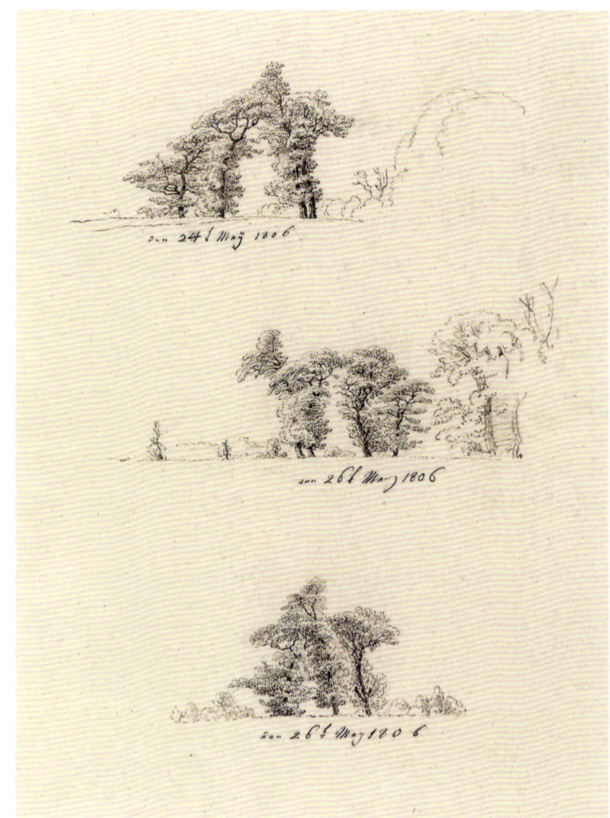

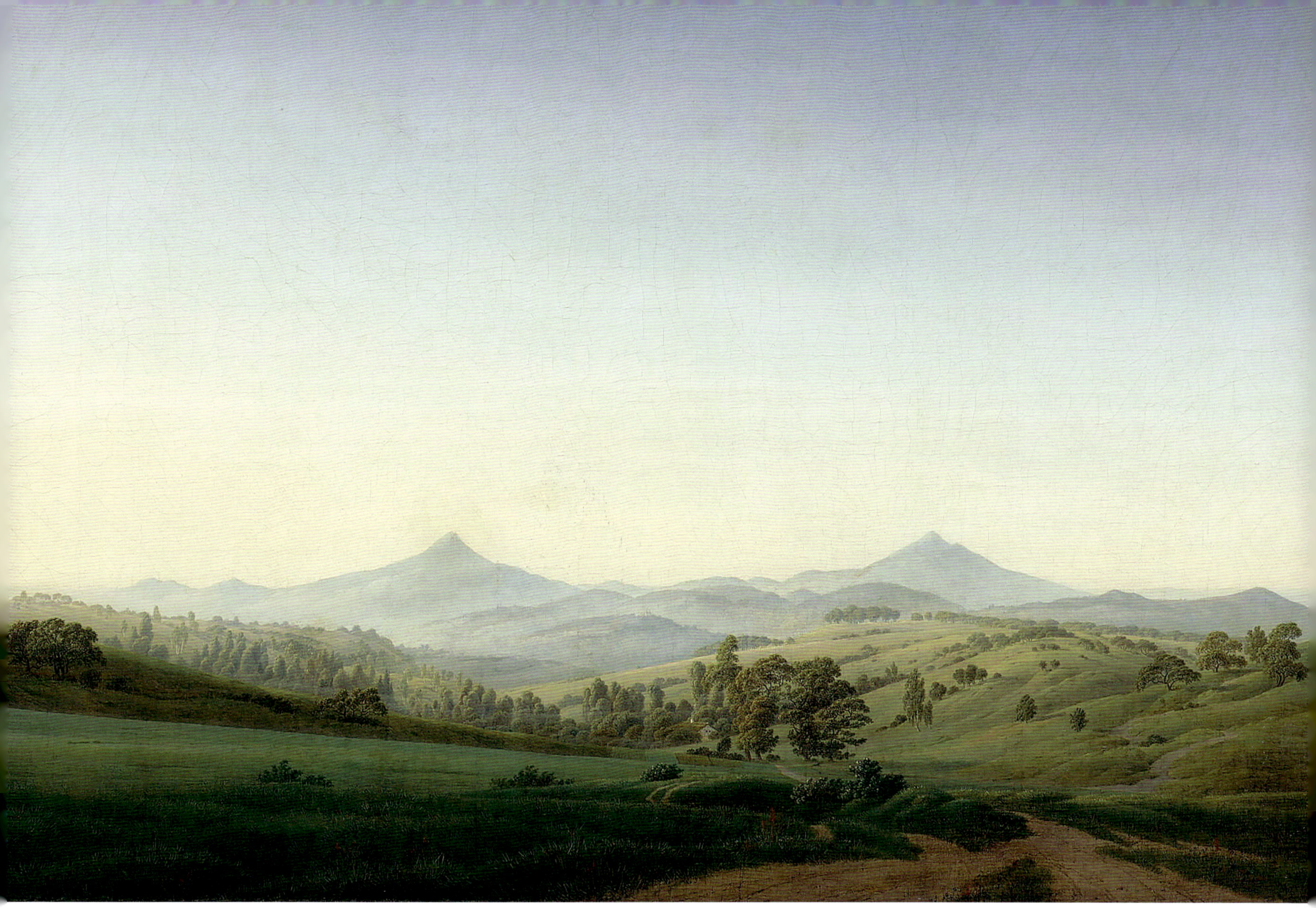

Die Kegelberge Nordböhmens hatte Friedrich auf seiner Reise, die ihn über Prag nach Wien führte, im Spätsommer 1807 kennengelernt. Von der gänzlich neuartigen Landschaft mit ihren hintereinandergestaffelten Gebirgszügen war er fasziniert, da sie eine differenzierte Abstufung von vorne nach hinten mit Hilfe der Luftperspektive ermöglichte. In der Teplitzer Gegend sind es die markanten Berge Milleschauer (837 m) und Kletschen (706 m), die die Landschaft prägen und die er in seinem Gemälde (Abb. oben) verewigte, wobei er die unterschiedlichen Höhen der Kegelberge anglich. Friedrich zeigt die liebliche Natur in all ihrer Schönheit bei morgendlichem Sonnenschein. Keine Wolke trübt das harmonische Gesamtbild, wobei Friedrich die Luftperspektive anschaulich einsetzte. Ein Weg führt in den Hintergrund.

Das zentrale Baummotiv geht auf eine **Baumgruppe** (Abb. links) zurück, die er in Norddeutschland bei seiner Schwester in Breesen bei Neubrandenburg am 24. Mai 1806 zeichnete. Er hatte sie bereits zuvor als Rahmung für „Das Kreuz an der Ostsee“ (Abb. S. 62) verwendet. Das Beispiel belegt, dass Friedrichs Gemälde zwar eine konkrete Landschaftssituation wiedergeben können, Einzelmotive aber oft aus weit entfernten Gegenden stammen. In abgewandelter Form zeigt auch die „Böhmische Landschaft“ (Abb. links oben) diese ungewöhnliche Baumkonstellation an prominenter Stelle.

Friedrich war mit dem vielseitig begabten und patriotisch gesinnten Otto August Rühle von Lilienstein (1780–1847) befreundet und gab ihm Zeichenunterricht. Wohl durch Rühles Vermittlung kaufte Herzog Carl August von Sachsen-Weimar-Eisenach im Sommer 1810 fünf Bilder, die dieser während eines Besuchs in Friedrichs Atelier ausgewählt hatte. Dazu gehörten die **Landschaft mit See** (Abb. links unten), die wohl ein Motiv aus Böhmen wiedergibt, und die seit 1945 verschollene **Landschaft mit dem Regenbogen** (Abb. S. 76) von 1809, die im Hintergrund eine Seenlandschaft mit Segelbooten zeigt, bei der es sich – wie Friedrich-Zeichnungen belegen – um einen Blick von Rügen zur Insel Vilm handelt. Für den Vor-

Böhmische Landschaft mit dem Milleschauer, 1808, Öl auf Leinwand, 70 x 104 cm, Galerie Neue Meister, Dresden

links: Baumgruppen, Bleistift, 24./26. Mai 1806, 25,9 x 36 cm, Nationalmuseum, Oslo

Detail aus Abb. oben

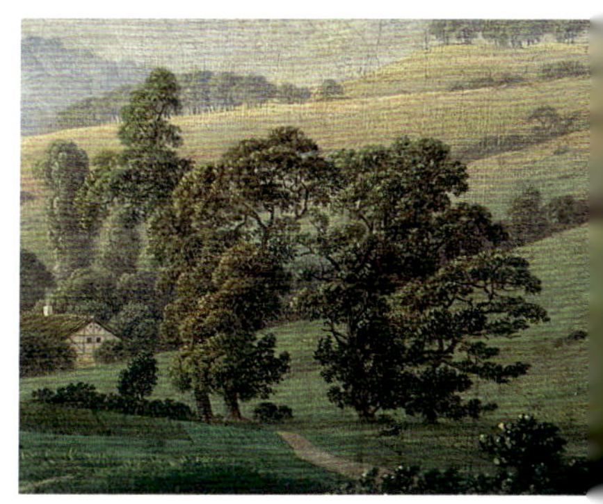

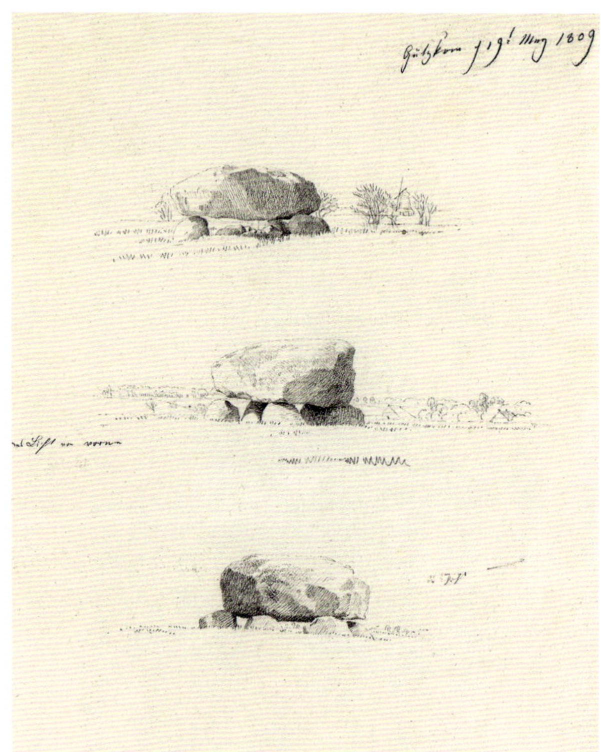

Hünengrab bei Gützkow, 19. Mai 1809, Bleistift, Oslo, Nationalmuseum

dergrund übernahm Friedrich einen Doppelbaum, den er 1809 bei Breesen zeichnete, und für den dürren Ast ein Motiv aus einer um 1808 bei Dresden entstandenen Studie.

Von April bis Juli 1809 hielt sich Friedrich in Greifswald und Neubrandenburg auf. Dort zeichnete er unter anderem am 19. Mai das **Hünengrab bei Gützkow** (Abb. oben).

Das Motiv des Regenbogens wiederholte Friedrich 1810 auf seinem Gemälde **Gebirgslandschaft mit Regenbogen** (Abb. rechts). Das Bild illustriert ein Naturerlebnis während eines vorbeiziehenden Gewitters. Der Vordergrund mit der grasbewachsenen Bergkuppe und den seitlichen Laubbäumen ist hell erleuchtet und hebt sich deutlich von der verdunkelten, wolken- und regenverhangenen Bergkulisse ab, in der noch immer das Gewitter tobt. Einsam lehnt ein bärtiger Wanderer, der auch als ein Selbstbildnis des Künstlers gedeutet werden kann, an einem großen Felsbrocken, meditierend und zufrieden seine Arme auf den Wanderstab gestützt, das Naturschauspiel abwartend. Sein Zylinder liegt auf dem Rasen. Der Wanderer – ein Winzling in der unwirklichen Natur – blickt zurück, um das Unwetter und den riesigen, die gesamte Bildbreite umspannenden Regenbogen zu beobachten, der bei einem von der Sonne beschienenen Regenschauer entsteht, während aus dem Tal Nebel aufsteigt. Hinter ihm ragt ein hoher Kegelberg aus der dunklen Landschaft. Das Motiv, leicht in die Höhe gestreckt, übernahm Friedrich aus seiner Studie vom 12. Mai 1808, die den 619 m hohen Rosenberg in der Böhmischen Schweiz zeigt.

Im Oktober 1810 stellte Caspar David Friedrich das Bilderpaar **Der Mönch am Meer** (Abb. S. 78/79) und **Die Abtei im Eichenwald** (Abb. S. 80/81) mit der Sepia „Kreuz an der Ostsee“ (Abb. S. 62) in der Berliner Akademie aus. Dort erregten die Gemälde große Aufmerksamkeit, sodass König Friedrich Wilhelm III. von Preußen beide Gemälde für 450 Taler erwarb und Friedrich am 12. November als auswärtiges ordentliches Mitglied in die Berliner Akademie der Künste aufnehmen ließ.

Für den damaligen Betrachter war vor allem das Seestück „Mönch am Meer“ eine Sensation. Friedrich hatte an dem 110 x 171 cm großen Gemälde drei Jahre von 1808 bis 1810 gearbeitet und immer wieder Veränderungen und Übermalungen vorgenommen. Wie die mit Hilfe der Infrarot-Reflektografie erkennbare Unterzeichnung belegt, hatte Friedrich ursprünglich die Darstellung von drei großen Segelschiffen links und rechts des Mönchs und Pfähle mit Fischernetzen in der Uferzone vorgesehen. Offenbar plante er einen Bildaufbau, der dem kleinen Seestück „Meeresstrand mit Fischer“ (Abb. S. 68) verwandt ist. Die Ansicht des Mönchs änderte Friedrich viermal ab, zuletzt zur Rückenfigur. Spätestens im April 1809 war das Konzept mit der Wiedergabe der Schiffe aufgegeben. Durch das Weglassen gelang Friedrich eine bis dahin einzigartige und vielfach bewunderte Bildlösung. Kurz vor der Übersendung des Gemäldes nach Berlin im September 1810 veränderte Friedrich noch den Himmel und schuf die große schwarz bis blau schimmernde riesige Fläche, in der der Mönch vor der Größe der Natur wie ein Zwerg erscheint. Die

* Christian August Semler: Über einige Landschaften des Malers Friedrich in Dresden. In: Journal des Luxus und der Moden, April 1809, S. 233, 234.

** Helmut Börsch-Supan (Caspar David Friedrich, München 1973, S. 88) interpretiert: Der Wanderer lehnt sich an den Felsblock als Symbol des Glaubens. Den hohen Berg im Hintergrund hält er für ein Gottessymbol hinter dem Tal des Todes, das der Wanderer durchqueren muss, um zum Ziel seines Wegs zu gelangen. Der abgelegte Hut sei eine Demutsgeste, der Regenbogen ein Zeichen des Friedens.

Landschaft auf Rügen mit Regenbogen, um 1810, Öl auf Leinwand, 59 x 84,5 cm, früher Schlossmuseum Weimar, gestohlen 1945

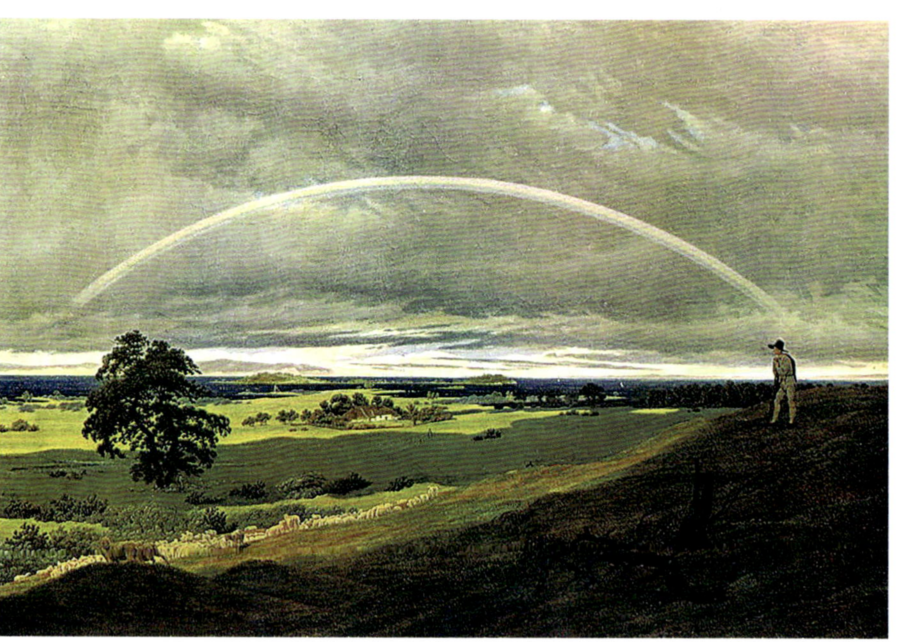

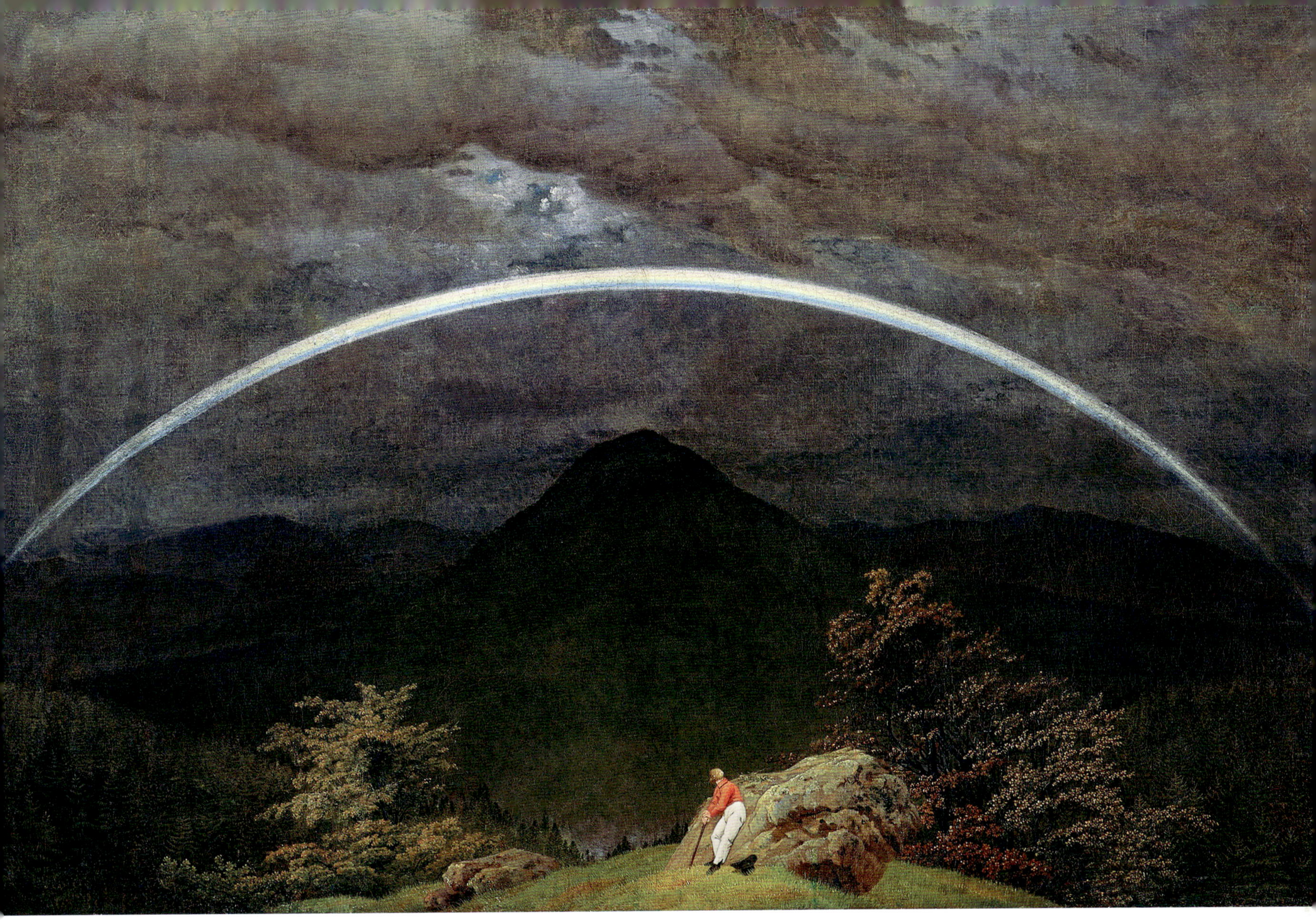

Gebirgslandschaft mit Regenbogen, 1809/10, Öl auf Leinwand, 69 x 102 cm, Museum Folkwang, Essen

rechts: Ausschnitt

S. 78/79: Mönch am Meer, 1808–10, Öl auf Leinwand, 110 x 171,5 cm, Alte Nationalgalerie, Berlin

S. 80/81: Abtei im Eichwald, 1809–10, Öl auf Leinwand, 110,4 x 171 cm, Alte Nationalgalerie, Berlin

romantisch-melancholische Stimmung des Bildes beschrieben Zeitgenossen eindrücklich, wie schon Christian August Semler 1809 (vor der Vollendung des Werks): „Was mir aber vorzüglich an diesem Bild gefiel, war die Bedeutsamkeit, welche der Künstler der einfachen Scene durch eine einzige Figur zu geben gewußt hat. Ein kahlköpfiger Alter in einem braunen Gewande steht auf jenem Strande, fast ganz gegen das Meer hingewendet und scheint, wie seine Stellung und besonders die das Kinn unterstützende Hand anzeigen, in tiefes Nachsinnen versunken."*
Letztlich ist der „Mönch am Meer" die Weiterführung des einsamen Wanderermotivs in der „Gebirgslandschaft mit Regenbogen" (Abb. oben und rechts), in dem sich Friedrich selber sah: der in die ungewisse Zukunft blickende schmächtige Mensch vor der bizarren und schönen, aber zugleich übermächtigen bedrohlichen Natur.**
Der einsam in einer braunen Kutte gekleidete Mann am Strand steht vor einem unendlich scheinenden dunklen aufbrausenden Meer und Gewitterhimmel – beide zusammen fast die vollständige Bildfläche einnehmend. Mit seiner Darstellungsweise verließ Friedrich erneut die klassizistischen Prinzien der

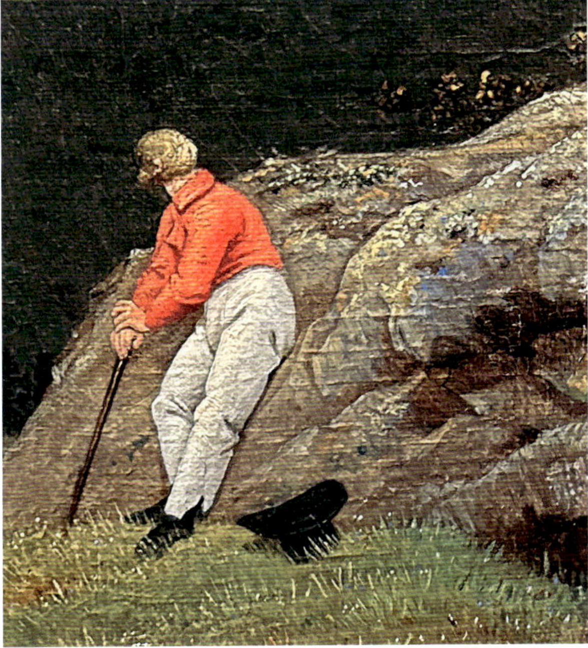

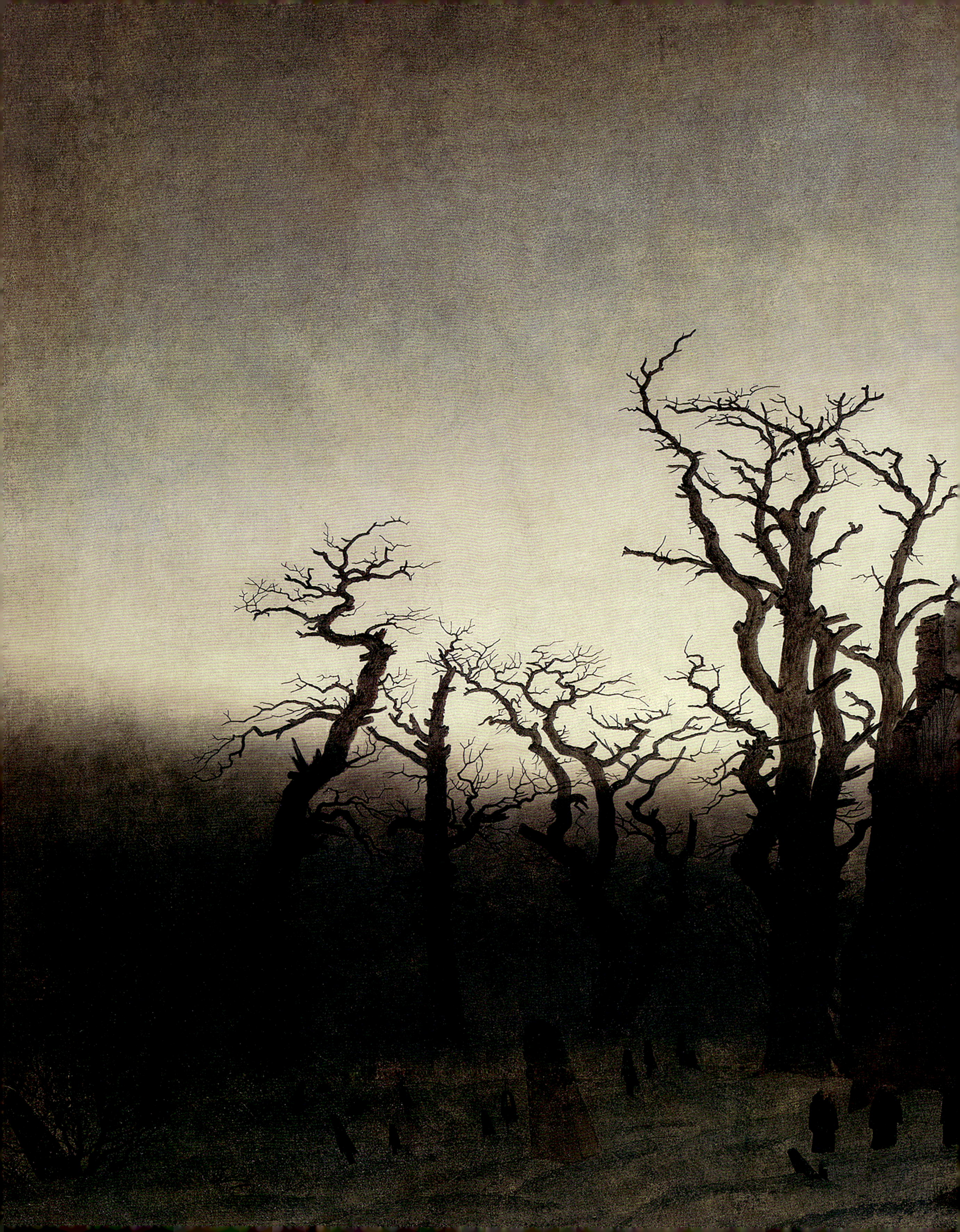

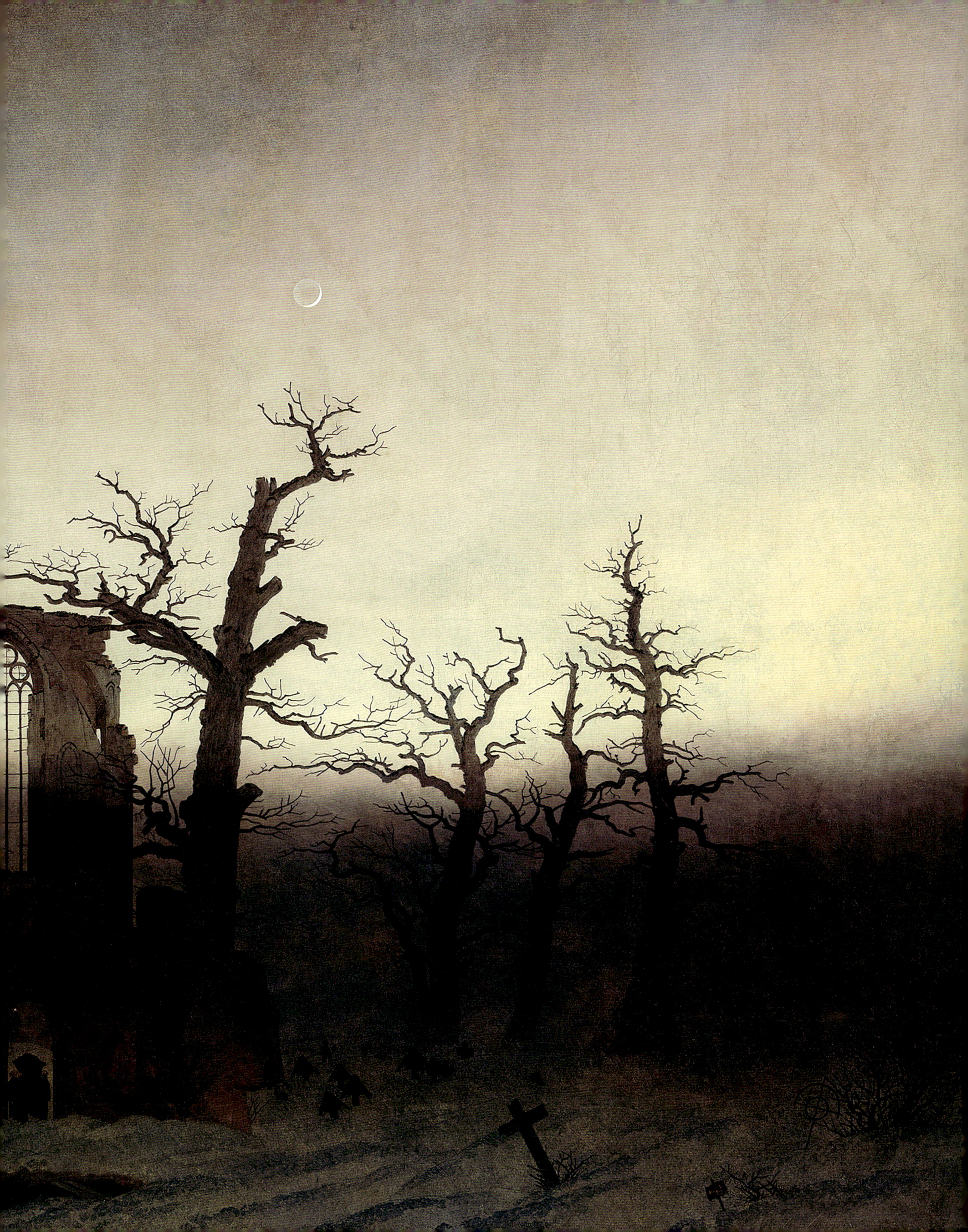

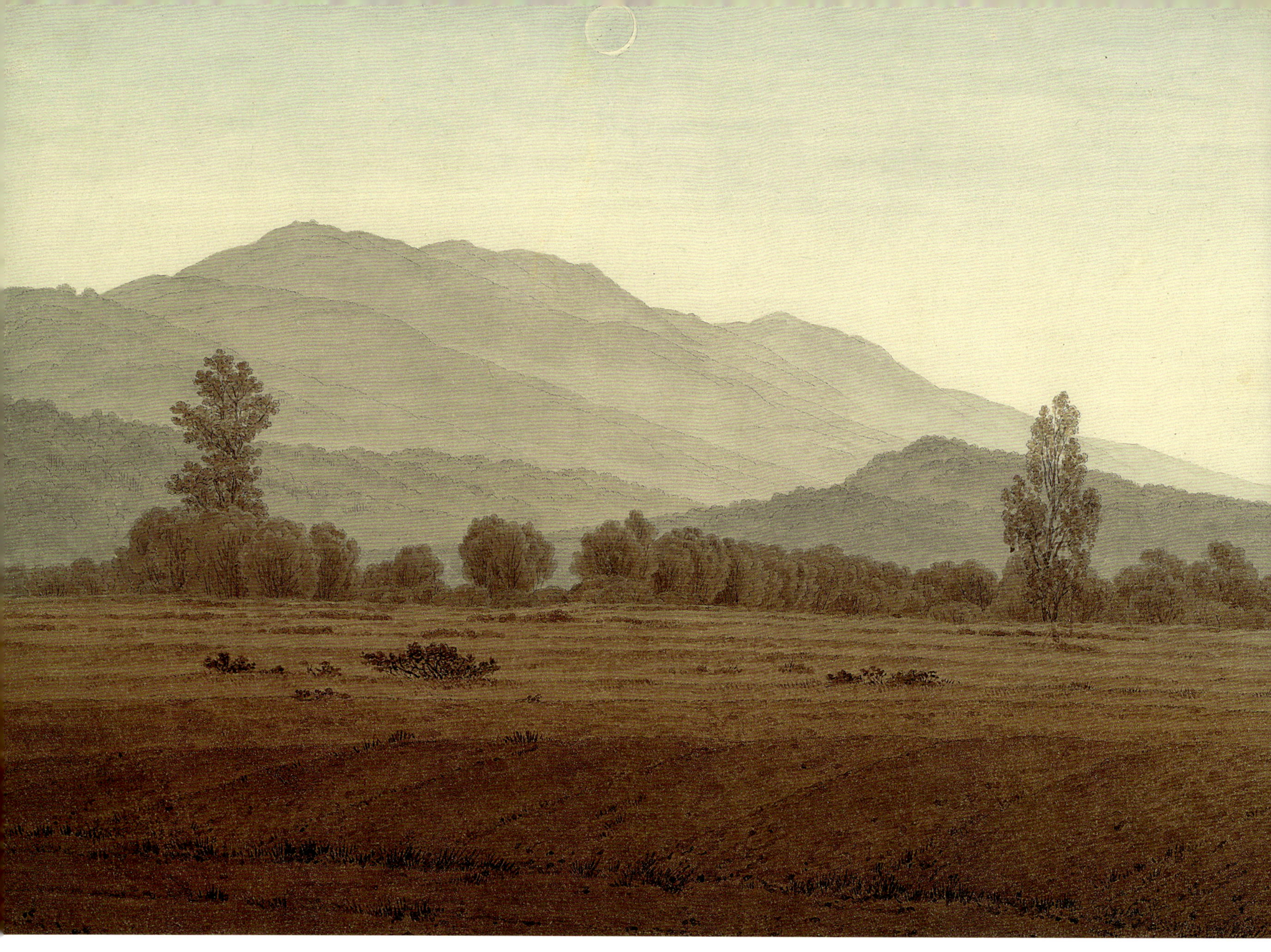

Neumond über dem Riesengebirge, 1810, Aquarell über Graphitstift, 26,2 x 36,5 cm, National Gallery of Art, Washington

Kunst, wie sie etwa Basilius von Ramdohr sah: Verzicht auf eine klassische Perspektive, Einsatz leerer Flächen, Hinwendung zur Abstraktion, Verzicht auf eine seitliche Begrenzung. Mit seinen unorthodoxen, „unakademischen" Stilmitteln erzielte Friedrich jedoch eine mystische Stimmung, die er selbst zutreffend beschrieb: „Es ist nemlich ein Seestük, Vorne ein öder sandiger Strand, dann, das bewegte Meer, und so die Luft. Am Strande geht Tiefsinnig ein Mann, im schwarzen Gewande; Möfen fliegen ängstlich schreiet um ihn her, als wollten sie Ihn warnen, sich nicht auf ungestümmen Meer zu wagen. – Dies war die Beschreibung, nun kommen die Gedanken: Und sännest Du auch vom Morgen bis zum Abend, vom Abend bis zur sinkenden Mitternacht; dennoch würdest du nicht ersinnen, nicht ergründen, das unerforschliche Jenseits! Mit übermüthigen Dünkel, wennest [wähnst] du der Nachwelt ein Licht zu werden, zu enträzlen der Zukunft Dunkelheit! Was heilige Ahndung nur ist, nur im Glauben gesehen und erkannt; endlich klahr zu wissen und zu Verstehn! Tief zwar sind deine Fußstapfen am öden sandigen Strandte; doch ein leiser Wind weht darüber hin, und deine Spuhr wird nicht mehr gesehen: Thörigter Mensch voll eitlem Dünkel!"*

Das Zitat lässt keinen Zweifel daran, dass Friedrich wie beim „Kreuz im Gebirge" mit seinem Seestück eine spirituell-christliche Absicht verband. Gezielt wählte er eine Rückenfigur in einem langen dunkelbraunen Gewand, die an einen Mönch erinnert. Dieser steht als Synonym für den Eremiten und somit für Enthaltsamkeit, Askese und Einsamkeit. Der Eremit verlässt seine vertraute Heimat, um in der Wüste Zwiesprache mit Gott zu halten. Friedrichs Eremit am Meer steht einsam in einer „öden" weiten Landschaft. Friedrich schildert das Motiv zwar allgemeingültig. Es deckt sich jedoch mit der Lebenssituation des Malers selbst, da Friedrichs eng vertraute Schwester Catha-

* Zitiert nach Herrmann Zschoche: Caspar David Friedrich. Die Briefe, Hamburg 2006, S. 45, 46.
** Die Bildtitel entstanden erst im nachhinein. Im Katalog zur Akademieausstellung sind die Bilder unter „Zwei Landschaften in Öl" verzeichnet.
*** Zitiert nach Herrmann Zschoche: Caspar David Friedrich. Die Briefe, Hamburg 2006, S. 64.

rina Dorothea Sponholz am 22. Dezember 1808 und sein Vater am 6. November 1809 starben. Friedrichs Gefühl der Einsamkeit und Trauer wurde zudem durch den Ramdohr-Streit und dessen verletzende Kritik an seiner Kunst verstärkt. Der „Mönch am Meer" wird so zum Selbstbildnis.

Als Pendant zum „Mönch am Meer" schuf Caspar David Friedrich in gleicher Größe das Gemälde **Abtei im Eichwald** (Abb. S. 80/81).** Er arbeitete wohl seit Juni 1809 ein Jahr an dem außergewöhnlichen Werk, bei dem er seine Baumstudien mit einer Ruinenarchitektur und einem Klosterfriedhof im Winter kombinierte. Er schuf eine ins Surreale gesteigerte Fantasielandschaft, die wie das „Kreuz im Gebirge" den Betrachter bis heute in seinen Bann zieht und eine sakral-mystische Stimmung erzeugt. Im späten Abendlicht, das den im Nebel liegenden Klosterbezirk nicht mehr zu erhellen vermag, erheben sich in der Bildmitte die Ruinen einer gotischen Kirche, für die das Kloster Eldena bei Greifswald die Vorlage war. Im Gemälde verwendete Friedrich das Motiv der Eldenaer Westwand mit der Fassade als Darstellung des Chors und rekonstruierte das Fenstermaßwerk als zentrales Motiv. Man vergleiche dazu insbesondere Friedrichs Aquarelle **Ruine der Abtei Eldena bei Greifswald von Osten** (Abb. rechts) und „Ruine Eldena mit Begräbnis" (Abb. S. 51). Im Gemälde existiert das Langhaus nur noch aus Fragmenten, gleichfalls die Kirchenfassade nur mehr aus dem Portal, in dessen spitzbogiger Öffnung ein Kreuz mit dem Christuskorpus eingefügt ist. Mönche im Habit der Prämonstratenser schreiten in einer Prozession durch das Kirchenportal, wobei der Moment dargestellt ist, bei dem sechs Mönche einen Sarg in den Kirchenraum tragen. Große blattlose knorrige Eichen mit teilweise abgeschlagenen Ästen (nach Studien aus den Jahren 1806 und vor allem 1809) umgeben die Kirche und heben sich im oberen Teil markant gegen den hellen Himmel ab. Etliche Grabkreuze sind auf dem mit Schnee bedeckten Friedhof um die Klosterkirche verteilt. In der Bildmitte unten ist ein Grab ausgehoben. Friedrich unterteilt das Gemälde in einen hellen, vom Abendlicht beleuchteten Bereich und in eine düstere Bildhälfte, die an eine untergegangene Epoche oder – nach anderer Sichtweise – an eine „Totenlandschaft" erinnert. Der obere Bildteil bringt Hoffnung – aus christlicher Sicht die Erwartung des ewigen Lebens oder – aus einer anderen Perspektive betrachtet – eine positive Sicht auf die Gegenwart und Zukunft.

Friedrich äußerte sich zu dem Bild wie folgt: „Unter, mit Schnee bedeckten Grabmälern, und Grabhügeln, stehen die Überreste, einer gothischen Kirche, umgeben von uralten Eichen. Die Sonne ist untergegangen, und in der Dämmerung leuchtet über den Trümmern stehend, der Abendstern und des Mondes Viertel. Dicker Nebel deckt die Erde, und wärent man den obern Theil des Gemäuers noch deutlich sieht, werden nach unten, immer ungewisser, und unbestimmter die Formen, bis endlich sich alles, je näher der Erde, im Nebel verliehrt. Die Eichen streken nach oben die Arme aus dem Nebel, während sie unten schon ganz verschwunden."***

Die Interpretation der beiden Bilder als Pendants ist bislang nicht überzeugend gelungen. Gemeinsam ist den Gemälden ihre romantisch-melancholische und christlich-sakrale Wirkung, die keine Vorläufer hat.

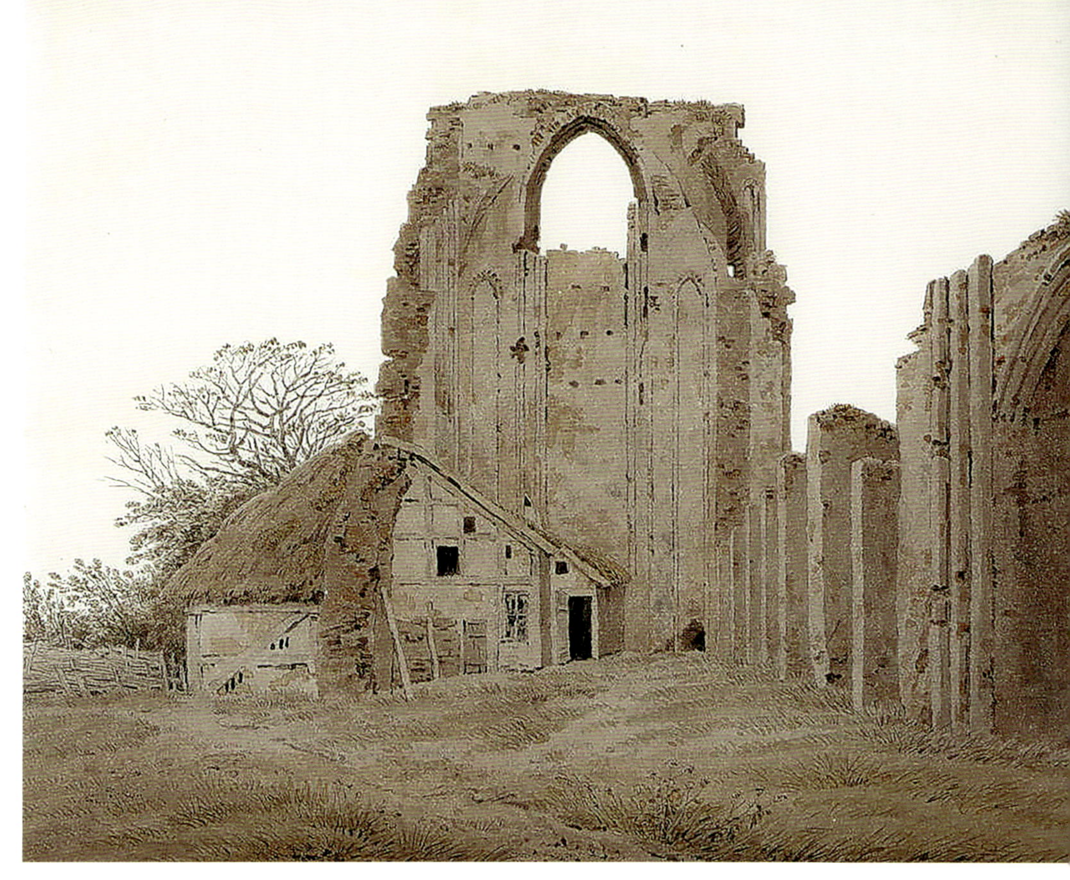

Ruine der Abtei Eldena bei Greifswald von Osten (nach einer Studie vom 2. Juni 1801, Standort unbekannt), 1836, Aquarell über Graphitstift, 22,8 x 23,5 cm, Kupferstich-Kabinett, Staatliche Kunstsammlungen Dresden

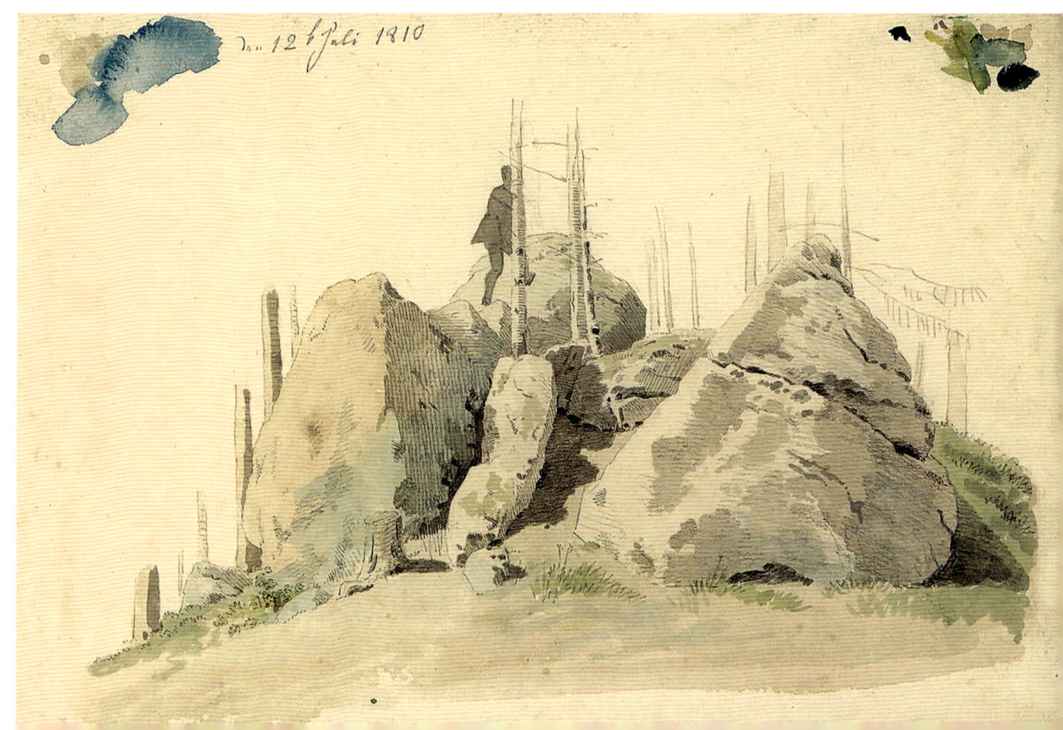

Felsen, Bäume und Figur, 12. Juli 1810, Aquarell (oberer Ausschnitt des Blattes), Hamburger Kunsthalle

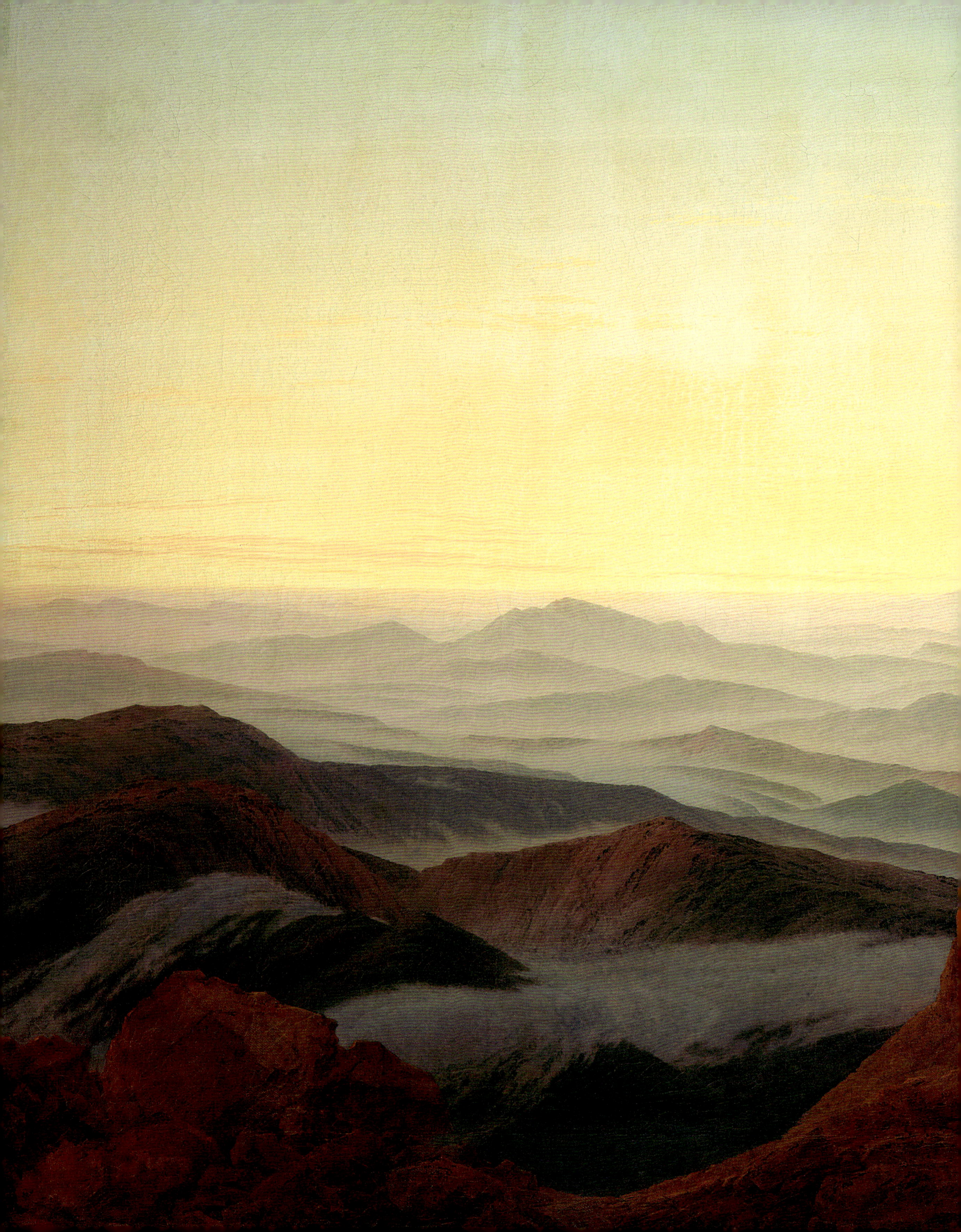

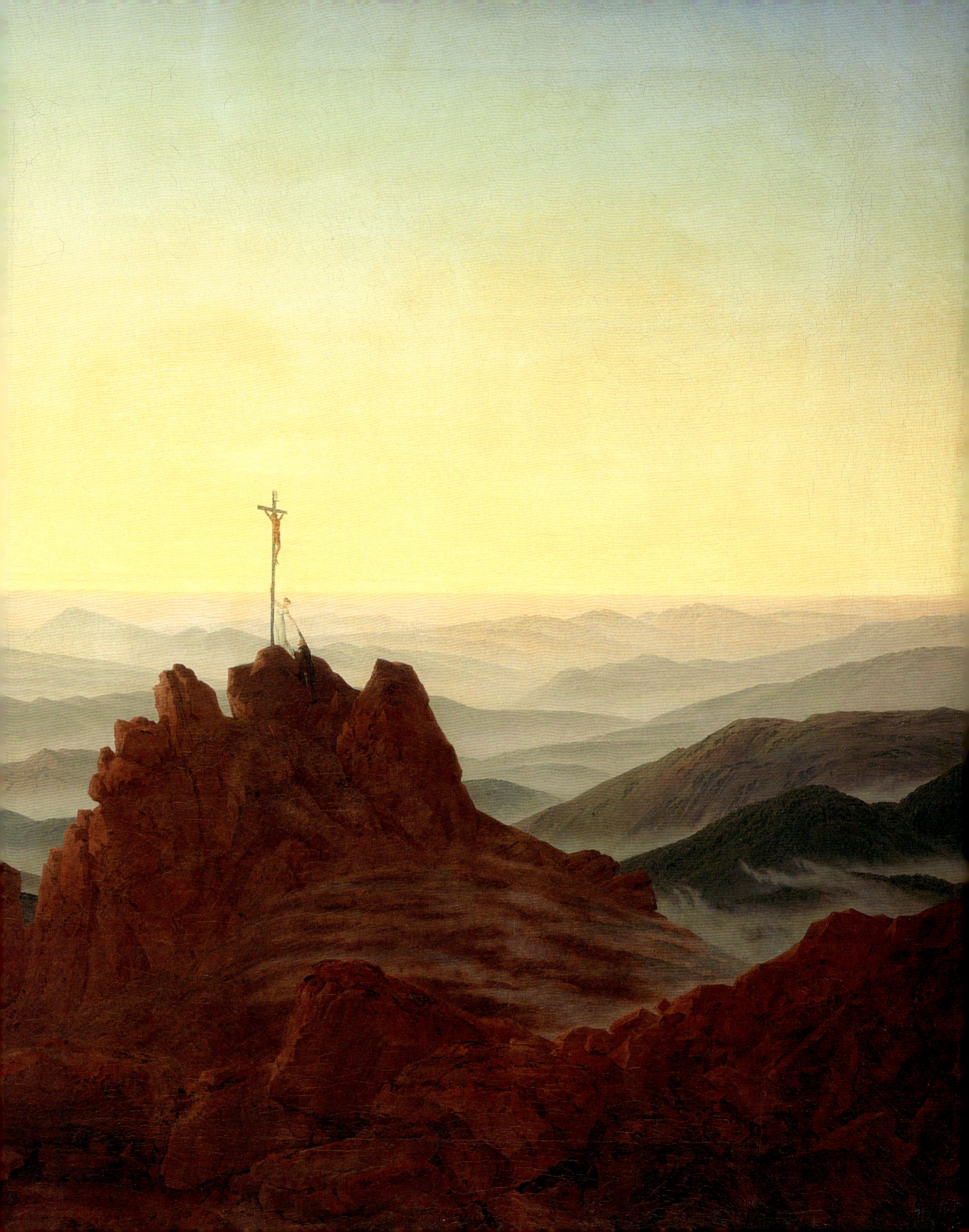

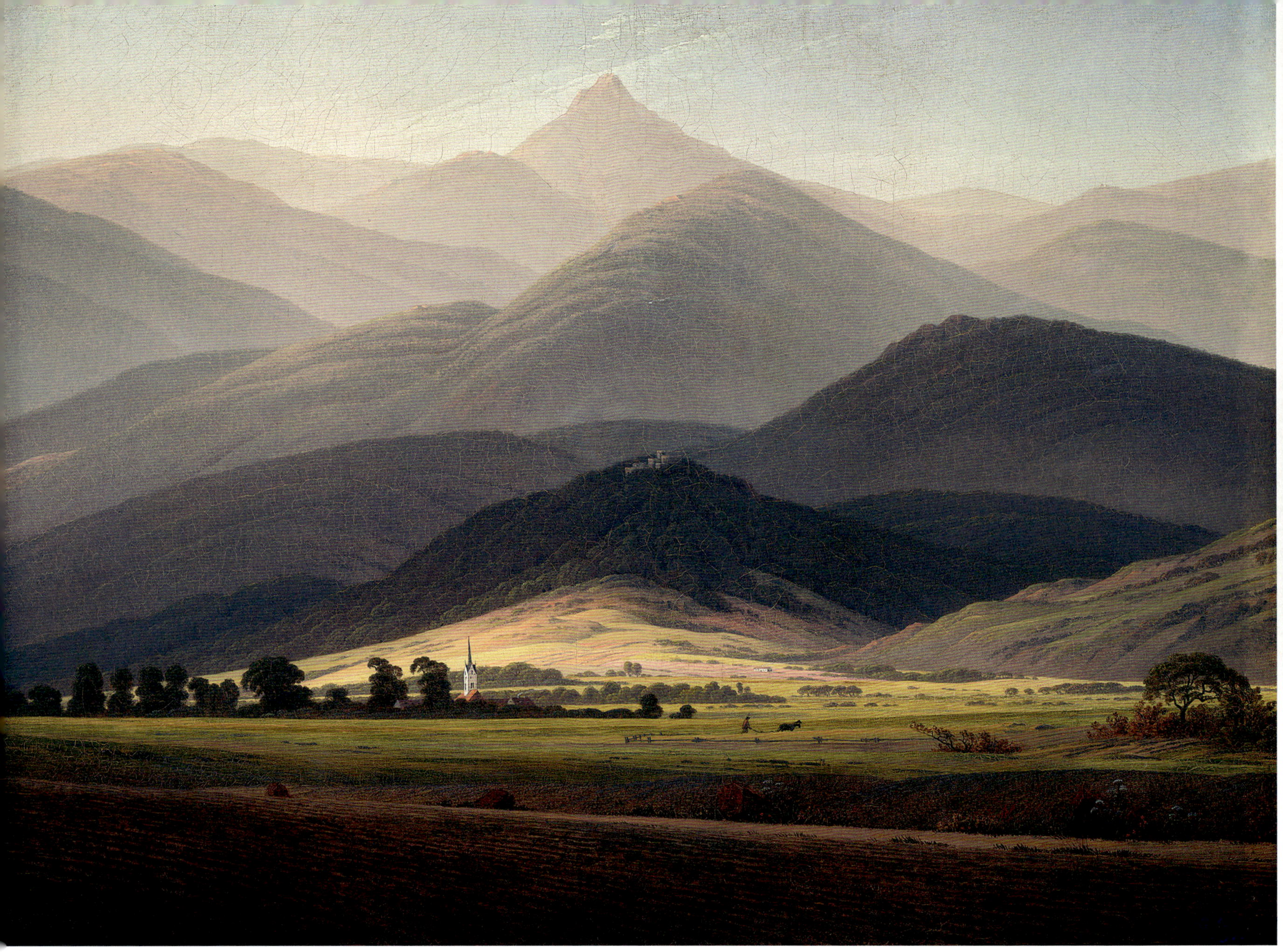

Riesengebirge – Blick von Warmbrunn auf die Kleine Sturmhaube, 1810/11, Öl auf Leinwand, 45 x 58 cm, Puschkin-Museum, Moskau

S. 84/85: Morgen im Riesengebirge; auch: Das Kreuz auf der Felsenspitze, 1810/11, Öl auf Leinwand, 108 x 170 cm, Neuer Pavillon, Berlin-Charlottenburg, Stiftung Preußische Schlösser und Gärten Berlin-Brandenburg

Anfang 1810 zog Friedrich vom Haus An der Elbe Nr. 27 in das benachbarte Gebäude Nr. 26. Johann Wolfgang von Goethe besuchte ihn am 18. September 1810 in diesem Atelier.

Die aquarellierte Zeichnung **Felsen, Bäume und Figur** (Abb. S. 83) vom 12. Juli 1810 entstand während Friedrichs Wanderung ins Riesengebirge. Auf dem Blatt ist der auf den Felsblöcken kletternde junge Georg Friedrich Kersting (1785–1847) zu sehen, mit dem Friedrich von Anfang bis Mitte Juli die Reise durchführte. Kersting stammte aus Güstrow und war einige Monate zuvor nach Dresden gezogen. Am 4. Juli 1810 besuchten die Maler gemeinsam die von Künstlern der Romantik geschätzte „Klosterruine auf dem Oybin" (Abb. S. 90), die Friedrich ausführlich studierte. Am 11. Juli 1810 hatten sie die Schneekoppe bestiegen. Das subtil mit differenzierten Abstufungen der Luftperspektive ausgeführte Aquarell **Neumond über dem Riesengebirge** (Abb. S. 82), das Friedrich im Atelier in äußerster Präzision ausführte, geht auf eine Bleistiftstudie zurück, die Friedrich auf dem Rückweg am 14. Juli 1810 zeichnete. Spektakuläre Lichteffekte machen den Reiz des Gemäldes **Riesengebirge – Blick von Warmbrunn auf die Kleine Sturmhaube** (Abb. oben) aus, das Friedrich nur wenige Monate nach seiner Reise anhand einer verschollenen Skizze malte. Geschickt führt der Blick über die Ebene um Warmbrunn – heute ein Stadtteil von Hirschberg (Jelenia Góra) – zum Riesengebirge, dessen durch Friedrich in die Höhe gestreckten Erhebungen sich hintereinander auftürmen. Auf dem vorderen bewaldeten Berg erhebt sich die Ruine der Kynastburg. Wie beim zeitgleich ausgeführten 170 cm breiten Gemälde „Mond über dem Riesengebirge" in Weimar, von dem sich nur der obere Bildteil erhalten hat, dominiert in der Bildmitte die markante Bergspitze der 1439 m hohen Kleinen Sturmhaube als höchste Erhebung. Die linke Baumreihe vor der Kirche geht auf eine Rügenstudie vom 11. Juli 1806 zurück.

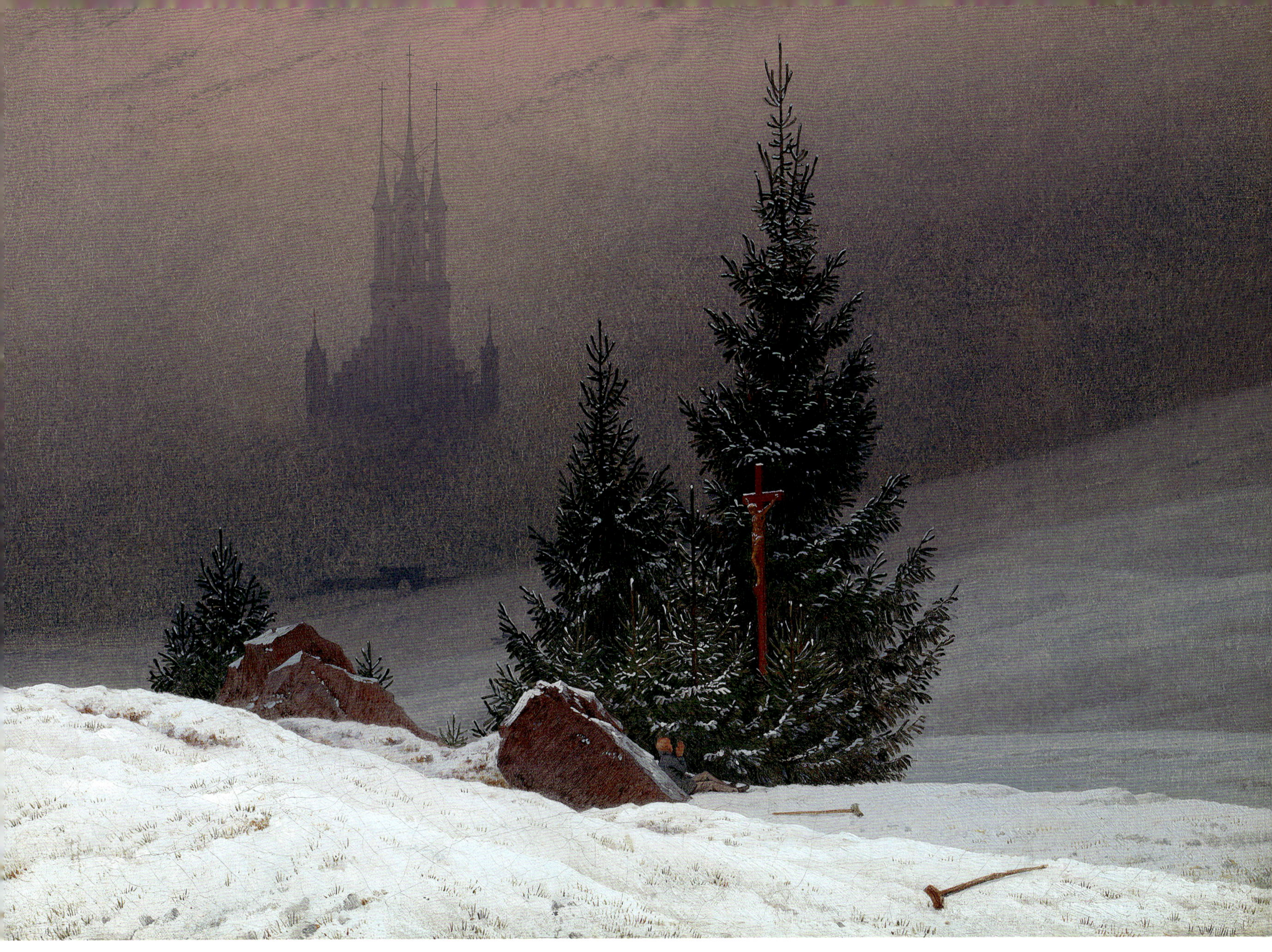

Winterlandschaft mit Kirche, 1811, Öl auf Leinwand, 32,5 x 45 cm, National Gallery, London

Friedrichs Hauptwerk des Jahres 1811 war das grandiose, 170 cm breite Bergpanorama **Morgen im Riesengebirge** (Abb. S. 84/85), das der preußische König Friedrich Wilhelm III. kaufte. Vor einer Vielzahl von hohen Gebirgszügen, die von dichten Nebelschwaden eingehüllt sind, platzierte der Maler im Vordergrund ein noch höher gelegenes Basaltmassiv. Dessen Spitze krönt ein Gipfelkreuz mit einem Christuskorpus. Fast auf gleicher Höhe liegt die Augenlinie des Betrachters, weshalb dieser – wie bei einem Rundblick von einem Berggipfel – in einer Vogelperspektive auf die niedrigeren Berge im Hintergrund herabsieht. Dadurch entsteht – in Kombinationen mit den zahlreichen Berggipfeln – der Eindruck unermesslicher Weite bis hin zum Horizont. Die Idee des Gipfelblicks gewann Friedrich durch die Besteigung der Schneekoppe, von der er eine entsprechende Zeichnung am 11. Juli 1810 anfertigte. Für das Felsmotiv nutzte er mehrere Studien aus den Jahren 1799, 1808 und 1810 (vgl. auch Abb. S. 83).*
Friedrich wählte einen Bildaufbau und eine Lichtinszenierung, die das Kreuz hervorheben: Es ist das einzige Motiv, das die Horizontlinie überragt und sich deshalb deutlich vom hell erleuchteten Himmel abgrenzen kann. Winzig wirkt die figürliche Szene am Fuß des Kreuzes: Eine engelhafte Frau in einem weißen Kleid umfasst den Stamm des Kreuzes und zieht einen Mann, der mit der linken Hand seinen Wanderstock nutzt, den Gipfel hinauf. Die strapaziöse Bergbesteigung wird oft als christliches Sinnbild für den mühsamen Lebensweg des Menschen in der Nachfolge Christi gedeutet, als dessen Lohn der Einzug ins Paradies und somit das Ewige Leben steht. Darüber hinaus wird die Frau als Personifikation des Glaubens und der Mann als Selbstbildnis Friedrichs gedeutet – bemerkenswerter Weise bereits durch den Rezensenten der Dresdner Akademieausstellung von 1811 im „Journal des Luxus und der Moden" (26. Band, Dresden 1811, S. 371).

* Frank Richter: Caspar David Friedrich. Der Landschaftsmaler, Petersberg 2024, S. 331.

Kompositionell und in der subtilen Farbigkeit gehört die **Winterlandschaft mit Kirche** (Abb. S. 87) zu den besten Werken Friedrichs. Er malte zwei Fassungen. Die hier abgebildete Londoner Version ist die ältere. Die Dortmunder Replik unterscheidet sich nur geringfügig von ihr. Es handelt sich um ein religiöses Andachtsbild: In einer Schneelandschaft steht ein Wegekreuz neben jungen verschneiten Tannen. Davor betet ein Wanderer, der die Hände gefaltet hat und sich dem Kruzifix zuwendet. Sein Oberkörper ist an einen großen Felsblock gelehnt. Da seine Krücken seitlich im Schnee liegen, bedeutet dies, dass der Betende die letzten Schritte zum Kreuz ohne Gehhilfe bewältigt hatte. Der Glaube scheint ihm dazu Kraft verliehen zu haben. Durch den Nebel wird im Hintergrund wie in einer Vision eine malerische gotische Kirche sichtbar, die mit ihren schlanken Türmchen und Dachaufsätzen die Form der spitz nach oben zulaufenden vorderen Tanne wiederholt. Über der Kirche lichtet sich der Nebel, und der Himmel färbt sich in ein wundersames Abendlicht. Die positive liebliche Stimmung, die Vision der Kirche und der sich aufhellende Himmel spiegeln die Bildaussage wider: Der Glaube stiftet Trost und Hoffnung.

Anders verhält es sich mit dem im gleichen Format ausgeführten Pendant zur „Winterlandschaft mit Kirche" – der **Winterlandschaft** (Abb. unten). Wie bei anderen Bildpaaren Friedrichs bestehen zwischen den Pendants, gestalterisch gesehen, selten Gemeinsamkeiten. Sie besitzen kompositorisch oft keinen Bezug zueinander und bilden – thematisch bedingt – sogar Gegenpole. Motivisch gemeinsam ist ihnen in diesem Fall die kalte Jahreszeit und der einsame, auf Krücken angewiesene Mann – das Gegenstück zum Betenden. Im Gemälde „Winterlandschaft" besteht eine düstere, menschenbedrohliche Stimmung. Der Himmel ist grau bis schwarz, die in der Schneelandschaft stehenden mächtigen knorrigen Eichen verstellen dem behinderten Mann den Weg, und die durch den Menschen abgesägten Äste und gefällten Bäume, von denen nur die Baumstümpfe blieben, wirken bedrohlich. Letztere entsprechen den Grabkreuzen auf dem Friedhof der „Abtei im Eichwald" (Abb. S. 80/81). Sie stehen für den Tod und die Vergänglichkeit. Der Mann ist desorientiert, hat innegehalten, blickt zurück zum Horizont und beugt sich dabei nach vorne, gestützt auf seine zwei Krücken. Für ihn zeichnet sich kein Hoffnungsschimmer ab. Markus Bertsch resümiert: „Selten

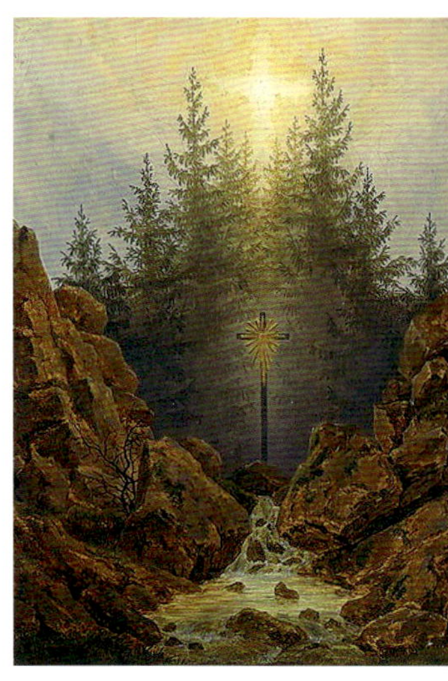

Kreuz im Wald, 1813, 42 × 32 cm, Öl auf Leinwand, Staatsgalerie, Stuttgart

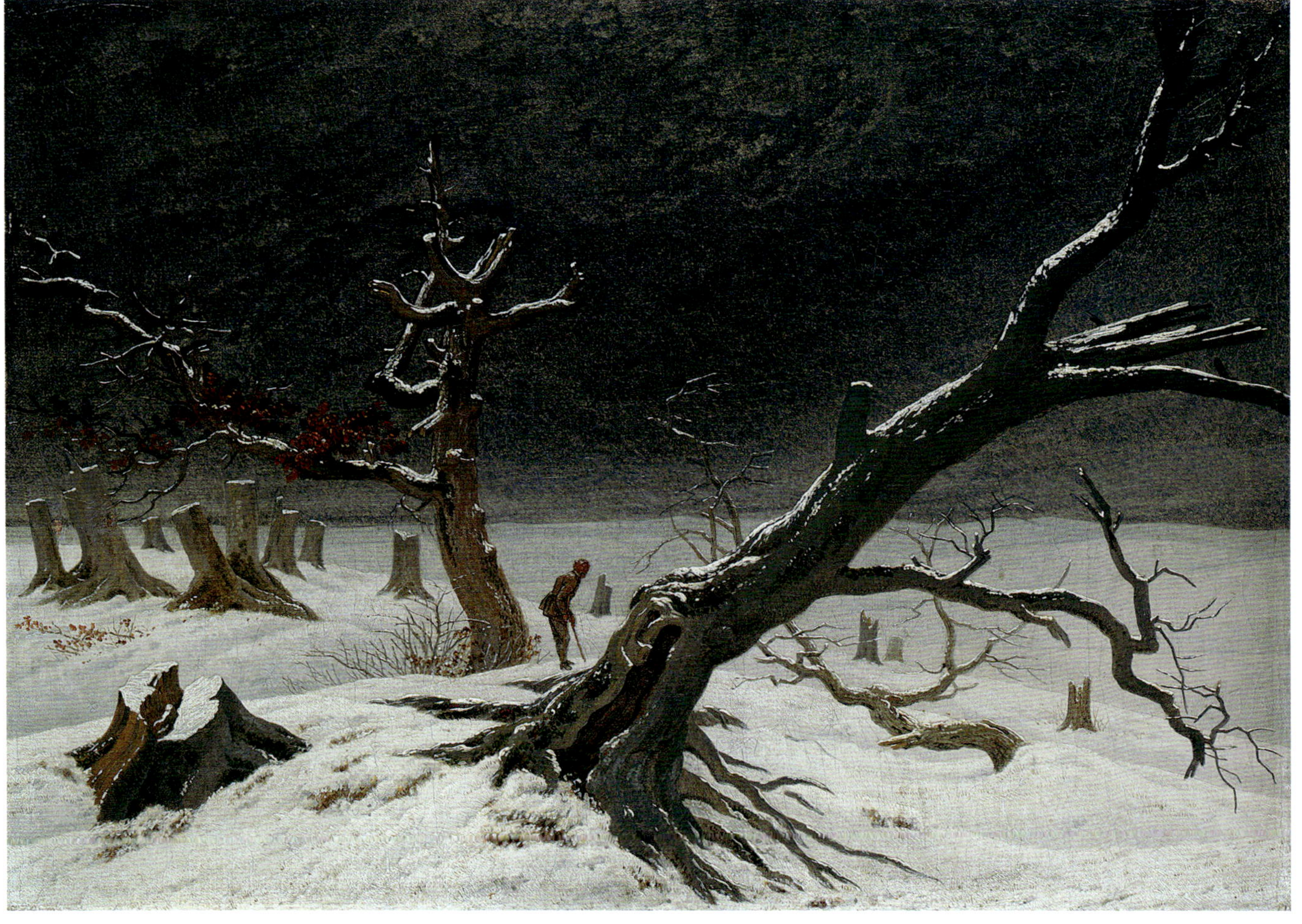

Winterlandschaft, 1811, Öl auf Leinwand, 33 x 46 cm, Staatliches Museum, Schwerin

hat Friedrich die Absage an das Leben und alles Lebendige derart konsequent und verdichtet umgesetzt wie in diesem Gemälde. Womöglich war er dazu aber auch nur bereit, weil er es [...] als Teil eines Bilderpaares konzipiert hatte. Denn im Gegensatz hierzu handelt es sich bei dem formatgleichen Pendant [...] um ein Bild der Hoffnung [...]."*

Das hoffnungsfrohe Gemälde „Winterlandschaft mit Kirche" entwickelte Friedrich mit dem wenig später ausgeführten Bild **Kreuz und Kathedrale im Gebirge** (Abb. rechts) weiter. Die Türmchen als Bekrönung des gotischen Turms sind auf beiden Gemälden fast identisch. Symmetrisch ordnete Friedrich die Architektur, das Kreuz mit Korpus und selbst die Tannen an, die die Kathedrale flankieren. Der Himmel geht im oberen Teil in einen stimmungsvollen Sonnenuntergang über, der durch den Nebel wie eine Fata Morgana erscheint. Wie beim Tetschener Altar unterscheidet Friedrich zwei voneinander getrennte Raumzonen: den Vordergrund als Diesseits und den Hintergrund als Jenseits. Im Zentrum der Landschaft steht prominent das Kruzifix, das offenkundig mehr als nur ein Wegekreuz ist. Da sich die Landschaft kompositorisch der Kreuzdarstellung unterordnet, wird sie zur Sakrallandschaft. Friedrich überspringt hier erneut die Gattungsgrenzen zwischen Landschaft und religiösem Bild: Die Naturdarstellung wird zum Andachtsbild. Mit seiner subtilen Malerei, die eine vollkommene Harmonie vermittelt, gelingt es Friedrich, auch noch dem heutigen Betrachter den religiös-spirituellen Charakter und die göttliche Ordnung zu vermitteln. Beim Gemälde **Kreuz im Wald** (Abb. oben links), das einen ähnlichen Bildaufbau und eine identische Aussage besitzt, wird der religiöse Aspekt noch gesteigert, indem Friedrich die Kirche durch eine kreuzförmige Lichterscheinung ersetzt. Es lässt sich feststellen, dass Friedrich zwischen 1807 und 1815 eine Reihe von Sakrallandschaften ausführte, in denen die Darstellung von Tannen und Fichten bzw. von Eichen eine wesentliche Rolle spielten. Tendenziell verwendete er Nadelbäume bei Gemälden, in denen das Kreuzmotiv dominiert. Im Zusammenhang mit dem Ramdohr-Streit um den Tetschener Altar hatte Friedrich geäußert, die immergrünen Nadelbäume seien ein Symbol der christlichen Hoffnung auf Auferstehung.

Die aquarellierte Bleistiftzeichnung **Klosterruine auf dem Oybin** (Abb. S. 90), die Friedrich am 4. Juli 1810 während seiner Wanderung zum Riesengebirge angefertigte hatte, nutze er um 1812 und Jahrzehnte später als Vorlage für Gemälde. Dargestellt ist die Sakristeikapelle der Klosterkirche mit ihren beschädigten spitzbogigen Maßwerkfenstern. Die Ruine auf dem Gipfelplateau des südwestlich von Zittau gelegenen Bergs Oybin faszinierte viele Maler der Romantik.** Im Aquarell und mehr noch in den Ölbildern, wie auf dem Gemälde **Ruine Oybin** (Abb. S. 90), streckte Friedrich die Architektur in die Höhe, wodurch die Bauweise graziler und „gotischer" erscheint. Er steigerte die Wirkung und die harmonische Stimmung durch den Sonnenauf- oder -untergang, der die Fensteröffnungen in gold-gelbem Licht erscheinen lässt, während der Himmel oben in ein Dunkelblau übergeht. An den Seitenwänden platzierte er ein niedriges Standkreuz mit Korpus und rechts eine Madonnenfigur. Darüber hinaus ergänzte er die Kapelle durch einen Altartisch vor dem mittleren Fenster. Da er der Madonna zusätzlich eine Lilie als Mariensymbol, dem Altarblock, der durch seitliche Engel geschmückt ist, Getreideähren als Verweis auf das Sakrament der Eucharistie und dem Kruzifix eine Rankenpflanze als Hinweis auf neues Leben zuordnete, wird deutlich, dass Friedrich durch die ergänzten Objekte den religiösen Bildgehalt steigerte.

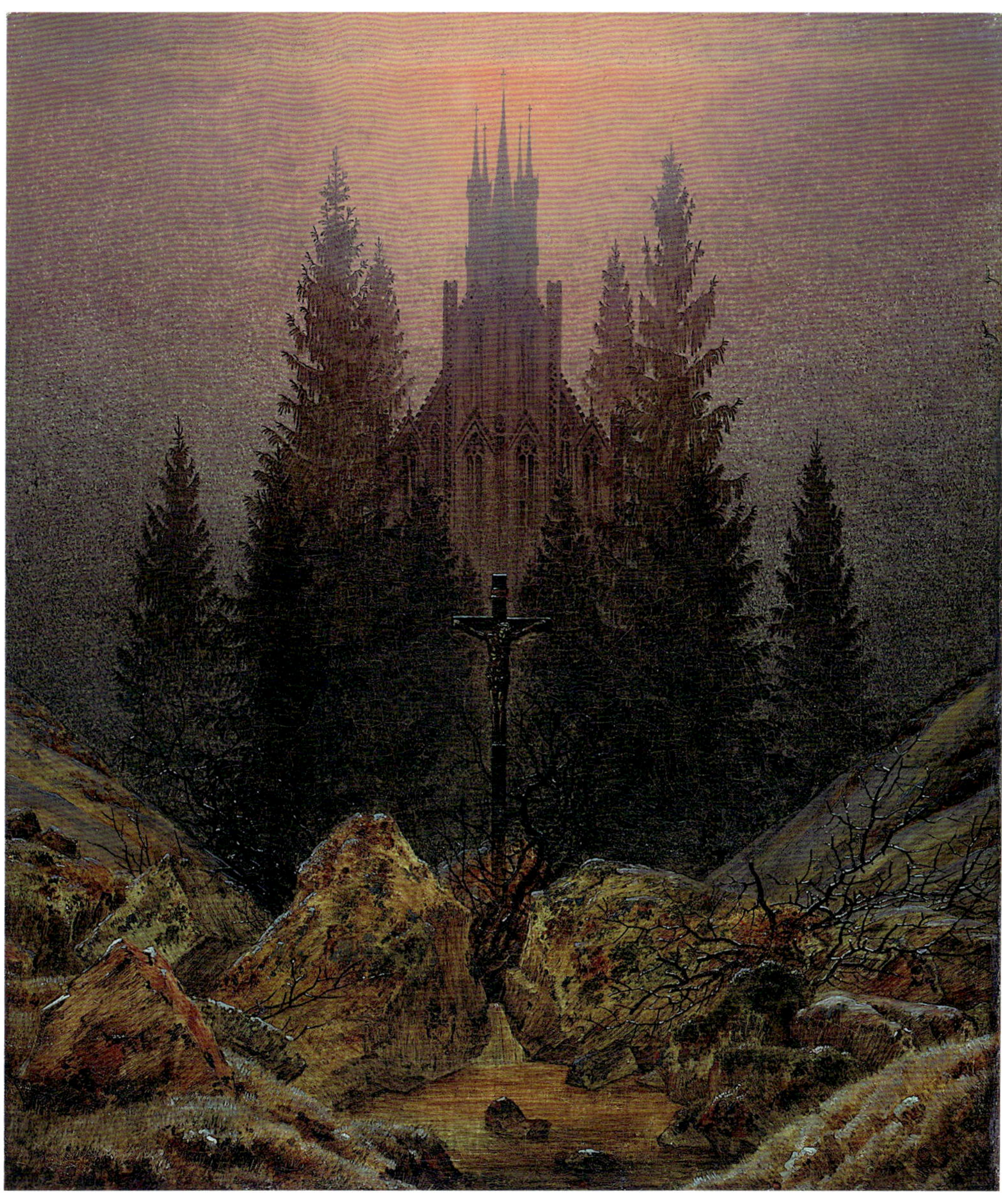

Kreuz und Kathedrale im Gebirge, um 1812, Öl auf Leinwand, 45 x 38 cm, Museum Kunstpalast, Düsseldorf

* Markus Bertsch: Winterlandschaft 1811. In: Caspar David Friedrich. Kunst für eine neue Zeit, Katalog Hamburg 2023, S. 138.

** Anke Fröhlich-Schauseil: Der Oybin und die Malerei der Romantik in der Oberlausitz, Petersberg 2019.

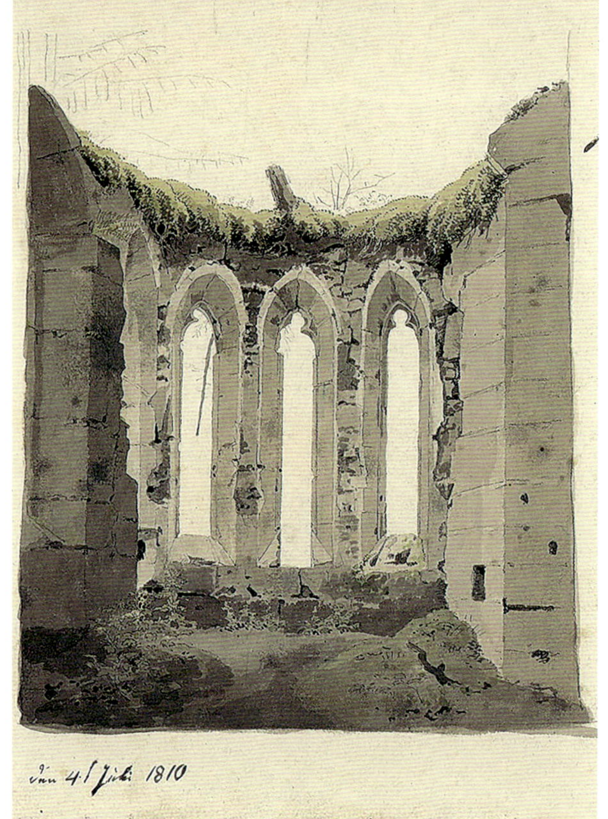

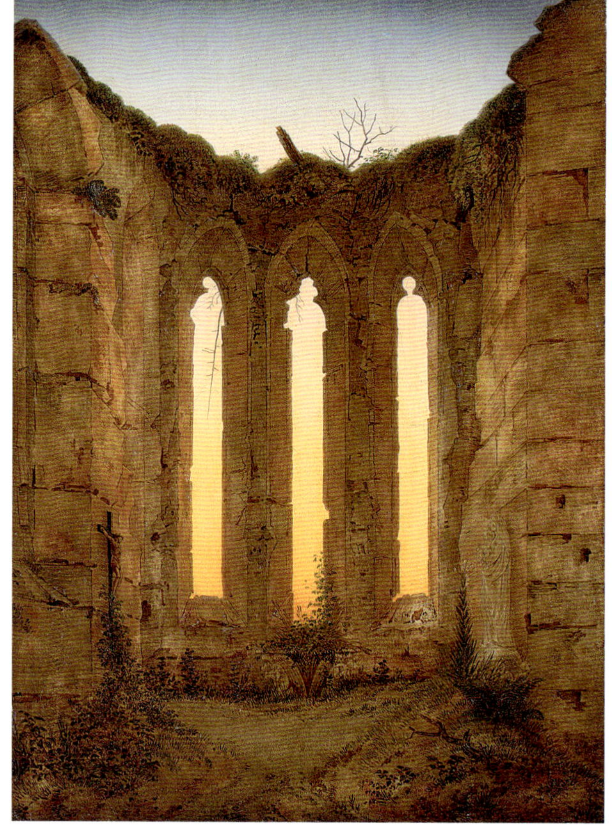

Klosterruine auf dem Oybin, 4. Juli 1810, Aquarell über Bleistift, 25,7 x 36 cm, Hamburger Kunsthalle

Ruine Oybin, um 1812, Öl auf Leinwand, 65 x 47 cm, Hamburger Kunsthalle

Im Juni 1811 unternahm Friedrich mit seinem Bildhauerfreund Christian Gottlieb Kühn eine Reise in den Harz. Hauptziel war der höchste Berg – der Brocken. Fasziniert war er von der Eingangssituation zur Höhle auf dem Hartenberg bei Wernigerode, die er mehrfach am 26. und am 27. Juni 1811 zeichnete. Nach diesen Studien malte er die Sepia **Harzhöhle** (Abb. unten rechts) und das Ölbild **Felsenschlucht im Harz** (Abb. unten Mitte). Das Motiv der Höhle nutzte Friedrich 1812 auch für seine erste Arbeit mit eindeutig politisch-patriotischer Aussage, dem Gemälde **Grabmale alter Helden** (Abb. rechts). Der hell beleuchtete Obelisk trägt auf dem Sockel eine Inschrift, die der Gefallenen der Freiheitskriege gedenkt. Insofern setzte Friedrich den Kämpfern für ein freies Vaterland ein Denkmal. Dazu schuf er eine Denkmallandschaft mit zumeist verwahrlosten Gräbern. Das Grab des Arminius mit leicht geöffneter Deckplatte rechts spielt auf den Freiheitskampf der Germanen gegen die Römer an, angeregt durch Klopstocks „Hermanns Schlacht" von 1769 und Kleists Drama „Die Hermannsschlacht" von 1808. Zwei französische Soldaten bewachen den Eingang zur Höhle, die an die Grabeshöhle Christi erinnern soll und die die Hoffnung heraufbeschwört, es möge der Tag der Auferstehung und somit der Befreiung von den Franzosen kommen.

Vom 16. bis 29. Mai 1812 hielt sich die Grande Armée mit Napoleon und etwa 450 000 Soldaten in Dresden für den anstehenden Russlandfeldzug auf. Sachsen war ein besonders treuer Verbündeter Napoleons. Friedrich ging den Besatzern aus dem Weg und wohnte 1813 für einige Zeit in Krippen in der Sächsischen Schweiz. Als sein Malerfreund Kersting im Frühjahr 1813 mit dem preußischen Heer gegen Napoleon in den Krieg zog, finanzierte Friedrich dessen Ausrüstung und verschuldete sich dafür. Er geriet in wirtschaftliche Bedrängnis, da sich trotz der Bemühungen Goethes keine Käufer fanden. Diese schwierige Situation wirkte sich auf seine künstlerische Produktion aus, die fast zum Erliegen kam. 1813 und 1814 malte er nur wenige Bilder, darunter das patriotische Gemälde **Höhle mit Grabmal (Das Grab des Arminius)**, das wie beim „Grabmal alter Helden" die Höhle bei Wernigerode zeigt, jedoch einen anderen Blickwinkel, eine veränderte Lichtinszenierung und eine stärkere Präsenz des Tannenwalds. Den Höhleneingang neben dem Grab des Arminius bewacht ein behelmter Soldat.

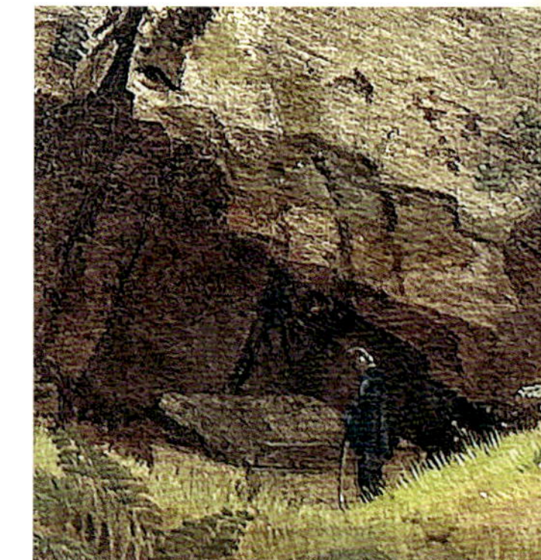

Felsental (Das Grab des Arminius) (unten), Detail (oben), um 1813, Öl auf Leinwand, 49,5 x 70,5 cm, Kunsthalle, Bremen

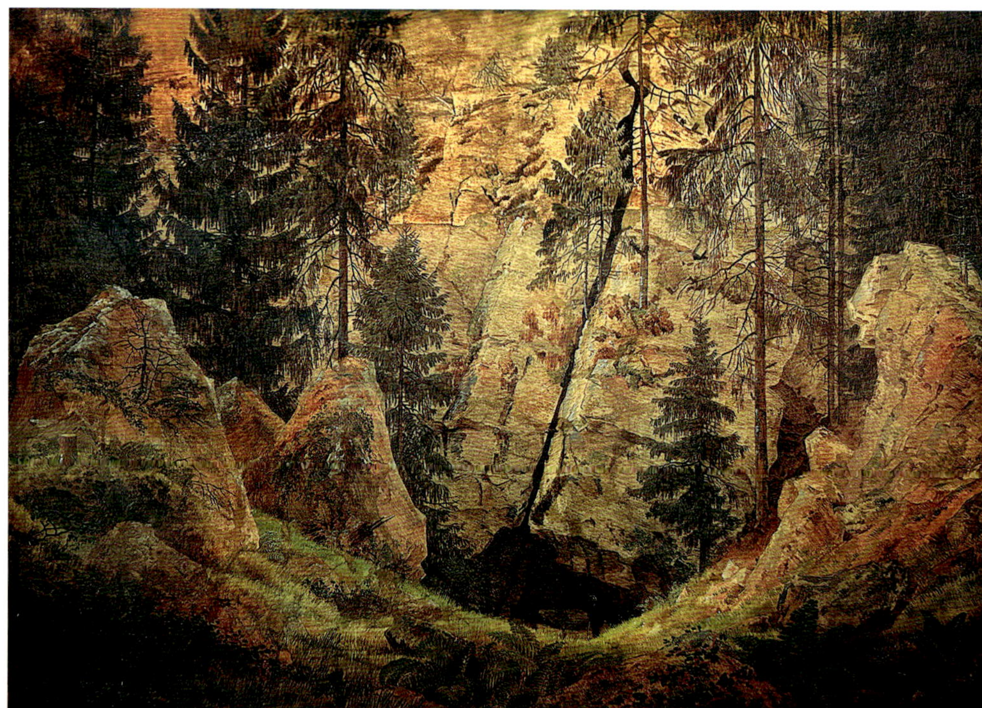

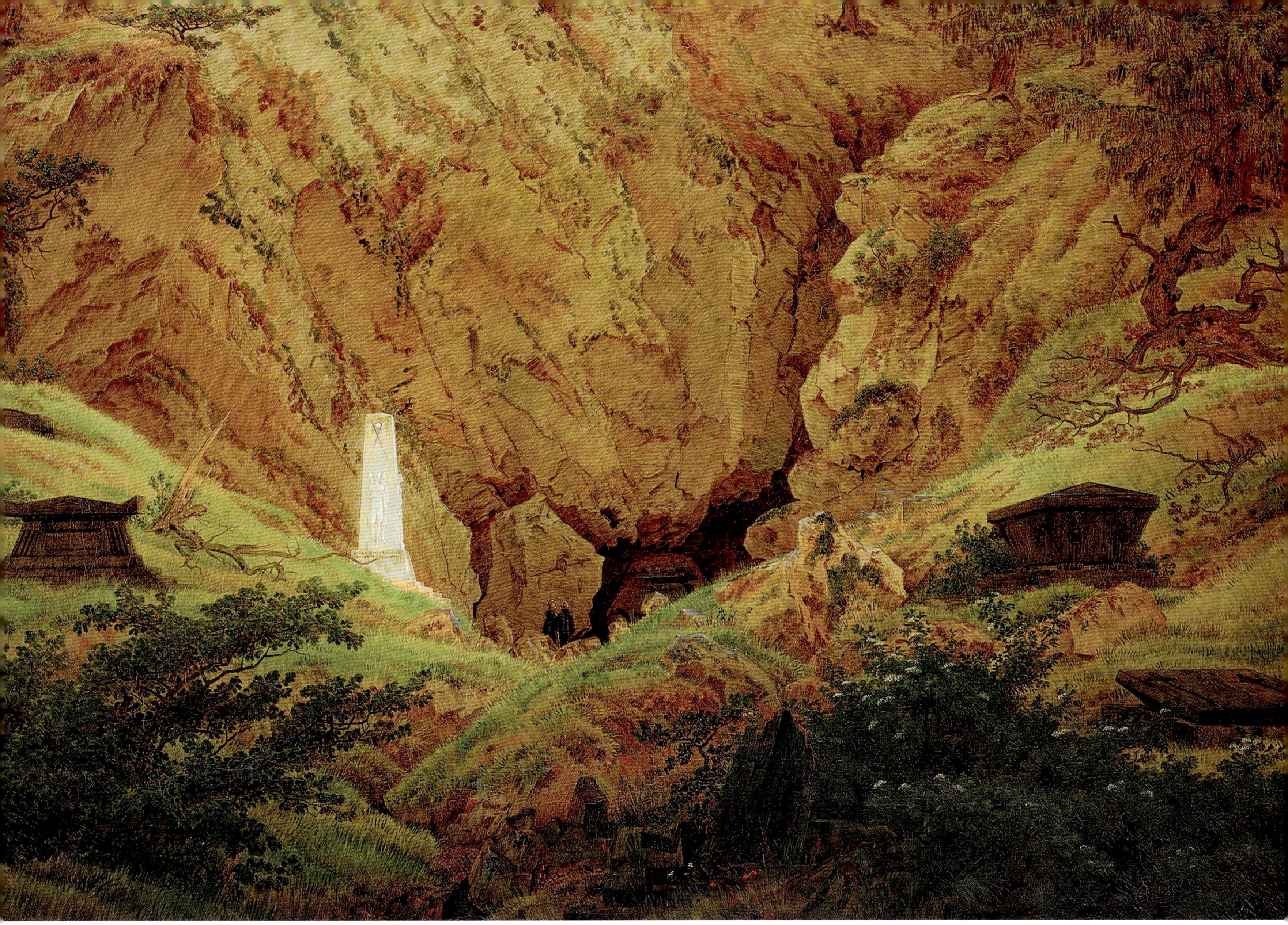

Grabmale alter Helden (Gräber gefallener Freiheitskrieger, Grab des Arminius), 1812, Öl auf Leinwand, 49,3 x 69,8 cm, Hamburger Kunsthalle

unten links: Felsenschlucht im Harz, um 1811, Öl auf Leinwand, 38 x 44 cm, Pommersches Landesmuseum, Greifswald
unten rechts: Harzhöhle, um 1811, Sepia, 34,5 x 43 cm, Handbibliothek Ihrer Majestät der Königin, Königlich Dänische Sammlung, Kopenhagen

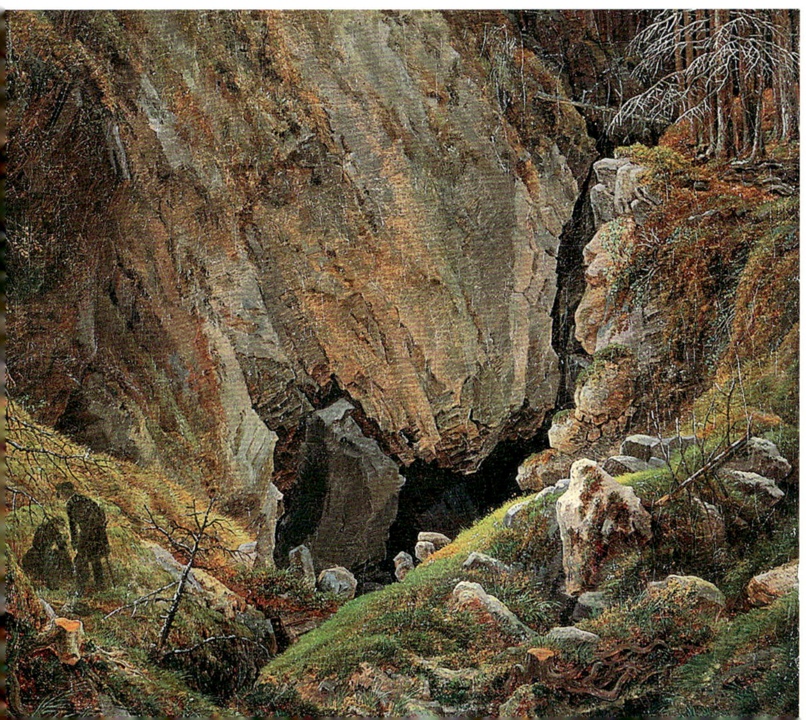

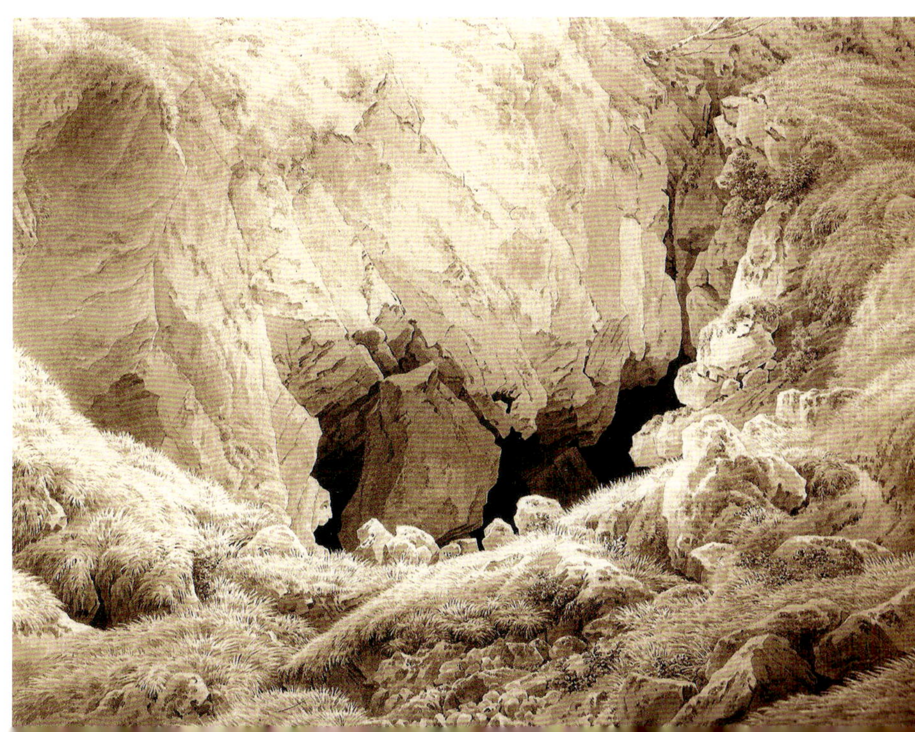

1814–24

Caspar David Friedrich war in den Kriegsjahren 1813 und 1814 angesichts der politischen Lage und der daraus resultierenden wirtschaftlichen Situation oft nicht in der Lage zu arbeiten und zog sich von März bis Mai 1813 und für einige Wochen im Jahr 1814 in das Dorf Krippen in der Sächsischen Schweiz zurück. Er lebte bei einem Bekannten seines Freundes, dem sächsischen Münzmeister Friedrich Gotthelf Kummer, um den französischen Besatzern in Dresden aus dem Weg zu gehen und aus Angst vor ansteckenden Krankheiten. In Krippen führte er am 19. April 1813 das akkurat gezeichnete Aquarell eines Steinbruchs (**Steinbruch bei Krippen**, Abb. rechts) aus. Danach war er erst einmal für Wochen arbeitsunfähig. Als am 1. Juni 1813 ein Waffenstillstand zwischen Napoleons Armee und den Alliierten vereinbart worden war, notierte er in seinem Skizzenbuch: „nach langer Zeit das erste gezeichnet".* Danach erkundete er die Landschaft und zeichnete z. B. am 13. Juli 1813 das **Felsmassiv** (Abb. rechts unten) in den ehemaligen Postelwitzer Steinbrüchen.** Die Völkerschlacht bei Leipzig vom 16. bis 19. Oktober 1813, bei der die Truppen der Koalition (Russland, Preußen, Österreich und Schweden sowie kleinere Fürstentümer) die Truppen Frankreichs und die Verbündeten unter Napoleon Bonaparte schlugen, brachte die Wende.

In der Dresdner Akademieausstellung präsentierte Friedrich 1814 erneut ein antinapoleonisches Bild: **Chasseur im Walde** (Abb. links). Vor einem dichten

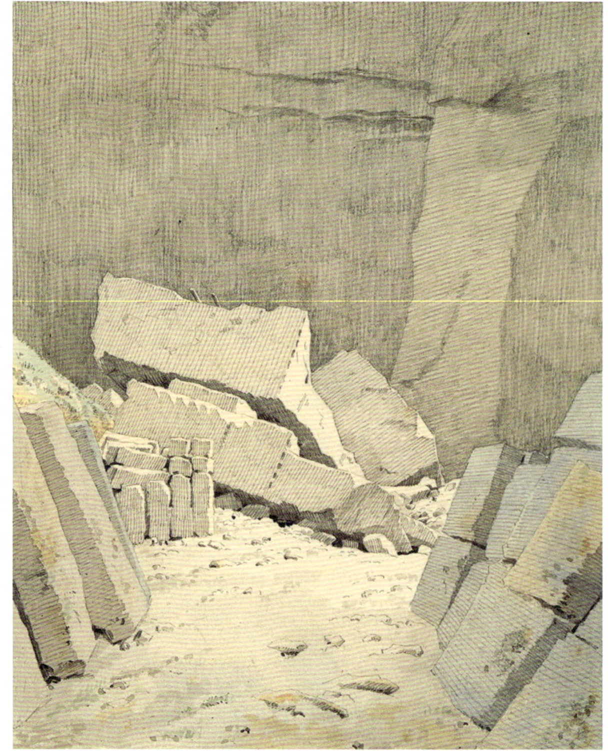

Steinbruch bei Krippen, 19. Juli 1813, Aquarell, 21 x 17,4 cm, Staatliche Museen zu Berlin, Kupferstichkabinett

* Zitiert nach Frank Richter: Caspar David Friedrich. Der Landschaftsmaler, Petersberg 2024, S. 360.
** Örtlichkeit identifiziert von Richter (siehe ebenda, S. 366).
*** Zitiert nach ebenda, S. 370.
**** Neue Datierung von Richter siehe ebenda, S. 373.
***** Zitiert nach Helmut Börsch-Supan: Caspar David Friedrich. Seine Gedankengänge, Berlin 2023, S. 21, 22.

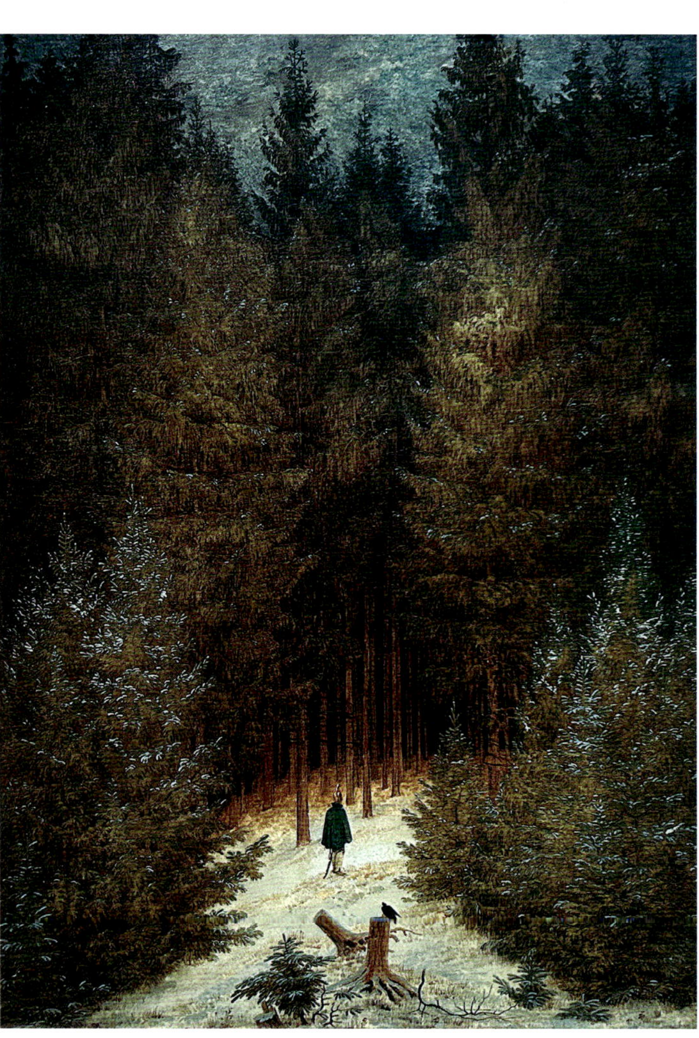

links: Der Chasseur im Walde, 1813/14, Öl auf Leinwand, 65,7 x 46,7 cm, Privatbesitz

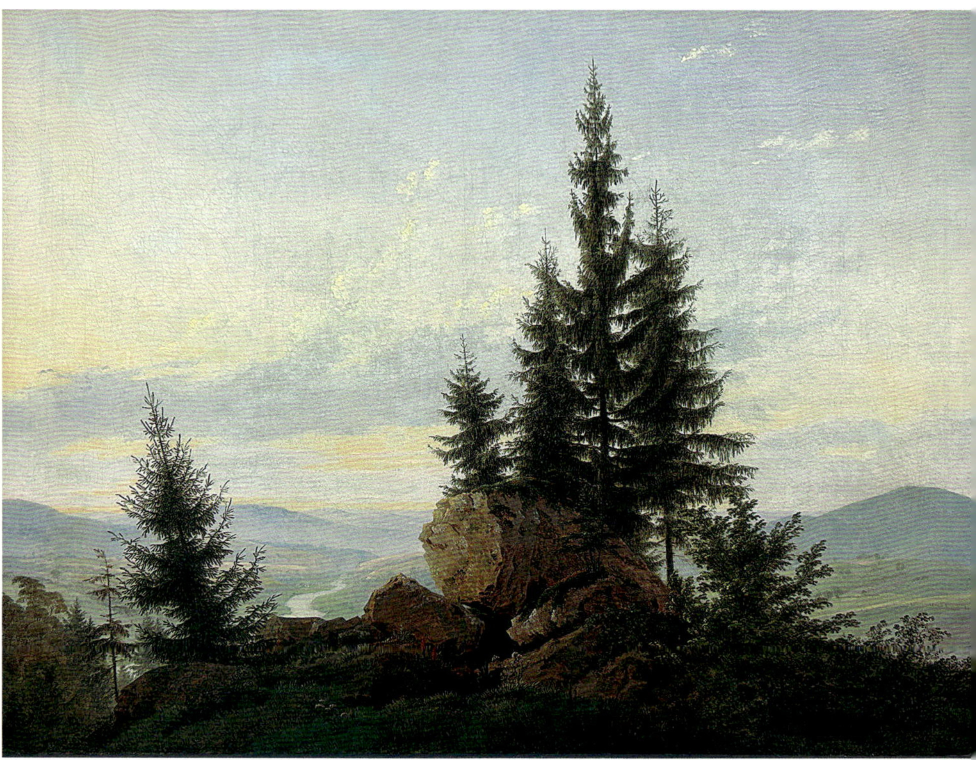

unten: Blick ins Elbtal, 1815, Öl auf Leinwand, 61,5 x 80 cm, Galerie Neue Meister, Dresden

Fichten- und Tannenwald steht ein einsamer französischer Soldat orientierungslos in der Schneelandschaft. Er hat den Anschluss an seine Armee verloren. Hilflos sucht er einen Weg durch den undurchdringlichen deutschen Wald, der sich ihm wie die Befreiungsarmee entgegenstellt. Ein Rabe sitzt auf einem alten Stamm und stimmt sein Sterbelied an.

Die Napoleonischen Kriege hinterließen auch im Sommer 1814 ihre Spuren. In ihren Lebenserinnerungen berichtet die Malerin Louise Seidler (1786–1866), die am Hof des Großherzogs von Weimar tätig und eine Vertraute Goethes war: Dresden „hatte vom Kriege furchtbar gelitten [...] Fieber und Seuchen hatten geherrscht; das Elend war groß und schwer. Von den alten Freunden traf ich weder Friedrich noch Kersting; jener war aus Furcht vor ansteckenden Krankheiten nach einem Fischerdorfe in der sächsischen Schweiz übergesiedelt, dieser mit in den Kampf gezogen."***

Die Rückkehr in das Leben der Vorkriegszeit gelang den Menschen nur langsam. Das betraf insbesondere die Künstler, die keine Kunden mehr fanden und die dadurch in finanzielle Schwierigkeiten gerieten. Im Herbst 1814 plagten Friedrich weiterhin Schulden von 300 Thalern, weshalb er sich in einem Brief an seinen Bruder Heinrich wandte, der ihm wahrscheinlich half, das Geld aufzubringen.

In den Kriegsjahren 1813 und 1814 war Friedrich im Hinblick auf Ölbilder unproduktiv. Das änderte sich schlagartig mit neuer Perspektive im folgenden Jahr. Wohl vor seiner Pommernreise im Mai 1815 malte er den **Blick ins Elbtal** (Abb. links), der im Aufbau des Vordergrunds an den Tetschener Altar erinnert und aus vielen Einzelstudien zusammengesetzt ist. Die Flusslandschaft im Hintergrund zeigt das böhmische Elbtal oberhalb von Tetschen bei den Sieben Bergen.****

Mehrfach wiederholte Caspar David Friedrich sein kleines Ölbild **Kreuz an der Ostsee** (Abb. oben), das sich grandios auf einem Felsen am Ufer über dem Meer bei Mondschein erhebt. Der Vollmond zeichnet sich klar vor einem Wolkenband ab. In der Ferne segeln im stimmungsvollen Gegenlicht zwei Schiffe. Vor dem Felsen – Zeichen der Standhaftigkeit des Glaubens – liegen ein großer Anker (Symbol der Hoffnung), ein Ruder und Stangen zum Staken von Booten. Das Kreuz erhebt sich über seinen irdischen Standplatz in den Himmel und damit in jenseitige Sphären. Friedrich beschrieb die erste Fassung des Bildes in einem Brief an die Malerin Louise Seidler im Mai 1815, da es für deren Freundin Silvie von Ziegesar gemalt worden war: „Am nackten steinigen Meeresstrande steht hochaufgerichtet das Kreutz, denen so es sehn ein Trost, denen so es nicht sehn ein Kreutz."***** Der Brief enthält auch eine Skizze des Bildes.

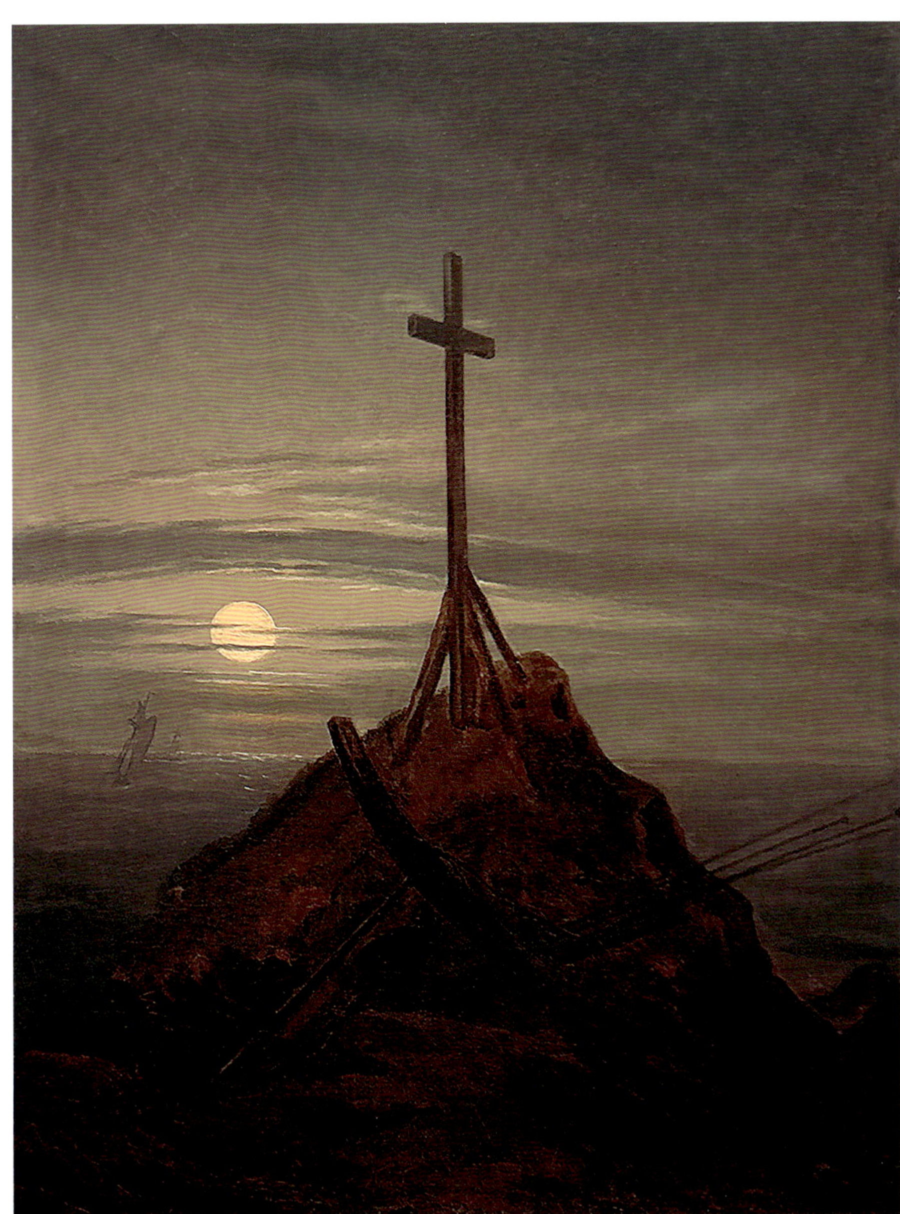

Das Kreuz an der Ostsee, 1815, Öl auf Leinwand, 26 x 19,3 cm, Privatbesitz

Mitte Juli 1815 reiste Caspar David Friedrich in seine Heimat nach Pommern, begleitet vom befreundeten Dresdner Münzbeamten Dr. Friedrich Gotthelf Kum-

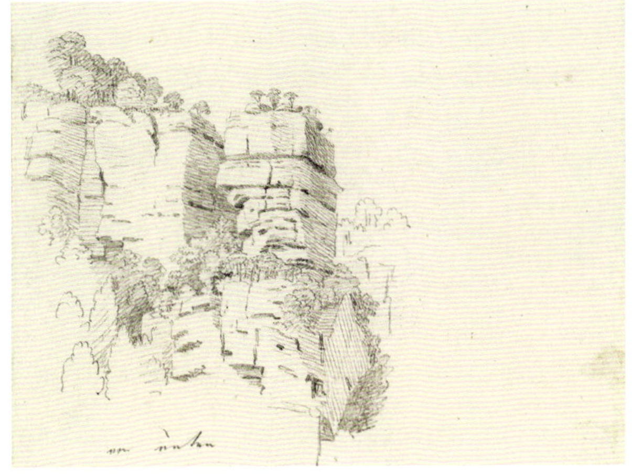

Felsmassiv, 13. Juli 1813, Bleistift, 18,9 x 12 cm (nur halbes Blatt abgebildet), Nationalmuseum, Oslo

rechte Seite: Ansicht eines Hafens, 1815/16, Öl auf Leinwand, 90 x 71 cm, Stiftung Preußische Schlösser und Gärten Berlin-Brandenburg

rechts: Schonerbrigg im Hafen, 1815, Bleistift, aquarelliert, 35,7 x 25,3 cm, Kunsthalle, Mannheim

unten rechts: Zweimaster im Greifswalder Hafen, 1815, Bleistift, aquarelliert, 24,5 x 34,9 cm, Kupferstich–Kabinett, Dresden

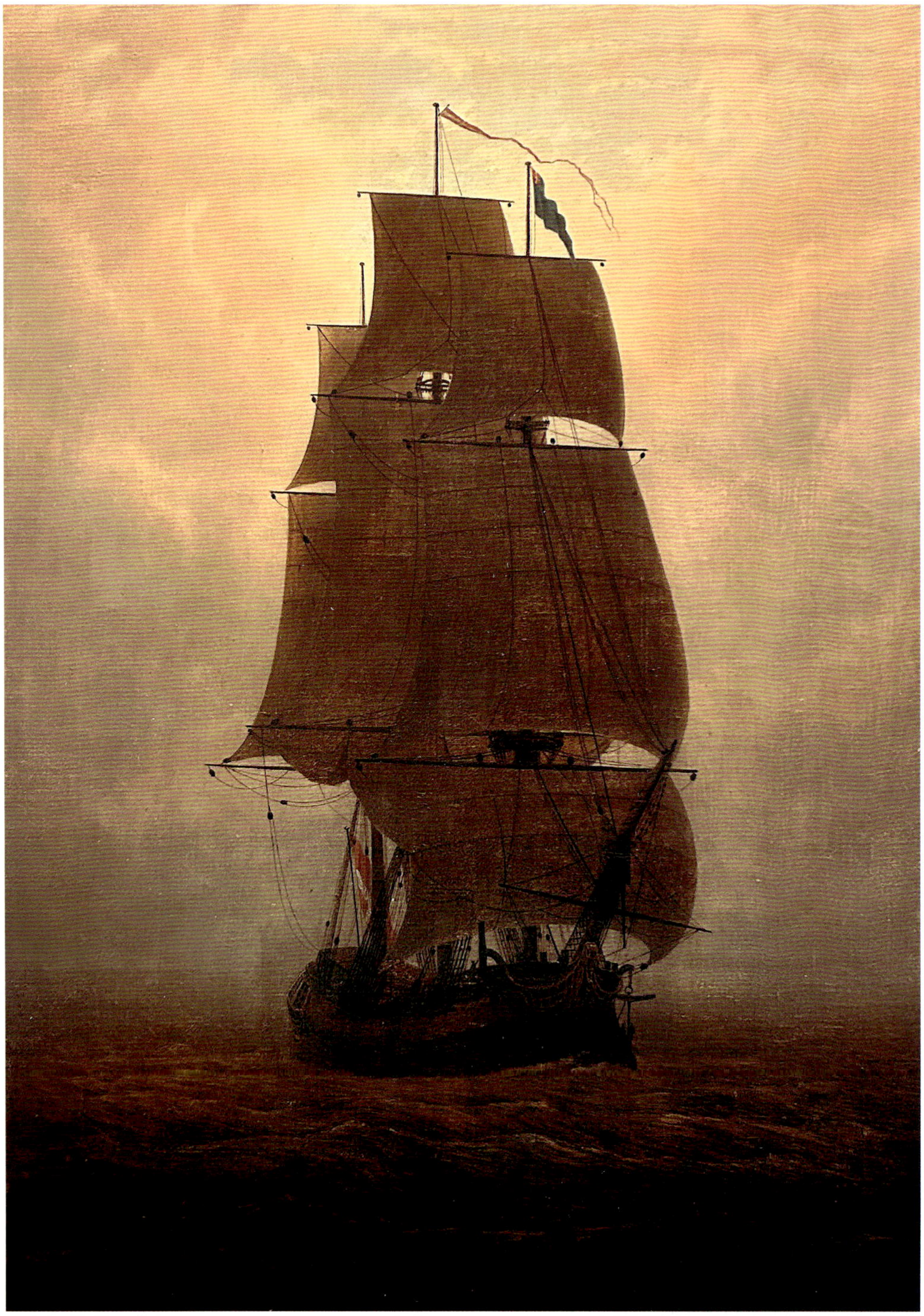

unten: Segelschiff, um 1815, Öl auf Leinwand montiert auf Sperrholz, 72,3 x 51 cm, Kunstsammlungen, Chemnitz

mer, bei dem in regelmäßigen Abständen Künstlertreffen stattfanden und der Friedrich die Unterkunft bei Verwandten in Krippen vermittelt hatte. Für die Rügenwanderung vom 1. bis 14. August wählte er die altbekannten Routen. Beim Kreidefelsen kam es zu einem Unfall, da sich Kummer beim Herumklettern verstieg und gerettet werden musste. Mitte Oktober kehrte Friedrich nach Dresden zurück.

Die Reise hatte auf die Motivwahl von Friedrichs Gemälden eine Auswirkung, denn nachfolgend bestimmten wieder Seestücke das Werk des Malers. Von Interesse ist die Beobachtung, dass sich Friedrich während dieser Reise verstärkt für die Darstellung von Schiffen mit ihrer Takelage interessierte. In Öl malte er das mittelgroße Seestück **Segelschiff** (Abb. unten). Es zeigt einen dänischen Dreimaster, wie die Flagge am Heck belegt. Friedrich führte das Bild in der für ihn typischen Präzision und Detailliertheit als stimmungsvolles Seestück mit besonderen Lichteffekten aus, die das Objekt hervorheben und ihm eine gewisse Dramatik verleihen. Das in der Marinemalerei häufig gewählte und sinnfreie Motiv wird in der Literatur zu Friedrich oft weitergehend interpretiert, etwa in religiös-spiritueller Hinsicht: Die Fahrt ins Ungewisse sei als Sinnbild des Lebens zu verstehen.

Mit der **Ansicht eines Hafens** (Abb. rechts) gelang Friedrich wieder ein Meisterwerk, bei dem er geschickt

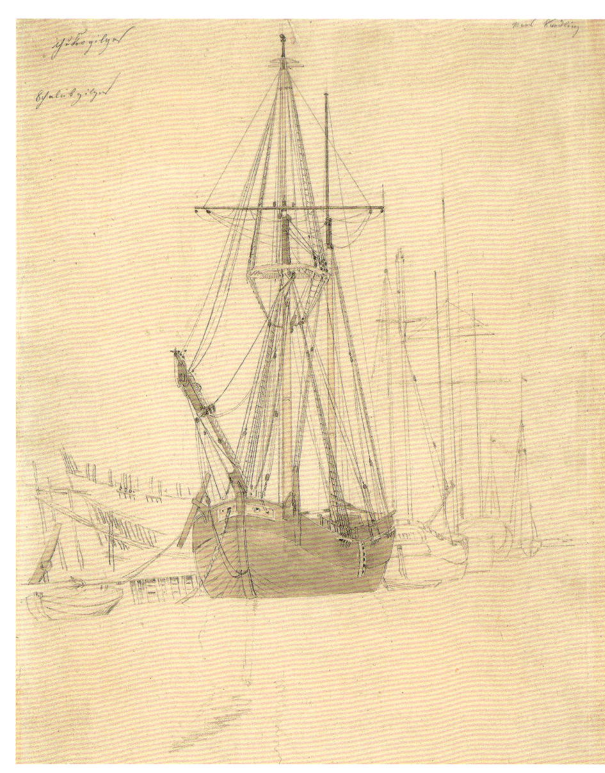

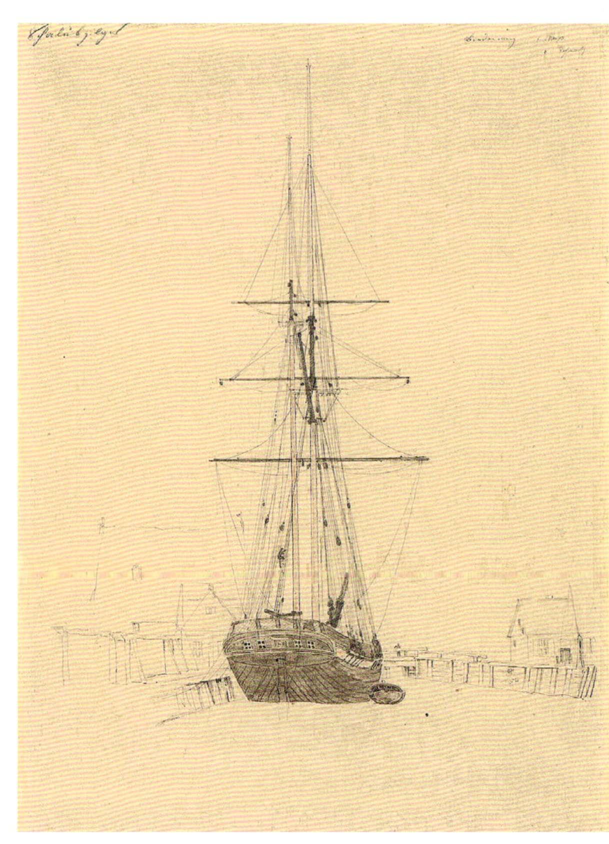

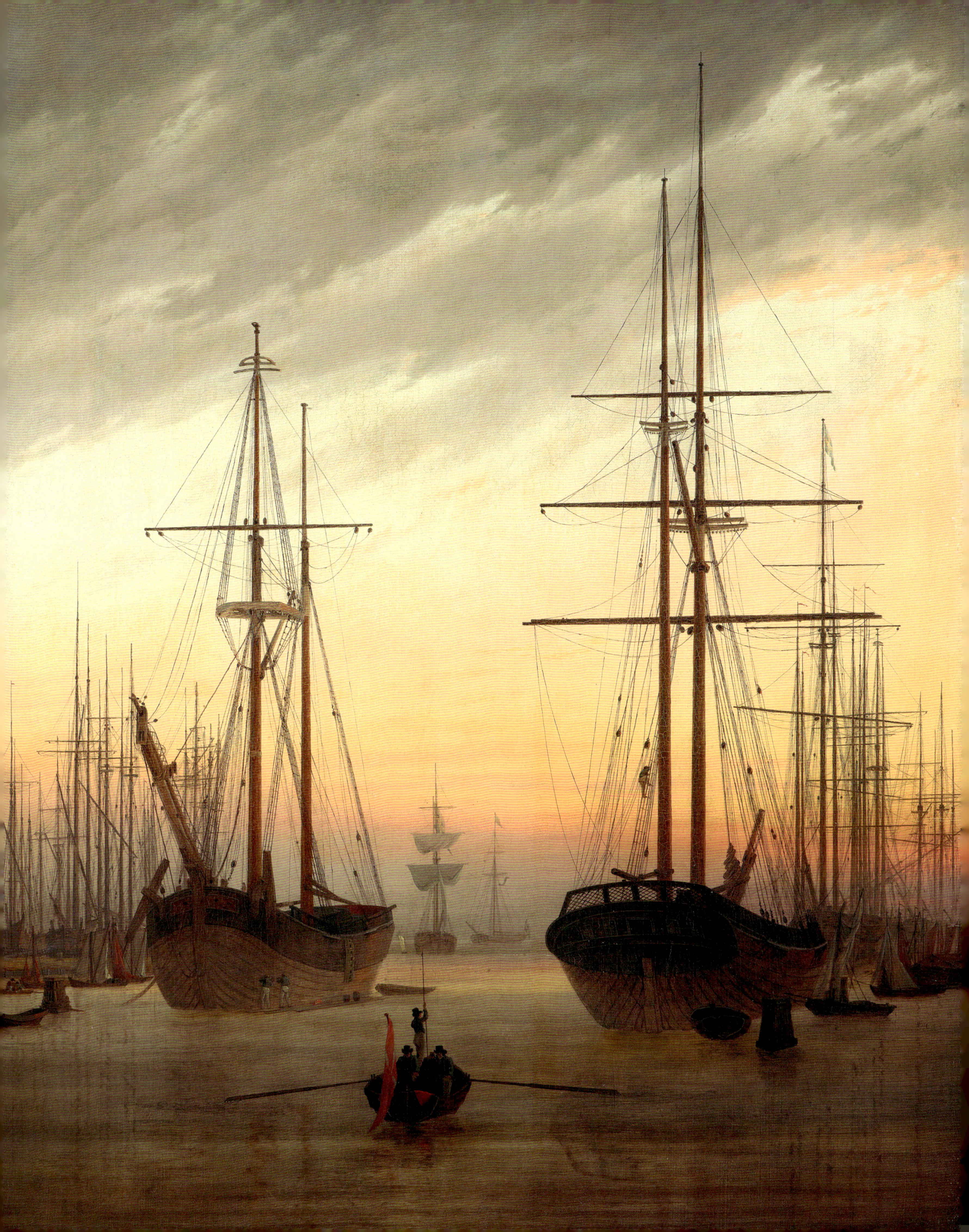

die aquarellierten Zeichnungen **Schonerbrigg im Hafen** (Abb. S. 94) und **Zweimaster im Greifswalder Hafen** (Abb. S. 94) aneinanderfügte und mit dem Sonnenlicht und den Nebelfeldern eine romantische Atmosphäre erzeugte. Friedrich formte eine als himmlisch-visionär und schön zu bezeichnende Hafenszene im Gegenlicht, wie sie auch Claude Lorraine als antikisierend-verklärende Ideallandschaft und in dessen Nachfolge William Turner für seine Bilder der 1810er Jahre anstrebten, ohne dass der Greifswalder Maler davon Kenntnis haben konnte. Letztendlich handelt es sich um eine idealisierte Hafenansicht, für die Friedrichs Geburtsstadt die Anregung gab. Dabei ging es ihm nicht um eine fachgerechte Wiedergabe schifffahrtstechnischer Details, wenngleich er graziös die Taue und Takelage wiedergab, sondern um harmonische, stimmungsvolle Seestücke. Eindrücklich platzierte er die Maste der ankernden Schiffe in harmonischer Abfolge und setzte sie so eng wie einen Fichtenwald oder ein Fahnenmeer vor den leuchtenden Abendhimmel, wobei die beiden Segler im Mittelgrund, die einmal vom Bug und einmal vom Heck her zu sehen sind, den Blick in die Tiefe rahmen, in der zwei weitere Segelschiffe im Hintergrund zu sehen sind. Vorne steuert ein Boot mit zwei Ruderern, einem Lotsen und einem Paar – ein Mann und eine Frau – als Passagiere dem Abendrot entgegen. Die Szene wird über die Wiedergabe einer Hafenansicht hinaus in einer christlich-allegorischen Ebene dahingehend interpretiert, dass der abendliche Hafen als Sinnbild für den Übergang des Menschen aus dem Diesseits in das Jenseits gedeutet wird. Die im Hintergrund einlaufenden Schiffe verweisen auf das Ende der irdischen Existenz, während das auslaufende Ruderboot die frommen Menschen

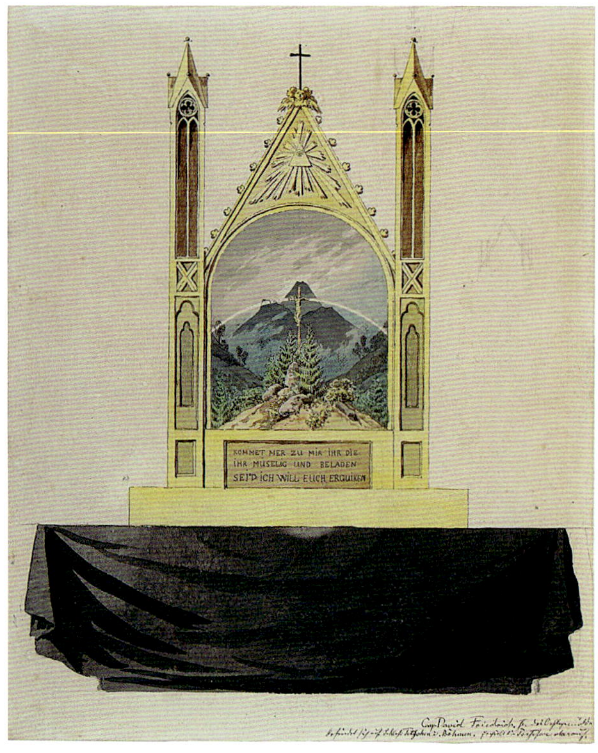

links: Altarentwurf mit der Komposition zum Kreuz im Gebirge, um 1817, Feder und Pinsel in Schwarz, 20,7 x 27 cm, Kupferstich-Kabinett, Dresden

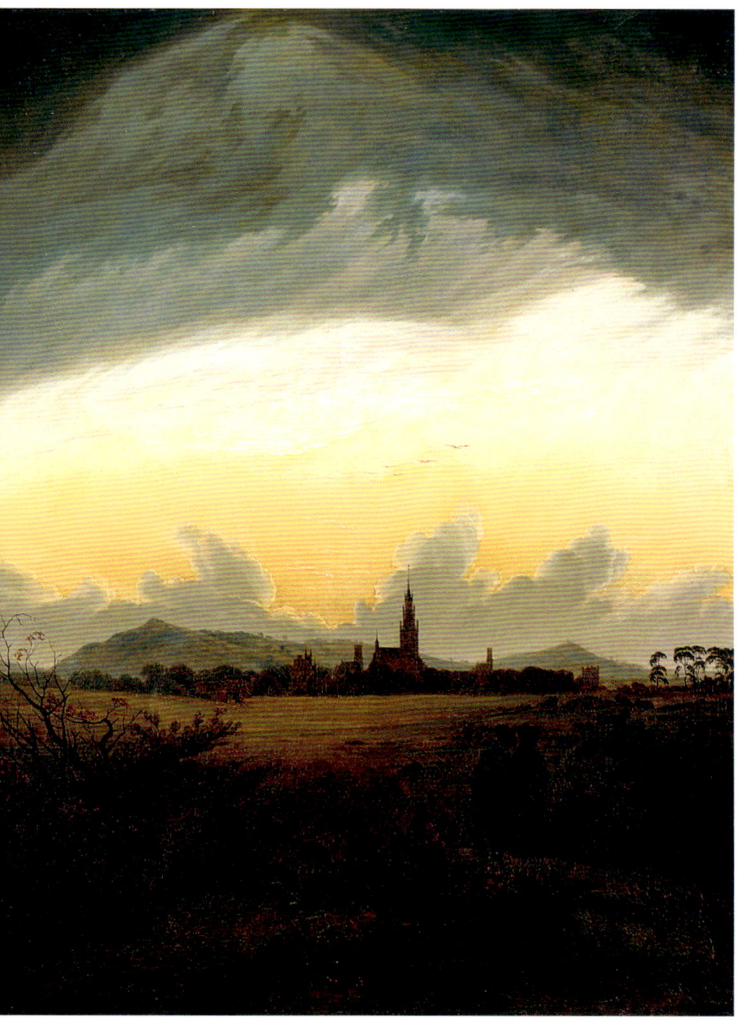

links unten: Neubrandenburg, um 1816/17, Öl auf Leinwand, 92 x 71,5 cm, Pommersches Landesmuseum, Greifswald

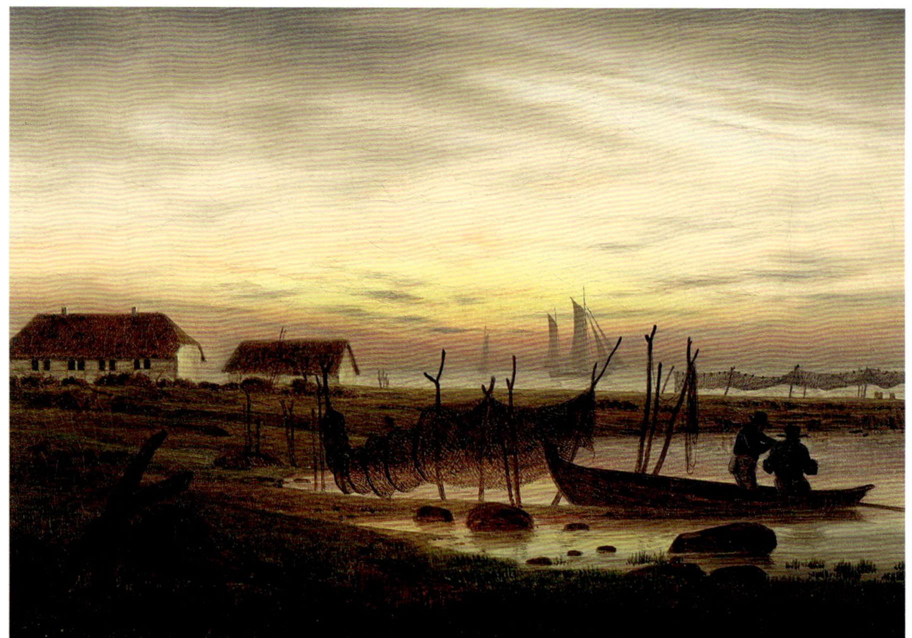

Küstenlandschaft im Morgenlicht, um 1817, Öl auf Leinwand, 22 x 31 cm, Museum Behnhaus Drägerhaus, Lübeck

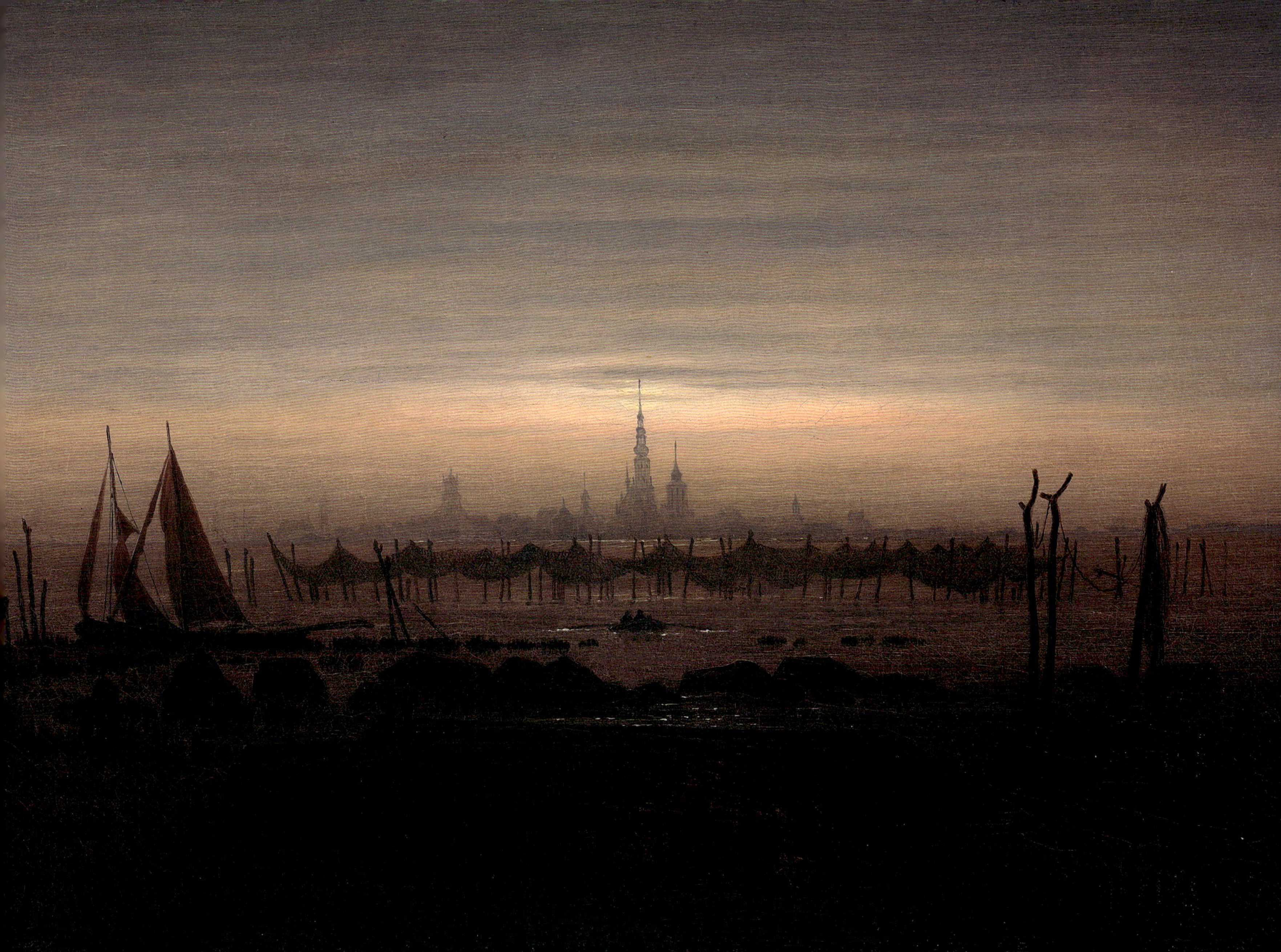

der Wiederauferstehung und dem Ewigen Leben zuführt.

Das spektakuläre Werk stellte Friedrich in Berlin aus. Dort erwarb es der preußische König und schenkte es Kronprinz Friedrich Wilhelm (IV.) zum 21. Geburtstag. Dieser kaufte auch das ebenfalls präsentierte verschollene Gemälde „Söller vor dem Domplatz im Zwielicht", das an Schinkels „Gotischen Dom am Wasser" von 1813 erinnert haben soll, ein Gemälde, das Friedrich zuvor in Berlin gesehen hatte. Das Bild manifestiert Friedrichs Begeisterung für die gotische Architektur, wie sich schon in den Bildern „Kreuz und Kathedrale im Gebirge" (Abb. S. 89) und „Winterlandschaft mit Kirche" (Abb. S. 87) zeigte.

Selbstverständlich wählte er 1817 auch für seine nicht realisierten Altarentwürfe eine neugotische Rahmung, wie beim **Altarentwurf mit der Komposition zum Kreuz im Gebirge** (Abb. links). Die Neugotik stand bei Friedrich und vielen Zeitgenossen für das Symbol einer religiösen und politischen Erneuerung. In der Stadtansicht **Neubrandenburg** (Abb. links) verlieh Friedrich der Marienkirche einen frei erfundenen gotischen Turm. Die im Gegenlicht gesehene Stadtsilhouette versetzte Friedrich in eine Mittelgebirgslandschaft, womit deutlich wird, dass er keine Vedute von Neubrandenburg anzufertigen beabsichtigte, zumal er zwei weitere gotische Kirchen der Ansicht hinzufügte. Es ging ihm um die Visualisierung einer altdeutschen bzw. einer verklärt-mittelalterlichen Stadt, das Lichtphänomen und die melancholische Stimmung. Interessant sind im Vordergrund neben dem Hünengrab zwei Rückenfiguren in altdeutscher Tracht – ein Motiv, das Friedrich nachfolgend häufiger aufgriff.

Im April 1815 brach der Vulkan Tambora auf der Insel Sumbawa im heutigen Indonesien aus. Er bewirkte eine kurzfristige Klimaverschlechterung durch Abküh-

Greifswald im Mondschein, 1817 oder 1821/22, Öl auf Leinwand, 22,5 x 30,5 cm, Nationalmuseum, Oslo

* Die Vorbilder siehe bei Frank Richter: Caspar David Friedrich. Der Landschaftsmaler, Petersberg 2024, S. 394, 395.

lung auf der gesamten Erde. Die Folgen waren heftige Regenfälle, Überschwemmungen und Kälteeinbrüche, die auch Friedrich in seinen Briefen beschrieb. Der Vulkanstaub verdüsterte das Sonnenlicht. Missernten beschleunigten die Inflation.

1816 geriet Friedrich vielleicht aufgrund dieser Situation in eine Schaffenskrise. Seine Bildproduktion war gering. Nachdem er die sächsische Staatsbürgerschaft angenommen hatte, stellte er einen Antrag beim sächsischen König um Mitgliedschaft in der Sächsischen Akademie der Künste. Daraufhin wurde er am 4. Dezember 1816 zum Akademiemitglied ernannt und erhielt ein Gehalt von 150 Talern im Jahr, was demjenigen eines Schulmeisters entsprach.

Vielleicht als Folge der Lichteffekte, die durch die Vulkanasche verursacht wurden, malte Friedrich in den Jahren 1816 bis 1818 das Thema „Meer" bevorzugt in Verbindung mit düsteren visionären Sonnenuntergängen oder im Mondlicht. In seinen Seestücken variierte er den Blick ins Meer mittels Staffagefiguren, Segelschiffen, Fischernetzen oder Stadt- und Landschaftsansichten.

Besonders eindrücklich ist die Wirkung des verhangenen Lichts, als nächtliche Szene interpretiert, in der kleinen Ansicht **Greifswald im Mondschein** (Abb. S. 97). Wie eine Fata Morgana, der Lagunenstadt Venedig entsprechend, inszeniert Friedrich seine Heimatstadt, die von einer malerischen Seenlandschaft umgeben scheint. Der Mond spiegelt sich im Meer, an dessen Ufer die Fischer ihre Netze zum Trocknen aufgehängt haben. Für die Vedute griff Friedrich bis ins Detail auf seine um 1806 entstandene Zeichnung mit der von Westen gesehenen Stadt zurück. Links steht die Marienkirche, dann folgen das Rathaus, die Nikolai- und die Jakobikirche. Die Turmspitze des in der Bildmitte platzierten Doms St. Nikolai teilt den Vollmond in zwei Hälften. Oder handelt es sich um die durch den Vulkanstaub verdüsterte Sonne?

Motivisch schließt sich die märchenhaft-mystische Ansicht **Stadt bei Mondaufgang** (Abb. rechts) an. Durch das Hochformat und den zentral platzierten Vollmond wird der Blick auf die Fantasiebauwerke im gotischen Stil fokussiert. Stimmungsvoll spiegeln sich das späte Abendrot und der Mond im Fluss, vor dem sich die Umrisse der Fangvorrichtung der Fischer – Netze und Korbreusen – und ein mächtiger Anker abzeichnen. Durch die Betonung der schlanken Kirchtürme und den Anker als Zeichen der Hoffnung wird die Stimmungslandschaft sakral überhöht.

Thematisch gehört auch die **Landschaft mit Pergola und Gartentor** (Abb. unten) in die Reihe idyllischer Stadtansichten.* Durch die im Schatten liegende weinberankte

rechts: Stadt bei Mondaufgang, um 1817, Öl auf Leinwand, 45 x 33 cm, Kunstmuseum, Winterthur

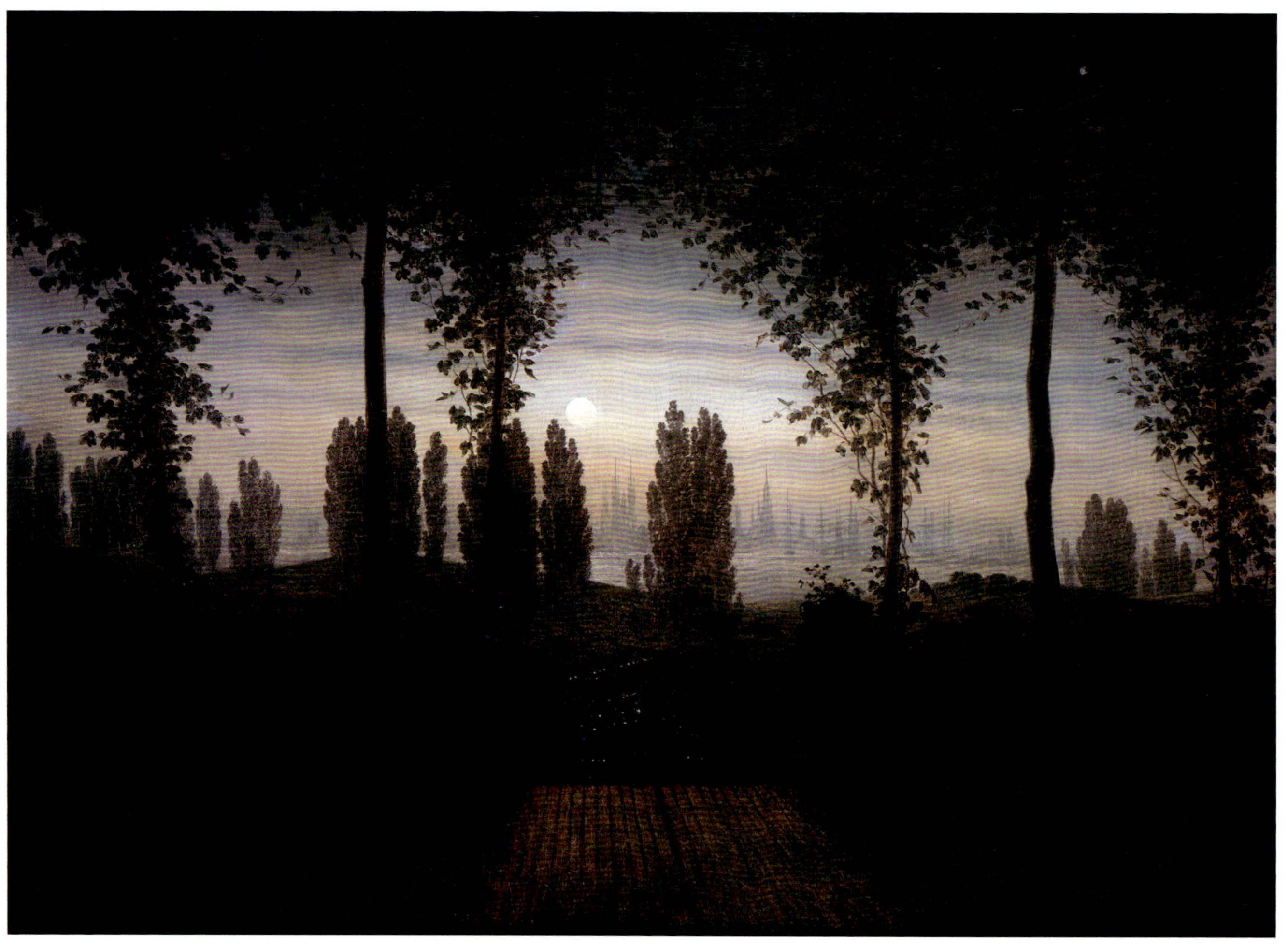

Landschaft mit Pergola und Gartentor, 1817, Öl auf Leinwand, 43,5 x 57 cm, Stiftung Preußische Schlösser und Gärten Berlin-Brandenburg

* Da in die Gartenpforte der Name „Bremer" eingefügt ist, hielt die Forschung das Bild für ein religiös inspiriertes Gedächtnisbild, das an den 1816 verstorbenen Arzt Johann Emanuel Bremer erinnern sollte, der in Berlin die Impfung gegen Pocken einführte. Matthias Lehmann (C. D. Friedrichs „Gedächtnis-Bild". Wer ist der richtige Bremer? In: Mainzer Zeitschrift 104, 2009, S. 183–185) konnte belegen, dass sich der Schriftzug auf den Besitzer des Bildes Carl Bremer bezieht.

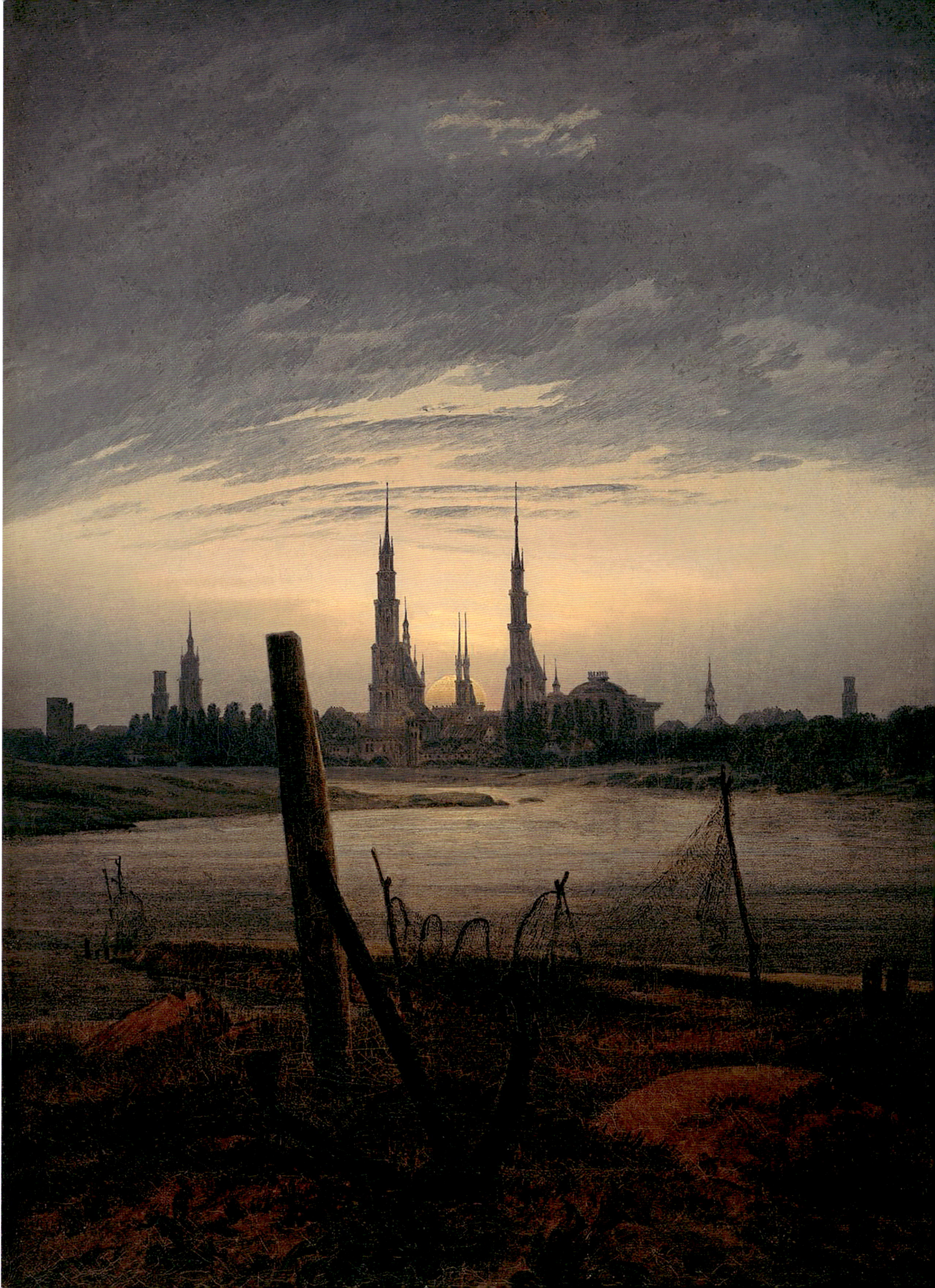

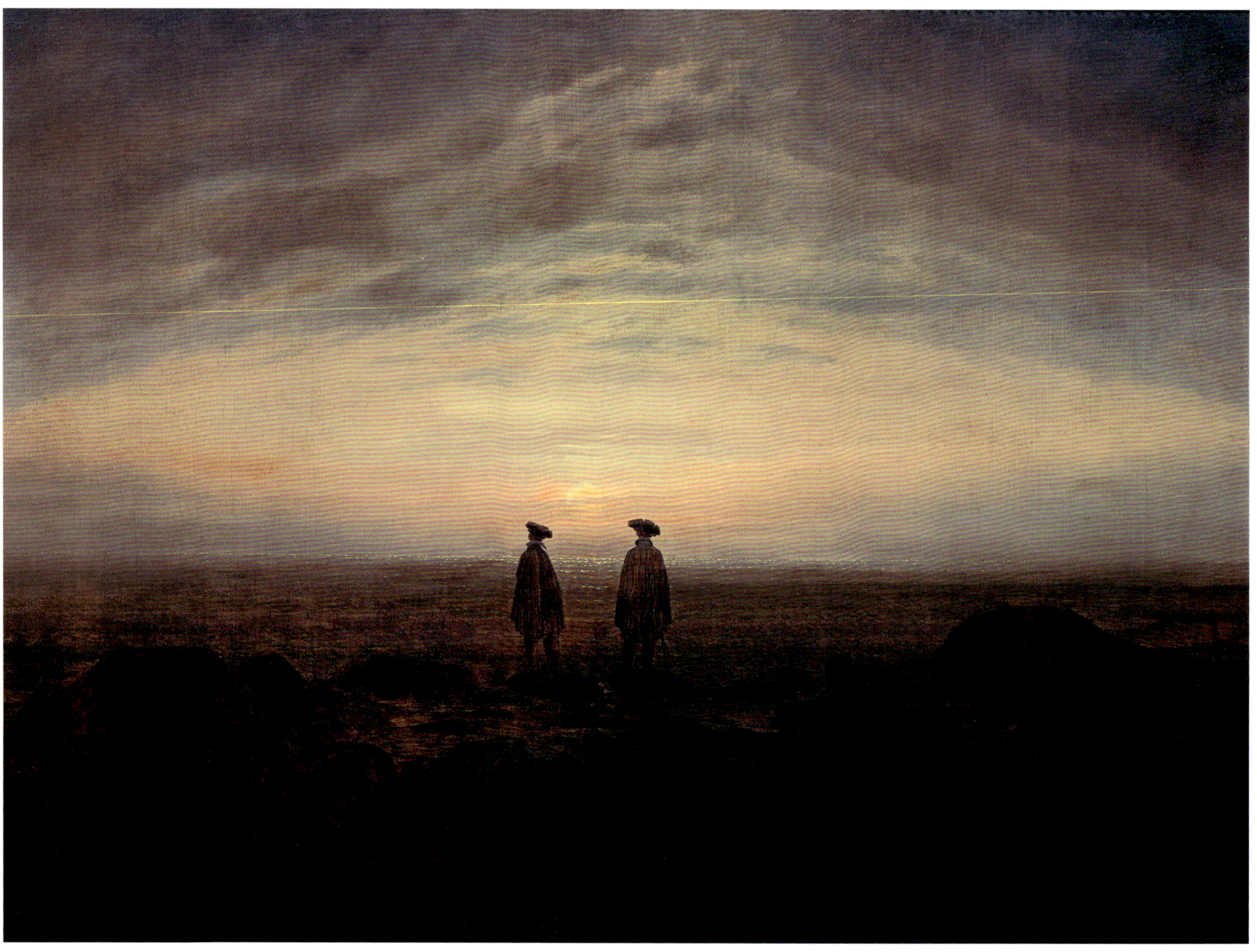

Gartenpergola und die Pappeln am Uferstreifen öffnet sich der Blick auf die vom Mondlicht beschienene, Hoffnung und Zuversicht verbreitetende Hafenstadt, die in der Gestalt eines vermeintlichen Himmlischen Jerusalems mit gotischen Kirchen aufwarten kann und vor der zahllose Segelschiffe im „sicheren Hafen" vor Anker liegen.

Arbeitsgeräte der Fischer – Netze, Reusen, Netzgabeln und einfache Stangen zur Aufhängung – prägen das Ufer der **Küstenlandschaft im Morgenlicht** (Abb. S. 98). Hier werden mit Reet gedeckte Häuser und die zwei Fischer im Boot als Staffagefiguren am sumpfigen Ostseeufer bildwürdig. Friedrich schildert den Beginn des Arbeitstages, untermalt vom stimmungsvollen Farbenspiel am Himmel.

Thematisch knüpfen an die „Küstenlandschaft im Morgenlicht" die Seestücke **Schiffe auf der Reede** (Abb. rechts oben) und **Mondnacht am Strand mit Fischern** (Abb. rechts unten) an, bei denen es sich um Pendants handeln dürfte. Gemeinsam ist den Bildern der Blick von der Insel Rügen auf die Ostsee in einer Vollmondnacht. Die Ansichten verbreiten eine mystische Ruhe bis hin zur Regungslosigkeit. Der Mond spiegelt sich auf der Wasserfläche. Die Hochseeschiffe auf der „Reede" – dem Ankerplatz – liegen bei stiller See vor Anker. Sie richten ihren Klüverbaum Richtung Meer und insbesondere auf den Vollmond aus. Im Bild mit den zwei Fischern, die jeweils eine Stange, einen sogenannten Aalstecher zum Aalfang, halten, segeln die Boote in beschaulicher Bewegung und in ruhigem Gewässer. Die Fischer, die die Tracht des Fischerdorfs Mönchgut auf der Insel Rügen tragen, stehen beim Beobachten der vorbeiziehenden Boote fast regungslos.

Etwa zeitgleich malte Friedrich am Nachtstück **Zwei Männer am Meer bei Mondaufgang** (Abb. oben). Wie beim Seestück „Mondnacht am Strand mit Fischern" fügte Friedrich zwei Rückenfiguren in den Meeresblick ein, nun jedoch als Hauptmotiv und in der Bildmitte platziert. Die Männer blicken aufs Meer, wobei der Vollmond (oder ist es die Sonne?) den Himmel und das Meer zusätzlich beleuchtet.

Die Rückenfigur, die vertieft die Natur betrachtet und in die Ferne blickt, gehört zu Friedrichs originellen Bilderfindungen. Kein anderer Künstler schenkte ihr diese Aufmerksamkeit und wählte die Rückenfigur zum Hauptmotiv. Indem Friedrich die von hinten gesehene Figur in die Bildmitte platzierte, deckt sich der Blickwinkel des Bildbetrachters mit demjenen der Rückenfigur im Bild, die nun zur Identifikationsperson des Betrachters wird. Als Caspar David Friedrich seine „Zwei Männer am Meer" 1817 auf der Dresdner Akademie-

links:
Zwei Männer am Meer bei Mondaufgang, 1817/18, Öl auf Leinwand, 51 x 66 cm, Alte Nationalgalerie, Berlin

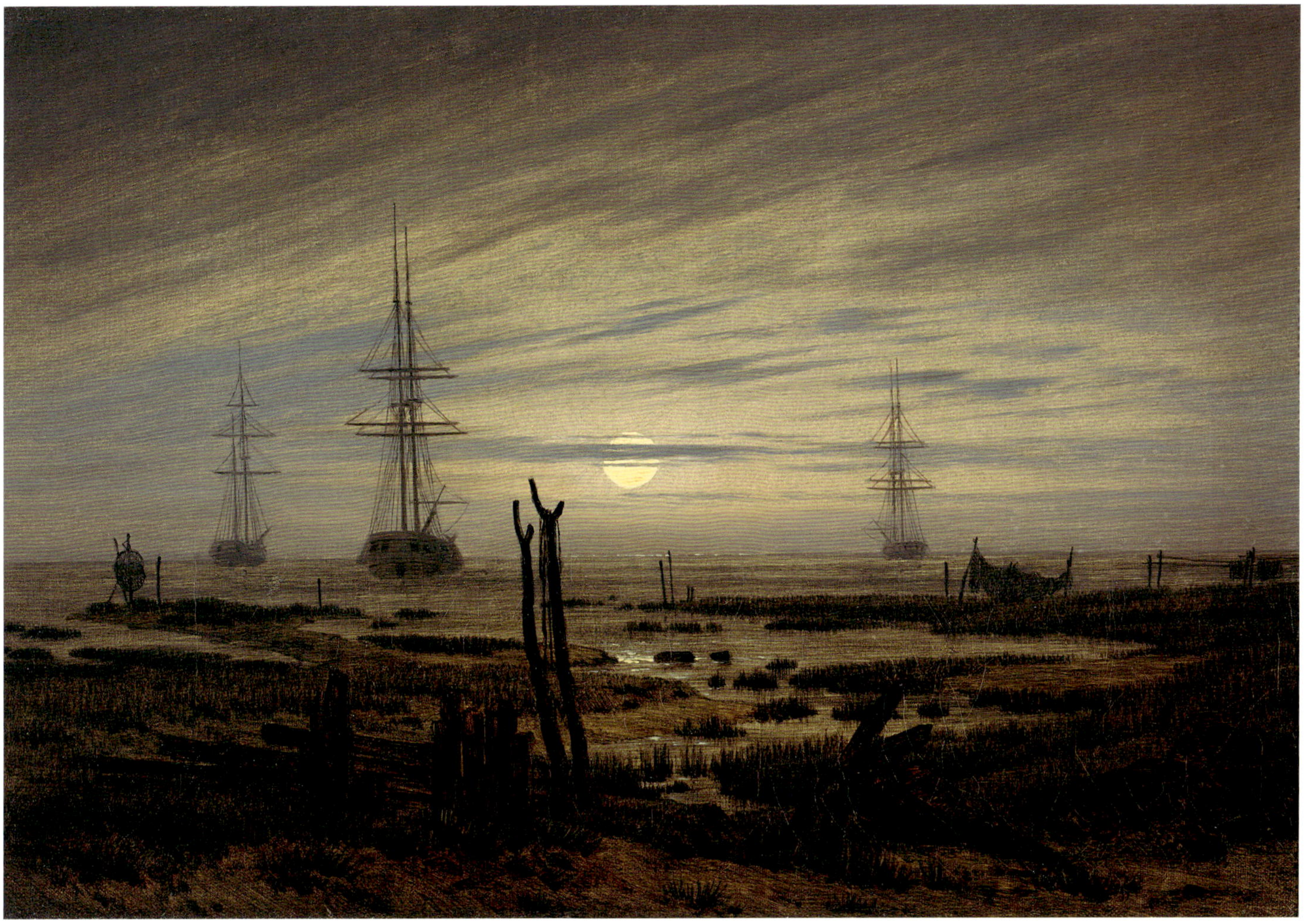

Schiffe auf der Reede, 1817/18, Öl auf Leinwand, 21 x 30 cm, Museum Behnhaus Drägerhaus, Lübeck

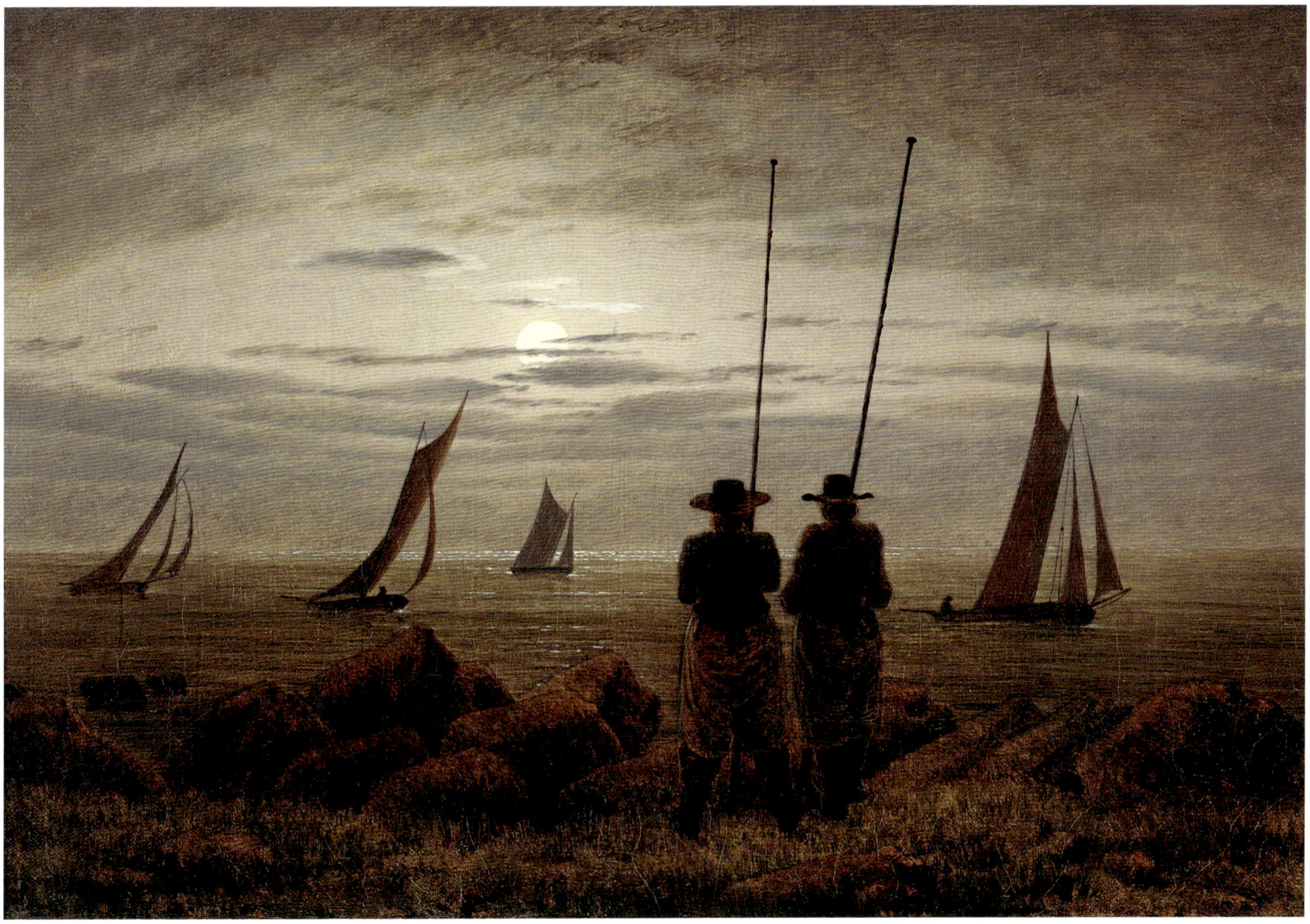

Mondnacht am Strand mit Fischern, 1817/18, Öl auf Leinwand, 21 x 30 cm, Behnhaus Drägerhaus, Lübeck

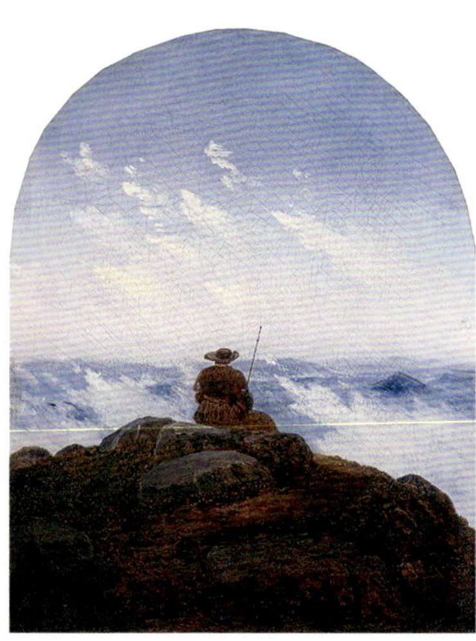

Carl Gustav Carus: Wanderer auf Bergeshöh, Öl auf Leinwand, 43,2 x 33,7 cm, 1818, Art Museum, Saint Louis

rechts: Der Wanderer über dem Nebelmeer, 1818, Öl auf Leinwand, 98 x 74 cm, Hamburger Kunsthalle

Frau vor der untergehenden Sonne, 1817/18, Öl auf Leinwand, 22 x 30 cm, Essen, Museum Folkwang

ausstellung präsentierte, würdigte die Presse die originelle Komposition und die Zauberhaftigkeit der Darstellung. Das Abendrot und die Uferatmosphäre verleihen der Szene eine romantisch-poetische und beruhigende Stimmung.

Friedrich kleidete die auf Ufersteinen stehenden Rückenfiguren in eine altdeutsche Tracht, die sich an der Kleidung der Lutherzeit orientiert: ein Barett als Kopfbedeckung und einen oft dreiviertellangen Umhang. Die Mode kam in der Zeit der Befreiungskriege gegen Napoleon 1811 bis 1815 auf. Sie verband ihre Träger mit dem Freiheitsgedanken, der Einschränkung der Fürstenmacht und der Gewährung der Pressefreiheit. Die „Gesinnungstracht" war unter den Studenten verbreitet und wurde u. a. von den Mitgliedern der 1815 in Jena gegründeten Burschenschaft getragen. Leitfaden der Studentenvereinigung waren Ehre, Freiheit und Vaterland. Die Burschenschaftler trugen eine mittellange schwarze Jacke, ein Hemd mit weißem Kragen und ein Barett. Die Haare waren schulterlang. Das Motiv der deutschen Tracht griff Friedrich in diesem Bild erstmals bei einer bildprägenden Person auf.

Nach den Befreiungskriegen gegen Napoleon herrschte an den deutschen Höfen Revolutionsangst. Die Ermordung des Schriftstellers August von Kotzebue (1761–1819) am 23. März 1819 durch den radikalen Burschenschafter Karl Sand (1795–1820) nahmen die Herrscher noch im selben Jahr zum Anlass für die Karlsbader Beschlüsse mit Maßnahmen zur Überwachung und Bekämpfung liberaler und nationaler Tendenzen. Dabei sprachen sie auch ein allgemeines Verbot der altdeutschen Kleidung aus. Am 1. Dezember 1821 wurde die Tracht für die Studenten der Dresdner Akademie verboten. Friedrich malte sie aber weiterhin.

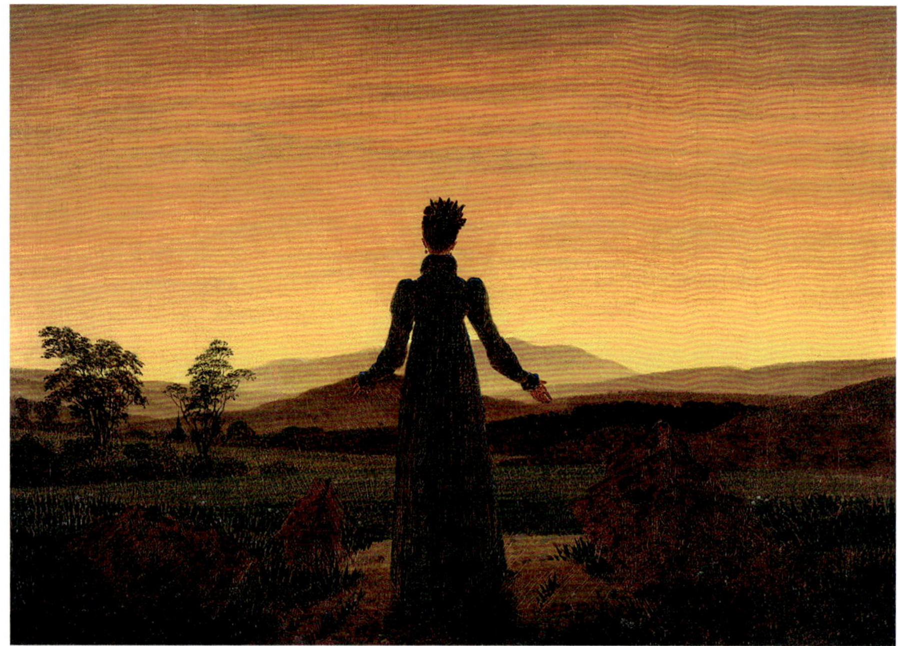

Das Motiv der von hinten gesehenen Hauptperson führte Friedrich in seinem kleinen Nachtstück **Frau vor der untergehenden Sonne** (Abb. unten) in einer Abwandlung weiter. Die Rückenfigur steht als elegant in der Empire-Mode gekleidete Frau mit Ohrringen und mit einer ausgebreiteten Armhaltung in der Bildmitte, umgeben von Felsblöcken, die an frühzeitliche Steinsetzungen erinnern. Sie blickt in Richtung eines Sonnenuntergangs. Die Sonnenstrahlen sind wie beim Tetschener Altar – kaum wahrnehmbar – als gefächerte Segmente ausgeführt. Für die Landschaft wählte Friedrich die Ansicht auf den böhmischen Hohen Schneeberg, vom Waldrand bei Mühlsdorf aus gesehen. Die Interpretation des Bildes ist unklar und nicht eindeutig. So ist in der Literatur umstritten, ob es sich um einen Sonnenuntergang (= Tod) oder um einen Sonnenaufgang (= Hoffnung) handelt. Börsch-Supans interpretiert die Frau als ein Symbol des Glaubens. Eher überzeugt jedoch eine patriotische Deutung, da die Dame in einer vorzeitlichen Steinsetzung steht und wie eine Priesterin ihre Hände zur Sonne ausbreitet.

Am 21. Januar 1818 heiratete Friedrich die 19 Jahre jüngere Caroline Bommer (1793–1847) in der Dresdner Kreuzkirche. Das Ereignis fand ohne seine Verwandtschaft statt, die erst später brieflich unterrichtet wurde. Caroline war die Tochter des Blaufärbers Christoph Bommer, den Friedrich spätestens seit 1804 kannte. Caspar David Friedrich und Caroline Bommer kannten sich wohl seit dieser Zeit und verlobten sich im Jahr 1816. Aus der Ehe gingen drei gemeinsame Kinder hervor. Sohn Gustav Adolf Friedrich (1824–89) wurde ebenfalls Maler. Die Familie bezog 1820 eine größere Wohnung an der Elbe 33 in Dresden.

Eine „Ikone" der Romantik ist Friedrichs Gemälde **Der Wanderer über dem Nebelmeer** (Abb. rechts). Das Hauptmotiv knüpft als Rückenfigur an die zuvor besprochenen Werke an. Das wohl im Herbst 1818 ausgeführte Gemälde steht singulär während dieser Schaffensperiode, da Friedrich seit seiner Heimatreise im Sommer 1815 Sonnenauf- oder -untergänge sowie Seestücke als Motive bevorzugte. Es ist daher anzunehmen, dass Friedrich von den Bildern seines Freundes Carl Gustav Carus beeinflusst war, der im Sommer 1818 das kleine Gemälde „Wanderer auf Bergeshöh" (Abb. links oben) malte, von dem Friedrich begeistert war. Carus beschrieb sein Bild wie folgt: „Tritt denn hin auf den Gipfeln des Gebirges, schau hin über die

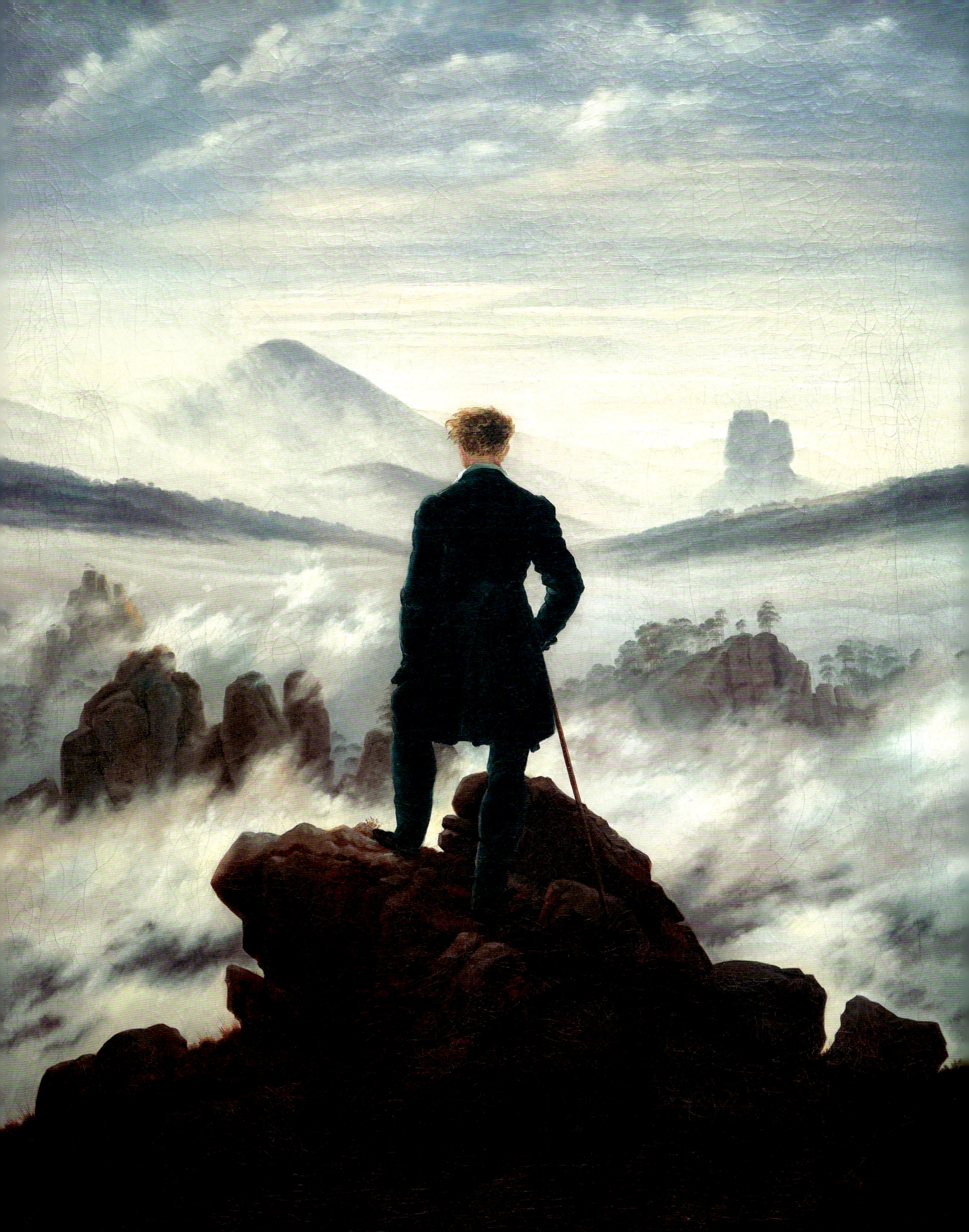

* Zitiert nach Markus Bertsch: Winterlandschaft 1811. In: Caspar David Friedrich. Kunst für eine neue Zeit, Katalog Hamburg 2023, S. 198.

** Nach Karl Wilhelm Jähnig sei ein Herr von Brinck dargestellt – der sächsische Kammerherr Friedrich Ernst von den Brincken († 1797) oder der Oberst der Infanterie Friedrich Gotthard von den Brinken († 1802). Zur Diskussion stehen auch Goethe, der 1818 verstorbene Pastor Boll oder ein Gefallener der Befreiungskriege. Das Bild wird auch als Lebensallegorie mit dem Berggipfel als Lebensende, als Gedenkbild für einen Verstorbenen oder als Bildmetapher für Leben und Tod, Diesseits und Jenseits, Glaube und Irrung gedeutet. Da der Wanderer einen Gehrock analog zur altdeutschen Tracht trägt, wäre auch eine politische Deutung denkbar.

rechts: Auf dem Segler, 1818/19, Öl auf Leinwand, 56 x 71 cm, Hermitage, St. Petersburg

langen Hügelreihen, betrachte das Fortziehen der Ströme und alle Herrlichkeit, welche Deinem Blick sich aufthut und welches Gefühl ergreift Dich? – es ist eine stille Andacht in Dir, Du selbst verlierst Dich im unbegrenzten Raume, Dein ganzes Wesen erfährt eine stille Läuterung und Reinigung. Dein Ich verschwindet, Du bist nichts, Gott ist Alles."*

Zweifellos griff Friedrich die Bildidee von Carus auf und setzte sie mit einer markanten Rückenfigur in einem mittelgroßen Format um – harmonisch proportioniert und komponiert, stimmungsvoll in der für Friedrich typischen perfekten Naturwiedergabe ausgeführt. Friedrich malte seine atmosphärischen Fantasielandschaftsansichten so, dass der Betrachter glaubt, sie seien ein topografisches Abbild der realen Situation. Eine ähnliche Nebellandschaft hatte Friedrich bereits 1809/10 in seinem grandiosen Gemälde „Morgen im Riesengebirge" (Abb. S. 84/85) realisiert, das wiederum einen Vorläufer in dem verschollenen patriotischen Ölbild „Der Adler über dem Nebelmeer" gehabt haben dürfte, das Gotthilf Heinrich von Schubert in Friedrichs Atelier 1806 sah. Für die Landschaft des „Wanderers über dem Nebelmeer" nutzte Friedrich Skizzen von spektakulären Felsen- und Landschaftsansichten. Dabei bevorzugte er Motive, die an das Neurathener Felsentor oder den Feldstein (Abb. S. 131, 158) erinnern.

Das berühmte Gemälde zeigt einen Mann mit Wanderstab in einer Rückenansicht. Er trägt eine städtische Kleidung und hat gerade den Berg erklommen. Besonnen und fasziniert steht er auf dem Gipfel eines Basaltberges und genießt den Ausblick auf die fantastische Nebellandschaft, die gleichermaßen sowohl für die Gefahren in der Zukunft als auch für die positiven Lebensperspektiven stehen kann. Friedrich inszeniert die Person wie eine Denkmalsfigur, die zentral auf einem riesigen Sockel platziert ist. Durch die Nahansichtigkeit fühlt sich der Betrachter in die Gebirgslandschaft einbezogen und blickt teilweise auf sie herab, als würde er unmittelbar hinter dem Wanderer auf einem weiteren Felsen stehen, umgeben von der gefahrenvollen, aber faszinierenden und schönen Bergwelt. Das Bildmotiv vereint das Gipfelerlebnis mit dem Einssein mit der Natur, aber auch der Einsamkeit, die dem Wanderer entgegenschlägt, alleine den unwirklichen und menschenleeren Ort betreten zu haben.

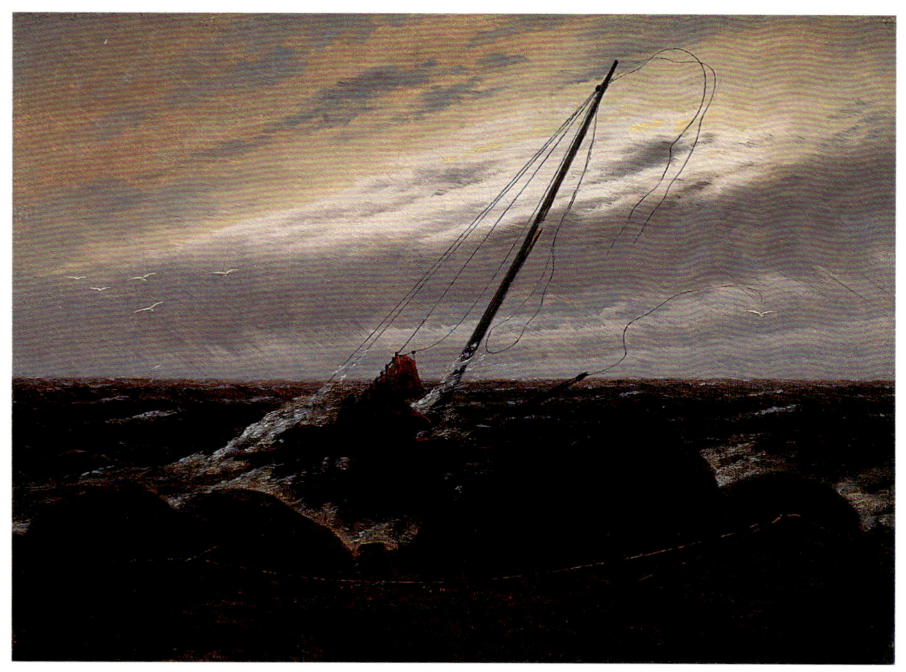

Nach dem Sturm, 1817, Öl auf Leinwand, 22,2 x 30,2 cm, Neue Pinakothek, München

Niemals zuvor hatte ein Maler eine so große Rückenfigur in einer geheimnisvollen Landschaft ins Zentrum der Komposition gestellt. Die Nebellandschaft übernimmt hier die Aufgabe des unendlichen Meeres der zeitgleich entstandenen Seebilder mit der Sonnenuntergangs- und Mondscheinstimmung. Die Rückenfigur lenkt die Aufmerksamkeit des Betrachters in die unendlich scheinende Ferne des Hintergrunds.

In der Kunstwissenschaft wird die Frage nach der dargestellten Person intensiv diskutiert. Bislang fand sich noch keine überzeugende Antwort.** Für die Bildwirkung und -aussage ist dieser Aspekt ohnehin nur nachrangig. Da Friedrich das Werk ohne Auftraggeberschaft ausführte, dürfte er eine anonyme Person oder sich selbst und damit sein eigenes Gipfelerlebnis wiedergegeben haben.

Wenig später malte Friedrich ein Paar als Rückenfiguren **Auf dem Segler** (Abb. rechts). Ein Herr in einer dunkelblauen Kleidung mit altdeutschem Barett und langen Haaren sowie eine Frau in rotem Kleid mit weißem Kragen sitzen auf dem Bug des Segelschiffs und halten sich die Hand. Sie blicken sehnsuchtsvoll in die vom gelben dunstigen Licht dominierte Ferne. Am Ufer im Hintergrund ist die Silhouette einer Fantasiestadt – einer aus Sicht von Friedrichs Zeitgenossen christlichen, mittelalterlichen Idealstadt – mit neugotischen Bauten im Nebel zu sehen, darunter die Doppelturmfassade einer Kathedrale als dominierendes Gebäude. Die Komposition des Bildes ist harmonisch und durch die Nachansichtigkeit und die Aufsicht in das Boot originell, wobei der geneigte Mast mit den aufgeblähten Segeln an die rechte Seite gerückt ist und der Eindruck entsteht, der Betrachter sitze unmittelbar hinter dem Mast im Boot und betrachte das Schiff mit seinem Tauwerk und seiner Gaffeltakelung sowie – am Liebespaar vorbei – die himmlische Stadt. Auch hier handelt es

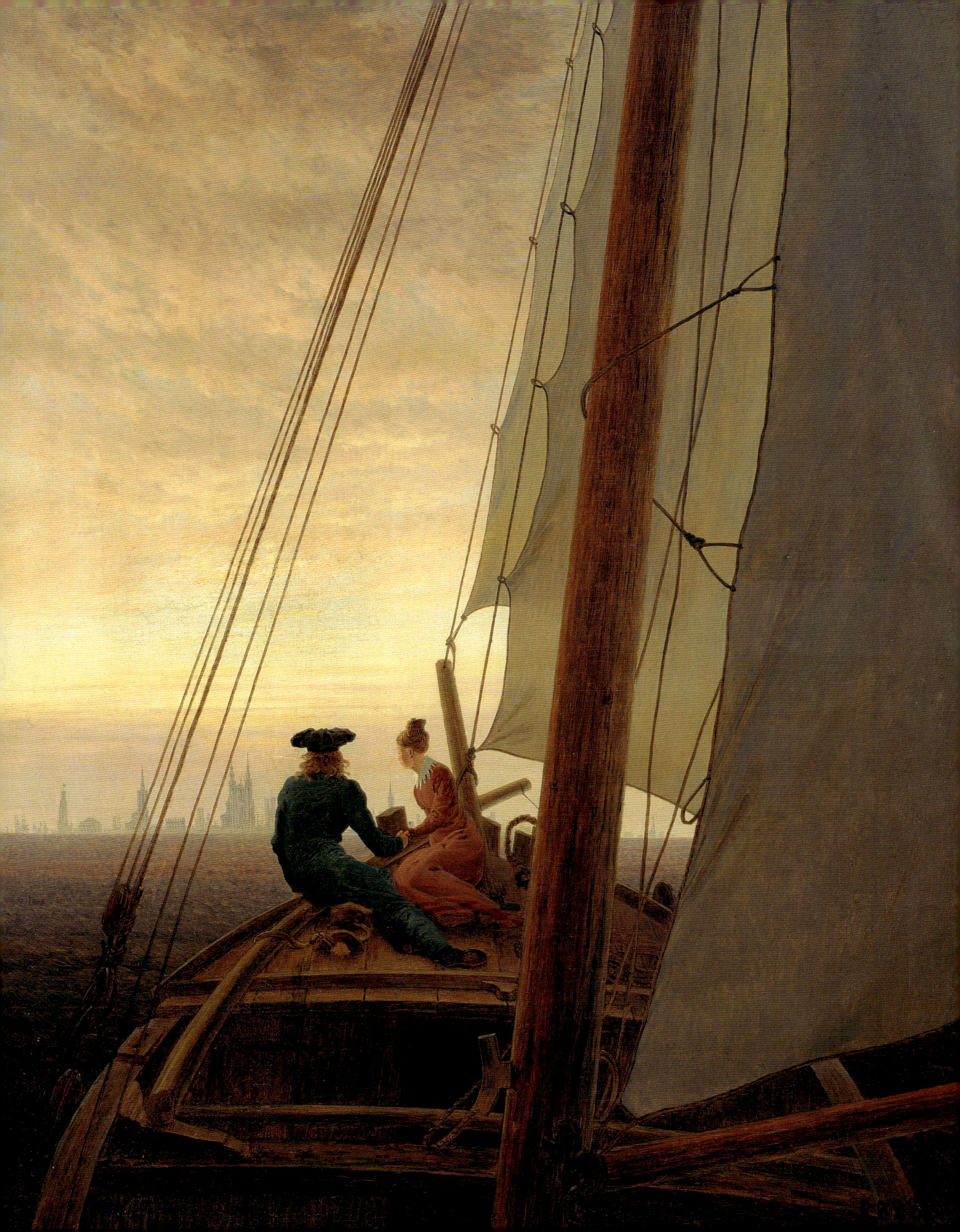

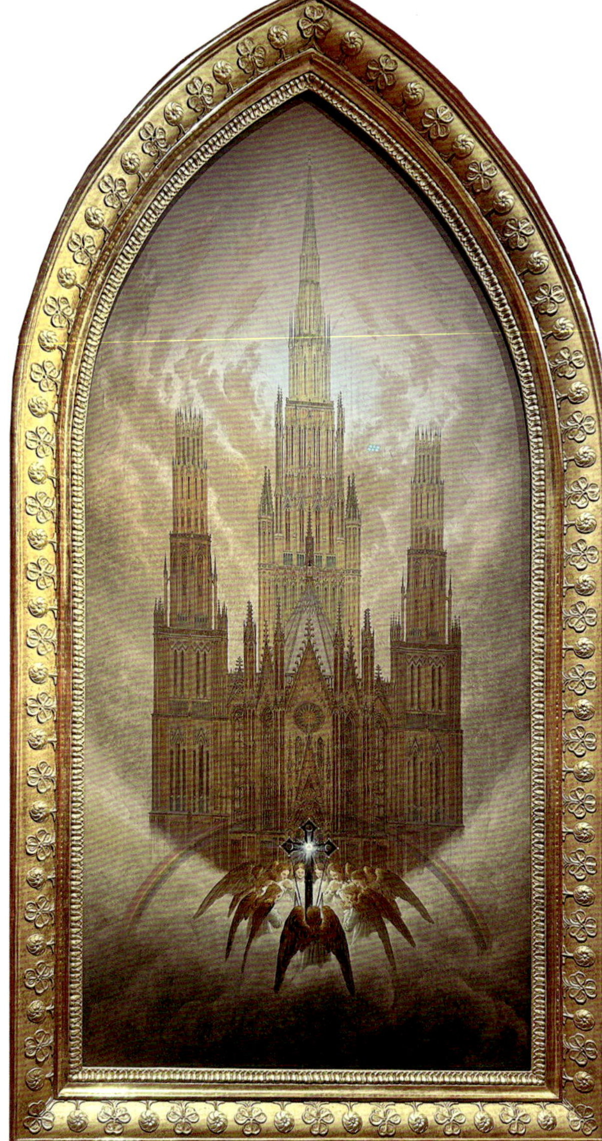

Die Kathedrale, Öl auf Leinwand, um 1818, 152,5 x 70,5 cm, Museum Georg Schäfer, Schweinfurt

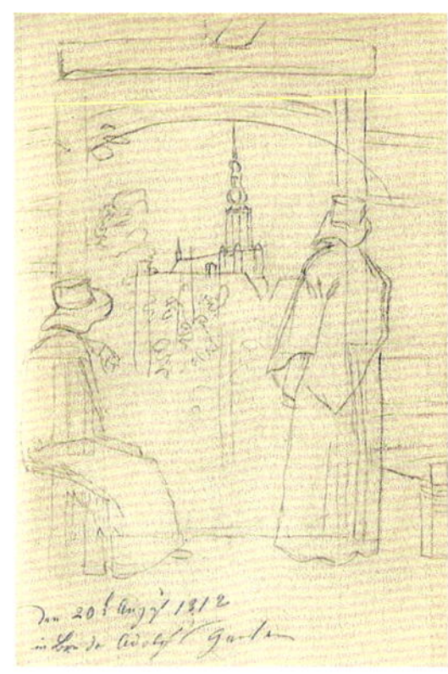

Blick aus einer Laube auf die Nikolaikirche in Greifswald, 20. August 1818, Bleistift, 19,7 x 12,4 cm, Kupferstich-Kabinett, Dresden

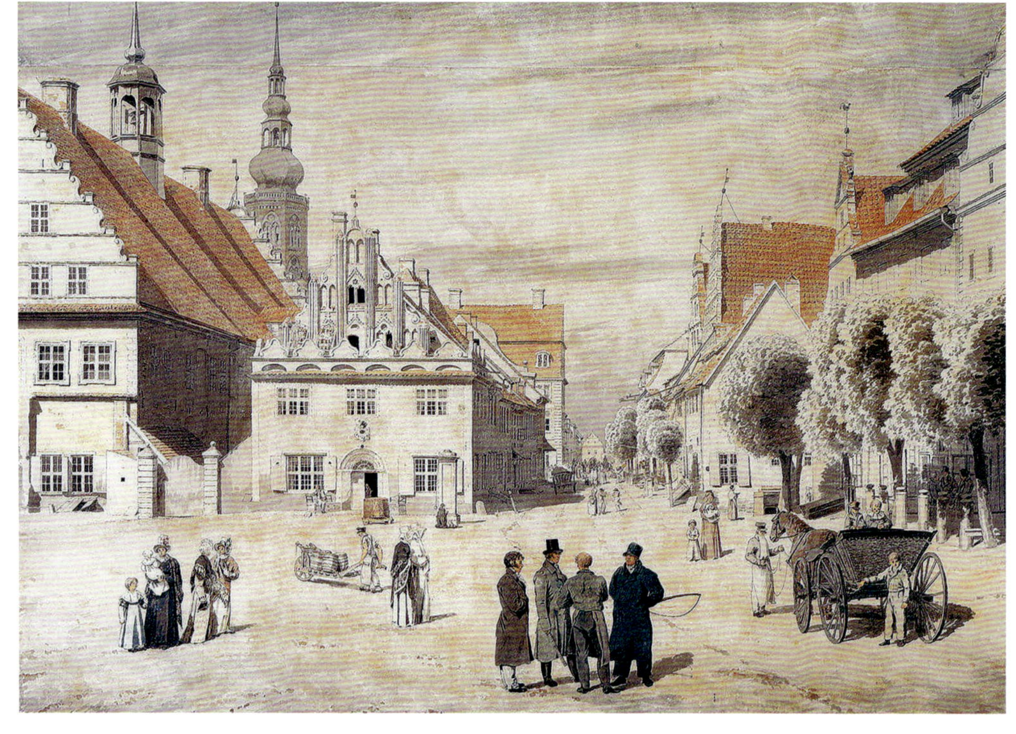

Der Marktplatz von Greifswald mit der Familie Friedrich, 1818, Bleistift, Feder, Aquarell, 54,5 x 67 cm, Pommersches Landesmuseum, Greifswald

sich um den von Friedrich geprägten romantischen Blick, bei dem die Rückenfiguren den Betrachterblick fortführen.

Die Idee zum Gemälde entstand während Friedrichs Reise im Sommer 1818, als er mit seiner Frau Caroline Bommer, begleitet von Bruder Christian und dessen Frau Elisabeth, nach Rügen segelte. Deshalb wird angenommen, Friedrich habe im Bild seine Frau gemalt, die von der Seite im Profil zu sehen ist. Ikonografisch ist das Motiv als „Lebensschiff" zu interpretieren, das in der christlichen Tradition als eine Reise vom Diesseits ins Jenseits verstanden wird. Der Zielhafen wäre die traumhafte idealisierte christlich-mittelalterliche Stadt bzw. der „Ehehafen". Das stimmungsvolle Bild kaufte 1820 Großherzog Nikolai Pawlowitsch, als er Friedrich in seinem Dresdner Atelier besuchte.

Den Blick auf ein Schiffsdeck hatte Friedrich aus einer thematisch anderen Perspektive bereits kurz zuvor, vermutlich 1817, in dem kleinen Ölbild **Nach dem Sturm** (Abb. S. 104) aufgegriffen. Hier setzte er sich erstmals in einem Ölbild mit dem menschlichen Scheitern an der unbändigen Natur – dem Schiffbruch – auseinander, ein in der Romantik häufig gewähltes Bildthema: Das kleine Segelschiff wird ein Spielball der Wellen und zerschellt an den Klippen. Schräg ragt der gebrochene Mast des havarierten Boots in den Himmel. Die Taue und das Segel sind gerissen.

Nachdem Caspar David Friedrich 1816 eine kreative Auszeit genommen hatte, sprühte er bereits im folgenden Jahr und vor allen Dingen von 1818 bis 1824 vor Ideen. Dazu trug der Umstand bei, dass er seit Dezember 1816 Mitglied der Dresdner Akademie geworden war und ein Gehalt von 150 Talern jährlich bezog, sodass er wirtschaftlich relativ unabhängig wurde und eine Familie gründen konnte. Friedrich schuf in den sieben Jahren 90 teilweise herausragende Gemälde, von denen jedoch 34 Bilder verschollen sind.

Wie bereits angesprochen, unternahm das junge Ehepaar Caspar David und Caroline Friedrich im Spätsommer 1818 eine Reise nach Neubrandenburg, Greifswald und Rügen. Anlass war eine Vorort-Besprechung beim Rat der Stadt Stralsund, die zwischen dem 4. und 8. August 1818 stattfand. Friedrich war wegen seines Ausstattungsentwurfs für die dortige Marienkirche geladen worden. Die Reise nutzte der Maler, um seine Frau den Verwandten vorzustellen.

Im Rahmen der Reise entstand das Aquarell **Marktplatz von Greifswald mit der Familie Friedrich** (Abb. links). Friedrich erweist sich hier als hervorragender Architektur- und Figurenmaler. Er beherrschte die exakte Wiedergabe der prächtigen spätgotischen und Re-

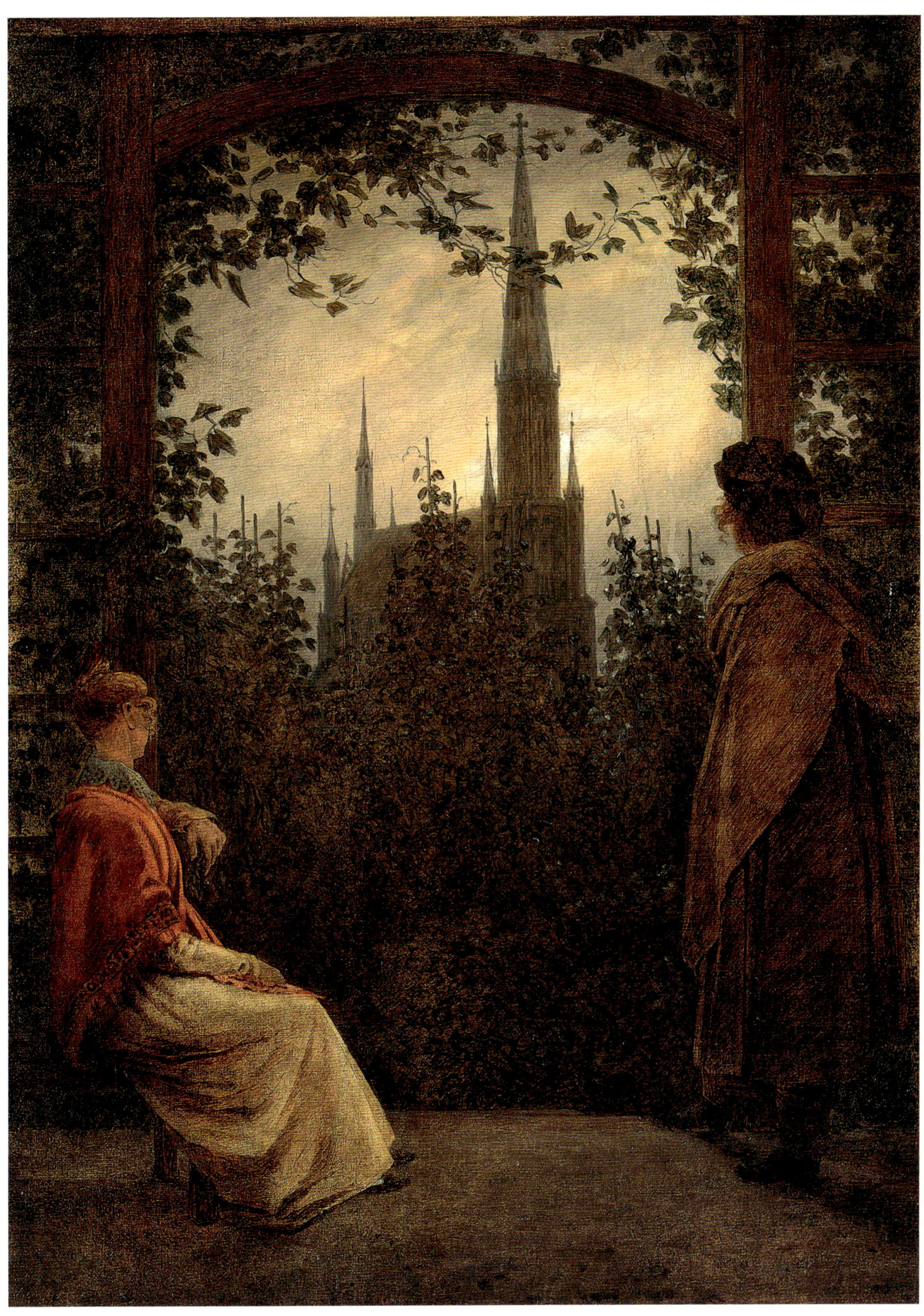

Gartenlaube, 1818, Öl auf Leinwand, 21,5 x 30 cm, Neue Pinakothek, München

naissance-Giebelhäuser und der Fluchtperspektive. Friedrichs Bestreben, sich vom Klassizismus abzusetzen, der als französisch dominiert galt, und seine Hinwendung zum christlichen Glauben äußert sich insbesondere in der Darstellung der gotischen Architektur, wie vielfach bereits in den Stadt- und Kathedralansichten sowie seinen Altarentwürfen mit neugotischer Rahmung zu sehen war. Das visionäre Gemälde **Die Kathedrale** (Abb. links oben) ist eine seltene großformatige Architekturdarstellung Friedrichs, die auf strenge Symmetrie und gotische Einzelformen aufbaut. Wie bei seinen Landschaften setzte der Maler das als Ideal-Bauwerk anzusprechende Objekt aus mehreren Einzelmotiven zusammen. So entspricht der chorähnliche Bau zwischen den Westtürmen, die wie Chorflankentürme wirken, der ab 1425 errichteten Fürstenkapelle des Meißner Doms. Den Vierungsturm übernahm er in wesentlichen Teilen von der Kathedrale von Salisbury, die durch zahlreiche Grafiken bekannt war. Mit Hilfe eines Regenbogens trennte der Maler die Architektur von einem Chor aus Engeln im Vordergrund. Die Boten Gottes versammeln sich um ein Kreuz als Zeichen Christi und der Vereinigung von Himmel und Erde. In der Kreuzung von Längs- und Querbalken sitzt ein Dreieck als Symbol der Dreifaltigkeit, von dem ein starkes Licht ausgesendet wird.

Die symbolische Bedeutung der gotischen Architektur wird auch in dem 1820 vom russischen Großfürsten Nikolaus erworbenen Nachtstück **Die Schwestern auf dem Söller am Hafen** (Abb. unten) anschaulich. Bei einem surreal wirkenden, rot bis gelb verfärbten dunstigen Himmel blicken zwei weibliche Rückenfiguren in einem modischen Empire-Kleid über die Brüstung eines Altans, auf dem sie stehen, in einen Hafen und zu einer imposanten gotischen Kirche, an die sich links ein weiterer Kirchturm anschließt. Die Situation entspricht der Marktkirche mit ihren Doppeltürmen im Osten und Westen und dem Roten Turm in Halle an der Saale – eine Stadt, die Friedrich während seiner Harzreise 1811 gesehen haben dürfte. Wiederum nahm Friedrich eine Gotisierung der Kirchen vor; insbesondere ersetzte er die barocken Hauben der Osttürme durch gotische Aufsätze. Die markante Brücke zwischen den Türmen behielt er bei.

Die Abwandlung der Architektur hin zu gotischen Bauformen veranschaulicht die ideologische Bedeutung, die der Gotik beigemessen wurde. Aus der Rückschau idealisierten Friedrich und seine Zeitgenossen das Mittelalter als kulturelle Größe der Deutschen und verklärten es als Epoche, in dem Staat und Kirche auf fruchtbare Weise eine Einheit gebildet hätten. Als sichtbarstes Zeichen dieser Einheit galt der gotische Dom.

Im Bild **Gartenlaube** (Abb. S. 107) malte Friedrich im selben Jahr erneut eine gotische Kathedrale, hinter der der Vollmond emporsteigt und die von Blättern der Gartenlaube und von Hopfenblättern gerahmt wird. Durch die Lichtinszenierung hebt Friedrich den gotischen Kirchturm hervor. Zugleich arrangiert er sein hoffnungsvolles christlich-patriotisches Stimmungsbild in zwei Ebenen: den transzendenten Hintergrund und die irdische Gegenwart mit einer privaten Genreszene vorne. Links sitzt eine junge Frau; rechts steht ein Mann mit Mantel und Barett – beide in altdeutscher Tracht gekleidet und den Blick zur Kirche gewendet. Sie leiten mit ihrer Haltung den Blick des Betrachters zum „gotischen Dom". Das Gemälde ist ein Freundschaftsbild für den evangelischen Theologen Johann Christian Finelius (1787–1846), ein Jugendfreund Friedrichs, dem der Maler das Bild schenkte. Die Idee geht auf ein gemütliches Beisammensein im Garten von Friedrichs ältestem Bruder Adolf in der Fettenvorstadt, einem Vorort von Greifswald, am 17. August 1818 zurück, als sich Finelius und Friedrich mit ihren Frauen bis 22 Uhr in der Gartenlaube aufhielten und den bezaubernden Blick auf den Dom St. Nikolai genossen. Die Situation hielt Friedrich als Ideenskizze **Blick aus einer Laube auf die Nikolaikirche in Greifswald** (Abb. S. 106) wenige Tage später, am 20. August, fest. Dabei zeichnete er die Nikolaikirche mit dem noch heute bestehenden barocken Turmaufsatz, den er für die Ölfassung in gotische Formen abwandelte.

Selbstverständlich wurde auch die Ansicht **Greifswalder Hafen** (Abb. rechts) durch seinen Heimatbesuch angeregt. Das Motiv ist mit dem Bild „Ansicht eines Hafens" (Abb. S. 95) von 1815/16 eng verwandt. Zur Beurteilung des

*rechts:
Greifswalder Hafen/
Schiffe im Hafen von
Greifswald, 1818/19,
Öl auf Leinwand,
94 x 74 cm, Alte Nationalgalerie, Berlin*

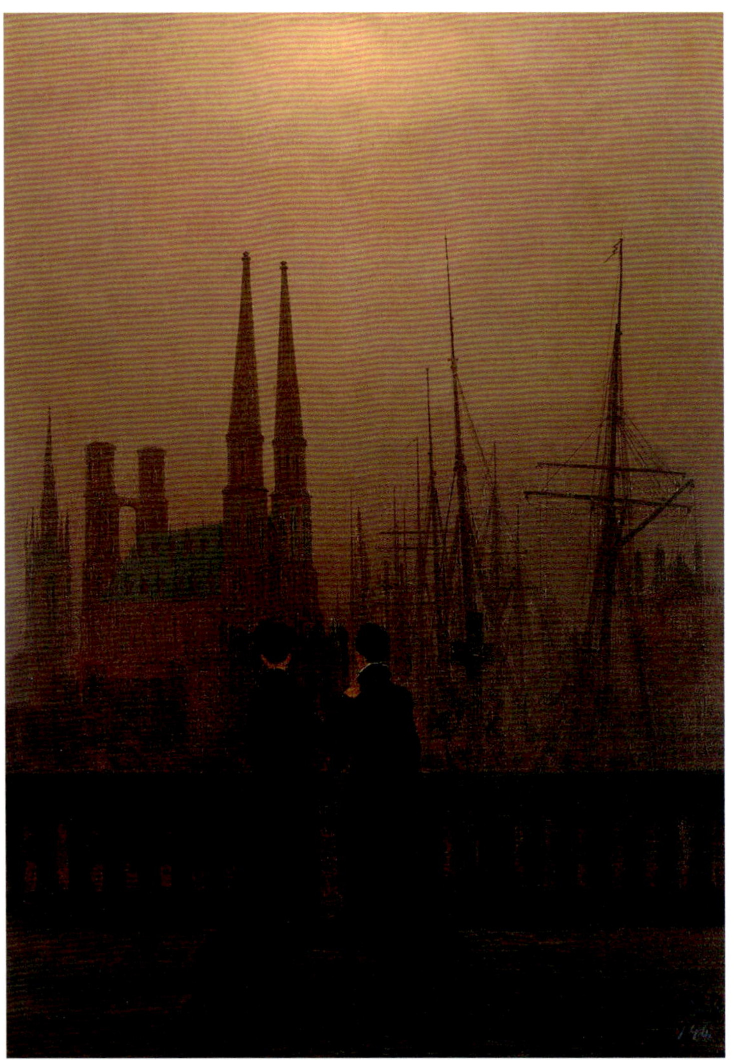

*links:
Die Schwestern
auf dem Söller am
Hafen, 1818/19,
Öl auf Leinwand,
74 x 52 cm,
Hermitage,
St. Petersburg*

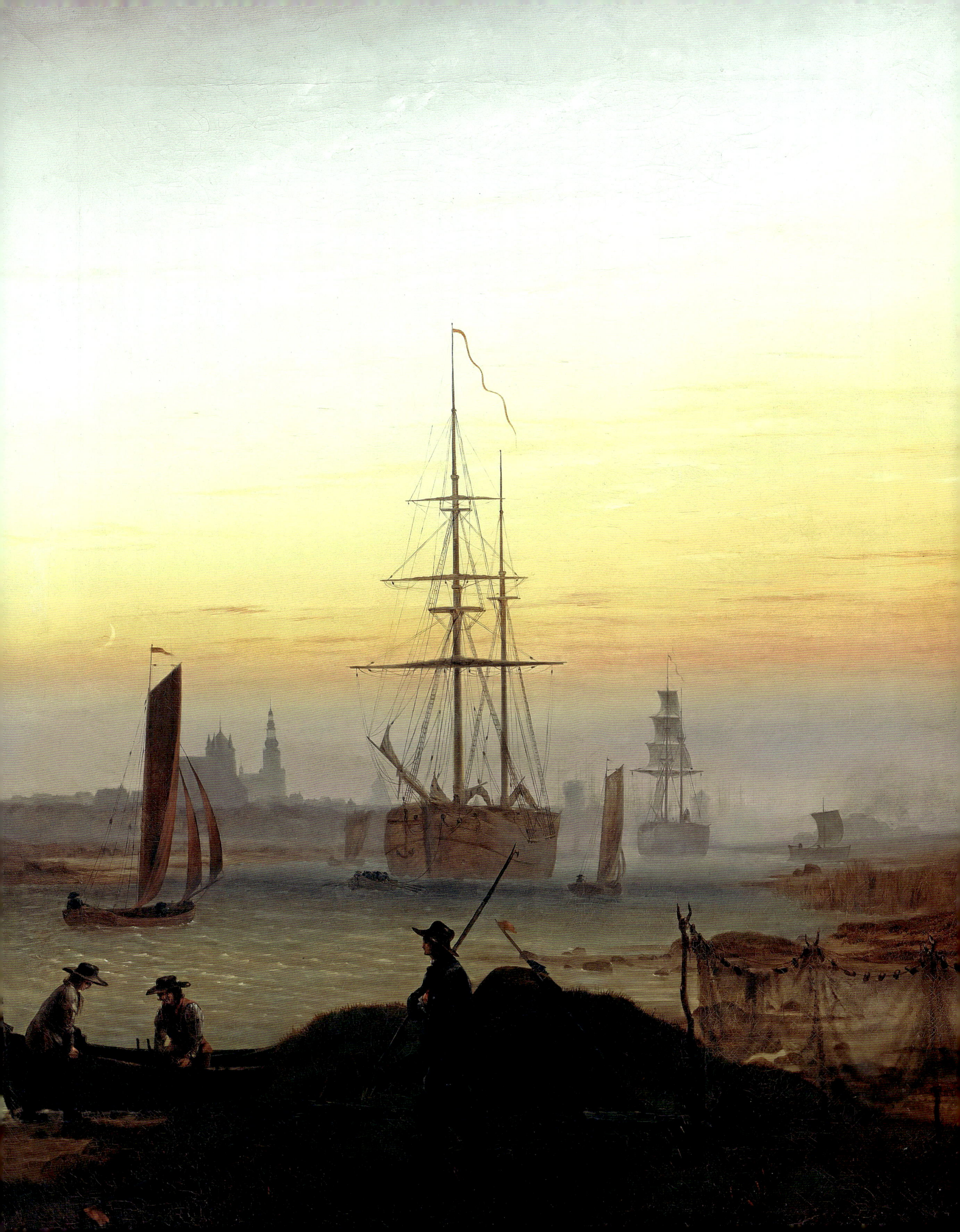

relativ großformatigen jüngeren Gemäldes ist von Belang, dass die kompositorisch störenden Personen und das Boot links im Vordergrund erst nachträglich hinzugefügt wurden und nicht von Friedrich stammen. Von daher nähern sich die Hafenansicht von 1815/16 und diejenige von 1818/19 durch den gelben Himmel und die Darstellung großer silhouettenbetonter, zumeist vor Anker liegender Segelschiffe an. Die größten Unterschiede betreffen die stärkere Tiefenstaffelung der Einzelmotive in der jüngeren Version und der lokale Bezug durch die Wiedergabe der exakten Stadtsilhouette von Greifswald mit den mächtigen Kirchen St. Marien, St. Nikolai und St. Jacobi, weshalb das Werk mit Frau Justizrat Kirchhof einen ersten Besitzer in Greifswald fand. Sehr wahrscheinlich handelt es sich um eine Auftragsarbeit, für die die genaue Wiedergabe der Topografie, was bei Friedrichs Ölbildern in dieser Zeit eher unüblich war, gewünscht wurde.

Selbst bei der Ansicht der Kreidefelsen von Arkona auf dem akkurat gemalten Bildchen **Frau am Strand von Rügen** (Abb. unten) begnügte sich Friedrich nicht mit der „reinen" Landschaftswiedergabe, sondern fügte neben den Segelbooten, aufgehängten Fischernetzen und dem steinigen Strand bei Ruschvitz (nach einer Bleistiftzeichung vom 9. August 1818 im Nationalmuseum in Oslo) eine liegende Frau im Vordergrund hinzu, die die bei Friedrich typische Funktion einer Rückenfigur übernimmt und den Seglern nachschaut.

Zwar sind Friedrichs Gemälde unsigniert und nicht mit einem Datum versehen. Vieles deutet jedoch darauf, dass er nach der Vorpommern-Reise in seinem Tatendrang explodierte und eine Reihe hochkarätiger Werke schuf. Dazu gehört neben dem „Wanderer über dem Nebelmeer" wahrscheinlich auch das berühmte Landschaftsbild **Kreidefelsen auf Rügen** (Abb. rechts) – ein weiteres Hauptwerk der deutschen Romantik, das auf Zeichnungen beruht, die Friedrich am 11. August 1815 anfertigte (Abb. und nähere Ausführungen siehe S. 12). Der hintere Segler geht auf Studien von Segelschiffen vom 6./7. August 1818 im „Osloer Skizzenbuch" zurück.

Friedrich malte den spektakulären Blick vom oberen Rand der Steilküste auf die weißen Felsen des Kliffs der Kleinen Stubbenkammer und das ruhige Meer bei herrlichem Sonnenschein. Im Vordergrund und gefährlich nah am Abgrund in die Tiefe halten sich drei städtisch gekleidete Touristen auf. Während sich links eine Frau in einem eleganten roten Kleid am Fuß des Baumstamms festhält und mit der rechten Hand nach unten in Richtung der Klippen zeigt, tastet sich ein Mann in einem blauen Gehrock auf dem Boden bis zum Abgrund vor. Sein Zylinder und Wanderstock lie-

Das erhabene Gefühl, vom Kreidefelsen in die Ferne zu schauen und das Schaudern beim Anblick in die Tiefe, war schon um 1820 zum allgemeinen Topos geworden. 1805 schilderte der Geograph Johann Jacob Grümbke: „Auf diesem Scheitel [des Königstuhls] fühlt man sich in einem ersten Augenblick von einer stummen Bestürzung ergriffen, eine gewisse Furcht beengt die Brust, und der Blick, unvermögend, das Ganze zu fassen, schweift unstet auf dem erweiterten Gesichtskreis umher, bald von den Prospekten der großen Stubbenkammer angezogen, bald furchtsam zur Tiefe des Strandes niedertauchend, bald über des blauen Meeres unendlichen Halbkreis hinfliegend, und umsonst nach einer dämmernden Küste des gegenüberliegenden Schwedens spähend, entdeckt er zuletzt Arkona zur Linken, das sich vor dieser Größe demütig erniedrigt." (Johann Jacob Grümbke: Streifzüge durch das Rügenland, Leipzig 1988, S. 101.)

rechts: Kreidefelsen auf Rügen, 1818, Öl auf Leinwand, 90,5 x 71 cm, Kunst Museum Winterthur

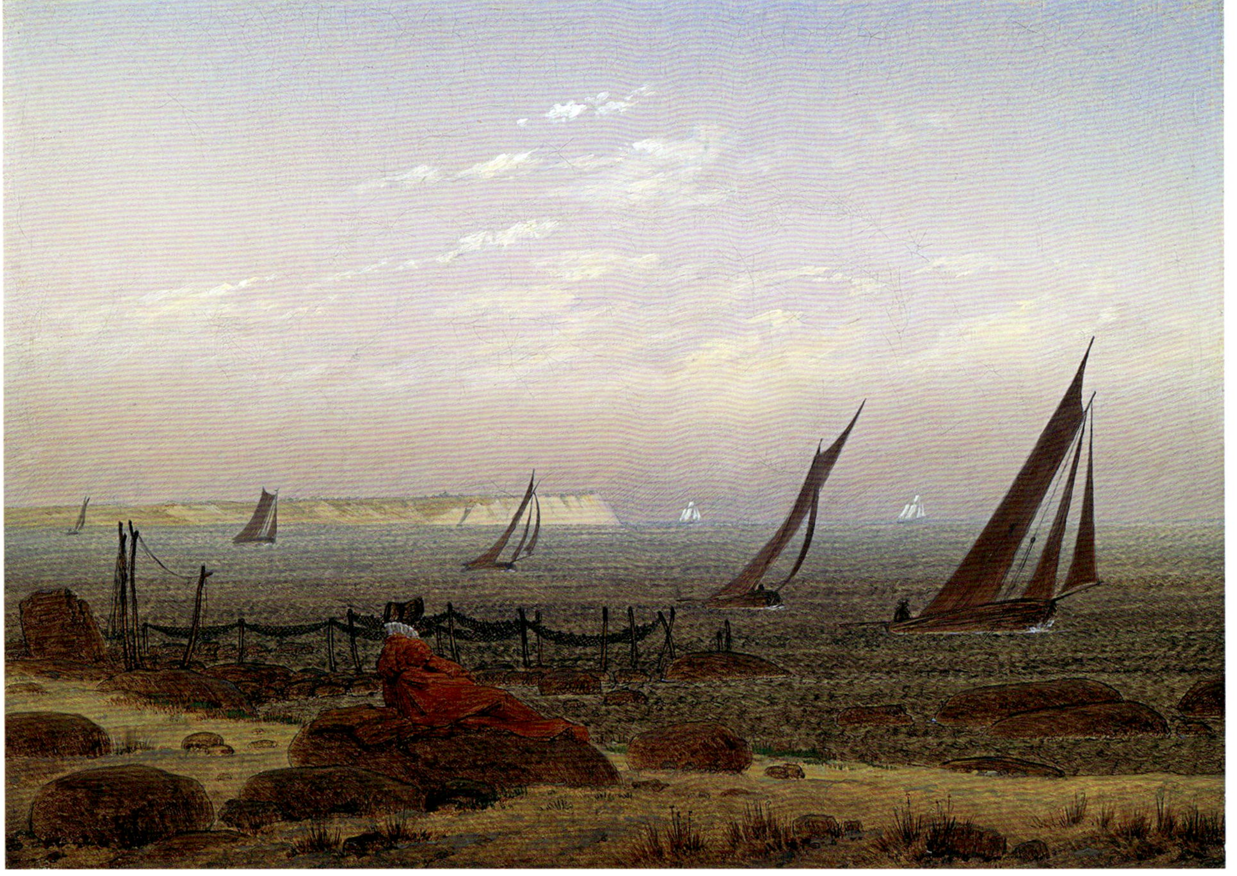

links: Frau am Strand von Rügen/Frau am Meer, um 1818, Öl auf Leinwand, 21,5 x 30 cm, Kunst Museum Winterthur

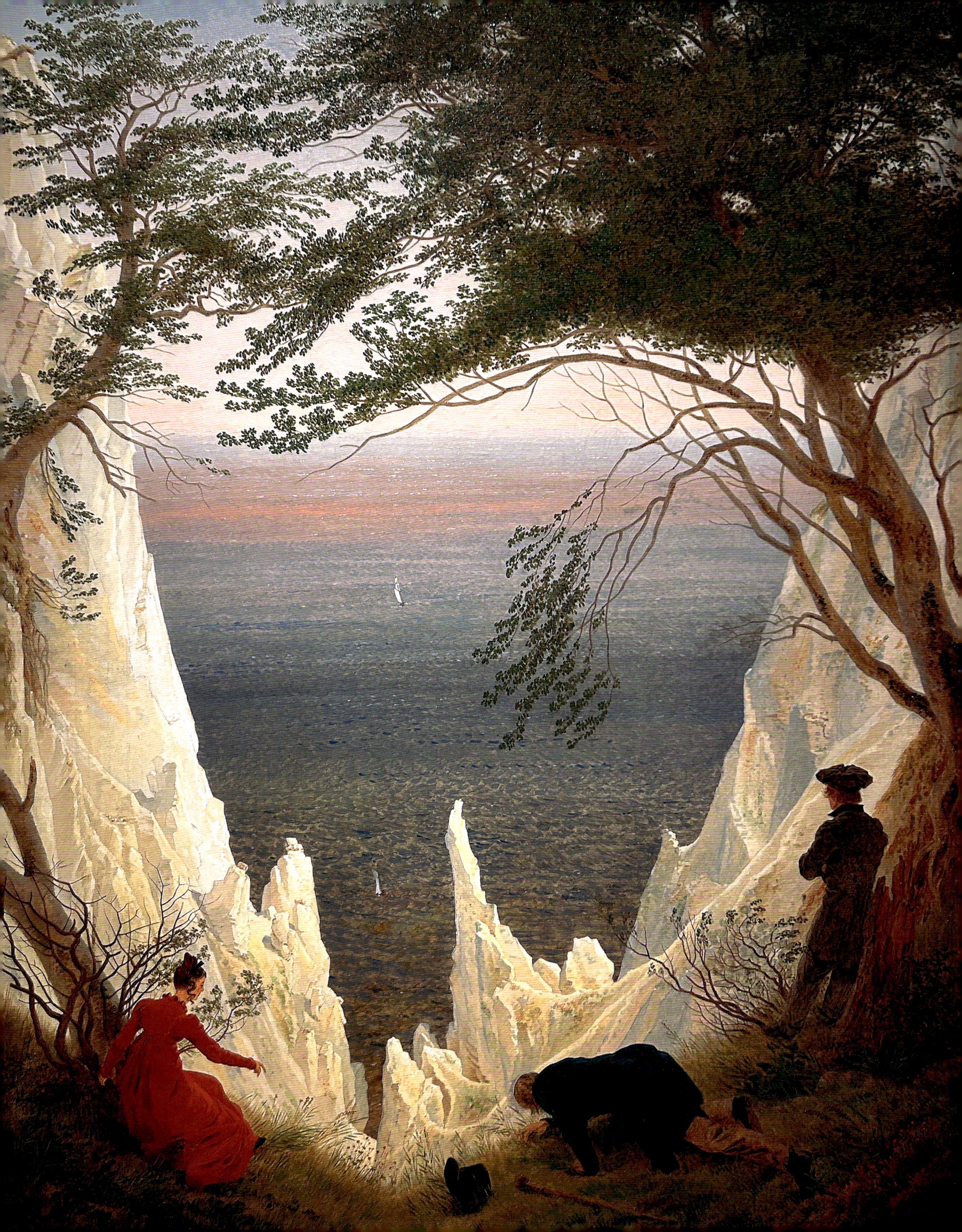

Nebelschwaden, um 1820, Öl auf Leinwand, 32,5 x 42,4 cm, Hamburger Kunsthalle

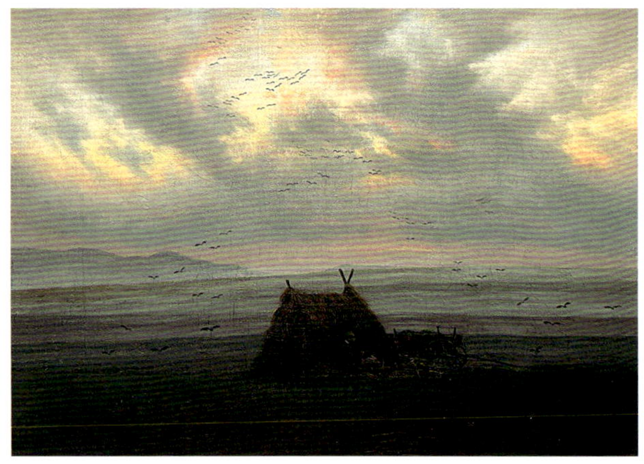

Flussufer im Nebel, um 1821, Öl auf Leinwand, 22 x 33,5 cm, Wallraf-Richartz Museum, Köln

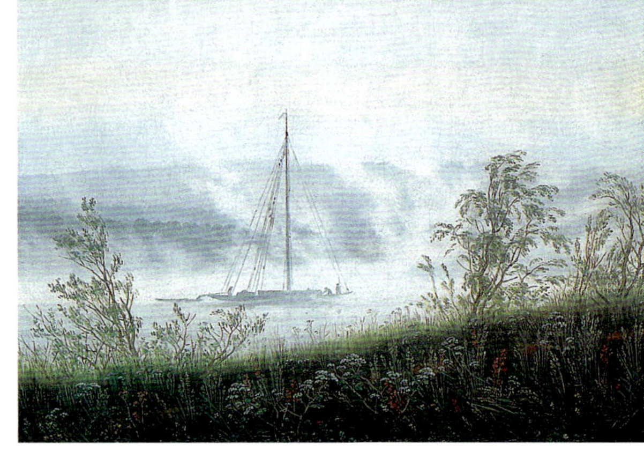

gen neben ihm an der Seite. Dagegen blickt der Mann im Gehrock und mit Barett am rechten Bildrand entspannt, die Arme vor der Brust verschränkt, in das weite Meer. Er steht auf dünnen Ästen über der Tiefe und ist mit dem Rücken an einen Baumstumpf gelehnt. Auf dem ruhigen Meer drehen zwei Boote mit weißen Segeln ihre Runde.

Der Betrachter steht am Hang leicht oberhalb der Ausflugsgesellschaft. Die Gefährlichkeit des Aussichtspunkts wird durch die am Boden kriechende Person verstärkt. Durch die Nahsichtigkeit und die leichte Aufsicht wird der Betrachter Teil der Touristengruppe und fühlt den spektakulären Blick in das endlose Meer am lebensbedrohlichen Standort emotional mit. Dabei entstehen drei Raumzonen: Der vordere Bereich übernimmt die Funktion eines Fensters, das durch die Bäume, den Grünstreifen und die Personen gebildet wird. Daran schließen sich die Ebene mit den zerklüfteten weißen Felsen und als weitere Zone das unendlich scheinende blaugrüne Meer an, das in ein Rosablau nach oben verblasst.

Friedrich schildert sein Naturerlebnis. Die Felsformation hat er jedoch aus zwei Blickwinkeln zusammengesetzt (siehe dazu S. 12), um die Wirkung zu erhöhen. Wie ein Vergleich mit seinem menschenlosen **Aquarell Kreidefelsen auf Rügen** (Abb. S. 13) veranschaulicht, ergänzte er das Motiv für das Ölbild – zur Steigerung der Dramatik – mit Staffagefiguren, die mit ihrer Haltung als Rückenfiguren den Blick des Bildbetrachters in die Tiefe fokussieren. Die durch das rote Kleid hervorgehobene sitzende Frau bildet mit ihrem Zeigegestus das Einleitungsmotiv. Der aus Höhenangst oder Vorsicht am Boden Kriechende liegt unmittelbar am Abgrund. Die stehende Person mit Barett dient als Repoussoirfigur und rundet die Komposition zusammen mit der großen Buche ab.

Die Personendarstellungen veranlassten die Kunstwissenschaft zu vielfachen Spekulationen über den Sinngehalt des Bildes: vom Hochzeitsbild bis zur Allegorie der Hoffnung oder der theologischen Tugenden. Keine Deutung überzeugt.

Im Jahr 1818 ergaben sich mehrere langjährige Malerfreundschaften: mit dem Arzt, Universalgelehrten und Maler Carl Gustav Carus (1789–1869), dem norwegischen Maler Johan Christian Dahl (1788–1857) und Georg Friedrich Kersting (1785–1847), dem Malervorsteher der Königlich-Sächsischen Porzellanmanufaktur in Meißen. Mit Carus, den Friedrich 1817 kennenlernte, verband sich bis 1827, als er Leibarzt des sächsischen Königshauses wurde, eine enge Freundschaft. In der Motivauswahl und im Stil lehnte sich Carus in dieser Zeit an Caspar David Friedrich an und malte Mondnächte, Gebirge, gotische Kirchen und Ruinen. Der Einfluss war nicht einseitig, wie das Beispiel „Der Wanderer über dem Nebelmeer" belegt. Die Bildidee wurde durch ein Bild von Carus (Abb. S. 102) angeregt.

Im September 1818 kam der Norweger Johan Christian Dahl nach Dresden und notierte für den 24. Dezember 1818, er habe am Vormittag ein langes Gespräch über

Hünengrab im Herbst, um 1820, Öl auf Leinwand, 55 x 71 cm, Staatliche Kunstsammlungen Dresden, Albertinum

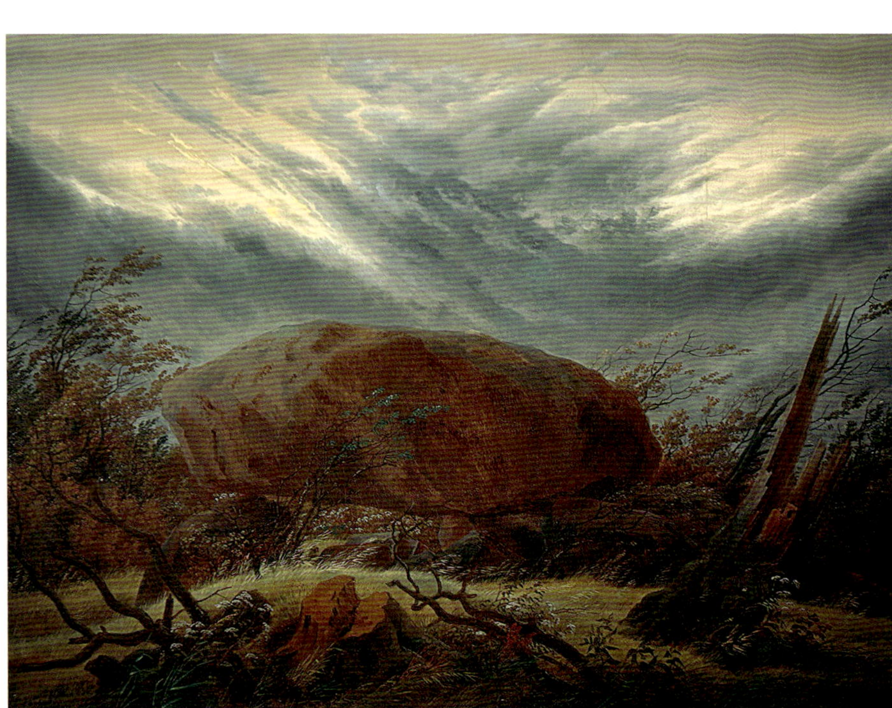

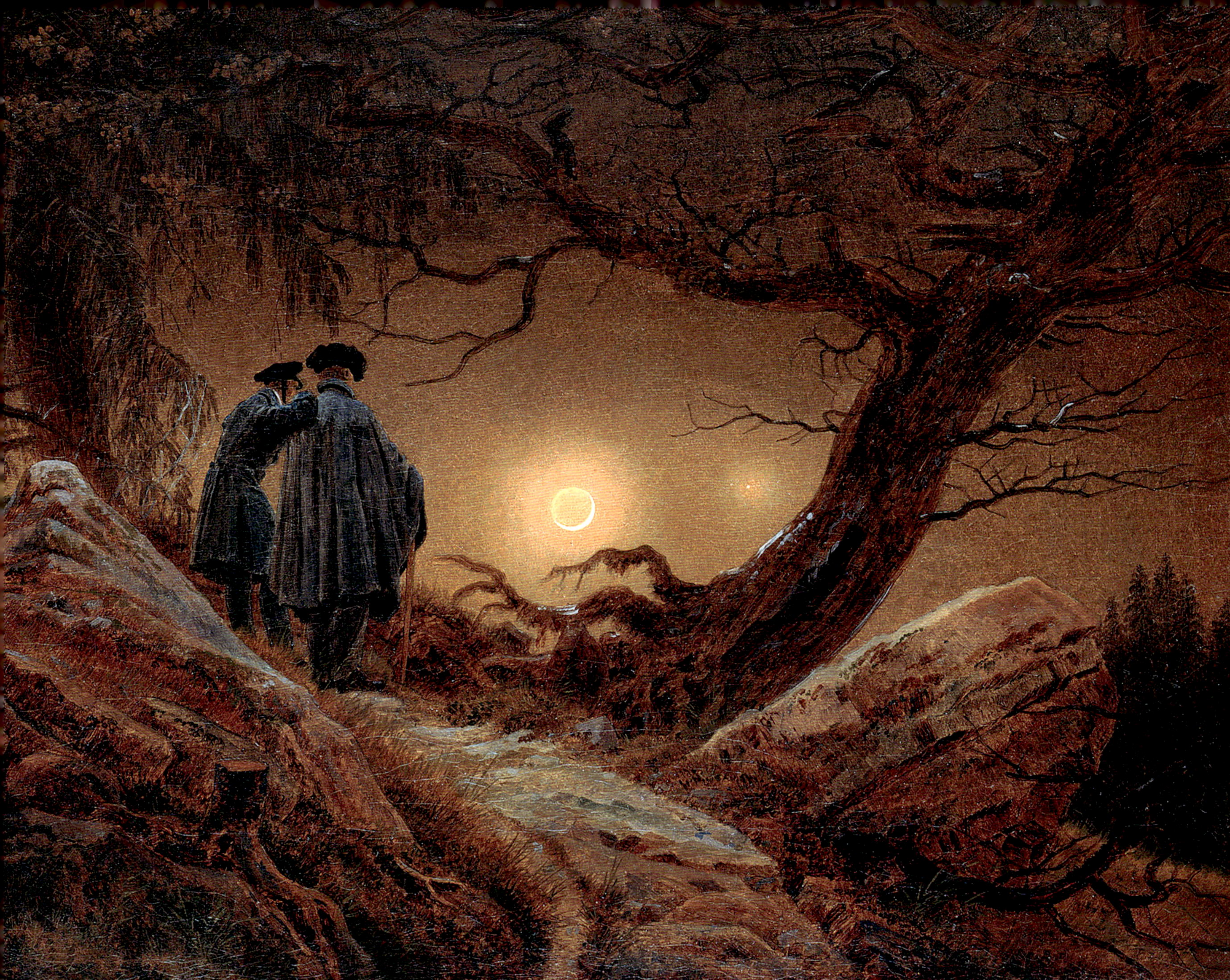

Zwei Männer in Betrachtung des Mondes, 1819, Öl auf Leinwand, 35 x 44,5 cm, Galerie Neue Meister, Dresden

die Kunst mit dem Landschaftsmaler Friedrich geführt. „Er hat ungefähr die gleiche Ansicht über Kunst wie ich", schrieb er in seinem Tagebucheintrag, „ein Kunstwerk soll vor allem auf jeden Menschen wirken, auch wenn er kein Kenner ist."* Friedrich und Dahl schätzten sich gegenseitig sehr. Nach seinem Italienstipendium bezog Dahl Anfang April 1823 eine Wohnung im Haus An der Elbe 33 in Dresden, in dem auch die Familie Friedrich lebte. Sie wurden engste Freunde und unterstützten sich privat, in der Malerei und bei der Vermarktung ihrer Bilder. Als Ausdruck ihrer Freundschaft tauschten sie 1820 ihre Werke gegenseitig. So erhielt Friedrich von Dahl die Ansicht „Fluss im Plauenschen Grund", während Friedrich dafür das 1819 ausgeführte Bild **Zwei Männer in Betrachtung des Mondes** (Abb. oben) schenkte, das Friedrich aufgrund seiner romantischen Wirkung und Beliebtheit dreimal wiederholte (Abb. S. 145, 162). Aus Dahls Sammlung gelangte das Gemälde 1840 in die Dresdner Gemäldegalerie. Es liegt nahe, dass es sich um ein Freundschafsbild handelt, das – Gerd Spitzer folgend** – als größeren Mann Friedrich und als kleineren Dahl in tiefer Verbundenheit in einer altdeutschen Tracht beim Blick in ein Tal und bei einer kontemplativen und meditativen Mond- und Abendsternbetrachtung zeigt.

Als neu berufenes Mitglied der Dresdner Akademie hatte Friedrich ein Pflichtstück abzuliefern, das er erst 1819 mit der Ansicht **Hünengrab im Herbst** (Abb. links) einreichte. Provokanterweise wählte er ein nordisch-fremdartiges Motiv, das er bei stürmischem Wetter darstellte. Als Vorlage diente das Großsteingrab bei Gützkow, das als Sinnbild einer heroischen Vorzeit,

* Zitiert nach Frank Richter: Caspar David Friedrich. Der Landschaftsmaler, Petersberg 2024, S. 410.

** Petra Kuhlmann-Hodick, Gerd Spitzer (Hg.): Dahl und Friedrich, Dresden 2014, S. 37–39, 96, 97, bes. S. 39.

als Zeugnis einer materiellen Unzerstörbarkeit und daher als geistiger Bedeutungsträger der die Jahrhunderte überdauerten Epoche galt. Friedrich bezog hier politisch Stellung: Die Dynamik der Szene konnte als Aufruf zum Handeln und der über dem Monument aufreißende Himmel als Zeichen der Hoffnung gedeutet werden.

Neben den mittelgroßen Gemälden schuf Friedrich etliche kleinformatige stimmungsvolle Landschaftsbilder. Bei der düsteren Ansicht **Nebelschwaden** (Abb. S. 112) zieht Nebel über den Horizont und kriecht über die Felder. An wenigen Stellen durchdringt das Abendlicht die Wolken. Vogelschwärme kreisen, während vor einer kleinen Strohhütte ein Mann sitzend ausharrt und das Naturschauspiel verfolgt. Auch beim Bild **Flussufer im Nebel** (Abb. S. 112) machte Friedrich den Nebel zum Hauptthema. Hier jedoch lässt er ganze Bildpartien fast farblos weiß erscheinen, da dieser Teil von der diffusen Atmosphäre des Nebels überdeckt ist. Friedrich gelingt es, den Eindruck aufsteigender Nebelschwaden in Verbindung mit den zur Seite weichenden Sträuchern so zu gestalten, dass der Eindruck der Bewegung entsteht, während das Schiff fast bewegungslos auf dem Fluss zu verweilen scheint.

Durch einen Brief vom 3.5.1819 von Carl Gustav Carus an Gottlob Regis ist bekannt, dass Friedrich sein bis dahin größtes Bild **Klosterfriedhof im Schnee** (Abb. rechts) im Format von 120 x 170 m fast vollendet hatte und in der Dresdner Akademieausstellung ab 3. August ausstellen könne. Das imposante, wohl von 1817 bis 1819 ausgeführte Gemälde – ein Hauptwerk der Romantik – wurde im Zweiten Weltkrieg zerstört, ist aber durch eine hervorragende formatgleiche zeitgenössische Kopie überliefert. Es beeindruckt durch sein Format und schließt unmittelbar an das zehn Jahre zuvor entstandene Gemälde „Abtei im Eichwald“ (Abb. S. 80/81) an.

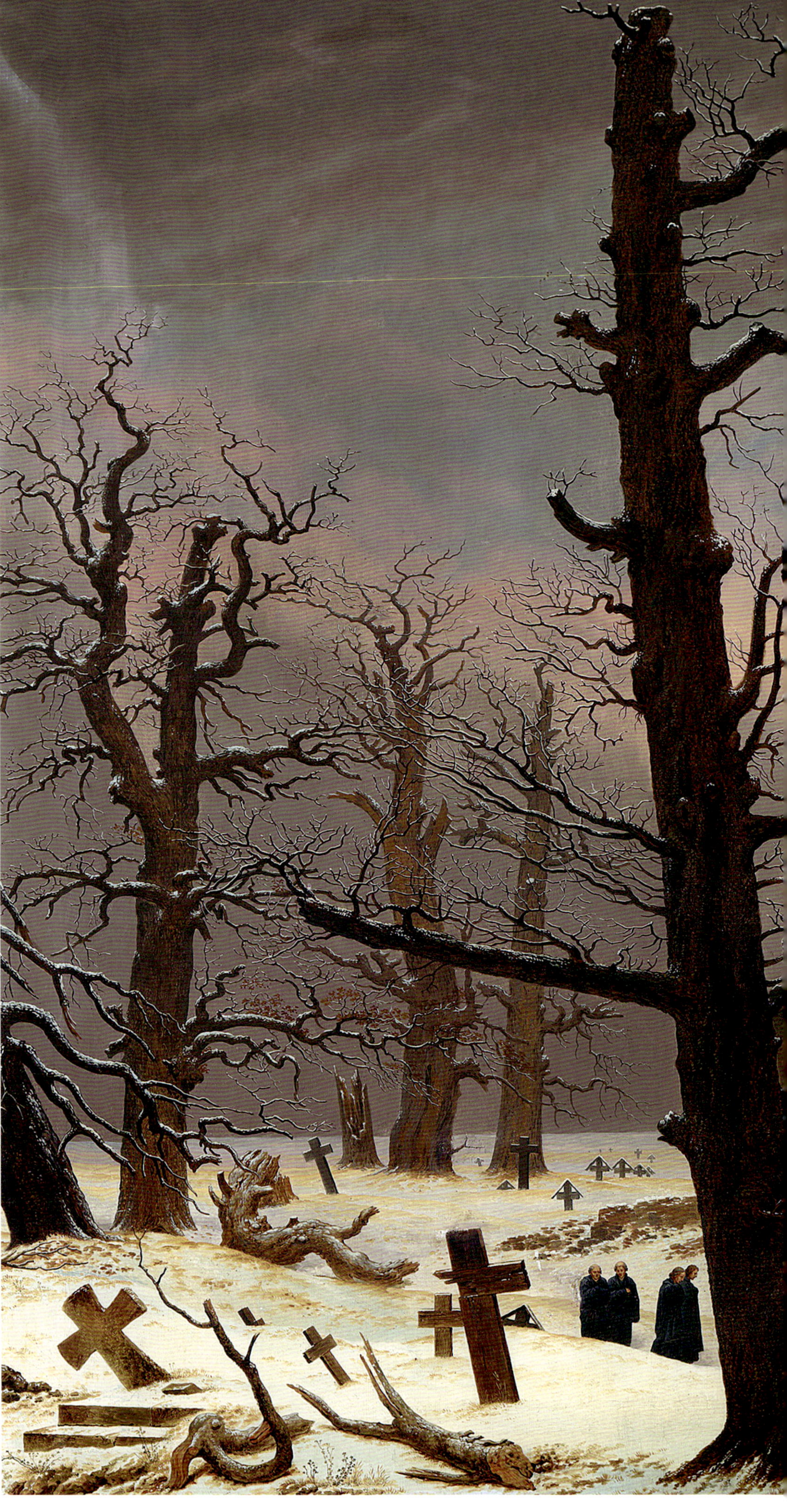

Klosterfriedhof im Schnee, 1819, Kopie eines unbekannten Meisters des 19. Jahrhunderts nach dem seit 1945 verschollenen Werk Friedrichs, Öl auf Leinwand, 120 x 173 cm, Alte Nationalgalerie, Berlin

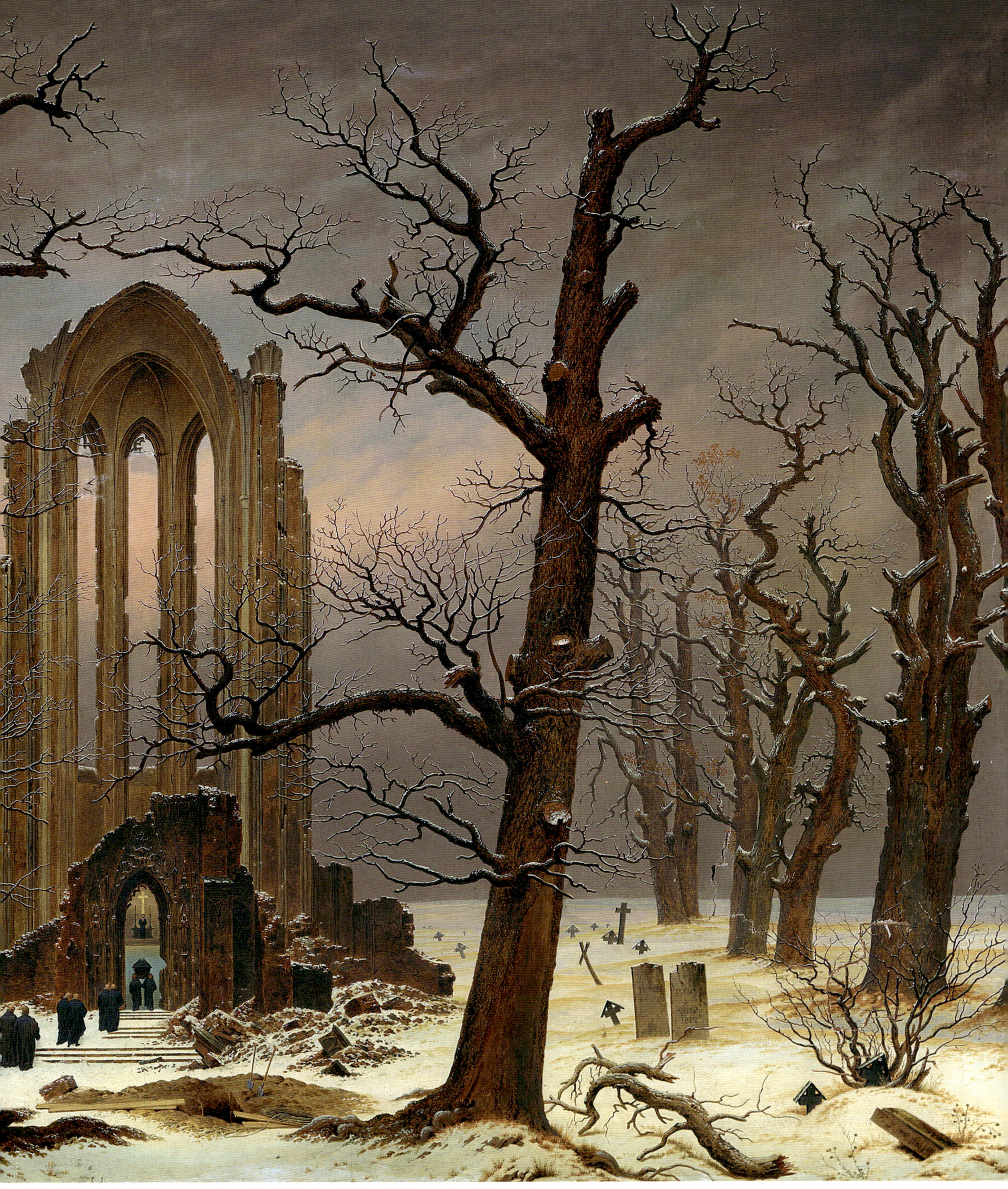

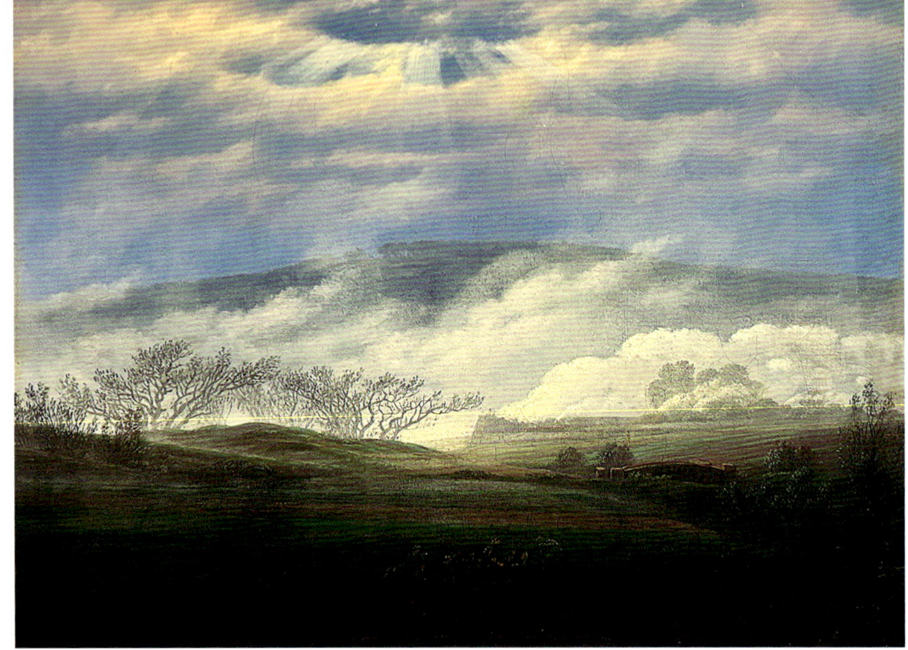

Nebel im Elbtal (bei Schandau), um 1820, 33 x 42,5 cm, Öl auf Leinwand, Stiftung Preußische Schlösser und Gärten Berlin-Brandenburg

unten rechts: Die Jakobikirche in Greifswald als Ruine, um 1817, Feder, Bleistift, 26 x 19,5 cm, The Pierpont Morgan Library, New York

Ziehende Wolken, um 1820, Öl auf Leinwand, 18,3 x 24,5 cm, Hamburger Kunsthalle

Gleichermaßen bilden die Ruine einer Kirche mit der Ansicht von Westen und blattlose Eichenbäume die Hauptmotive, während der Mönchszug, der seinen gestorbenen Gefährten zur letzten Ruhe begleiten, und der verschneite Boden mit den Gräbern fast identisch zum älteren Gemälde ausgeführt sind. Wesentlich ist jedoch, dass die jüngere Arbeit im unteren Bildteil deutlich heller gemalt ist. Der Kontrast zwischen dem Abendrot des leuchtenden Himmels und dem im Dunst liegenden Teil ist aufgegeben. Das Kircheninnere geht auf eine Zeichnung der **Jakobikirche in Greifswald als Ruine** (Abb. unten rechts) zurück, d. h. einer fiktiven Ansicht, bei der Friedrich zusätzlich den Chor in seinen Proportionen streckte. Die Eingangspforte der verfallenen Kirche mit den Sargträgern symbolisiert nach Gerd-Helge Vogel die Paradiespforte. Auf der Friedrich-Kopie ist zu sehen, dass im Kircheninneren statt eines zu erwartenden Fußbodenbelags eine himmelblaue Fläche zu erkennen ist, vielleicht den Himmel symbolisierend, während im Chor der Priester die heilige Messe zelebriert.* Rechts des Sakralbaus stehen zwei schlichte Gedenksteine, von denen ein Monument die Jahreszahl 1812 trägt, das Jahr der französischen Besatzung. Keine Frage: Das Meisterwerk, das Friedrich von 1817 bis 1819 ausführte, war sein letztes großes christlich-patriotisches Bekenntnis, mit dem er die Napoleonischen Kriege in den Vordergrund rückte. Das großformatige Gemälde kaufte 1820 der Berliner Verleger, Freund und Sammler Georg Andreas Reimer, der über 30 Friedrich-Werke besaß und Friedrichs patriotische Positionen teilte.

In den frühen 1820er Jahren malte Friedrich eine Reihe menschenleerer Landschaften, die wohl nicht durch politische oder sinnbildliche Überhöhung des Dargestellten geprägt sind, sondern die der Faszination Gebirge und der Nebelbildung huldigen. Eindrucksvoll gelingt es Friedrich auf dem kleinen Bild **Ziehende Wolken** (Abb. unten links), wohl ein Motiv aus dem Harz, die Bewegung der Wolkenbänke und das entsprechende Lichtspiel festzuhalten. Wie man an dem vollständig ausgeführten Geröllfeld im Vordergrund sehen kann, handelt es sich nicht um eine Ölskizze, sondern um eine sorgsam ausgeführte Komposition. Faszinierend sind gleichfalls die sich auflösenden und ziehenden **Nebel im Elbtal bei Schandau** (Abb. oben), bei denen das Sonnenlicht partiell durch die Wolkendecke fällt.

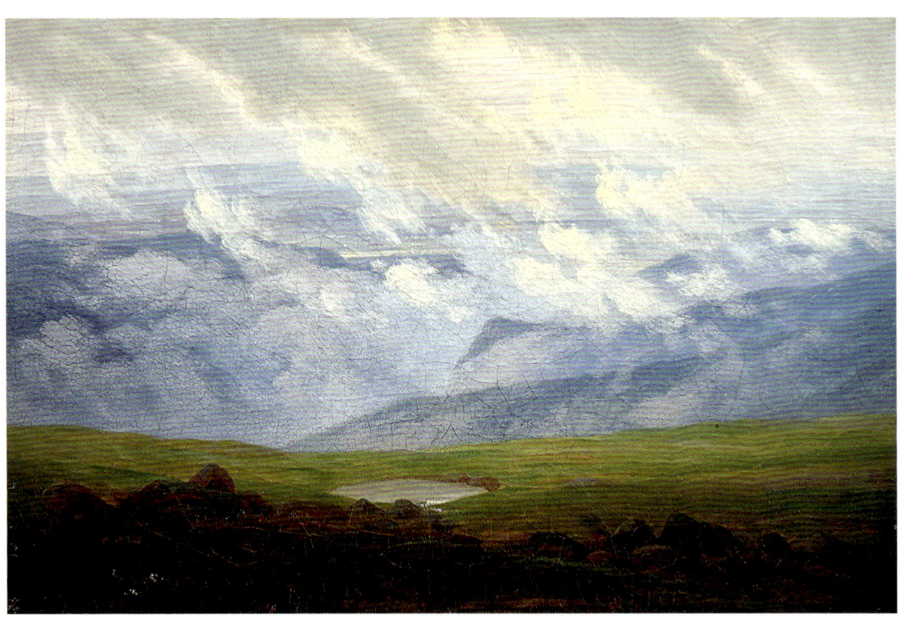

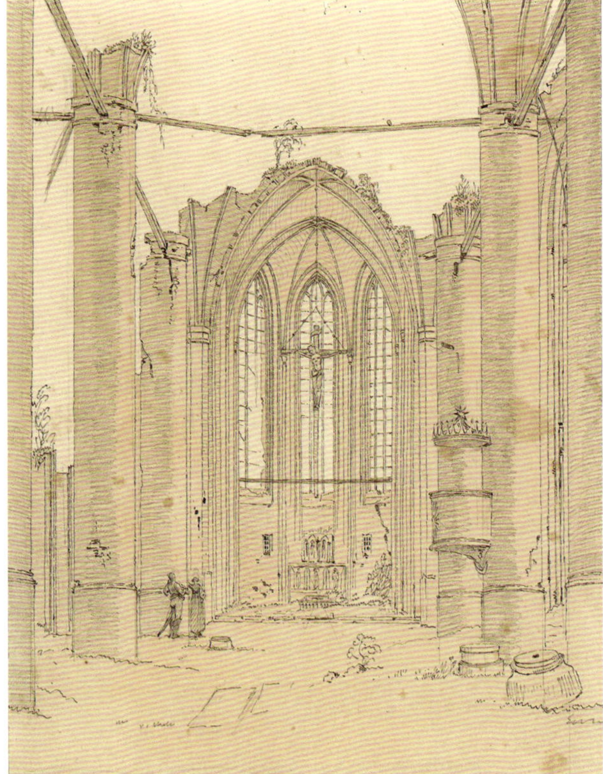

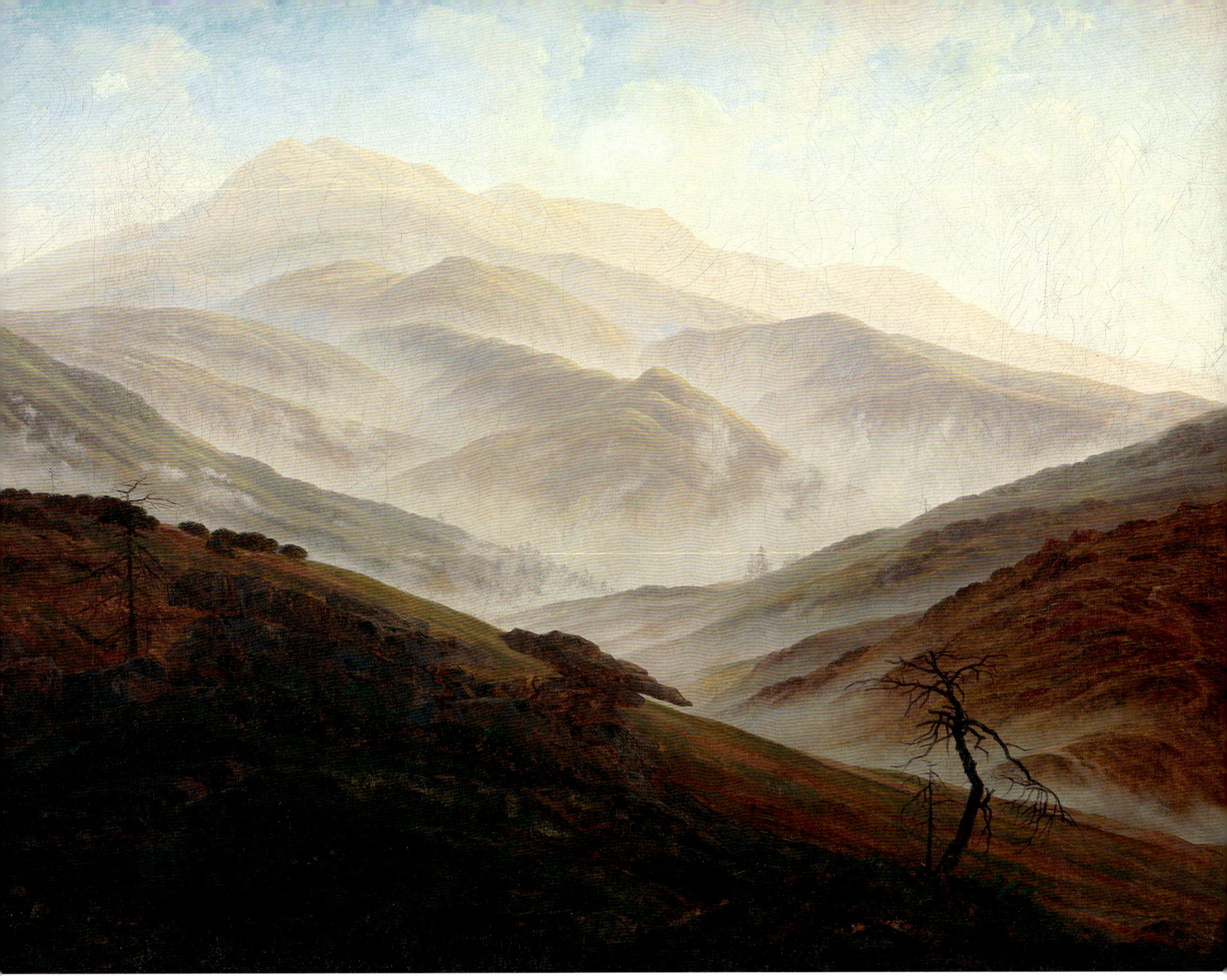

Riesengebirgslandschaft mit aufsteigendem Nebel, 1819/20, Öl auf Leinwand, 54,9 x 70,4 cm, Neue Pinakothek, München

In diese Motivreihe gehört auch die Ansicht **Riesengebirgslandschaft mit aufsteigendem Nebel** (Abb. oben), auf der die Siebengründe – das Gebiet, aus dem sich die Quellbäche der Elbe speisen – und darüber der Bergzug zwischen den Schneegruben und dem Reifträger dargestellt sind. Das Übereinanderschichten zweier Bergrücken steigert die Monumentalität und Wirkung. Auf den Gipfeln herrscht ein lebensfeindliches Klima, weshalb der Bewuchs kärglich und die wenigen Bäume oft abgestorben sind. Dennoch ist die Gebirgslandschaft von einer bezaubernden Schönheit, da aus den Tälern malerisch der Nebel aufsteigt und die Sonne vereinzelt durch die Wolken hervorblitzt, um Teile der Berge zu beleuchten. Sensibel wählte Friedrich die Farbnuancen aus, etwa für geringe Blauflächen im Himmel oder ein Gelb für die beschienenen Gipfel. Ursprünglich hatte Friedrich links vom rechten Baum zwei Wanderer in altdeutscher Tracht malen wollen und vorgezeichnet. Sie kamen nicht zur Ausführung.**

Wohl im Sommer 1821 malte Friedrich im Auftrag des gleichgesinnten Literaturhistorikers Dr. Wilhelm Körte (1776–1846) aus Halberstadt den **Tageszeitenzyklus (Morgen, Mittag, Nachmittag und Abend)** (Abb. S. 118/119), bestehend aus vier nur 22 x 31 cm großen Gemälden. Sie strahlen Ruhe und Harmonie an einem Herbsttag aus. Jede Landschaftsszene ergänzte Friedrich durch winzige Staffagefiguren. Drei der Tageszeitenbilder zeigen den Kiefernwald der Sandböden im Elbtal. Für das Morgenbild wählte Friedrich einen Tannenwald im dichten Nebel und kombinierte diesen mit einem Sonnenaufgang im Mittelgebirge sowie

* Gerd-Helge Vogel: Zur Kopie nach Caspar David Friedrichs Klosterhof im Schnee. In: Birgit Verwiebe, Ralph Gleis (Hg.): Caspar David Friedrich. Unendliche Landschaften, Katalog Berlin 2024, München, London, New York 2024, S. 106–119, 107.

**Frank Richter: Caspar David Friedrich. Der Landschaftsmaler, Petersberg 2024, S. 438, 439.

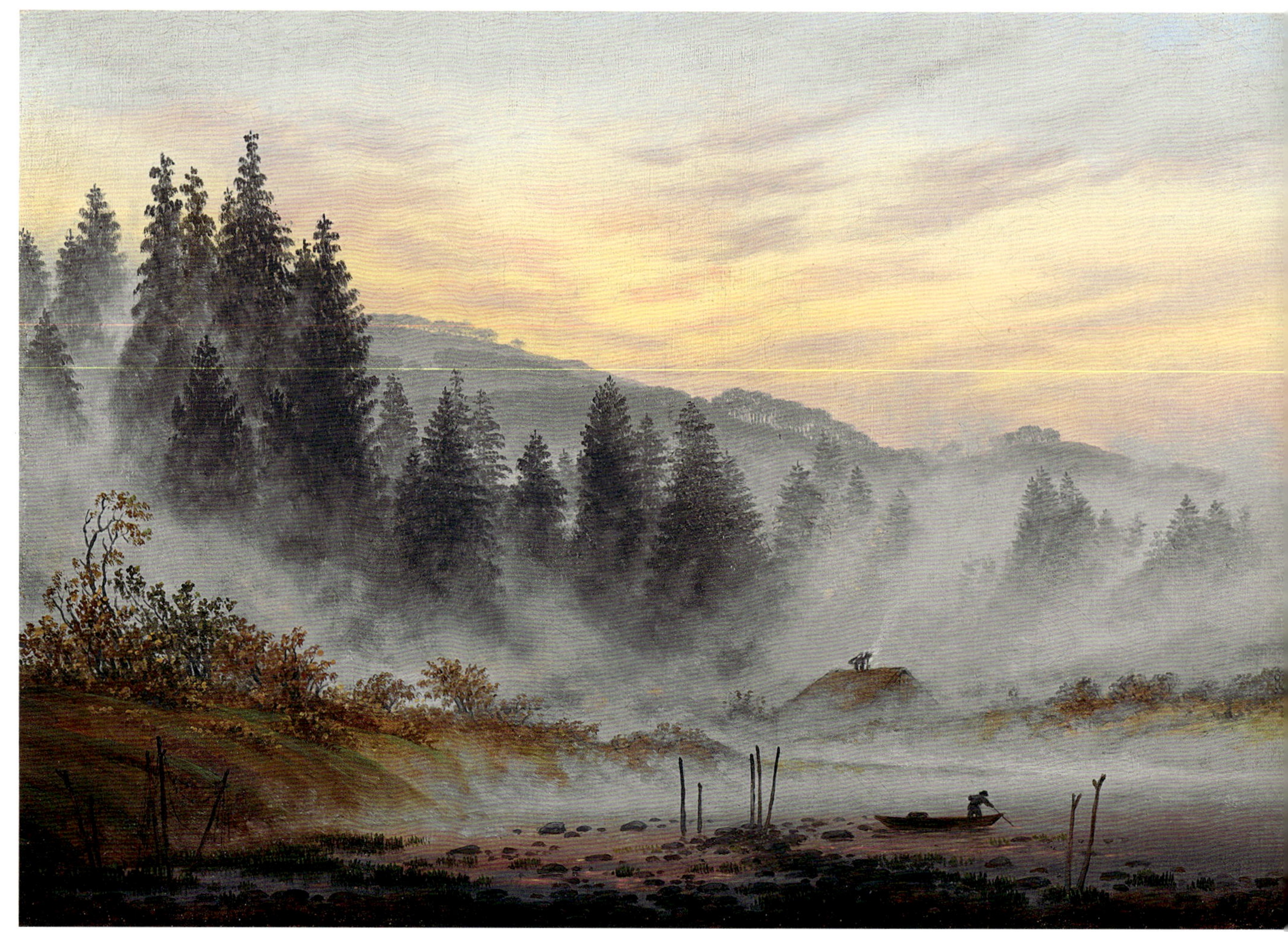

*Tageszeitenzyklus:
Der Morgen,
1821/22,
Öl auf Leinwand,
22 x 30,5 cm,
Landesmuseum,
Hannover*

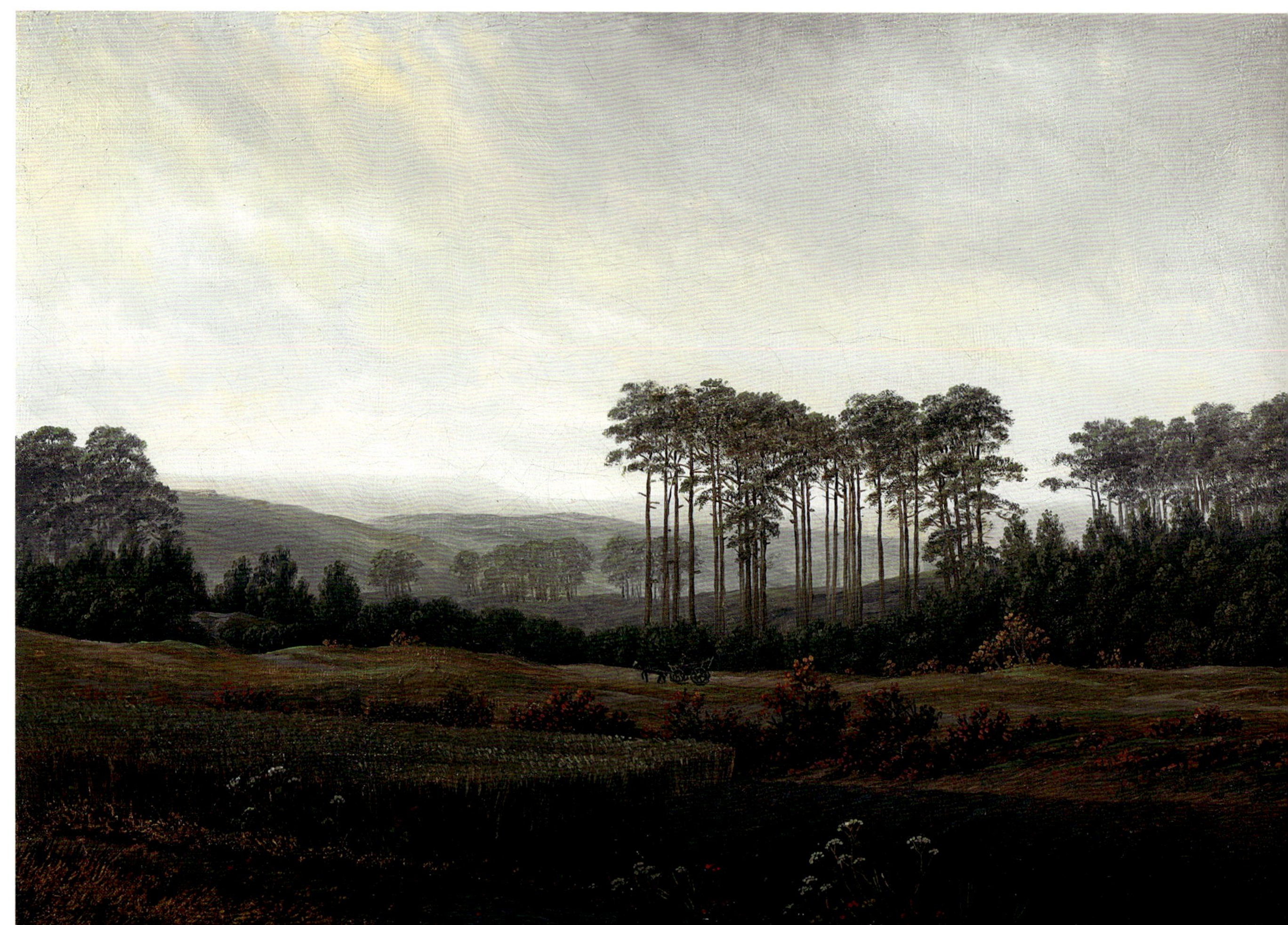

*Tageszeitenzyklus:
Der Nachmittag,
1821/22,
Öl auf Leinwand,
22 x 31 cm,
Landesmuseum,
Hannover*

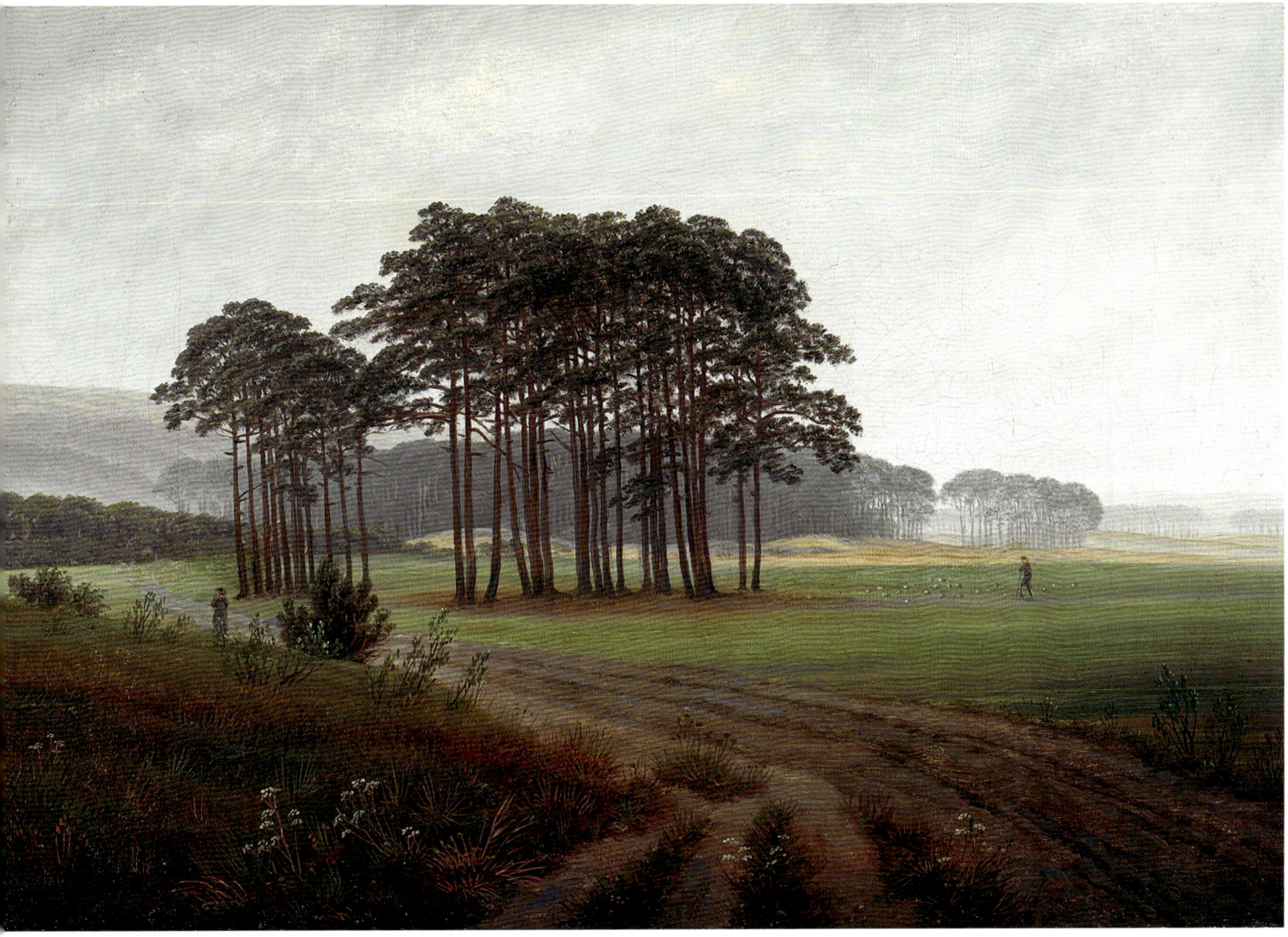

Tageszeitenzyklus: Der Mittag, 1821/22, Öl auf Leinwand, 22 x 30 cm, Landesmuseum, Hannover

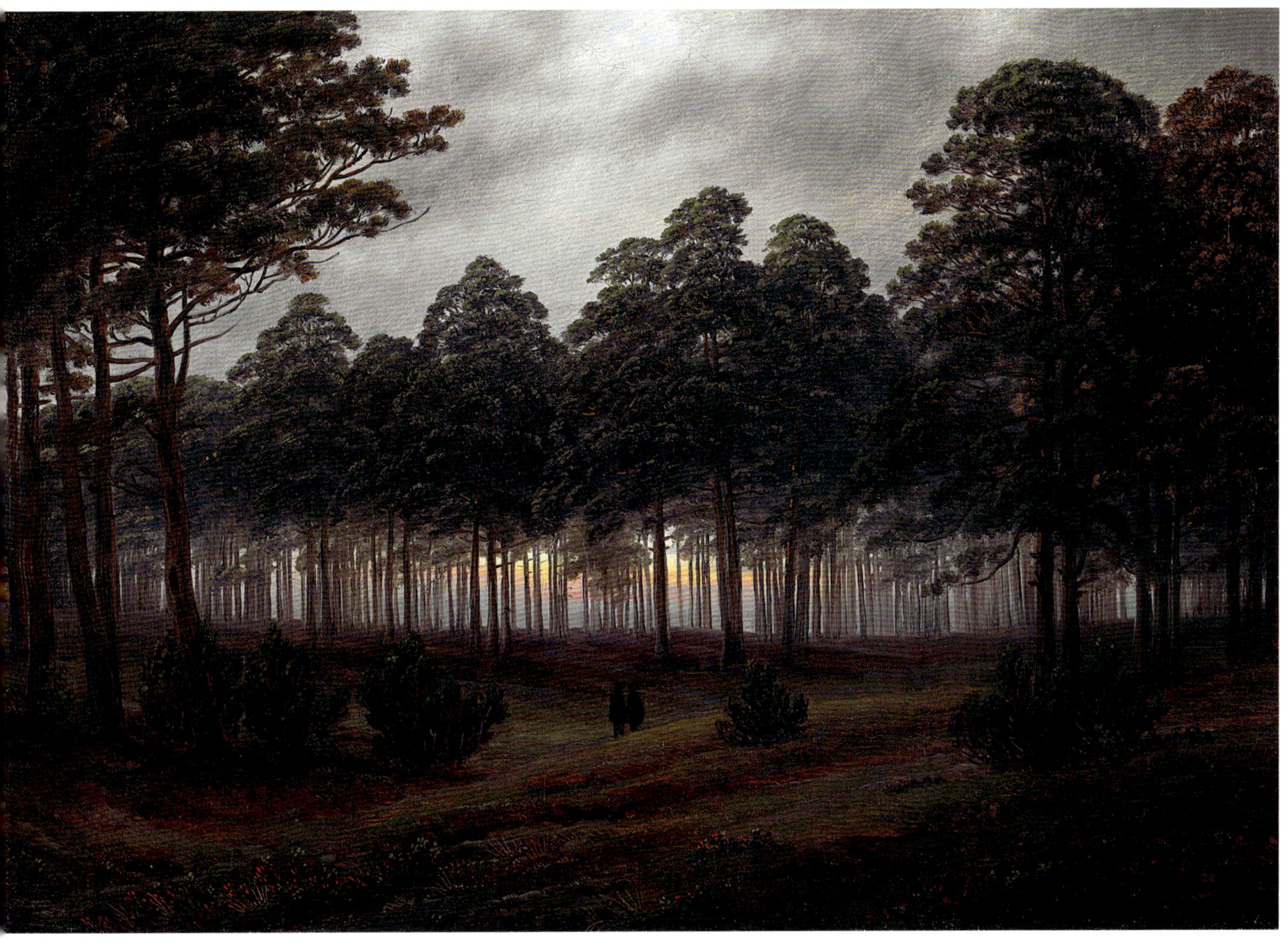

Tageszeitenzyklus: Der Abend, 1821/22, Öl auf Leinwand, 22 x 30,5 cm, Landesmuseum, Hannover

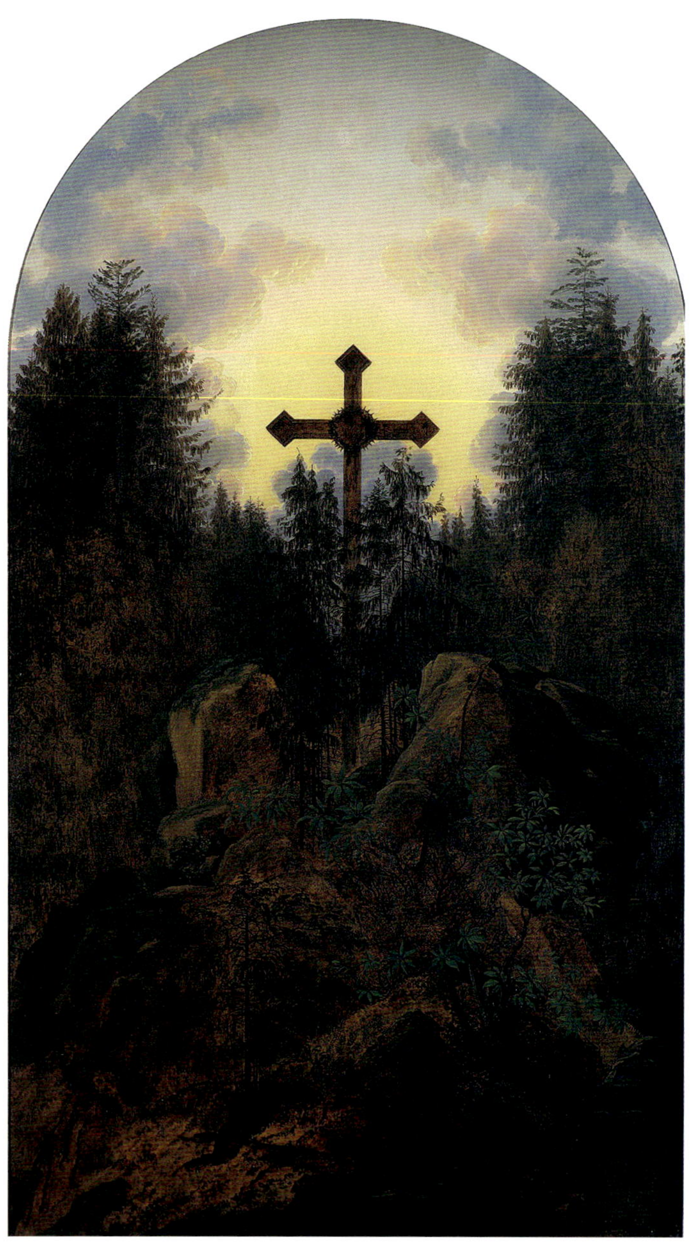

* Peter Rautmann, Kirsten Hinderer: Tageszeiten. Caspar David Friedrich in Hannover, Regensburg 2024, S. 26–30.
** Timo Trümper: Sakrale Landschaftsbilder. In: Caspar David Friedrich. Kunst für eine neue Zeit, Katalog Hamburg 2023, S. 160–163. Zur Datierung: Der Künstler Julius Oldach sah das Bild 1823 in Friedrichs Atelier.

links: Kreuz mit Dornenkrone im Gebirge (Der Ilsenstein), 1822/23, Öl auf Leinwand, 127 x 71,7 cm, Schlossmuseum auf Friedenstein, Gotha

unten: Kügelgens Grab – Gedächtnisbild für den am 27.3.1820 bei Loschwitz ermordeten Maler Gerhard von Kügelgen, 1821/22, Öl auf Leinwand, 41,5 x 55 cm, Museum Behnhaus Drägerhaus, Lübeck

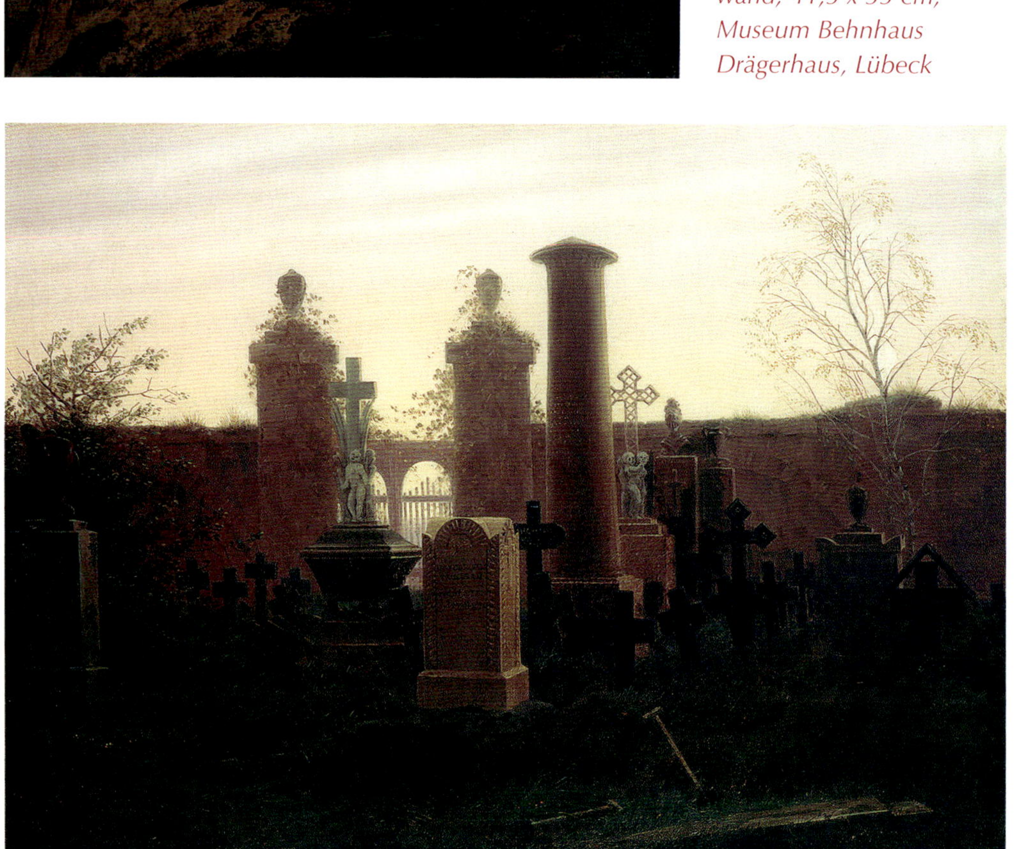

einer Uferszene mit einem Fischer, der sich in einem Boot fortbewegt. Der Vordergrund erinnert mit den halbrunden Findlingen und den Halterungen für die Netze an eine Uferansicht von Rügen. Friedrich malte die Bilder als eine Abfolge von Szenen. Deshalb greift er auf der linken Seite des Mittagsbildes den Nebel und die Kühle der Vorgängerszene auf. Die Mittagsdarstellung zeigt eine Weidelandschaft mit Waldinseln, die von den Bauern als Holzreserven angelegt wurden. Im Hintergrund läuft eine Frau, und ein Hirte hütet seine Schafherde. Beim leicht trüben Nachmittagsbild, das von der harmonischen Hintereinanderstaffelung von Busch- und Baumreihen lebt, wählte Friedrich als Staffagemotiv einen Heuwagen mit Bauern und Pferd. Das Kornfeld ist reif zur Ernte. Der Kiefernwald leitet zur Abenddarstellung mit der dämmrigen Waldszene über, von der es eine weitere Version im Museum Georg Schäfer in Schweinfurt gibt. Das Landschaftsbild fasziniert durch die rhythmische Anordnung der Baumstämme, durch die in leuchtender rot-gelber Farbe der Sonnenuntergang hindurchscheint. Die Tiefenstaffelung gelingt durch die Positionierung der hohen Kiefern links im Vordergrund. Auf einem Waldweg stehen im Mittelgrund zwei Männer in einer altdeutschen Tracht und blicken in Richtung des Sonnenuntergangs. Nach Peter Rautmann dürfte des Motiv der Rückenfiguren in Verbindung mit der Demagogentracht auf ein Freundschaftsbild zwischen Friedrich und Körte hinweisen.* Ansonsten stellen die Staffagefiguren den menschlichen Arbeitstag dar: der Fischer am Morgen, der Hirte in der Mittagsruhe, der Bauer am Nachmittag und der Spaziergang am Abend.

Zu den wenigen ausgeführten Andachtsbildern Friedrichs gehört das großformatige Gothaer Gemälde **Kreuz mit Dornenkrone im Gebirge** (Abb. links oben). Friedrich malte die Sakrallandschaft in der Nachfolge des Tetschener Altars (Abb. S. 73). Das Kreuz wird durch die zentrale Stellung und den gelben Himmel des Sonnenaufgangs zwischen zerklüfteten Felsen und symmetrisch angeordneten Fichten hervorgehoben. Dabei differenzierte Friedrich zwischen dem Diesseits im Vordergrund und dem Jenseits im Hintergrund.

Als Auftraggeberin des sakralen Bildes konnte Herzogin Caroline Amalie von Hessen-Kassel (1771–1848), die zweite Gattin des Herzogs August von Sachsen-Gotha-Altenburg (1772–1822), ermittelt werden. Timo Trümper nimmt an, dass die Kreuzthematik mit dem Tod ihres Gatten in Verbindung steht. Das Andachtsbild wurde für das Witwenpalais der Herzogin beauftragt.

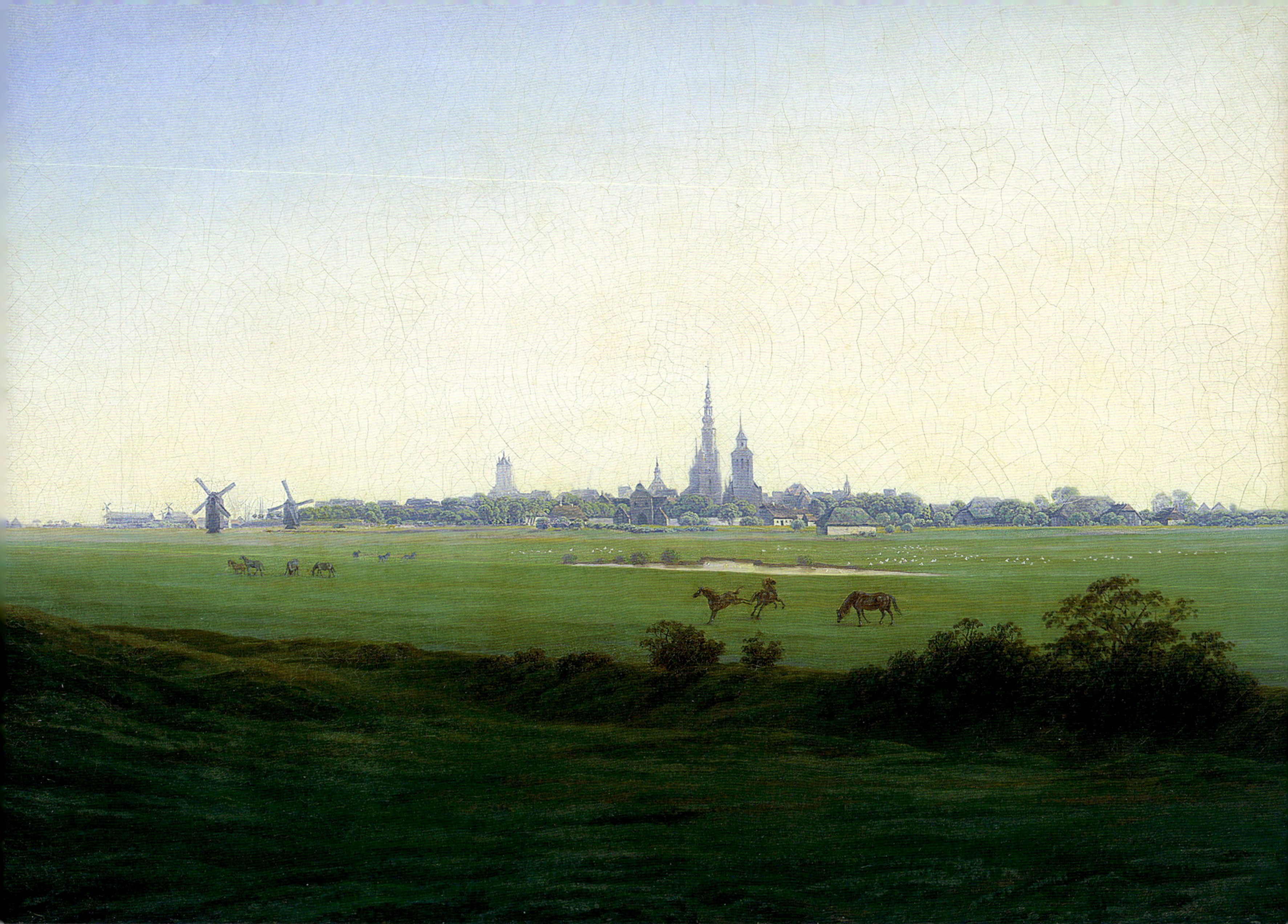

Da das 1823 fertiggestellte Appartment keine Privatkapelle besaß, konnte das Bild die geplante Funktion als Altarbild nicht vollständig übernehmen.**
Am Abend des 27. März 1820 wurde Franz Gerhard von Kügelgen (1772–1820) – Professor an der Kunstakademie in Dresden – auf dem Weg von seinem Atelier in Loschwitz nach Dresden von einem Raubmörder, dem Soldaten Johann Gottfried Kaltofen, erschlagen. Seine letzte Ruhestätte fand er auf dem Alten Katholischen Friedhof in Dresden. Im Ramdohr-Streit um den Tetschener Altar stand er Friedrich zur Seite. Zudem diente seine Wohnung als Treffpunkt von Künstlern und Persönlichkeiten der Frühromantik. Friedrich war Kügelgen zu Dank verpflichtet und malte 1822 **Kügelgens Grab** (Abb. links) auf dem Friedhof. Der gelb erleuchtete Himmel verheißt die Hoffnung auf die Auferstehung, während das Diesseits mit den Gräbern durch das Gegenlicht in tiefen Schatten gehüllt ist.
Gänzlich anders als die visionäre romantische Stadtansicht „Greifswald im Mondlicht" (Abb. S. 97) schilderte Friedrich die **Wiesen bei Greifswald** (Abb. oben) bei strahlendem Sonnenschein. Die perfekte Miniaturmalerei gibt authentisch seine Heimatstadt von Westen wieder: mehrere Windmühlen, St. Marien, den Dachreiter des Rathauses, den Nikolaidom und die Jakobikirche. Vor der Stadtsilhouette steht das 1868 abgebrochene Vettentor. Auf den Wiesen toben und grasen Pferde. Zudem haben sich weiße Vögel (Möwen?) niedergelassen. Sie vervollständigen die sommerlich-unbeschwerte Stimmung. Als Vorlage diente wie bei der Greifswaldansicht im Mondlicht eine quadrierte Zeichnung, die Friedrich um 1806 angefertigt hatte. Diese übertrug er zunächst mit Bleistift, um danach die Konturen mit Feder nachzuziehen.* Die Stadtansicht war im Familienbesitz der Friedrichs und 1904 Teil der Sammlung Anna Siemssen, geb. Friedrich, in Greifswald.** Neben dem Gemälde „Greifswalder Hafen" (siehe S. 108–110) ist das kleine Bild ein weiterer

Wiesen bei Greifswald, Öl auf Leinwand, 1821/22, 34,5 x 48,3 cm, Hamburger Kunsthalle

* Markus Bertsch, Eva Keochakian: Ans Licht geholt. In: Caspar David Friedrich. Kunst für eine neue Zeit, Katalog Hamburg 2023, S. 375–393, 383.
** Siehe online-sammlung. hamburger-kunsthalle.de.

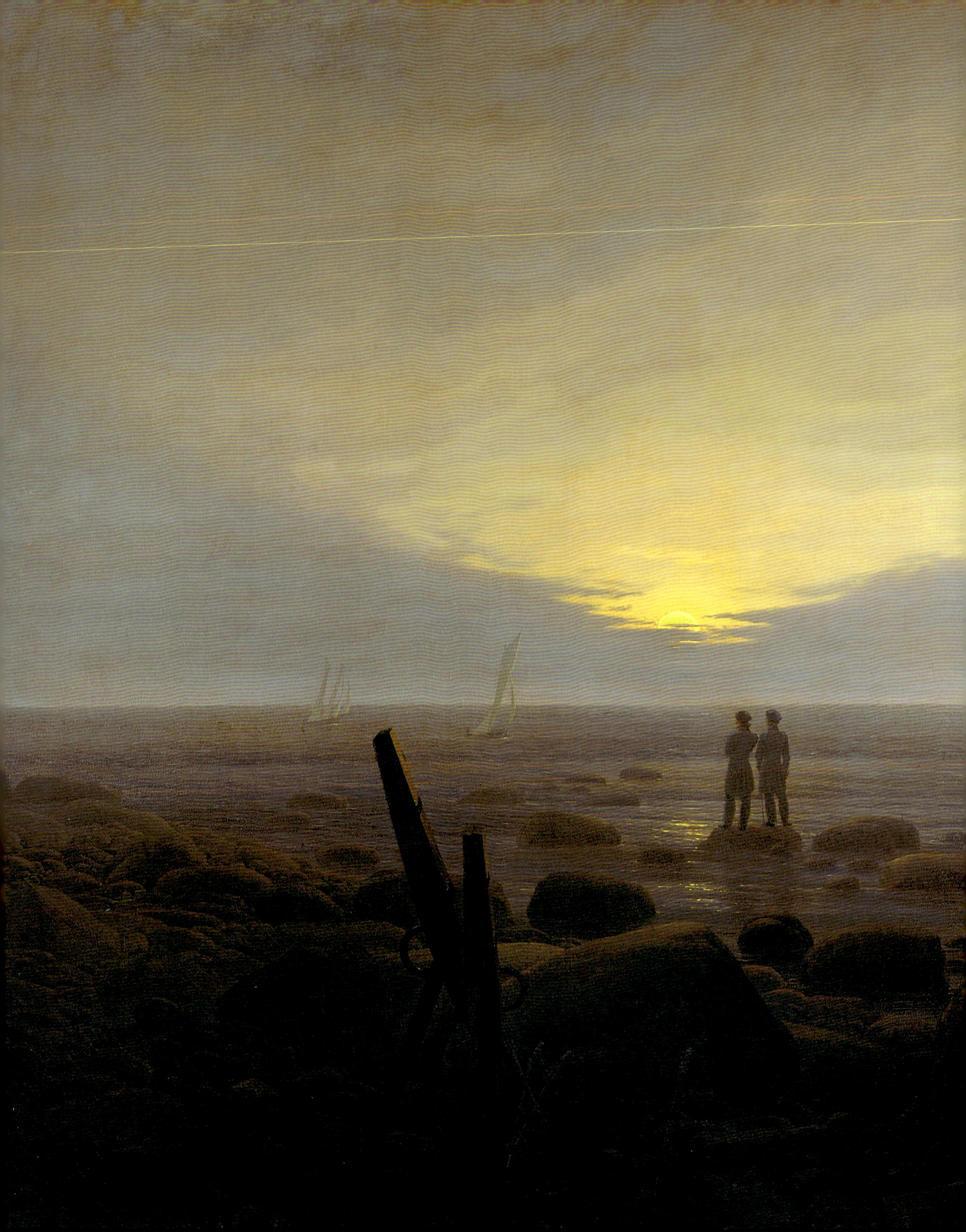

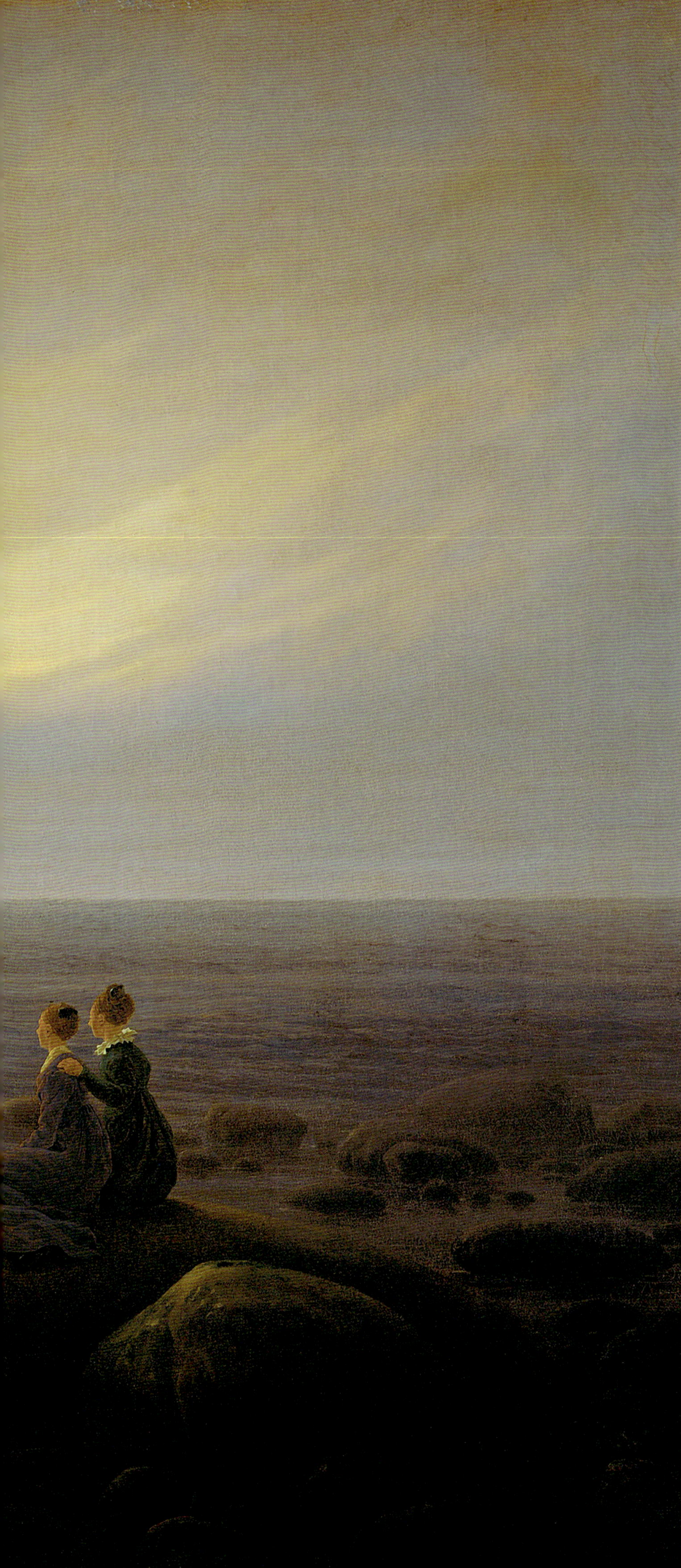

Beleg dafür, dass Friedrich für das Klientel in seiner Heimatstadt authentische Veduten malte und dabei auf ideologische Aspekte verzichtete. Von daher ging Friedrich – wenn auch ungern – auf die Wünsche und Befindlichkeiten des Auftraggebers oder des Adressaten ein – ein gänzlich normaler Vorgang.
Die formatgrößten Gemälde, die Caspar David Friedrich schuf, malte er als Bilderpaar: 1821 **Mondaufgang über dem Meer** (Abb. links) und 1822 **Der Morgen im Gebirge** (Abb. S. 125). Auf dem 135 x 170 m großen Seestück im Dämmerlicht vereinigte er typische Motive aus seinem Œuvre: den Mond in der Bildmitte über dem stillen Meer, den romantisch gelben Himmel und die sentimental und gespannt blickenden Rückenfiguren, die den Blick des Betrachters in die Tiefe leiten. Links sind im Vordergrund zwei Anker zu sehen, die seit jeher als Zeichen der Hoffnung interpretiert werden.
Die beiden Männer mit langen Haaren und mit altdeutschem Barett, mit denen sich wahrscheinlich Friedrich selbst und seinen Bruder darstellte, stehen auf den abgeschliffenen Ufersteinen weit vorne im Wasser, den Mond und das Schiff beobachtend. Von der Seite sind die städtisch gekleideten jungen Frauen zu sehen, die vielleicht mit seiner Frau Caroline und seiner Schwägerin Elisabeth identisch sind. Sie sitzen in ihren langen Kleidern mit weißen Kragen auf einem Findling deutlich näher zum Betrachter und blicken zu den Männern und dem Vollmond. Die Ufersituation geht auf Steinstudien am Strand von Ruschvitz auf Rügen vom 9. August 1818 zurück.
Halb von den Wolken verdeckt, erhellt das Mondlicht die malerische und melancholisch stille Szene und lädt den Betrachter ein, an der ehrfurchtsvollen Schönheit und Endlosigkeit der Natur teilzuhaben. Die Segler im Hintergrund stehen für das Kommen und Gehen und die Vermittlung vom Irdischen zum Himmlischen, d. h. der traumhaften, mondbeschienenen Welt. Das Gemälde wird auch als Allegorie von Freundschaft und Liebe gedeutet, da die beiden Schiffe im mondlichtbeschienenen Meer auch für den gemeinsamen Lebens- und Liebesweg der Paare stehen könnten. Eine politische Deutung ist aufgrund der altdeutschen Tracht der Staffagefiguren im zeitgenössischen Kontext der Demagogenverfolgung nach den Karlsbader Beschlüssen von 1819 möglich.

*Mondaufgang über dem Meer, 1821,
Öl auf Leinwand, 135 x 170 cm, Hermitage,
St. Petersburg*

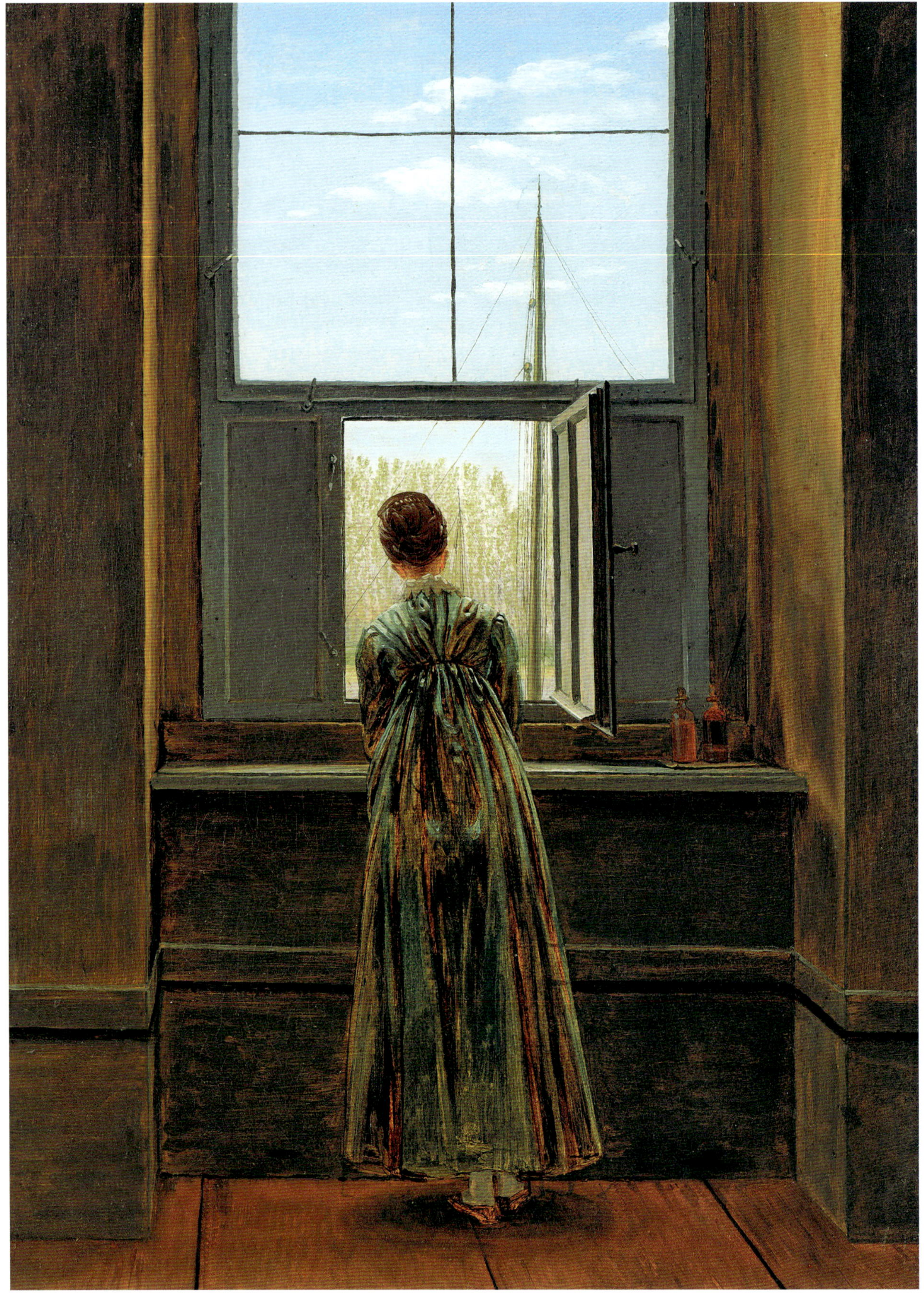

Frau am Fenster, 1822, Öl auf Leinwand, 44 × 37 cm, Alte Nationalgalerie, Berlin

Das formatgleiche Gegenstück „Morgen im Gebirge" (Abb. rechts) zeigt eine fast menschenleere Riesengebirgslandschaft im Nebel mit dem Blick vom Koppenplan nach Westen mit dem Jeschken im Hintergrund. Im Vordergrund sitzt auf dem Bergsporn ein Hirtenpaar. Es verleiht dem Bild neben der Schaf- und Ziegenherde ein erzählerisches und idyllisches Element.

Der private Charakter des Bildes **Frau am Fenster** (Abb. oben) ist unverkennbar. Friedrich zeigte es 1822 in der Dresdner Akademieausstellung. Dann verschwand es

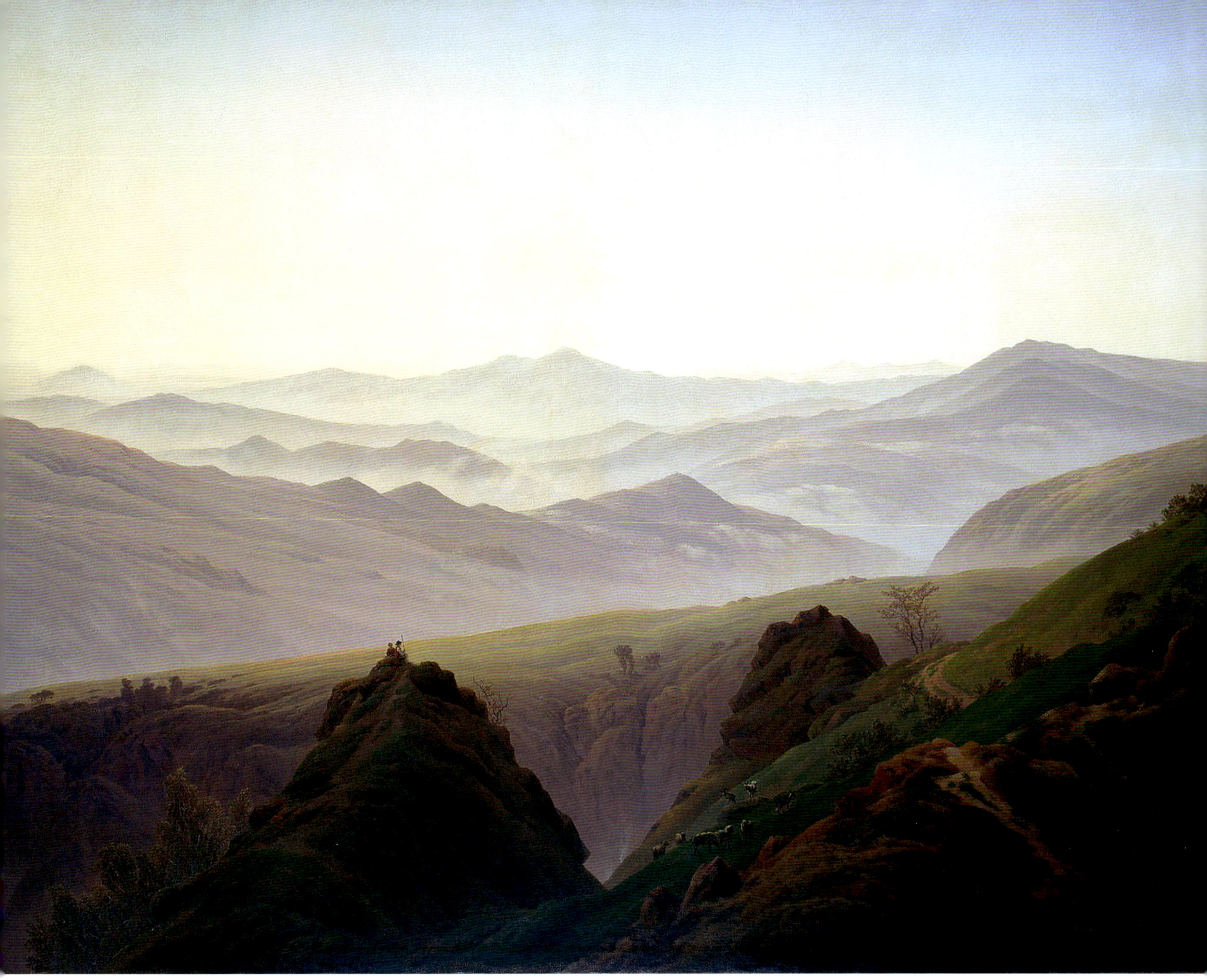

bis zur Jahrhundertausstellung 1906 im Besitz der Familie. Wie zufällig steht Friedrichs Frau Caroline vor einem hohen Fenster und wendet – analog zu Johann Heinrich Wilhelm Tischbeins „Goethe am Fenster" von 1786/87 – ihren Rücken dem Betrachter zu. Dargestellt ist Friedrichs Atelierfenster, auf dessen Fensterbank zwei Glasflaschen, vermutlich mit Malmitteln, stehen. Caroline blickt durch den geöffneten Fensterflügel in die sonnige Landschaft. Der Bildbetrachter nimmt den Mast eines Segelschiffs und die Pappeln des gegenüberliegenden rechten Elbufers wahr (vgl. Abb. S. 58, 59). Klassisch-streng und fast symmetrisch, von horizontalen und vertikalen Linien geprägt, zeigt sich der Bildaufbau. In ihrer Schlichtheit und dezenten Farbigkeit verbreitet das Motiv Ruhe und Harmonie.

Wohl Anfang des Jahres 1822 beauftragte der Berliner Bankier und Kunstmäzen Joachim Heinrich Wilhelm Wagener (1782–1861), dessen Sammlung mit 262 Gemälden den Grundstock der Alten Nationalgalerie in Berlin bildete, Friedrich mit einem Bildpaar: eine Morgen- und eine Abendlandschaft. Am 1. November 1822 konnte Friedrich in einem Brief an seinen Auftraggeber die Vollendung der Werke noch im selben Monat berichten.*

Als Bild des Morgens realisierte Friedrich die Landschaftsansicht **Der einsame Baum** (Abb. S. 126/127). Das Bild führte in Wageners Sammlungskatalog den Titel „Eine grüne Ebene" und im Verzeichnis von 1856 den Namen „Dorflandschaft bei Morgenbeleuchtung". Im ersten Katalog der Nationalgalerie trug das

Der Morgen im Gebirge, 1822, Öl auf Leinwand, 135 x 170 cm, Eremitage, St. Petersburg

* Birgit Verwiebe: Der einsame Baum. In: Malkunst im 19. Jahrhundert. Die Sammlung der Nationalgalerie (hg. v. Angelika Wesenberg, Birgit Verwiebe, Regina Freyberger), Petersberg 2017, S. 254.

Bild den Titel „Harzlandschaft“. Das Gemälde vereinigt typische Motive Friedrichs. Die Zusammensetzung der Einzelmotive ist dagegen singulär. Das Hauptmotiv bildet eine alte knorrige Eiche mit ihrem Blattbewuchs. Nur die Krone ist abgestorben. Die Eiche malte Friedrich nach einer Zeichnung vom 23. Mai 1806 (Abb. S. 19, 57). Das Motiv verwendete er in Auszügen mehrfach. Es diente als Hauptmotiv für die Sepiazeichnung „Hünengrab am Meer“ (Abb. S. 64/65). Die große Eiche steht in einer grünen Landschaft, während im Hintergrund die Berge eines Mittelgebirges in violetten Tönen schimmern und Brandstellen erkennbar sind. Als Vorlage diente eine Studie vom 6. Juli 1810 mit dem Blick zum Jeschkengebirge in Nordböhmen.* Ein Schäfer, der am Stamm der Eiche lehnt, weidet seine Herde in der Wiese, an die sich Wasserflächen mit Vögeln, Baum- und Buschgruppen anschließen. Zwei Dörfer, bei denen aus den Schornsteinen der Häuser Rauch aufsteigt, liegen hinter Büschen und Bäumen versteckt, ebenso eine Stadt im Hintergrund, von der nur die Spitzen gotischer Kirchtürme zu sehen sind.

Friedrich schuf eine freundliche und friedvolle Szene voller Harmonie. Das gilt sowohl für die ruhige Komposition als auch für die frohe unaufdringliche, aber differenzierte Farbigkeit von gelb bis violett. Der Baum in der Mitte, der in der Senke zweier Gipfel angeordnet und durch den hellen Himmel hervorgehoben wird, und die Eichen im Mittelgrund, die auf Studien aus dem Jahr 1809 zurückgehen, sind von außerordentlicher Ästhetik und Originalität.

Die Eiche war im Umfeld von Caspar David Friedrich nicht nur ein Baum von außergewöhnlicher Ästhetik, sondern es wurde ihm auch eine besondere Bedeutung zugemessen: 1798 interpretierte Ludwig Gotthard Kosegarten in seinen Poesien die Eiche als „Baum Gottes“, und 1786 hielt sie Christian Friedrich Daniel Schubart in seinem Gedicht für ein nationales Freiheitssymbol.

* Frank Richter: Caspar David Friedrich. Der Landschaftsmaler, Petersberg 2024, S. 445.

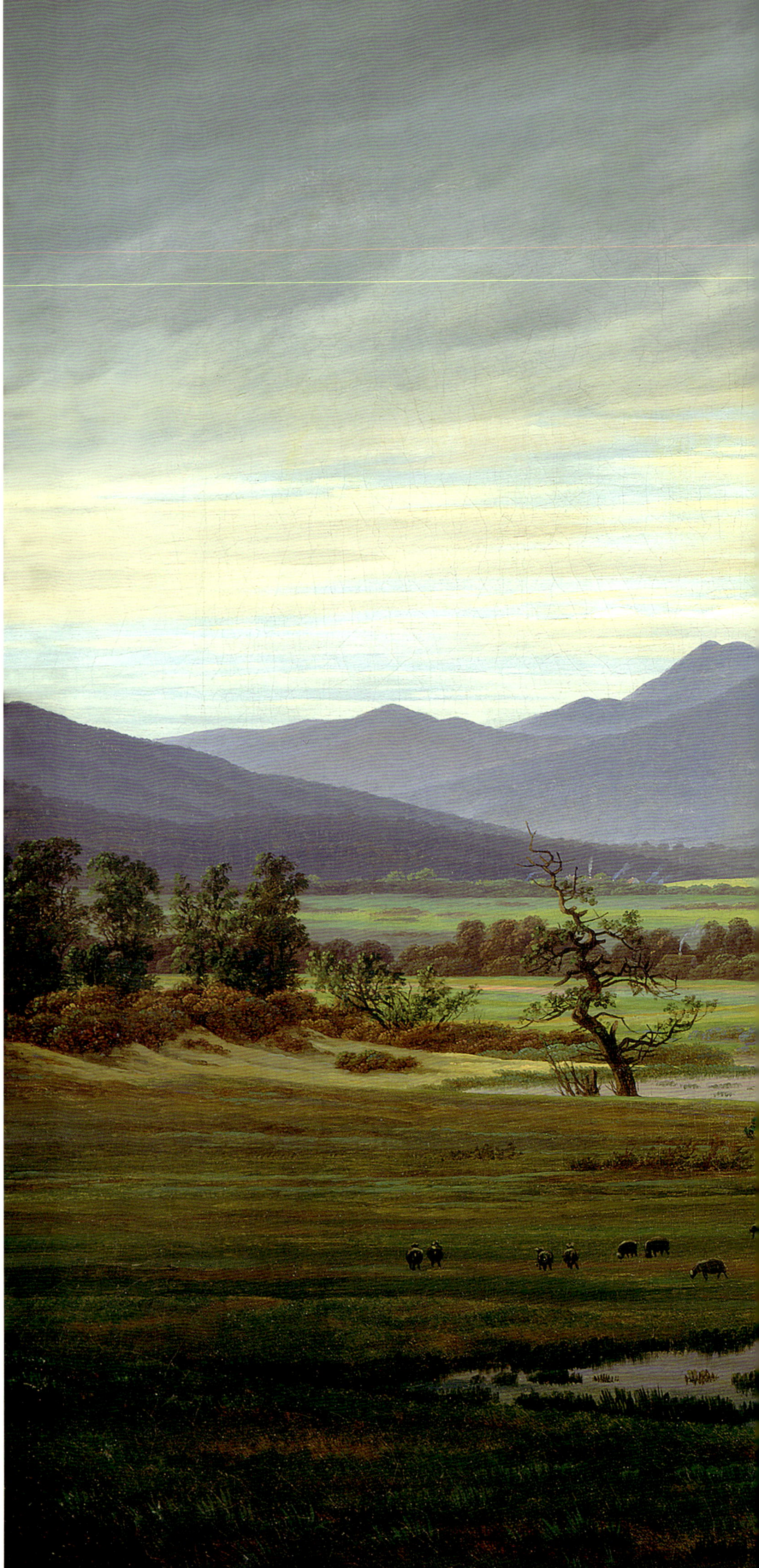

Der einsame Baum, 1822, Öl auf Leinwand, 55 × 71 cm, Alte Nationalgalerie Berlin

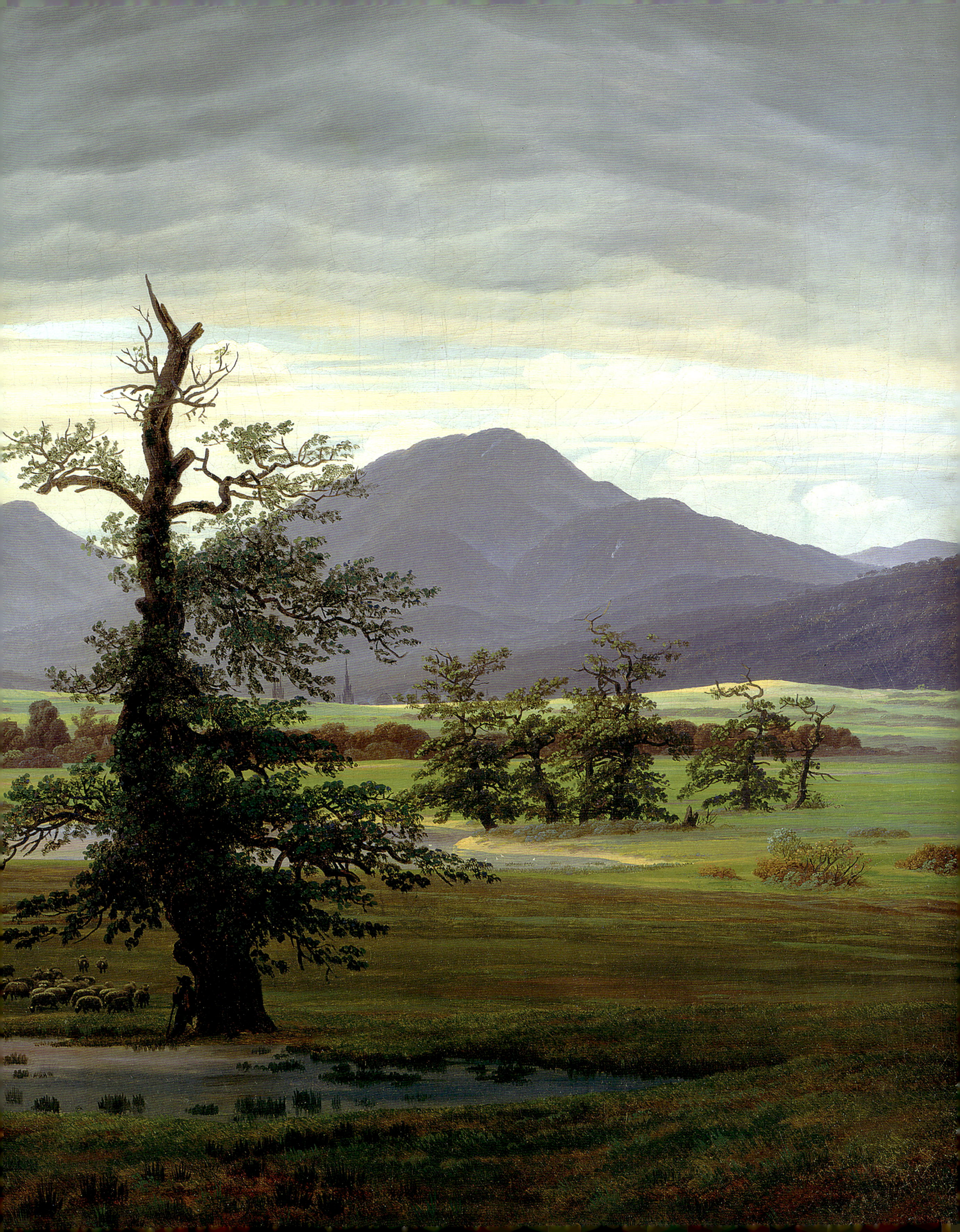

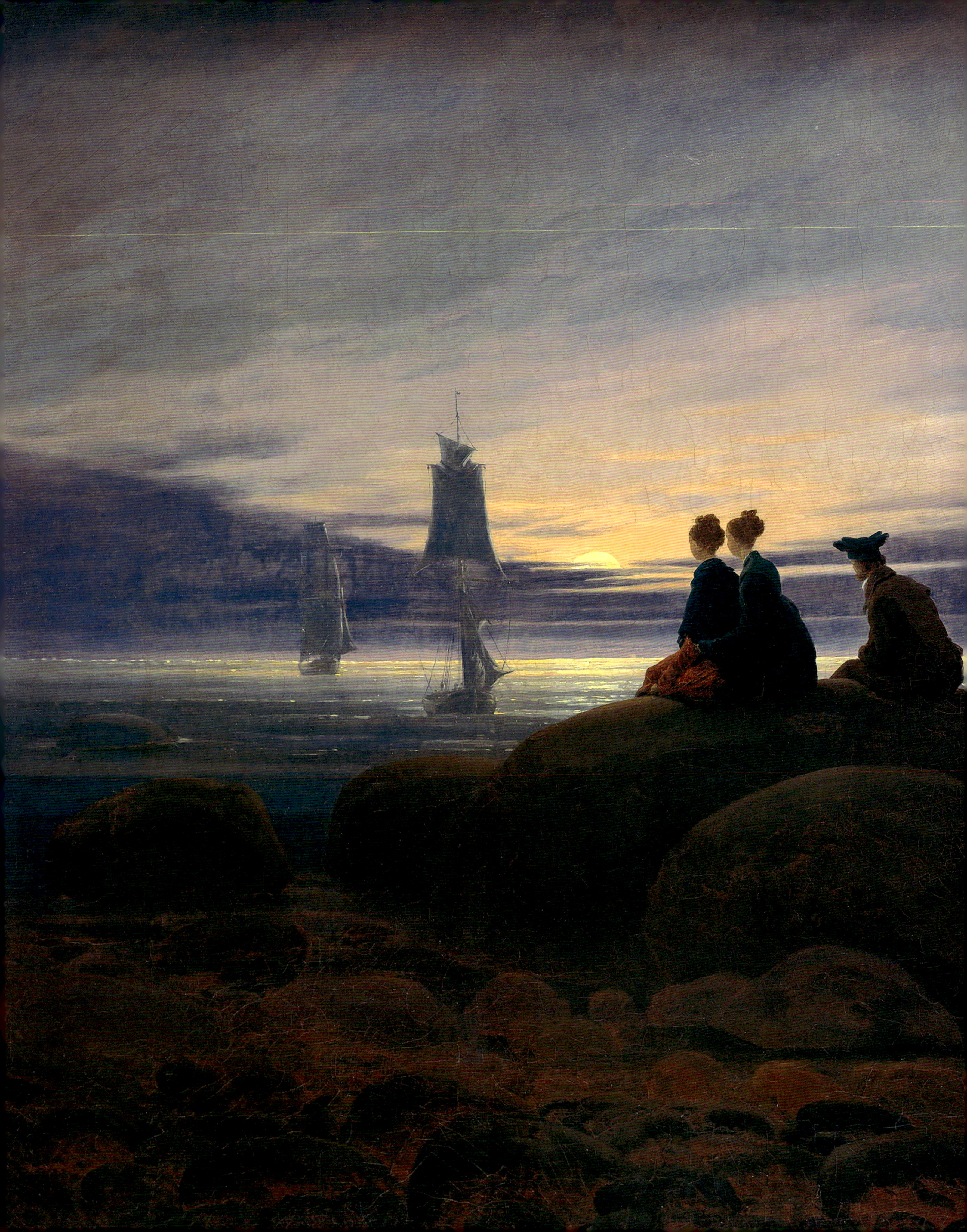

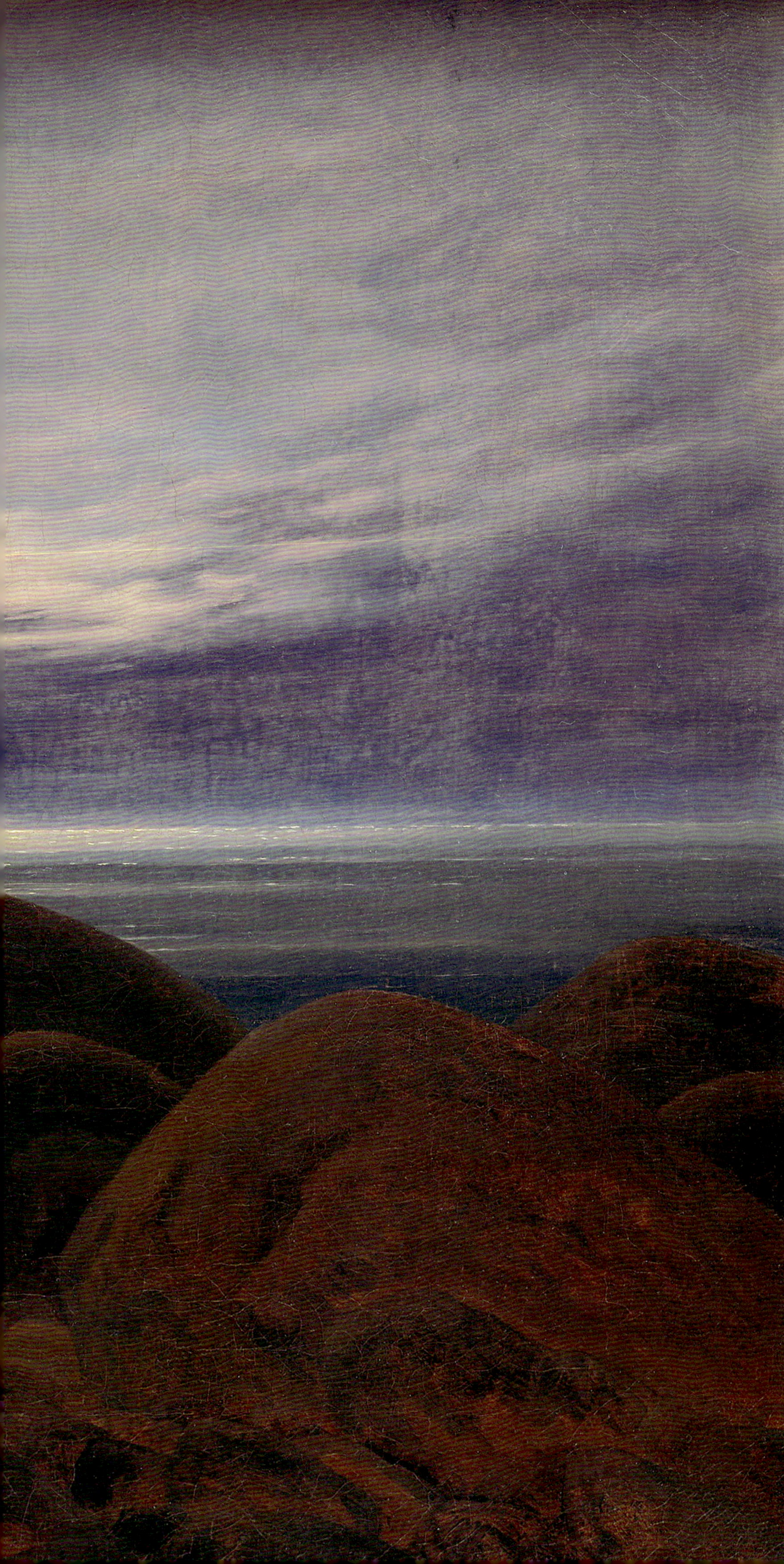

Als Pendant zum „Einsamen Baum" malte Friedrich im selben Jahr die Abendlandschaft **Mondaufgang am Meer** (Abb. links). Im April 1823 lautete der Bildtitel bei einer Sonderausstellung „Der Abend, der Strand bei Stubbenkammer auf der Insel Rügen". Als Gegenstück zur Morgenansicht arbeitete Friedrich signifikante Unterschiede zwischen der Morgen- und Abendlandschaft heraus: hell und dunkel, Gebirge und Meer, Steine und Wiesenlandschaft, Schäfer und Stadtmensch.

Beim Bild „Mondaufgang am Meer" handelt es sich um eine Variante des großformatigen Gemäldes „Mondaufgang über dem Meer" (Abb. S. 122/123). Im jüngeren und kleineren Bild rückte Friedrich die Hauptmotive Vollmond, Schiffe und Rückenfiguren eng aneinander. Ihm gelang dabei eine außergewöhnlich harmonische und romantische Anordnung. Der Mann und die zwei Frauen sitzen durch die Fokussierung optisch nahe am Mond und dem erleuchteten Himmel. Um diese Wirkung zu erzielen, musste Friedrich die Rückenfiguren auf einem riesigen Findling am Ufer der Ostsee platzieren. Die Personen beobachten gespannt das Schauspiel des Mondaufgangs und die großen Schiffe. Das hintere Segelschiff fährt auf das Ufer zu. Das vordere liegt wahrscheinlich bereits auf Reede. Zumindest haben die Matrosen bereits begonnen, die Segel einzuholen. Der Mann trägt die altdeutsche Tracht, bestehend aus einem braunen Mantel, einem weißen Hemd und einem grünen Barett. Vertraut und schützend drückt sich die rechte junge Dame an ihre Begleiterin im roten Kleid mit blaugrünem Umhang. Das Lichtspiel des Mondes, das sich auf dem Meer spiegelt, wirkt besonders malerisch. Die flirrenden

Mondaufgang am Meer, 1822,
Öl auf Leinwand, 55 x 71 cm,
Alte Nationalgalerie, Berlin

Reflexe auf den Wellen erwecken den Eindruck, das Meer sei in Bewegung. Die Wolken sind zum Meer hin violett verfärbt.

Das Gemälde löst Emotionen aus. Betrachtet man die unterschiedlichen Interpretationen zum Bild, reichen diese von einer Trauerstimmung bis zu einer göttlich-religiösen Empfindung. Die Mehrzahl der Betrachter sieht eine positive und tröstliche Sinneswahrnehmung, ausgelöst durch das ruhige Meer, die harmonische Farbigkeit und die ruhige Komposition sowie die innig miteinander verbundenen drei Personen. Der Blick aufs Meer macht die unendlich scheinende Weite des Universums erfahrbar. Das Naturschauspiel mit dem Mond als Zeichen der Hoffnung und nach Helmut Börsch-Supan* als das Symbol Christi verleiht dem Gemälde eine religiös-mystische Wirkung von überirdischer Schönheit.

Die Verwendung der altdeutschen Tracht wird gemeinhin als ein politisches Bekenntnis eines Demagogen betrachtet, der für reformerische, liberale und nationale Gedanken eintrat. Die Kleidung war kurz zuvor am 1. Dezember 1821 für die Studenten der Dresdner Akademie verboten worden. Noch 1818 war der Berliner Verleger Georg Andreas Reimer in Demagogen-

* Helmut Börsch-Supan (Caspar David Friedrich. München 1973, S. 131) deutet die riesigen Ufersteine als christlichen Glauben, die Schiffe, die auf das Ufer zufahren, als das zu Ende gehende Leben und den violetten Farbton des Bildes als Melancholie oder Trauer, die durch das Abend- oder Morgenlicht überwunden werde.

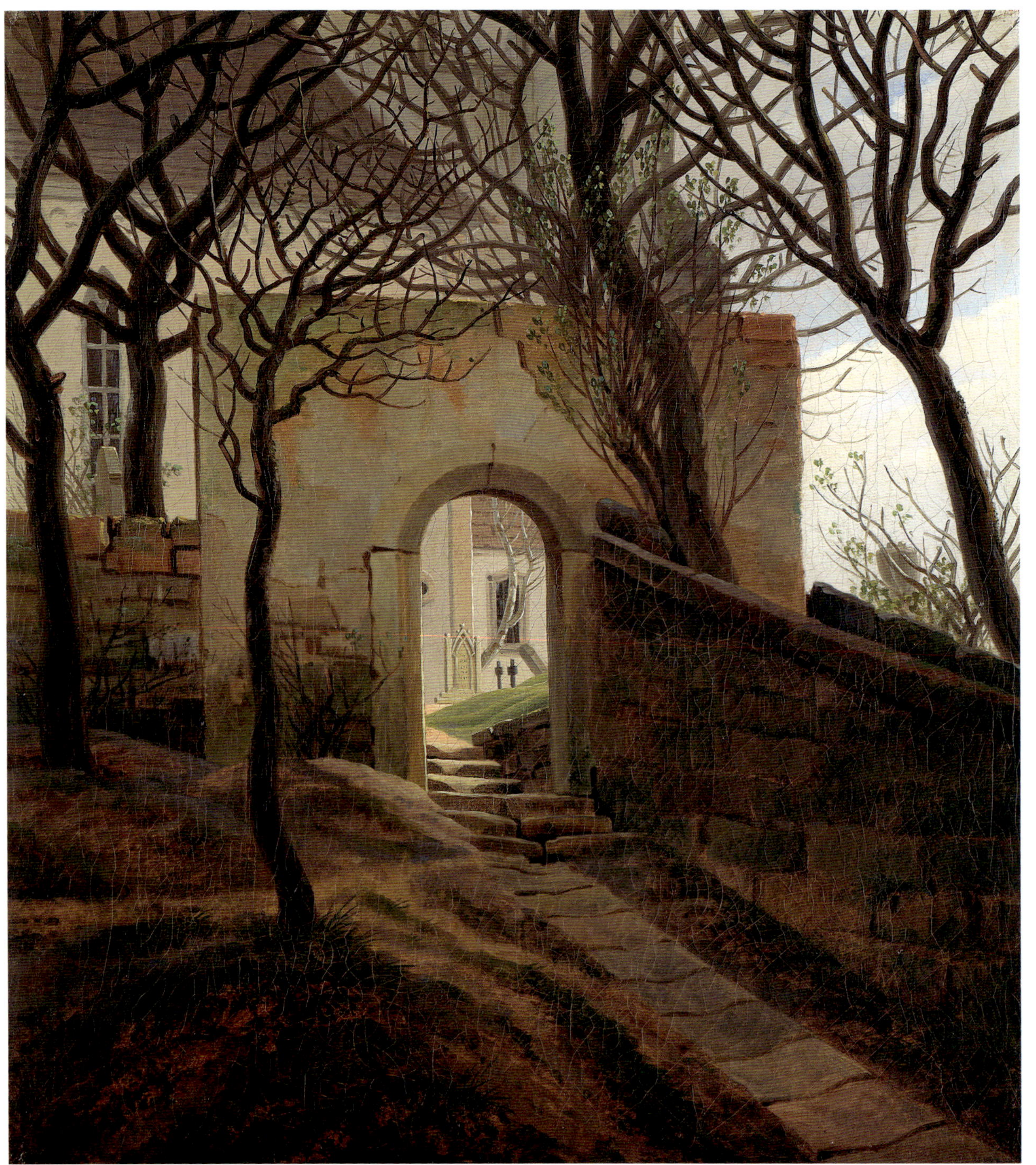

rechts:
Felsenlandschaft im Elbsandsteingebirge (Felsengruppe des Neurathener Felsentors), 1822, Öl auf Leinwand, 94 x 74 cm, Österreichische Galerie Belvedere, Wien

links:
Kirchhofpforte, 1822, Öl auf Leinwand, 38 x 33,8 cm, Staatliche Kunsthalle, Karlsruhe

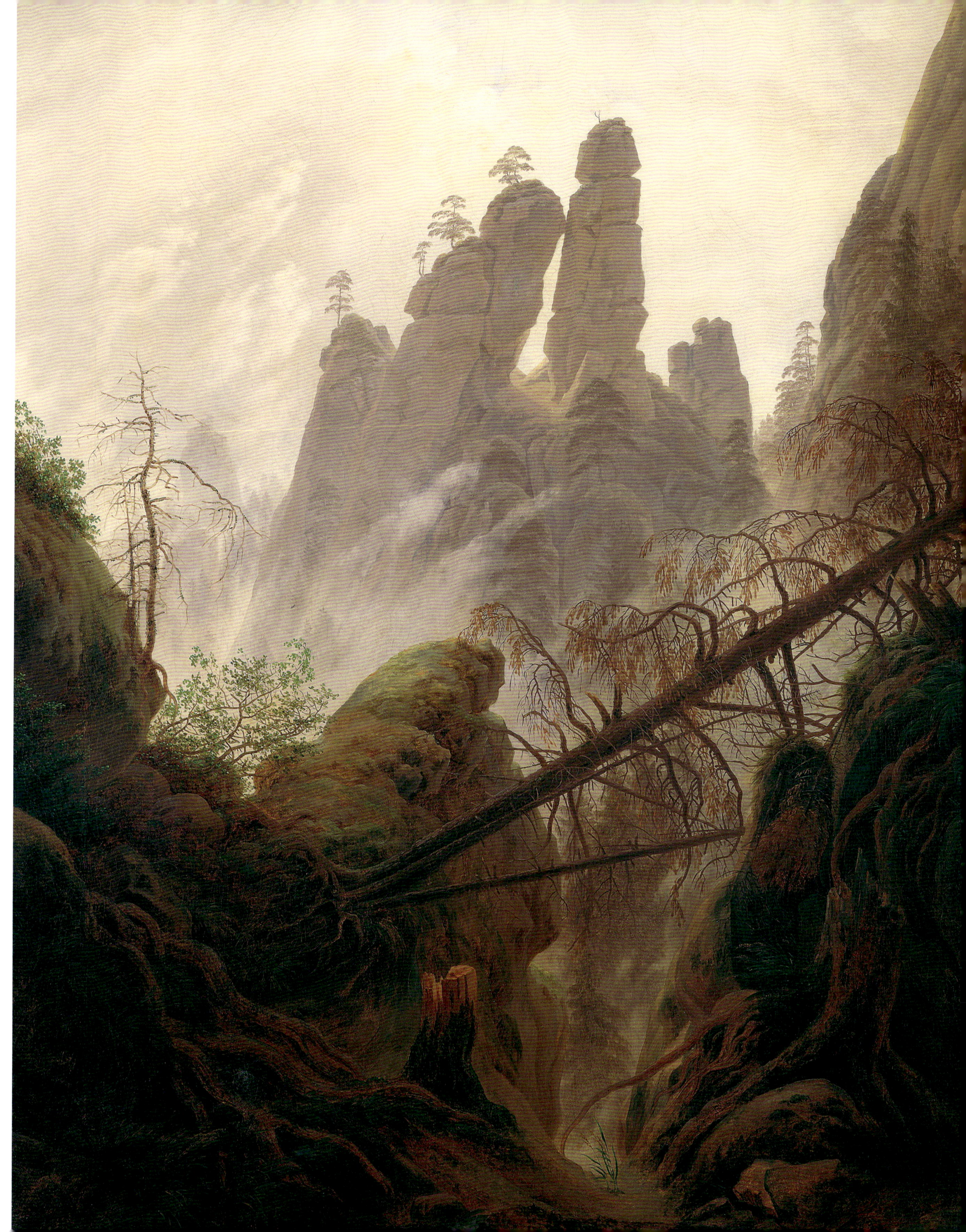

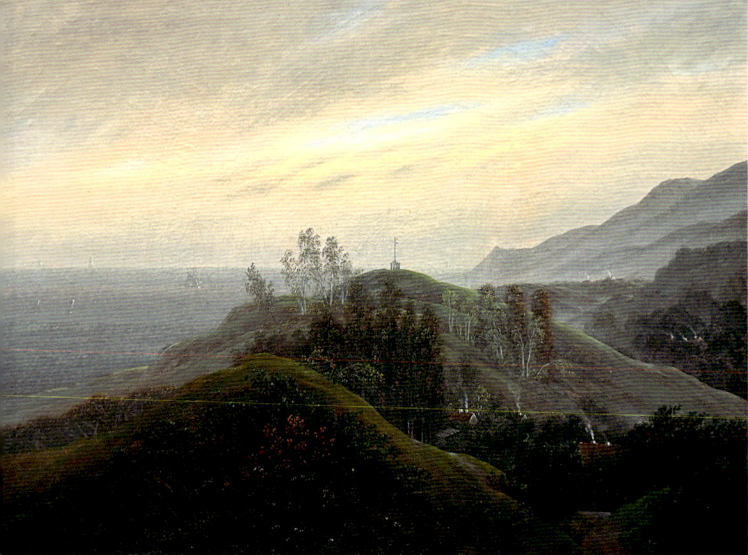

Blick auf die Ostsee, 1820–25, Öl auf Leinwand, 34,5 x 44 cm, Kunstpalast, Düsseldorf

Schwäne im Schilf, um 1820, Öl auf Leinwand, 44 x 34,5 cm, Freies Deutsches Hochstift – Frankfurter Goethe Museum, Frankfurt am Main

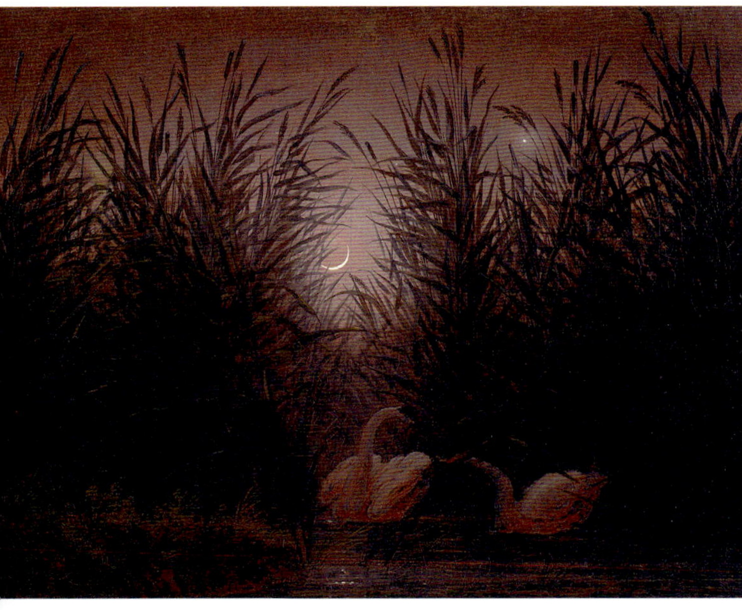

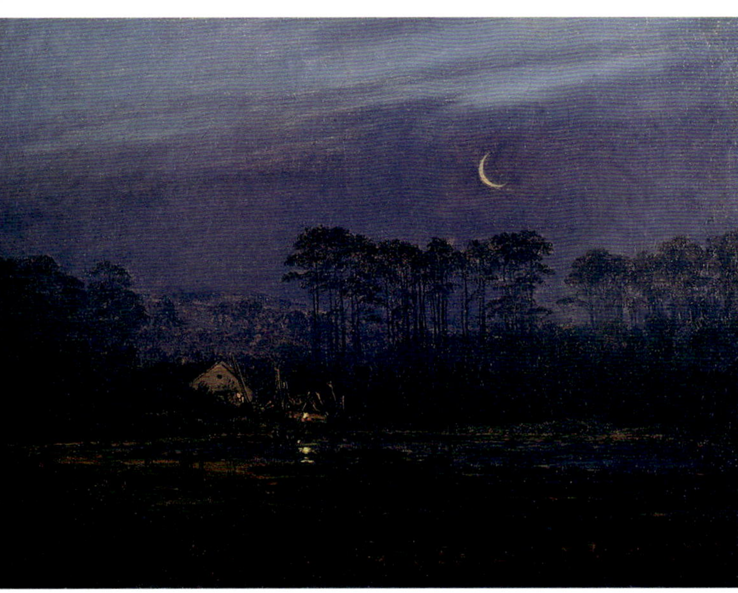

tracht durch Dresden gezogen, um mit dem Theologen Friedrich Schleiermacher seinen Jugendfreund Caspar David Friedrich aufzusuchen, der wie sie antinapoleonisch gesinnt war. Sie sannen auf politsche Reformen auf der Basis religiöser Erneuerung. Trotz oder gerade aufgrund des Verbots tragen Friedrichs Männer in seinen Gemälden häufig die altdeutsche Tracht.

In den frühen 1820er Jahren malte Friedrich parallel an Meeres- und Gebirgsbildern. Beim **Blick auf die Ostsee** (Abb. links) kombinierte er die Hochlagen der Mittelgebirge unmittelbar mit dem Meer. Dazu spiegelte er seine Zeichnung vom 14. Juli 1810 mit dem Riesengebirgskamm zwischen Schneegruben und Reifträger und steigerte die Höhenentwicklung. Erneut zeigt sich: Die großen Gemälde setzen sich beinahe alle aus mehreren Einzelstudien zusammen.

Eine Ausnahme bildet das Ölbild **Felsenlandschaft im Elbsandsteingebirge** (Abb. S. 131). Hier war die Naturvorlage so spektakulär, dass es keiner Hinzufügung bedurfte. Die imposante Felsgruppe des Neurathener Felsentors, dessen Elbsandsteinfelsen wie die Finger einer Hand nach oben weisen und deren Gipfel z. T. von Bäumen bewachsen sind, vereint sinnbildhaft Geheimnisvoll-Unergründliches mit bedrohlicher Naturgewalt. Mit der Darstellung der Felsenschlucht, für die Caspar David Friedrich die dramatischste Ansicht fand, gelang ihm das romantischste Landschaftsbild des Elbsandsteingebirges. Um die Wirkung zu steigern, unterließ er die Wiedergabe des schlichten hölzernen Brückenstegs, der als Zugang zum Tor dient. Um die Wildheit der Schlucht zu veranschaulichen, fügte er umgestürzte Bäume und bedrohlich wirkendes schlangenartiges Wurzelwerk in den Vordergrund. Der Betrachter soll sich vor der gefahrvollen Natur erschaudern, weshalb er zusätzlich die verborgene und fast unzugängliche Attraktion in Nebelschwaden hüllte. Das Gemälde belegt zudem Friedrichs meisterhaften Pinselstrich, seine außerordentliche Begabung in der Entwicklung einer spannungsgeladenen Komposition und der Wiedergabe der Natur und ihrer Wetterbeschaffenheit.

Selbst bei der Wiedergabe einer unspektakulären Architektur, wie bei der **Kirchhofpforte** (Abb. S. 130), fand er einen ungewöhnlichen, aber harmonisch-delikaten Bildausschnitt, der seinesgleichen sucht. Spektakulär ist die Beleuchtungssituation, die den neugotischen Grabstein in Szene setzt und die linke Kante der Portalrahmung streiflichtartig anleuchtet. Durch die Untersicht überspannen die kahlen Bäume wie ein Netz den Weg zur Kirchhofpforte. Am schönen Frühlingstag zeigen sich an einigen Zweigen erste Triebe.

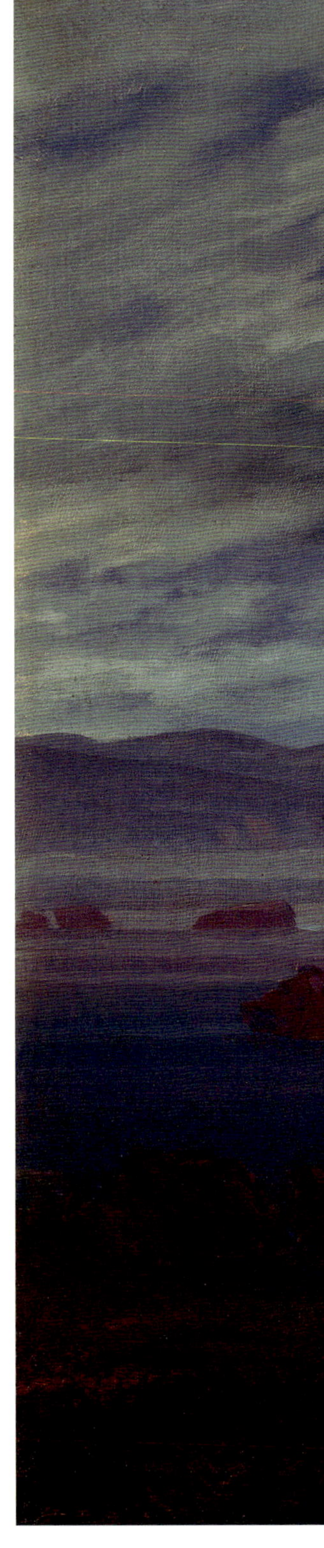

Abend am Fluss, 1820–25, 44 x 34,5 cm, Öl auf Leinwand, Wallraf-Richartz-Museum, Köln

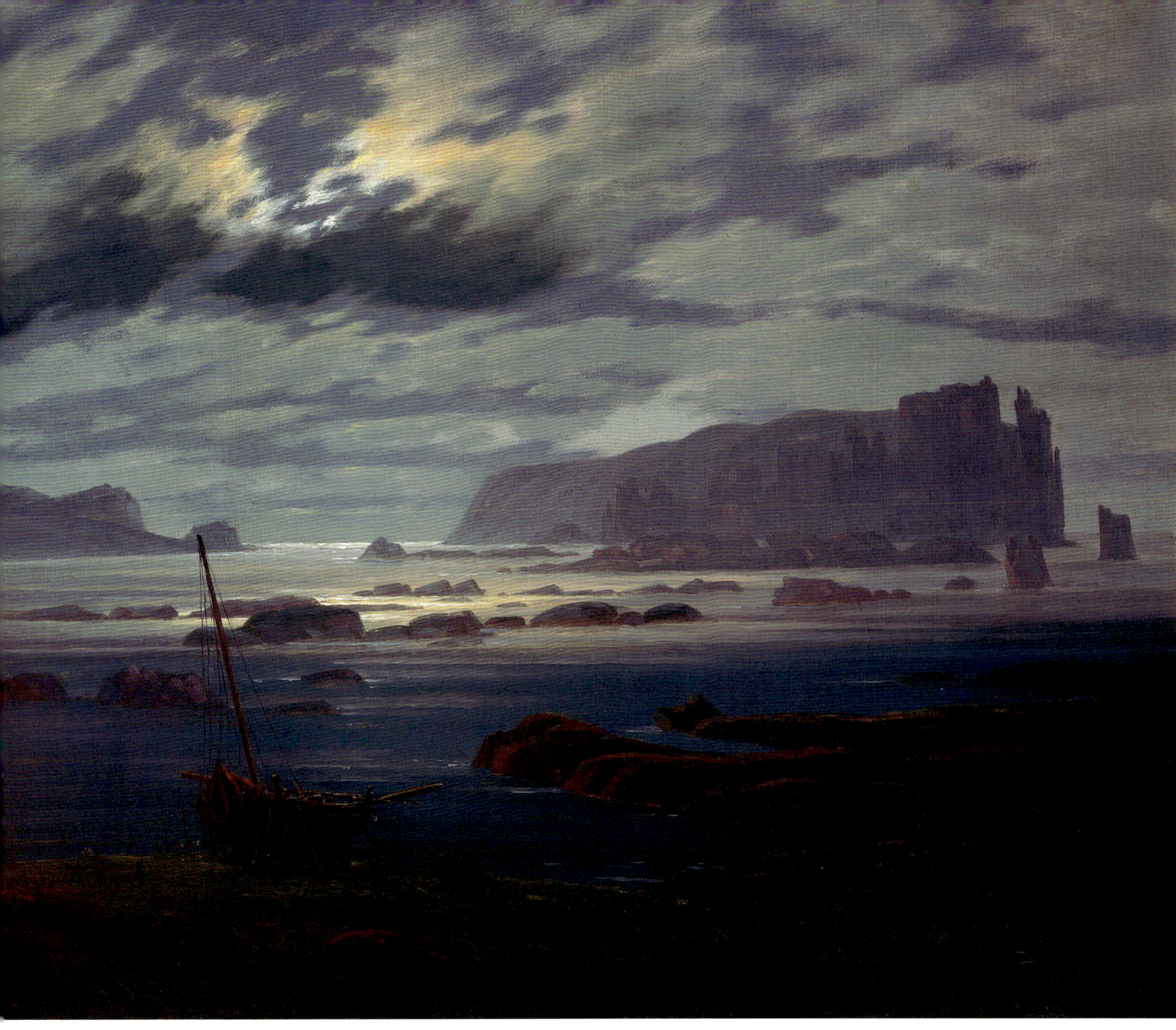

Carl Gustav Carus berichtet, Friedrich habe täglich Wanderungen in der freien Natur unternommen und besonders die Zeit der Dämmerung am Morgen und am Abend geliebt. Friedrich widmete sich deshalb in vielen seiner Bilder den Übergängen vom Tag zur Nacht. Seine Vorliebe galt den Landschaften im Mondschein. In den Hauptwerken fand dabei der Vollmond zentral über dem Meer eine besondere Aufmerksamkeit. Seltener malte Friedrich Bilder, die einen ab- oder zunehmenden Mond zeigen, wie beim **Abend am Fluss** (Abb. links unten), bei dem er mit dem offenen Feuer, das sich im Wasser und im Glas des Fensters spiegelt, eine weitere Lichtquelle einbrachte. Bei seinen zwei **Schwänen im Schilf** (Abb. links Mitte) malte Friedrich zwei leuchtende Gestirne: den Mond als schmale Sichel und den Abendstern. Es dominiert ein rotviolettes Dämmerlicht. Tilman Allert bringt das Motiv mit dem tödlichen Unglück aus Kindertagen in Zusammenhang, als am 8. Dezember 1787 Friedrichs jüngerer Bruder, beim Versuch ihn zu retten, ertrank.* Geschickt hinter Wolkenfetzen verdeckt, schildert Friedrich die **Nordische See im Mondlicht** (Abb. oben). Das kleine Bild zeigt eine Bucht mit einer abwechslungsreichen Steilküste mit Blick aufs Meer und ein

Nordische See im Mondlicht, Öl auf Leinwand, 1823/24, 22 x 30,5 cm, Nationalgalerie, Prag

* Tilman Allert: Caspar David Friedrich: Schwäne im Schilf: Ein Bild und seine Geschichte, München 2024.

außergewöhnliches Lichtspiel im Himmel und als Spiegelung auf dem Meer. Die Farbe ist schnell mit sicherem Pinselstrich aufgebracht, sodass das Bild wie eine feine Ölskizze wirkt. Die Kliffküste, die spiegelbildlich an die Steilküste am Kap Arkona auf Rügen erinnert, bildet eine natürliche Rahmung, die den Blick des Betrachters auf den Mond lenkt. Friedrich verwendete eine Farbpalette von warmen Erdtönen wie Ocker und Braun, aber auch kühles Blau für den Himmel und das Meer. Die scheinbar endlose Weite der Landschaft und der Himmel erzeugen ein Gefühl von Freiheit und Unendlichkeit. Das Bild strahlt Ruhe und Gelassenheit aus.

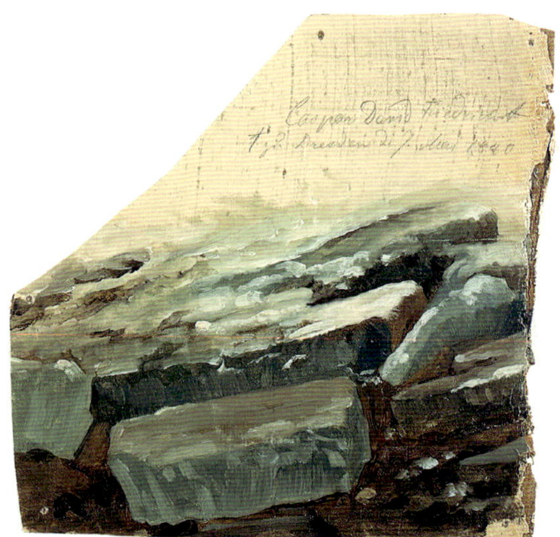

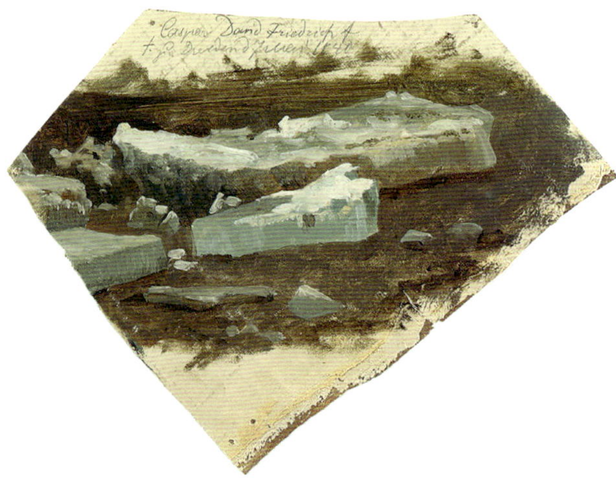

Man darf davon ausgehen, dass der Norweger Johan Christian Dahl, der am 2. April 1823 nach seiner Italienreise Hausgenosse Friedrichs im Gebäude An der Elbe 33 in Dresden wurde, Friedrich maßgeblich bei seinen nordischen Landschaften beeinflusste. Auch werden die Norwegenstudien des Dresdner Geologen Karl Friedrich Naumann eine Rolle gespielt haben.

Das eindrucksvolle kleine Nachtstück **Felsenriff am Meeresstrand** (Abb. rechts) scheint als nordisches Seestück nahtlos an die „Nordische See im Mondlicht" (Abb. S. 133) anzuknüpften. Auch hier verschwindet der Mond hinter Wolken. Partiell wird das Mondlicht auf dem stillen Meer reflektiert, weshalb das Bild Ruhe und Gelassenheit ausstrahlt. Andererseits ragt das Felsenriff gespenstisch aus dem Wasser und ruft mit seinen spitzen Zacken Gefahr und zugleich Faszination hervor. Virtuos setzte Friedrich die Glanzlichter auf die Meeresoberfläche und verlieh der Landschaft durch den bläulichen Grundton eine zauberhafte Ausstrahlung.

Die Idee eines vor der Küste liegenden Felsenriffs soll durch Grafiken mit der Darstellung der „Needles" (Nadeln) – der drei Kreidefelsen vor der Westspitze der Isle of Wight in Südengland – angeregt worden sein. Friedrich schuf jedoch durch die Schräglage der Gesteinsformen und die Steigerung der Höhe für den mittleren Teil einen wesentlich spektakuläreren Typus, der eher an den von ihm gezeichneten Trudenstein im Harz (Abb. S. 152) und die aufgetürmten Eisschollen im Gemälde „Eismeer" (Abb. S. 136/137) erinnert. Der geniale Einfall, als Hauptmotiv einen dynamisch zur Seite und mit vielen spitzen Steinen in die Höhe ragenden Felsen im Gegenlicht zu zeigen, befördert wesentlich die Emotionen des Betrachters – einerseits durch die Schönheit und andererseits durch die Wildheit und die raue Naturform.

Im Winter 1820/21 war die Elbe bei Dresden zugefroren. Im Januar 1821 setzte der Aufbruch der Eisdecke ein, und es folgte ein Eistreiben, das als seltenes Naturereignis unter anderem von Carl Gustav Carus beschrieben wurde. Friedrich fertigte von dem Naturschauspiel Ölskizzen an. Einige Ölstudien mit der Darstellung von **Eisschollen** (Abb. linke Spalte) sind erhalten. An ihnen entwickelte er die Gestalt für seine Polarbilder, wie dem Gemälde „Eismeer" (Abb. S. 136/137). Letztlich nimmt auch das „Felsenriff am Meeresstrand" die Form von aufgebäumten Eisschollen an.

Das Thema „Eislandschaft" war zu diesem Zeitpunkt im Gespräch, da der Engländer William Edward Parry (1790–1855) in den Jahren 1819/20 eine Expedition zur Entdeckung einer Nordwestpassage vom Atlanti-

linke Spalte: Eisschollen, Januar 1821, Öl auf Leinwand, 16,5 x 17,2 cm / 18 x 14 cm / 20,5 x 15,2 cm, Hamburger Kunsthalle

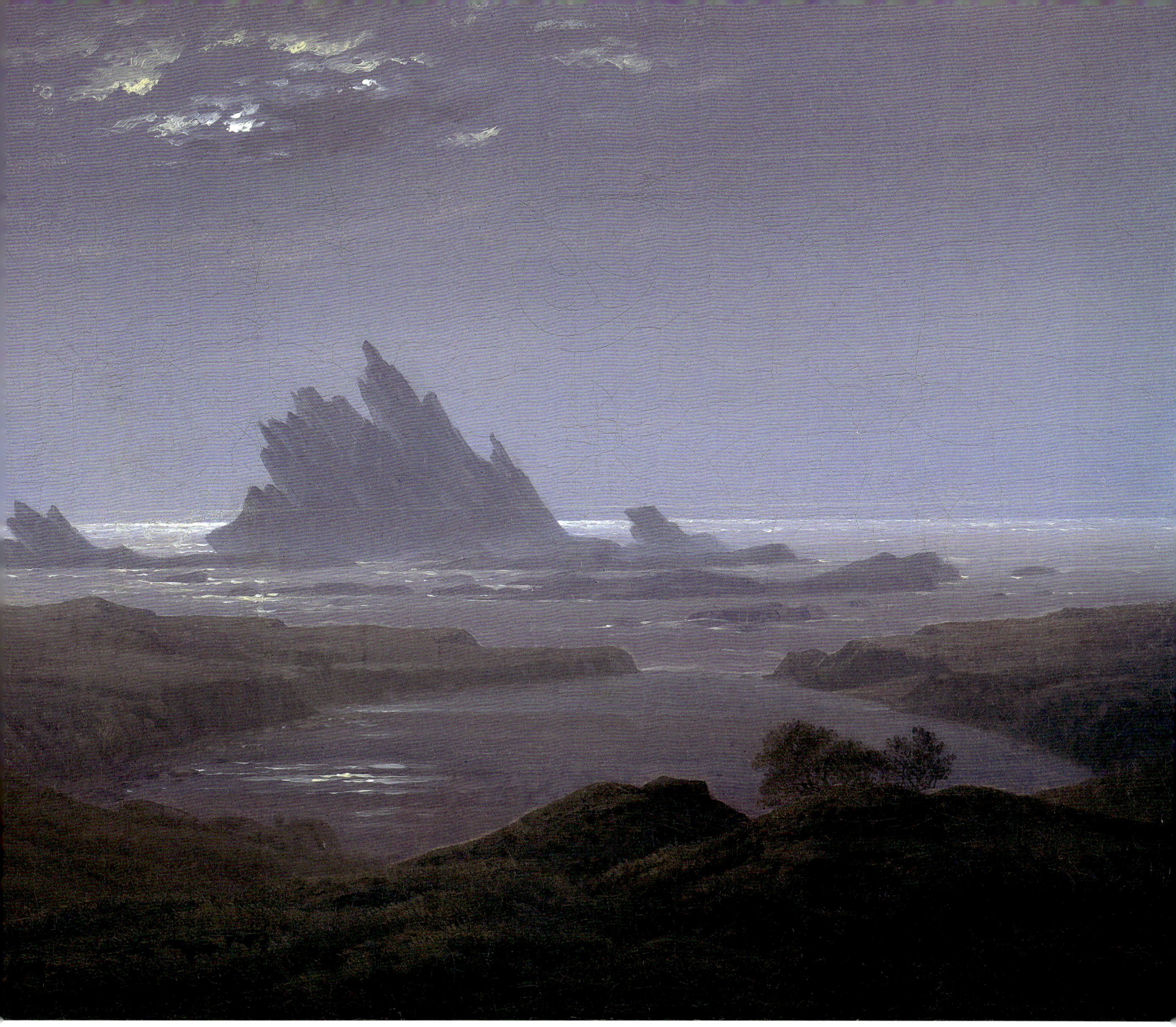

schen zum Pazifischen Ozean unternahm. Im Reisebericht, den Parry 1821 in englischer und 1822 in deutscher Sprache veröffentlichte, beschreibt dieser für den 20. September 1819 eine gefährliche Situation bei Melville Island, in der das Schiff Griper bei starkem Wind durch riesige Eisschollen gegen das Ufer gedrückt wurde und zu kentern drohte. Das Segelschiff entkam dem Schiffbruch, musste aber die Expedition beenden. Zum Ereignis lieferte der Grafiker William Westall (1781–1850) für die Buchausgabe eine Aquatinta-Radierung, die auf die Bildideen Friedrichs aber keinen Einfluss ausübte. Die ersten Informationen zur Expedition waren in Deutschland bereits im Januar 1821 veröffentlicht worden. 1822 stellte der Reisemaler und Schausteller Johann Carl Enslen (1792–1866) in Dresden ein Panorama mit dem Titel „Winteraufenthalt der Nordpol-Expedition" aus, das Friedrich gesehen haben wird.

In diesem Umfeld malte Friedrich als Auftragsarbeit für den Dresdner Kunstmäzen Johann Gottlob von Quandt (1787–1859) das 95 x 130 cm große Bild „Gescheitertes Schiff auf Grönlands Küste im Wonnemond", das 1822 auf der Dresdner Akademieausstellung gezeigt wurde. Es ist verschollen. Aus Beschrei-

Felsenriff am Meeresstrand, 1824, Öl auf Leinwand, 22 x 31 cm, Sammlung Staatliche Kunsthalle, Karlsruhe

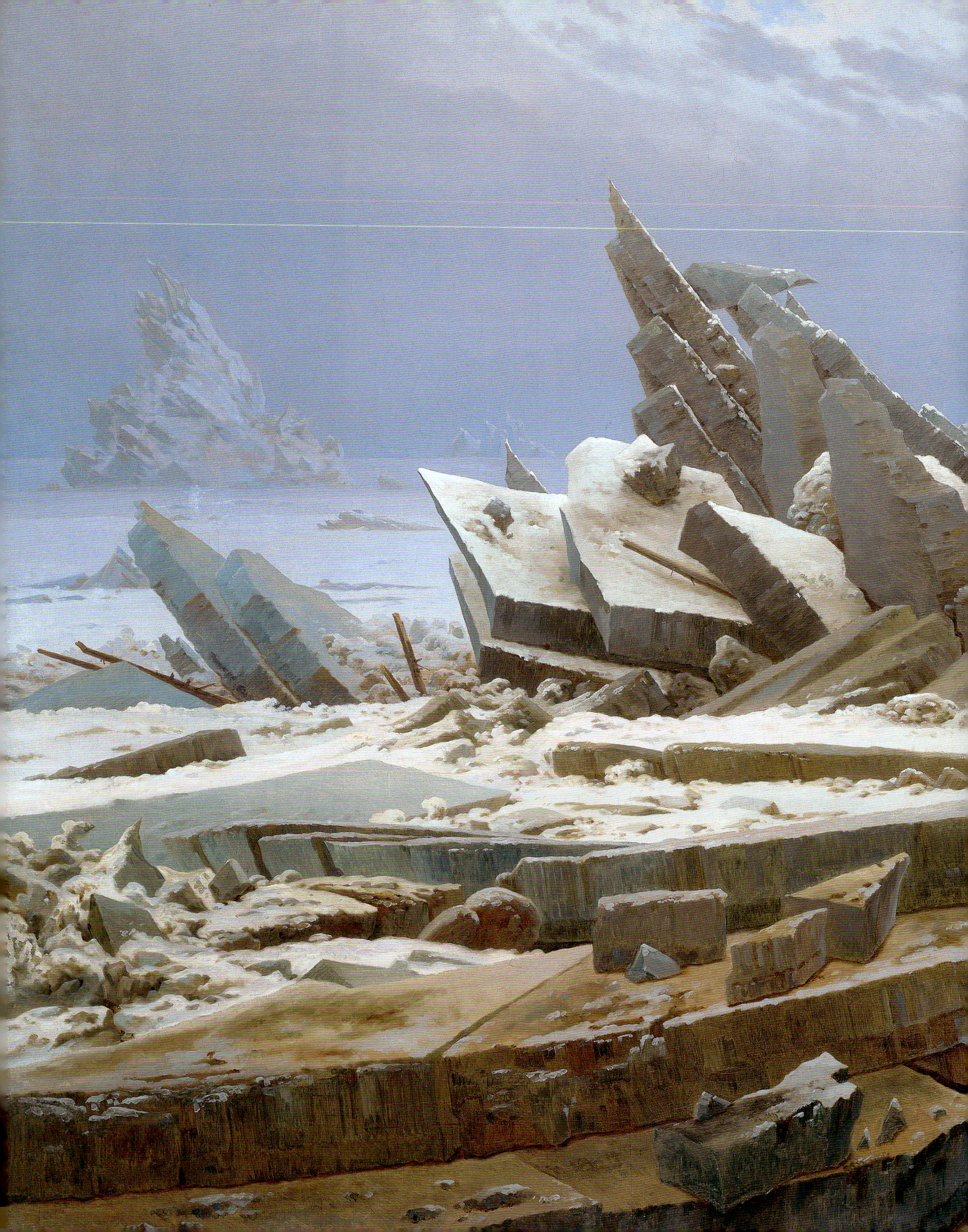

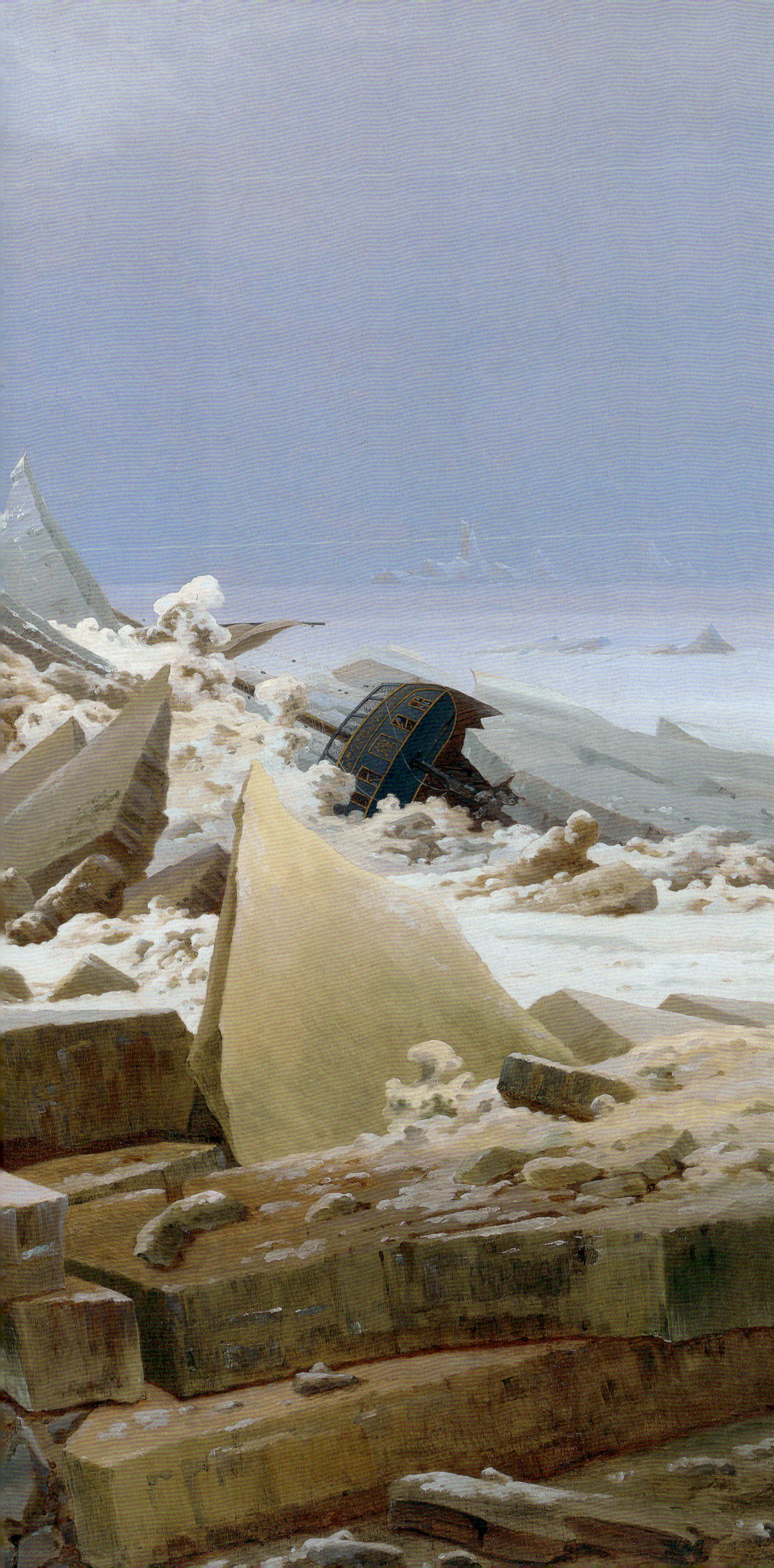

bungen geht hervor, dass es eine eindrucksvolle Schiffbruchszene vor der Küste Grönlands darstellte, bei der sich die Eismassen auftürmten und unter sich das Schiff mit dem Namen „Hoffnung“ begruben. Deshalb war das Bild auch unter dem Titel „Gescheiterte Hoffnung“ bekannt.

Schiffbruchdarstellungen waren in der Romantik ein beliebtes Thema. Großformatige dramatische Seestücke sind mehrfach u. a. im Werk von William Turner vertreten. Théodore Géricaults Hauptwerk „Das Floß der Medusa“ wurde 1819 im Pariser Salon ausgestellt. Auch Friedrich malte mehrere Schiffsunglücke: 1817 „Nach dem Sturm“ (Abb. S. 104), 1822 das oben beschriebene Gemälde „Gescheitertes Schiff auf Grönlands Küste“ und in dessen motivischer Nachfolge 1823/24 sein berühmtes Polarbild **Eismeer** (Abb. links). Friedrich hielt es zu Recht für eines seiner Meisterwerke. Er stellte es 1824 in Prag unter dem Titel „Ideale Scene eines arktischen Meeres, ein gescheitertes Schiff unter den aufgethürmten Eismassen“ und in Dresden als „Das Eismeer“ aus. Darüber hinaus präsentierte er es zwei Jahre später in Berlin und in Hamburg. Vermutlich weil es anfänglich keinen Käufer fand, blieb es bis zu Friedrichs Tod in dessem Besitz und wurde 1843 von Dahl aus dem Nachlass erworben. Im Nachlassverzeichnis trug es den Titel „Eisbild. Die verunglückte Nordpol-Expedition“.

Das 96,7 x 126,9 cm große Polarbild ist eine kompositorische Meisterleistung, bei der die Schollen wie zufällig rhythmisch und harmonisch auf- und hintereinandergeschichtet sind. Das Licht auf den verschneiten Eisscheiben und die Farbigkeit mit dem Hellblau im Hintergrund unterstützen die Wirkung.

Das Eismeer, 1823/24, Öl auf Leinwand, 96,7 x 126,9 cm, Hamburger Kunsthalle

Die einzigartige menschenleere „Eiswüste" findet in der Kunstgeschichte kein Gegenstück und ist singulär. Das arktische Nordmeer wird zur Landschaft mit sich zu einem Gebirge aufgetürmten Eisschollen, unter denen auf der rechten Seite ein gekentertes winziges Segelschiff begraben liegt, von dem nur noch ein Teil des Hecks und der gebrochene Mast sichtbar sind. Die Eisschollen sind treppenartig im Vordergrund geschichtet. Im Mittelgrund stellen sich in einer Gegendiagonalen – wie im Gemälde „Felsenriff am Meeresstrand" (Abb. S. 135) – bedrohliche Eisplatten auf, deren Scharfkantigkeit durch die Lichtführung noch hervorgehoben wird. Friedrich gab die Schollen mit ihren Abbrüchen und Kanten sowie die Schneehaufen mit flockiger Struktur, Erdresten und Baumfragmenten stofflich so real wieder, dass der Betrachter verblüfft ist. Er spürt die eisige Kälte, während alles zu Eis erstarrt ist. Man fühlt sich an Salvador Dalí erinnert, der aussagte, er male Traumvisionen, die so nicht existieren könnten. Er stelle sie aber so naturalistisch dar, dass der Betrachter sie für real hält. Auch Friedrich erdachte sich eine surreale Traumlandschaft.

Im Unterschied zu den meisten Schiffbruchszenen in der Kunstgeschichte wählte Friedrich nicht den Moment, in dem der Betrachter noch auf eine Rettung hoffen konnte. Vielmehr entschie er sich für das Thema des ausweglosen, todbringenden Eises, wenngleich am oberen Rand der Himmel aufklart. Letztendlich spitzte Friedrich die schreckliche Tragödie maximal zu: Alles ist entschieden. Es gibt kein Entrinnen mehr. Kein Mensch hat überlebt. Die hoch aufgestellten Eisschollen sind das Grabmal für die Seeleute und das Schiff. Man kann dem französischen Bildhauer David d'Angers (1788–1856), der am 7. November 1834 Friedrichs Atelier besuchte, nur beipflichten, als dieser Friedrich als „den Mann, der die Tragödie der Landschaft entdeckte," beschrieb.

Seit dem 17. Jahrhundert gilt die Darstellung des Schiffbruchs in der Malerei als eine Metapher für die Bedrohung des Menschen durch Naturgewalten. Einige Friedrich-Forscher gehen allerdings darüber hinaus und interpretieren die ausweglose Situation als eine Allegorie der Enttäuschung bzw. des Scheiterns und beziehen dies auf Friedrichs politische Einstellung und das Ergebnis der Karlsbader Beschlüsse von 1819 mit der Zerschlagung der Hoffnung auf Bürgerrechte, Pressefreiheit und eine demokratische deutsche Einheit.*

Als der Philologe Carl August Böttiger (1760–1835) während seines Atelierbesuchs im März 1825 das Gemälde sah, entstand bei ihm eine gänzlich andere Assoziation. Er sah die Darstellung als Historienbild und bezog es auf die von William Edward Parry in den Jahren 1819/20 durchgeführte Expedition. Die Rezensenten der Ausstellungen, in denen das Bild gezeigt wurde, sahen es ähnlich und das Werk aufgrund der fiktiven Darstellung und der negativen Thematik oft kritisch. Häufig war ihnen die Szene zu hypothetisch. Die Eislandschaft erschien ihnen wie ein überdimensionierter Eisgang auf der Elbe und unwirklich auf das Nordmeer übertragen zu sein, während das Schiffswrack wie ein „Miniaturschiffchen", so Carl Töpfer, beiseitegestellt sei.** Offenkundig hatte Friedrich mit dem „Eismeer" eine Vision erschaffen, die die Wahrnehmung vieler Zeitgenossen überforderte. Es muss die Frage gestellt werden, ob die Interpretation des auf Friedrich bezogenen politischen und oft in der Literatur auch unterstellten persönlichen Scheiterns vom Maler intendiert war, wenn sich weder Friedrich noch die Zeitgenossen dahingehend äußerten und die Szene als Historienbild sahen.

Im Jahr 1823 besuchte Heinrich Hase das Atelier Friedrichs und beschrieb ein kleines Bild, das eine Gebirgslandschaft zeigte, bei dem die Stürme den Schnee abgeweht hätten und Moos sowie Riedgras gelegentlich hervorblickten. Offen-

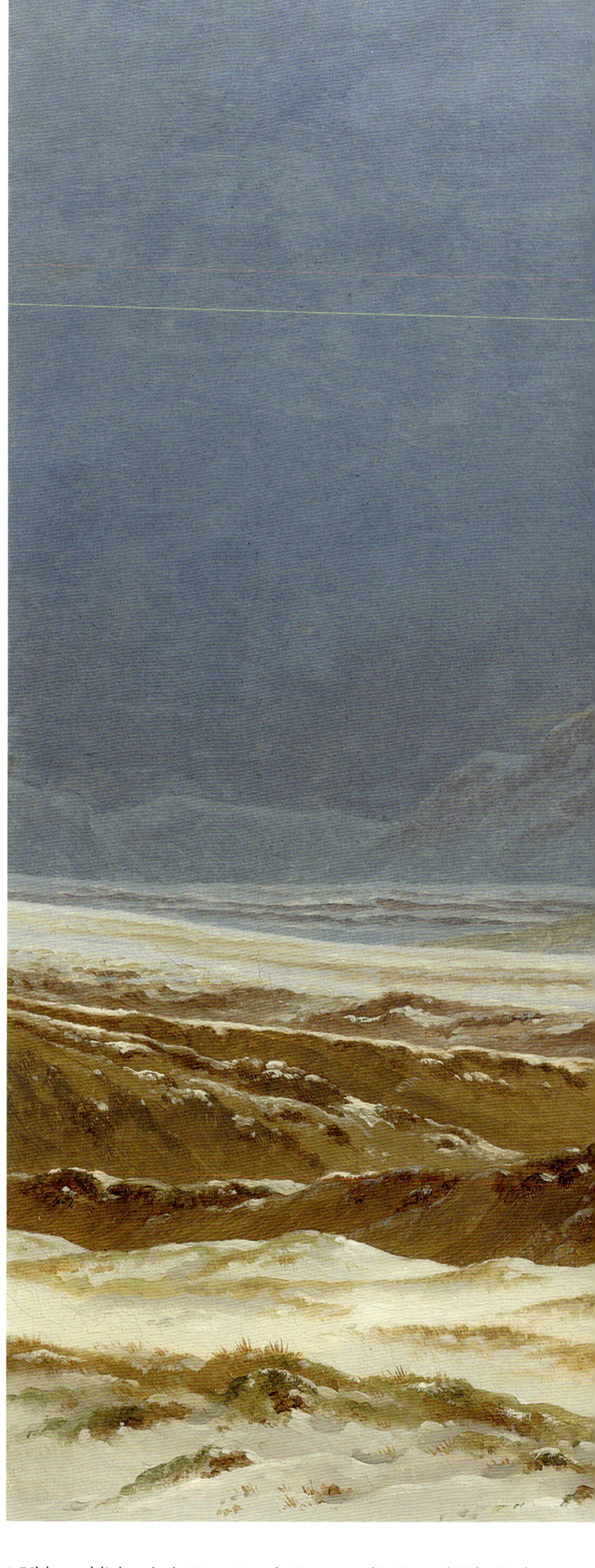

* Bildsprachlich galt der Vormärz als Synonym für Eis und Kälte in der politischen Landschaft. Das Schiff als Freiheitsgedanke und Hoffnung wird symbolisch als erstarrtes Deutschland unter dem Eismeer begraben.

** Johannes Grave: Schiffbruch ohne Zuschauer. C. D. Friedrichs Eismeer als Katastrophenbild. In: Markus Bertsch, Jörg Trempler (Hg.): Entfesselte Natur. Das Bild der Katastrophe seit 1600, Petersberg 2018, S. 70–79.

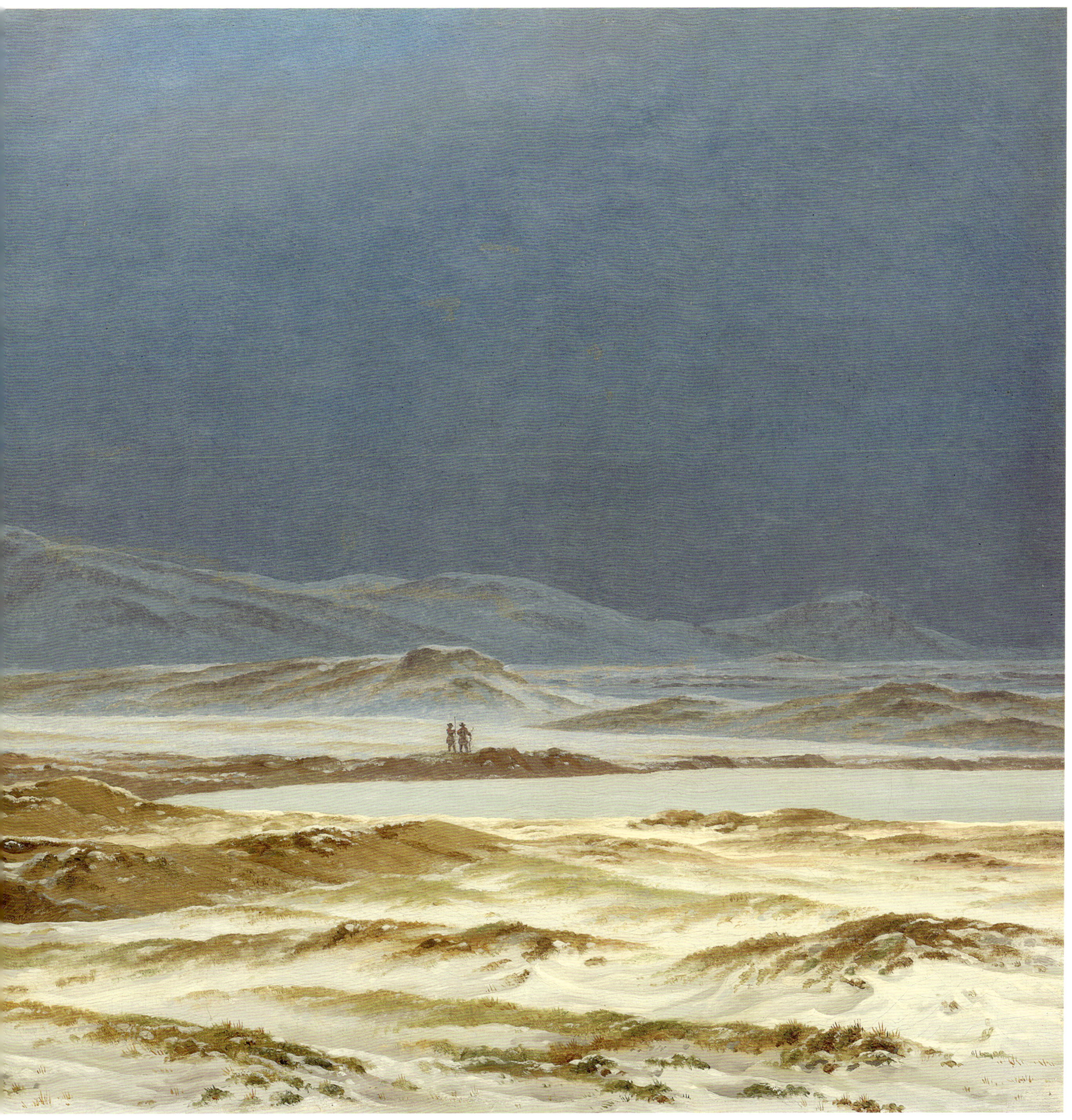

bar beschäftigte sich Friedrich parallel zum „Eismeer“ mit einem Schneebild, das der **Nördlichen Frühlingslandschaft** (Abb. oben) verwandt oder mit geringerer Wahrscheinlichkeit mit diesem identisch ist. Jedenfalls besitzt das um 1823 entstandene Gemälde eine ähnliche Farbpalette und zeigt eine surreale trostlose Winterlandschaft wie das „Eismeer“. Es belegt erneut Friedrichs Meisterschaft in der Pinselbehandlung, um den Charakter und die Struktur des gefrorenen Schnees realistisch wiederzugeben – oder

Nördliche Frühlingslandschaft, um 1823, Öl auf Leinwand, 35,3 x 49,1 cm, National Gallery of Art, Washington

* Kristina Mösl: Von der Idee zum Gemälde. Forschungen zur Maltechnik C. D. Friedrichs. In: Caspar David Friedrich. Kunst für eine neue Zeit, Katalog Hamburg 2023, S. 120–147, bes. S. 126–131.

Abend, Oktober 1824, Öl auf Leinwand, 20 x 27,5 cm, Kunsthalle, Mannheim

Abendlicher Wolkenhimmel, September 1824, Öl auf Leinwand, 12,5 x 21,2 cm, Belvedere, Wien

die sanften Hügel, die wie Wellen eines Meers beschaffen sind. Ebenso beeindruckend sind die Details, wie z. B. einzelne Grashalme, die er malte. Zur wellenhaften Struktur tragen die Schneeverwehungen und das freigedeckte Riedgras bei. Sie stehen im Gegensatz zu den planen zugefrorenen Seen. Für den dunklen, von zarten Nebelschwaden geprägten Hintergrund, der in den blaugrauen Himmel übergeht, setzte Friedrich eine Dresdner Elblandschaft ein, die er 1804 im „Karlsruher Skizzenbuch" gezeichnet hatte. In der Bildmitte halten sich zwei Jäger oder Fischer mit Speer und Bogen auf.

Friedrich studierte akribisch die Natur, indem er bei Ausflügen im Freien zeichnete. Dies verschaffte ihm ein intensives Bewusstsein für die wechselnden Stimmungen der Natur und die damit einhergehenden Empfindungen für den Betrachter. Seine gemalten

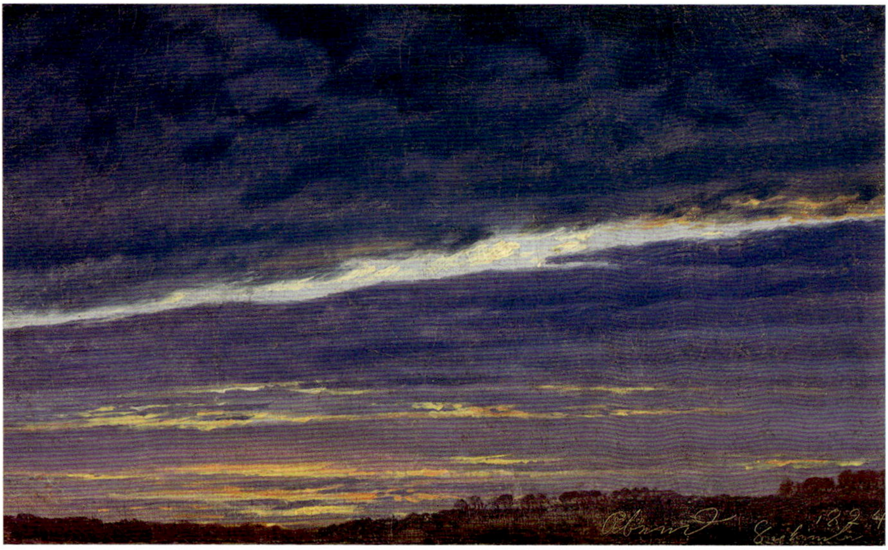

Landschaften führte er – wie traditionell üblich – im Atelier aus. Er entwickelte die Komposition aus seiner Fantasie mit Hilfe seiner Bleistiftstudien, die er aneinanderfügte. Für die Werkentstehung war die Unterzeichnung essentiell. Er brachte sie ganzflächig und akkurat auf die Leinwand – anfänglich mit dem Stift und ab 1810 auch mit Feder- und Pinsel. Seine harmonischen Kompositionen entwickelte er insofern durch die Vorzeichnung, von der er selbstverständlich während der Ausführung abweichen konnte.*

Die Atmosphäre, die ein Bild verbreiten sollte, basiert wesentlich auf der Farbe. Hier griff Friedrich auf seine empirische Naturerfahrung zurück. „Der Künstler", sagte er, „sollte nicht nur das malen, was er vor sich sieht, sondern auch das, was er in sich sieht." Damit meinte er, nicht nur die Realität darzustellen, sondern seiner Fantasie und Inspiration zu folgen, die ein neues Landschaftsmotiv und ggf. eine andere Farbigkeit entstehen ließen. Hinzu kommt das Gefühl, das vor allem über die Farbe vermittelt wird. In der „Nördlichen Frühlingslandschaft" wird anschaulich, dass ihm durch diese Auffassung einfühlsam gelang, einen kalten Wintertag darzustellen. Er vermittelt dem Betrachter die Kälte, die unendliche Weite und die Einsamkeit – kurz gesagt: Emotionen.

Friedrichs Kolorit wurde in den frühen 1820er Jahren auch von seinem Malerfreund Dahl beeinflusst. Dieser dürfte Friedrich darüber hinaus die Methode der Landschafts-Ölstudie schmackhaft gemacht haben, da Dahl ein profilierter Ölskizzenmaler war. Ölstudien wurden insbesondere zum Studium des Himmels mit seinen differenzierten Lichtstimmungen und dem Spiel der Wolken eingesetzt. Nach den Ölstudien zu den Eisschollen im Januar 1821 (Abb. S. 134) sind aus dem Herbst 1824 kleine Ölskizzen Friedrichs erhalten, die Abendhimmel zeigen. In einem Beispiel ritzte er mit dem Pinselstiel den Bildtitel **Abend** (Abb. links oben) und die Datierung „October 1824" in die noch feuchte Farbe ein. Subtil hielt er das leuchtende orange Abendrot und die gelb reflektierenden Schleierwolken über dem fast blauen Himmel fest. Die winzige Ölskizze **Abendlicher Wolkenhimmel** (Abb. links unten) trägt gleichfalls rechts unten die Einritzung „Abend" und den Zusatz der Datierung „September 1824". Souverän malte Friedrich einen bewölkten, fast violett gefärbten Himmel, bei dem nur kleine Bereiche des Sonnenlichts den Himmel durchdringen bzw. Wolkenpartien beleuchten.

Die Abend-Ölstudie scheint Friedrich nur wenig später für das kleine Bild **Hügel mit Bruchacker** (Abb.

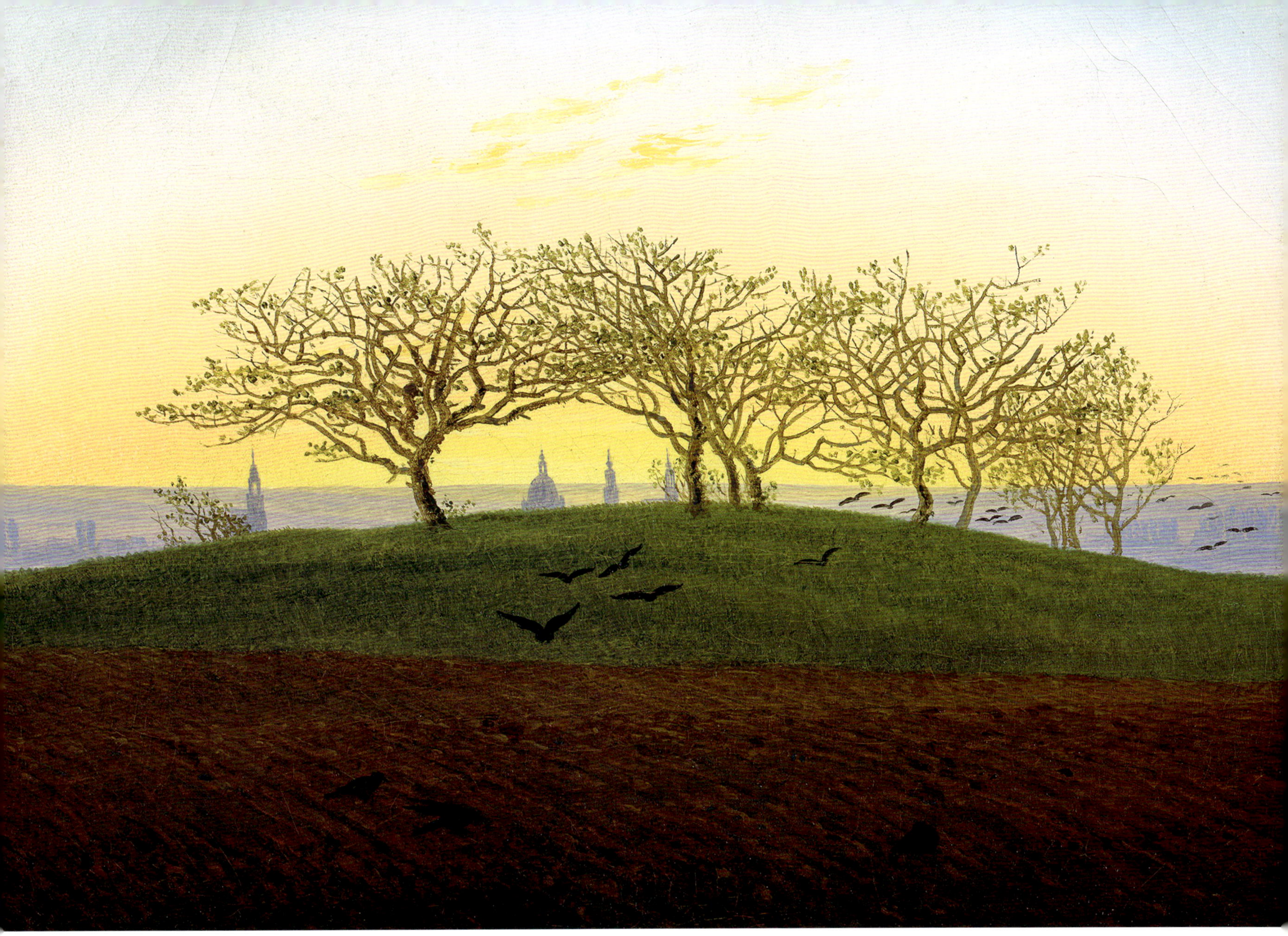

oben) aufgegriffen zu haben. Stimmungsvoll leuchtet der gelb erstrahlte Herbsthimmel über der im Gegenlicht blau schimmernden Dresdner Stadtsilhoutte, von der die Türme der Kreuzkirche, der Frauenkirche, des Schlosses und der Hofkirche zu sehen sind. Verdeckt wird die Ansicht durch einen im Schatten liegenden Hügel, dessen unterer Teil einen abgeernteten braunen Acker zeigt und dessen oberer Bereich aus einer Rasenfläche besteht, auf der Obstbäume stehen, die im Gegenlicht der Abendsonne nur in ihren Konturen erkennbar sind. Eine Schar Raben umkreist den Hügel. Auch sie verweisen auf den Herbst, wenn sich die Vögel bevorzugt in Gruppen versammeln.

Motivisch steht dem Bild „Hügel mit Bruchacker“ das mittelgroße, wohl zwei Jahre ältere Gemälde **Baum der Krähen** (Abb. rechts) nahe. Auch hier zeigen sich Friedrichs außergewöhnliche Fähigkeiten, Lichteffekte zu kreieren. Durch die bunte Farbigkeit des Sonnenuntergangs und die silhouttenhafte Wieder-

rechts: Der Baum der Krähen, um 1822, Öl auf Leinwand, 54 x 71 cm, Louvre, Paris

Hügel mit Bruchacker bei Dresden, 1824/25, 22,2 × 30,5 cm, Öl auf Leinwand, Hamburger Kunsthalle

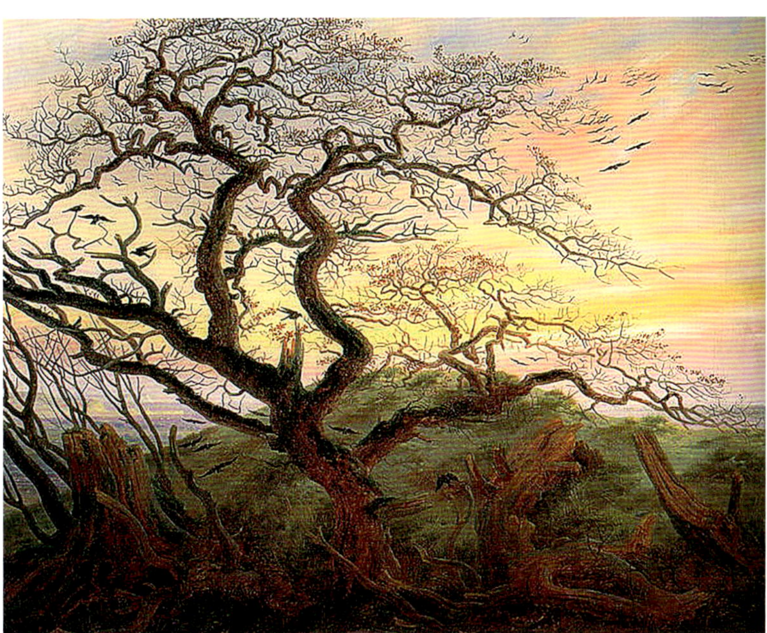

gabe verstärkt er die Wirkung des knorrigen blattlosen Baums.

1824 malte Friedrich ein weiteres Schneebild: **Hochgebirge** (Abb. rechts). Es zählt zu Friedrichs Meisterwerken. Das grandiose großformatige Werk wurde 1945 zerstört, ist aber durch eine maßstabsgleiche Kopie überliefert. Durch ein tiefes Tal, das von zwei steilen verschatteten Gebirgswänden gebildet wird, hat der Betrachter den Blick auf die monumentale Bergwelt des hell erleuchteten und verschneiten Mont Blanc. Als Vorlage für die Hochgebirgslandschaft – Friedrich hatte nie die Alpen besucht – nutzte er eine Zeichnung von Carus, die dieser auf seiner Rückreise von Genua im September 1821 angefertigt hatte (Abb. unten). 1824 präsentierte Friedrich sein Bild auf der Dresdner Akademieausstellung mit dem Titel „Eine Gebirgsgegend, nach einer Zeichnung des Prof. Carus". Im Bericht über die Präsentation hieß es im „Literarischen Conversations-Blatt": „Diese herrliche großartige Natur auf der Landschaft hier, die Prof. Friedrich nach einer Zeichnung des geistvollen Carus malte. Sieh, Fedor, wie die Gebirgsmassen sich himmelan thürmen; wie mannichfaltig ist ihre Färbung und Gestaltung, wie zart der magische Duft, der Lebensodem der Natur, der sie umweht! Ich könnte niederknien und beten vor dieser heiligen Größe der Urgebirge; ich könnte weinen über dieses absterbende Bäumchen, welches zwischen den schroffen zackigen Felswänden so einsam steht und vergeht! Wie eine erhabene Kirchenmusik,

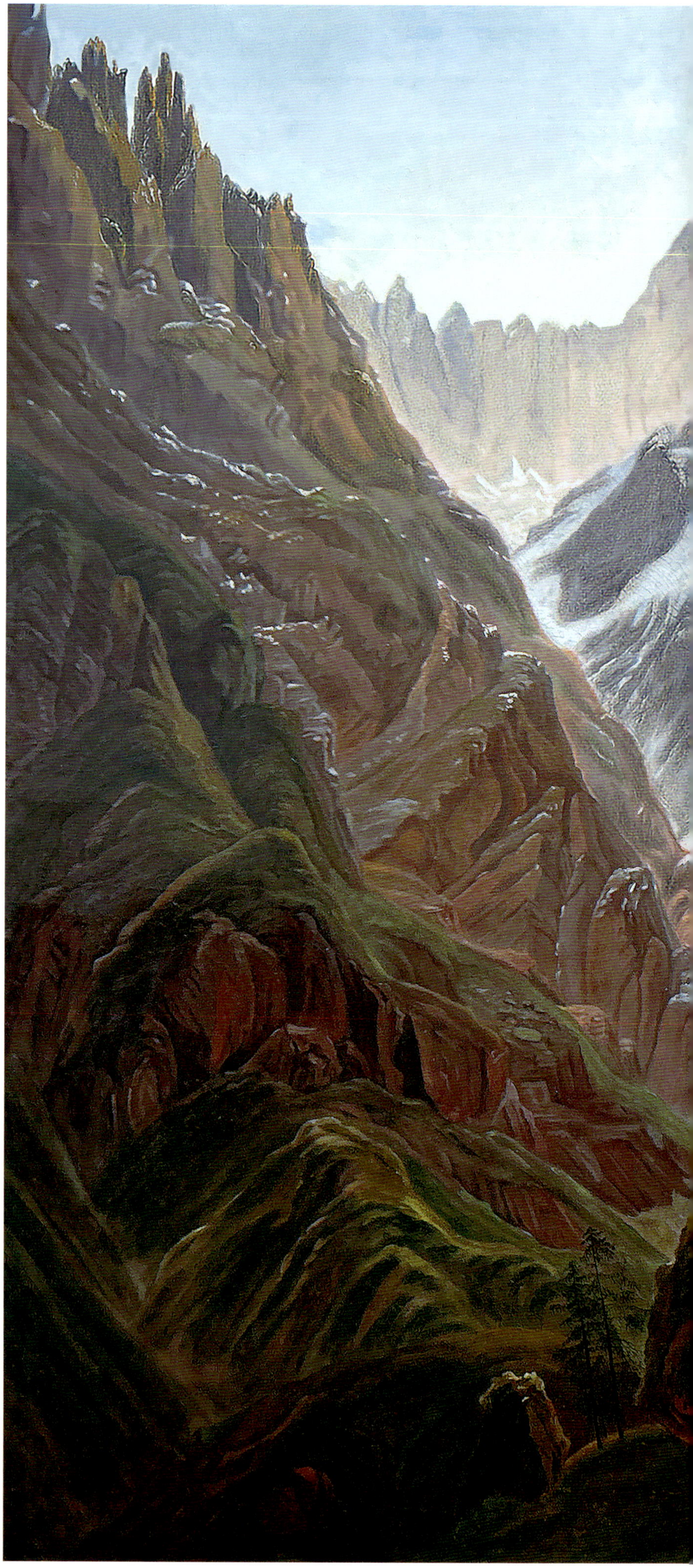

rechts: Unbekannter Maler nach Caspar David Friedrich: Hochgebirge, Original von 1824, Öl auf Leinwand, 132 x 167 cm, Essen, Folkwangmuseum

Carl Gustav Carus: Eismeer bei Chamonix, 12. September 1821, Nationalmuseum, Oslo

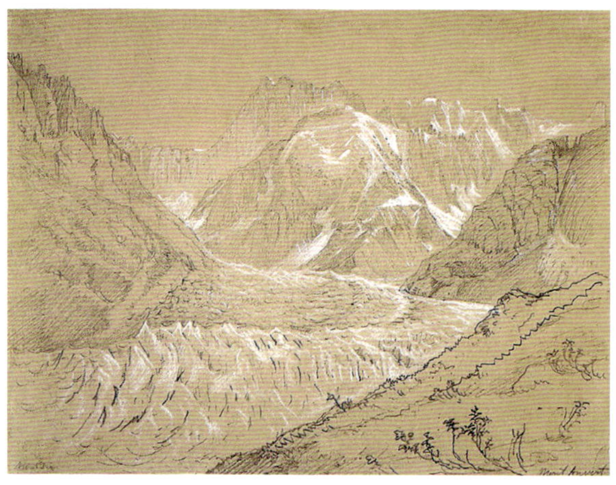

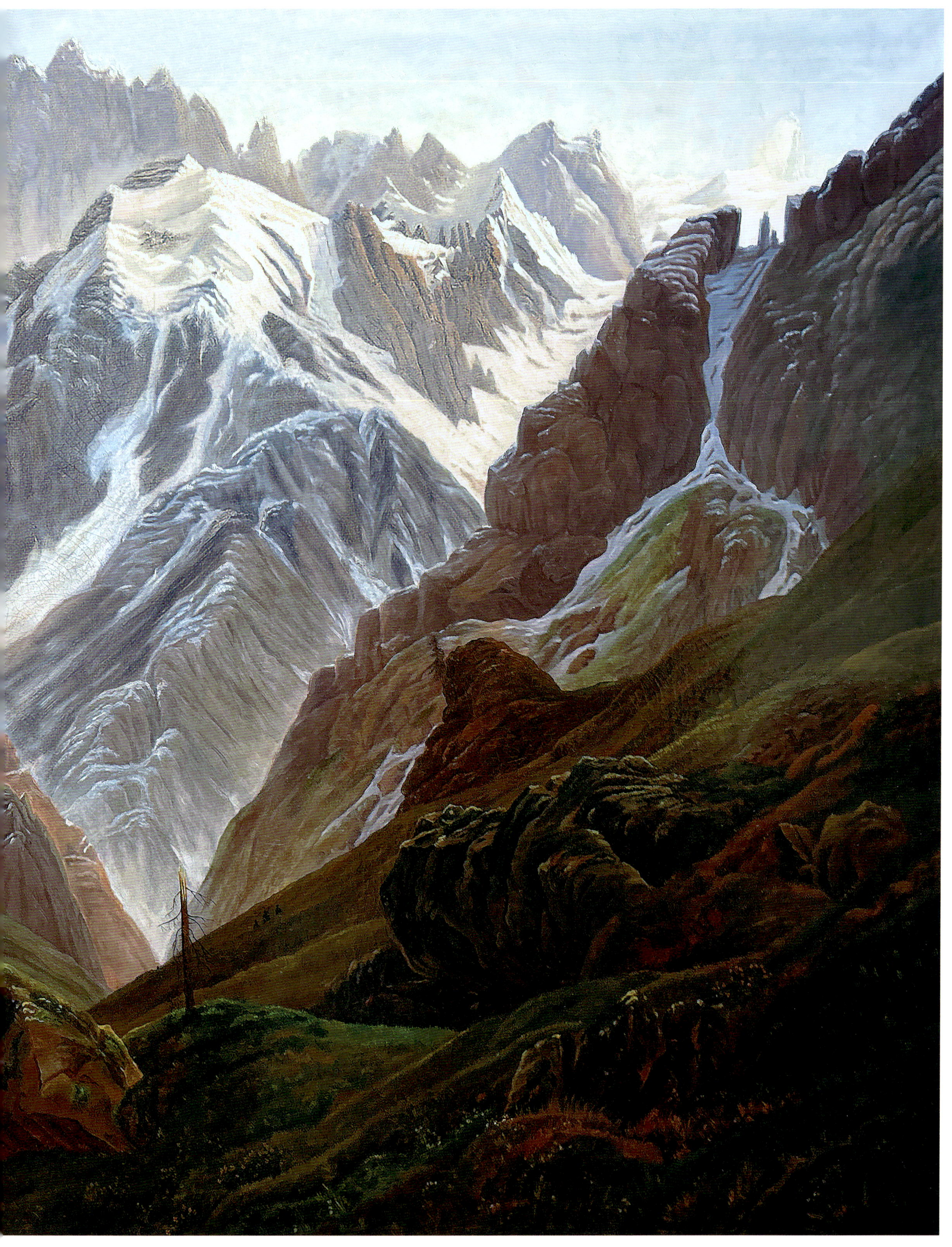

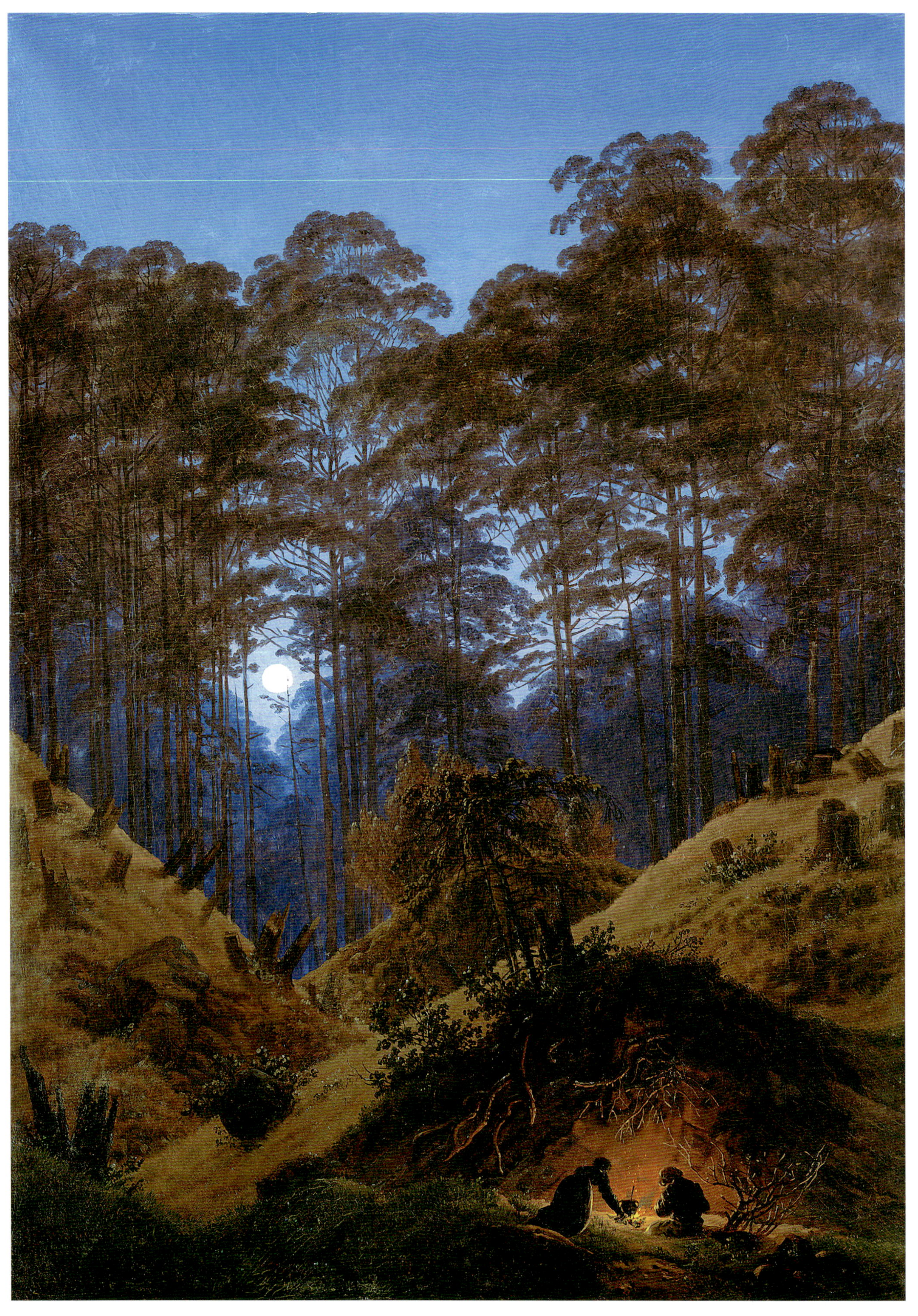

Waldinneres bei Mondschein, 1823/30, Öl auf Leinwand, 70,5 x 49 cm, Alte Nationalgalerie, Berlin

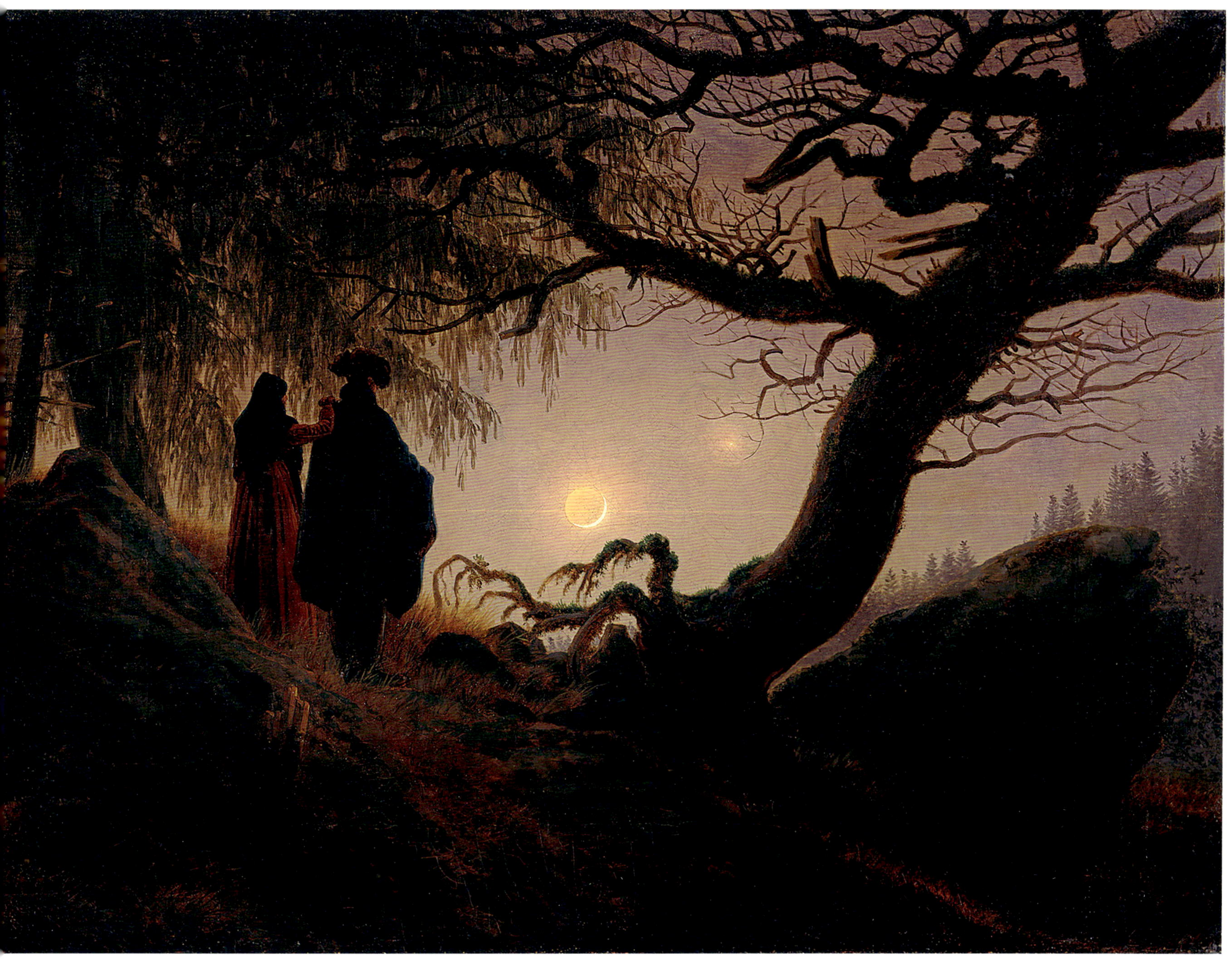

so spricht diese Landschaft zu meiner Seele, Sehnsuchtweckend, wünschestillend!"*

Im Vergleich zur Zeichnung von Carus (Abb. S. 142) verzichtete Friedrich auf die Wiedergabe des Gletschers, wodurch er die Steilheit der Bergwelt betonte und das Mont Blanc-Gebirge optisch näher an den Betrachter rückte. Durch diesen Kniff verstärkte er die Spannung, zu der auch der abgebrochene Baum im Tal und die effektvolle Beleuchtung beitragen. Durch die Monumentalisierung der Bergwelt demonstriert er einerseits ihre Schönheit und andererseits die Bedrohung, die von ihr ausgeht. In der Ausstellung 1824 war das Gemälde eine Sensation. Umgehend fand sich mit dem Verleger und Freund Reimer ein Käufer.

Nur ungern wiederholte Friedrich eigene Werke, wie Johan Christian Dahl berichtete. Das romantische Freundschaftsbild „Zwei Männer in Betrachtung des Mondes" (Abb. S. 113), das Friedrich seinem Malerfreund Dahl geschenkt hatte, war derartig beliebt, dass Friedrich drei Repliken schuf. Die zweite Version **Mann und Frau in Betrachtung des Mondes** (Abb. oben) wandelte Friedrich dahingehend ab, dass er neben sich eine Frau – nach Dahls Angabe Friedrichs Frau Caroline – beim nächtlichen Spaziergang darstellte. Alles andere – die dramatisch bewegte entwurzelte Eiche, den trostverheißenden Mond und den Abendstern – behielt er bei, um die feierliche Stille des Nachtstücks zu bewahren.

Zu den weniger bekannten Gemälden Friedrichs gehört die Ansicht **Waldinneres bei Mondschein** (Abb. links) – ein Motiv ohne Bildtradition. Hier ist es der weiße Vollmond, der den Nachthimmel und den Kiefernwald in ein blaues Licht hüllt, während die trostlosen Hügel mit

Mann und Frau in Betrachtung des Mondes, um 1824, Öl auf Leinwand, 34 x 44 cm, Alte Nationalgalerie, Berlin

* Zitiert nach Frank Richter: Caspar David Friedrich als Landschaftsmaler, Petersberg 2024, S. 447.

rechts: Huttens Grab/Ruine eines Kirchenchors im Abendlicht, um 1823/24, Öl auf Leinwand, 93,5 x 73,4 cm, Klassik Stiftung Weimar

dem abgeholzten Wald, von dem nur noch die Stummel stehen, fahl-ocker-grün aussehen. Im Vordergrund kochen ein Mann und eine Frau über einem Lagerfeuer ihr Essen. Das Paar hat in einer Höhle Schutz gefunden, die aus Baumstümpfen, Wurzelgeflecht und Erde gebildet wird. Die geheimnisvolle nächtliche Waldszene kann religiös gedeutet werden. Demnach steht der Vordergrund für die Mühsal und die Vergänglichkeit des irdischen Lebens, während der Kiefernwald und der blaue Nachthimmel als jenseitiges Paradies interpretiert werden.

Bei der romantischen Ansicht **Huttens Grab** (Abb. rechts) handelt es sich um ein politisches Bekenntnisbild. Der steinerne Sarkophag des Humanisten und ersten Reichsritters Ulrich von Hutten (1488–1523) steht im Chor einer gotischen, von Pflanzen überwucherten Kirchenruine, für die die Sakristeiansicht aus dem Kloster Oybin (Abb. S. 90) als Vorlage diente. Hinter den zerstörten Maßwerkfenstern ist ein Sonnenuntergang zu sehen. Am Grab steht ein Mann in der Uniform des Lützowschen Freikorps mit altdeutschem Barett. Das Gewölbe vor dem Sarkophag ist aufgebrochen. Das Postament des Harnischs auf dem Sarkophag trägt die Aufschrift „Hutten". Zwischen den gotischen Blendmaßwerkverzierungen an der vorderen Sarkophagwand steht in kleiner Schrift: „Jahn 1813", „Arndt 1813", „Stein 1813", „Görres 1821", „D … 1821" und „F. Scharnhorst".* Friedrich malte ein Erinnerungsbild für die Befreiungskriege von 1813 aus Anlass des 300. Todestags von Hutten, einem Wegbereiter der Reformation und einem Vorkämpfer der Geistesfreiheit.

Zu einem Lieblingsmotiv Friedrichs gehörte die **Klosterruine Eldena bei Greifswald** (Abb. unten). Die Architekturdarstellung von 1824/25 zeigt den Blick aus dem Kircheninneren auf die Westwand mit dem teils zugemauerten Fenster nach einer um 1803 gefertigten Studie, die Friedrich mehrfach aufgriff (Abb. S. 53, 80/81, 83). Die Ansicht gibt die Architektur authentisch einschließlich der in die Ruine eingebauten Tagelöhnerkate wieder, die 1828 entfernt wurde. Jedoch verstärkte Friedrich die wuchernde Vegetation, die sich das Bauwerk zurückerobert.

* Johannes Grave: Huttens Grab. In: Caspar David Friedrich. Kunst für eine neue Zeit, Katalog Hamburg 2023, S. 146.

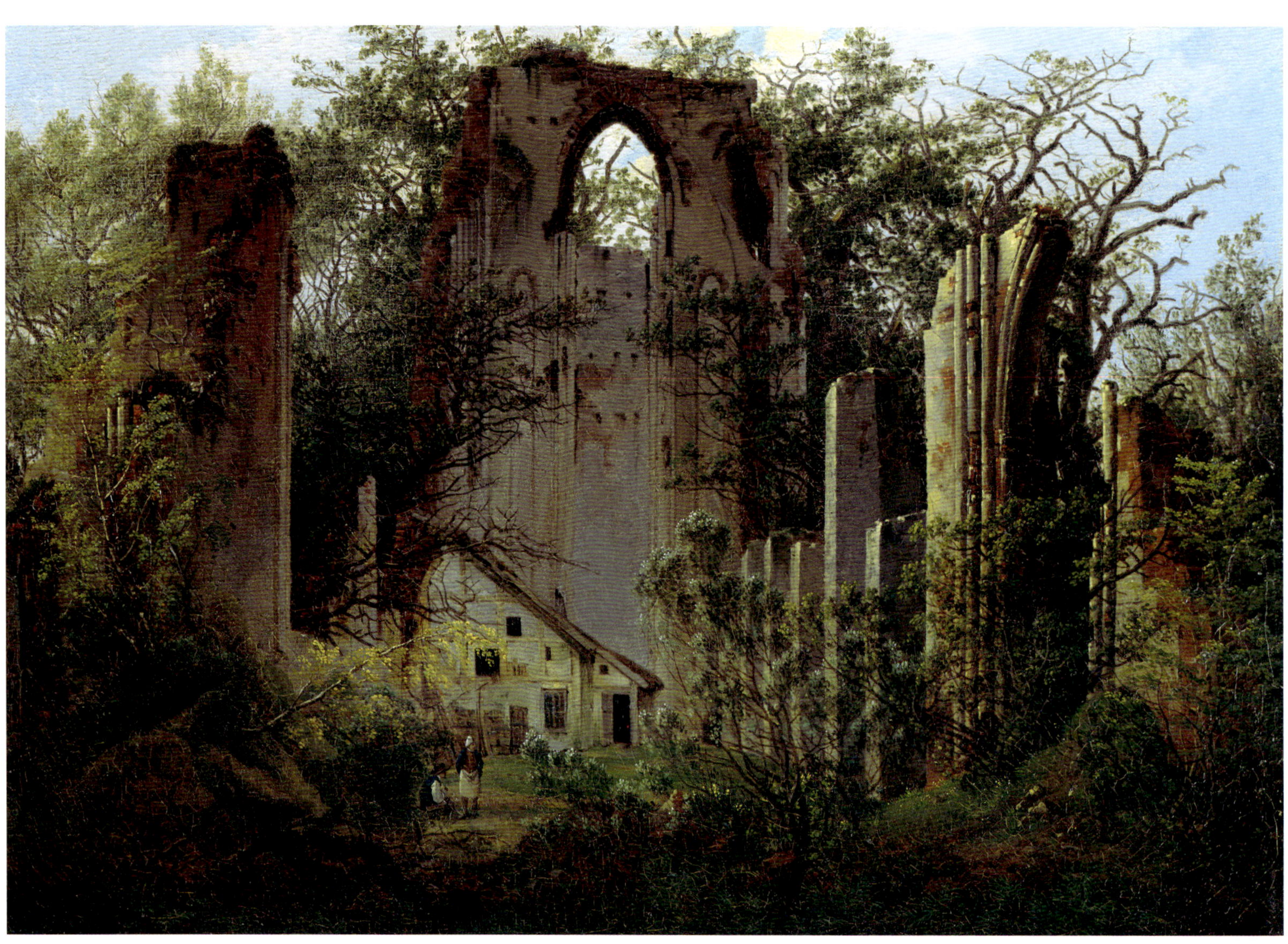

Klosterruine Eldena bei Greifswald, 1824, Öl auf Leinwand, 35 x 49 cm, Alte Nationalgalerie, Berlin

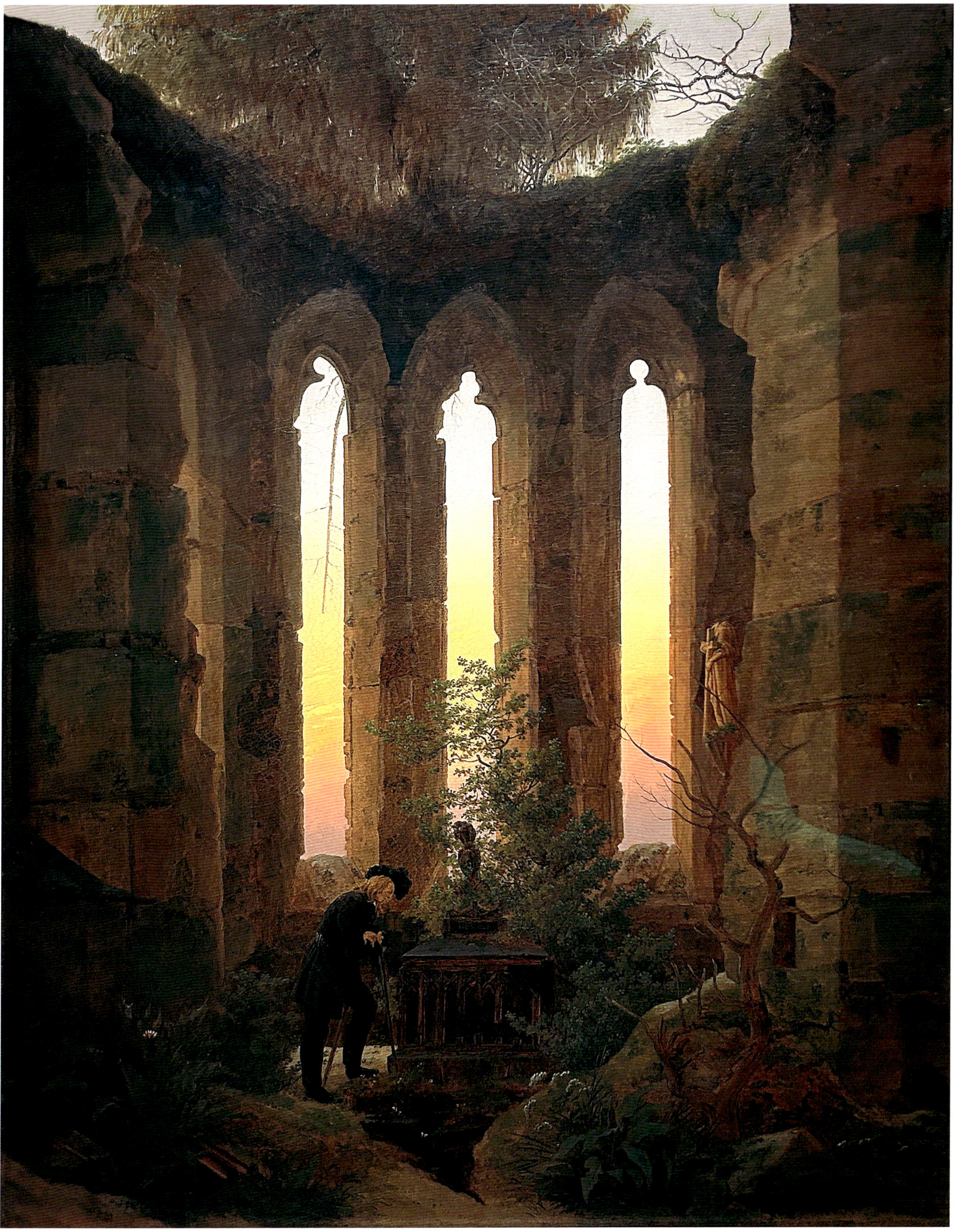

1825–44

Die Jahre zwischen 1818 und 1825 gelten als die glücklichste Schaffenszeit des Künstlers. Das Jahr 1824 brachte für Caspar David Friedrich und für Johan Christian Dahl eine offizielle Anerkennung, indem sie zu außerordentlichen Professoren ernannt wurden. Damit verbunden war eine Gehaltserhöhung auf 200 Thaler im Jahr. Eine Lehrbefugnis erhielten beide als patriotisch gesinnte Künstler nicht. Der Lehrstuhl in der Landschaftsklasse, der mit dem Tod von Johann Christian Klengel (1751–1824) am 19. Dezember 1824 vakant wurde, blieb erst einmal unbesetzt. Die Begründung dafür trug im Juli 1825 Graf Heinrich Vitzthum von Eckstedt (1770–1837), Generaldirektor der Dresdner Kunstakademie sowie Direktor des Hoftheaters und der Hofkapelle, dem sächsischen König Friedrich August I. vor: „Die Verdienste der Professoren Friedrich und Dahl vollkommen würdigend und anerkennend, vermag ich jedoch weder den einen noch den andern für völlig entsprechend zu so einer wichtigen Lehrstelle zu erachten. [...] Auch ist derselbe [Friedrich] bei seiner großen Vorliebe für die Darstellung düsterer und rauher Natur-Scenen, oder von Genre-Malereyen, welche einen ähnlichen Charakter des Ungewöhnlichen, oder Trüben tragen, trotz der unverkennbar ausgezeichnet großen Genialitaet seiner mehresten Kunstschöpfungen dennoch durch die so lange fortgesetzte Verirrendung [Verirrung] seines Talents auf Gegenstände dieser Gattung, in eine solche Einseitigkeit ausgeartet, daß nunmehr besonders eine freiere und mannigfaltigere Einwürkung auf ihm anzuvertrauende Schüler, fast nicht zu hoffen steht.“*

Ab Mitte der 1820er Jahre geriet Friedrichs Kunstauffassung nach und nach in die Kritik. Der Realismus, der die Wahrnehmung der Natur nicht mit Ideen belasten wollte, wurde ab den 1830er Jahren in der Landschaftsmalerei die bestimmende Kunstrichtung und vor allem durch die Düsseldorfer Malerschule vertreten, die zusehens zur führenden Akademie im deutschsprachigen Raum aufrückte. Als Hauptvertreter der Romantik passte sich Friedrich in seinem Spätwerk dieser Entwicklung nicht an. Weiterhin blieb seine Einstellung zur Natur eine spirituelle.

Die Jahre 1824 und 1825 waren für Friedrich von Erfolg gekrönt. Noch im Winterhalbjahr 1824/25 dürfte er unter dem Eindruck der Wolkenstudie vom September 1824 (Abb. S. 140) die stimmungsvolle **Elblandschaft mit zwei Reisigsammlerinnen** (Abb. links) gemalt haben. Dabei kombinierte er eine Zeichnung mit dem „Sonnenaufgang“ über einer flachen Landschaft vom September 1824 für den Vordergrund mit der Ansicht des Hohen Schneebergs vom 19. September 1806 im Hintergrund.*

Friedrichs zeichnerische und maltechnische Fähigkeiten blieben auch im Spätwerk unübertroffen. Seit 1824 arbeitete er an einer Aquarellserie mit Darstellungen von Rügen. Es sind nur drei von ursprünglich

* Zitiert nach Frank Richter: Caspar David Friedrich als Landschaftsmaler, Petersberg 2024, S. 447.
** Siehe ebenda, S. 459.

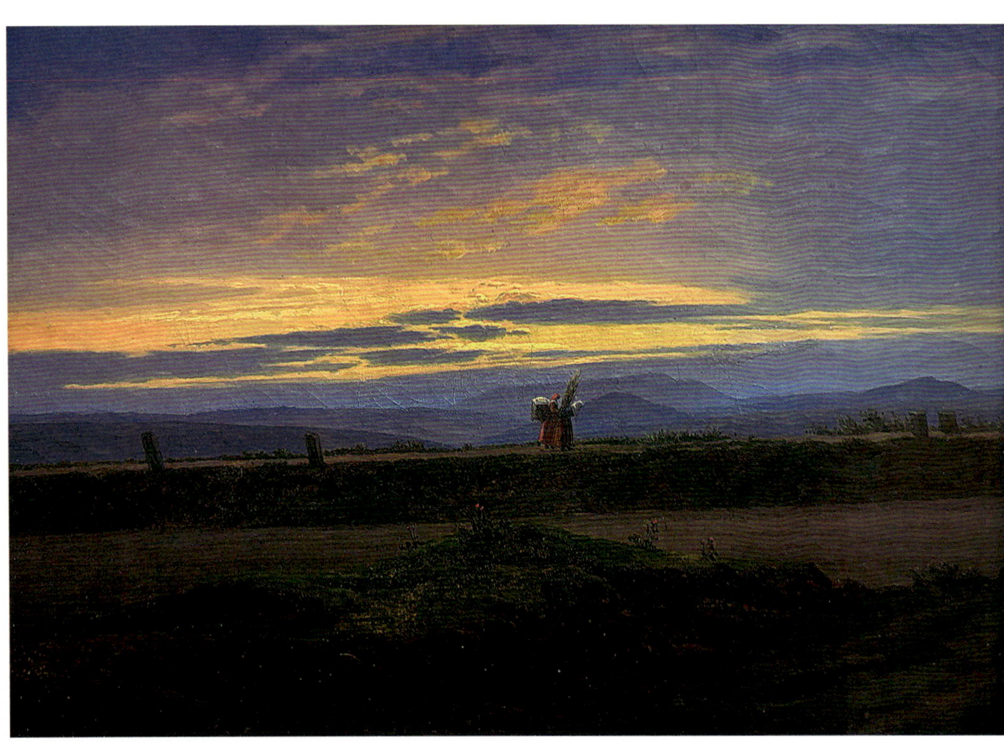

links: Elblandschaft mit zwei Reisigsammlerinnen, Öl auf Leinwand, 22,2 x 30,5 cm, um 1824, Stralsund, Kunsthistorisches Museum

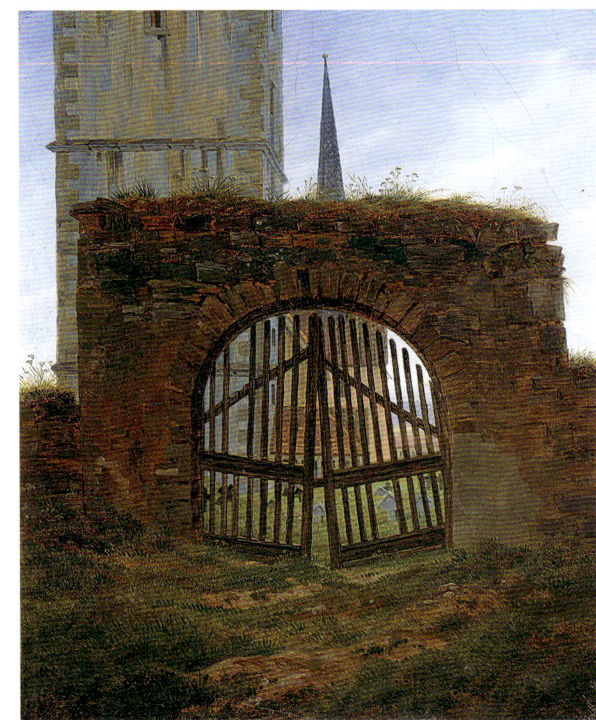

rechts: Das Friedhofstor, 1825/30, Öl auf Leinwand, 31 x 25,2 cm, Kunsthalle, Bremen

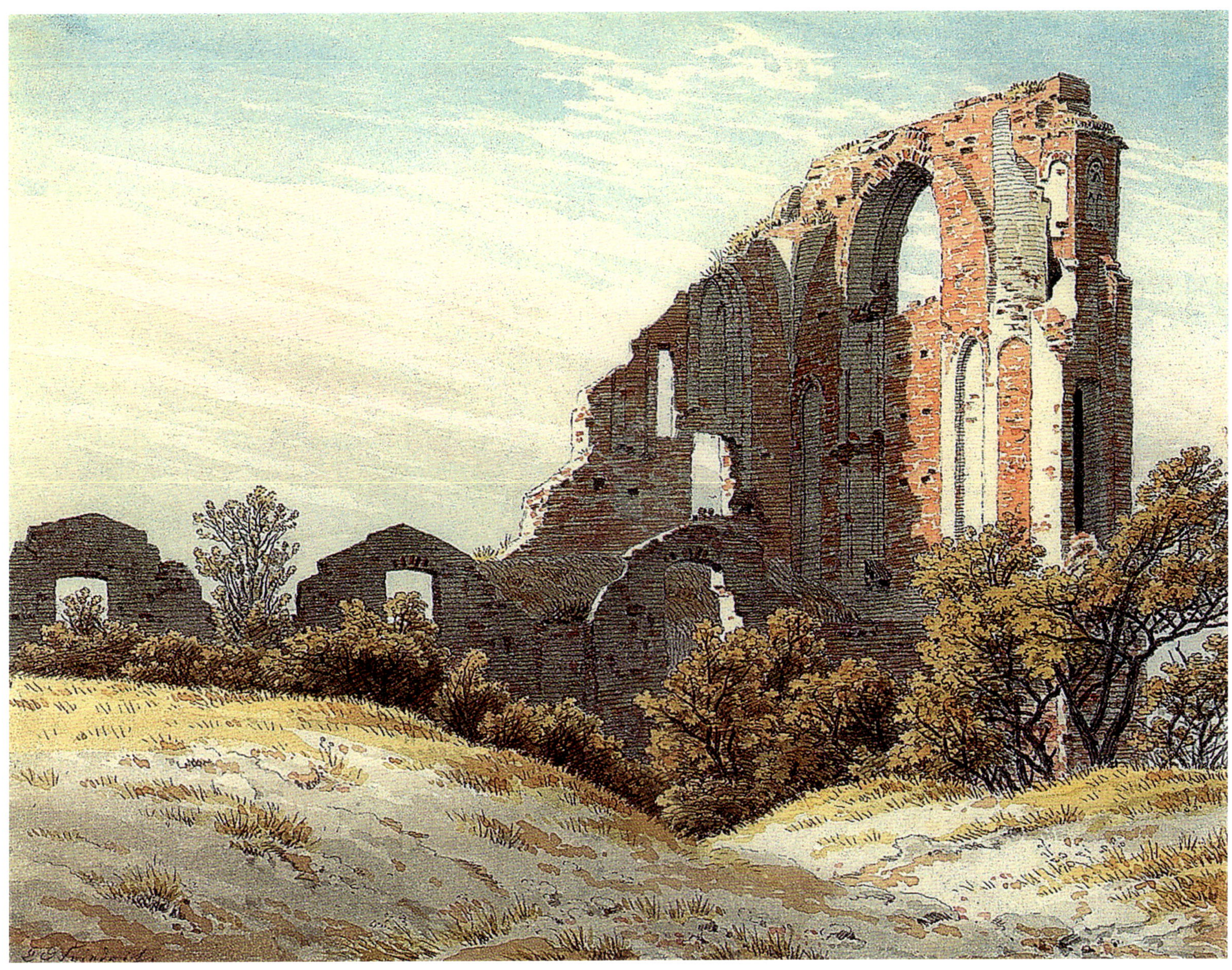

Ruine Eldena, 1825, Aquarell, 17,8 x 22,9 cm, Museum Georg Schäfer, Schweinfurt

37 Blättern erhalten, darunter die Ansicht des „Kreidefelsens auf Rügen“ (Abb. S. 13).* Geplant war ein großes Werk mit Friedrichs Landschaftsdarstellungen, einem Text von Pastor Adolf Friedrich Furchau aus Stralsund, Darstellungen von Trachten und ländlichen Bauten durch Simon Wagner und Rügendichtungen. Das „Rügenwerk“ wurde nicht realisiert.

In der Dresdner Akademieausstellung 1825 präsentierte Friedrich als Highlight das spektakuläre Bild „Der Watzmann“ (Abb. S. 150/151), zwei kleinere vedutenhafte Gemälde, das kleine Ölbild „Abend am Fluss“ (Abb. S. 132) und das Aquarell **Ruine Eldena** (Abb. oben). Die kleinformatige Ansicht ist ein guter Beleg für Friedrichs perfekten Pinselstrich und sein Streben nach Detailgenauigkeit, wie sich etwa an der Wiedergabe der Backsteine äußert. Der Blick von Nordosten auf die Westteile der Klosterkirche geht auf eine verschollene Studie vom 13. Juni 1806 zurück.**

Motiviert durch den Erfolg seiner großformatigen Gebirgslandschaft „Hochgebirge“ (Abb. S. 142/143) und in Konkurrenz tretend zu Ludwig Richter (1803–84), der als 21-Jähriger in der Dresdner Akademieausstellung 1824 sein erstes großes Ölgemälde mit der Ansicht vom Watzmann in den Salzburger Bergen (in Anlehnung an Joseph Anton Kochs berühmtes Vorbild „Der Schmadribachfall“ von 1811) ausgestellt hatte, malte Friedrich umgehend sein zweites großes Alpenbild **Der Watzmann** (Abb. S. 150/151). Da er die Alpen nicht bereist hatte, übernahm er den oberen Bildteil mit der Ansicht des Watzmanns von zwei Aquarellstudien seines kurz zuvor verstorbenen Schülers Johann August Heinrich (1794–1822): „Vorgebirge

* Siehe Christina Grummt: Caspar David Friedrich. Die Zeichnungen. Das gesamte Werk, München 2011, S. 770–774.

** Ebenda, S. 838–840.

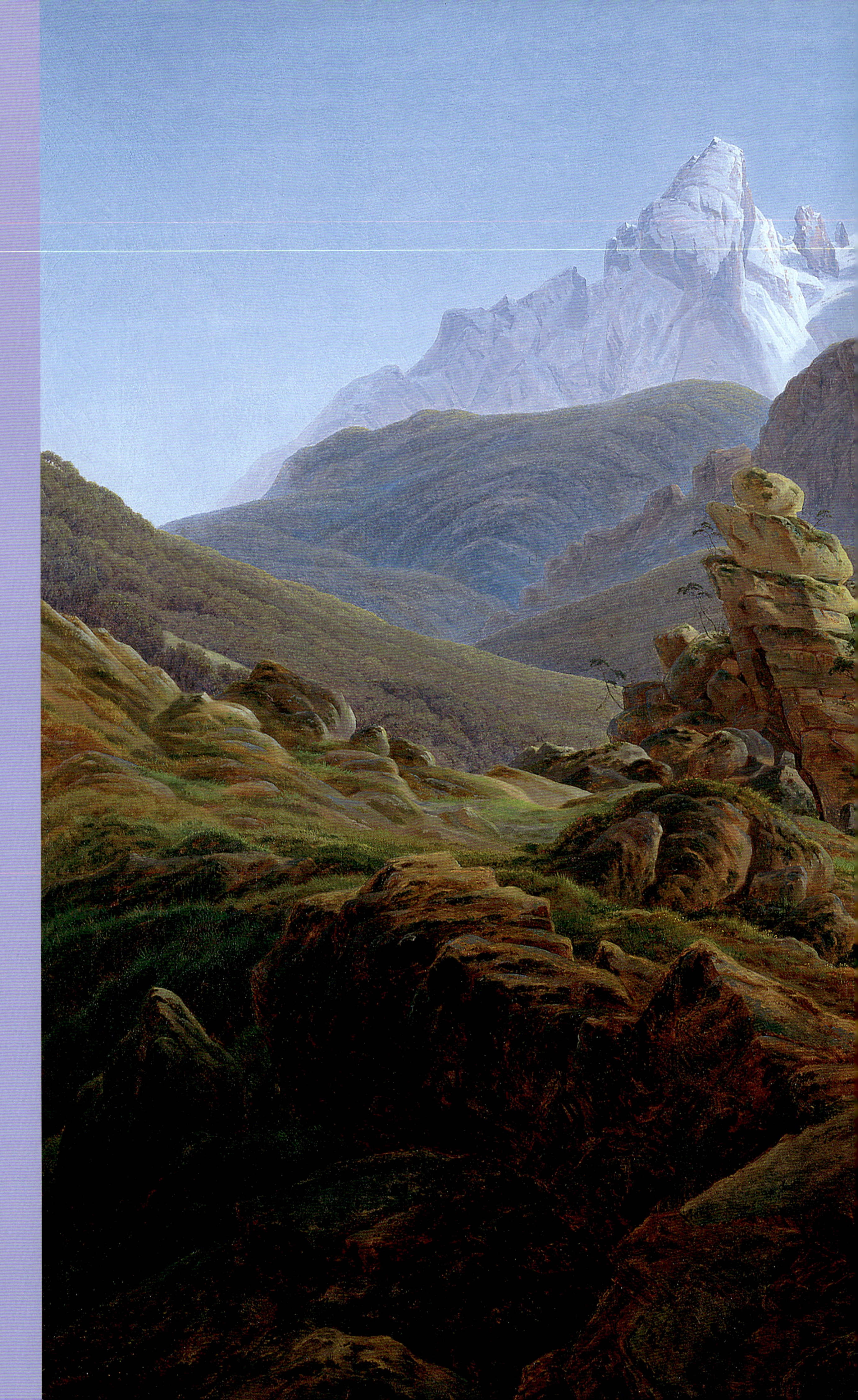

Der Watzmann,
1824/25,
Öl auf Leinwand,
135 x 170 cm,
Alte Nationalgalerie,
Berlin

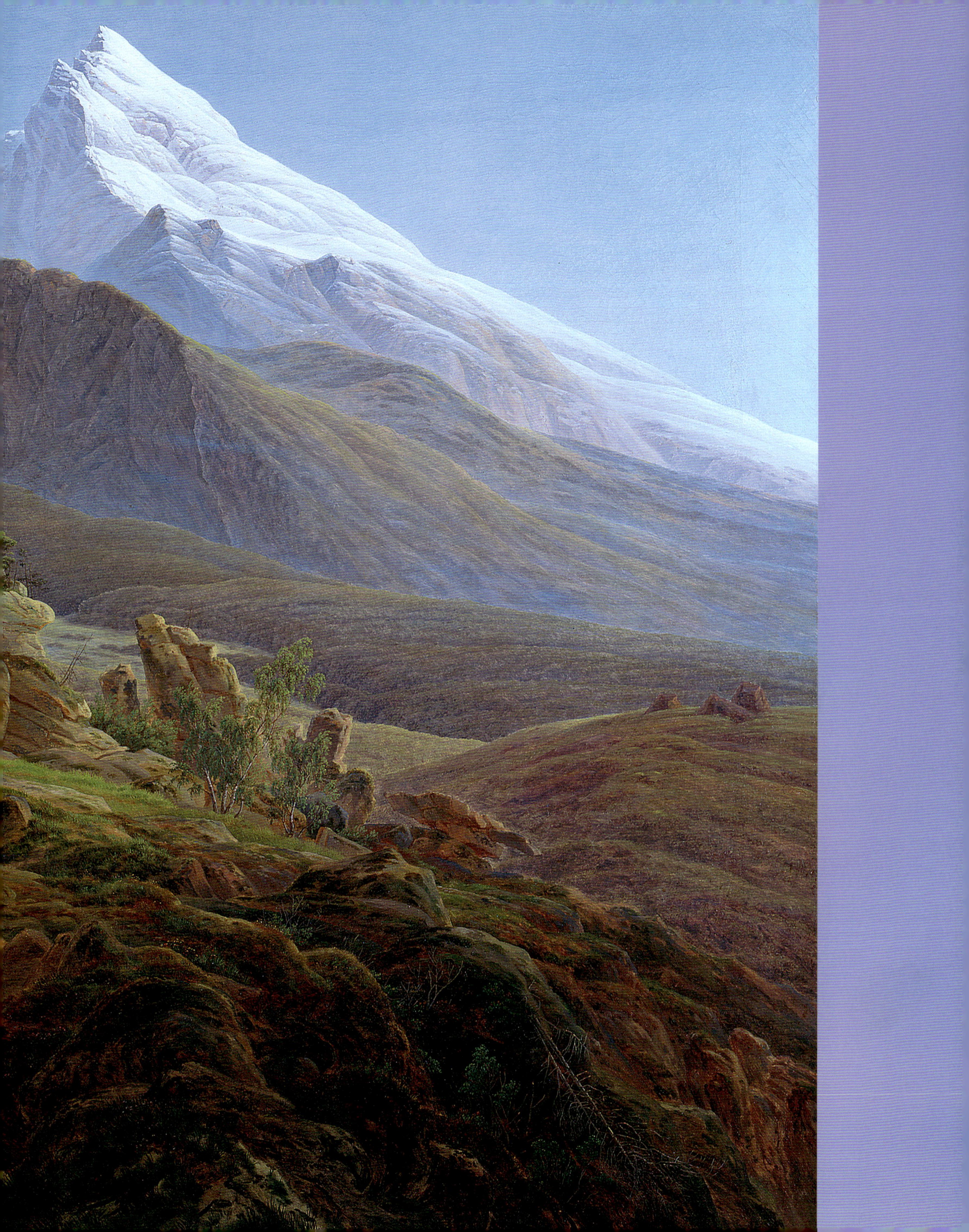

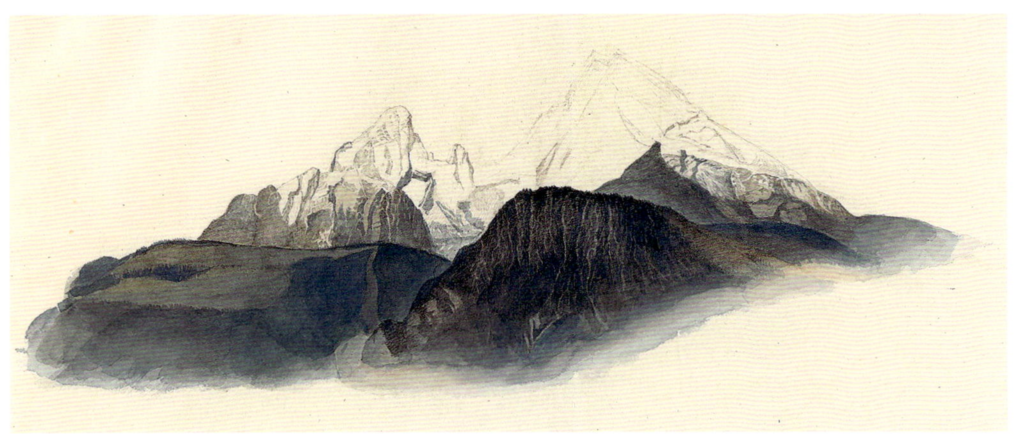

oben: August Heinrich (1794–1822): Vorgebirge des Watzmann, Aquarell, 1820–22, Nationalmuseum, Oslo

oben rechts: August Heinrich: Der Watzmann von Nordosten und Skizzen eines Berges, 1820–22, 15,5 x 25,1 cm, Kupferstich-Kabinett, Staatliche Kunstsammlungen Dresden

des Watzmann“ (Abb. oben) und „Der Watzmann von Nordosten und Skizzen eines Berges“ (Abb. oben rechts). Auch Dahl verwendete die Studien Heinrichs für ein kleines Bild mit der Ansicht des Watzmanns (Abb. unten), aus dem hervorgeht, dass sich Friedrich eng an die Vorlagen anlehnte. Um die Dramatik zu steigern, setzte er jedoch vor das Alpenporträt ein spektakuläres Felsenmotiv aus dem Harz. Am 28. Juni 1811 hatte Friedrich während seiner Harzreise den **Trudenstein** (Abb. unten) zweimal von fast demselben Standort gezeichnet – eine Felsklippe auf dem Weg zum Brocken. Wie ein von Steinschollen aufgetürmtes Monument – man vergleiche Friedrichs „Eismeer“ (Abb. S. 136/137) – lag das Naturdenkmal am Hang. Der Trudenstein nimmt den zentralen mittleren Teil des Watzmann-Gemäldes ein, das Friedrich zusätzlich rechts mit einer originellen Felsform aus dem Riesengebirge ergänzte, die er auch im Vordergrund der „Riesengebirgslandschaft“ (Abb. S. 117) gemalt hatte. Durch die Kombination aus Gletscherberganscicht und den fantasievollen Felsen steigerte Friedrich die Tiefenwirkung, und er erzielte eine Rhythmisierung durch die Wiederholung der pyramidalen Komposition im Motiv des Trudensteins. Es gelang ihm damit eine Vision aus einer fernen, surrealen, fast göttlichen Welt, die die Natur an Schönheit und Spektakularität übertrumpfte, sodass der Betrachter vor dem überdimensionierten Gemälde durch die grandiose Wirkung, die perfekte und detailreiche Malerei, das Blau des Himmels und das strahlende Weiß des ewigen Eises sowie die Monumentalität der Gebirgswelt ergriffen ist. Friedrich ging es, wie man erneut sieht, nicht um die topografische Korrektheit, sondern um die emotionale Wirkung, einer als Schöpfung Gottes überhöht dargestellten Natur.

Friedrichs Alpenbild fand große Bewunderung. Das „Literarische Conversationsblatt“ schrieb anlässlich der Dresdner Akademieausstellung 1825: „Von Professor Friedrich ist noch eine recht schöne große Landschaft hier, eine einsame Gebirgsgegend. Trefflich sind die verschiedenen Tinten der höheren Bergregionen dargestellt. Vorn zwischen den sich türmenden Basaltblöcken drängen sich noch Gras und Bäumchen hervor, höher hinauf ziehen sich Nebel um die öden Bergrücken, ganz oben schimmern die Felsenstirnen mit ewigem Schnee bedeckt in ungetrübter Klarheit. Die völlige Einsamkeit hat hier etwas Schau-

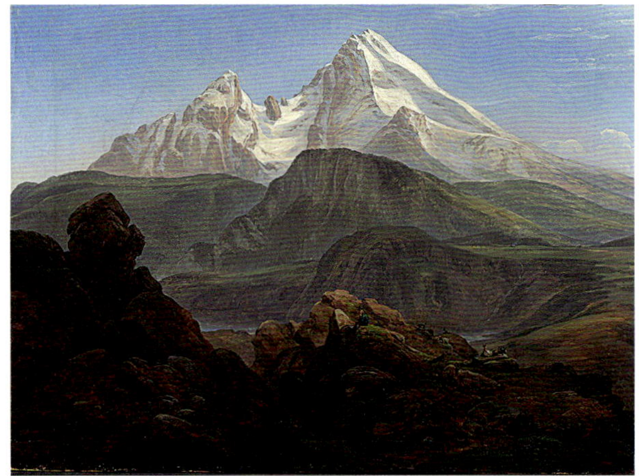

Johan Christian Dahl: Der Watzmann, Öl auf Leinwand, 33 x 44 cm, 1825, Nationalmuseum, Oslo

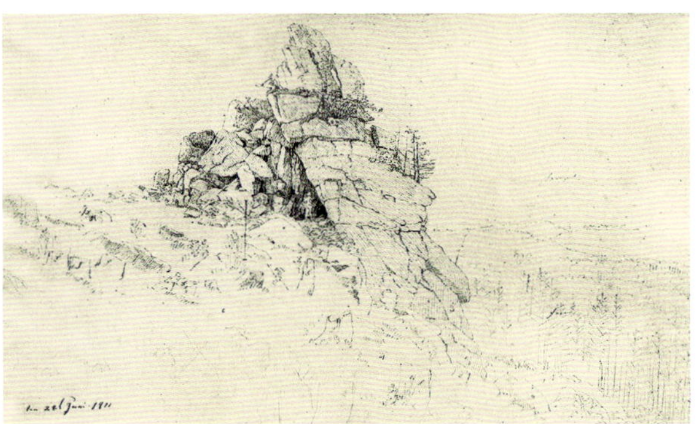

Der Trudenstein, Bleistift, 28. Juni 1811, Standort unbekannt

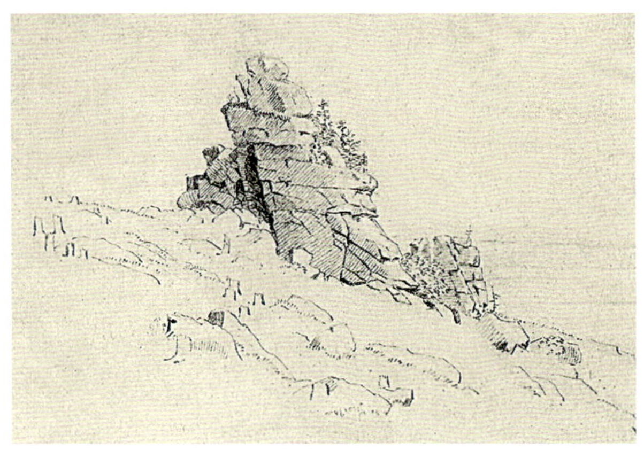

Der Trudenstein, Bleistift, 28. Juni 1811, Privatbesitz

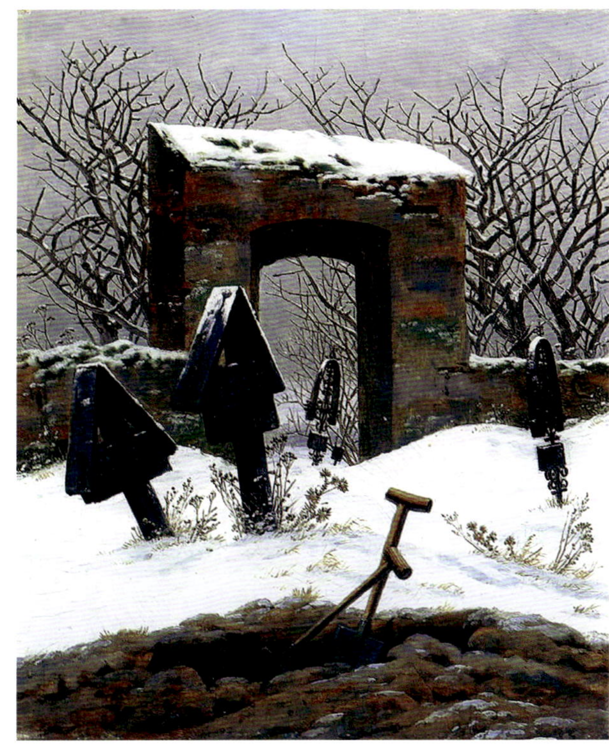

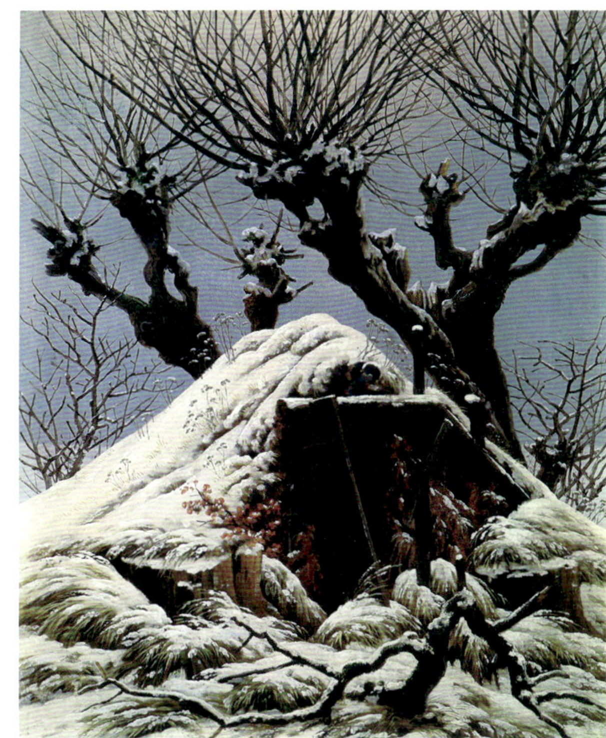

links: Friedhof im Schnee, 1826, Öl auf Leinwand, 31 x 25 cm, Museum der bildenden Künste, Leipzig

Verschneite Hütte, um 1827, Öl auf Leinwand, 31 x 25 cm, Alte Nationalgalerie, Berlin

erliches, man sehnt sich danach, wenigsten einen Adler oder eine Gemse zu erblicken – vergebens, kein Leben wohnt hier als das der Luft und des Lichts; jeder Pulsschlag des Gefühls stockt in dieser Höhe."*
Am 2. Oktober 1825 schrieb Caspar David Friedrich seinem Bruder, dass er erkrankt sei. Kurz zuvor und in den folgenden Monaten war er wenig produktiv und seine Stimmung betrübt, teilweise depressiv.
Er malte in den folgenden zwei Jahren zumeist Aquarelle und kleine menschenleere Bilder, die wenig euphorisch anmuten: Friedhöfe, wie **Das verfallene Friedhofstor** (Abb. S. 148) oder **Friedhof im Schnee** (Abb. oben), Wintermotive, wie bei der **Verschneiten Hütte** (Abb. oben rechts) oder ein Gewirr von Zweigen, wie beim **Gebüsch im Schnee** (Abb. rechts). Trotz Friedrichs schlechter Verfassung sind die Bilder von einer außergewöhnlichen Präzision, technisch brillant gemalt, perfekt in ihrer stofflichen Wirkung und ausgewogen harmonisch in der Komposition. Friedrich reduzierte dabei die Bildmotive auf ein Minimum. Er platzierte sie frontal und verengte den Bildausschnitt. Daraus resultiert eine Nachsichtigkeit, die dem Bild eine Dynamik verleiht. Aus einem banalen schmucklosen Objekt, wie dem verfallenen Friedhofstor, entwickelte Friedrich ein bildwürdiges Hauptmotiv. Zugleich spielte er mit geometrischen Formen, etwa den Verästelungen der verschneiten Bäume und Büsche als Gitterwerk oder den Latten des Friedhofstors.
Beim „Friedhof im Schnee" (Abb. oben) von 1826** ist das beschriebene Muster besonders raffiniert, da er geschickt die in Nahsicht dargestellten Grabkreuze und die Schaufeln im frisch ausgehobenen Grab rhythmisch kippte und in unterschiedlicher Größe harmonisch hintereinander staffelte, wodurch er die Dreidimensionalität verstärkte, die ihrerseits durch den offenen Torbogen und den Blick auf das gusseiserne Kreuz verstärkt wird. Darüber hinaus setzte Friedrich als Kontrast ein ästhetisches Astgewirr vor die Nebelwand. Das kleine Ölbild steht mit dem schneebedeckten Friedhofsmotiv in der Tradition von Friedrichs frühem Meisterwerk „Abtei im Eichwald" (Abb. S. 80/81) und tendiert mit dem Verweis auf Vergänglichkeit und Tod zum Andachtsbild.

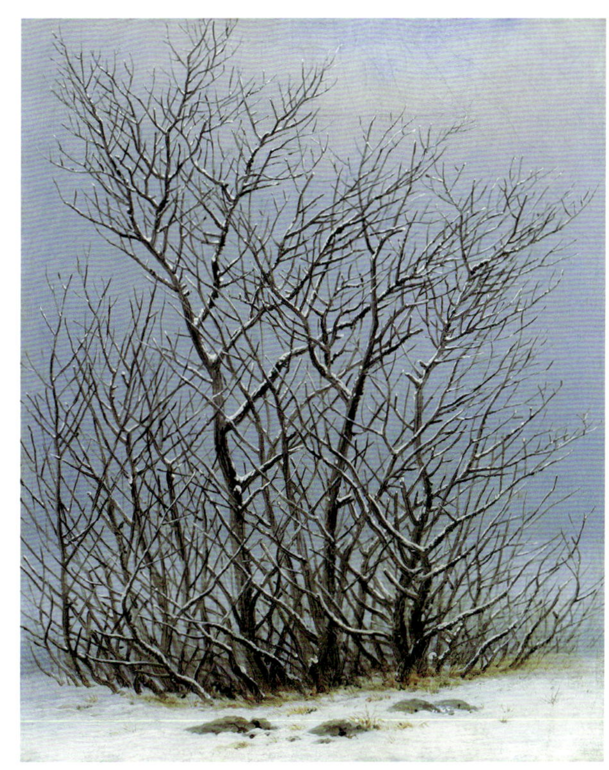

Gebüsch im Schnee, um 1827/28, Öl auf Leinwand, 31 x 25,5 cm, Galerie Neue Meister, Dresden

* Zitiert nach Birgit Verwiebe: Der Watzmann. In: Malkunst im 19. Jahrhundert. Die Sammlung der Nationalgalerie (hg. v. Angelika Wesenberg, Birgit Verwiebe, Regina Freyberger), Petersberg 2017, S. 258.

** Das zweite Holzkreuz trägt die Jahreszahl 1826.

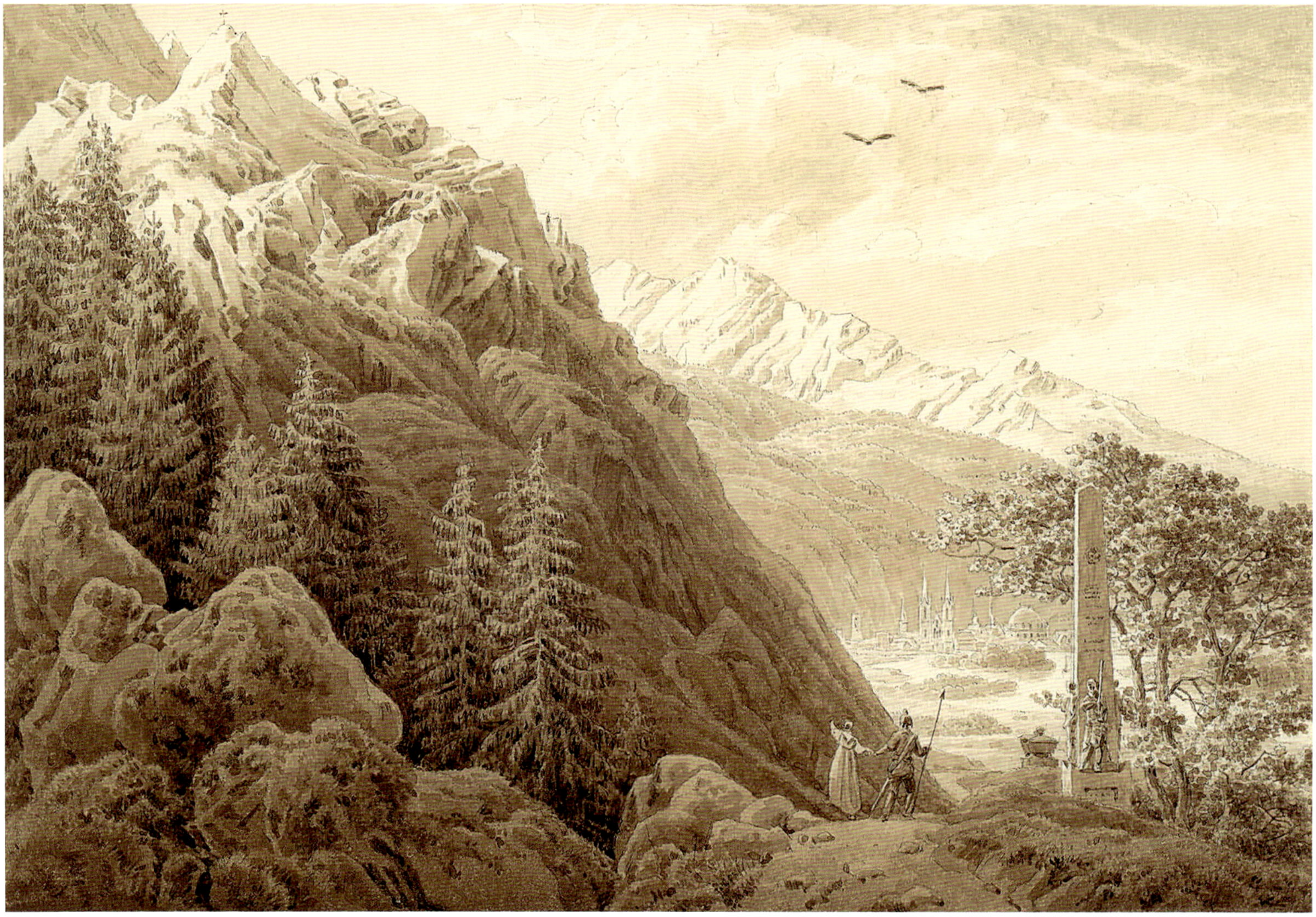

In der Jahresausstellung der Dresdner Akademie stellte Friedrich, da er krankheitsbedingt kaum Gemälde produziert hatte, 1826 nur eine Neubearbeitung seines Lebensalterzyklus von 1803 aus, den er um drei Blätter erweiterte. Ein anonymer Autor beschrieb die sieben Sepiazeichnungen im Rahmen einer Ausstellungsbesprechung in den „Blättern für literarische Unterhaltung". Er bezeichnete sie als „Traumbilder, aber voll Sinn: Sie scheinen eine Lebensbeschreibung darstellen zu sollen, die über das beginnen und enden dieses Erdenlebens hinausreicht."* Besondere Beachtung fand in zwei Rezensionen das sechste und vorletzte Blatt **Skelette in der Tropfsteinhöhle** (Abb. rechts) – ein ungewöhnliches und makaberes Bildmotiv. Den positiven Ausblick auf das Leben nach dem Tod gewährte das siebte und letzte Blatt der Serie mit der Darstellung zweier Engel, die das ewige Licht anbeten.
Eine außergewöhnlich harmonische Komposition mit einer malerischen alpinen Berglandschaft zeigt das vierte Blatt **Herbst** (Abb. oben). Dabei öffnet sich der Blick entlang eines Wegs, der rechts an einem verschatteten Berg mit einem kleinen Fichtenwald im Vordergrund vorbeiführt und auf dem sich ein Paar in Rückenansicht talabwärts in Richtung eines Flusses und

Herbst (Folge: Die Lebensalter, Blatt 4), um 1826, Sepia, 19,1 x 27,5 cm (Blatt), Hamburger Kunsthalle, Kupferstichkabinett

* Zitiert nach Peter Prange in der Online-Sammlung Hamburger Kunsthalle.

Skelette in der Tropfsteinhöhle (Folge: Die Lebensalter, Blatt 6), um 1826, Sepia, 19,1 x 27,5 cm (Blatt), Hamburger Kunsthalle, Kupferstichkabinett

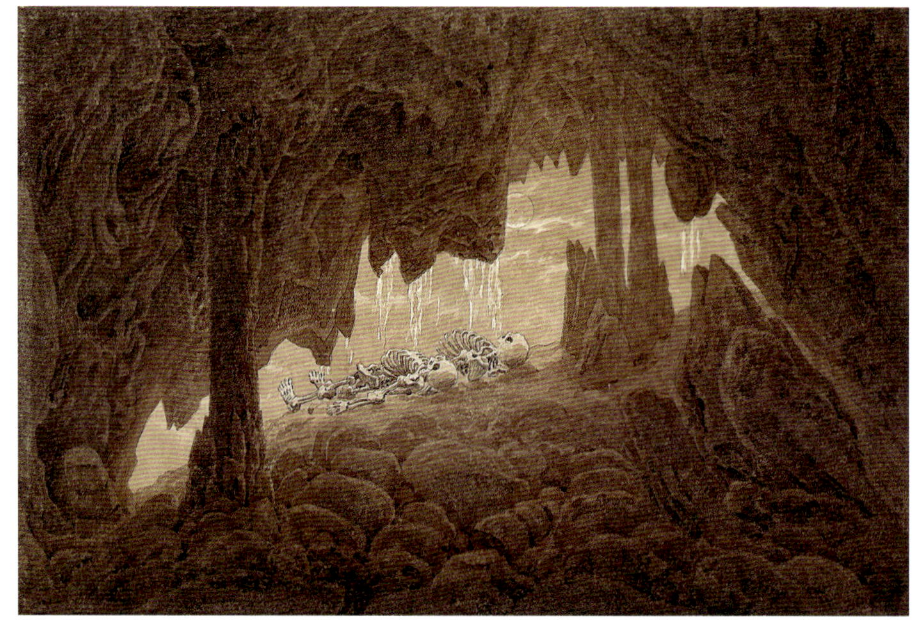

einer Stadt bewegt. Rechts vom Weg steht ein Obelisk, wohl ein Kriegerdenkmal. Die Frau im bodenlangen Kleid weist mit der Hand nach links oben. Vielleicht zeigt sie auf das Gipfelkreuz, das weithin sichtbar ist und das auf die göttliche Allgegenwart verweist. Auch die Stadtsilhouette im Hintergrund unterhalb der Hochgebirgslandschaft wird mit der gotischen Doppelturmfassade der Kathedrale und dem Kuppelbau von christlichen Symbolen geprägt.

Wohl aufgrund seiner gesundheitlichen Probleme blieb das im Jahr 1825 begonnene Ölgemälde **Der Friedhof** (Abb. unten) unvollendet. Carl August Böttiger sah es im selben Jahr in Friedrichs Atelier und schrieb einem Leipziger Kunstfreund: „Ein frischer Grabhügel zeigt die Ruhestätte eines Kindes, dessen Eltern am Tor stehend gedacht werden."** Friedrich stellte die Eingangssituation des Trinitatisfriedhofs in Dresden dar, auf dem auch er bestattet werden sollte. Die Eltern stehen vor dem linken Pfeiler des Friedhofstors, das eine sinnbildliche Schranke zwischen der irdischen und der jenseitigen Welt bildet – dem Bereich des Todes mit einem Sonnenaufgang im Nebel, der auf die Glaubenszuversicht der Auferstehung verweist. Diese Interpretation unterstreicht das Eisengitter des Zugangs, in dessen Mitte als Bekrönung eine kreisförmige Dornenkrone und eine Lanze sowie ein Essigschwamm als Verweis auf die Leidenswerkzeuge Christi zu sehen sind. Über dem Grab sind die Umrisse eines Engels angedeutet.

Interessant ist das Gemälde auch aufgrund seines unvollendeten Zustands. Zu sehen ist, dass der vordere Bereich noch aus einer ockergrauen Fläche besteht, deren Detailbearbeitung noch fehlt. Von daher hatte Friedrich zunächst eine Vorzeichnung angelegt, die er großzügig mit Farben ausmalte, um dann in vielen weiteren Schritten, die Feinheiten auszuführen.

Um Geld zu generieren, stellte Friedrich erstmals 1826 beim Hamburger Kunstverein aus. Er zeigte seine großartigen, aber wohl unverkauften Werke „Das Eismeer", „Der Watzmann" und „Huttens Grab". Darüber hinaus begab er sich am 22. Mai 1826 in Richtung Heimat, um sich in Sassnitz auf Rügen einer Kur

** Zitiert nach Gerd Spitzer: C. D. Friedrich: Der Friedhof. In: Ulrich Bischoff (Hg.): Galerie Neue Meister Dresden, Köln 2010, S. 72.

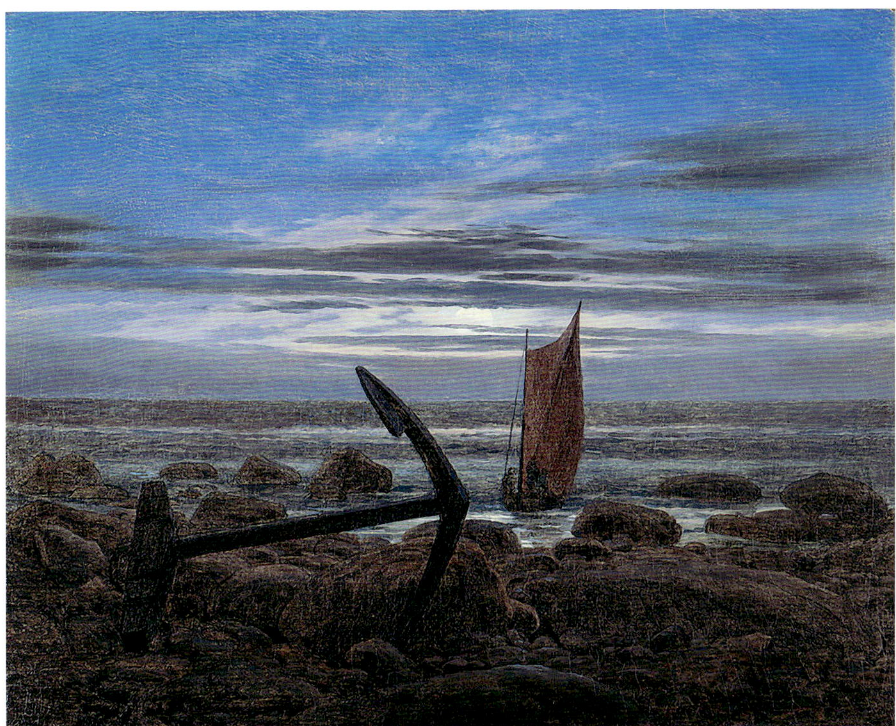

oben: Abend an der Ostsee, 1826, Öl auf Leinwand, 25,2 x 31,2 cm, Museum Georg Schäfer, Schweinfurt

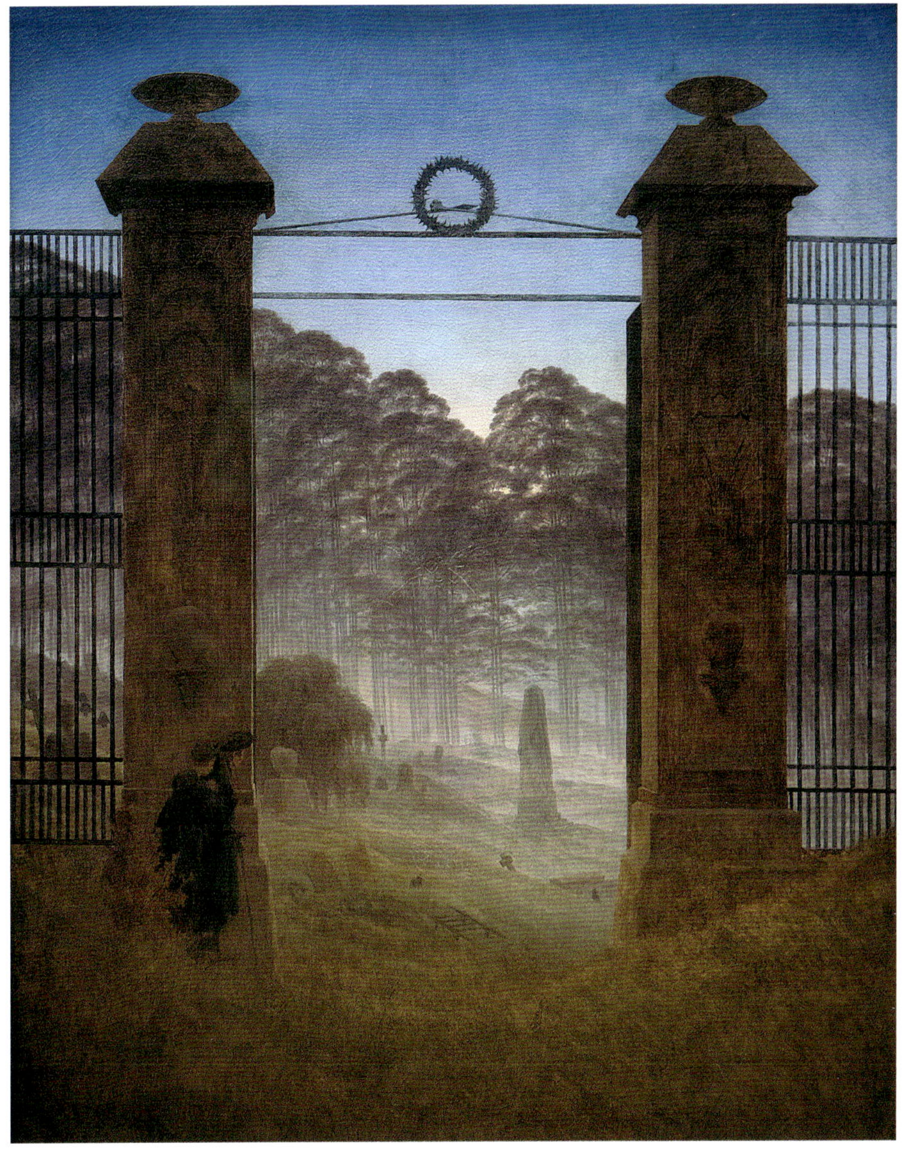

rechts: Der Friedhof, Öl auf Leinwand, 143 x 110 cm, 1825 (unvollendet), Galerie Neue Meister, Dresden

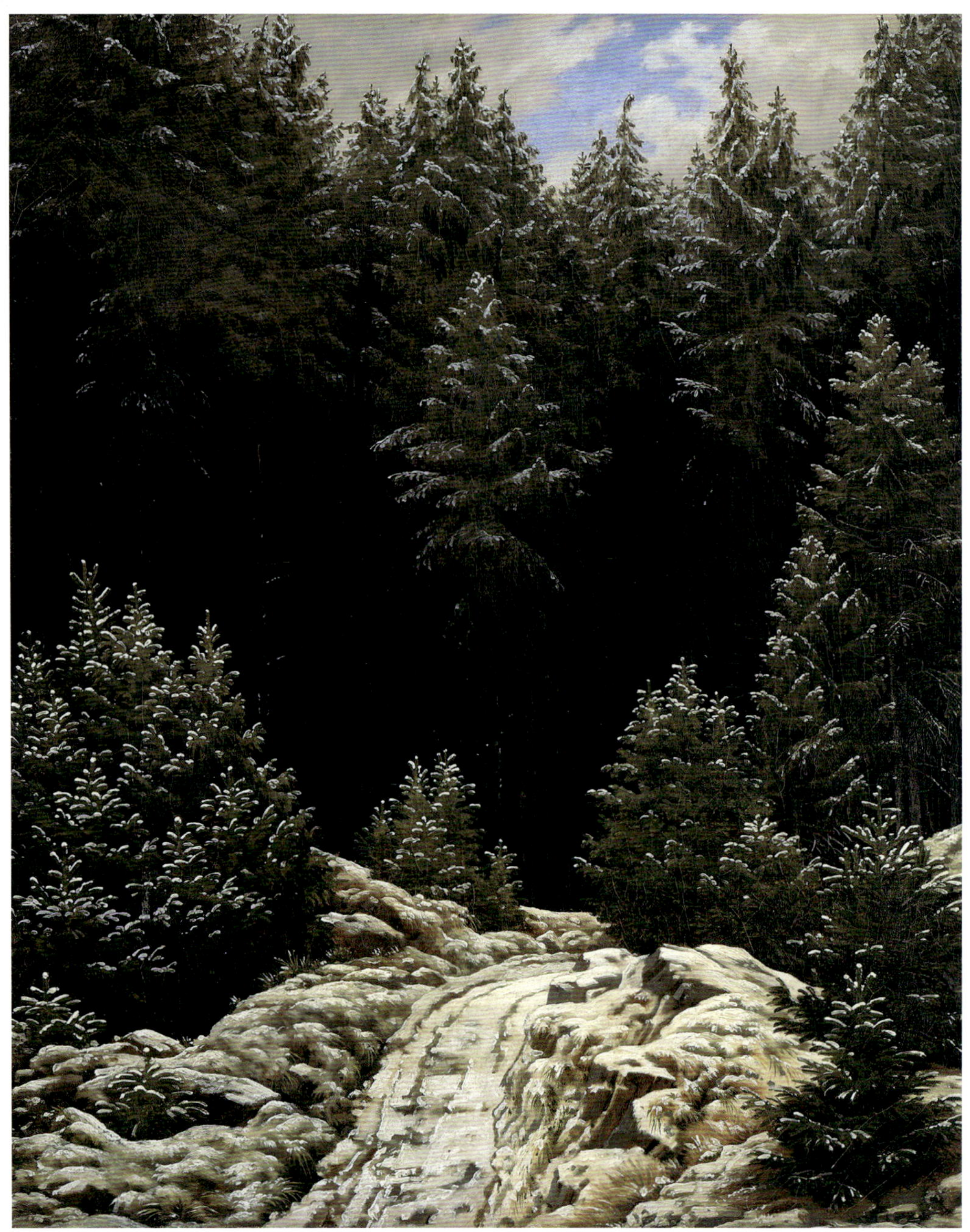

Frühschnee, um 1827, Öl auf Leinwand, 43,8 x 34,5 cm, Hamburger Kunsthalle, Hamburg

zu unterziehen. Im August war er wieder zurück in Dresden.

Im Jahr 1827 hatte sich Caspar David Friedrich physisch und psychisch wieder gefangen und schuf das große Gemälde „Ostseestrand im Mondschein" im beachtlichen Format von 132 x 165 cm, das im selben Jahr ausgestellt wurde, aber heute verschollen ist. Parallel malte er einen undurchdringlichen Wald als Winterlandschaft: Das Bild **Frühschnee** (Abb. oben) erinnert motivisch an das um 1813/14 ausgeführte Gemälde „Chasseur im Wald" (Abb. S. 92). Wie in den zeitgleich entstandenen, zumeist kleinformatigen Gemälden reduzierte Friedrich im jüngeren Bild die Formen und Motive. Die Konzentration auf die Darstellung der Tannen am Weg und der Fichten im Hintergrund trägt zur Steigerung der meditativen Stimmung bei. Die Komposition wirkt ruhig; die verschneiten Zweige nehmen ornamentale Formen an.

Darin zeigen sich Parallelen zum wenig später entstandenen kleinen Gemälde **Fichtendickicht im Schnee** (Abb. unten). Erneut handelt es sich um einen menschenlosen Naturausschnitt. Nun aber zwängte Friedrich die Anordnung der Tannen und Fichten in eine Symmetrie. Die Tannen, auf deren Zweigen Schnee liegt, wirken wie gotische Kirchtürme, die in den Himmel ragen. Der Hintergrund ist in einen rötlich schimmernden Nebel gehüllt. Der Wald nimmt eine sakrale Weihnachtsstimmung an.*

Es zeigt sich immer wieder, dass Friedrich seine Landschaftsbilder oft allegorisch überhöhte. Er malte parallel sowohl Gebirgslandschaften, als auch Seestücke, wie das kleine Ölbild **Abend an der Ostsee** (Abb. S. 155), bei dem Friedrich typischerweise einen weiträumigen Blick vom Ufer auf das Meer und einen fernen Horizont darstellte. Dabei steht die Sonne an zentraler Stelle über dem Meer und wird teilweise von Wolkenbändern verdeckt, sodass Friedrich eine sentimentale Wirkung erzielt. Am Ufer liegen halbrunde Findlinge und ein überdimensionierter Anker als christliches Zeichen der Hoffnung. Demnach ist das Fischerboot mit drei Personen als Motiv der Heimkehr in den sicheren Hafen zu interpretieren.

Zu den Hauptwerken der Zeit um 1828 kann das mittelgroße malerische Seestück **Schiff im Hafen am Abend** (Abb. rechts) angesehen werden. Es war eine

* 1828 stellte Friedrich das Bild in der Dresdner Ausstellung zusammen mit dem formatgleichen Gegenstück „Gebüsch im Schnee" (Abb. S. 155) aus.

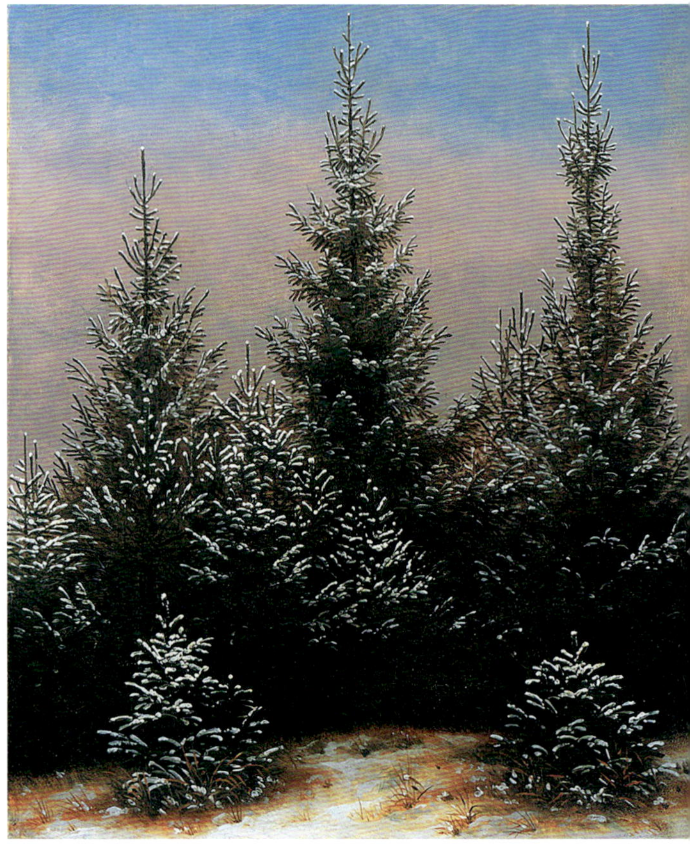

Fichtendickicht im Schnee, um 1828, Öl auf Leinwand, 31,3 x 25,4 cm, Neue Pinakothek, München

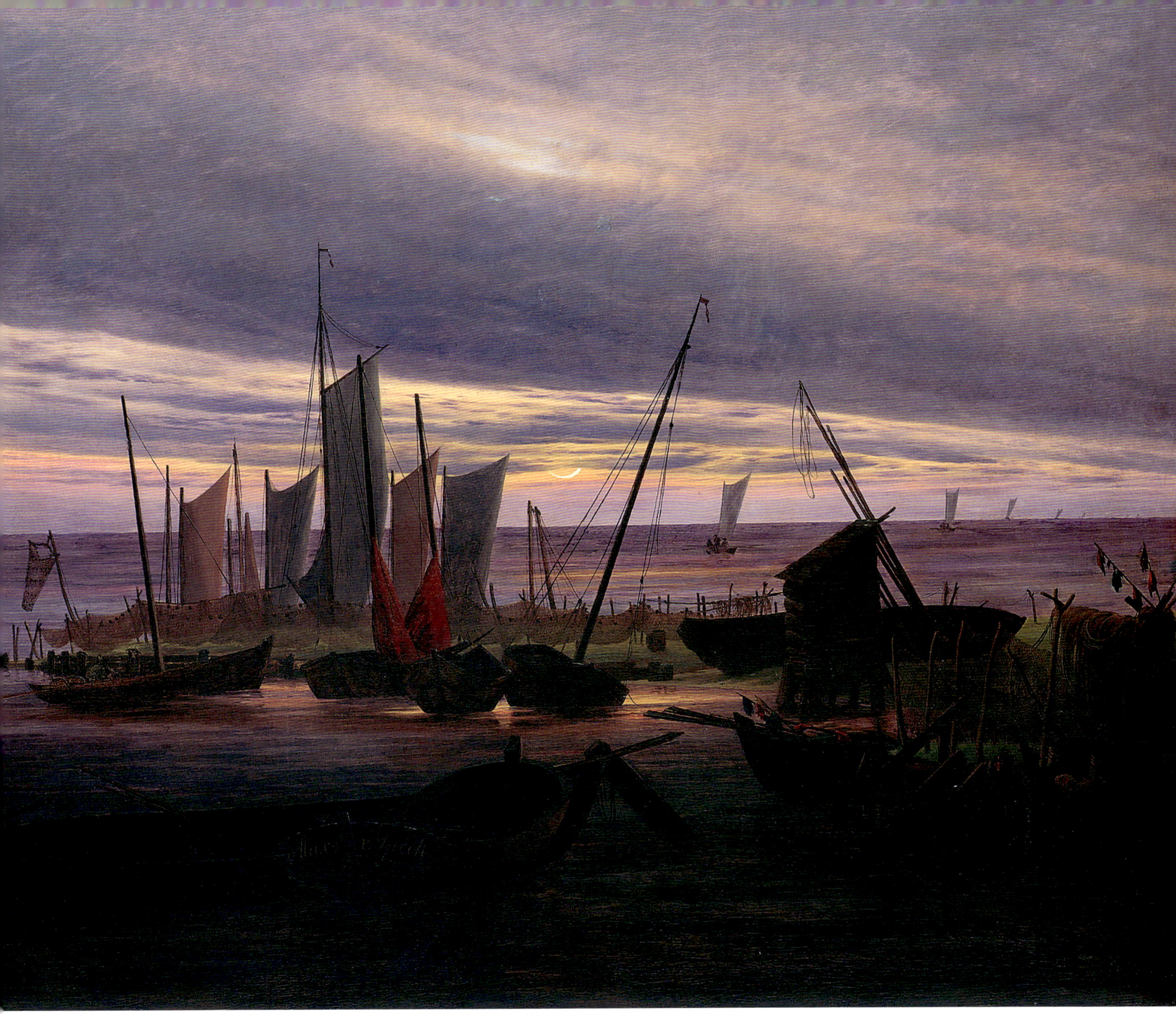

Auftragsarbeit für den Kunstsammler Maximilian Speck von Sternburg in Lützschena bei Leipzig, dessen Namen „Maxn. v. Speck" als Inschrift auf dem Rumpf des vorderen Bootes zu lesen ist.* Das Abendrot verfärbt das Meer stimmungsvoll in Rot- und Gelbtöne. Die kleinen Schiffe am Ufer liegen ruhig und sicher vor Anker, während im Hintergrund Segelboote auf das Meer hinausfahren. Die Abendatmosphäre mit der malerischen und harmonischen Kulisse vermittelt dem heutigen Betrachter Urlaubsgefühle. In Anlehnung an Helmut Börsch-Supan kann das Bild als Gleichnis menschlichen Lebens interpretiert werden. Demnach haben sich die Schiffe aus dem schützenden Hafen hinaus auf die gefahrvolle „Lebensfahrt" begeben und sind am Ende der Reise zum sicheren Hafen ihrer Heimat zurückgekehrt. Deshalb liegt das Boot mit der Inschrift des Auftraggebers „Maxn. v. Speck" im Hafen, da es als „Lebensschiff" am Ziel seiner Reise angelangt ist.

Im September 1826 rief der Nürnberger Kunstschuldirektor Albert Christoph Reindel (1784-1853) alle deutschsprachigen Künstler auf, zu Ehren Albrecht Dürers Arbeiten für ein „Stammbuch" einzureichen. Anlässlich der Feier zum 300. Todestag Dürers am

Schiffe im Hafen am Abend (Nach Sonnenuntergang), um 1828, Öl auf Leinwand, 76,5 x 88 cm, Galerie Neue Meister, Dresden

* Gerd Spitzer: C. D. Friedrich: Schiffe im Hafen. In: Ulrich Bischoff (Hg.): Galerie Neue Meister Dresden, Köln 2010, S. 74.

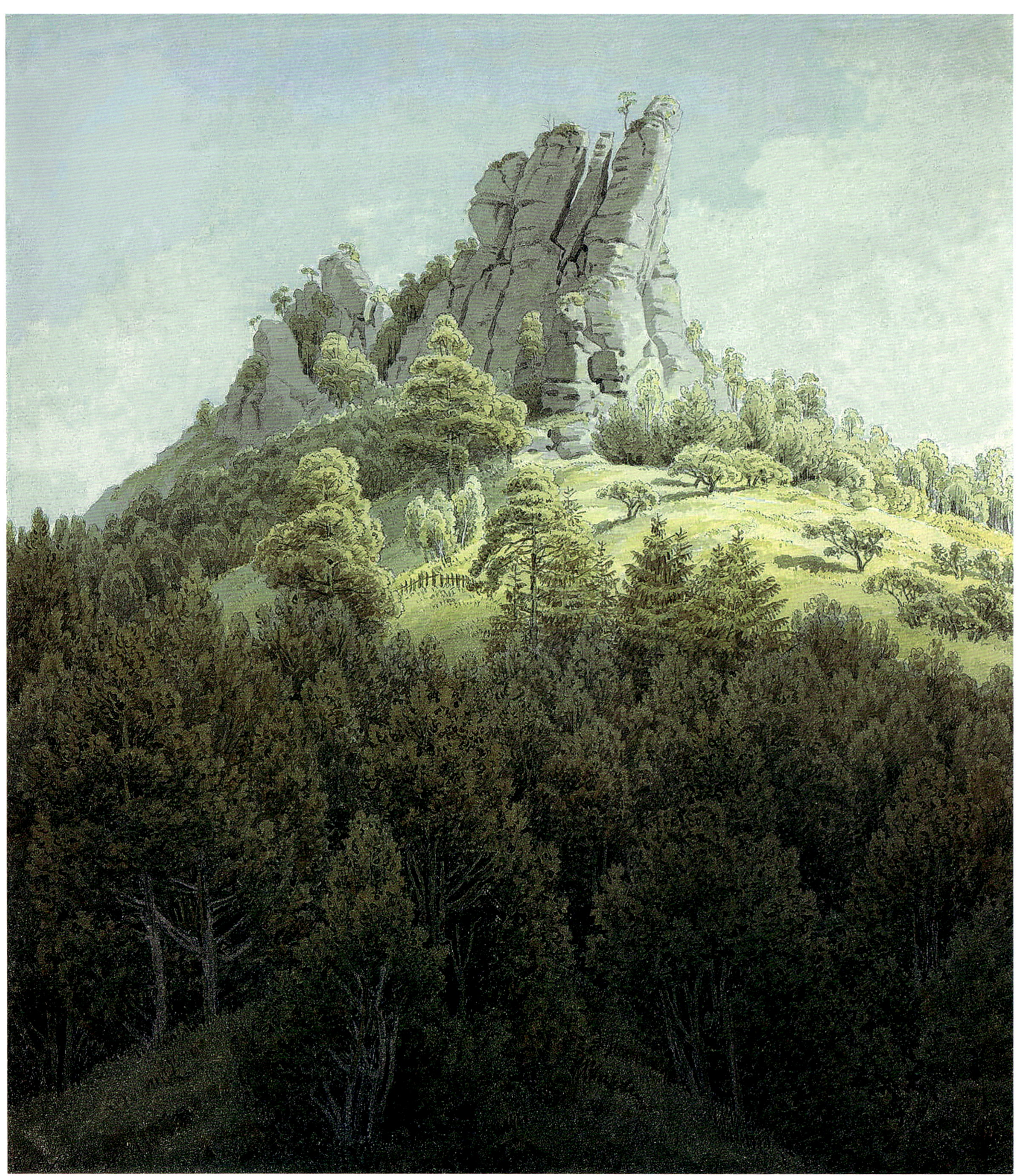

Der Feldstein bei Rathen, um 1828, Aquarell, 26,2 x 23,1 cm, Germanisches Nationalmuseum, Nürnberg

6. April 1828 wurde das „Dürer-Stammbuch" feierlich in einem Raum der Nürnburger Kaiserburg präsentiert. Dem Aufruf folgten 57 Künstler mit 130 Werken. Im Nachgang folgten weitere Einreichungen, sodass sich das Stammbuch auf 291 Werke erhöhte. Selbstverständlich beteiligte sich Caspar David Friedrich mit einem spektakulären Aquarell an der Aktion. Es handelt sich um das perfekt in einer Untersicht ausgeführte Landschaftsbild **Feldstein bei Rathen** in der Sächsischen Schweiz (Abb. oben). Um die Steilheit und Lichtwirkung zu steigern, engte Friedrich den Bildausschnitt des Waldes im Vordergrund ein und verschattete diesen,

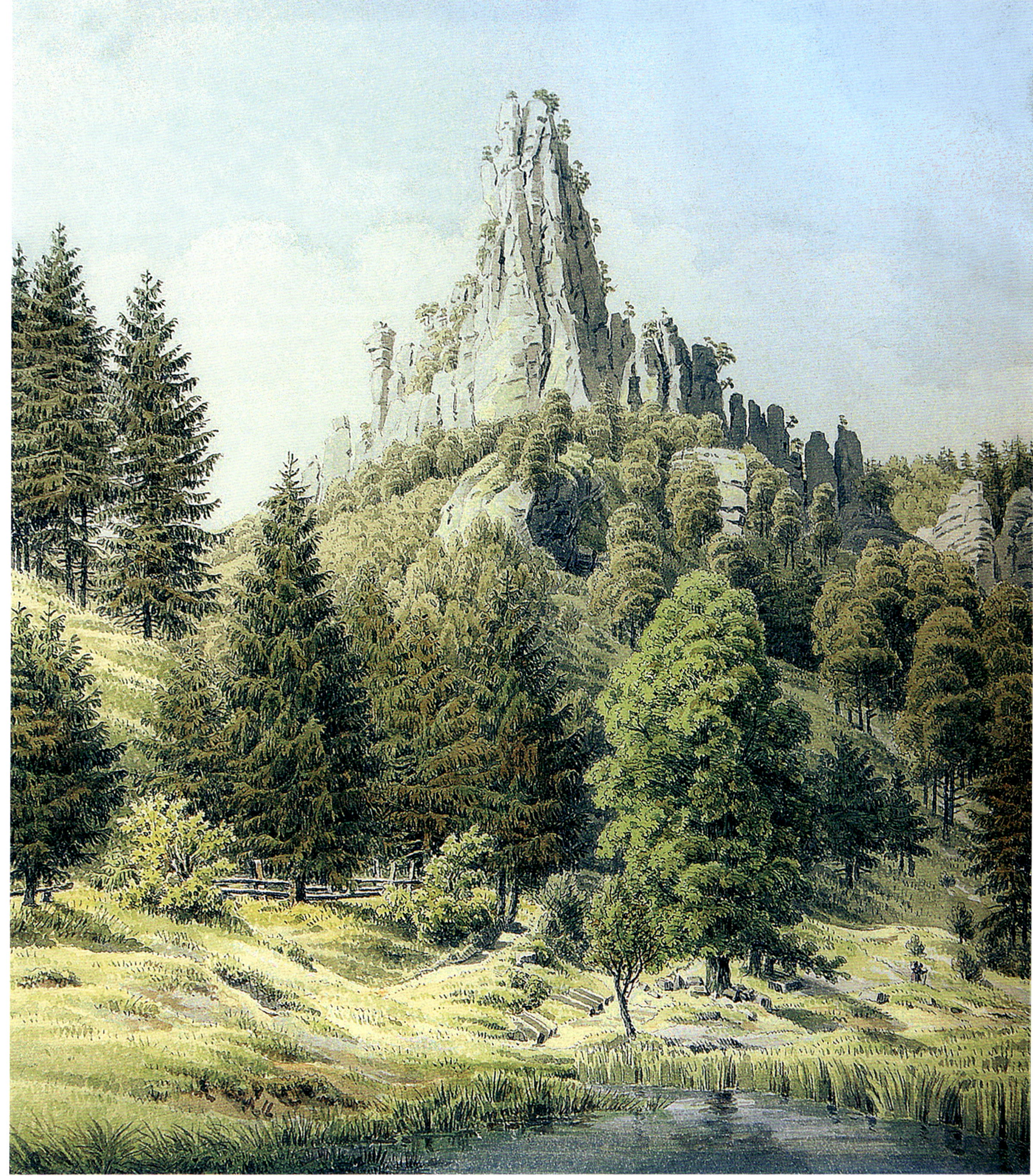

Die Kleine Gans, Aquarell, um 1826, 26,4 x 22,8 cm, Museum Behnhaus Drägerhaus, Lübeck

um eine Sockelwirkung zu erzielen. Zugleich staffelte er die Bäume in ihrer Größe hintereinander, als würden sie zur markanten und kurios geformten, im Sonnenlicht erstrahlten Felsengruppe streben. Als Vorlage diente Friedrich eine Bleistiftzeichnung aus dem Jahr 1808.

Im gleichen Format und in einer identischen Perfektion führte Friedrich das Aquarell von der **Kleinen Gans** im Elbsandsteingebirge (Abb. oben) aus, weshalb das Blatt gleichfalls im Kontext des Dürer-Stammbuchs zu sehen ist und vielleicht ein Alternativblatt war.* Wie beim „Feldstein bei Rathen"

* Dazu Christina Grummt: Caspar David Friedrich. Die Zeichnungen. Das gesamte Werk, München 2011, S. 795.

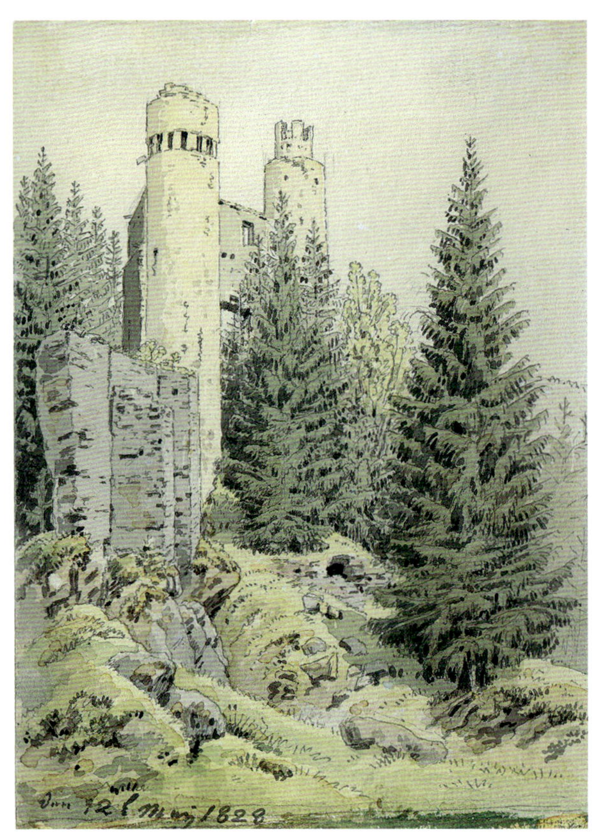

Ruine im Wald bei Teplitz, 12. Mai 1828, 17,7 x 12,6 cm, Aquarell, Nationalmuseum, Oslo

monumentalisierte Friedrich den Felsen durch die starke Untersicht und rhythmisierte das Bild durch die hohen, versetzt stehenden Bäume im Vordergrund. Weiterhin schuf Friedrich bezaubernde Landschaftsaquarelle von Gebirgszügen nach älteren Vorlagen, die er zur Steigerung der Harmonie und Wirkung abänderte oder kombinierte, wie bei der **Wiesenlandschaft mit Bergkette** (Abb. unten). Das Motiv zeigt, wie Frank Richter identifizierte, in der Bildmitte den 1362 Meter hohen Reifträger im Riesengebirge. Die Situation hatte Friedrich am 14. Juli 1810 vor Ort gezeichnet. Für die Atelierfassung streckte er die Proportionen geringfügig.* In Verbindung mit der herbstlichen Flusslandschaft und der Luftperspektive konnte er die Tiefenräumlichkeit eindrucksvoll steigern. Ebenso feinfühlig und differenziert ist das Aquarell **Elbequelle** (Abb. S. 162) ausgeführt. Als Vorlage diente eine Studie vom 10. Juli 1810. Im verschatteten Vordergrund liegt die Elbequelle, an der ein Wanderer verweilt, während die mit nur wenigen Tannen bewachsenen Höhen des Riesengebirges mit der Schneekoppe links in zarten Farben erscheinen.
1827/28 und 1829 malte Friedrich zwei Ölbilder zum Thema **Eichbaum im Schnee** (Abb. S. 18 und rechts).

rechte Seite: Eichbaum im Schnee, 1829, Öl auf Leinwand, 71 x 48 cm, Alte Nationalgalerie, Berlin

* Christina Grummt: Caspar David Friedrich. Die Zeichnungen, München 2011, S. 602–604; Frank Richter: Caspar David Friedrich als Landschaftsmaler, Petersberg 2024, S. 317.

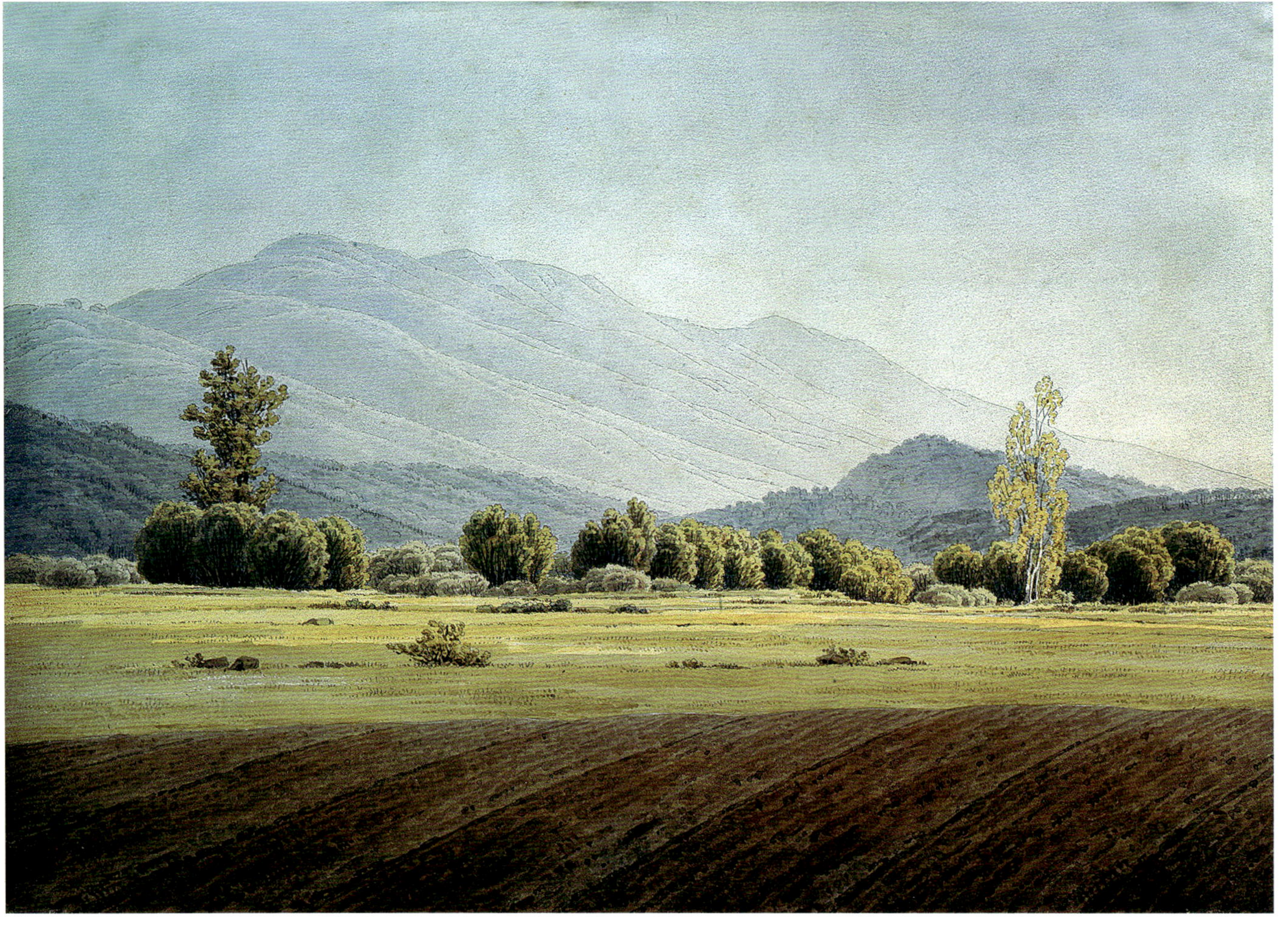

Wiesenlandschaft mit Bergkette, 1828/30, Aquarell, 25,7 x 35,8 cm, Privatbesitz

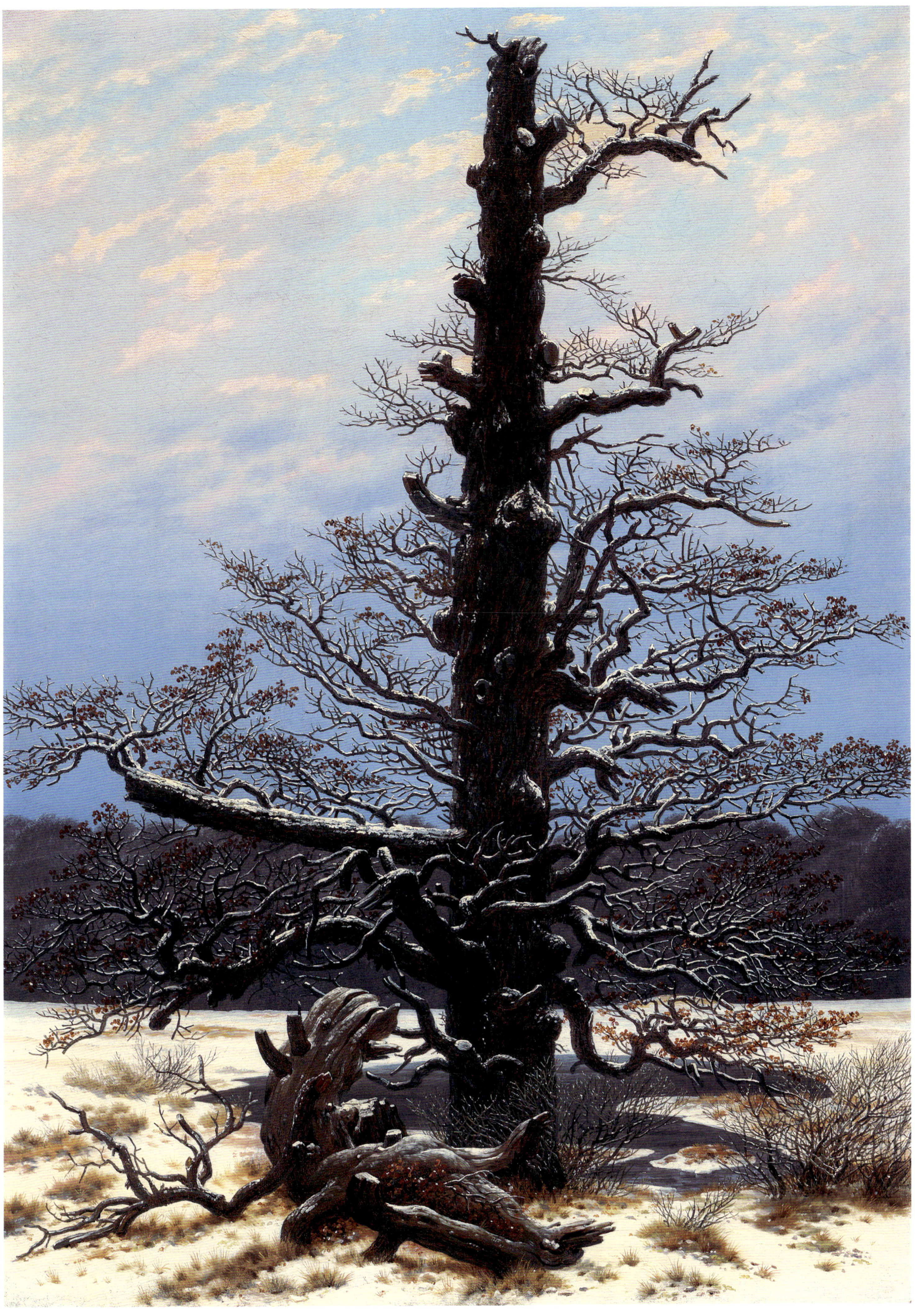

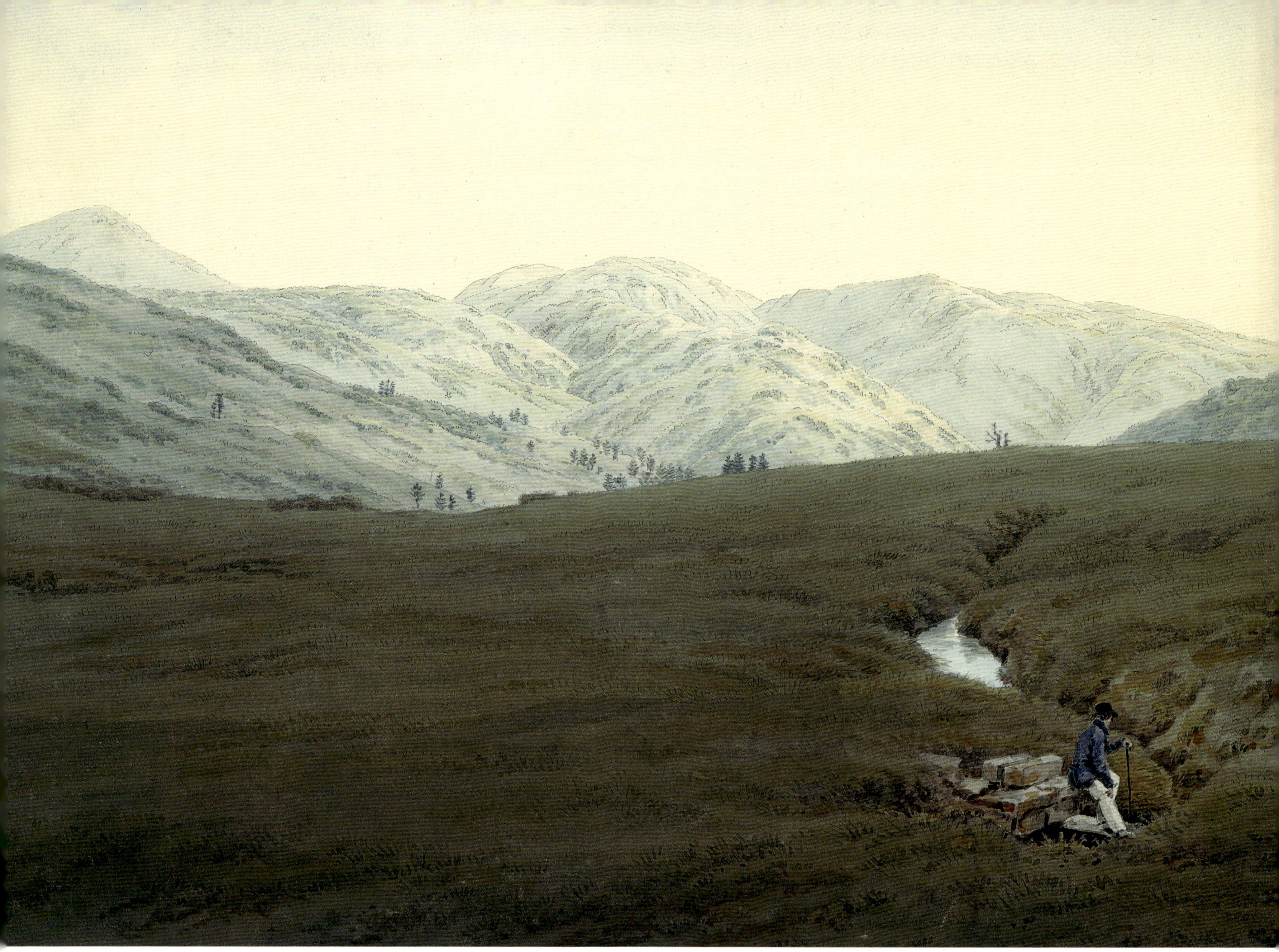

Elbequelle, Aquarell, um 1828/30, Sammlung Winterstein, München

* Siehe Frank Richter: Caspar David Friedrich als Landschaftsmaler, Petersberg 2024, S. 68, 456, 457.

links: Türe in Meißen, 1827, Öl auf Leinwand, 31 x 25 cm, Galerie Neue Meister, Dresden

rechts: Tannenwald mit Wasserfall, 1828, Öl auf Leinwand, 44,2 x 34,8 cm, Hamburger Kunsthalle

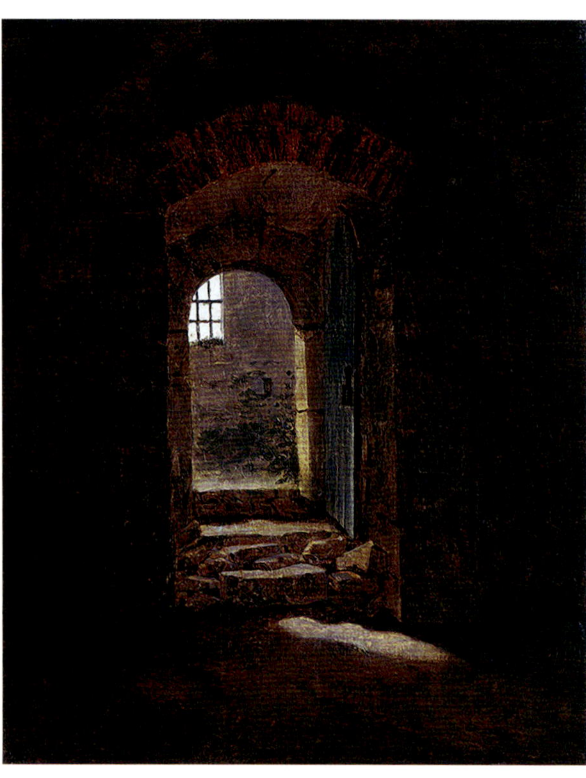

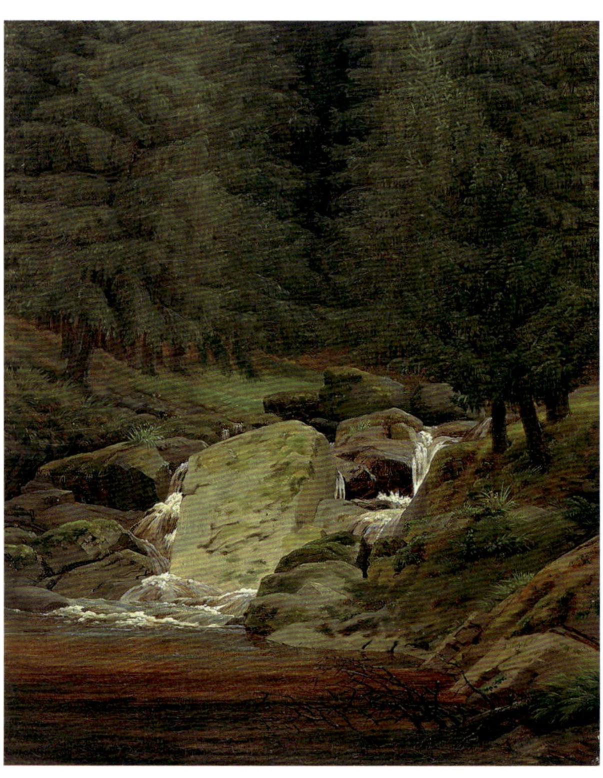

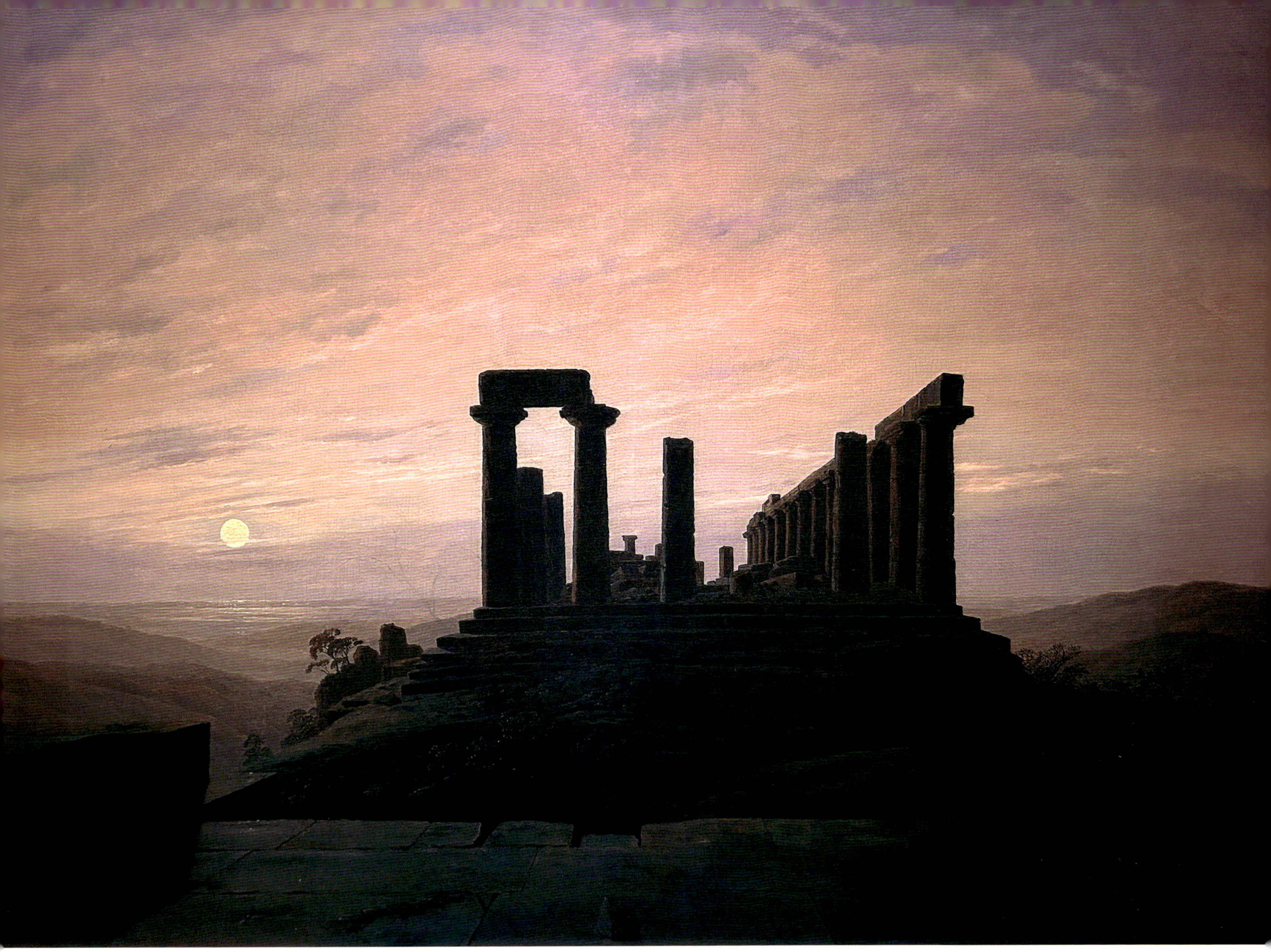

Er knüpfte damit an sein Frühwerk an. Als Vorlagen kombinierte er Zeichnungen, die er 1806 und 1809 angefertigt hatte (bes. Abb. S. 19). Mit großem Respekt stellte er die vom Alter gezeichnete und deshalb so individuell wirkende Eiche vor einem winterlichen blauen Himmel dar. Als monumentales Denkmal der Vergänglichkeit steht die halb abgestorbene und fast blattlose Eiche einsam in der frostigen winterlichen Landschaft. Die Gestalt der knorrigen Bäume, auf deren rauer Netzborke Schnee liegt, ist ein Fantasiegebilde und der künstlerischen Idee Friedrichs entsprungen. Gestalterisch sind die Eichendarstellungen gut in die Reihe von Ölbildern der 2. Hälfte der 1820er Jahre einzugliedern, da Friedrich eine Reduktion auf einen Naturausschnitt und ein Bildmotiv vornahm. Die Konzentration auf vordergründig banale Einzelmotive, denen der Maler jedoch durch die Fokussierung mittels engem Bildausschnitt eine hohe Bedeutung zumaß, zeigt sich auch im Ölbild **Tannenwald mit Wasserfall** (Abb. links), bei dem der weiße Schaum des spritzenden Wassers aus dem grünen Gesamtton des Bildes hervortritt. Beim Bild **Türe in Meißen** (Abb. links) ist es die Lichtinszenierung, die das Rundbogentor bildwürdig macht. Dargestellt ist eine Türöffnung im Ostflügel der Klosteranlage der ehemaligen Benediktinerinnenabtei Heilig Kreuz bei Meißen. Friedrich besuchte die Ruine im Jahr 1800 und in den 1820er Jahren und erstellte mehrere Aquarelle der Kirchenruine und von Details der Klosteranlage.*

Im Sommer 1828 unternahm Caspar David Friedrich nach langjähriger Unterbrechung erneut eine Reise. Sie führte ihn vom 9. bis 16. Mai in die Stadt Teplitz/Teplice. Er übernachtete in der Töpferschenke beim Schloss und unternahm von dort aus Wanderungen, um malerische Felsen und Burgen zu studieren. Er wurde von dem aus Estland stammenden Hofgraveur

Junotempel in Agrigent, um 1828/30, Öl auf Leinwand, 54 x 72 cm, Museum für Kunst und Kulturgeschichte, Dortmund

Friedrich von Gärtner (1791–1847): Tempel des Juno Lucina zu Agrigent, Lithographie, 1819

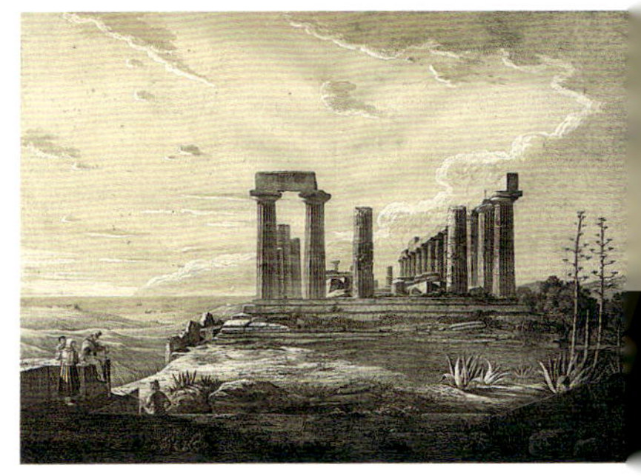

und Kupferstecher August Philipp Clara (1790–1850) begleitet, der mit dem russischen Dichter Wassili Schukowski befreundet war. Dieser hatte ihn 1826 mit nach Dresden gebracht. Als Ergebnis der Reise sind 19 Zeichnungen in Bleistift bzw. Feder, die Friedrich oftmals aquarellierte, überliefert. Dazu gehört die Ansicht der **Ruine im Wald bei Teplitz** (Abb. S. 160), die Friedrich am 12. Mai 1828 vor Ort zeichnete und aquarellierte. Dargestellt ist die Burgruine Kostenblatt/Kostomlaty. Routiniert brachte Friedrich das Bauwerk zu Papier.

Einen stimmungsvollen Sonnenuntergang verknüpfte Friedrich mit der Ansicht des **Junotempels in Agrigent** auf Sizilien (Abb. S. 163). Sie zeigt den griechischen Tempel im Gegenlicht, frontal, aber spannungsreich etwas aus der Mitte versetzt, wie es auch Friedrichs Vorlage, die Lithographie von Friedrich von Gärtner aus dem Jahr 1819 (Abb. S. 163), wiedergibt. Die Tempelruine steht erhöht auf einem Felsen in einem bergigen Gelände und wird leicht von unten gesehen. Friedrich konnte die Dramatik gegenüber der Vorlage durch die minimale Streckung des Bildformats in der Höhe und die starke Verschattung der Architektur sowie des Vordergrunds steigern. Im Hintergrund erkennt der Betrachter das Meer, über dessen Horizont die Sonne hinter einer Wolkenbank untergeht. Das Sonnenlicht spiegelt sich an der Wasseroberfläche. Nach Dieter Gleisberg gab der Leipziger Verleger Heinrich Brockhaus das Bild bei Friedrich in Auftrag, nachdem er die Tempelanlage vor Ort gesehen hatte.* Wie zu erwarten war, erklärt sich aus dem Auftraggeberwunsch das für Friedrich untypische antike Motiv.

Zwischen 1825 und 1830 malte Friedrich die dritte Version des sentimentalen Nachtstücks **Zwei Männer betrachten den Mond** (Abb. rechts). Es handelt sich vermutlich um ein Geschenk für den 1819 aus Königsberg nach Dresden übergesiedelten Arzt Fritz von Rosenberg. Vielleicht hatte Friedrich das Gemälde als Honorar dem Arzt überlassen.** Die erste Fassung von 1819 war ein Freundschaftsbild für Johan Chris-

* Dieter Gleisberg: Von Sammellust bis Engelsturz, Altenburg 2022, S. 34.

** Gerd-Helge Vogel: Zur Kopie nach Caspar David Friedrichs Klosterfriedhof im Schnee. In: Birgit Verwiebe, Ralph Gleis (Hg.): Caspar David Friedrich. Unendliche Landschaften, Katalog Berlin 2024, München, London, New York 2024, S. 106–119, 114, 115.

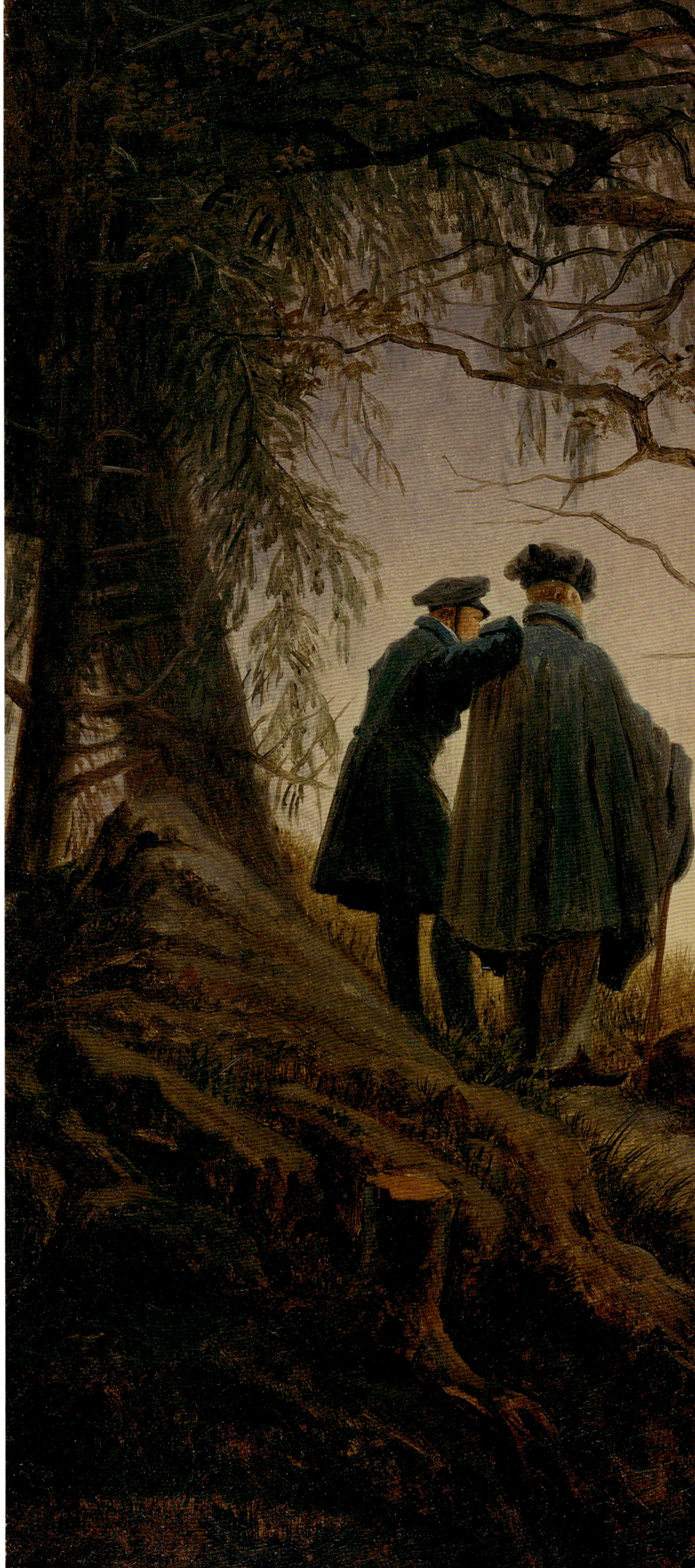

Zwei Männer betrachten den Mond, 1825/30, Öl auf Leinwand, 34,9 x 43,8 cm, Metropolitan Museum of Art, New York

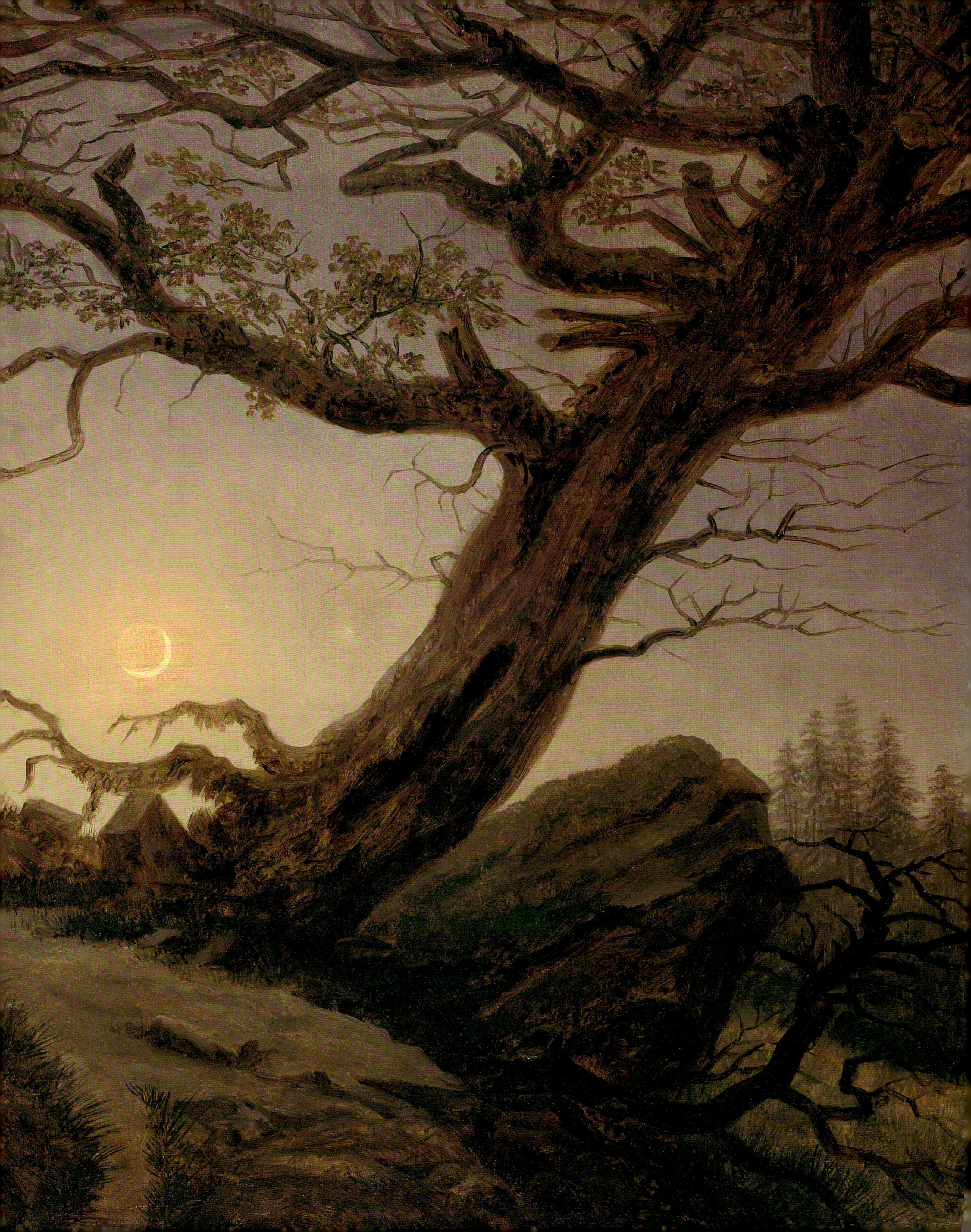

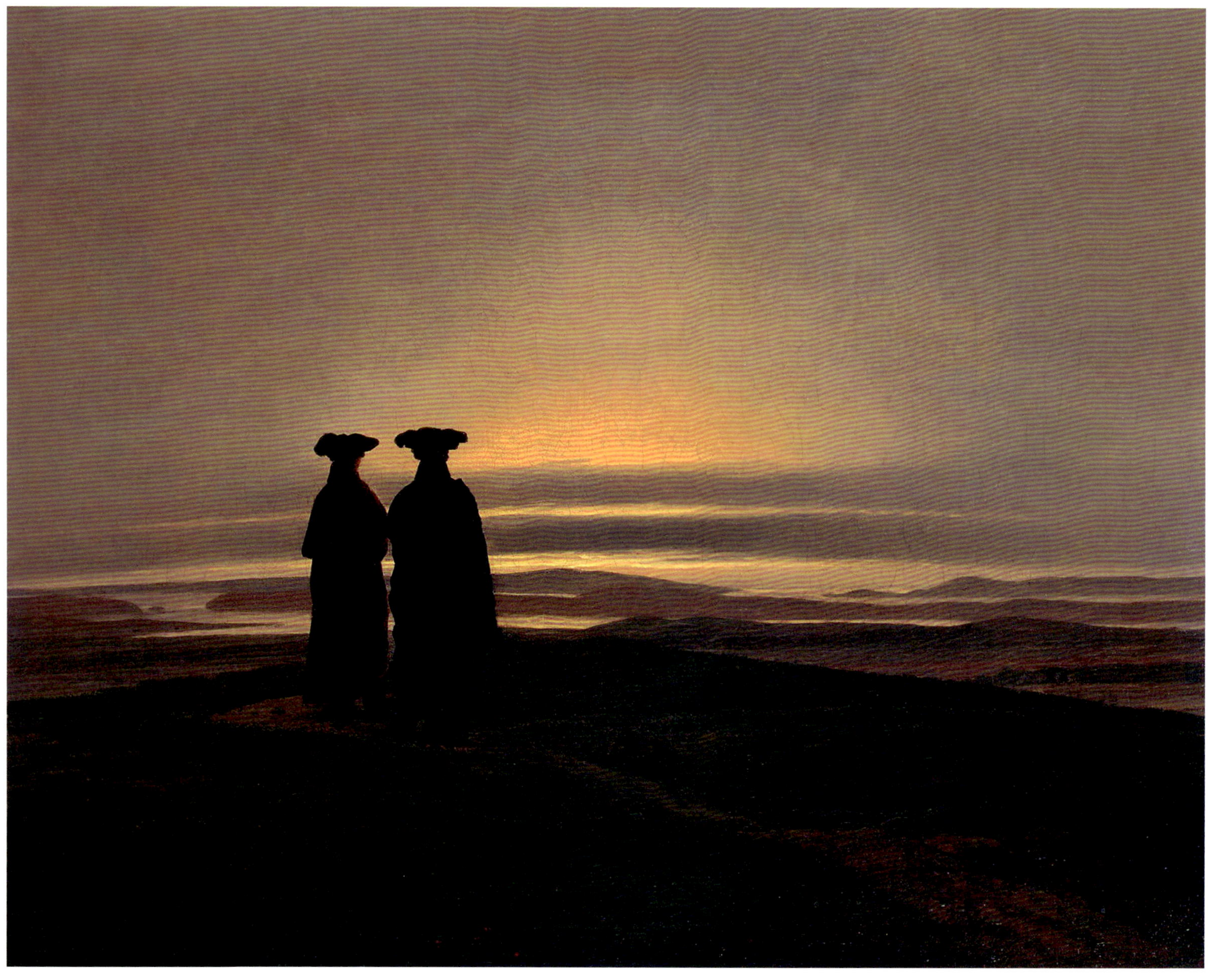

Abendlandschaft mit zwei Männern, 1830/35, Öl auf Leinwand, 25 x 31 cm, Ermitage, St. Petersburg

rechts: Zwei Jünglinge bei Mondaufgange, 1836/37, Sepia, 23,4 x 35,1 cm, Puschkin Museum, Moskau

* Gerd-Helge Vogel (wie S. 164), S. 114, 115, 270–275.
** Sabine Rehwald (Hg.): Caspar David Friedrich: Gemälde und Zeichnungen aus russischen Museen, München 2024.

tian Dahl (Abb. S. 113). Für die erste Replik aus der Zeit um 1824 ersetzte Friedrich die zwei Männer durch ein Ehepaar – wohl Friedrich und seine Frau – und hellte den Nachthimmel leicht auf (Abb. S. 145). Die dritte Fassung für Fritz von Rosenberg ist motivgleich zur ersten Version. Friedrich steigerte lediglich die Ausleuchtung der Szene, wodurch die Landschaft mit ihren Details, den Grashalmen und Blättern der Bäume, deutlicher erkennbar ist. Eine vierte Version, die sich in Hamburger Privatbesitz befindet, malte Friedrich in den 1830er Jahren vermutlich für seinen Freund und Sammler Wassili Schukowski.* Es liegt nahe, dass der russische Dichter an dem Freundschaftsbild gefallen gefunden hatte und sich zu Recht mit Friedrichs Begleiter auf dem Bild hat identifizieren können, denn Caspar David Friedrichs große Anerkennung in Russland beruht in erster Linie auf dessen Initiative. Wassili Andrejewitsch Schukowski (1783– 1852) traf sich Anfang Dezember 1820 erstmals mit Friedrich in dessen Dresdner Atelier und arrangierte noch für denselben Monat den Atelierbesuch mit dem Großfürsten Nikolaus von Russland, dem späteren Zaren Nikolaus I., in Begleitung seiner Frau Alexandra Fjodorowna, einer Tochter der 1810 verstorbenen preußischen Königin Luise. Aus dem Treffen resultierte der Verkauf der Bilder „Auf dem Segler" und „Die Schwestern auf dem Söller am Hafen"(Abb. S. 105 und 108). Auch später erwarb das russische Herrscherhaus bedeutende Werke, die sich heute in der Gemäldegalerie der Eremitage in St. Petersburg befinden.**
Auch Schukowski, der ab 1817 Russischlehrer der Großfürstin Alexandra Fjodorowna war, deutsche und englische Balladen ins Russische übersetzte und Gedichte schrieb, betätigte sich als Friedrich-Sammler.

Er war im Besitz von mindestens neun Ölgemälden und etlichen Zeichnungen des Malers. Zwischen ihm und Friedrich entstand eine enge Freundschaft. Nach Friedrichs Tod kümmerte sich Schukowski um die finanzielle Unterstützung der mittellosen Malerwitwe durch den Zaren.

Das Gemälde **Die Brüder Turgenjew und W. A. Schukowski** (Abb. rechts) ist ein Erinnerungs- und Freundschaftsbild, das Schukowski mit dem russischen Dichter und Diplomaten Alexander Turgenjew und dessen Bruder Sergej auf der Brühlschen Terrasse in Dresden in einer Rückenansicht zeigt. Die Hintergrundlandschaft geht auf ein Rügen-Motiv zurück. Die Turgenjew-Brüder besuchten Friedrich im Jahr 1825. Nach dem zweiten Treffen in Dresden 1827 reisten sie mit Schukowski weiter nach Paris. Dort verstarb Sergej. Nach der Rückkehr bestellte Alexander Turgenjew das Gemälde als Freundschaftsbild für Schukowski. Im oberen Teil des Geländers findet sich die Widmung an Wassili Schukowski in russischen Buchstaben.

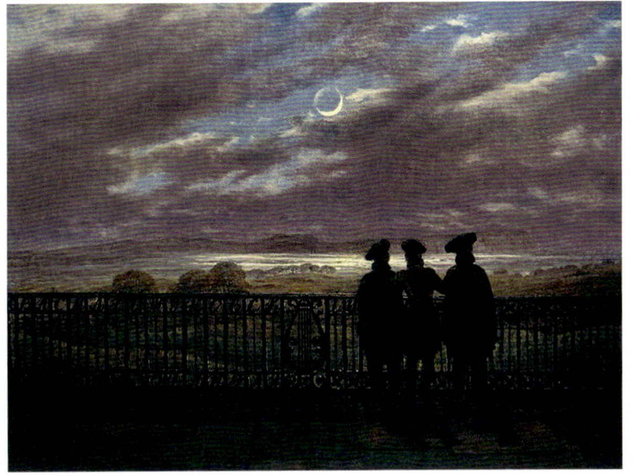

Die Brüder Turgenjew und W. A. Schukowski, Öl auf Leinwand, 25 x 30,5 cm, um 1827, Puschkin Museum, Moskau

Das Gemälde gehört in die Reihe von Freundschafts-

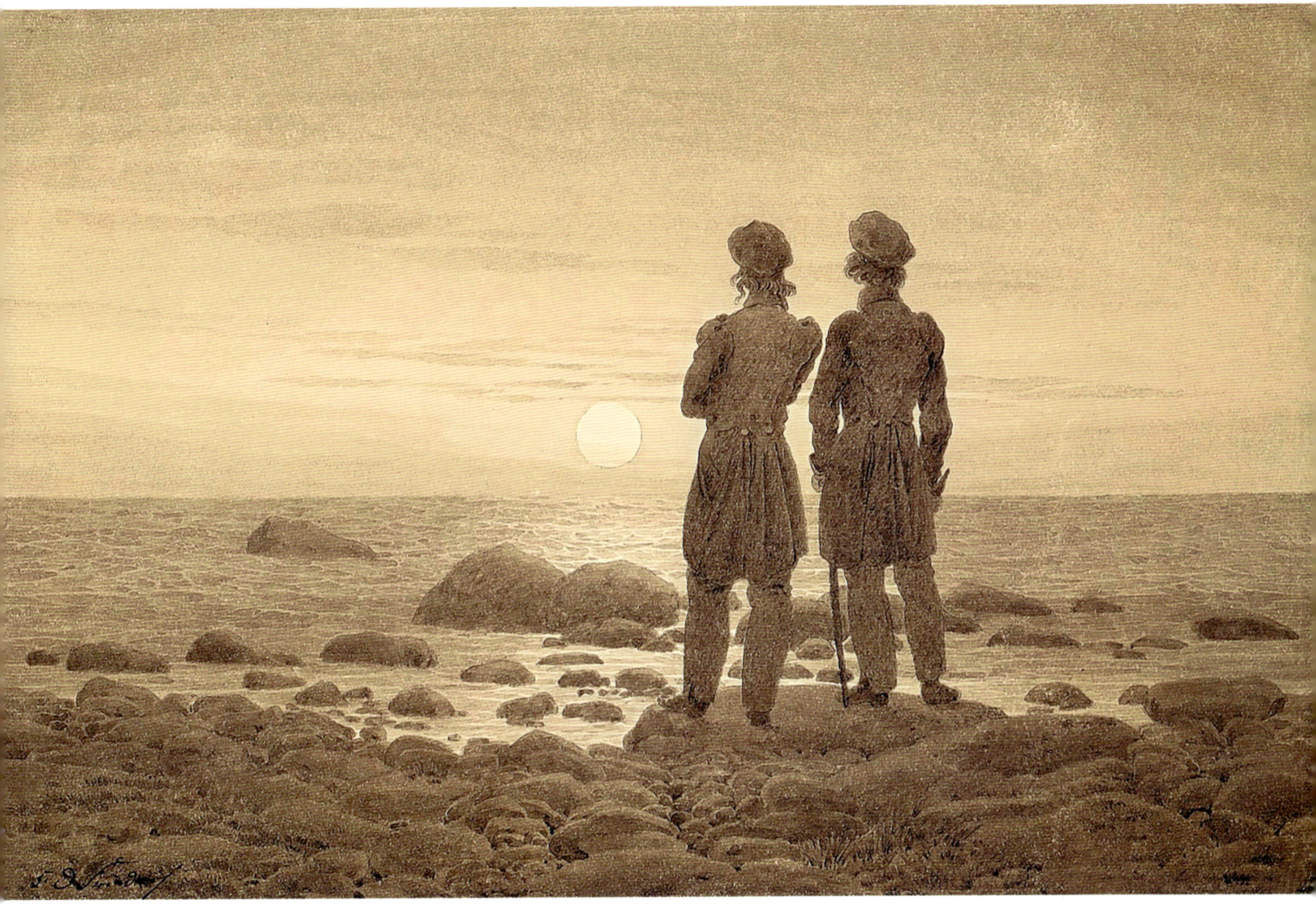

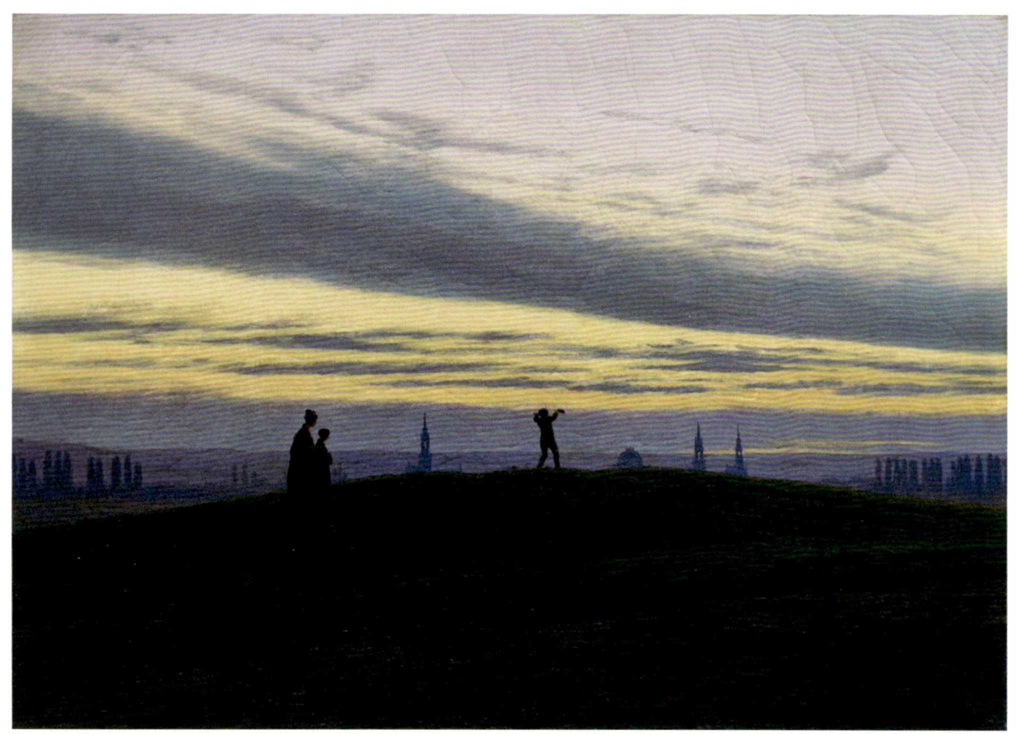

Der Abendstern, 1830/33, Öl auf Leinwand, 32,3 x 43 cm, Freies Deutsches Hochstift – Frankfurter Goethe Museum, Frankfurt am Main

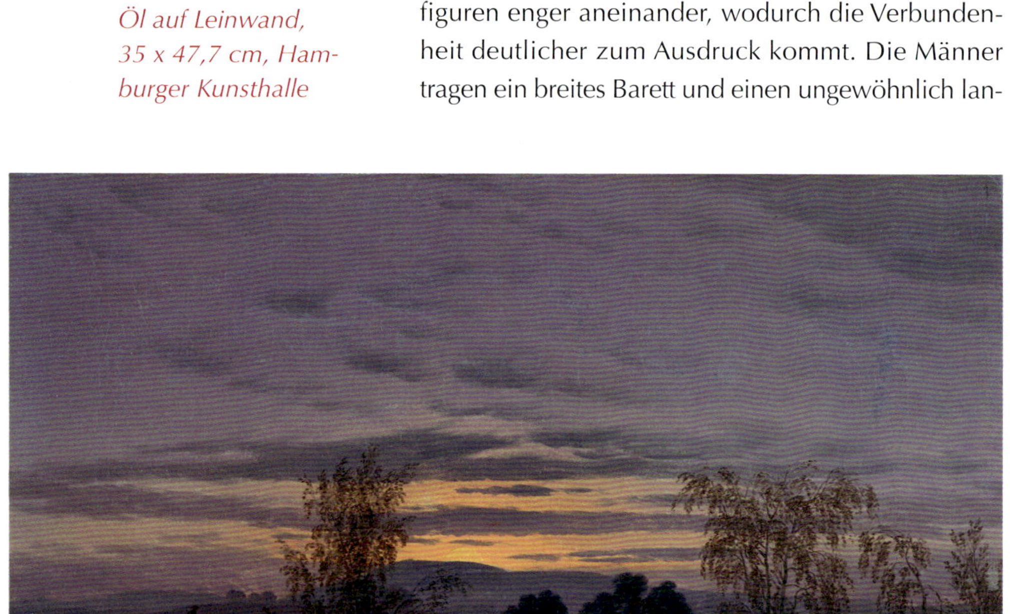

Sturzacker, um 1830, Öl auf Leinwand, 35 x 47,7 cm, Hamburger Kunsthalle

bildern Friedrichs, dessen bekanntestes Beispiel das zuvor besprochene Nachtstück „Zwei Männer betrachten den Mond" ist. Schon 1817/18 hatte Friedrich den Bildtypus mit zwei Rückenfiguren in altdeutscher Tracht, die auf das Meer und den aufgehenden Mond blicken, im Bild „Zwei Männer am Meer bei Mondaufgang (Abb. S. 100) entwickelt. In der kleinen Ansicht **Abendlandschaft mit zwei Männern** (Abb. S. 166) rückte Friedrich die zwei Rückenfiguren enger aneinander, wodurch die Verbundenheit deutlicher zum Ausdruck kommt. Die Männer tragen ein breites Barett und einen ungewöhnlich langen dunkelroten bzw. dunkelblauen Mantel. Die gleiche Kleidung signalisiert ihre Gemeinsamkeit als Paar. Sie sind in ihrer gegenseitigen Freundschaft vereint und beobachten zusammen das Naturschauspiel des Sonnenuntergangs vor einer von Wasser und Bergen geprägten Landschaft.

Um 1837 wiederholte Friedrich die Rückenfiguren für ein Aquarell vor einem Abendrot mit aufgehendem Mond über dem Meer,* wie es ähnlich das Aquarell **Zwei Jünglinge bei Mondaufgang** (Abb. S. 167) zeigt. Die entspannte und doch wache Haltung der Männer mit halblangem Haar und detailliert gemalter Tracht findet sich bereits für die vorne auf den runden Findlingen stehenden Rückenfiguren im Gemälde „Mondaufgang über dem Meer" von 1821 (Abb. S. 123). Letztlich zeigt Friedrich in dem Spätwerk in einer präzisierten Variante einen Ausschnitt aus dem großen Gemälde. Dabei platzierte er den Vollmond in die Bildmitte, während die Rückenfiguren als Repoussoirfiguren spannungsreich auf der rechten Bildhälfte angeordnet sind. Das Blatt fasziniert durch die ruhige Tonalität, die Strahlkraft des Mondes und das Mondlicht, das sich auf der Wasseroberfläche spiegelt. Ausgewogen und rhythmisch platzierte Friedrich die unterschiedlich großen halbrunden Findlinge im Wasser und am Strand, wobei er auf eine Vorzeichnung vom 9. August 1818 zurückgriff.

Zur hier dargestellten Freundschaft gehörte eine freiheitlich-demokratische Überzeugung, die sich in der an der Lutherzeit orientierten altdeutschen Kleidung manifestiert: ein Barett als Kopfbedeckung und ein oft dreiviertellanger Umhang (siehe dazu S. 102). Im Rahmen der Karlsbader Beschlüsse wurde auch die altdeutsche Tracht verboten.

Als Karl Förster und Peter Cornelius das Atelier Friedrichs am 19.4.1820 besuchten, soll Friedrich zu seinem Bild „Zwei Männer in Betrachtung des Mondes" geäußert haben: „Die machen demagogische Umtriebe." Der Kommentar beschreibt das politische Klima dieser Zeit und die Bedeutung, die sich hinter der Darstellung der altdeutschen Tracht verbirgt.

Die Demagogenverfolgung war allgegenwärtig. Am 12. März 1814 schrieb Friedrich dem aus Pommern stammenden patriotischen Dichter Ernst Moritz Arndt (1769–1860), der die altdeutsche Tracht propagiert hatte, einen Brief. Er bat ihn um eine Inschrift für ein geplantes Bild als Erinnerung an den infolge seiner Kriegsverwundung gestorbenen General Gerhard von Scharnhorst (1755–1813). Darin schrieb Friedrich: „Ich

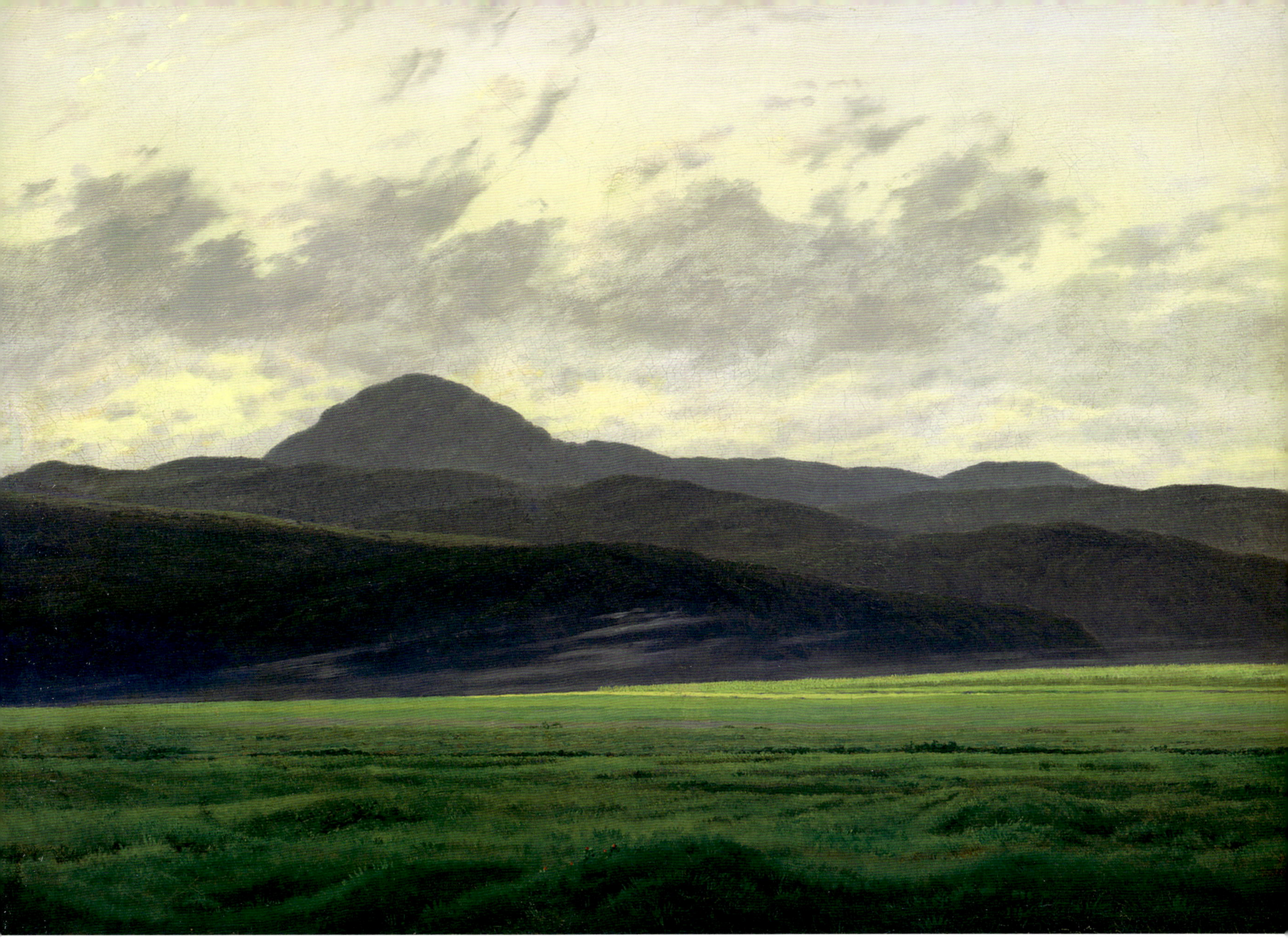

wundere mich keineswegs, daß keine Denkmäler errichtet werden, weder die, so die große Sache des Volkes bezeichnen, noch die hochherzigen Taten einzelner deutscher Männer. Solange wir Fürstenknechte bleiben, wird auch nie etwas Großes der Art geschehen." Der Brief wurde im Juli 1819 in Arndts Bonner Wohnung beschlagnahmt und zwei Jahre später als Vorwand genommen, um Arndt in einem Verhör eine „Teilnahme an geheimen politischen Verbindungen und Umtrieben" vorzuhalten.** Die Verfolgung Arndts ist ein anschauliches Beispiel für die Unterdrückung freiheitlicher Bestrebungen.

Gänzlich unpolitisch waren dagegen Friedrichs menschenlose Landschaftsbilder, die Harmonie in der Anordnung der Berge und im Farbklang ausstrahlen. Die Ansicht **Berglandschaft in Böhmen** (Abb. oben) bezieht ihre Wirkung aus dem Grün der Wiesen und dem leuchtenden gelben Kornfeld im Kontrast zu den dunkelgrün bis dunkelgrau bewaldeten Bergen und dem markanten, 760 m hohen Kegelberg Kleis in Nordböhmen*** im Hintergrund. Ebenso tragen die im gelben Gegenlicht vorbeiziehenden grauen Wolken und die Nebelbänder knapp oberhalb des Kornfelds zum ästhetischen Gesamtbild bei. Friedrich malte feinste Abstufungen für die bewaldeten Hänge, ordnete die Details aber dem farblichen Gesamtkonzept unter, das wie in der modernen Malerei zur Reduktion von Form und Farbe neigt.

Stimmungsvolle Landschaftsbilder, bei denen die in Bewegung geratenen Wolken das Abendrot oder den gelben Himmel partiell verdecken, malte Friedrich seit seinen Wolken-Ölstudien von 1824 (Abb. S. 140) häufiger, etwa im Bild **Sturzacker** (Abb. links unten). Das Bild besitzt einen ungewöhnlichen Bildaufbau, da Friedrich ausnahmsweise das Gemälde nicht entsprechend der Leserichtung (von links unten diagonal nach

Berglandschaft in Böhmen, um 1830,
Öl auf Leinwand,
35 x 48,8 cm,
Hamburger Kunsthalle

* Christina Grummt: C. D. Friedrich. Die Zeichnungen, München 2011, S. 903.
** Zitiert nach Peter Rautmann, Kirsten Hinderer: Tageszeiten. Caspar David Friedrich in Hannover, Regensburg 2024, S. 28.
*** Frank Richter: Caspar David Friedrich als Landschaftsmaler, Petersberg 2024, S. 442.

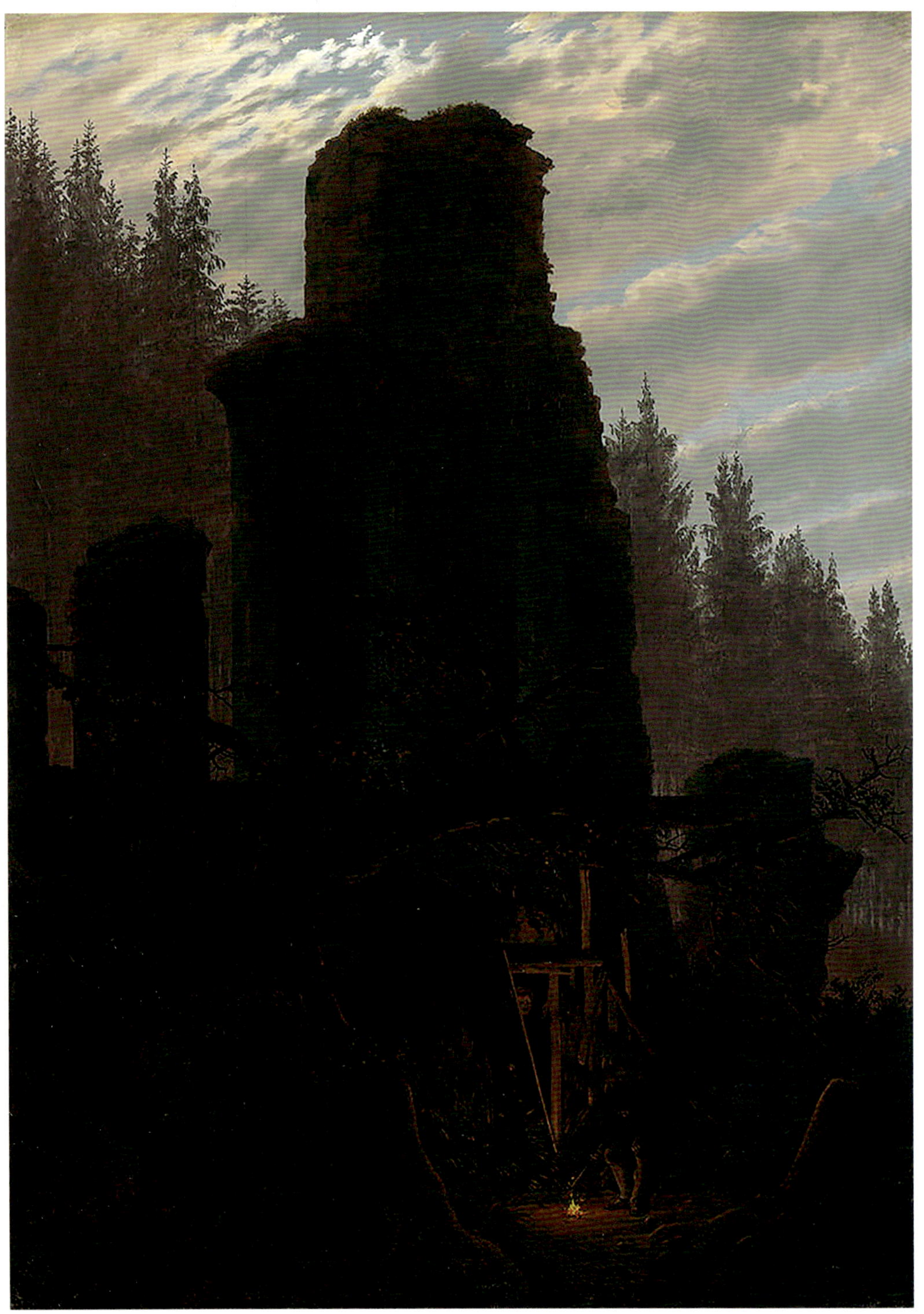

Ruinen in der Abenddämmerung (Kirchenruine im Wald), um 1831, Öl auf Leinwand, 70,5 x 49,7 cm, Neue Pinakothek, München

Detail aus: Meeresküste bei Mondschein, um 1830, Öl auf Leinwand, 77 x 97 cm, Alte Nationalgalerie, Berlin

rechts) aufbaute, sondern in der gegenläufigen Bewegung von rechts unten nach links oben. Dass Friedrich, wie fast regelmäßig, dennoch ein ästhetisches Werk gelang, liegt an der Lichtinszenierung, da der Blick des Betrachters auf den gelben Sonnenball als hellste Stelle und den rot verfärbten Himmel gelenkt wird. Der Komplementärkontrast aus dem Gelb der Sonne und dem Violett für die Wolken verstärkt zusätzlich die Wirkung. Um die Komposition in ein harmonisches Gleichgewicht zu versetzten, verlegte Friedrich die Sonne deutlich links der Bildmitte. Das ist der Trick! Der Bildtitel „Sturzacker" bezeichnet einen nach dem Einbringen der Ernte gewendeten und nur roh umgepflügten Acker, wie er im Vordergrund zu sehen ist. Die wenigen Elemente – der Acker, der hellgraue Weg, die grüne Wiese, die Büsche, die Bäume und die Berge im Hintergrund – dienen durch ihre Hintereinanderstaffelung dazu, eine Tiefenräumlichkeit zu erzielen. Dabei übernehmen die Pappeln und Birken als hohe und relativ transparente Motive eine gestalterisch wichtige Rolle. Ein Wanderer mit Rucksack und Stab dient als Repoussoirfigur.

Bei der Dresdenansicht **Der Abendstern** (Abb. S. 168)* blieb Friedrich beim geläufigen Bildaufbau in der Leserichtung, in die sich auch die Frau und das Mädchen bewegen. Sie richten ihren Blick zur Stadt hinter dem Hügel, während ein Junge am höchsten Punkt mit einer Kappe in Richtung Elbflorenz winkt. Das kleine Gemälde zeigt Entsprechungen zur Ansicht „Hügel mit Bruchacker bei Dresden" von 1824/25 (Abb. S. 141). In beiden Bildern verdeckt die verschattete grasbewachsene Hügelkuppe im Vordergrund den Blick auf Dresden. Gleichfalls sind von der Dresdensilhouette nur die Turmspitzen der stadtbildprägenden Gebäude in starker Vereinfachung zu sehen: die Kreuz- und Frauenkirche, der Schlossturm und die Katholische Hofkirche. Das Ölbild prägen die kräftigen Gelb- und Rottöne des Abendlichts, vor das sich violette bis blaugraue Wolkenbänder gelegt haben, die durch ihre raumbildende Anordnung in die Weite und Tiefe führen.

Um 1830 malte Caspar David Friedrich an einem fiktiven und typisch romantischen Architekturthema: einer Ruinenansicht, die das Innere des Meißner Doms zum Vorbild nahm. Diesen kannte Friedrich sehr gut aus eigener Anschauung, da sein Freund Kersting am Domplatz wohnte. Im Gemälde hatte sich die Natur den Dom zurückerobert, indem aus dem Schutt der z. T. eingestürzten Gewölbe Fichten wuchsen, während auf den zerstörten Altären und Resten eines Bischofsdenkmals ein evangelischer Geistlicher im Gebet zum blauen Himmel blickte. Friedrich bezeichnete das verschollene Werk, das die Maße von 200 x 144 cm besaß, zutreffend als sein formatgrößtes Gemälde. Er trat hier in den Wettstreit mit dem Berliner Maler Carl Blechen (1798–1840), der 1826 eine große gotische Kirchenruine gemalt hatte.

Das Thema Ruine, das während der Romantik ein beliebtes Bildsymbol für die Vergänglichkeit irdischer Werte war, griff Friedrich vielfach auf. Auf dem Gemälde **Ruinen in der Abenddämmerung** (Abb. links) verschwinden die baulichen Reste einer Kirche in der Dunkelheit. Wie bei den Nachtbildern „Waldinneres

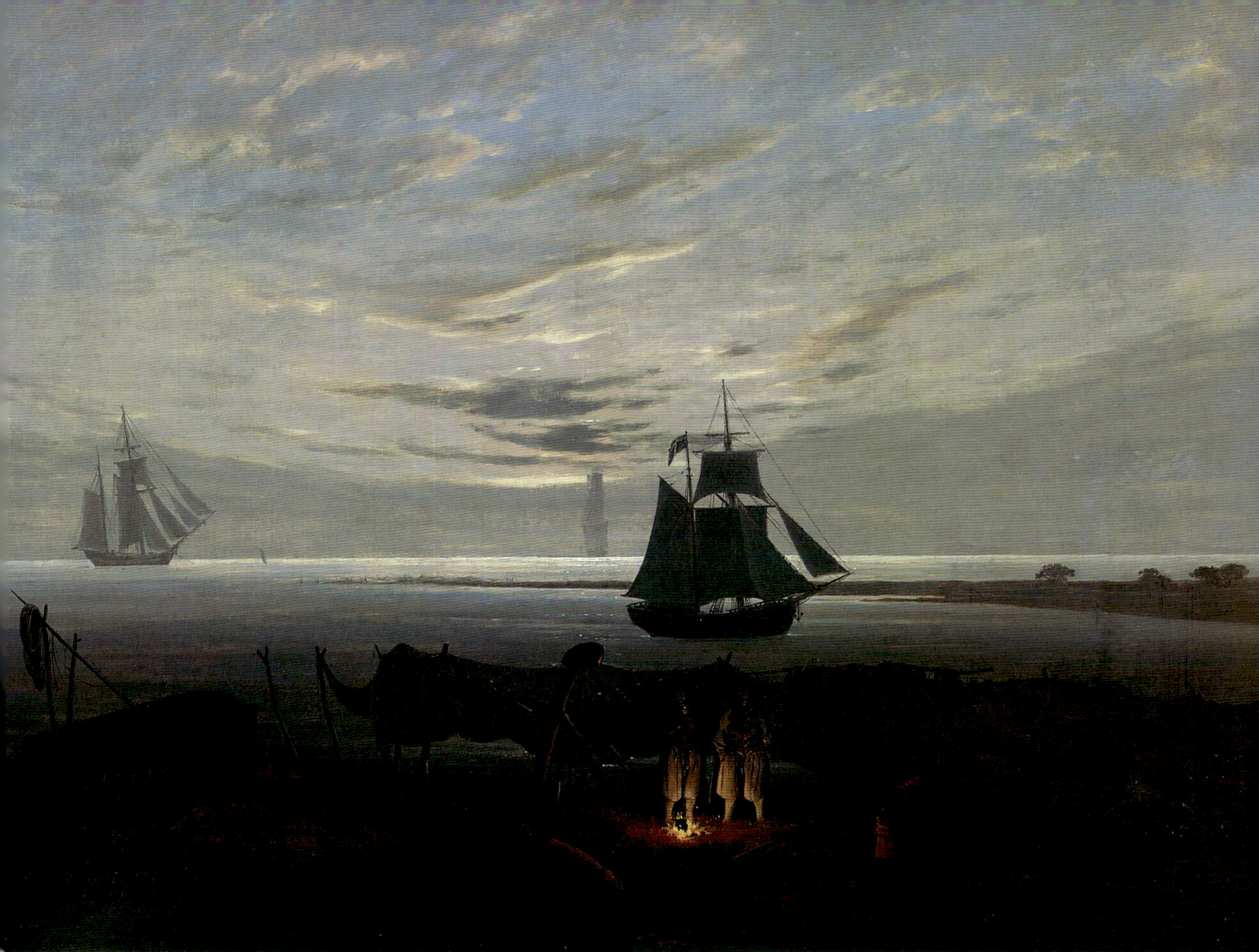

bei Mondschein“ (Abb. S. 144), „Abend am Fluss“ (Abb. S. 132) und den nachfolgend besprochenen Werken setzte Friedrich neben dem Mondlicht eine zweite Lichtquelle in Form eines kleinen Feuers ein, das partiell den näheren Bereich beleuchtet und geschickt einen weiteren Akzent innerhalb des Nachtstücks setzt. Inhaltlich steht das Ruinenbild dem Gemälde „Waldinneres bei Mondschein“ (Abb. S. 144) nahe. Friedrich tauschte die Höhle gegen die Ruine aus, um die Ärmlichkeit und Vergänglichkeit des Lebens zu thematisieren. Der quer liegende abgestorbene Baum und die Baumstümpfe im Vordergrund bekräftigen das Memento mori. Der Mond beleuchtet die vorbeiziehenden Wolken dergestalt, dass der Eindruck entsteht, sie wären in Bewegung.

Gleichfalls verwendete Friedrich im stillen und friedvollen Nachtstück **Abend am Ostseestrand** (Abb. oben) eine künstliche Lichtquelle im Vordergrund, an der zwei Männer in der örtlichen Tracht vor aufgespannten Netzen stehen, um ein Gefäß auf dem Feuer zu erwärmen. Die Ostseelandschaft – vielleicht der Greifswalder Bodden mit der Mündung des kleinen Flusses Ryck** – wird von Regenwolken am Horizont verdunkelt, sodass der Mond nur die Wolkenfetzen über dem nach oben immer blauer werdenden Himmel und das Meer vor allem entlang der Horizontlinie beleuchtet. Große Segelschiffe befahren in unterschiedlicher Entfernung das Meer. Friedrich stellt sie im Profil von der Seite oder Frontal auf hoher See dar. Durch die klare Form wird die Ruhe betont. In einer zeitgenössischen Beschreibung hieß es, das Bild diene dazu, „die Dunkelheit sichtbar zu machen“.***

Das Zitat trifft in gleichem Maße auf das Nachtstück **Meeresküste bei Mondschein** (Abb. S. 172 unten) zu.

Abend am Ostseestrand, 1831, Öl auf Leinwand, 72 x 54 cm, Galerie Neue Meister, Dresden

* Der Abendstern, nach dem das Bild benannt ist, soll sich, kaum sichtbar, in der Mitte oben befinden.

** Gerd Spitzer: C. D. Friedrich: Abend am Ostseestrand. In: Ulrich Bischoff (Hg.): Galerie Neue Meister Dresden, Köln 2010, S. 75.

*** Zitiert nach ebenda.

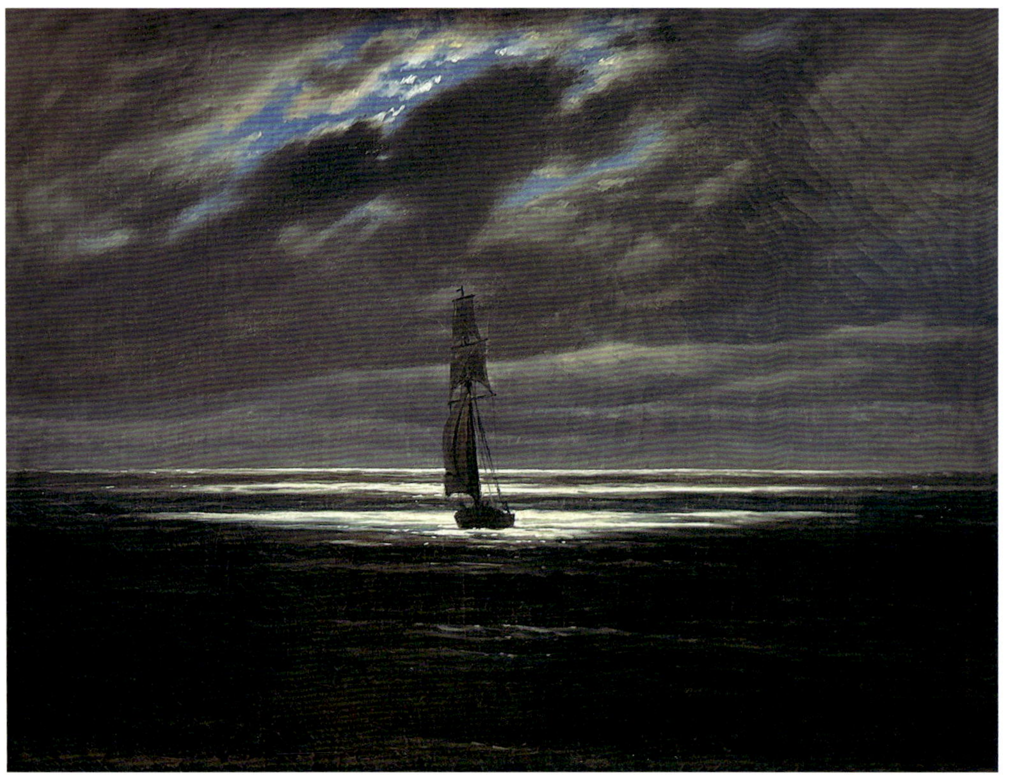

Seestück bei Mondschein, um 1827/28, Öl auf Leinwand, 25,2 x 31,2 cm, Museum der bildenden Künste, Leipzig

In einer Rezension war Ferdinand Raabe 1833 über das „große finstere Seestück“ erstaunt: „Was ist das für eine große schwarze Tafel da? [...] Es ist Nacht. Der Sturm hat ausgewütet, aber noch decken düstre Wolken in schweren Massen den Himmel. [...] Nur durch einen kleinen Riß, durch eine kleine Spalte blickt vorübergehend die Mondscheibe hervor.“* Die einzige farbige Stelle im Gemälde bildet das Feuer, dass zwei Männer vor dem schiefliegenden Segler entzündet haben und das nun einen winzigen Teil des Bildes erleuchtet.

Düstere Marinebilder malte Friedrich um 1830 einige. Das kleine **Seestück bei Mondschein** (Abb. links) verheißt mit der geschickt inszenierten Wolkenlücke für den mittig platzierten einsamen Segler immerhin einen Hoffnungsschimmer in der unendlichen Weite des Meeres, weshalb das Segelboot von hell erleuchteten Wasserflächen umgeben ist. Die Lichtregie mit dem aufgerissenen blauen Himmel über dem Schiff und der weißen Lichteinstrahlung des Mondes ist brillant! Vollständig graue Regenwolken prägen die Boddenlandschaften in den Bildern **Flachlandschaft am Greifswalder Bodden** (Abb. unten) und **Sumpfiger Strand** (Abb. rechts). Hier bleibt der Mond vollständig hinter der Bewölkung verborgen, und nur Teile der Wolkendecke sind aufgehellt. Das Mondlicht wird auf den Wellen der Ostsee insbesondere am Horizont – dem sprichwörtlichen Silberstreif am Horizont – weiß bis gelblich reflektiert, was die Tiefenräumlichkeit verstärkt und die Küste mit ihren Fischernetzen und Stangen im Gegenlicht erscheinen lässt. In beiden Bildern platzierte Friedrich an die hellste Stelle Personen. Auf dem Schweinfurter Bild sind ein Boot mit zwei Fischern und drei stehende Männer zu sehen, die als Rückenfiguren die Abendstimmung genießen. Beim „Sumpfigen Strand“ malte Friedrich jedoch zwei Männer, die sich unterhalten und zum Betrachter wenden. Die Nachtstücke offenbaren Friedrichs feines Gespür für Lichtsetzungen und subtile Farbnuancen. Sie sind

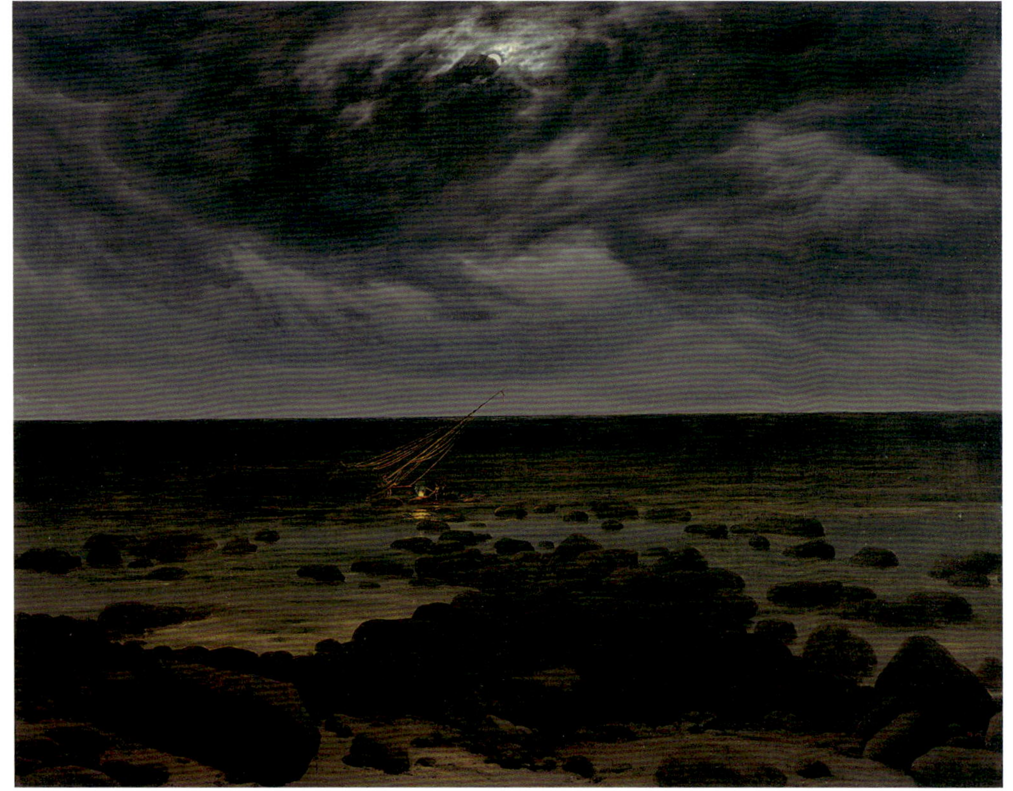

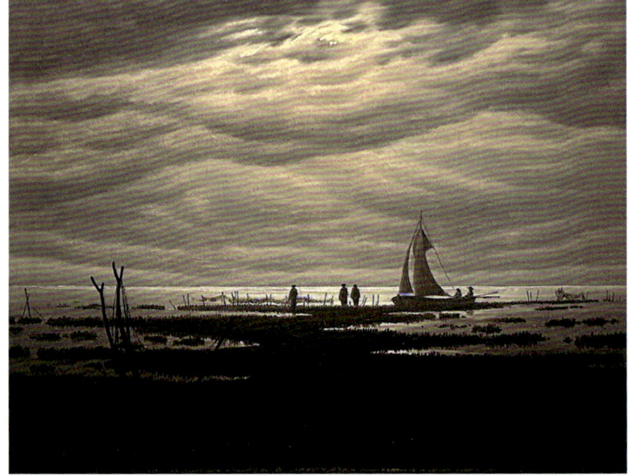

oben: Flachlandschaft am Greifswalder Bodden, 1830/34, Öl auf Leinwand, 25,7 cm x 31,5 cm, Museum Georg Schäfer, Schweinfurt

links: Meeresküste bei Mondschein, um 1830, Öl auf Leinwand, 77 x 97 cm, Alte Nationalgalerie, Berlin

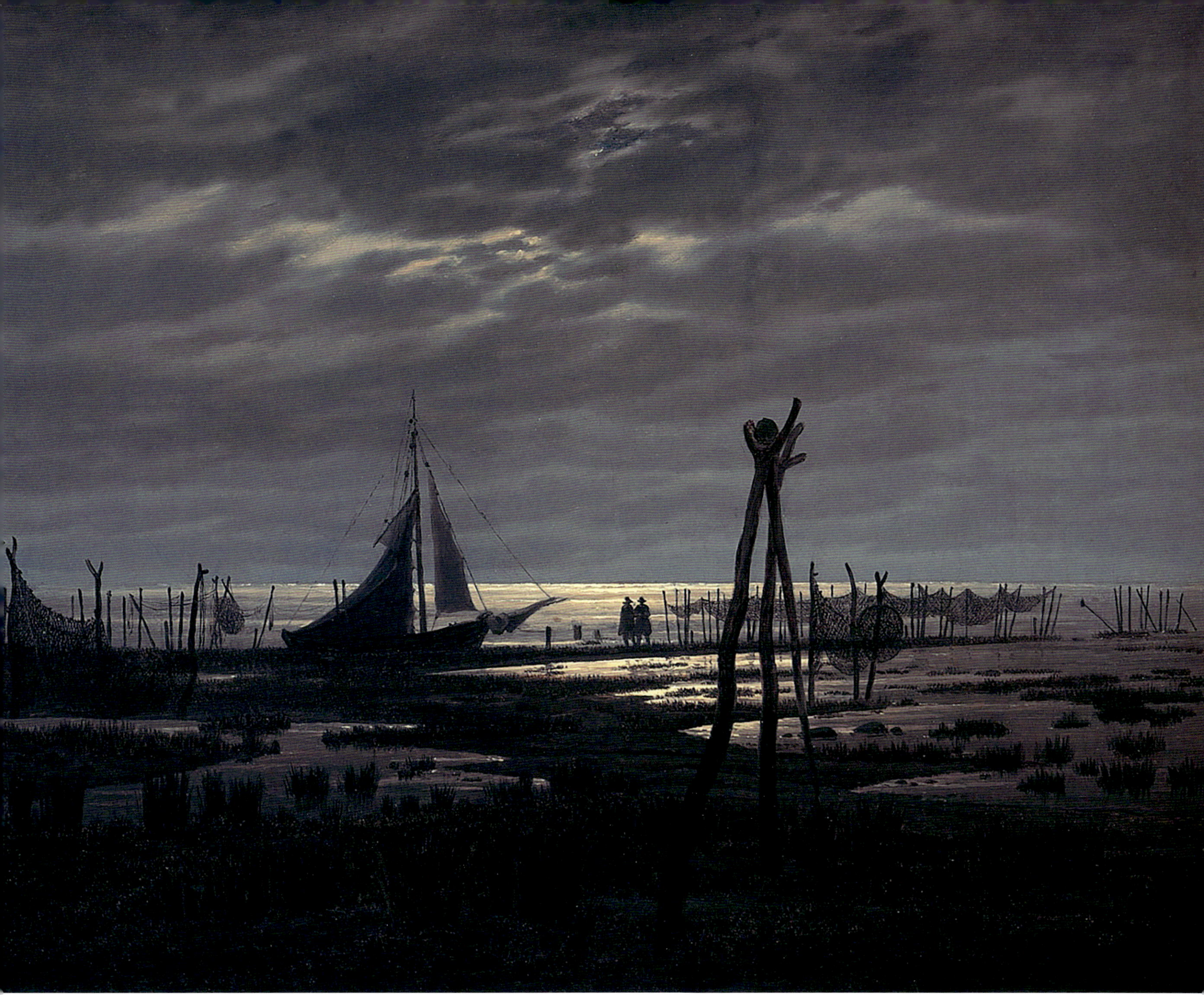

aber auch ein Spiegelbild seiner Stimmungslage. 1829 wurde Carl Gustav Carus Leibarzt des Königs und die Freundschaft zu Friedrich zerbrach. Auch wurde Friedrichs Kunst zunehmend abgelehnt. Sein riesiges verschollenes Ruinenbild des Meißner Doms erhielt schlechte Kritiken. Gleichzeitig verfasste er einen umfangreichen Text („Äußerungen bei Betrachtung einer Sammlung von Gemälden von größtentheils noch lebenden und unlängst verstorbenen Künstlern ...“), der viel Zeit in Anspruch genommen haben dürfte und zulasten seiner Tätigkeit als Maler ging. Die Folge waren finanzielle Schwierigkeiten, die wiederum seine schwere seelische Krise verstärkten und ihn verbittern ließen. Andererseits genoss er weiterhin höchstes Ansehen. Kurz vor dem 11. März 1830 besuchten ihn in seinem Atelier z. B. Kronprinz Friedrich Wilhelm von Preußen und zwei sächsische Prinzen.

Zu Friedrichs letzten Meisterwerken gehört das grandiose Marinebild **Lebensstufen** (Abb. S. 174/175) mit dem Blick aufs offene Meer. Den Haupteffekt erbringt der Abendhimmel, der von intensiven Gelb- und Orangetönen des Sonnenuntergangs und den violetten Wolken am Horizont geprägt wird und den idealen Kontrast zu den fünf Segelschiffen liefert, die je nach Abstand zum Ufer entsprechend der Luftperspektive eine hellere Farbe annehmen. Eine Landzunge mit Personen führt – entsprechend der Leserichtung – ins Bild hinein und weist mit ihrer Spitze zum Hauptmotiv des

Sumpfiger Strand, um 1832, Öl auf Leinwand, 25,4 x 31 cm, Neue Pinakothek, München

* Hartungsche Zeitung, Juni 1833, S. 28, zitiert nach Birgit Verwiebe: Meeresküste bei Mondschein. In: Malkunst im 19. Jahrhundert. Die Sammlung der Nationalgalerie (hg. v. Angelika Wesenberg, Birgit Verwiebe, Regina Freyberger), Petersberg 2017, S. 260.

Bildes: dem großen Segelschiff. Die Wirkung des klassisch frontal gesehenen Schiffs mit der eindrucksvollen Takelage und den riesigen Segeln wird durch den gelben Hintergrund des Sonnenuntergangs verstärkt. Um ein harmonisches Gesamtbild zu erzielen, platzierte Friedrich das Schiff deutlich links der Bildmitte, da er rechts keine Repoussoirfigur oder ein entsprechendes Motiv anordnen konnte. Die Rückenfigur im Vordergrund verstärkt durch ihre Körperausrichtung und ihren Blick die Komposition, die auf das große Schiff ausgelegt ist. Der am Stock gehende alte Mann im dicken Mantel mit breitem Barett ist Caspar David Friedrich in einem Selbstbildnis. Er blickt zum Schiff bzw. zum davorstehenden, im vornehmen Anzug gekleideten Mann mit Zylinder, dem vermögenden Kommerzienrat Gottfried von Vahl (1785– 1846), Besitzer des größten Greifswalder Handelshauses und Auftraggeber des Bildes, der zum Betrachter schaut und auf die Kinder weist: Friedrichs jüngere Tochter Agnes Adelheid (1823–98) und sein Sohn Gustav Adolf (1824–89), der ein schwedisches Fähnchen hochhält, während seine Schwester danach greift. Rechts daneben beobachtet Friedrichs älteste Tochter Emma (1819–45), auf der Wiese liegend, ihre Geschwister. Die Fahne ist ein Bekenntnis zu Schweden, das hinter dem Horizont liegt. Friedrichs Geburtsstadt Greifswald gehörte bis 1815 zu Schweden, und Sohn Gustav Adolf ist auf den Namen schwedischer Könige getauft. Der schwedische Dichter Per Daniel Amadeus Atterbom (1790–1855) schrieb in seinen „Reisebildern aus dem romantischen Deutschland" 1859 (Neuauflage von 1970), Friedrich fühle sich als Pommer und halber Schwede. Dem Auftraggeber Vahl gehörte das an der Mündung des Ryck in die Ostsee am nähesten stehende große Schiff im Hintergrund.

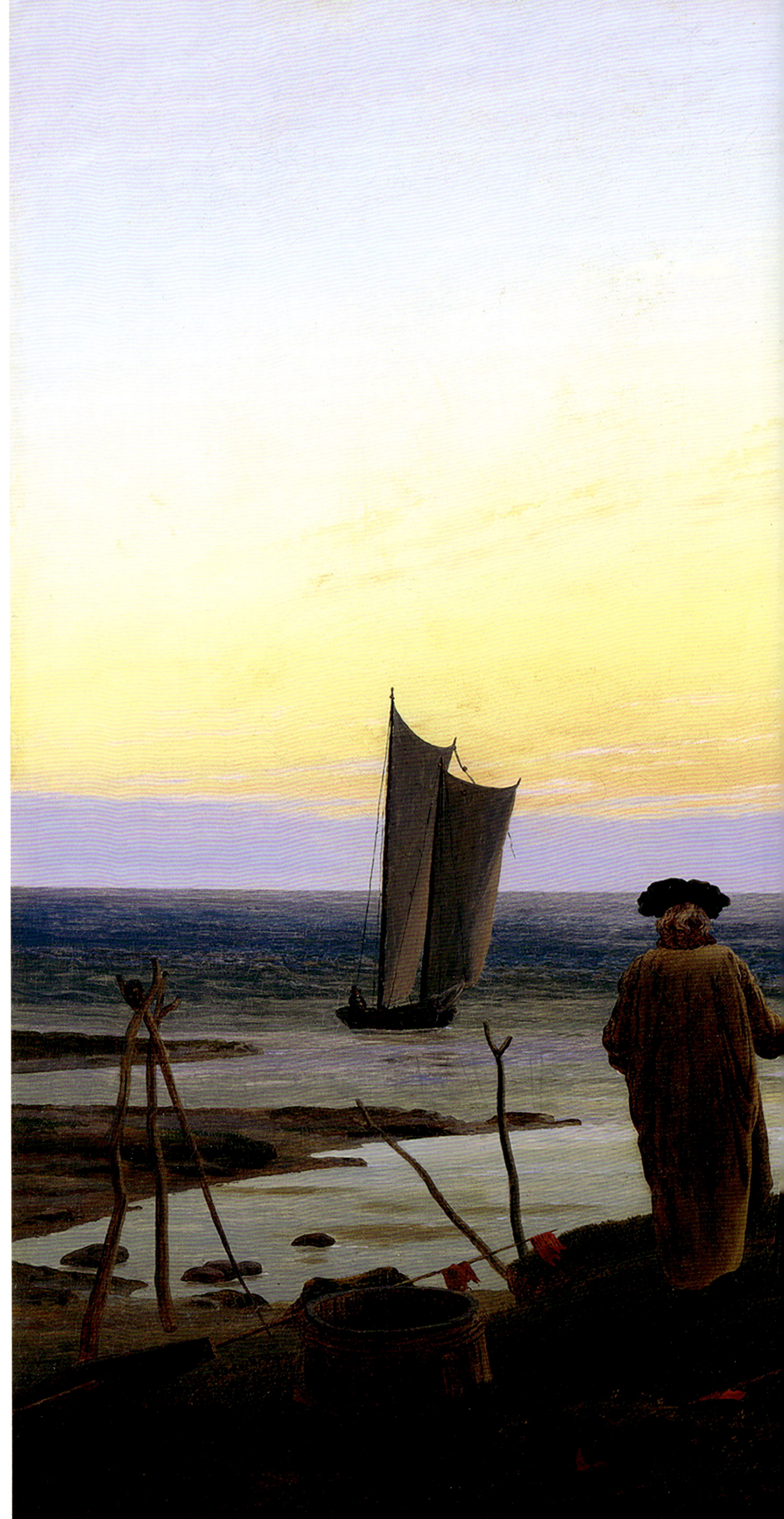

Die Lebensstufen, um 1830, Öl auf Leinwand, 72,5 x 94 cm, Museum der bildenden Künste, Leipzig

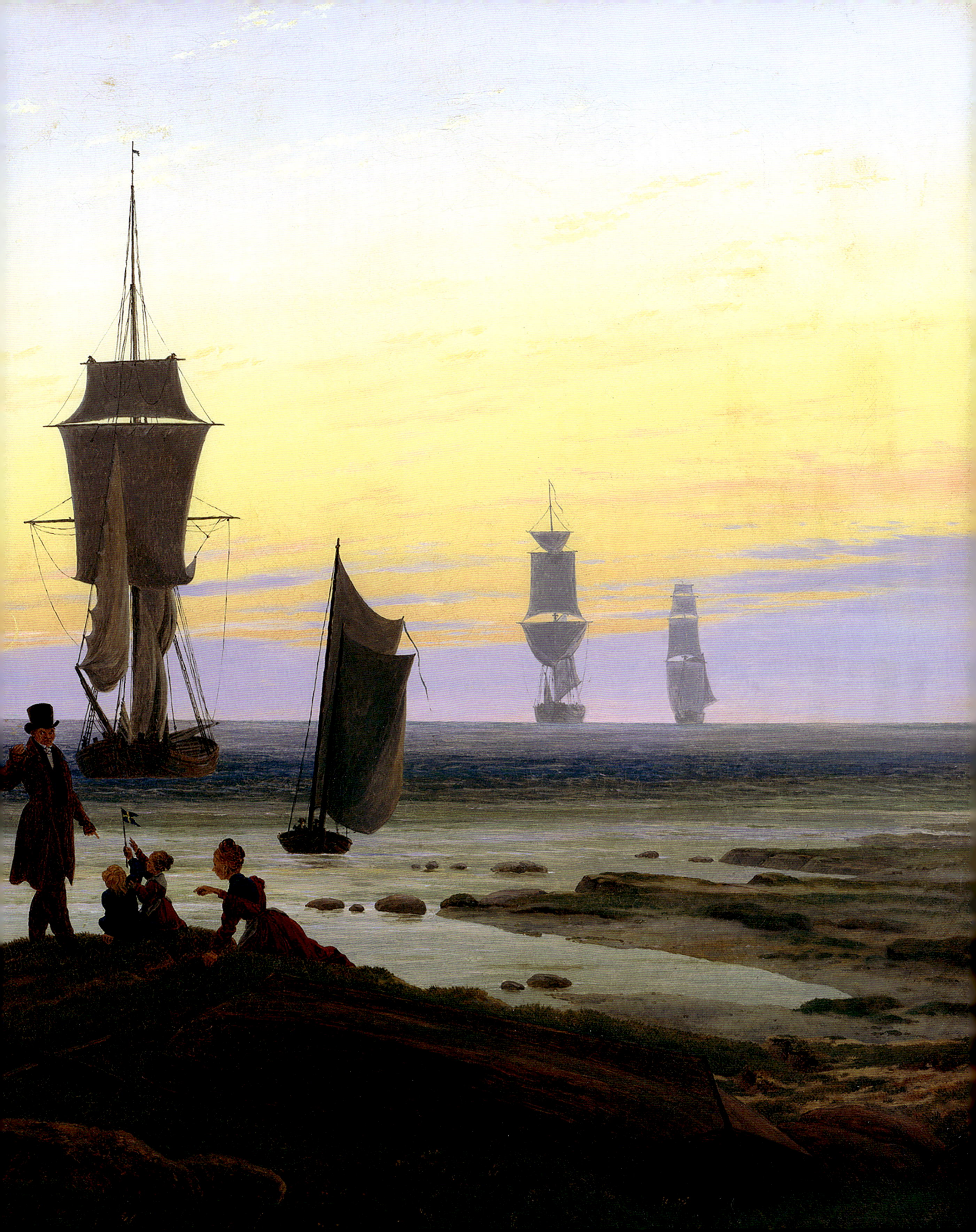

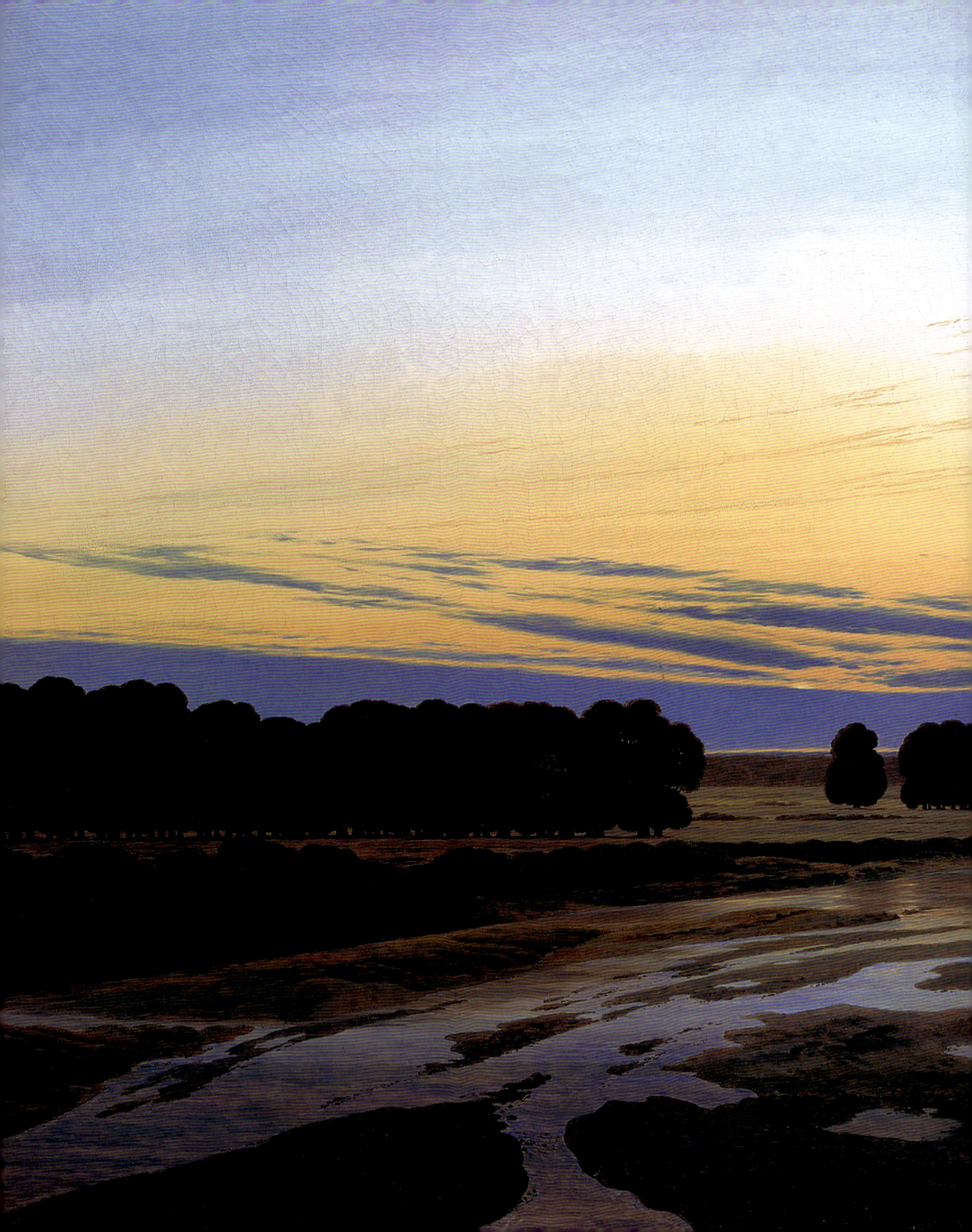

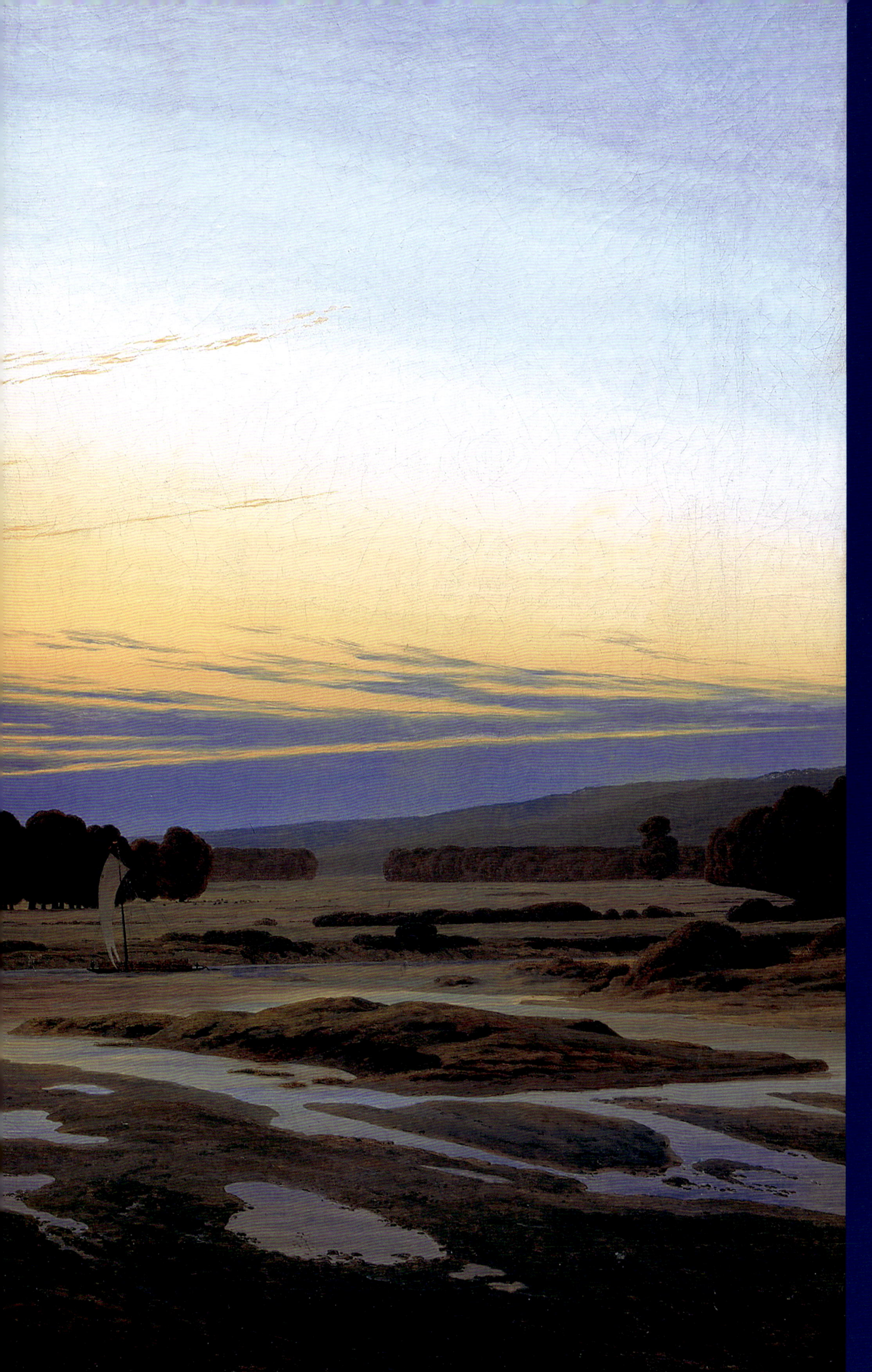

Das Große Gehege bei Dresden, 1832, Öl auf Leinwand, 73,5 x 103 cm, Galerie Neue Meister, Dresden

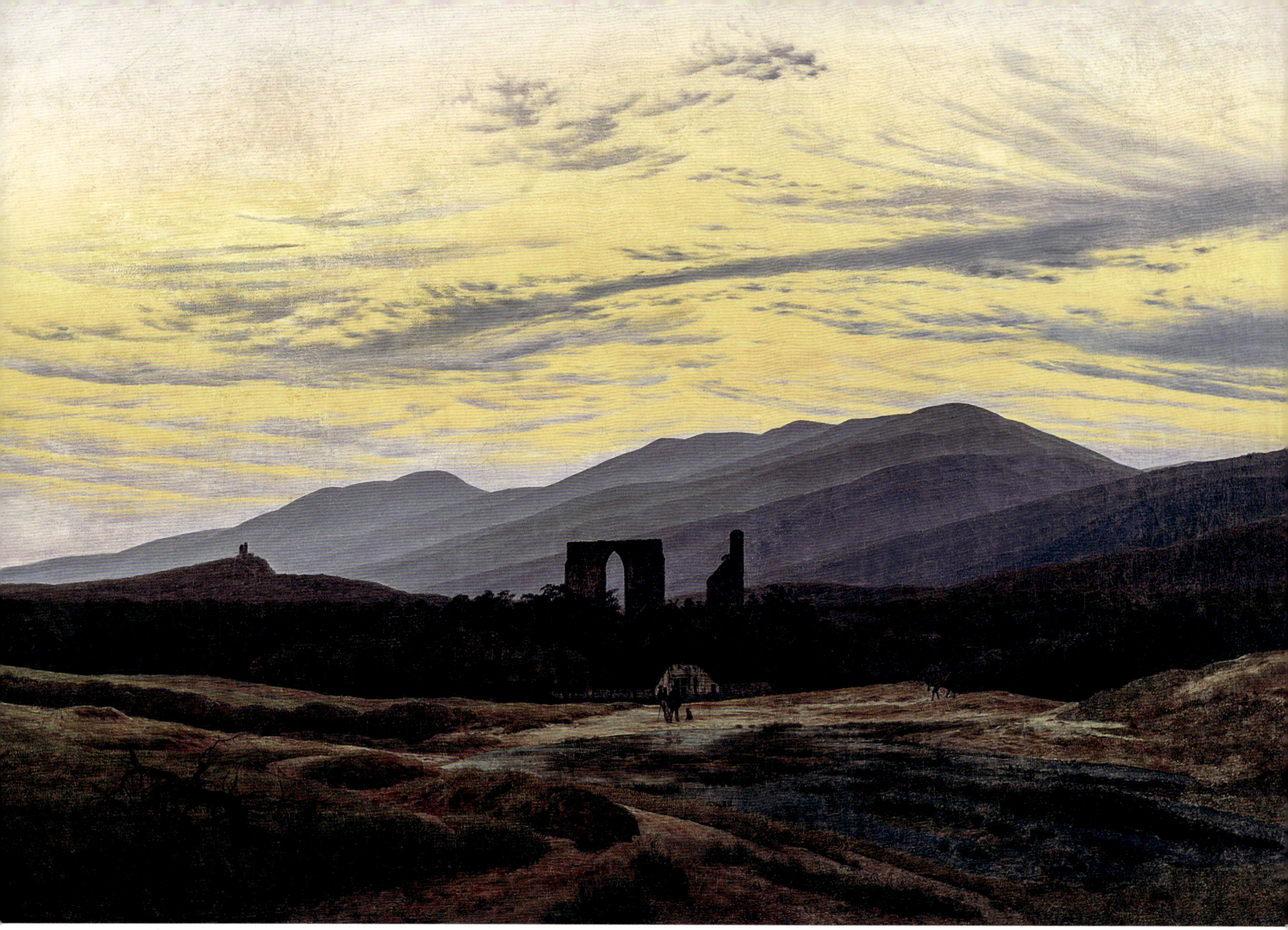

Klosterruinen Eldena im Riesengebirge, um 1834, Öl auf Leinwand, 72 x 101 cm, Pommersches Landesmuseum, Greifswald

Der Bildtitel „Lebensstufen" bezieht sich auf die allegorische Deutung des Bildes, die sich auf Archivfunde von Rudolf Biederstedt stützt. Demnach korrespondiert die Größe der Schiffe mit dem Alter der dargestellten Personen, auf deren Lebensreisen Friedrich mit der Metapher des Schiffs anspielt. Auftraggeber Gottfried von Vahl war ein Sponsor Friedrichs und besaß bis zu seinem Konkurs 1837 sechs Gemälde des Malers, die in einer Auktion versteigert wurden. Das Bild „Lebensstufen" erwarb daraufhin Friedrichs Bruder Heinrich.*

Es ist erstaunlich, dass Friedrich über Jahrzehnte hinweg Meisterwerke am Fließband schuf. Ein Highlight im Spätwerk bildet auch die mittelgroße Landschaftsansicht **Das Große Gehege bei Dresden** (Abb. S. 176/177). Sie beeindruckt durch die Klarheit der Formen und Farben, die violetten Wolkenstreifen im Komplementärkontrast zum orangen Abendrot, die unglaublich realistisch und brillant wirkende Spiegelung des Himmels in den Wasserflächen und die ungewöhnliche Aufsicht im Vordergrund. Die Komposition ist so angelegt, dass der Blick in die Bildmitte zur Sonne geleitet wird, die leicht über dem Wolkenband hervorblitzt. Um diesen Effekt zu ermöglichen, laufen die Wolkenbänder auf die Sonne zu, bilden die Baumgruppen an dieser Stelle eine Lücke, verläuft die Wasserfläche von links unten diagonal nach rechts und steigt am rechten Bildrand der Berg in der Funktion eines Repoussoirmotivs leicht an.

Das Gemälde wurde 1832 vom Sächsischen Kunstverein erworben.** Ein Reproduktionsstich für die „Bilderchronik" des Kunstvereins trägt den wahrheitsgemäßen Titel „Abend an der Elbe", denn das Bild zeigt keine konkrete Landschaft bei Dresden! Vielmehr setzte Friedrich das Bild – wie gewohnt – aus mehreren Zeichnungen zusammen. In diesem Fall handelt es sich um Motive aus dem Elbtal zwischen Dresden und Radebeul aus dem Karlsruher Skizzenbuch von 1804.*** So entstand eine fiktive Landschaft. Deshalb ist auch ungewiss, ob Friedrich mit der Wasserfläche im Vordergrund die Elbe mein-

* Helmut Börsch-Supan: Caspar David Friedrich. Seine Gedankengänge, Berlin 2023, S. 42, 43.

** Im Rahmen einer Verlosungsaktion des Vereins im Dezember 1832 gewann das Bild der sächsische Konferenzminister Gottlob Adolf Ernst von Nostitz und Jänkendorf.

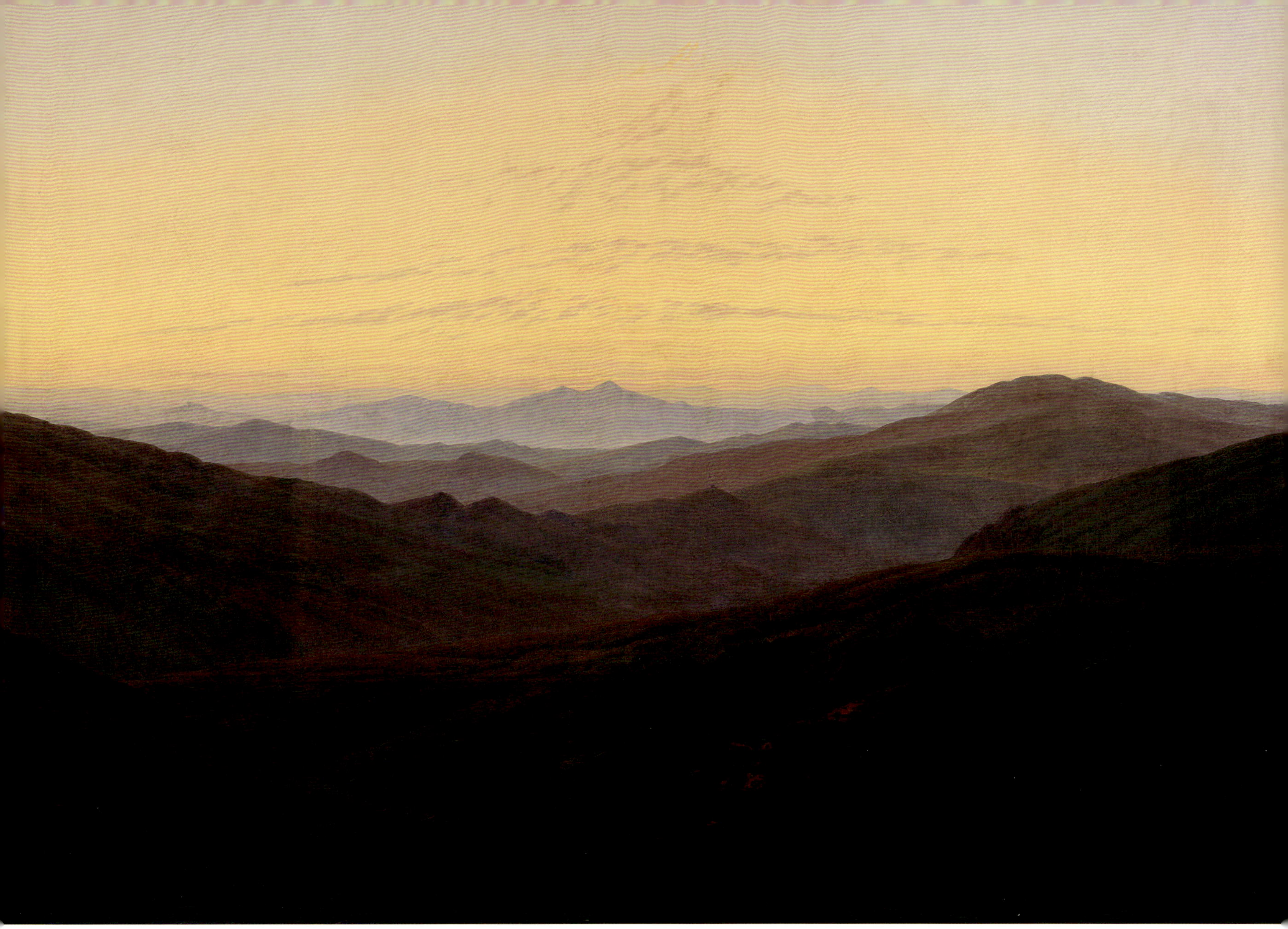

te, wirken die Gewässer doch eher wie eine Ansammlung von Wasserflächen in einem Überschwemmungsgebiet. Nur der Lastkahn mit dem schlichten Segel lässt an einen befahrenen Fluss denken. Ausnahmsweise erstellte Friedrich für das Gemälde eine kleine Ölstudie. Gleichfalls spielte Friedrich bei der Abendansicht **Klosterruinen Eldena im Riesengebirge** (Abb. links) mit einem gelben Abendhimmel und violettgrauen Wolkenstreifen. Der Blick wird hier in die Bildmitte zum gotischen Fenster der Kirchenruine gelenkt. Das Bild belegt erneut Friedrichs unbekümmerten Umgang mit topografischen Begebenheiten, steht doch die von ihm häufig dargestellte Ruine bei Greifswald in diesem Gemälde in einer Mittelgebirgslandschaft. Von daher ging es dem Maler keineswegs um das Kloster Eldena, sondern um die Wirkung einer malerischen Ruine, und er besaß eben nur diese geeignete Bildvorlage. Er stellte die Architektur exakt mit dem Bauernhaus so dar, wie er sie um 1815 auf der Zeichnung „Ruine Eldena mit schilfgedecktem Haus“ im Osloer Skizzenbuch festhielt. Links davon setzte er mit der Burgruine, die Frank Richter mit der Burg Kynast identifizierte****, einen weiteren Akzent. Für den Hintergrund griff er auf eine Zeichnung aus dem Riesengebirge vom 14. Juli 1810 zurück, die er spiegelbildlich wiedergab, da er aus kompositorischen Gründen eine aufsteigende Bergkontur benötigte.

Das Riesengebirge, um 1834, Öl auf Leinwand, 73,5 x 102,5 cm, Alte Nationalgalerie, Berlin

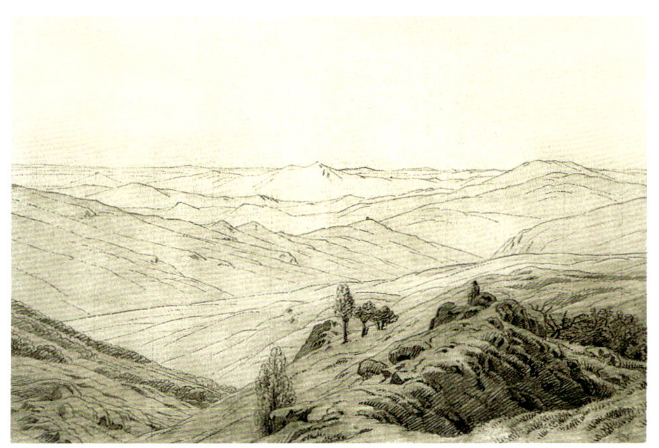

links: Riesengebirgslandschaft, 11. Juli 1810, Feder, 20 x 31 cm, Privatbesitz

*** Frank Richter: Caspar David Friedrich als Landschaftsmaler, Petersberg 2024, S. 494, 495.
**** Ebenda, S. 384, 503.

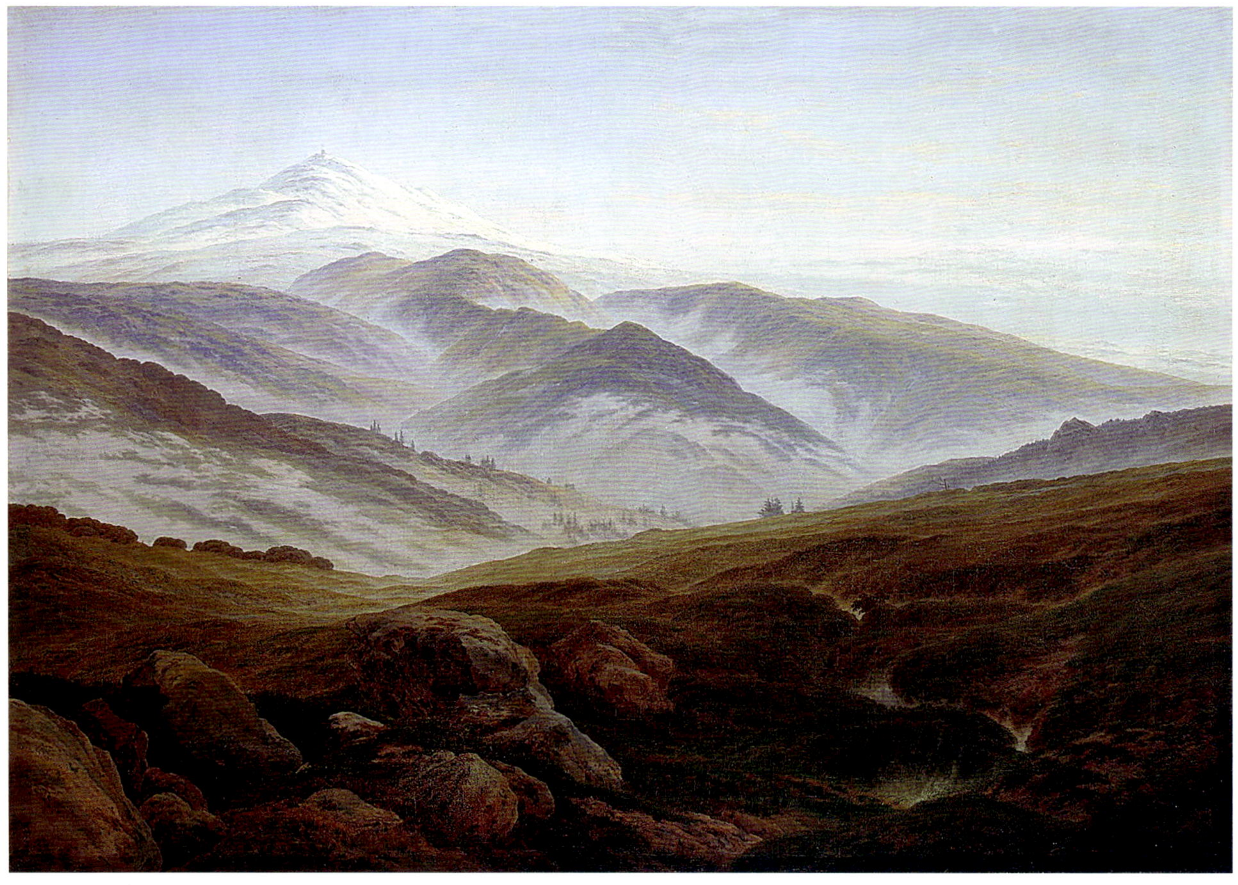

Erinnerungen an das Riesengebirge, um 1835, 73,5 x 102,5 cm, Öl auf Leinwand, Eremitage, St. Petersburg

Um 1834/35 malte Friedrich mehrere Riesengebirgsbilder, bei denen die Hintereinanderstaffelung von Bergketten und Nebelfeldern die auffälligste Gemeinsamkeiten ist. Das bekannteste Werk dieser Reihe ist die im gelben Abendlicht gehüllte malerische Ansicht **Das Riesengebirge** (Abb. S. 179), die relativ genau die Federzeichnung **Riesengebirgslandschaft** (Abb. S. 179) wiedergibt, die Friedrich am 11. Juli 1810 vor Ort als Blick über den Koppenplan zum 1012 m hohen Jeschken im Hintergrund erstellte. Die endlos scheinende Staffelung der im Profil, in der Luftperspektive und im Nebel wiedergegebenen Berge hatte Friedrich schon 1810/11 im Bild „Morgen im Riesengebirge" (Abb. S. 84/85) ähnlich dargestellt. Formatgleich wie das Bild „Das Riesengebirge" malte Friedrich 1835 die Ansichten **Riesengebirgslandschaft** (Abb. unten) und **Erinnerungen an das Riesengebirge** (Abb. oben). Ersteres Bild mit der Schneekoppe in den Wolken blieb aufgrund

* Frank Richter: Caspar David Friedrich als Landschaftsmaler, Petersberg 2024, S. 503; Helmut Börsch-Supan: Caspar David Friedrich. Seine Gedankengänge, Berlin 2023, S. 151–153.
** Frank Richter: Caspar David Friedrich als Landschaftsmaler, Petersberg 2024, S. 506.

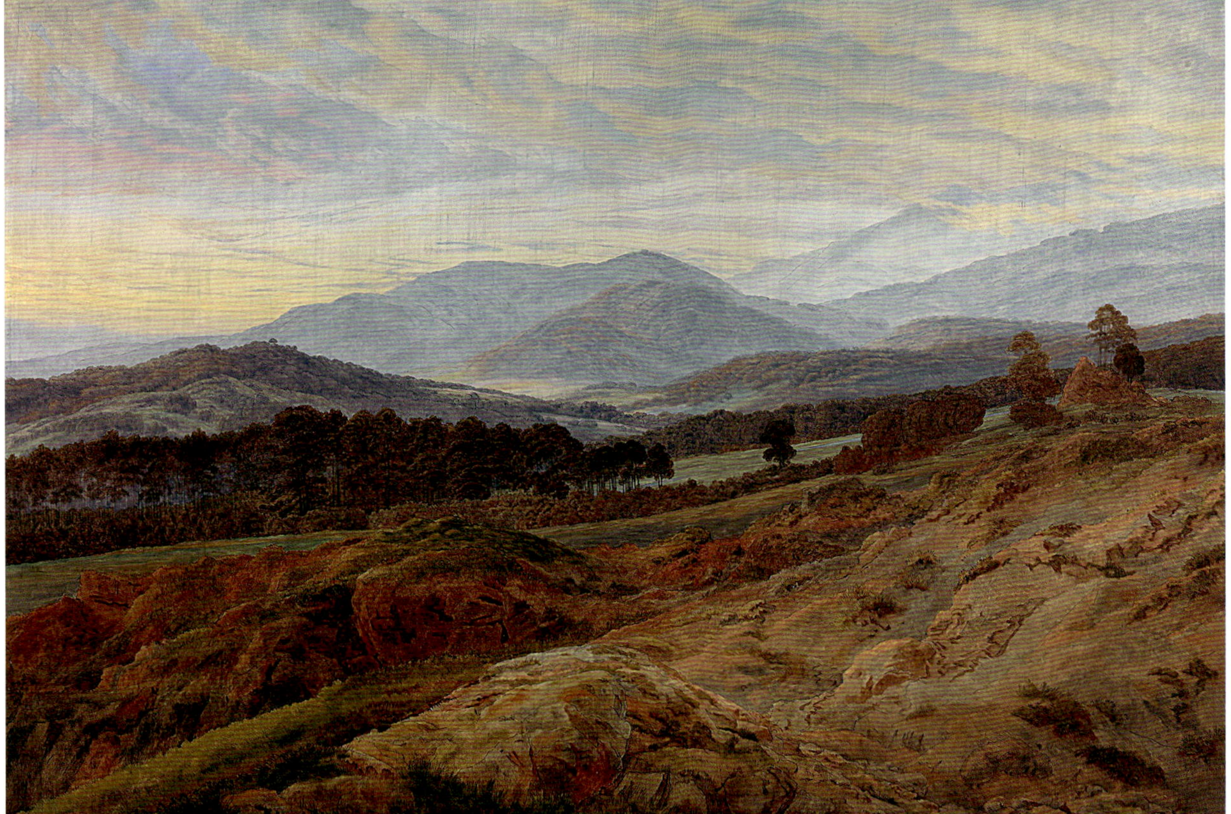

Riesengebirgslandschaft, 1835, Öl auf Leinwand, 72 x 102 cm, Nationalmuseum, Oslo

von Friedrichs Schlaganfall im Juni 1835 unvollendet, während das Bild mit der Elbequelle im Vordergrund und der im Sonnenschein liegenden schneebedeckten Schneekoppe* noch gerade abgeschlossen wurde, um in der Dresdner Akademieausstellung am 2. August 1835 gezeigt zu werden. Das Gemälde ist eine Variante des um 1819/20 gemalten Landschaftsbilds „Riesengebirgslandschaft mit aufsteigendem Nebel" (Abb. S. 117), da weite Teile identisch sind. Friedrich veränderte den Vordergrund und ergänzte im oberen Bildbereich die Schneekoppe, die Friedrich hell erstrahlt vor blauem Himmel und stark überhöht darstellte. Zugleich betonte er die Kapelle am Gipfel.

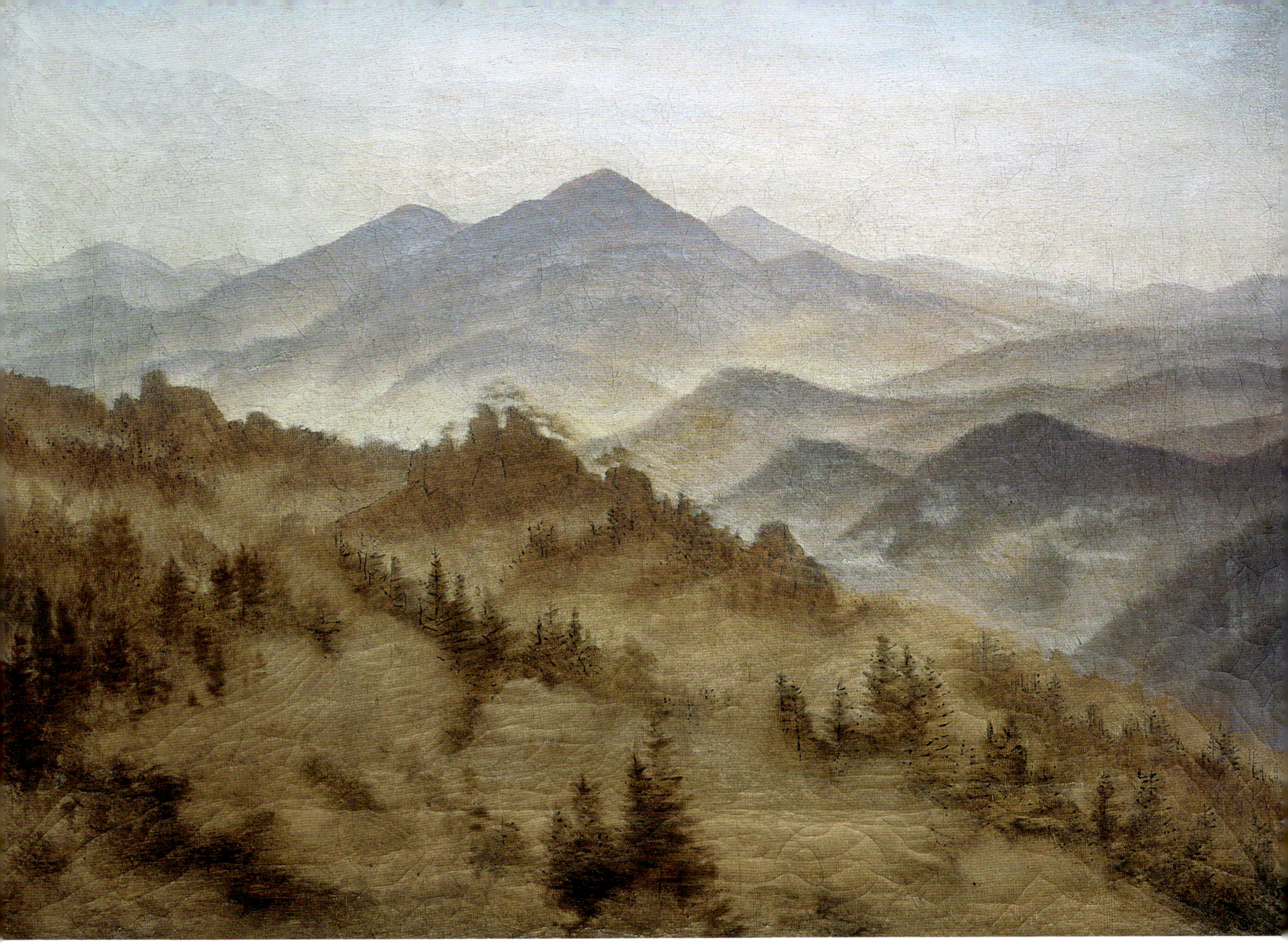

Den **Blick zum Kaltenberg in Böhmen** (Abb. oben) malte Friedrich in einem kleineren Format. Für sein Gemälde griff er auf eine Studie vom 12. Mai 1808 zurück und streckte die Proportionen erneut in die Höhe.** Die Malerei wirkt wie der Nebel hingehaucht, um die romantische malerische Naturstimmung einzufangen. Möglicherweise blieb das Bild aber auch unvollendet.

Beim kleinen Gemälde **Berggipfel mit ziehenden Wolken** (Abb. unten) wählte Friedrich einen Naturaus-

Blick zum Kaltenberg in Böhmen (Gebirge bei aufsteigendem Nebel), 1835, Öl auf Leinwand, 34,9 x 48,5 cm, Städel Museum, Frankfurt am Main

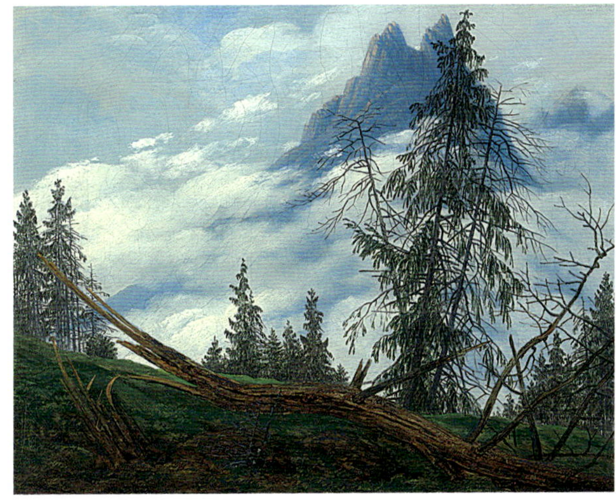

Berggipfel mit ziehenden Wolken, um 1835, Öl auf Leinwand, 25 x 30,6 cm, Kimbell Art Museum, Fort Worth, Texas

schnitt, den er ausnahmsweise mit der Ansicht eines aus zwei Zacken bestehenden Alpengipfels verknüpfte. Die Komposition wirkt chaotisch: Die zwei abgestorbenen Bäume und der große Baum stehen schräg und verdecken die Gipfel, die Nebelfetzen schwirren umher, der vordere tote Baum ist gebrochen und wurde ein Opfer des Windbruchs. Die für Friedrich untypische inhomogene Bildanlage erklärt sich aus der Vorlage, die Wassili Schukowski in der Gegend um den Mont Blanc gezeichnet hatte und die Friedrich aus Freundschaft kaum verändert in Öl umsetzte.*

Entspricht das Marinestück „Lebensstufen" (S. 174/175) einem Familienbild, so wird man das Gemälde **Spaziergang in der Abenddämmerung** (Abb. unten) als ein Erinnerungsbild bezeichnen können. In beiden Gemälden stellte sich Friedrich in einer ähnlichen Tracht dar – im „Spaziergang" mit langem roten Mantel mit Pelzbesatz und großem Barett. Den Kopf gesenkt und in sich versunken, meditiert er in der kalten Mondnacht über die Vorzeit und den Tod, da er vor einem Megalithgrab steht. Der zunehmende Mond und der Abendstern am Himmel stehen für das Versprechen der christlichen Wiedergeburt. Mit dem Bild gedachte Friedrich seinem alten Zeichenlehrer Johann Gottfried Quistorp, der im März 1835 achtzigjährig verstorben war und der ihm am 19. März 1802 das hier dargestellte Hünengrab von Gützkow zeigte. Naheliegend ist es, die Bildentstehung mit dem Tod Quistorps in Verbindung zu bringen. Das Gemälde besitzt daher melancholische Züge: Gedanken an frühere Lebensjahre und vergangene Epochen sowie Trost, den Friedrich im christlichen Glauben fand.

Unvollendet blieb die Ansicht **Das brennende Neubrandenburg** (Abb. rechts), bei der nur die Unterzeichnung in Feder und die Untermalung abgeschlossen sind. In der Wiedergabe orientierte er sich an der Architektur Neubrandenburgs, einer durch die Backsteingotik und die mittelalterliche Stadtmauer geprägten Stadt, die er aufgrund familiärer Beziehungen gut kannte. Bereits 1815/16 hatte er aus demselben Blickwinkel von Nordosten eine nahezu identische Stadtvedute (Abb. S. 96) gemalt, bei der er u. a. zwei Kirchen fiktiv ergänzte, den Turm der Marienkirche gotisierte und die Stadtsilhouette vor eine Mittelgebirgslandschaft platzierte.** Die Neubrandenburgansicht von 1835 besitzt weitere signifikante Unterschiede zur realen Situation, wodurch deutlich wird, dass es

rechts: Das brennende Neubrandenburg, 1835, Öl auf Leinwand, 72,2 x 101,3 cm, Hamburger Kunsthalle

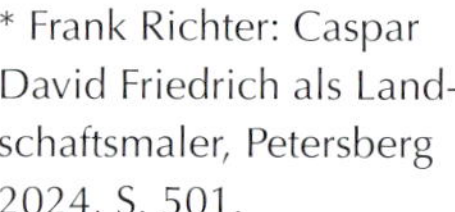

* Frank Richter: Caspar David Friedrich als Landschaftsmaler, Petersberg 2024, S. 501.

** Ebenda, S. 394, 395. Zur zweiten Fassung, eine Kopie von Johann Friedrich Boeck (1811–73) vielleicht mit Hilfe von Friedrich, siehe Helmut Börsch-Supan: Caspar David Friedrich. Seine Gedankengänge, Berlin 2023, S. 186, Anm. 3.

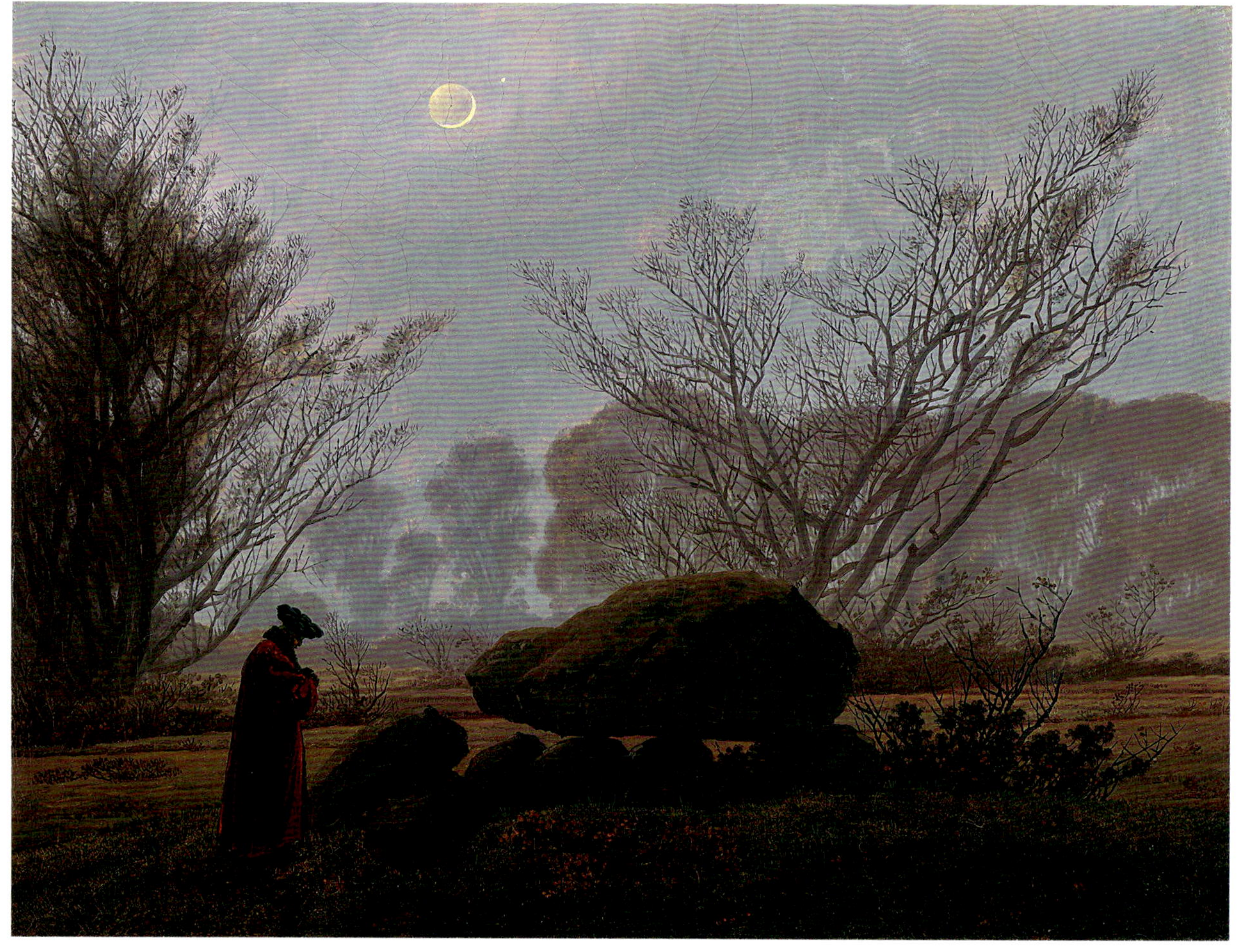

rechts: Hügellandschaft mit Steinen bei Teplitz, 4. September 1835, Aquarell, Kunsthalle, Mannheim

links: Spaziergang in der Abenddämmerung, Öl auf Leinwand, 33 x 43 cm, um 1835, Getty Museum, Los Angeles

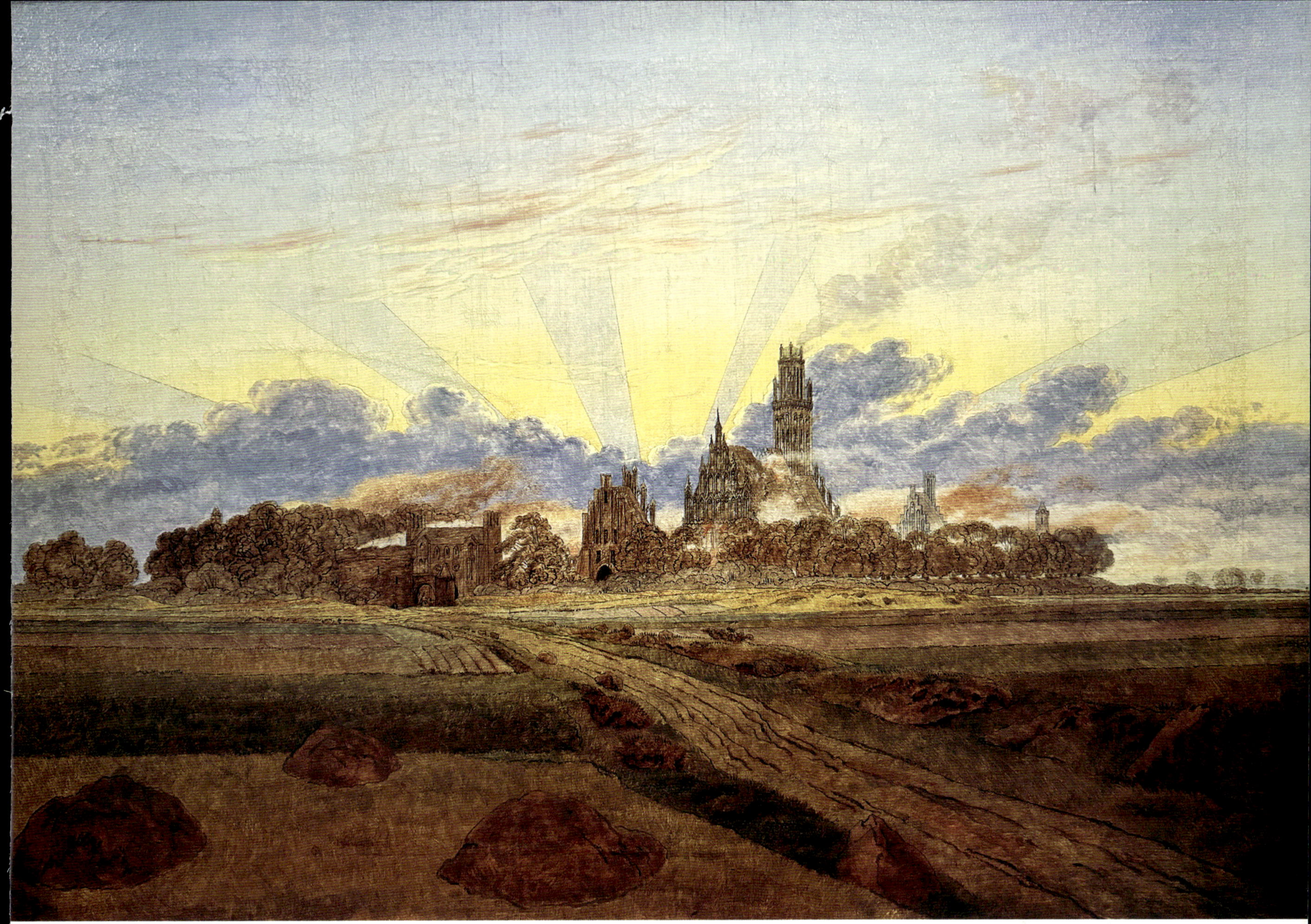

Friedrich nicht um das topografische Porträt einer konkreten Stadt ging, sondern um die Ansicht einer gotischen Idealstadt, für die er – wie gewohnt – vorhandene Bildvorlagen aus seinen Skizzenbüchern kombinierte. Um die gotische Stadtarchitektur mit ihren Giebeln und Torbauten eindrucksvoll in seinem Sinn realisieren zu können, veränderte er die realen Gegebenheiten auf dem Gemälde maßgeblich, indem er die Architektur in die Höhe streckte, die prominenten Bauten eng aneinanderrückte, die Marienkirche nach vorne zog und ihre Proportionen steigerte. Im vorderen Bereich der Stadt steht das Friedländer Tor aus der ersten Hälfte des 14. Jahrhunderts. Es wird aus dem Vortor und dem um 1610 errichteten, links anschließenden Zingel (einem Rundbau) sowie dem hohen Haupttor mit Ziergiebeln gebildet. Dahinter folgt die gotische Marienkirche, deren Turm Friedrich neugotisch abänderte und um zwei Aussichtsplattformen erhöhte. Aus der Turmspitze steigt Qualm empor. Das Kirchendach hatte schon zuvor Feuer gefangen und ist teilweise eingestürzt. Auch aus dem Kircheninnenraum strömt Rauch. Rechts schließen sich das Haupttor des Stargarder Tors und der runde Fangelturm (Mönchturm) an.

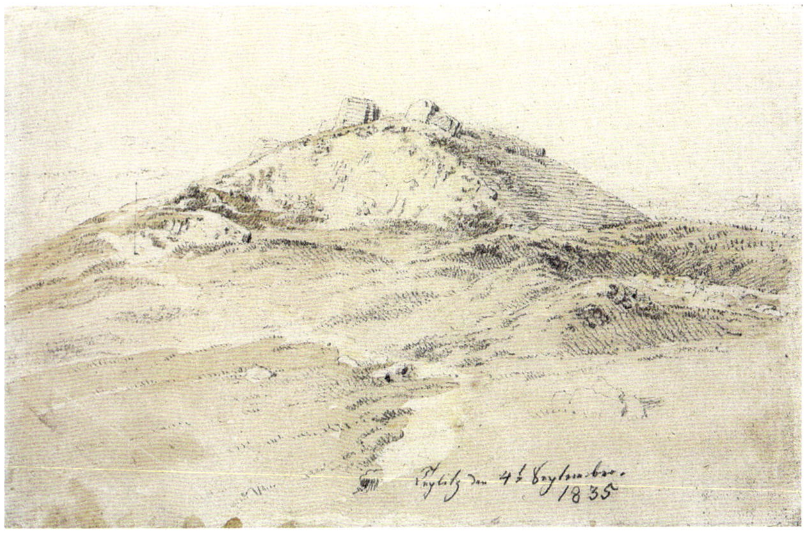

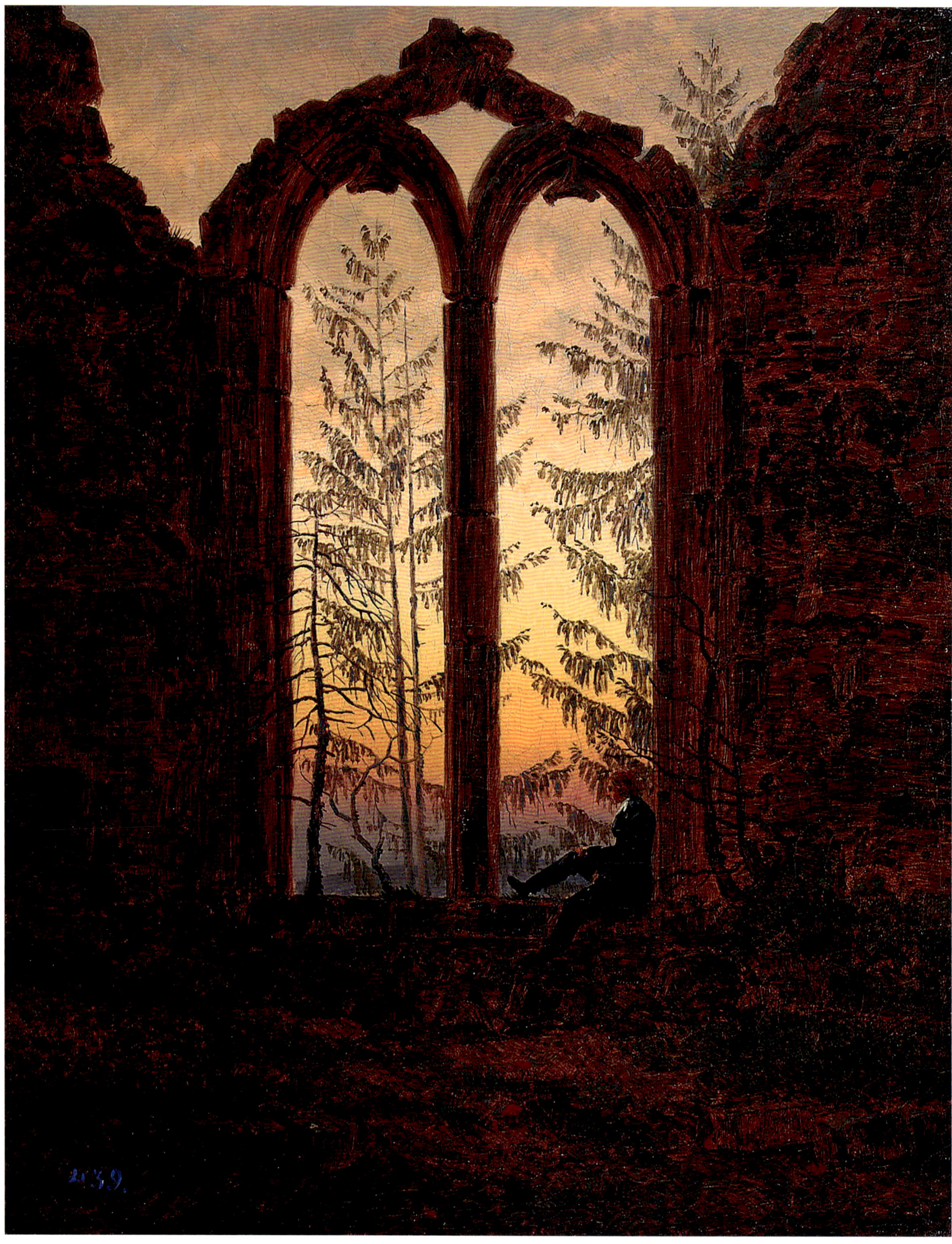

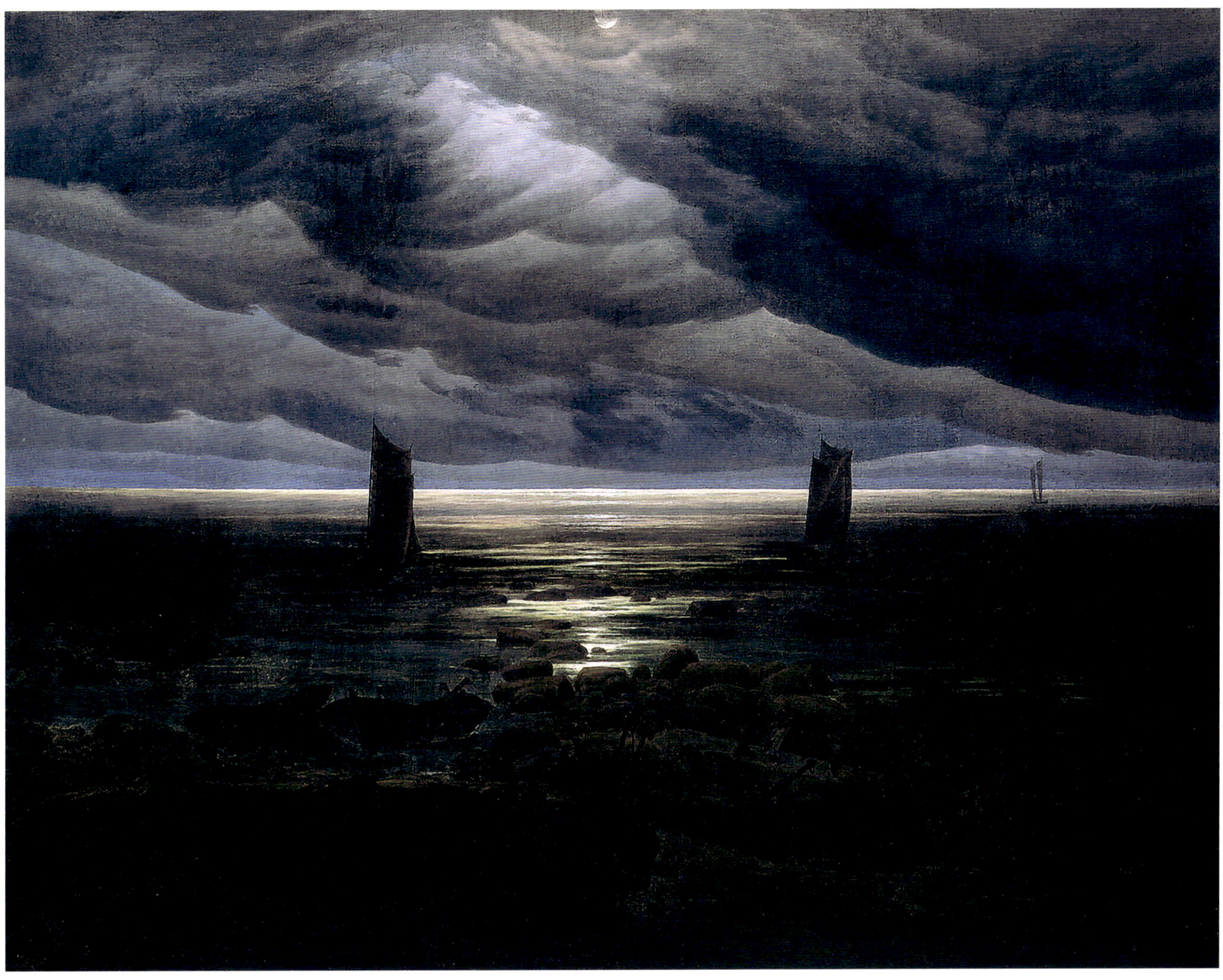

Im Bildvordergrund fügte Friedrich als Zufahrt zur Stadt einen Weg ein, der entgegen der Leserichtung verläuft und den er nach einem Aquarell aus dem Jahr 1824 malte.* Durch das gegenläufige Motiv entsteht der Eindruck, der Weg führe zu einer höhergelegenen Stadt. Der Qualm, der durch die Straßen zieht, vermischt sich mit den Wolken, die sich in ihrer Struktur an den segmentförmig aufgefächerten Sonnenstrahlen des Sonnenaufgangs orientieren. Es ist zu vermuten, dass Friedrich das Feuer in einem späteren Bearbeitungsstadium in kräftigen Farben darstellen wollte, woraus sich besondere Lichteffekte ergeben hätten. Vermutlich war es Friedrichs Neugierde, das Thema eines Großbrands in einer Stadt zu bearbeiten. Er wollte vermutlich testen, welche Effekte sich aus der Darstellung von Brandszenen ergeben.

Wahrscheinlich blieb das Bild unvollendet, da Caspar David Friedrich am 26. Juni 1835 einen Schlaganfall erlitt. Der rechte Arm und das rechte Bein waren gelähmt. Er erholte sich rasch und begab sich Anfang September mit der Familie für 6 Wochen nach Teplitz in Böhmen zu einem Kuraufenthalt, den die Familie durch den Verkauf einiger Bilder an den Zarenhof finanzieren konnte. Ab dem 2. September begann Friedrich wieder mit dem Zeichnen. Am 4. September 1835 schuf er bereits ein qualitätvolles Aquarell: **Hügellandschaft mit Steinen bei Teplitz** (Abb. S. 183).

In einem Brief vom 19. November 1835 bedankte sich Friedrich bei Schukowski für die Vermittlung des An-

Meeresufer bei Mondschein, 1836, Öl auf Leinwand, 134 x 169,2 cm, Hamburger Kunsthalle

links: Klosterruine Oybin (Der Träumer), 1835, Öl auf Leinwand, 27 x 21 cm, Hermitage, St. Petersburg

* Frank Richter: Caspar David Friedrich als Landschaftsmaler, Petersberg 2024, S. 510, 511.

* Dazu zuletzt Christiane Lukatis: Geschabt, geritzt und ausgedünnt. C. D. Friedrich und die Transparentmalerei. In: Holger Birkholz u. a. (Hg.): Caspar David Friedrich. Wo alles begann, Katalog Dresden 2024, S. 104–109.

** Am 23. April war Carus Vorsitzender des Kunstvereins geworden und hatte seitdem versucht, Friedrich soweit wie möglich zu fördern.

*** Clara Blomeyer: Meeresufer im Mondschein. In: Caspar David Friedrich. Kunst für eine neue Zeit,

kaufs von Bildern beim Zarenhof. Im Dezember 1835 verschickte er vier Kisten mit Gemälden und vier Transparentbildern nach St. Petersburg. Die Transparent-Technik hatte er sich 5 Jahre zuvor angeeignet.*

Nach der Kur fühlte sich Friedrich soweit hergestellt, dass er mit dem Malen in Öl beginnen konnte. Eines seiner ersten Bilder war das romantische kleine Bild **Kirchenruine Oybin (Der Träumer)** (Abb. S. 184). Dafür griff er auf das obere Bibliotheksfenster der Klosterruine Oybin zurück, das er am 4. Juli 1810 vor Ort gezeichnet hatte und in gestreckter Form wiedergab. Das Gemälde bezaubert den Betrachter durch den intensivfarbigen Sonnenuntergang, der durch das spätgotische Maßwerkfenster der Ruine und einige dahinterstehende Tannen erlebbar wird. Ein jüngerer Mann sitzt auf dem Fenstersockel und scheint angesichts des Naturerlebnisses in einen Traum versunken zu sein – eine bezaubernde romantische Szene!

Als Friedrichs letztes Ölbild gilt das Seestück **Meeresufer im Mondschein** (Abb. S. 186), das er 1836 im Überformat von fast 170 cm Breite vollendete und auf der Dresdner Akademieausstellung präsentierte. Das Bild wurde – wie schon zuvor 5 Gemälde – durch den Sächsischen Kunstverein angekauft, der für Friedrich in finanziell schlechten Zeiten ein wichtiger Unterstützer war.** Das Bild knüpft gestalterisch an die dunklen Seestücke der Zeit um 1830 an (Abb. S. 172, 173). Im Vordergrund platzierte er ein steiniges Ufer mit zwei ruhenden Booten und Ankern, die er einer Zeichnung aus Sassnitz vom Juni 1826 übernahm. Im Mittelgrund rahmen zwei Segler das reflektierende Mondscheinlicht in der Bildmitte mit dem sprichwörtlichen Silberstreif am Horizont, während auf hoher See im Hintergrund nur ein Segelboot zu sehen ist. Das Bild illustriert die fast grenzenlose Weite des Meeres. Im Infrarotlicht wird erkennbar, dass Friedrich ursprünglich als zentrales Motiv ein großes Segelschiff und einen weiteren Segler auf offener See geplant hatte, sodass sich eine Konstellation wie auf dem Marinebild „Die Lebensstufen“ (Abb. S. 174/175) ergeben hätte.*** Die Entleerung des Bildraums und die beschränkte Farbskala in dunklen Tonwerten tragen zur Beruhigung des Bildes bei. Die düstere Tonalität wird auf Friedrichs Todesahnung zurückgeführt.

Als Friedrich 1836 auf der Dresdner Akademieausstellung sein letztes Ölbild präsentierte, stellte er auch sechs Sepien aus, die um die Motive Mond, Eule, Nacht und Grab kreisen und als Todesallegorien zu verstehen sind. In der makabren Szene **Eine Eule auf einem Sarg** (Abb. links) starrt eine überdimensionierte Eule – traditionell eine Todesbotin und „Seherin im Dunkeln“ – den Betrachter unmittelbar an, während sie auf einem Sarg sitzt, der auf Holzbrettern über dem frisch ausgehobenen Grab ruht. Die vorangestellten zwei Schaufeln verweisen auf die vollzogene Arbeit des Totengräbers. Das Seil erinnert an das Herablassen des Sargs in das Grab. Die großen Disteln im Vordergrund stehen als Sinnbild für die Mühsal des Erdenlebens, die mit dem Tod ein Ende hat. Im Hintergrund wird eine Küstenlandschaft vom Mond beschienen. Links oben ist das Steilufer vom Kap Arkona zu sehen. Das Motiv der Eule findet man fast identisch ausgeführt auch in Friedrichs Sepiazeichnung **Eine Eule in einem gotischen Fenster** (Abb. rechts oben). Spektakulär ist Friedrichs Darstellung der Eule im Flug mit weit geöffneten Schwingen vor dem hell erleuchteten Vollmond unter dem Titel **Eine Eule fliegt vor einem mondhellen Himmel** (Abb. oben). Auf dem Blatt **Eule am Grab** (Abb. rechts), von der es noch zwei weitere Varianten gibt, sitzt die Eule auf dem Spatengriff über einem gerade ausgehobenen Grab. Hinter ihr erhellt der Vollmond die unwirkliche makabre Szene. Rhythmisch zum vorderen Motiv der Eule auf dem Spaten ordnete

Eine Eule auf einem Sarg, um 1836/37, Sepia, 38,5 x 38,3 cm, Hamburger Kunsthalle

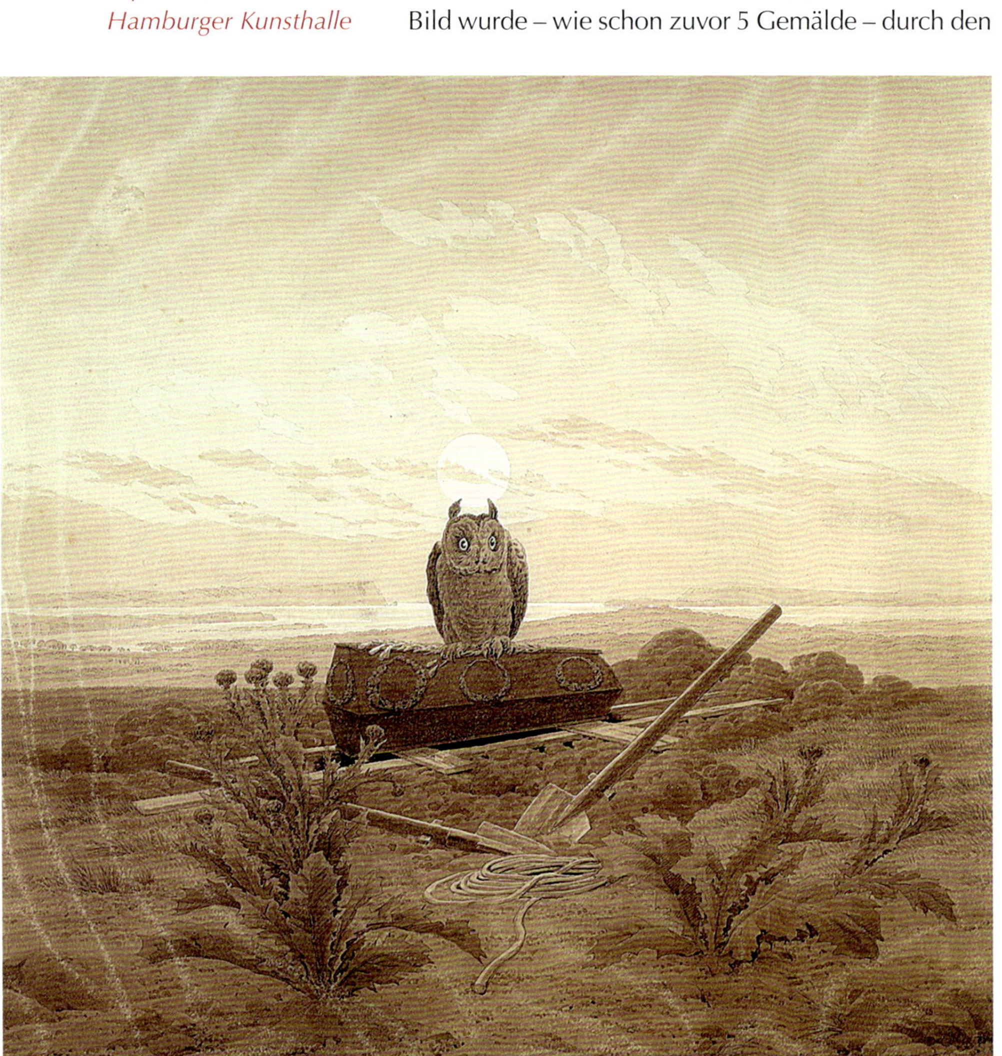

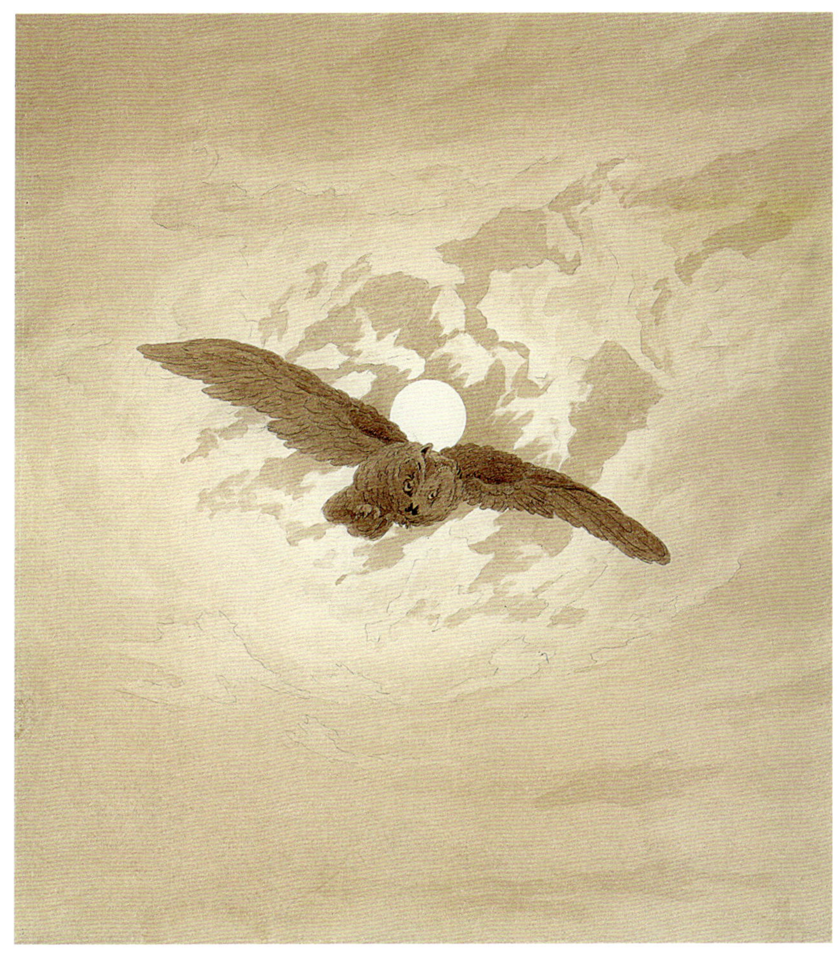

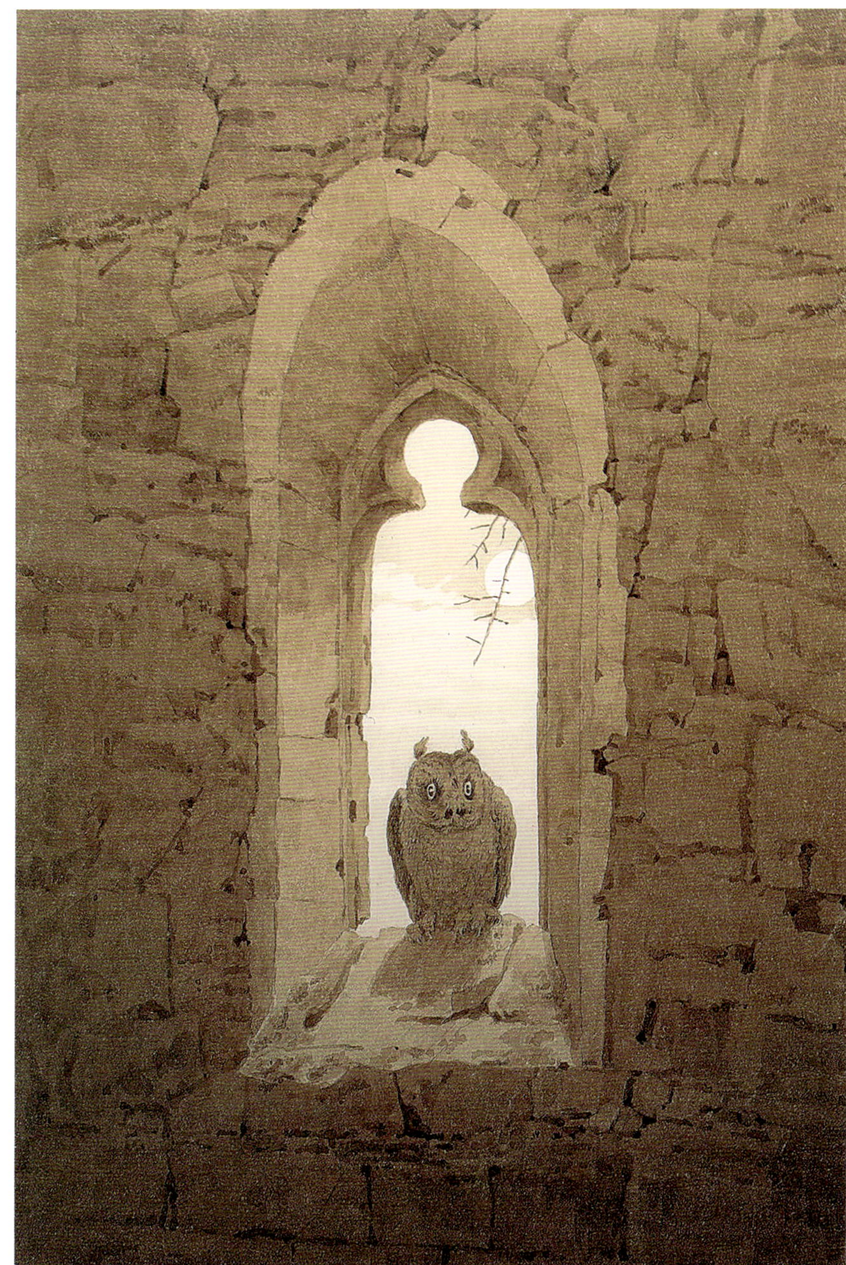

oben: Eine Eule fliegt vor einem mondhellen Himmel, um 1836, Sepia, 27,9 x 24,4 cm, Eremitage, St. Petersburg

rechts: Eine Eule in einem gotischen Fenster, um 1834/36, Sepia, 37,8 x 25,6 cm, Eremitage, St. Petersburg

unten: Eule am Grab, um 1834/36, Sepia, 16,8 x 20,2 cm, Klassik Stiftung Weimar

Friedrich schrägstehende Grabkreuze an. In Friedrichs Eulendarstellungen wird der Nachtvogel zum Sinnbild des Unglaubens im Gegensatz zum Kreuz als Sinnbild der Erlösung, der Hoffnung und der Glaubensstandfestigkeit, sodass eine Deutung als Grab des Sünders oder des wahren Christen möglich ist. Die um 1836 entstandene Serie ist abgesehen von ihrer Originalität, Schönheit und perfekten Umsetzung als memento mori zu interpretieren.

Mit den braun lavierten Zeichnungen, die in ihrer Wirkung Sepiaarbeiten gleichen, kehrte Friedrich ab 1834 zu seinen Ursprüngen zurück: der Technik seiner Frühwerke von 1800 bis 1807. Trotz seiner gesundheitlichen Einschränkungen als Spätfolgen seines Schlaganfalls gelangen ihm bezaubernde Blätter, die vor allem an die Sepia „Ansicht von Arkona mit aufgehendem Mond“ (Abb. S. 60/61) erinnern. Die jüngeren Arbeiten sind lediglich tendenziell ruhiger und kontrastärmer. Da die Werke undatiert sind, ist eine exakte Datierung schwierig.

Besonders eindrucksvoll sind die großen Seestücke, die meistens Rügenmotive zeigen und wie die Sepia **Mondaufgang am Meer** (Abb. S. 189) einen Blick auf das Meer mit dem knapp über dem Horizont aufgehenden Vollmond, der Spiegelung des Lichts auf der

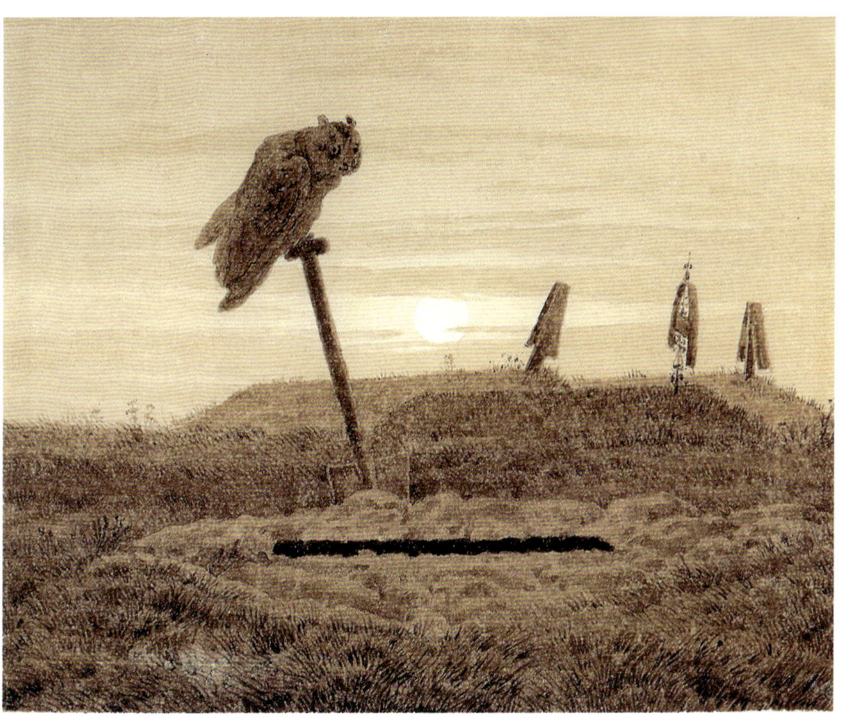

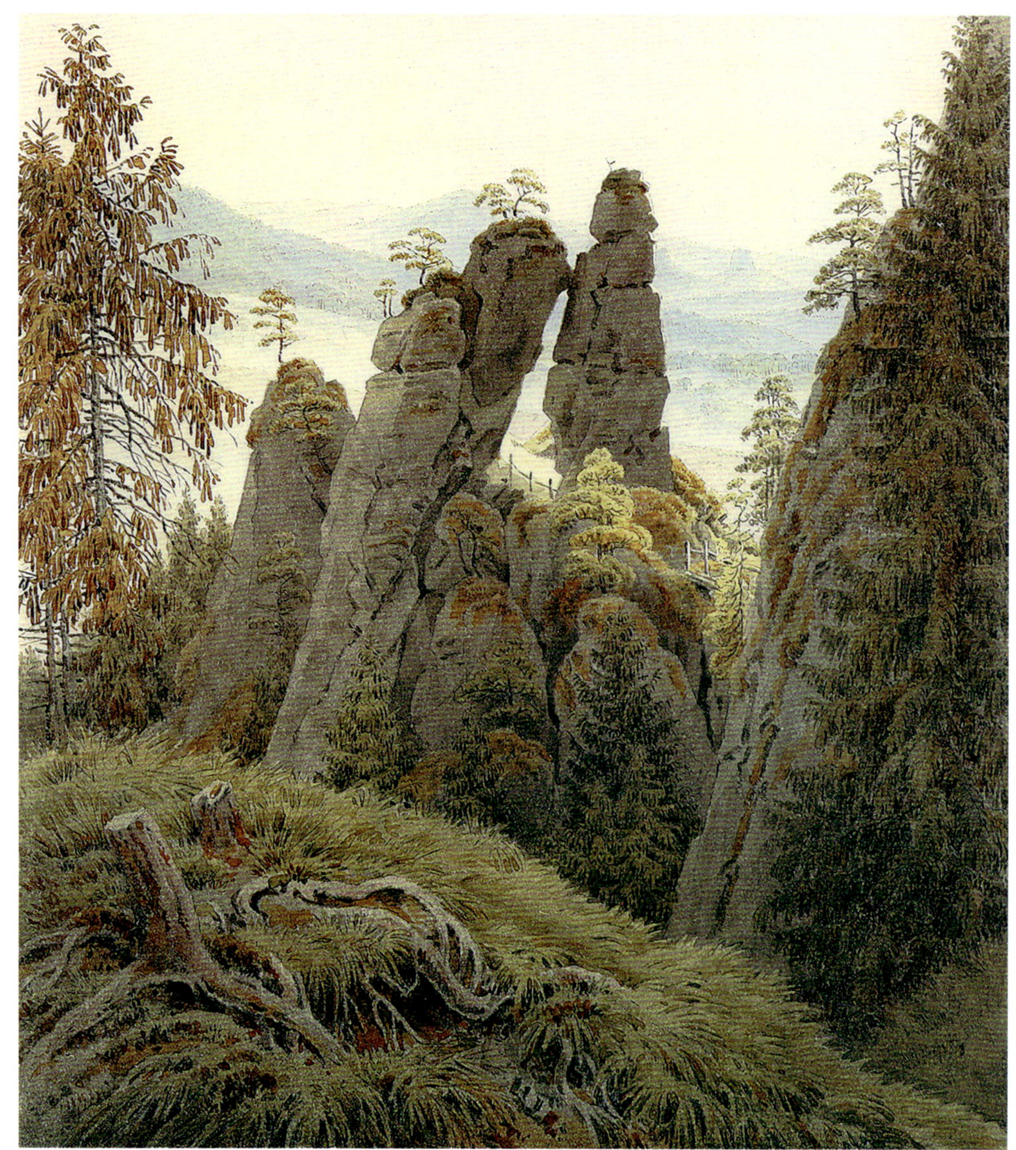

Das Felsentor Neurathen, um 1837/40, Aquarell, 27,9 x 24,5 cm, Eremitage, St. Petersburg
Der Trudenstein, Aquarell, um 1837/40, verschollen

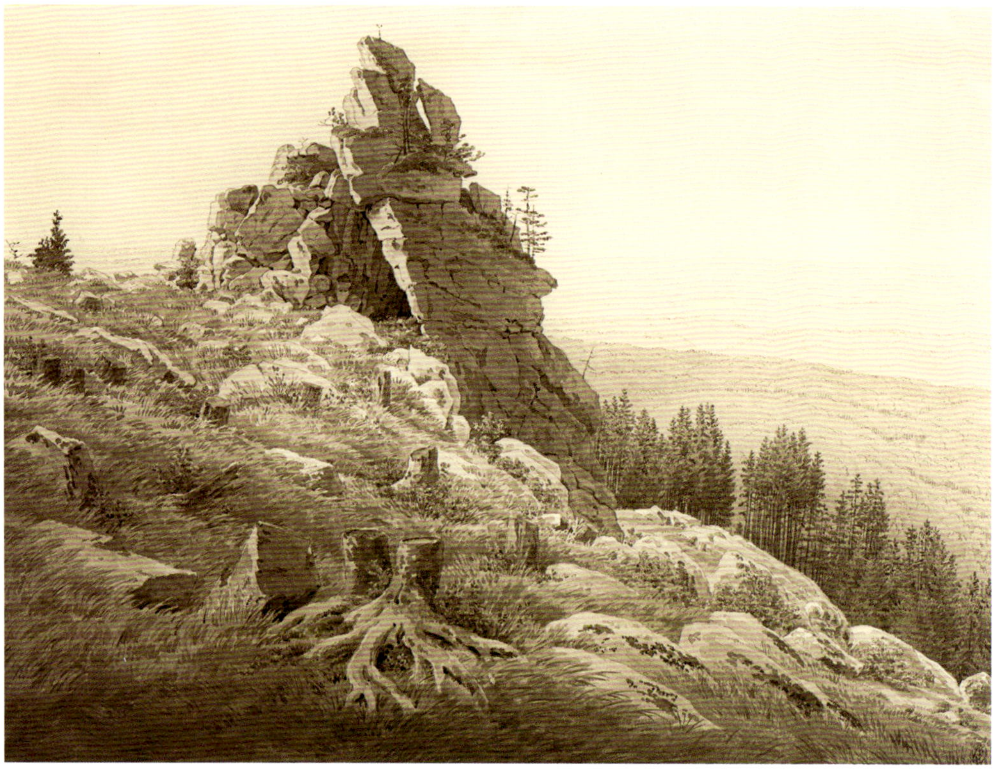

Wasseroberfläche und Ufersteine im Vordergrund zeigen. Von diesem Motiv schuf Friedrich mindestens vier Versionen, die sich durch die Anordnung der Steine im Vordergrund unterscheiden. Beim abgebildeten Werk türmen sich die Findlinge als Barriere zum Meer auf, zu denen ein schmaler Sandweg führt. Die homogene Gruppierung und unterschiedliche Größe der Findlinge dient der Steigerung der Dreidimensionalität. Zugleich wird der Blick auf das Meer seitlich begrenzt. Das Gesamtbild ist stimmungsvoll harmonisch inszeniert. Als Variante gehört das Blatt „Zwei Jünglinge bei Mondaufgange" (Abb. S. 167) in diese Schaffensperiode.

In seinen letzten Lebensjahren schenkte Friedrich dem **Hünengrab bei Gützkow** (Abb. rechts unten) erneut seine Aufmerksamkeit. Das harmonische, in einer leichten Untersicht heroisch als braune Pinselzeichnung wiedergegebene Grabdenkmal der Megalithkultur ist großartig durch die Beleuchtung von links in Szene gesetzt. Als Vorlage diente die Zeichnung vom 19. März 1802 (Abb. S. 48). Das Blatt verkaufte Friedrich um 1838/39 mit drei weiteren großformatigen Blättern dem dänischen Prinzen Christian Frederik, dem späteren König Christian VIII.

Ein Höhepunkt pittoresker Felsformationen bildet der **Trudenstein** im Harz (Abb. links unten), den Friedrich am 28. Juni 1811 (Abb. S. 152) gezeichnet hatte und den er prominent auf dem großen Alpengemälde „Der Watzmann" (Abb. S 150) wiedergab. Das verschollene Aquarell fasziniert durch die Detailgenauigkeit, die vor allem die Wiedergabe der Nadelbäume und die abgeholzten Baumstämme im Vordergrund betrifft. Das Aquarell hat den spektakulären, spannungsgeladenen und fokussierenden Bildausschnitt mit der Ansicht **Das Felsentor Neurathen** (Abb. links oben) gemeinsam. Auch hier wird der Blick auf die durch Erosion über Jahrtausende geformten Felsen durch vom Menschen gefällte Bäume ermöglicht. Wie schon beim motivgleichen Gemälde „Felsenlandschaft im Elbsandsteingebirge" (Abb. S. 131) gelang Friedrich ein Postkartenmotiv von eindrücklicher Wirkung.

Wenngleich Friedrichs Aquarelle, die er seit dem Schlaganfall schuf, noch immer perfekt bis ins Detail ausgeführt waren, war er doch in seiner Handlungsfähigkeit eingeschränkt. Als Wilhelm von Kügelgen ihn im März 1836 besuchte, zeigte sich dieser schockiert vom Gesundheitszustand des Malers, der ein trauriges Bild ablieferte. Ab dem 14. Mai 1836 führte Friedrich, begleitet von seiner Familie, deshalb für mindestens einen Monat eine weitere Kur in Teplitz durch. 1837 folgte ein weiterer Kuraufenthalt. Zur Finanzierung seiner Familie und seiner Krankheit beteiligte er sich an Ausstellungen in Dresden, Königsberg, Hannover, Halberstadt und Leipzig.

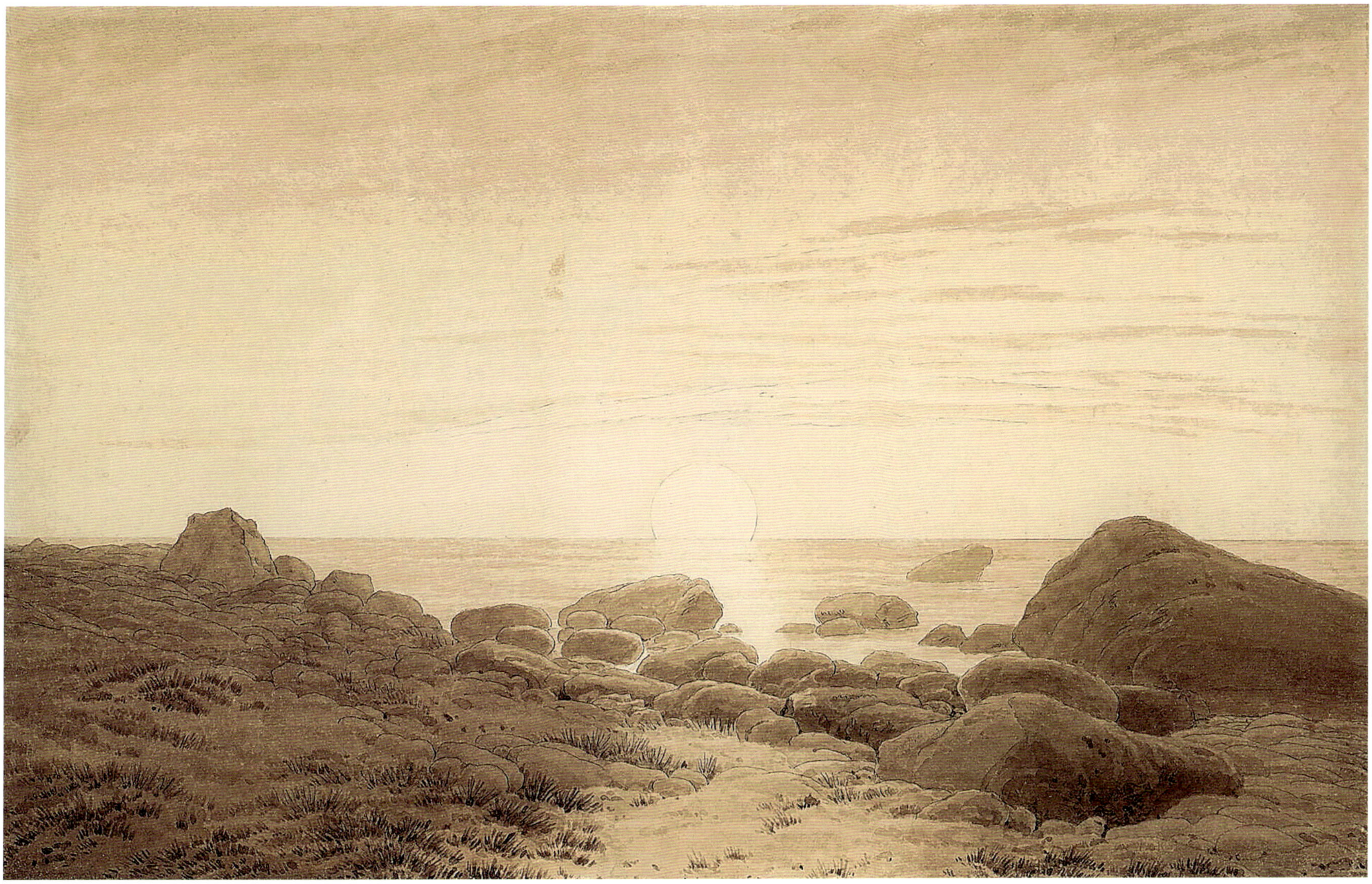

Im Juni 1838 starb Bruder Adolf, was ihn traf. Letztmalig förderte 1839 der Sächsische Kunstverein durch den Ankauf eines Gemäldes den gealterten Maler. Als Wassili Schukowski im März 1840 Friedrich letztmals besuchte, schrieb er in sein Tagebuch „Zu Friedrich. Traurige Ruine. Er weinte wie ein Kind."

Am 7. Mai 1840 verstarb Caspar David Friedrich mit 65 Jahren – der beste deutsche Maler seit Dürer. Am 10. Mai fand er auf dem Altstädter Friedhof seine letzte Ruhestätte. Carus schrieb einen Nachruf.

Der Prophet gilt nichts im eigenen Land: Die Königliche Gemäldegalerie in Dresden besaß bis zum Tod Friedrichs kein Bild des großen Meisters. Wie im Vorwort dieses Buches auf Seite 8 bereits zitiert, brachte es dagegen der französische Bildhauer Pierre Jean David d'Angers 1834 auf den Punkt: „Friedrich! Der einzige Landschaftsmaler, der es bislang vermochte, alle Kräfte meiner Seele aufzurühren, der Maler, der eine neue Gattung geschaffen hat: die Tragödie der Landschaft."

Mondaufgang am Meer, um 1835–39, Sepia, 25,6 x 38,5 cm, Hamburger Kunsthalle, Kupferstichkabinett, Hamburg

Hünengrab in Gützkow, um 1837, Sepia, 22,4 x 30,4 cm, Königliche Bibliothek, Kopenhagen

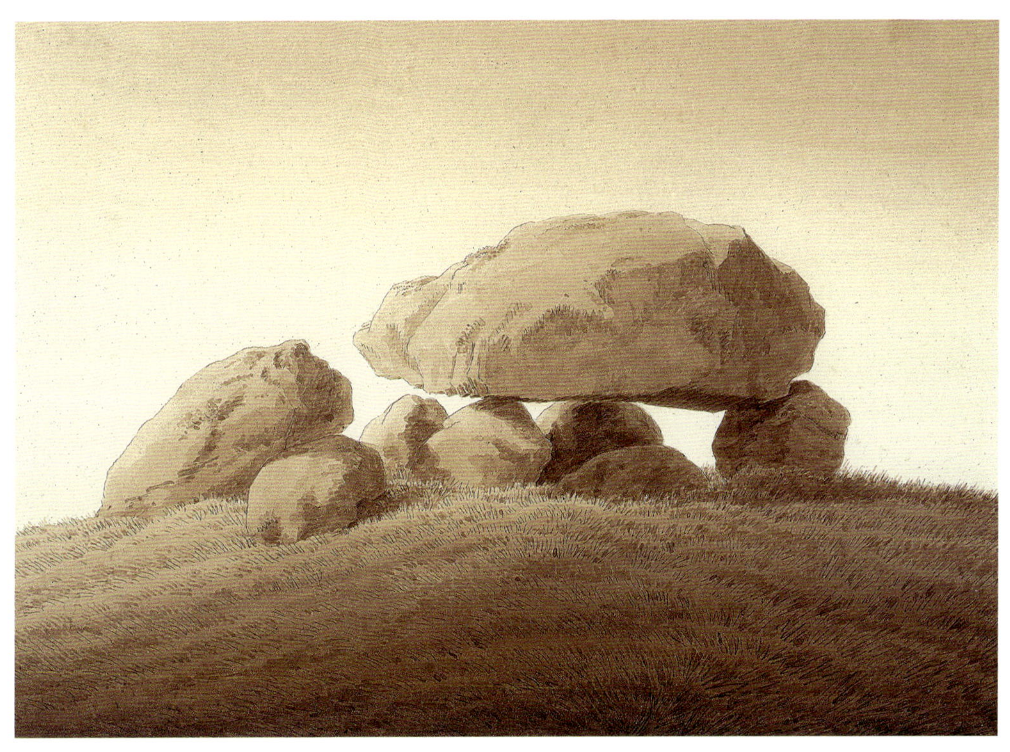

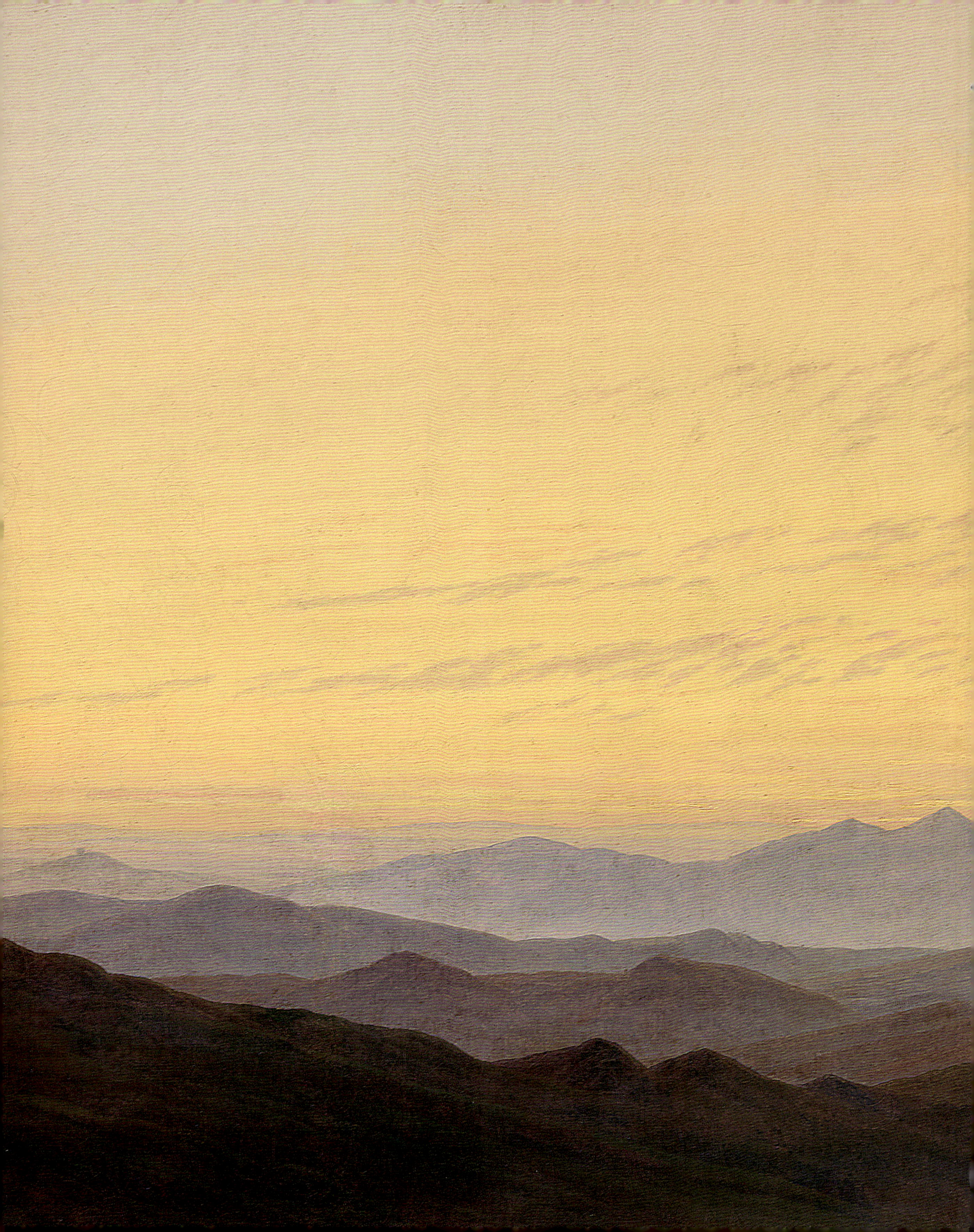